INTERROS des LYCÉES

Collection dirigée par Éric MAURETTE

physique chimie

Term

Frédéric MASSET

Nathan

Remerciements

L'auteur et l'équipe de Prepamath Édition tiennent à remercier Stéphane Pasquet, Stéphane Bimbot, Lucie Cros et Bruno Pelé pour l'aide précieuse qu'ils ont apportée à cet ouvrage.

Illustrations : Anna Michalak

Coordination éditoriale : François Déliac

Conception couverture : Simon Geliot

Votre avis nous intéresse : `contact@prepamath.fr`

Avant-propos

Cet ouvrage est conforme au nouveau programme de Physique-Chimie en vigueur à la rentrée 2020 en classe de Terminale. Dans chaque chapitre, on trouvera :

- un rappel de cours, qui s'appuie sur la résolution pratique d'un exercice type, et qui donne de manière concise tout ce que l'on doit retenir du chapitre étudié ;
- un Q.C.M., qui permet à l'élève de s'assurer qu'il maîtrise bien les concepts fondamentaux du chapitre ;
- des exercices, qui correspondent à tous les types d'exercices que l'on pourra rencontrer en classe de Terminale, et qui ont été réellement posés en lycée. Certains sont des applications immédiates du cours, d'autres nécessitent une réflexion plus approfondie et constituent un bon entraînement pour le baccalauréat ou les études supérieures ;
- enfin, les corrigés des exercices. Certains sont parfois beaucoup plus détaillés que ce qui est normalement demandé à un élève de Terminale pour un devoir en classe ou le baccalauréat. Ceci est intentionnel, dans le but d'aider l'élève à garder les idées claires sur les notions fondamentales utilisées.

Le nouveau programme de Terminale comporte des thèmes qui ne figuraient pas dans le programme précédent, mais qui étaient abordés dans des programmes antérieurs (par exemple les piles, l'électrolyse, la décroissance radioactive, l'effet Doppler, etc.). En revanche, d'autres parties comme par exemple la dynamique des fluides incompressibles, sont complètement nouvelles en classe de Terminale. Nous avons donc pu proposer des exercices de lycées pour ces parties. D'autres, en revanche, sont complètement nouvelles (comme la dynamique des fluides incompressibles). Les exercices correspondant portent la mention « Nouveau Programme ».

En complément de ce livre, des vidéos présentées par des enseignant.e.s vous aideront de manière vivante à mieux comprendre la résolution d'exercices importants. Elles sont accessibles très simplement sur tablettes ou smartphones avec l'application Nathan live (*cf* mode d'emploi page 5).

Nous remercions par avance tout lecteur qui nous fera part de ses remarques ou suggestions en nous écrivant à `contact@prepamath.fr`.

Nous vous souhaitons une profitable lecture, et remercions par avance toute lectrice ou lecteur qui nous fera part de ses commentaires.

L'auteur

Table des matières

Les conseils qui suivent ont été mis en pratique par un grand nombre de majors (sortis premiers) de Polytechnique ou de l'ÉNA, par des professionnels de l'organisation et sont également recommandés par de nombreux professeurs. Pour approfondir votre méthode de travail et obtenir les meilleurs résultats pendant vos études, nous vous recommandons la lecture du livre « Comment travailler plus efficacement », par F. Déliac, U. Hadrien, E. Matrullo et E. Maurette.

Faire des « feed-back »

Le «***feed-back*** » est le conseil le plus important et le plus utilisé par ceux qui réussissent brillamment leurs études. Il consiste à contrôler systématiquement, sans s'aider de notes, ce que l'on vient d'apprendre (exercices et cours). Ce contrôle peut se faire mentalement, oralement ou par écrit.

- Dans les transports, essayez de vous rappeler mentalement, et sans vous aider de vos notes, le cours et les exercices vus le matin en classe (feed-back mental).
- Après avoir relu votre cours le soir, essayez de retrouver par écrit les principaux paragraphes et démonstrations sans regarder votre leçon (feed-back écrit).
- Après avoir résolu un problème, prenez 5 minutes pour contrôler par écrit que vous vous rappelez clairement l'énoncé ainsi que la démarche de résolution (feed-back écrit).
- Expliquez à des amis la leçon que vous venez d'apprendre ou l'exercice que vous venez de résoudre : c'est un excellent feed-back oral. Choisissez le type de « feed-back » qui vous convient le mieux et faites-en le plus régulièrement possible (après chaque cours et chaque série d'exercices). Pour être efficace, un « feed-back » doit se faire sans l'aide de vos notes. Ainsi, faire des fiches de résumés de cours à partir de vos cahiers ouverts ne constitue nullement un « feed-back ».

Miser sur la qualité

De nombreux témoignages démontrent que pour obtenir de bons résultats, il est préférable de faire un nombre limité d'exercices de manière approfondie plutôt que d'en survoler un grand nombre. Une tendance très répandue consiste à abattre une grande quantité d'exercices, à la chaîne, mais superficiellement, en espérant que le jour du contrôle, on aura déjà vu ce type de problème et que l'on saura s'en souvenir. Cette méthode est absolument inefficace car la seule manière de se souvenir d'un exercice de mathématiques ou de physique, c'est de l'avoir parfaitement compris et assimilé. Ainsi :

- À la fin d'un problème, prenez 5 à 10 minutes pour essayer de trouver un moyen de le généraliser ou de le compliquer (c'est ce que font souvent les professeurs pour concevoir leurs contrôles écrits) ; trouvez ce que cela pourrait changer dans la solution.
- Prenez également l'habitude, après chaque exercice, de faire un « feed-back » en faisant ressortir la démarche générale et en tissant des liens avec le cours. Bref, il ne faut pas vous contenter de résoudre l'exercice, mais il vous faut lui apporter de la valeur ajoutée et vous interroger sur son contenu.
- *Idem* pour le cours. Ne vous contentez pas de le parcourir de manière passive. Il vous faut avoir la rigueur d'effacer toutes les zones d'ombre. Pour chaque théorème, il faut vous demander quels types d'exercices son utilisation permettra de résoudre.

Travailler par « couches successives »

Cette méthode, très utile pour les étudiants préparant des examens ou des révisions, peut également être utilisée dès le lycée.

On observe que pour apprendre un gros volume de cours, rien n'est plus inefficace que de l'attaquer de front, de manière linéaire. La bonne manière consiste à d'abord survoler l'ensemble, en ne retenant que la structure, c'est-à-dire les grands titres, ainsi que les noms des paragraphes (première couche, étape devant durer 5 minutes). Dans l'étape suivante (deuxième couche, d'une durée de 10 minutes), on reprend son cours du début en retenant cette fois également les théorèmes et résultats importants. Après cette deuxième couche, on a déjà une idée claire de la structure de l'ensemble du cours. On peut alors aborder la dernière étape (troisième couche) : on reprend son cours au début pour, cette fois-ci, l'étudier en profondeur en apprenant le détail des démonstrations.

Il est à noter que cette méthode peut être également appliquée avec succès à des matières littéraires, ainsi qu'aux révisions du bac de français. Par exemple :

- Pour la préparation d'un contrôle, on commencera par passer en revue rapidement l'ensemble du cours et des exercices du chapitre précédemment étudié, avant de les réviser en détail. Ainsi aura-t-on développé une compréhension synthétique et claire.
- De même, avant d'aborder un problème volumineux (tel qu'un contrôle écrit), il est préférable d'en survoler l'ensemble avant de l'attaquer.

Travailler sa rapidité

Pour acquérir de la rapidité, trois voies sont possibles :

- Prenez l'habitude, en travaillant chez vous, de vous concentrer sur une seule chose à la fois, c'est-à-dire ne pas attaquer un problème ou une dissertation, en rêvassant à ce que vous pourriez trouver à manger dans le réfrigérateur ou en écoutant de la musique.

- Prenez l'habitude de travailler chez vous dans les mêmes conditions qu'en devoirs surveillés. Le minutage de chacun des exercices de ce livre est fait en ce sens. Cependant, cela ne devrait pas, une fois la résolution faite, vous empêcher d'y réfléchir plus calmement afin de vérifier la bonne assimilation du problème. Si les seuls moments où vous vous pressez sont les contrôles écrits, vous ne deviendrez jamais rapide.
- Essayez de contenir tout votre travail à la maison dans une plage horaire serrée. Engagez-vous, par exemple, à travailler chez vous tous les jours entre 18 h et 20 h et efforcez-vous de ne jamais déborder (quelle que soit votre charge de travail). En effet, si l'on ne se donne pas de limite de temps pour accomplir un travail, on a naturellement tendance à le laisser traîner en longueur et à rêvasser. L'étroitesse de la plage horaire vous obligera à ne pas vous endormir et à devenir efficace.

Nathan Live

Accédez aux compléments numériques
de cet ouvrage (vidéos, audios, lien internet)
sur votre smartphone ou votre tablette avec Nathan Live

C'est facile !

1 Téléchargez l'application gratuite Nathan live disponible dans tous les stores sur votre smartphone ou votre tablette (Appstore, GooglePlay, Windows Store).

2 Ouvrez l'application, puis flashez les pages de votre ouvrage où ce logo apparaît en plaçant votre appareil au-dessus de la page.

3 Consultez les ressources !

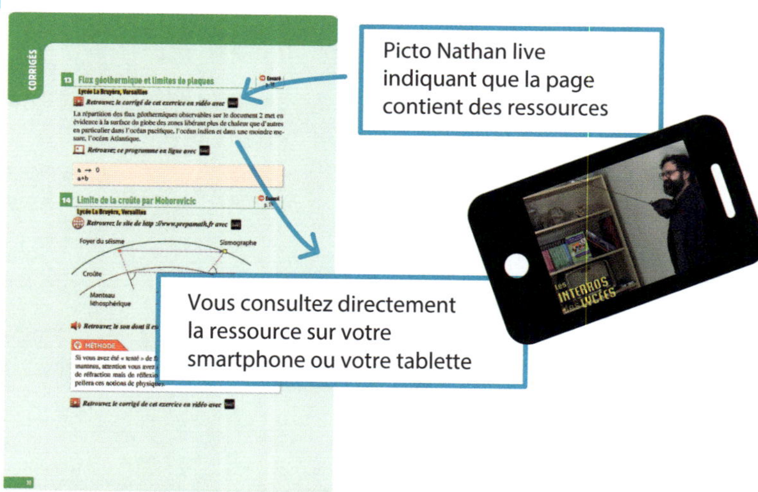

Pour télécharger les programmes contenus dans cet ouvrage :

`http://www.prepamath.fr/ILTSPC`

Chapitre 1

Transformations acido-basiques et pH

Plan du chapitre

1 Introduction

Exercice type — Lycée Saint-Adrien, Villeneuve-d'Ascq

L'acide peroxodisulfurique $H_2S_2O_8$ peut être considéré comme un diacide fort : chacune de ses molécules libère deux protons en solution aqueuse.

1 Calculer le pH et les concentrations de toutes les espèces présentes dans une solution S_1 d'acide peroxodisulfurique de concentration apportée $c_1 = 4 \cdot 10^{-3}$ mol.L^{-1}.

2 On prélève 100 mL de la solution S_1 et on complète jusqu'à 1 L avec de l'eau distillée. On obtient ainsi une solution S_2. Quel est son pH ?

Donnée : la formule de l'ion peroxodisulfate est $S_2O_8^{2-}$.

Voir corrigé page 9

2 Notion de couple acido-basique

2.1 Acides et bases au sens de Brønsted

Définition 1

On appelle acide au sens de Brønsted, toute espèce chimique susceptible de céder un proton H^+.

Par exemple, l'acide chlorhydrique HCl peut donner un proton selon la demi-réaction suivante :

$$HCl = H^+ + Cl^-$$

On appelle acide fort en solution aqueuse tout acide au sens de Brønsted réagissant totalement avec l'eau.

Remarque : on appelle monoacide fort tout acide fort qui libère un seul proton par molécule. On appelle polyacide fort (par exemple, diacide fort, ou triacide fort) tout acide fort qui libère plusieurs protons par molécule.

Définition 2

On appelle base au sens de Brønsted, toute espèce chimique susceptible de capter un proton H^+.

Par exemple, l'ion hydroxyde HO^- peut capter un proton selon la demi-réaction :

$$HO^- + H^+ \rightarrow H_2O$$

Remarque : on appelle base forte dans l'eau toute base qui réagit de manière totale sur l'eau pour donner des ions hydroxydes HO^-.

2.2 Couple acide-base

Dans toute transformation pouvant s'écrire :

$$AH = A^- + H^+,$$

on voit que l'espèce AH est un acide au sens de Brønsted, puisqu'elle peut céder un proton, tandis que A^- est une base au sens de Brønsted, puisqu'elle peut capter un proton. L'écriture ci-dessus correspond à la demi-équation du couple AH/A^-, à l'instar des demi-équations des couples redox vues en première. La différence avec celles-ci, c'est que la particule échangée est le proton H^+ au lieu de l'électron e^-. Le signe « égal » dans cette demi-équation n'a pas de sens physique dans la mesure où les protons n'apparaissent jamais seuls en solution, mais réagissent avec l'eau, selon une autre demi-réaction que nous allons voir à la section suivante. Le couple AH/A^- est appelé couple acide-base. La base A^- est appelée la base conjuguée à l'acide AH, et l'acide AH est l'acide conjugué à la base A^-.

2.3 Ion oxonium

Un proton H^+ dans l'eau ne va pas rester isolé : il va se fixer sur l'atome d'oxygène d'une molécule d'eau. L'entité résultant de l'association d'une molécule d'eau et d'un proton s'appelle l'ion oxonium, et a la structure représentée page ci-contre.

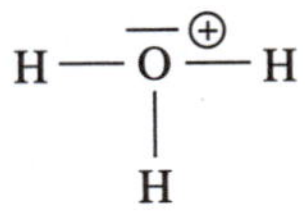

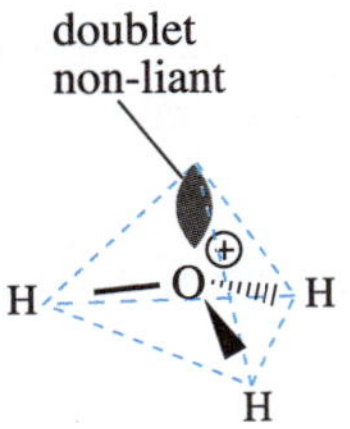

La formule brute de l'ion oxonium est H_3O^+. La molécule d'eau H_2O et l'ion oxonium forment un couple acido-basique au sens de Brønsted :

$$H_3O^+ = H^+ + H_2O.$$

La forme acide est ici l'ion oxonium, tandis que la forme basique est la molécule d'eau.

De la même manière que lorsqu'on a deux couples redox on peut avoir une réaction d'oxydoréduction, lorsqu'on a deux couples acido-basiques on peut avoir réaction entre un acide et une base. Ainsi, si nous mettons en présence le couple AH/A^- et le couple H_3O^+/H_2O, nous pouvons avoir la réaction dont l'équation-bilan est la suivante :

$$AH + H_2O \rightarrow A^- + H_3O^+$$

Si l'acide est fort (c'est-à-dire que cette transformation est totale), la quantité de matière en ions oxonium dans la solution est égale à la quantité de matière apportée en acide AH.

2.4 Structure de Lewis de couples acide-bases

Dans cette section nous donnons la structure de Lewis et la formule semi-développée d'acides carboxyliques et de leur base conjuguée (les ions carboxylate). Les acides carboxyliques ont déjà été rencontrées dans le programme de Première. Nous donnons également la structure de Lewis et la formule semi-développée d'un nouveau type de molécule organique, les amines (que nous reverrons au chapitre 9) et de leurs acides conjugués, les ions ammonium.

2.5 Acides carboxyliques et ions carboxylate

Les structures de Lewis d'un acide carboxylique et de son ion carboxylate conjugué sont représentées ci-dessous. Le radical R— désigne une chaîne carbonée arbitraire, ou un atome d'hydrogène.

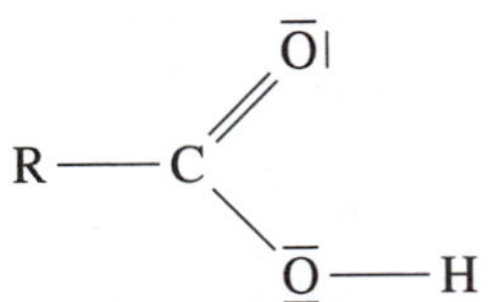

Acide carboxylique (acide)

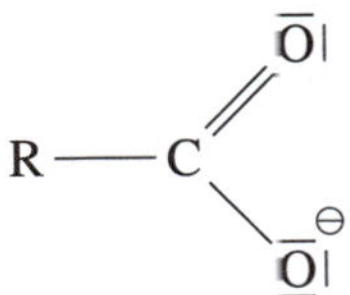

Ion carboxylate (base conjuguée)

Dans la forme électriquement neutre (c'est-à-dire acide), chaque atome d'oxygène possède deux doublets non-liants.

2.6 Amines et ions ammoniums

Les structures de Lewis d'une amine et de son ion ammonium conjugué sont représentées ci-dessous. Les radicaux R_1—, R_2— et R_3— désignent des chaînes carbonées arbitraires, ou des atomes d'hydrogène.

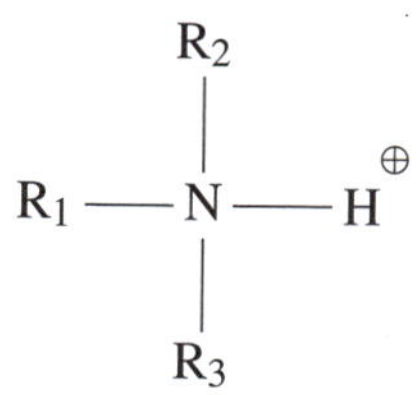

Ion ammonium (acide)

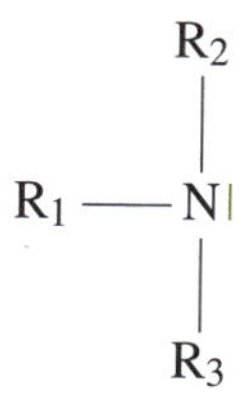

Amine (base conjuguée)

Dans la forme électriquement neutre (c'est-à-dire basique), l'atome d'azote possède un doublet non-liant.

3 Notion de pH

3.1 Définition

On appelle pH (abréviation de « potentiel hydrogène ») la valeur numérique suivante :

À RETENIR

$pH = -\log\left(\frac{[H_3O^+]}{c^0}\right)$, où $c^0 = 1 \ \text{mol.L}^{-1}$ est une concentration de référence.
Cette relation est valable pour $[H_3O^+] < 5 \times 10^{-2} \ \text{mol.L}^{-1}$.

Remarque : en règle générale, appliquer des fonctions telles que logarithme, exponentielle, fonction trigonométrique, etc. à des quantités dimensionnées n'a pas de sens. C'est la raison pour laquelle on divise entre elles deux concentrations : $[H_3O^+]$ et c^0. Le résultat de cette division est adimensionné c'est-à-dire sans dimension ou unité, et il est alors légitime d'en prendre le logarithme. Toutefois, si l'on impose que la concentration en ions oxonium soit en mole par litre (mol.L^{-1}), on peut omettre d'écrire explicitement la division par c^0. Ainsi, toutes les fois où l'on rencontrera l'écriture :

$$pH = -\log([H_3O^+]),$$

cela sous-entendra que la concentration en ions oxonium est nécessairement exprimée en mole par litre.

L'opérateur « p » est défini comme l'opposé du logarithme décimal. Ainsi :

$$\mathrm{p}a = -\log a.$$

Nous voyons donc que l'on peut aussi écrire le pH de la manière suivante :

$$\mathrm{pH} = \mathrm{p}([\mathrm{H_3O^+}]).$$

Si, en outre, on néglige le fait que les protons libérés dans la solution se fixent sur des molécules d'eau, cette relation s'écrit :

$$\mathrm{pH} = \mathrm{p}([\mathrm{H^+}]).$$

On comprend dès lors d'où vient la notation « pH » : elle résulte simplement d'une écriture allégée du membre de droite.

À RETENIR

Réciproquement, la concentration en ions oxonium d'une solution de pH donné est :

$$[\mathrm{H_3O^+}] = c^0 \times 10^{-\mathrm{pH}}.$$

Cette écriture peut être allégée de la manière suivante :

$$[\mathrm{H_3O^+}] = 10^{-\mathrm{pH}},$$

ce qui implique qu'alors $[\mathrm{H_3O^+}]$ est nécessairement obtenue en mole par litre.

Nous rappelons ci-dessous quelques propriétés essentielles de la fonction logarithme décimal, noté log. L'opérateur « p » étant simplement l'opposé du logarithme décimal, il possède également ces propriétés.

Le logarithme du produit est égal à la somme des logarithmes :

$$\log(ab) = \log a + \log b \quad \text{et donc} \quad \mathrm{p}(ab) = \mathrm{p}a + \mathrm{p}b.$$

Cela a pour conséquence :

$$\log(a^n) = n \log a \quad \text{et donc} \quad \mathrm{p}(a^n) = n\mathrm{p}a.$$

Le logarithme de un est nul et le logarithme de 10 vaut un :

$$\log 1 = 0 \quad \text{et} \quad \log 10 = 1.$$

On en déduit des résultats relatifs aux inverses et aux divisions :

$$\log\left(\frac{1}{a}\right) = -\log a \quad \text{et} \quad \log\left(\frac{a}{b}\right) = \log a - \log b.$$

3.2 Autoprotolyse de l'eau

L'eau peut se comporter comme un acide selon la demi-réaction (qui correspond au couple acide-base $\mathrm{H_2O/HO^-}$) :

$$\mathrm{H_2O} = \mathrm{H^+} + \mathrm{HO^-} \qquad \text{(une molécule d'eau libère un proton),}$$

ou comme une base selon la demi-réaction (qui correspond au couple acide-base H_3O^+/H_2O) :

$$H_2O + H^+ = H_3O^+ \quad \text{(une molécule d'eau capte un proton).}$$

On dit d'une espèce pouvant se comporter à la fois de manière acide ou basique qu'elle est amphotère ou qu'il s'agit d'un ampholyte. En composant membre à membre les deux demi-réactions ci-dessus nous obtenons l'équilibre suivant :

$$2H_2O \rightleftarrows H_3O^+ + HO^-$$

Il s'agit d'un équilibre chimique : cette transformation n'est pas totale. Nous reverrons ceci beaucoup plus en détail au chapitre 6. Pour l'heure, mentionnons simplement que le produit des concentrations (exprimées en mole par litre) en ions oxonium et en ions hydroxyde vaut toujours la même valeur, à une température donnée. Il s'agit donc d'une constante. À 25 °C, cette constante, notée K_e, vaut 10^{-14} :

À RETENIR

À 25 °C, on a la relation :

$$[H_3O^+][HO^-] = K_e = 10^{-14}$$

Cette constante est appelée le produit ionique de l'eau.

Remarque : cette relation permet de calculer la concentration en ions hydroxyde si on connaît la concentration en ions oxonium, et vice versa.

4 Calculs de pH

On s'intéresse à la valeur du pH dans quelques cas simples.

4.1 pH de l'eau pure

En vertu de l'équilibre d'autoprotolyse de l'eau, la concentration en ions oxonium dans une solution d'eau pure n'est pas nulle. Dressons un tableau d'avancement :

État	$2H_2O$	$\rightleftarrows$	HO^-	+	H_3O^+
Initial	-		0		0
Équilibre	-		x		x

On voit que l'on a les mêmes quantités de matière en ions hydroxyde et oxonium, donc également même concentrations :

$$[H_3O^+] = [HO^-].$$

Par conséquent :

$$K_e = [H_3O^+][HO^-] = [H_3O^+]^2$$

donc :

$$[H_3O^+] = \sqrt{K_e} = \sqrt{10^{-14}} = 10^{-7} \text{ mol.L}^{-1}.$$

Ceci nous permet de déduire le pH de l'eau pure à 25 °C :

$$pH = -\log(10^{-7}) = -(-7) = 7.$$

À RETENIR

Le pH de l'eau pure à 25 °C vaut 7.

Une solution dont le pH est inférieur à 7 est dite acide, une solution dont le pH est supérieur à 7 est dite basique.

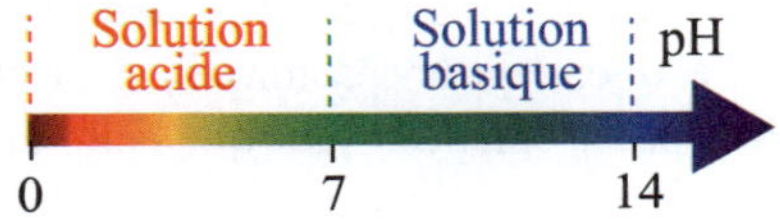

4.2 pH d'une solution d'acide fort

Imaginons que l'on introduise dans une solution aqueuse une quantité de matière n d'un acide. La solution a un volume v.

Définition 3

On appelle concentration en soluté apporté, ou concentration introduite, la quantité :

$$c_0 = \frac{n}{v}.$$

Il est important de bien distinguer la concentration en soluté apporté de la concentration réelle en ions oxonium $[H_3O^+]$ de la solution. Ces deux grandeurs peuvent parfois coïncider, comme nous allons le voir, mais elles peuvent aussi être différentes si :

- la réaction de l'acide avec l'eau n'est pas totale (nous reverrons ceci au chapitre 7 avec la notion d'acide faible), ou
- si chaque molécule d'acide cède plus d'un proton (on parle alors de polyacide).

Considérons la solution obtenue en ajoutant à de l'eau pure un acide fort AH, pour une concentration apportée c_0. Nous dressons le tableau d'avancement suivant :

État	AH	+	H_2O	→	A^-	+	H_3O^+
Initial	c_0		-		0		0
Final	0		-		c_0		c_0

L'acide étant fort, la réaction est totale et l'état final est obtenu quand il ne reste plus d'espèce AH dans la solution.

Nous avons donc :

$$[H_3O^+] = c_0.$$

et nous pouvons en déduire la valeur du pH.

À RETENIR

Le pH d'une solution d'acide fort de concentration apportée c_0 est donné par :

$$pH = pc_0,$$

à la condition que 10^{-6} mol.L^{-1}< c_0 < 5×10^{-2} mol.L^{-1}.

Exemple : le pH d'une solution d'acide chlorhydrique (HCl) de concentration apportée $c_0 = 10^{-4}$ mol.L^{-1}vaut :

$$pH = p(10^{-4}) = -(-4) = 4.$$

Remarque : cette relation n'est valable que si l'acide fort est un monoacide (chacune de ses molécules ne libère qu'un proton) et si la concentration apportée n'est pas trop petite. Plus précisément, il faut que celle-ci soit grande devant la concentration d'ions oxonium dans l'eau pure (résultant de l'autoprotolyse de l'eau). C'est la raison pour laquelle nous avons imposé une limite inférieure de 10^{-6} mol.L^{-1} à la concentration apportée dans le cadre ci-dessus.

4.3 pH d'une solution de base forte

Le pH d'une solution de base forte (de concentration en soluté apporté) s'obtient de manière assez similaire. Considérons les deux couples acido-basiques correspondant aux deux demi-réactions suivantes :

$$AH = A^- + H^+$$

et

$$H_2O = HO^- + H^+.$$

Ici, l'espèce accepteuse de protons est la base forte A^- et l'espèce donneuse l'eau. La réaction acido-basique ayant lieu est donc :

$$A^- + H_2O \rightarrow AH + HO^-.$$

La réaction d'une base forte sur l'eau étant totale par définition, on en déduit que la concentration des ions hydroxyde est égale à la concentration en base apportée c_0 :

$$[HO^-] = c_0.$$

Pour obtenir la concentration en ions oxonium, nous utilisons le produit ionique de l'eau :

$$[H_3O^+] = \frac{10^{-14}}{[HO^-]} = \frac{10^{-14}}{c_0}$$

donc :

$$pH = p(10^{-14}) - pc_0 = 14 - pc_0.$$

Remarque : cette relation n'est valable que pour le cas d'une monobase forte, c'est-à-dire si une molécule de la base ne peut capter qu'un seul proton.

Exemple : le pH d'une solution d'hydroxyde de sodium NaOH de concentration introduite $c_0 = 10^{-2}$ mol.L^{-1}vaut :

$$pH = 14 - p(10^{-2}) = 14 - 2 = 12.$$

Notons enfin qu'à l'instar de ce que nous avons vu pour les acides forts, cette relation n'est valable que si l'autoprotolyse de l'eau est négligeable, ce qui est le cas quand $c_0 > 10^{-6}$ mol.L^{-1}. Par ailleurs, comme dans le cas des acides où il existe un seuil supérieur au-dessus duquel la relation cesse d'être valable, nous devons avoir $c_0 < 5 \times 10^{-2}$ mol.L^{-1}.

Remarque : notons pour terminer qu'il peut parfois être utile d'utiliser le fait qu'une solution est électriquement neutre, lorsque l'on cherche la concentration de toutes les espèces en solution. Cela signifie qu'il y a autant de charges positives, portées par des cations, que de charges négatives, portées par des anions. Ainsi, si une solution contient des ions chlorure Cl^- et des ions calcium Ca^{2+}, on peut écrire la relation suivante :

$$2[Ca^{2+}] = [Cl^-].$$

La somme des charges électriques positives est égale à la somme des charges négatives. Le coefficient 2 devant la concentration des ions Ca^{2+} est lié au fait que chaque ion Ca^{2+} porte deux charges positives.

Solution de l'exercice type

Lycée Saint-Adrien, Villeneuve-d'Ascq

1 L'acide peroxodisulfurique est un diacide fort. L'équation-bilan de sa dissolution est :

$$H_2S_2O_8 + 2H_2O \rightarrow 2H_3O^+ + S_2O_8^{2-},$$

donc la concentration en ions oxonium de la solution est égale au double de la concentration c_1 en acide apporté. Nous avons donc :

$$pH = -\log(2 \times c_1) = -\log(8 \times 10^{-3}) = 2{,}1.$$

Calculons les concentrations des différentes espèces présentes.
La réaction de dissociation :

$$H_2S_2O_8 + 2H_2O = 2H_3O^+ + S_2O_8^{2-}$$

est quasi-totale, donc on en déduit que la concentration de l'ion peroxodisulfate est égale à la concentration introduite c_1 en acide :

$$[S_2O_8^{2-}] = 4 \cdot 10^{-3} \text{ mol.L}^{-1}.$$

On en déduit également, si on néglige l'autoprotolyse de l'eau, que la concentration en ions oxonium est égale à :

$$[H_3O^+] = 2c_1 = 8 \cdot 10^{-3} \text{ mol.L}^{-1}.$$

•••

COURS
INTERROS
CORRIGÉS

Solution de l'exercice type (suite)

Lycée Saint-Adrien, Villeneuve-d'Ascq

ATTENTION

Bien évidemment, puisque l'on a négligé l'autoprotolyse de l'eau, on ne peut pas utiliser l'électroneutralité de la solution pour déterminer la concentration en ions HO^-. On trouverait :

$$[HO^-] = [H_3O^+] - 2[S_2O_8^{2-}] = 2c_1 - 2c_1 = 0$$

ce qui est logique puisque négliger l'autoprotolyse de l'eau revient à supposer négligeable la concentration en ions hydroxyde (en milieu acide, comme c'est le cas ici) ou la concentration en ions oxonium (en milieu basique).

Pour déterminer $[HO^-]$, on utilise *a posteriori* l'équilibre d'autoprotolyse de l'eau :

$$[HO^-] = \frac{K_e}{[H_3O^+]} = \frac{10^{-14}}{8 \times 10^{-3}} = 1{,}3 \cdot 10^{-12} \text{ mol.L}^{-1}.$$

On retrouve bien le fait que cette concentration est parfaitement négligeable devant les autres.

2 La concentration est divisée par un facteur dix (ce qui occupait avant dilution un volume de 100 mL occupe à présent un volume de 1000 mL). Nous avons donc, en désignant avec un prime la nouvelle concentration :

$$[H_3O^+]' = \frac{[H_3O^+]}{10},$$

donc :

$$-\log[H_3O^+]' = -\log\frac{[H_3O^+]}{10} = -\log[H_3O^+] + \log 10,$$

soit encore :

$$pH' = pH + 1.$$

Le pH augmente donc d'une unité :

$$pH = 2{,}1 + 1 = 3{,}1.$$

MÉTHODE

On vérifie que cette nouvelle valeur est nettement inférieure à 6, donc l'autoprotolyse de l'eau reste bien négligeable.

Voir énoncé page 1

1 QCM Testez vos connaissances

5 min Corrigé p. 15

1 L'eau est une base au sens de Brønsted.

[a] Vrai [b] Faux

2 L'eau est un acide au sens de Brønsted.

[a] Vrai [b] Faux

3 On considère deux solutions de concentrations en soluté apporté égales. L'une est une solution d'un monoacide fort, l'autre d'un diacide fort. La solution la plus acide est :

[a] la solution du monoacide [b] la solution du diacide

4 Classer les solutions suivantes par ordre de pH croissant. Chacune est obtenue par dissolution d'une masse m d'hydroxyde de potassium (KOH) dans un volume V d'eau pure.

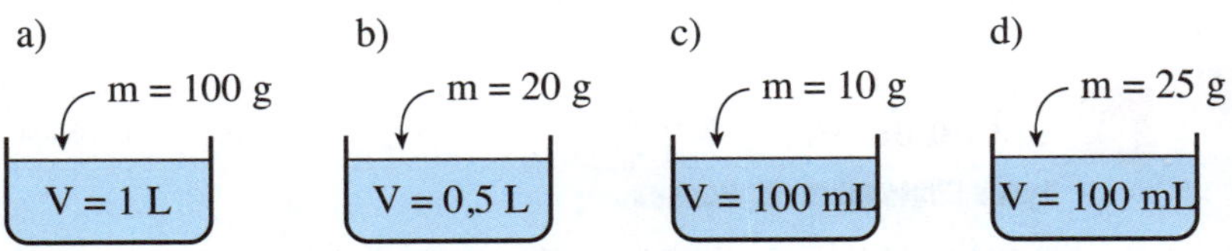

5 Une solution a un pH égal à 3. Sa concentration en ions hydroxyde est :

[a] 10^{-3} mol.L^{-1} [b] 10^{-11} mol.L^{-1} [c] 10^{-7} mol.L^{-1}

6 Dans une solution aqueuse, on a $[H_3O^+] = 100[HO^-]$. Sans poser les calculs, indiquer quel est son pH :

[a] pH= 3 [b] pH= 6 [c] pH= 7 [d] pH= 11

7 On dissout une espèce chimique A dans de l'eau pure. La concentration introduite de cette espèce étant notée C, on a la relation :

$$\mathrm{pH} = 14 + \log C.$$

L'espèce A est :

[a] un monoacide fort
[b] un diacide fort
[c] une base forte

8 La relation entre pH et C de la question précédente est valable :

[a] pour toute concentration telle que : 10^{-6} mol.L^{-1} $< C$
[b] pour toute concentration telle que :
[c] 10^{-6} mol.L^{-1} $< C < 5 \times 10^{-2}$ mol.L^{-1}
[d] pour toute concentration telle que : $C < 5 \times 10^{-2}$ mol.L^{-1}

2 Calculs de pH

★ 5 min Corrigé p. 15

Lycée Gay-Lussac, Limoges

1. Définir ce qu'est un acide fort et une base forte.
2. Calculer le pH d'une solution d'acide chlorhydrique (HCl) de concentration $c = 10^{-3}$ mol.L^{-1}.
3. Calculer le pH d'une solution de potasse (KOH) de concentration $c = 10^{-2}$ mol.L^{-1}.

3 Dilution de solutions

★ 10 min Corrigé p. 16

Lycée Sainte-Geneviève, Versailles

On considère deux solutions d'un volume de 25 mL chacune, l'une contenant une base forte, l'autre contenant un acide fort. On ajoute de l'eau distillée à chacune de ces solutions à concurrence de 250 mL pour chacune d'elle.

De combien varie le pH dans chaque cas ?

4 Calcul de pH

★★ 15 min Corrigé p. 16

Lycée Chateaubriand, Rennes

On mélange 92 cm^3 d'une solution d'acide chlorhydrique de pH = 2,5 et 7 cm^3 d'une solution d'acide chlorhydrique de pH = 1.

1. Déterminer la quantité d'ions H_3O^+ présente dans le mélange.
2. En déduire le pH du mélange.

5 Calcul de pH et mélange

★★ 15 min Corrigé p. 17

Lycée Janson de Sailly, Paris

On mélange 100 mL d'acide chlorhydrique de pH égal à 3, et 400 mL d'acide chlorhydrique de pH égal à 4. Quelle est la valeur du pH final ?

6 Calcul de pH

★★ 10 min Corrigé p. 17

Lycée Monod, Clamart

1. On dissout du gaz chlorhydrique HCl dans de l'eau. Écrire l'équation-bilan de la transformation chimique correspondant à cette dissolution.
2. La solution obtenue contient 0,012 mol d'ions H_3O^+ par litre. Quelle est la valeur entière la plus proche de son pH ? Quel volume de HCl a-t-il fallu dissoudre dans un litre d'eau ? ($V_M = 24$ L.mol^{-1}).
3. On prélève 20 mL de la solution acide précédente et on complète à 350 mL avec de l'eau pure. Calculer la concentration en ions oxonium ($[H_3O^+]$) et en déduire le pH de la solution obtenue.

7 pH de bases fortes

★★ 10 min Corrigé p. 18

Lycée Pasteur, Neuilly

1 Calculer le pH d'une base forte de concentration $c = 1,0 \times 10^{-3}$ mol.L^{-1}.

2 On mélange $v_1 = 200$ mL de soude NaOH ($c_1 = 1,0 \times 10^{-3}$ mol.L^{-1}) et $v_2 = 100$ mL de potasse KOH ($c_2 = 4,0 \times \cdot 10^{-3}$ mol.L^{-1}). Sachant que la potasse est une base forte, calculer le pH final.

8 pH d'un acide fort

★★★ 15 min Corrigé p. 18

Lycée Marie Curie, Sceaux

On mélange $v_a = 50$ mL d'une solution d'acide chlorhydrique (HCl) de concentration $c_a = 0,060$ mol.L^{-1} et $v_b = 150$ mL d'une solution de chlorure de sodium (NaCl) de concentration $c_b = 0,040$ mol.L^{-1}.

1 Quelles sont les espèces présentes dans le mélange ?

2 Calculer leur concentration.

3 En déduire le pH.

Donnée : à 25 °C, $pK_e = 14$.

9 pH et température

★★★ 10 min Corrigé p. 19

Lycée de Montgeron, Montgeron

live! *Retrouvez en vidéo le corrigé de cet exercice.*

1 Quel est le pH d'une solution de chlorure de sodium à 80 °C ?

2 Une solution S telle que $[HO^-] = 100[H_3O^+]$ est-elle acide, neutre ou basique à 80 °C ? Quel est son pH ?

Donnée : à 80 °C, le produit ionique de l'eau vaut $K_e = 2,5 \cdot 10^{-13}$.

10 Bromure d'hydrogène

★★★ 25 min Corrigé p. 20

Lycée François Mauriac, Bordeaux

1 Écrire l'équation-bilan de la réaction de dissolution du bromure d'hydrogène dans l'eau. Que peut-on dire des propriétés du gaz ? De sa solution aqueuse ?

2 Quel volume (à 25 °C) faut-il dissoudre pour obtenir un litre de solution à 0,01 mol.L^{-1} ?

3 Quelle masse de soude solide (NaOH) faut-il dissoudre dans l'eau pour avoir 250 mL de solution de pH = 12,4 ?

4 Si on dilue 100 fois la solution de la question précédente, comment varie le pH ? De combien ?

COURS INTERROS CORRIGÉS

5 À 25 mL de la solution de la deuxième question, on ajoute 10 mL de la solution de la troisième question. Quelle est l'équation-bilan de la réaction qui se produit alors ?

On prendra :

- $M_{NaOH} = 40$ g.mol^{-1} ;
- Volume molaire des gaz à 25 °C : 24,0 L.mol^{-1} ;
- Formule brute du bromure d'hydrogène : HBr.

On rappelle qu'entre la quantité de matière n d'un gaz, son volume molaire V_m et le volume V qu'il occupe, on a la relation :

$$n = \frac{V}{V_m}.$$

1 QCM Testez vos connaissances

Enoncé p. 11

1 *Vrai* : $H_2O + H^+ = H_3O^+$.

2 *Vrai* : $H_2O = HO^- + H^+$.

3 La solution de diacide est la plus acide des deux (elle a le plus petit pH, et une concentration en ions oxonium double de la solution de monoacide).

4 Le pH croît lorsque la concentration introduite, qui est proportionnelle à m/V, décroît. Il suffit donc de trier les solutions par m/V décroissant. Cela donne : d, a et c, b. Les solutions a et c ont même pH.

5 Réponse **b** : 10^{-11} mol.L^{-1}. Le pH étant égal à 3, on a :

$$[H_3O^+] = 10^{-3} \text{ mol.L}^{-1} \text{et donc } [HO^-] = \frac{10^{-14}}{10^{-3}} = 10^{-11} \text{ mol.L}^{-1}.$$

6 Réponse **b** : pH= 6. On sait que la solution est acide puisqu'elle comporte plus d'ions oxonium que d'ions hydroxyde. On sait d'après la question précédente que si le pH valait 3, on aurait une concentration en ions HO^- égale à 10^{-11} mol.L^{-1}, bien inférieure au centième de la concentration en ions H_3O^+. La seule réponse possible est donc la réponse **b**.

7 Seul choix possible, réponse **c** : une base forte. Il suffit pour s'en convaincre de constater que plus la concentration C est grande, plus le pH est élevé.

8 Réponse **b** (voir le cours).

2 Calculs de pH

Enoncé p. 12

Lycée Gay-Lussac, Limoges

1 Un acide fort est un acide (donneur de proton) qui réagit de manière totale avec l'eau, selon la réaction :

$$AH + H_2O \rightarrow A^- + H_3O^+$$

Une base forte est une base (accepteur de proton) qui réagit de manière totale avec l'eau, selon la réaction :

$$A^- + H_2O \rightarrow AH + HO^-$$

2 Nous avons $c > 10^{-6}$ mol.L^{-1}, donc le pH de cette solution d'acide fort est donné par :

$$pH = pc = -\log c = 3.$$

3 Le pH de cette solution de base forte est donné par :

$$pH = 14 - pc = 14 - 2 = 12.$$

COURS

INTERROS

CORRIGÉS

3 Dilution de solutions

Enoncé p. 12

Lycée Sainte-Geneviève, Versailles

Prenons le cas pour commencer de la solution acide. Soit c_0 sa concentration initiale, lorsqu'elle a un volume $v_0 = 25$ mL. La quantité de matière d'acide introduit dans la solution est $n_0 = c_0 v_0$. Cette quantité de matière ne change pas lorsqu'on dilue l'acide.

Soit à présent c_1 la concentration finale de la solution, lorsque son volume est $v_1 = 250$ mL. On a, en vertu de ce qui vient d'être dit : $n_0 = c_1 v_1$, donc :

$$c_1 = \frac{v_0}{v_1} c_0 = \frac{c_0}{10} \quad \text{donc :} \quad \log c_1 = \log c_0 - 1 \quad \text{soit :} \quad \text{pH}_1 = \text{pH}_0 + 1.$$

La concentration en ions oxonium est divisée par dix, et le pH de cette solution augmente d'une unité au cours de la dilution.

D'une manière strictement analogue, au cours de la dilution de la solution de base forte, la concentration en ions hydroxyde est divisée par dix, et donc, en vertu de l'autoprotolyse de l'eau, la concentration en ions oxonium est multipliée par dix. Le pH baisse donc d'une unité.

Dans tous les cas, plus on dilue la solution, plus son pH se rapproche de 7.

⚠ ATTENTION

Une hypothèse implicite de tous ces calculs est que les solutions sont suffisamment concentrées, même après dilution, pour que l'autoprotolyse de l'eau soit négligeable.

4 Calcul de pH

Enoncé p. 12

Lycée Chateaubriand, Rennes

1 La première solution a une concentration en ions H_3O^+ égale à

$$c_1 = 10^{-2,5} = 3,2 \cdot 10^{-3} \ \text{mol.L}^{-1},$$

et 92 cm^3 de cette solution représentent :

$$n_1 = c_1 \times 92 \times 10^{-3} = 2,9 \cdot 10^{-4} \text{ mol d'ions oxonium } H_3O^+.$$

Par un calcul analogue, on montre que la deuxième solution contient $n_2 = 7 \cdot 10^{-4}$ mol d'ions H_3O^+.

La quantité d'ions H_3O^+ présente dans le mélange est donc :

$$n = n_1 + n_2 = 1,0 \cdot 10^{-3} \text{ mol.}$$

2 La concentration de ces ions est donc $[H_3O^+] = \dfrac{n}{v}$, où v, volume du mélange, vaut : $v = 92 + 7 = 99$ cm^3. L'application numérique donne :

$$[H_3O^+] = 1,0 \times 10^{-2} \text{ mol.L}^{-1},$$

ce qui correspond à un pH égal à 2.

Remarque : on remarquera que ce pH a une valeur comprise entre les valeurs des pH des solutions de départ.

5 Calcul de pH et mélange

Enoncé p. 12

Lycée Janson de Sailly, Paris

On appelle c_1 et v_1 les concentration et volume de la première solution, et c_2 et v_2 les concentration et volume de la deuxième solution.
La quantité de matière d'ions H_3O^+ dans la solution finale est égale à la somme des quantités de matière en ions H_3O^+ présentes dans chacune des solutions initiales, soit :

$$n = n_1 + n_2 = c_1 v_1 + c_2 v_2.$$

Quant au volume de la solution finale, il vaut :

$$v = v_1 + v_2$$

donc la concentration en ions oxonium de la solution finale vaut :

$$[H_3O^+] = \frac{n}{v} = \frac{c_1 v_1 + c_2 v_2}{v_1 + v_2}.$$

On calcule à présent :

$$c_1 = 10^{-pH_1} = 10^{-3} \text{ mol.L}^{-1} \quad \text{et :} \quad c_2 = 10^{-pH_2} = 10^{-4} \text{ mol.L}^{-1}.$$

On en déduit :

$$[H_3O^+] = \frac{10^{-3} \times 0{,}100 + 10^{-4} \times 0{,}400}{0{,}100 + 0{,}400} = 4 \times 10^{-4} \text{ mol.L}^{-1}$$

et donc le pH de la solution finale vaut :

$$pH = -\log[H_3O^+] \approx 3{,}6.$$

Remarque : on notera que cette valeur est bien entendu comprise entre les valeurs du pH des deux solutions initiales.

6 Calcul de pH

Enoncé p. 12

Lycée Monod, Clamart

1 La dissolution du gaz chlorhydrique dans l'eau s'écrit :

$$HCl_{(g)} + H_2O_{(l)} \rightarrow H_3O^+ + Cl^-_{(aq)}.$$

2 La valeur entière la plus proche de son pH est 2, qui correspondrait à une concentration $[H_3O^+] = 10^{-2} = 0{,}01$ mol.L^{-1}. Un litre de la solution contenant 0,012 mol d'ions H_3O^+, on lit sur l'équation-bilan de la dissolution (question précédente) qu'il a fallut dissoudre 0,012 mol de HCl par litre d'eau. Le volume V occupé par cette quantité de HCl est donc donné par :

$$V = V_M \times 0{,}012 = 2{,}9.10^{-1} \text{ L}.$$

3 Soit $v_1 = 20$ cm^3 le volume prélevé et $v_2 = 350$ cm^3 celui de la solution obtenue. Soit c_1 la concentration en ions oxonium de la solution initiale. La quantité de matière n d'ions oxonium H_3O^+ présents dans le prélèvement est $n = c_1 v_1$, et cette quantité se retrouve (diluée) dans la solution finale, de volume v_2. La concentration en ions oxonium y est donc :

$$[H_3O^+] = \frac{n}{v_2} = \frac{c_1v_1}{v_2} = 6{,}9 \cdot 10^{-4}\ \text{mol.L}^{-1}.$$

La valeur du pH s'en déduit par :

$$\text{pH} = -\log[H_3O^+] = 3{,}2.$$

7 pH de bases fortes

Enoncé p. 13

Lycée Pasteur, Neuilly

1 D'après le cours, le pH d'une telle solution est donné par :

$$\text{pH} = 14 - \text{p}c = 14 + \log c = 14 - 3 = 11.$$

2 On calcule la quantité de matière n en ions HO^- dans la solution finale S. Les ions hydroxyde présents dans cette solution proviennent de la solution 1 (quantité de matière $n_1 = c_1v_1$) et de la solution 2 (quantité de matière $n_2 = c_2v_2$), donc au total on a une quantité de matière :

$$n = n_1 + n_2 = c_1v_1 + c_2v_2.$$

en ions HO^- dans la solution S, de volume $v = v_1 + v_2$. La concentration des ions hydroxyde dans cette solution est donc :

$$[HO^-] = \frac{c_1v_1 + c_2v_2}{v_1 + v_2} = \frac{0{,}200 \times 1{,}0 \times 10^{-3} + 0{,}100 \times 4{,}0 \times 10^{-3}}{0{,}200 + 0{,}100}$$
$$= 2{,}0 \cdot 10^{-3}\ \text{mol.L}^{-1}.$$

On en déduit la valeur du pH final :

$$\text{pH} = 14 + \log[HO^-] = 11{,}3.$$

8 pH d'un acide fort

Enoncé p. 13

Lycée Marie Curie, Sceaux

1 Les espèces présentes dans le mélange sont :

- les ions sodium Na^+ ;
- les ions chlorure Cl^- ;
- les ions oxonium H_3O^+ ;
- enfin, à cause de l'équilibre d'autoprotolyse de l'eau, les ions HO^-.

2 On calcule les quantités de matière introduites des trois premières espèces.

- Les ions Na^+ sont présents uniquement dans la deuxième solution donc : $n_{Na^+} = c_bv_b = 0{,}040 \times 0{,}150 = 6{,}0 \times 10^{-3}$ mol;
- les ions Cl^- sont présents dans les deux solutions donc :

  $n_{Cl^-} = c_av_a + c_bv_b = 0{,}050 \times 0{,}060 + 0{,}04 \times 0{,}15 = 9{,}0 \times 10^{-3}$ mol;

- les ions H_3O^+ sont apportés uniquement par la première solution, donc :

$$n_{H_3O^+} = c_a v_a = 3{,}0 \times 10^{-3} \text{ mol.}$$

Nous gardons deux chiffres significatifs dans ces résultats puisque c'est la précision avec laquelle sont données les concentrations dans l'énoncé.

On en déduit les concentrations en divisant ces quantités de matière par le volume de la solution finale, qui est $v = v_a + v_b = 200$ mL soit $v = 0{,}200$ L :

- $[Na^+] = 0{,}030 \text{ mol.L}^{-1}$;
- $[Cl^-] = 0{,}045 \text{ mol.L}^{-1}$;
- $[H_3O^+] = 0{,}015 \text{ mol.L}^{-1}$.

Ici, on peut remarquer que les concentrations (et les quantités de matière) s'obtiennent par neutralité de l'eau : $[Na^+] + [H_3O^+] = [Cl^-]$.

MÉTHODE

Il faut veiller au fait qu'une partie de ces ions oxonium va réagir avec les ions hydroxyde présents dans le milieu pour donner des molécules d'eau (équilibre d'autoprotolyse de l'eau). Toutefois, avant introduction de cette quantité d'ions oxonium, le milieu contenait au plus 10^{-7} mol.L^{-1} d'ions HO^-, donc une quantité tout à fait négligeable devant la quantité d'ions H_3O^+ introduits, si bien que l'on peut négliger l'autoprotolyse de l'eau pour calculer la concentration en ions H_3O^+.

- Enfin, on déduit de la concentration en ions H_3O^+ la concentration en ions HO^-, en utilisant l'équilibre d'autoprotolyse de l'eau :

$$[HO^-][H_3O^+] = 10^{-14} \text{ donc : } [HO^-] = \frac{10^{-14}}{0{,}0150} = 6{,}7 \cdot 10^{-13} \text{ mol.L}^{-1}.$$

3 Le pH se déduit de la question précédente par :

$$pH = -\log[H_3O^+] = 1{,}8.$$

9 pH et température

Enoncé p. 13

Lycée de Montgeron, Montgeron

Retrouvez en vidéo le corrigé de cet exercice.

1 Considérons l'équilibre d'autoprotolyse de l'eau :

$$2H_2O = HO^- + H_3O^+ \qquad \text{constante d'équilibre : } K_e.$$

On pose :

$$h = [H_3O^+].$$

Le chlorure de sodium dissous dans l'eau n'a ni caractère basique ni caractère acide, donc on a la relation :

$$[H_3O^+] = [HO^-] = h,$$

d'où l'on déduit :

$$h^2 = K_e \quad \text{et donc :} \quad pH = -\frac{1}{2}\log K_e.$$

L'application numérique donne : pH = 6,3.
Ainsi, à 80 °C, le pH d'une solution neutre, ou de l'eau pure, est 6,3.

MÉTHODE

On constate que la constante d'équilibre de l'autoprotolyse de l'eau (K_e) est plus grande qu'à 25 °C, donc il y a plus de molécules d'eau dissociées pour une quantité donnée d'eau.

2 Sans faire de calculs, on voit que cette solution contient plus d'ions hydroxyde que d'ions oxonium. C'est donc une solution basique (c'est-à-dire, dans ce cas, de pH supérieur à 6,3).
On a alors :

$$100h^2 = K_e \quad \text{donc :} \quad pH = -\frac{1}{2}(\log K_e - \log 100) = 7{,}3.$$

10 Bromure d'hydrogène

Enoncé p. 13

Lycée François Mauriac, Bordeaux

1 L'équation-bilan correspond à la réaction quasi-totale :

$$HBr_{(g)} + H_2O_{(l)} \rightarrow H_3O^+ + Br^-{}_{(aq)}$$

Le bromure d'hydrogène est un gaz toxique. C'est un acide fort, et sa solution aqueuse est donc acide (pH < 7).

2 On veut obtenir une quantité de matière $n = cV = 0{,}01 \times 1 = 0{,}01$ mol d'ions Br^- ou d'ions H_3O^+dans la solution, donc on lit sur l'équation-bilan précédente, dont tous les coefficients stœchiométriques sont égaux à un qu'il faut pour cela dissoudre $n = 0{,}01$ mol de bromure d'hydrogène, qui occupe un volume :

$$v = nV_m = 0{,}01 \times 24{,}0 = 0{,}24 \text{ L}.$$

3 La soude est une base forte donc sa concentration vérifie la relation :

$$pH = 14 - pc = 14 + \log c.$$

On a donc : $\log c = 12{,}4 - 14 = -1{,}6$, d'où l'on déduit :

$$c = 10^{-1{,}6} = 2{,}5 \cdot 10^{-2} \text{ mol.L}^{-1}.$$

Dans 250 mL de solution, on a donc une quantité de matière en ions hydroxyde HO^- donnée par :

$$n = cV = 2{,}5 \times 10^{-2} \times 0{,}250 = 6{,}3 \times 10^{-3} \text{ mol}.$$

Or l'équation-bilan de la dissolution de la soude est :

$$NaOH \rightarrow Na^+ + HO^-$$

On lit donc sur cette équation-bilan que pour obtenir n mol d'ions hydroxyde HO^-, on doit dissoudre n mol de soude. La masse correspondante est :

$$m_{NaOH} = nM_{NaOH} = 6{,}25 \times 10^{-3} \times 40 = 0{,}25 \text{ g.}$$

4 Si on dilue de cent fois la solution de la question précédente, alors $\log c$ diminue de 2 ($100 = 10^2$), donc le pH, qui vérifie :

$$\text{pH} = 14 + \log \text{c},$$

diminue de 2 également et vaut alors : pH = 10,4.

5 L'équation qui se produit lorsque l'on mélange une solution de base forte et une solution d'acide fort est la neutralisation des ions oxonium et hydroxyde pour donner de l'eau :

$$H_3O^+ + HO^- \rightarrow 2H_2O.$$

COURS

INTERROS

CORRIGÉS

Chapitre 2

Méthodes physiques d'analyse d'un système chimique

Plan du chapitre

1 Introduction

Exercice type — Lycée Gay-Lussac, Limoges

La formule topologique de la cyclohexanone est :

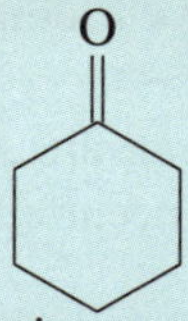

Son spectre infrarouge a l'allure suivante :

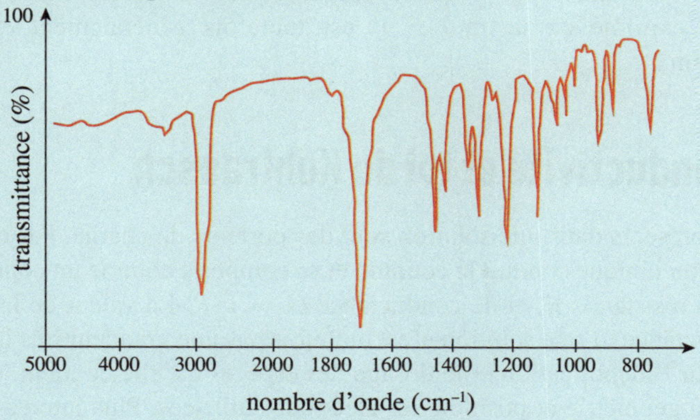

Identifier les groupes fonctionnels responsables des deux bandes de plus courte longueur d'onde sur ce spectre, et délimiter la région des groupes fonctionnels et celle du domaine caractéristique.

Voir corrigé page 31

Dans ce chapitre nous présentons plusieurs méthodes physiques permettant d'identifier des espèces en solution, et d'évaluer leur concentration. Certaines ont déjà été mentionnées dans les classes antérieures, d'autres sont nouvelles.

2 Absorbance et loi de Beer-Lambert

Un soluté a la capacité d'absorber une fraction de la lumière incidente (qui dépend de la longueur d'onde). On associe à cette capacité un nombre sans dimension, appelé absorbance, et noté A. Un spectrophotomètre permet d'étudier l'absorbance d'un soluté à une longueur d'onde donnée, réglable. Il faut veiller à utiliser le spectrophotomètre à la longueur d'onde où l'absorbance est maximale, pour une meilleure précision. Le solvant pouvant également absorber la lumière incidente, il faut régler le zéro de l'appareil en réalisant une mesure à part avec le solvant seul : c'est ce que l'on appelle *l'étalonnage de l'appareil.*

À RETENIR

L'absorbance d'un soluté S est donnée par la loi de Beer-Lambert :

$$A = \epsilon \times l \times [S]$$

où l est la longueur de la cuve, $[S]$ la concentration du soluté, et ϵ est appelée le coefficient d'absorption molaire du soluté.

On voit immédiatement que si l'on mesure A et que l'on connaît le produit $\epsilon \times l$, on peut inférer la valeur $[S]$ de la concentration.

Remarque : en unités du Système International, le coefficient d'absorption molaire s'exprime en $m^2.mol^{-1}$. Il est toutefois généralement exprimé en $L.mol^{-1}.cm^{-1}$.

3 Conductivité et loi de Kohlrausch

Les ions présents dans une solution sont des porteurs de charge. Par conséquent, une solution ionique conduit le courant, et se comporte comme un conducteur ohmique, de résistance R, et de conductance $G = 1/R$. La valeur de la résistance (ou conductance) d'une solution n'est toutefois pas une grandeur très intéressante en soi pour l'identification et le dosage des espèces qu'elle contient, car elle dépend de la géométrie et position des électrodes utilisées. Plus intéressante est la notion de conductivité, qui est intrinsèque à la solution, et qui dépend directement des concentrations des différents ions présents.

La conductance G de la portion de solution contenue dans la sonde conductimétrique est donnée par :

$$G = \sigma \frac{S}{l}$$

où σ est la conductivité de la solution, et où S/l est une constante qui dépend de la géométrie de la cellule conductimétrique utilisée (S étant la surface des électrodes en regard, et l la distance les séparant). Si l'on mesure la conductance de la solution, et que l'on connaît le rapport S/l de la sonde conductimétrique, on peut déduire la valeur de la conductivité σ de la solution. La conductivité de la solution peut elle-même s'exprimer comme une somme sur les différentes espèces ioniques présentes, grâce à la loi de Kohlrausch.

À RETENIR : loi de Kohlrausch

La conductivité d'une solution s'écrit :

$$\sigma = \sum_i \lambda_i [i] \qquad (1)$$

où λ_i est la conductivité molaire ionique de l'espèce i, et $[i]$ la concentration de cette espèce dans la solution.

Remarque : dans les unités du Système International, la conductivité σ s'exprime en siemens par mètre ($S.m^{-1}$). La conductivité molaire ionique s'exprime, elle, généralement en millisiemens mètre carré par mole ($mS.m^2.mol^{-1}$) . En quelle unité obtient-on la conductivité lorsque l'on multiplie une telle grandeur par une concentration en mole par litre ? Pour le savoir effectuons une analyse dimensionnelle. Si on dénote par $\{\sigma\}$ l'unité de la conductivité σ, alors celle-ci est, pour nos choix d'unités :

$$\begin{aligned} \{\sigma\} &= mS.m^2.mol^{-1} \times mol.L^{-1} \\ &= mS.m^2.mol^{-1} \times mol/(10^{-3}m^3) \\ &= 10^3 mS.m^{-1} = S.m^{-1}. \end{aligned}$$

On obtient donc directement la conductivité dans les unités du Système International.

4 Spectroscopie UV-Visible-IR

À l'instar de ce qui a lieu pour des atomes isolés, les molécules peuvent absorber des photons de certaine énergie, qui dépend de la molécule. Ces photons peuvent alors porter dans un état excité l'un des électrons responsables d'une liaison covalente au sein de la molécule, ou exciter les vibrations d'une ou plusieurs liaisons, ou encore causer des torsions ou des déformations de la molécule.

On rappelle qu'une radiation monochromatique de fréquence ν peut être également considérée comme un faisceau de photons ayant chacun une énergie $E = h\nu$,

COURS
INTERROS
CORRIGÉS

où $h = 6{,}626 \cdot 10^{-34}$ J.s est la constante de Planck. On rappelle également la relation qui existe entre fréquence ν et longueur d'onde λ : $\nu = \frac{c}{\lambda}$, où c est la vitesse de la lumière.

4.1 Spectroscopie ultraviolette et visible

4.1.1 - Bandes d'absorption

Les énergies mises en jeu pour promouvoir l'un des électrons d'une molécule dans un état excité sont relativement élevées (et du même ordre de grandeur que pour exciter un électron dans un atome isolé). Par conséquent, les photons qui possèdent l'énergie requise sont des photons du visible ou de l'ultraviolet. En général, le spectre d'absorption d'une molécule dans l'ultraviolet est composé de bandes très larges, et peu nombreuses. La quantité importante associée à ces bandes est la longueur d'onde du maximum d'absorption.

En règle générale, ces bandes sont liées à la présence de doubles liaisons dans la molécule. La figure suivante montre ainsi le spectre ultraviolet du 1,3-butadiène $CH_2=CH–CH=CH_2$.

On voit que la longueur d'onde du maximum d'absorption de cette molécule est d'environ 210 nm.

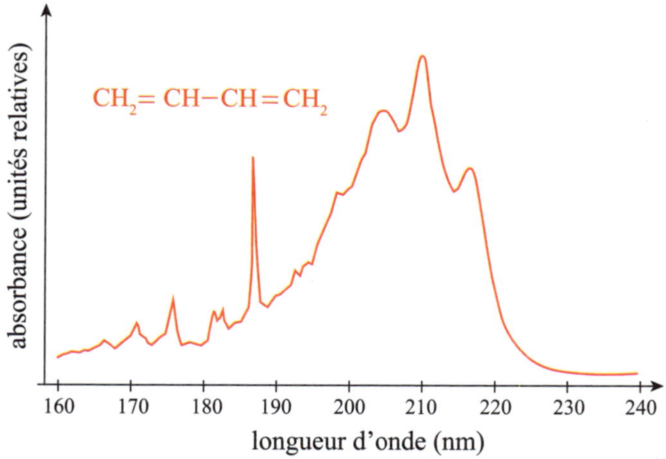

Notons que les molécules à chaîne carbonée qui présentent une alternance de liaisons simples et doubles présentent ce type d'absorption, et que la longueur d'onde du maximum d'absorption croît avec la longueur de la chaîne. Lorsque des doubles liaisons sont séparées par une seule simple liaison, on parle de liaisons conjuguées.

La courbe d'absorbance des composés dépend en général très peu de leur température.

4.1.2 - Couleur des composés

Un composé qui n'absorbe pas dans le visible (comme c'est le cas du 1,3-butadiène vu au chapitre précédent) apparaît incolore. Si en revanche il possède des bandes d'absorption à plus grande longueur d'onde, dans le domaine visible, il apparaîtra coloré. Sa couleur lui est conféré par le mélange des couleurs *qui ne sont pas absorbées.* Dans le cas simple où une seule bande d'absorption est présente dans le visible, le composé a la couleur complémentaire de sa bande d'absorption.

Le tableau ci-dessous présente les paires de couleurs complémentaires.

couleur	bleu	rouge	jaune
couleur complémentaire	orange	vert	violet

Les informations de ce tableau peuvent également être présentées sous la forme d'un cercle chromatique comme représenté ci-dessous.

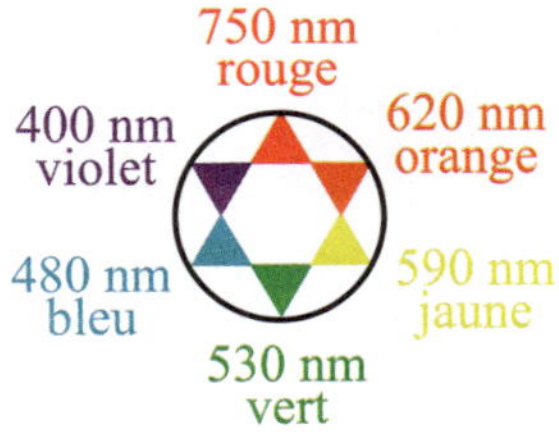

Considérons la molécule ayant la formule topologique suivante :

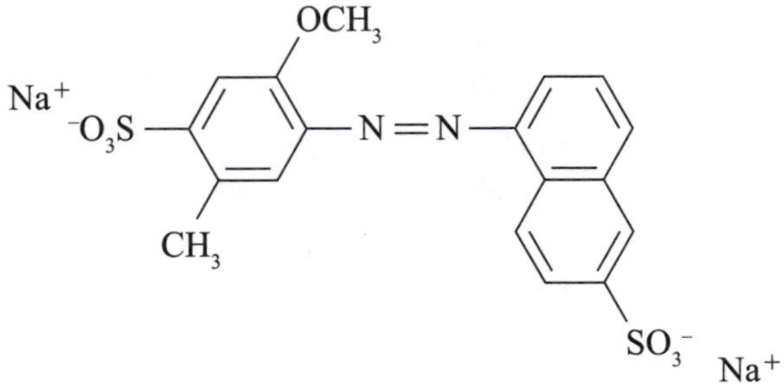

qui a le spectre suivant :

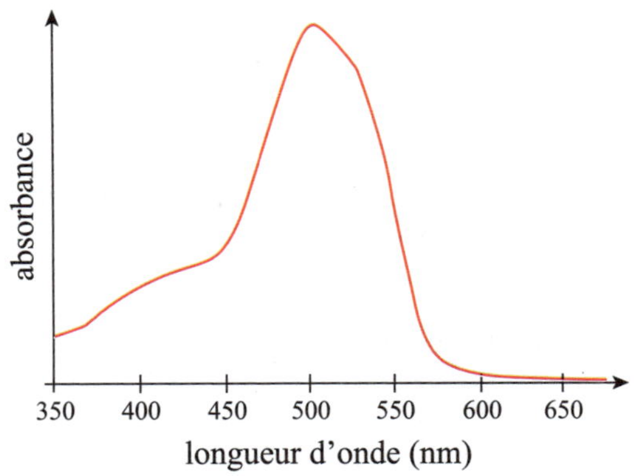

On voit qu'elle absorbe pratiquement toutes les radiations visibles de longueur d'onde inférieure à 570 nm, et qu'elle laisse passer les radiations de longueur d'onde supérieure. Celles-ci correspondent essentiellement aux radiations rouges. Ce composé a donc une couleur rouge. Il est utilisé comme colorant alimentaire (colorant E129).

On peut se demander pourquoi, au contraire de ce qu'il se passe pour un atome isolé, ce ne sont pas des longueurs d'ondes bien précises qui sont absorbées (spectre de raies), mais des bandes larges. La raison en est que les liaisons au sein d'une molécule ont la possibilité de vibrer. Une petite quantité d'énergie est associée à ces mouvements, donc des photons d'énergies voisines peuvent être absorbés et amener la molécule dans le même état électronique excité, mais par exemple dans des états vibratoires différents, ce qui explique la largeur des bandes d'absorption. On voit ainsi qu'un photon qui change l'état vibratoire d'une molécule sans changer l'état électronique de celle-ci aura une énergie petite. C'est un photon infrarouge. La spectroscopie infrarouge, comme nous allons le voir dans le paragraphe suivant, nous apporte ainsi beaucoup d'informations sur les groupes caractéristiques d'une molécule.

4.2 Spectroscopie infrarouge

4.2.1 - Nombre d'onde

On appelle nombre d'onde l'inverse de la longueur d'onde. Il correspond ainsi au nombre de longueurs d'onde (nombre de crêtes et creux) par unité de longueur.

En spectroscopie infrarouge on a coutume de noter ν le nombre d'onde (attention à ne pas le confondre avec la fréquence) et à l'exprimer en cm^{-1}.

Exemple : calculons le nombre d'onde d'une onde de longueur d'onde $\lambda = 1100$ nm (située dans l'infrarouge proche). On a :

$$\nu = \frac{1}{1100 \times 10^{-9}} = 9{,}091 \cdot 10^5\ \text{m}^{-1}.$$

On convertit cette valeur en cm^{-1} en remarquant qu'il y a cent fois moins de longueur d'onde dans un centimètre que dans un mètre :

$$\nu = 9{,}091 \cdot 10^3\ \text{cm}^{-1}.$$

Remarque : entre nombre d'onde ν et fréquence (notée f ici pour éviter toute confusion) on remarque que l'on a la relation :

$$f = c\nu.$$

La fréquence et le nombre d'onde ne diffèrent donc que d'une constante (la vitesse de la lumière).

COURS
INTERROS
CORRIGÉS

4.2.2 - Différents types de vibration

Les molécules peuvent présenter différents types de mouvement vibratoire. Sans prétendre à l'exhaustivité, mentionnons les plus courants. La vibration en élongation est représentée sur la figure ci-après.

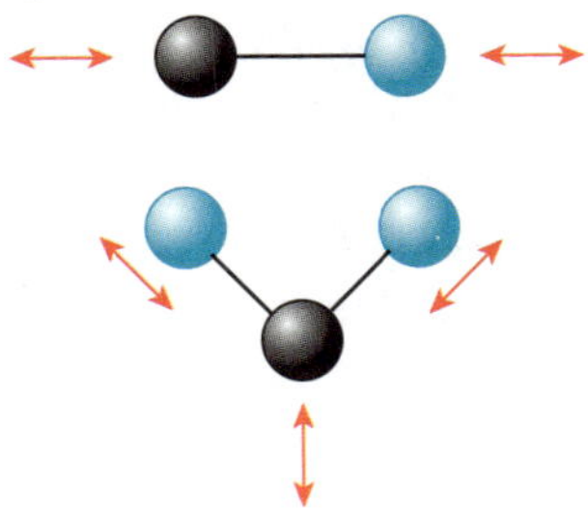

La figure ci-après montre quelques exemples de vibration en déformation :

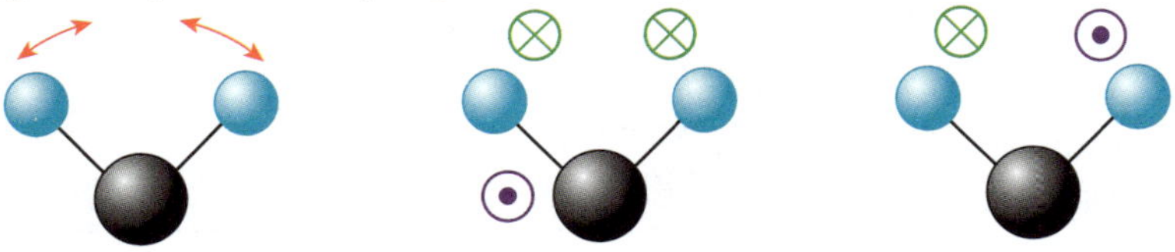

Chacun de ces mouvements vibratoires s'exécute à une fréquence relativement bien définie. Réciproquement, si un photon incident possède cette fréquence, il peut être absorbé et contribuer à augmenter l'énergie de la vibration. La molécule absorbe donc les photons infrarouges à des fréquences caractéristiques des liaisons qu'elle possède.

4.2.3 - Vibrations en élongation des liaisons les plus courantes

On considère la molécule d'hexan-2-ol, ayant respectivement pour formule semi-développée et pour formule topologique :

$$CH_3-\underset{}{\overset{\displaystyle OH \atop |}{CH_2}}-CH_2-CH_2-CH_2-CH_3$$

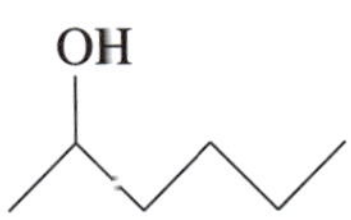

On représente sur la figure ci-après le spectre infrarouge de cette molécule.

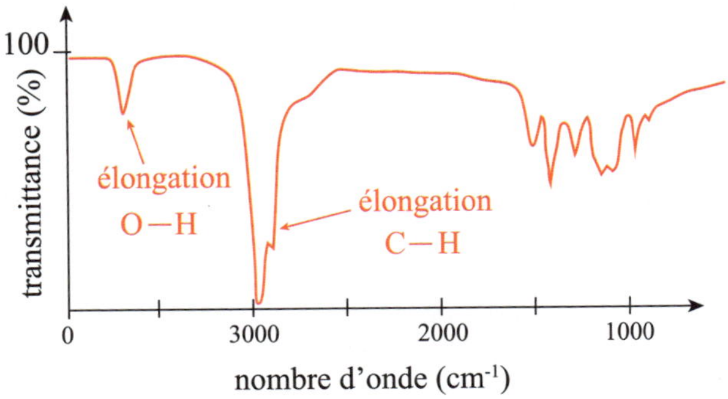

On remarque que le sens de l'abscisse a été inversé sur ce graphe (elle croît vers la gauche, ce qui signifie que l'énergie des photons croît vers la gauche). On y voit deux bandes autour des nombres d'onde $\nu \approx 2900 - 3000\ \text{cm}^{-1}$ et $\nu \approx 3600 - 3700\ \text{cm}^{-1}$. La première bande est caractéristique de la fréquence de vibration en élongation de la liaison C–H, alors que la seconde est caractéristique de la fréquence de vibration en élongation de la liaison O–H. De manière peu surprenante, la bande des liaisons C–H est nettement plus marquée, puisqu'une molécule d'hexan-2-ol comporte 14 liaisons C–H pour une liaison O–H.

En général, le spectre infrarouge de composés organiques fait apparaître des bandes à des nombres d'onde particuliers des groupes caractéristiques présents dans le composé. On indique à la table ci-après les domaines de fréquence de vibration en élongation des liaisons les plus courantes.

Type de composé	Liaison	Nombre d'onde (cm^{-1})
alcane	C–H	2800 – 3100
alcène	=C–H	3000 – 3140
alcools et phénols	O–H	3500 – 3700 (libre, composés à l'état gazeux)
alcools et phénols	O–H	3200 – 3500 (liaisons hydrogène)
amines	N–H	3300 – 3500
amides	N–H	3180 – 3500
alcènes	C=C	1630 – 1690 (isolée)
alcènes	C=C	1610 – 1640 (conjuguée)
acides carb., aldéhydes, cétones	C=O	1700 – 1730
esters	C=O	1735 – 1750
alcynes	C≡C	2100 – 2160

Ainsi que l'on peut le voir dans ce tableau, les nombres d'onde sont tous supérieurs à un seuil bas d'environ $1500\ \text{cm}^{-1}$. Au-dessous de cette valeur, les spectres infrarouges des composés organiques présentent une allure beaucoup plus complexe, avec de nombreuses bandes plus étroites, qui résultent de vibrations de déformations (en général moins « énergétiques », donc excitées par des photons de plus grande longueur d'onde ou de plus petit nombre d'onde) que les vibrations en élongations, et de vibrations en élongations entre atomes massifs (C-C, C-O). On a coutume de dire que la région du spectre $\nu > 1500\ \text{cm}^{-1}$ constitue le domaine des groupes fonctionnels, bien séparés et identifiables, tandis que la région de plus basse énergie constitue le domaine caractéristique ou domaine des « empreintes digitales », plus difficilement interprétables mais uniques à un composé donné, et qui requiert une analyse plus fine que celles qui seront proposées en exercice.

Solution de l'exercice type — Lycée Gay-Lussac, Limoges

Les deux bandes de plus courte longueur d'onde sont celles qui ont le nombre d'onde le plus élevé.

On voit sur la table de la page 30 qu'elles correspondent respectivement à la vibration en élongation de la liaison C–H et à celle de la liaison C=O.

La région des groupes fonctionnels est celle correspondant à un nombre d'onde supérieur à 1500 cm^{-1}, tandis que celle des empreintes digitales correspond à un nombre d'onde inférieur à 1500 cm^{-1}.

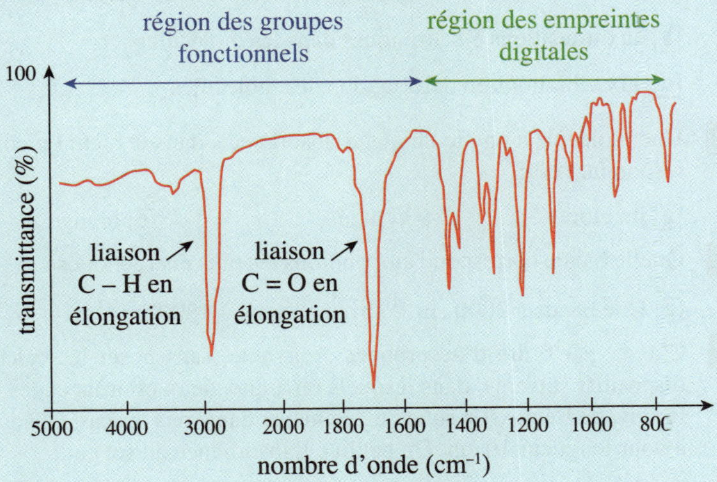

Voir énoncé page 23

1 QCM Spectroscopie IR et UV

5 min

Corrigé p. 37

1 Les bandes d'absorption des molécules dans l'ultraviolet et le visible sont

a des bandes étroites **b** des bandes larges

2 Elles sont dues

a aux vibrations en élongation des liaisons moléculaires

b aux transitions électroniques dans les molécules

c aux vibrations en déformation des molécules

3 Une molécule a un pic unique d'absorbance, dans le bleu. Le corps correspondant est :

a incolore **b** bleu **c** orangé

4 Quelle bande correspond aux photons les plus énergétiques ?

a Une bande à 3000 cm^{-1} **b** une bande à 1800 cm^{-1}

5 Classer par ordre d'absorbance croissante, sans poser les calculs, les dispositifs suivants, dans lesquels on a une, deux ou trois cuves l'une à la suite de l'autre. Le soluté est le même dans tous les cas. Chaque cuve a pour longueur 10 cm. On néglige l'absorbance du solvant.

a)
[S] = 1 $mol.L^{-1}$ [S] = 1 $mol.L^{-1}$

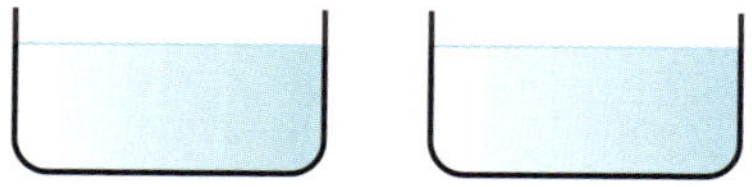

b)
[S] = 1 $mol.L^{-1}$

c)
[S] = 0,5 $mol.L^{-1}$ [S] = 2 $mol.L^{-1}$

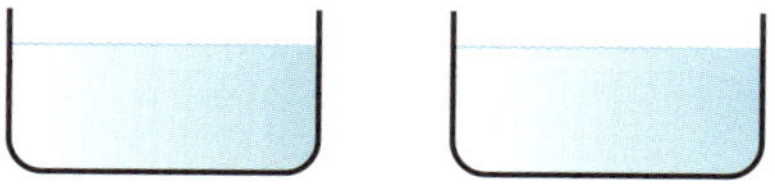

d)
[S] = 0,3 $mol.L^{-1}$ [S] = 0,5 $mol.L^{-1}$ [S] = 0,5 $mol.L^{-1}$

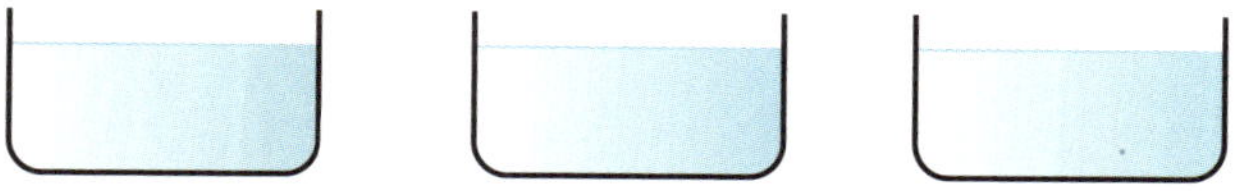

e)
[S] = 1 $mol.L^{-1}$ [S] = 2 $mol.L^{-1}$

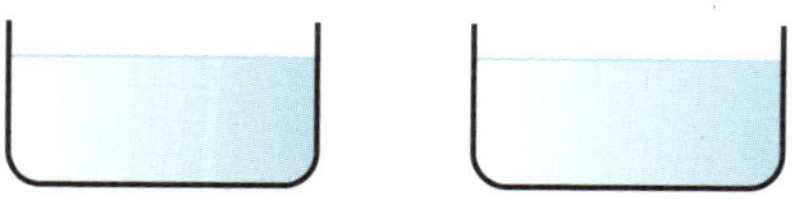

2 Spectres de colorants

★ 10 min Corrigé p. 37

Lycée Montaigne, Paris

On présente sur la figure ci-après le spectre de trois colorants : la tartrazine (jaune E102), le bleu brillant FCF (E133) et le vert naphtol.

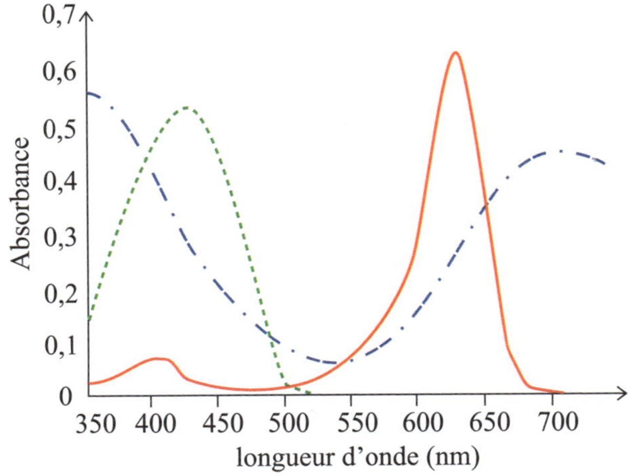

Indiquer quel spectre correspond à chacun d'entre eux.

3 Éthanoate de benzyle

★★ 15 min Corrigé p. 37

Lycée Jean-Pierre Vernant, Sèvres

L'éthanoate de benzyle est responsable de l'odeur du jasmin. On le trouve à l'état naturel dans beaucoup de fleurs. Cet ester peut être synthétisé à partir de l'acide éthanoïque et de l'alcool benzylique, selon la réaction :

acide éthanoïque + alcool benzylique → éthanoate de benzyle + eau

On donne les formules topologiques suivantes :

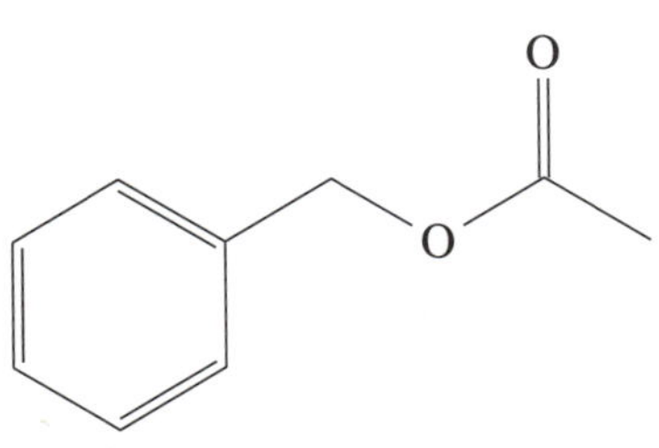

éthanoate de benzyle

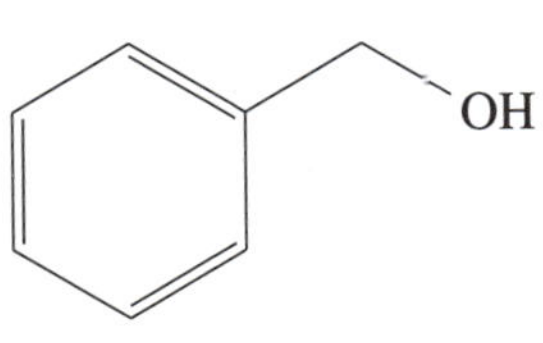

alcool benzylique

On donne par ailleurs trois spectres infrarouges page suivante.

1 Donner la formule semi-développée de l'acide éthanoïque.

2 Attribuer, en justifiant, son spectre infrarouge à chacun des trois composés organiques mis en jeu dans cette synthèse. On s'aidera du tableau de la page 30.

Spectre n°1

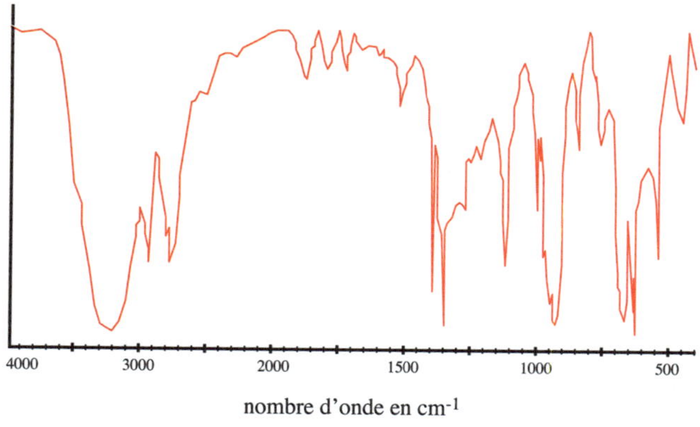

Spectre n°2

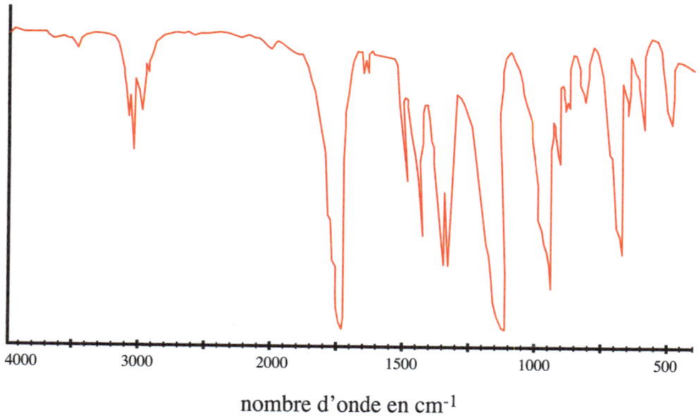

Spectre n°3

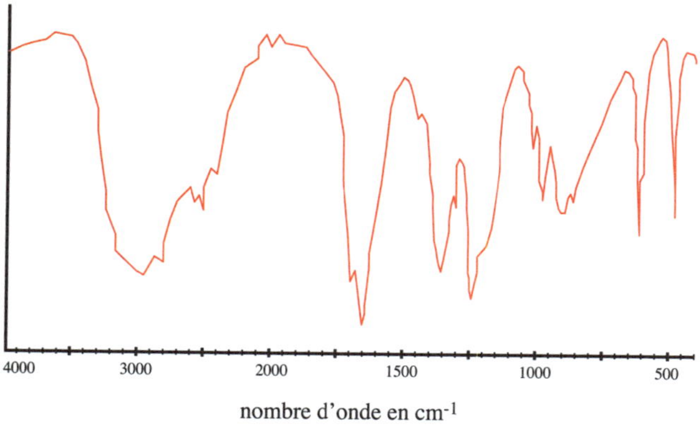

4 Identification d'une molécule ★★ 10 min

Corrigé p. 38

Lycée Claude Bernard, Paris

On considère une molécule de formule brute C_2H_6O.

1 Écrire les deux molécules isomères possibles en formule semi-développée.

2 À l'aide de son spectre infrarouge ci-après, identifier la molécule et la nommer. On s'aidera du tableau de la page 30.

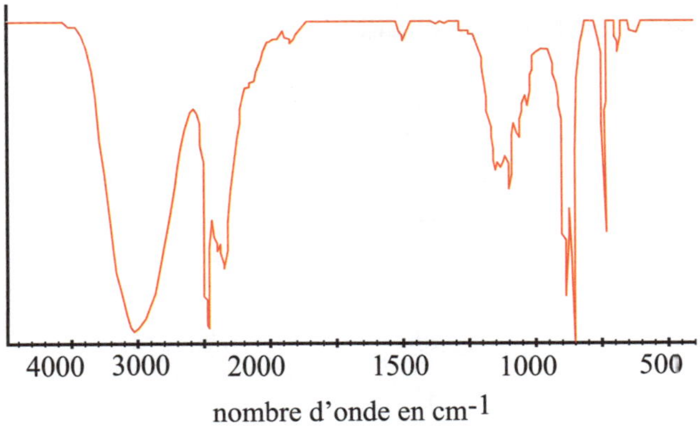

5 Spectroscopie UV-visible ★★ 10 min

Corrigé p. 38

Lycée Jean Rostand, Villepinte

À l'aide d'un spectrophotomètre, on a obtenu le spectre ci-après d'une solution colorée.

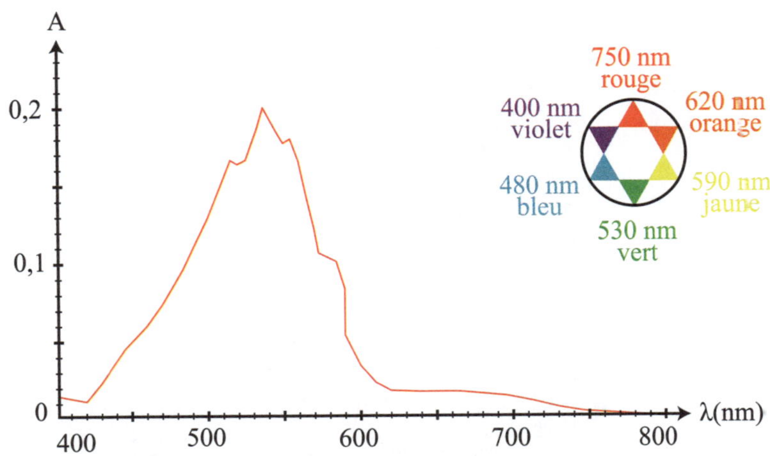

1 Préciser le nom et l'unité de la grandeur portée en ordonnée sur le spectre.

2 Dans quel domaine de longueur d'onde cette solution absorbe-t-elle le plus ?

3 En déduire la couleur de la solution.

4 À quelle longueur d'onde doit-on régler le spectrophotomètre pour analyser cette solution colorée ?

5 Décrire l'allure du spectre si on avait utilisé une solution deux fois plus concentrée.

6 Acétate d'éthyle

★★ 10 min Corrigé p. 39

Lycée Sainte-Geneviève, Versailles

L'acétate d'éthyle est un composé présentant de nombreuses applications. Il est par exemple utilisé pour l'arôme de fraise, pour accélérer la prise des peintures et vernis, ou pour décaféiner les grains de café. On présente sur les figures suivantes les spectres infrarouges de l'acide éthanoïque, de l'éthanol et de l'éthanoate (ou acétate) d'éthyle (voir chapitre 9 : chimie organique).

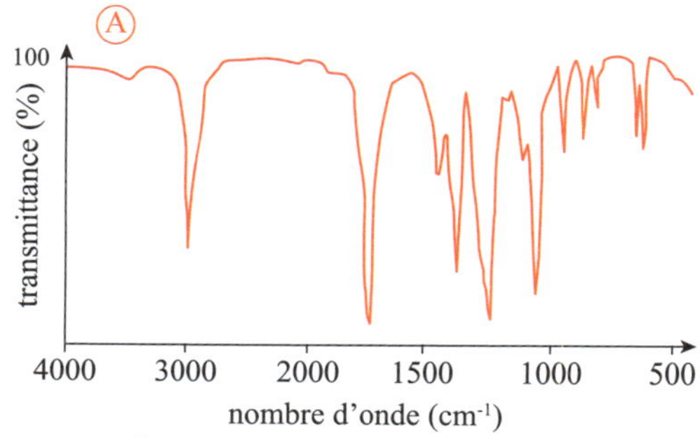

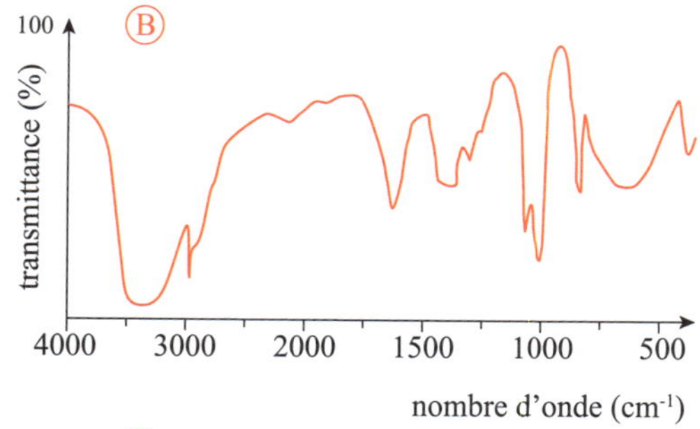

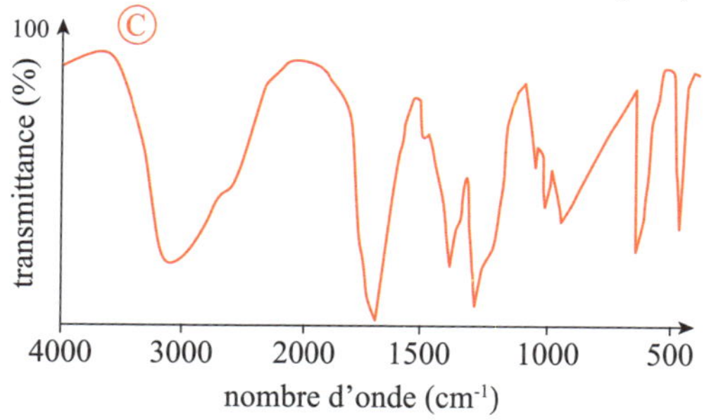

1 Écrire la formule semi-développée de chacune de ces molécules.

2 Identifier à quelle molécule correspond chaque spectre. On pourra s'aider du tableau de la page 30.

1 QCM Spectroscopie IR et UV

Enoncé p. 32

1 Réponse [b] : des bandes larges.

2 Réponse [b] : elles sont dues aux transitions électroniques dans les molécules.

3 Réponse [c] : la couleur du composé est la couleur complémentaire de celle du pic d'absorbance. Il est donc orangé.

4 Réponse [a] : la fréquence et l'énergie d'un photon croissent avec son nombre d'ondes. La bande correspondant aux photons les plus énergétiques est donc celle à 3000 cm^{-1}.

5 Réponse : *b, d, a, c* et *e*. S'il y a plusieurs cuves, on additionne leurs absorbances. Puisque le coefficient d'absorption molaire et la longueur de la cuve sont les mêmes dans tous les cas, il suffit de comparer les sommes des concentrations, d'où le résultat.

2 Spectres de colorants

Enoncé p. 33

Lycée Montaigne, Paris

Le composé dont le spectre est représenté par une ligne continue absorbe essentiellement dans la région orangée-rouge du spectre, donc, sa couleur, complémentaire des couleurs absorbée, doit être bleu-vert, et peut être *a priori* le bleu brillant ou le vert naphtol. Le composé dont le spectre est représenté en pointillés longs absorbe préférentiellement les deux extrémités du spectre visible et laisse passer les radiations intermédiaires. Il s'agit donc du vert naphtol, et le composé précédent est le bleu brillant. Par élimination, le composé dont le spectre est représenté en pointillés courts est la tartrazine. On voit qu'il absorbe en effet essentiellement les longueurs d'onde les plus courtes du spectre visible, donc dans le violet, couleur complémentaire du jaune.

3 Éthanoate de benzyle

Enoncé p. 33

Lycée Jean-Pierre Vernant, Sèvres

1 La formule semi-développée de l'acide éthanoïque est :

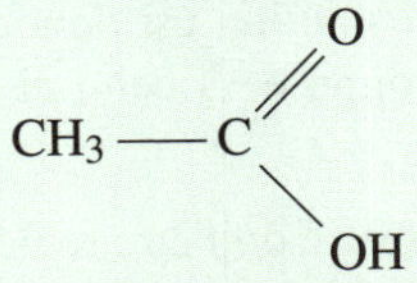

2 Les liaisons présentes sur les molécules mises en jeu qui vont nous permettre de discriminer les composés sont C=O et O–H. En nous aidant du tableau de la page 30, nous voyons que la liaison C=O possède une bande relativement étroite vers 1700 – 1750 cm^{-1}, et que la liaison O–H possède une bande large vers 3000 – 3700 cm^{-1}.

L'examen des spectres nous informe que :

- le composé du spectre numéro 1 possède une liaison O–H, mais pas de liaison C=O. C'est donc l'alcool benzylique, le seul des trois composés en jeu ne possédant pas de liaison C=O.
- Le composé du spectre numéro 3 possède à la fois une liaison O–H et une liaison C=O. C'est donc l'acide éthanoïque.
- Par élimination, on en déduit que le spectre numéro 2 est celui de l'éthanoate de benzyle (produit de la synthèse). On corrobore cette affirmation en observant la présence de la bande de la liaison C=O, mais pas la bande large de la liaison O–H (la bande relativement étroite vers 3000 cm^{-1} est celle de la liaison C–H).

4 Identification d'une molécule

Enoncé p. 34

Lycée Claude Bernard, Paris

1 Les deux formules semi-développées possibles sont :

$CH_3 - CH_2OH$ $\qquad$ $CH_3 - O - CH_3$

2 Nous voyons sur le tableau de la page 30 que la liaison O–H donne une bande large vers 3200 – 3700 cm^{-1}, que l'on retrouve sur le spectre du composé. La molécule correspond donc à celle contenant une liaison O–H, c'est-à-dire la première molécule donnée à la réponse précédente. Il s'agit de l'éthanol.

5 Spectroscopie UV-visible

Enoncé p. 35

Lycée Jean Rostand, Villepinte

1 La grandeur portée en ordonnée s'appelle l'absorbance. Elle n'a pas d'unité.

2 Cette solution absorbe le plus aux alentours de 540 nm, c'est-à-dire dans le domaine du vert.

3 La couleur de la solution est donc la couleur complémentaire du vert, diamétralement opposée à celui-ci sur le cercle chromatique. Elle est donc rouge.

4 Le spectrophotomètre doit être réglé à la longueur d'onde du maximum d'absorbance, donc ici sur $\lambda = 540$ nm.

5 D'après la loi de Beer-Lambert, l'absorbance est proportionnelle à la concentration. Par conséquent, si on avait utilisé une solution deux fois plus concentrée, on aurait obtenu une absorbance deux fois plus grande, comme indiqué sur le spectre page ci-contre.

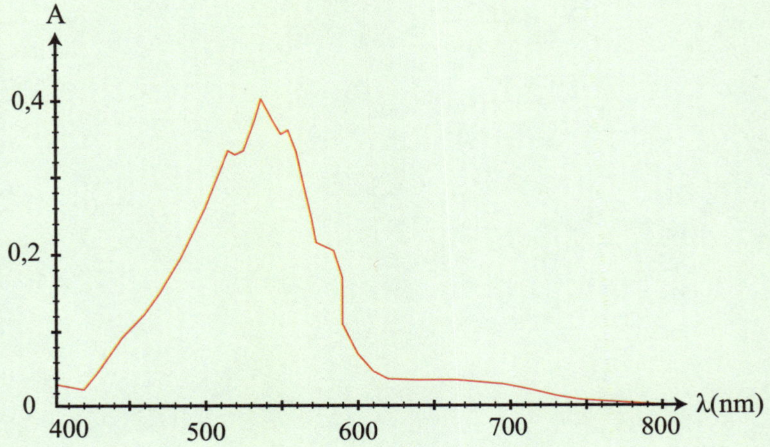

6 Acétate d'éthyle

Enoncé p. 36

Lycée Sainte-Geneviève, Versailles

1 La formule semi-développée de l'acide éthanoïque est :

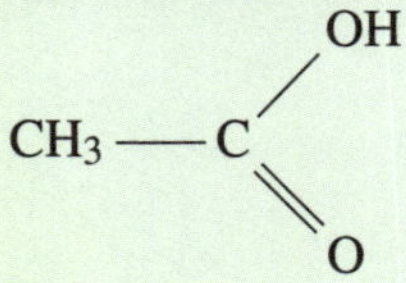

Celle de l'éthanol est :

$$CH_3 — CH_2 — OH$$

et celle de l'éthanoate d'éthyle est :

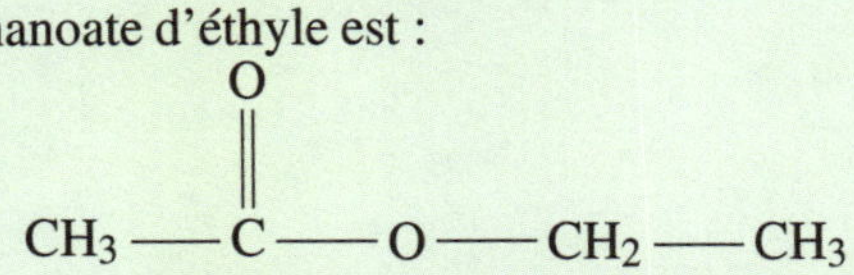

2 On voit que la seule molécule qui ne comporte pas de liaison C=O est l'éthanol. Sur le tableau de la page 30 on voit que cette liaison a une bande d'absorption vers $1700 - 1730\ \text{cm}^{-1}$. Le seul spectre qui ne présente pas une telle bande est le spectre B, que l'on peut donc associer à l'éthanol. Il nous faut à présent identifier le spectre de l'acide éthanoïque et celui de l'éthanoate d'éthyle. On peut utiliser le fait, à présent, que des deux seul l'acide éthanoïque présente une liaison O–H, qui présente une bande large pouvant aller de 3200 à $3700\ \text{cm}^{-1}$. On en déduit que le spectre A est celui de l'éthanoate d'éthyle et le spectre C celui de l'acide éthanoïque.

POUR ALLER PLUS LOIN

La bande étroite vers $3000\ \text{cm}^{-1}$ est celle des liaisons C–H de la molécule.

Chapitre 3

Titrages

Plan du chapitre

1 Introduction

Exercice type — **Lycée du Parc, Lyon**

Le Destop® est une solution concentrée d'hydroxyde de sodium. On désire mesurer la concentration en ions HO^- d'un échantillon de Destop®, en effectuant un titrage par suivi conductimétrique. Pour ce faire, on titre un volume $v_b = 40$ mL d'une solution de Destop® diluée 200 fois, par une solution d'acide chlorhydrique de concentration $c = 0,10\ \text{mol.L}^{-1}$.
On obtient la courbe suivante, qui montre la variation de la conductivité de la solution en fonction du volume v d'acide introduit :

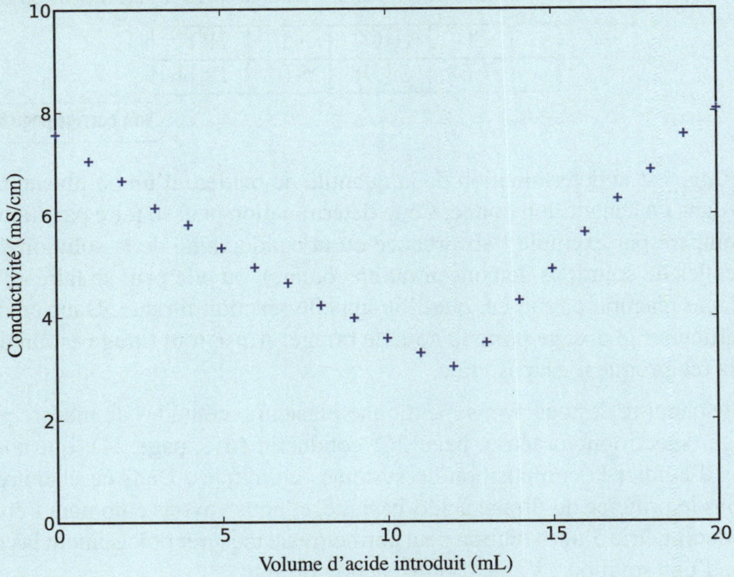

...

Exercice type (suite) — **Lycée du Parc, Lyon**

1 Écrire l'équation-bilan de la réaction du titrage.

2 Dresser un tableau d'avancement, dans lequel on fera apparaître quatre lignes, correspondant respectivement à $v = 0$, $v < v_e$, $v = v_e$ et $v > v_e$, où v_e est le volume équivalent. Dans chaque cas on précisera quels sont les porteurs de charges dans la solution. On notera c_b la concentration en ions hydroxyde de la solution titrée.

3 Calculer la conductivité σ_a de la solution titrante.

4 Indiquer à quel cas du tableau d'avancement obtenu ci-dessus correspond chacun des segments de droite de la courbe de conductivité, et justifier le signe de la pente de ceux-ci.

5 Déterminer le volume équivalent.

6 En déduire la valeur de c_b, puis la concentration du Destop®, en ions hydroxyde.

7 Sachant que la densité du Destop® par rapport à l'eau est 1,2, vérifier que ce produit contient 20 % en masse d'hydroxyde de sodium.

8 Calculer la conductivité de la solution titrée et montrer qu'elle est compatible avec celle mesurée pour $v = 0$ mL.

Données :
Masse molaire atomique de l'hydrogène : $M(\text{H}) = 1$ g.mol^{-1}.
Masse molaire atomique de l'oxygène : $M(\text{O}) = 16$ g.mol^{-1}.
Masse molaire atomique du sodium : $M(\text{Na}) = 23$ g.mol^{-1}.
Masse volumique de l'eau : $\rho = 1{,}00$ g.cm^{-3}.
Conductivité molaire des ions intervenant dans ce titrage, en mS.m^2.mol^{-1} :

	Cl^-	H_3O^+	Na^+	HO^-
λ	7,63	34,98	5,01	19,86

Voir corrigé page 52

Un *dosage* est la détermination de la quantité de matière d'un ou plusieurs composés dans un échantillon donné. Cette détermination peut se faire par étalonnage (on compare par exemple l'absorbance ou la conductivité de la solution étudiée avec celles de solutions de concentration connue), ou elle peut se faire en impliquant une réaction chimique, que l'on appelle réaction titrante. Dans ce dernier cas particulier le dosage porte le nom de titrage. Ainsi, tout titrage est un dosage, mais la réciproque n'est pas vraie.

Dans le chapitre 2, nous avons mentionné plusieurs méthodes de mesure par étalonnage (spectrophotométrie, page 24; conductimétrie, page 24), qui nous ont permis d'étudier la composition de systèmes chimiques. Dans ce chapitre nous étudions le principe du titrage acido-basique, et nous voyons comment l'étude de la conductimétrie d'une solution peut permettre de mesurer précisément la concentration d'une solution à l'aide d'une réaction titrante.

2 Définitions

La notion de concentration en quantité de matière (qui s'exprime généralement en mol.L^{-1}) a été vue dans les classes antérieures. Ici, nous introduisons deux nouvelles quantités.

Définition 1

On appelle titre massique d'un soluté la masse de soluté par unité de volume de la solution. Ainsi, si une solution de volume V contient une masse m de soluté, son titre massique t est :

$$t = \frac{m}{V}.$$

Il s'exprime généralement en gramme par litre (g.L^{-1}).

Une autre grandeur d'intérêt est la densité d'une solution.

Définition 2

On appelle densité d'une solution le nombre sans dimension d défini par :

$$d = \frac{\rho}{\rho_{\text{eau}}},$$

où ρ est la masse volumique de la solution, et ρ_{eau} la masse volumique de l'eau liquide.

On rappelle que la masse volumique d'une solution de masse M et de volume V est :

$$\rho = \frac{M}{V}.$$

La masse volumique de l'eau à 25 °C est :

$$\rho_{\text{eau}} = 9{,}9699 \times 10^{-1}\ \text{g.cm}^{-3}.$$

En l'écrivant sur deux chiffres significatifs elle vaut donc :

$$\rho_{\text{eau}} = 1{,}0\ \text{g.cm}^{-3}.$$

La valeur numérique de la densité d'une solution est donc, lorsqu'on l'exprime avec deux chiffres significatifs, égale à sa masse volumique, exprimée en gramme par centimètre cube. On rappelle également qu'un centimètre cube est aussi un millilitre :

$$1\ \text{cm}^3 = 1\ \text{mL}.$$

3 Principe d'un titrage acido-basique

Dans le cas d'un dosage acido-basique, il s'agit de déterminer la concentration d'un acide ou d'une base en solution. On notera que déterminer cette concentration ne peut en aucun cas se faire de manière précise à partir du pH : une erreur de 0,1 sur le pH se traduit par une incertitude de 26 % sur la concentration en H_3O^+(en effet $10^{0,1} = 1{,}26$).

Pour prendre un exemple concret, nous allons supposer que l'on dose un acide (fort ou faible) par une base forte. Cela signifie :

- que l'on commence l'expérience avec la solution d'acide seule ;
- on y rajoute la base forte petit à petit. Tant que la quantité de base rajoutée est inférieure à la quantité d'acide initiale, elle est entièrement consommée par réaction avec l'acide et le milieu reste acide ;
- lorsque la quantité de matière de base rajoutée et la quantité de matière initiale d'acide sont en proportions stœchiométriques, on dit que l'on est à l'*équivalence* ;
- si on continue à rajouter de la base forte, alors celle-ci est en excès et le milieu est basique, et son pH tend vers celui de la solution de base forte.

On peut donc, si on connaît la concentration de la solution de base forte et le volume de celle-ci que l'on a dû rajouter pour atteindre l'équivalence (appelé volume équivalent), déduire la quantité de matière d'acide présent initialement dans la solution, et donc sa concentration. Notons que l'on peut développer un raisonnement analogue à celui-ci et parfaitement similaire pour le cas du dosage d'une solution de base (faible ou forte) par un acide fort. Le dosage peut être suivi par pH-métrie, ou on peut se contenter de repérer le passage par l'équivalence à l'aide d'un indicateur coloré.

3.1 Dispositif expérimental

La solution d'acide à doser est placée dans un bécher, disposé sous une burette. Dans la burette on place la solution de base forte (solution titrante). On doit, pour que la précision des mesures soit la plus grande possible, respecter certaines règles :

- Le produit à doser doit être prélevé à l'aide d'une pipette jaugée. Celle-ci permet de prélever un volume très précis de solution.

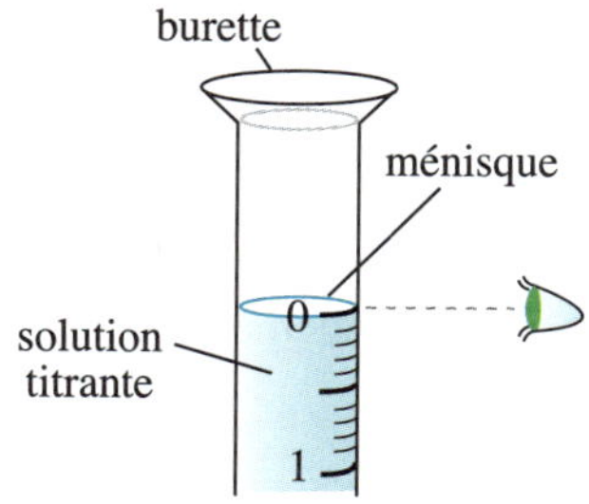

- On doit introduire la solution titrante dans la burette un peu au-dessus de la graduation « 0 ». Puis on fait couler (ailleurs que dans le bécher de produit à doser !) la solution jusqu'au zéro (le bas du ménisque doit paraître tangent au trait de graduation, pour un œil placé à la hauteur de ce trait). Le fait de faire couler la solution titrante permet de chasser une éventuelle bulle d'air coincée au niveau du robinet de la burette, qui introduirait une source d'erreur supplémentaire sur la mesure du volume équivalent. Afin d'homogénéiser en permanence le mélange de la solution titrante et de la solution du produit à doser, on utilise un dispositif d'agitation magnétique sous la solution, et un barreau aimanté dans le bécher. Enfin, s'il s'agit d'un dosage pH-métrique, on utilisera un pH-mètre pour mesurer le pH. Dans le cas contraire, on utilisera l'indicateur coloré adapté au dosage, introduit en très petite quantité.

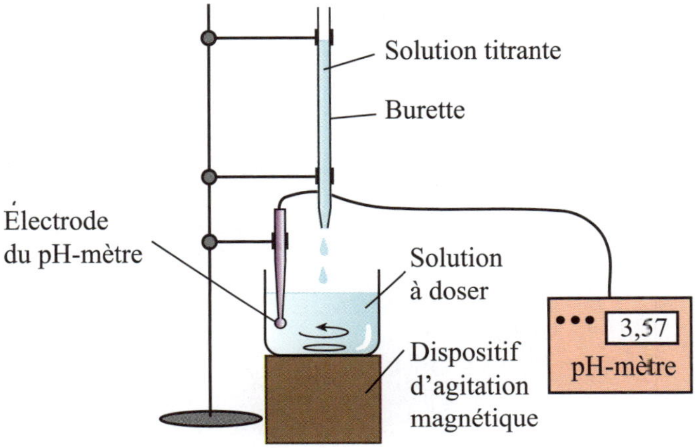

3.2 Analyse d'une courbe de dosage

La courbe de dosage d'un acide par une base forte, qui est la courbe donnant l'allure du pH en fonction du volume de base versé, a toujours l'allure donnée à la figure suivante.

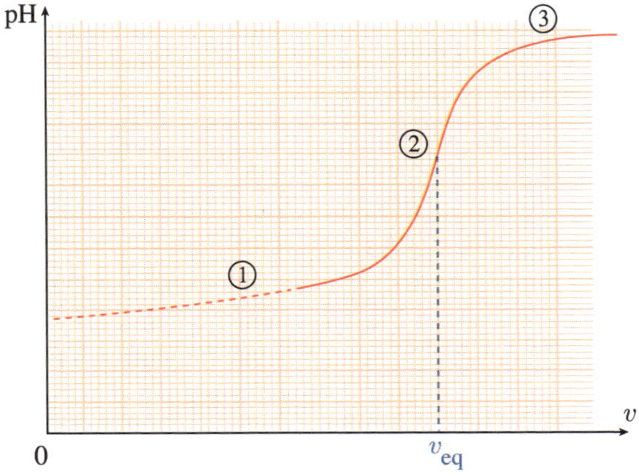

- La partie 1 correspond au début du dosage : la base introduite est encore en défaut, et le milieu est acide ;
- La partie 2 correspond aux conditions proches de l'équivalence. La base introduite et l'acide sont alors pratiquement en quantités stœchiométriques, et le pH du milieu est alors extrêmement sensible à la quantité de base versée, ce qui explique que sa pente soit alors beaucoup plus forte.
  On a coutume d'appeler la brusque variation de pH aux alentours de ce volume le « saut de pH » ;

- La partie 3 correspond à la fin du dosage, lorsqu'on a ajouté de la base en excès : le milieu est alors basique, et son pH tend vers celui de la solution titrante.

3.3 Détermination d'un volume équivalent

3.3.1 - Méthode des tangentes parallèles

Principe de la construction :

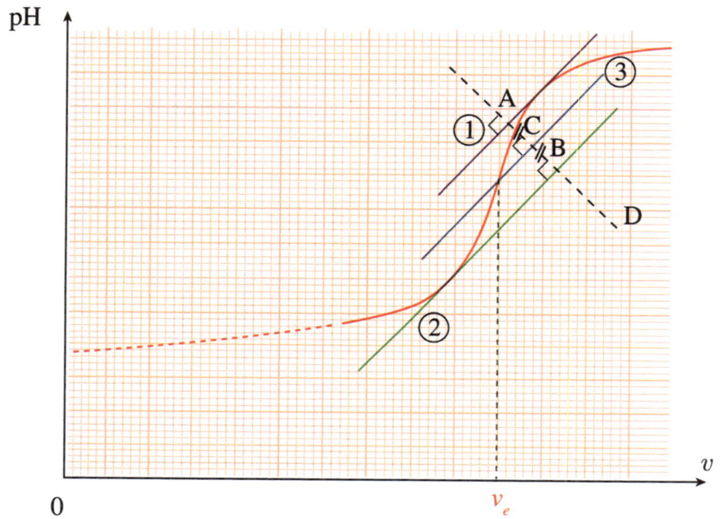

1 On trace deux tangentes 1 et 2 à la courbe de dosage. Ces deux tangentes doivent être parallèles, et pour une bonne précision doivent se situer sur les parties les plus « courbes » du graphe.

2 On trace la droite 3 équidistante de 1 et 2. Pour ce faire on peut par exemple tracer une droite D perpendiculaire aux droites 1 et 2, qui coupe 1 et 2 respectivement en A et B, puis tracer la perpendiculaire à D qui passe par C, milieu du segment [AB] (c'est-à-dire la médiatrice du segment [AB]).

3 Le point d'intersection de la droite 3 et de la courbe de dosage permet d'obtenir le volume équivalent. Plus précisément, l'abscisse de ce point est le volume équivalent, tandis que son ordonnée est le pH à l'équivalence.

3.3.2 - Méthode de la dérivée

Nous avons vu dans le texte que la variation de pH est importante autour de l'équivalence. Plus précisément la dérivée de la courbe du pH en fonction du volume v est extrêmale à l'équivalence. On peut donc tracer la courbe de la dérivée (à l'aide par exemple d'un logiciel tableur ou d'un langage de programmation si les résultats du dosage sont stockés sur un ordinateur) pour déterminer avec précision le volume équivalent.

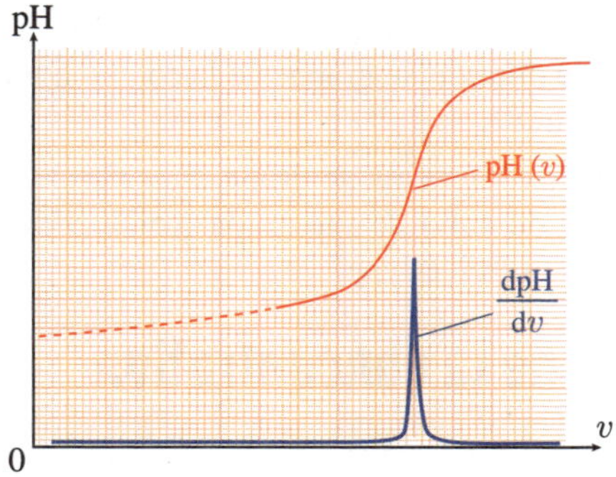

3.4 Dosage d'un acide fort par une base forte

La réaction de dosage d'un acide fort par une base forte est :

- quantitative (quasi-totale), et
- exothermique.

Le pH à l'équivalence, pour un dosage acide fort/base forte, est égal à 7. Ainsi, si on désire repérer l'équivalence à l'aide d'un indicateur coloré, on a intérêt à prendre un indicateur coloré dont la zone de virage se trouve à cheval sur pH = 7. Le bleu de bromothymol (BBT) possède cette propriété.

⚠ ATTENTION

Un indicateur coloré est un couple acide faible/base faible dont la forme acide et la forme basique n'ont pas la même couleur en solution. Pour éviter de perturber les mesures par l'introduction de ce nouveau couple, on n'en introduira qu'une très petite quantité dans le milieu réactionnel (le bécher). Dans la pratique, quelques gouttes suffisent.

4 Titrages par conductimétrie

Les dosages effectués par conductimétrie sont généralement des titrages, le but du suivi conductimétrique étant de repérer l'équivalence.

- Avant équivalence, la quantité de matière du réactif titré décroît linéairement avec l'avancement (donc avec le volume de réactif titrant introduit). La formule donnant la conductivité d'une solution, donnée par l'équation (1) page 25, montre que celle-ci est une combinaison linéaire des concentrations des porteurs de charges. Si l'on fait abstraction de la dilution de l'espèce titrée par le volume introduit d'espèce titrante, on s'attend donc à avoir une variation affine de la conductivité en fonction du volume v introduit. Le graphe de la conductivité en fonction de v est donc un segment de droite.

- Après l'équivalence, on a un excès de réactif titrant, et là-encore, si on fait omission des effets de dilution, le graphe de la conductivité en fonction de v est un autre segment de droite.

L'intersection de ces deux segments de droite nous permet de repérer le volume équivalent. La méthode du suivi de titrage par conductimétrie est présentée de manière détaillée dans l'exercice-type.

5 Estimation de la concentration

À RETENIR

Si on réalise le dosage d'un volume v d'une solution de concentration c inconnue, et que l'équivalence est atteinte lorsqu'on a ajouté un volume v_e d'une solution titrante de concentration connue c_t, alors on a :

$$c = \frac{c_t v_e}{v}.$$

En effet la quantité de matière initiale de l'espèce à doser est $c.v$ et la quantité de matière introduite en réactif titrant est $c_0.v_e$. À l'équivalence ces deux quantités de matière sont égales.

Remarque : cette formule n'est valable que si les coefficients stœchiométriques de l'espèce à doser et du réactif titrant sont égaux dans l'équation-bilan de la réaction de titrage. Si ce n'est pas le cas, il faut réaliser une analyse adaptée soit en dressant un tableau d'avancement, soit en utilisant le raisonnement suivant. Considérons une réaction de titrage du type

$$\mathrm{aA} + \mathrm{bB} \rightarrow \mathrm{cC} + \mathrm{dD},$$

où, pour fixer les idées, on considère que A est le réactif à titrer et B le réactif titrant. À l'équivalence les quantités de matière en réactifs apportés sont dans les proportions stœchiométriques, et on a la relation :

$$\frac{c_A \times v_A}{a} = \frac{c_B \times v_e}{b}.$$

6 Évolution des quantités de matière au cours d'une réaction de titrage

Dans cette section nous écrivons un programme Python permettant d'obtenir les quantités de matière du réactif titré et du réactif titrant au cours d'un titrage. Nous prenons l'exemple du titrage d'une solution d'acide chlorhydrique de concentration c_a et de volume initial v_a par de l'hydroxyde de sodium de concentration c_b. Nous appelons v le volume de solution titrante (la solution d'hydroxyde de sodium) versé dans la solution à titrer, et nous nous proposons de représenter le graphe des quantités de matière en ions oxonium et en ions hydroxyde en fonction du volume v.

La réaction titrante est :

$$H_3O^+HO^- \rightarrow 2H_2O$$

Nous pouvons dresser le tableau d'avancement de cette réaction :

Cas	H_3O^+	+	HO^-	$\rightarrow$	$2H_2O$
Avant réaction	$n_1 = c_a v_a$		$n_2 = c_b v$		-
$v < v_e$	$n_1 - n_2$		0		-
$v = v_e$	$n_1 - n_2 = 0$		0		-
$v > v_e$	0		$n_2 - n_1$		-

Nous pouvons écrire la fonction Python suivante, qui retourne simultanément les quantités de matière du réactif titré et du réactif titrant.

live!

En Python

```
1  def ReactionTitrante (C_ATitrer, C_Titrante, V_ATitrer,
       V_Titrante):
2      n1 = C_ATitrer * V_ATitrer
3      n2 = C_Titrante * V_Titrante
4      n1p= zeros(n2.shape)
5      n2p= zeros(n2.shape)
6      AvantEquiv = where (n1 > n2)
7      n1p[AvantEquiv] = n1- n2[AvantEquiv]
8      ApresEquiv = where (n2 > n1)
9      n2p[ApresEquiv] = n2[ApresEquiv]-n1
10     return n1p, n2p
```

La fonction `ReactionTitrante()` admet quatre paramètres d'entrée : la concentration de la réaction à titrer (`C_ATitrer`), la concentration de la réaction titrante (`C_Titrante`), le volume de la solution à titrer (`V_ATitrer`) et le volume de la solution titrante (`V_Titrante`). L'intérêt de la formulation proposée est que cette dernière variable est un tableau : on n'a donc pas à faire de boucle sur le volume de solution titrante introduit. On commence par calculer les quantités de matière initiale (avant réaction) du réactif à titrer (`n1`) et du réactif titrant (`n2`). Par construction, `n1` est un scalaire (un nombre), tandis que `n2` est un tableau. Nous créons ensuite les tableaux `n1p` et `n2p` (comme n'_1 et n'_2) correspondant aux quantités de matière recherchées. Celles-ci sont mises à zéro d'office par la fonction qui les crée (`zeros`), aux lignes 4 et 5 ci-dessus. On corrige ensuite `n1p` pour les cas avant l'équivalence (on cherche pour ce faire l'ensemble des indices des tableaux correspondant à la condition `n1<n2` grâce à la commande `where`). Pour cet ensemble d'indice on a $n'_1 = n_1 - n_2$. Réciproquement, au-delà de l'équivalence, on a $n'_2 = n_2 - n_1$.

Utilisons cette fonction pour dresser le graphe des quantités de matière correspondant au cas $c_a = 1{,}0 \times 10^{-2}$ mol.L^{-1}, $c_b = 2{,}5 \times 10^{-2}$ mol.L^{-1}et $v_a = 50$ mL.

Nous faisons varier le volume de réactif titrant de 0 à 60 mL, et faisons une mesure tous les 1 mL.

live!

En Python

```
C_a = 1e-2
C_b = 2.5e-2
v_a = 50.0
v = linspace (0,60,num=61,endpoint=True)
nH3Op,nHOm = ReactionTitrante (C_a, C_b, v_a, v)

plot (v,nH3Op,label=r'$n_{H_3O^+}$')
plot (v,nHOm,label=r'$n_{HO^-}$')
legend()
xlabel ("Volume de solution titrante (mL)")
ylabel ("Quantités de matière (mol)")
```

Dans le fragment de code ci-dessus, `nH3Op` et `nHOm` représentent les quantités de matière respectivement des ions H_3O^+ et HO^-. Nous obtenons alors le graphe représenté ci-après.

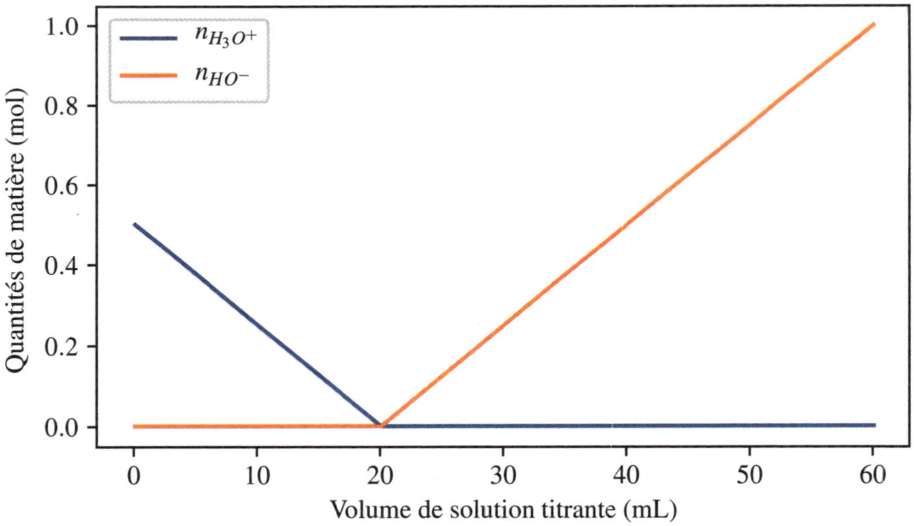

Nous pouvons ensuite utiliser ces résultats pour simuler, par exemple, un suivi conductimétrique du titrage.

En Python

```
cH3Op = nH3Op / (v_a+v)
cHOm  = nHOm  / (v_a+v)
cClm  = C_a*v_a / (v_a+v)
cNap  = C_b*v  / (v_a+v)
plot (v, cH3Op*34.965+cClm*7.631+cNap*5.008+cHOm*19.8,'+')
xlabel ("Volume de solution titrante (mL)")
ylabel ("Conductivité de la solution (S/m)")
ylim(0,0.5)
```

Dans les quatre premières lignes du fragment de code ci-dessus, nous calculons les concentrations des quatre espèces ioniques présentes dans la solution (H_3O^+, HO^-, Na^+ et Cl^-) en divisant les quantités de matière par le volume de la solution (v_a+v). À la cinquième ligne nous calculons la conductivité totale de la solution en multipliant chacune des concentrations par la conductivité molaire ionique de l'ion correspondant. Nous obtenons le graphe suivant :

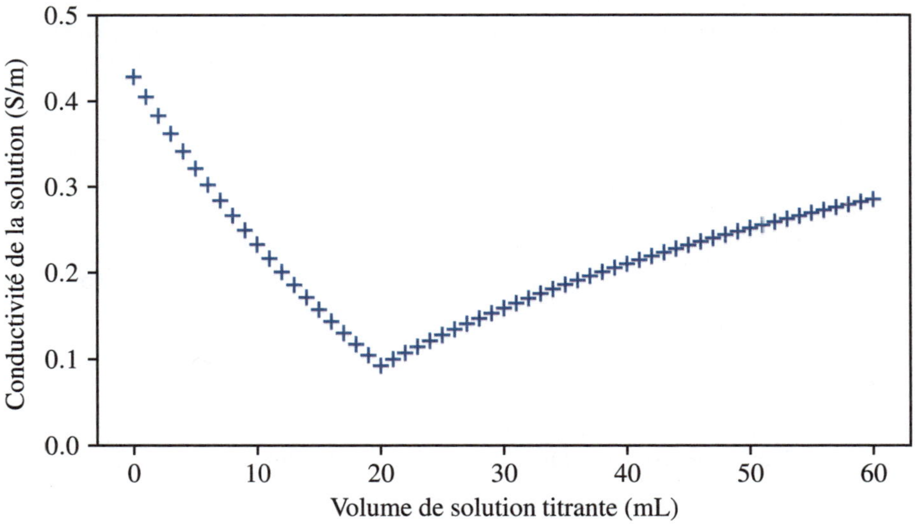

Nous reconnaissons l'évolution type de la conductivité lors d'un titrage conductimétrique (voir également l'exercice type). Puisque la concentration de la solution titrante n'est pas très supérieure à celle de la solution titrée, le volume introduit de solution titrante n'est pas négligeable devant celui de la solution titrée. Par conséquent, la dilution de la solution n'est pas négligeable, et les deux branches de la courbe de titrage ne sont pas exactement des segments de droite. En général, on considère que pour éviter les effets de la dilution, la solution titrante doit avoir une concentration au moins dix fois supérieure à celle de la solution titrée.

Solution de l'exercice type

Lycée du Parc, Lyon

1 La réaction du titrage est simplement :

$$HO^- + H_3O^+ \rightarrow 2H_2O$$

2 Le tableau d'avancement est le suivant :

Cas	HO^-	+	H_3O^+	$\rightarrow$	H_2O
$v = 0$	$c_b.v_b$		0		-
$v < v_e$	$c_b.v_b - c.v$		0		-
$v = v_e$	$c_b.v_b - c.v = 0$		0		-
$v > v_e$	0		$c.v - c_b.v_b$		-

Tant que le volume équivalent n'est pas atteint, les ions hydroxydes sont en excès, et les porteurs de charges dans la solution sont les ions hydroxyde, ainsi que les ions spectateurs sodium et chlorure.

Au volume équivalent, les ions hydroxyde et oxonium sont en quantités stœchiométriques. On peut considérer leur réaction comme totale (on néglige l'autoprotolyse de l'eau), et les seuls porteurs de charge sont les ions spectateurs sodium et chlorure.

Enfin, au-delà de l'équivalence, on a un excès d'ions oxonium, ainsi que les ions spectateurs sodium et chlorure. Ce sont les trois types de porteurs de charge que l'on a au-delà de l'équivalence.

3 La conductivité de la solution titrante est donnée par :

$$\sigma_a = \lambda(H_3O^+)[H_3O^+] + \lambda(Cl^-)[Cl^-] = c[\lambda(H_3O^+) + \lambda(Cl^-)].$$

Application numérique :

$$\sigma_a = 0{,}10 \times 10^3 \times (7{,}63 + 34{,}98) = 4{,}3 \cdot 10^3 \text{ mS/m} = 43\text{mS/cm}.$$

ATTENTION

Il faut veiller à bien convertir les concentrations en $mol.m^{-3}$.
Nous avons 1 $mol.L^{-1}$= 10^3 $mol.m^{-3}$.
Par ailleurs, nous avons : 1 mS/m = 10^{-2} mS/cm.

4 Le segment de gauche correspond au cas $v < v_e$. On voit sur le tableau d'avancement obtenu précédemment que la quantité de matière (et donc la concentration) des ions hydroxyde diminue quand v augmente, c'est-à-dire au fur et à mesure que l'on ajoute de l'acide. De plus, les ions chlorure présents dans la solution titrante étant spectateurs, leur concentration augmente et faut $\frac{cv}{v_b + v}$ pour un volume v versé. La concentration en ions sodium (spectateurs, présents dans la solution titrée) ne varie pas (si l'on néglige v devant v_b), il ne font donc pas varier la conductivité.

Ainsi, la loi de Kohlrausch donne que la pente vaut $\lambda(Cl^-) - \lambda(HO^-)$. Il y a autant de Cl^- arrivant dans la solution que de HO^- qui disparait. $\lambda(Cl^-) < \lambda(HO^-)$ donc la pente est bien négative.

...

Solution de l'exercice type

Lycée du Parc, Lyon

De manière analogue, le segment de droite correspond au cas $v > v_e$. La quantité de matière en ions oxonium ainsi qu'en ions chlorure augmente avec le volume ajouté, mais le volume de la solution dans le bécher augmente, aussi la dilution joue-t-elle dans le sens d'une diminution des concentrations.

Aussi, pour justifier le signe (positif) de la pente du segment de droite, il convient de remarquer que lorsque le volume de solution titrante ajoutée devient très grand devant le volume équivalent, la solution qui se retrouve dans le bécher tend à avoir les propriétés de la solution titrante, et donc sa conductivité.

La conductivité doit donc tendre vers 43 mS/cm à grand volume. Cette valeur est bien supérieure à la conductivité mesurée pour $v \approx 12$ mL, qui correspond au début de ce segment de droite, donc la pente de ce dernier doit être positive.

5 Le volume équivalent peut être déterminé par l'intersection des deux segments de droite. On trace les droites qui s'approchent au mieux des points expérimentaux :

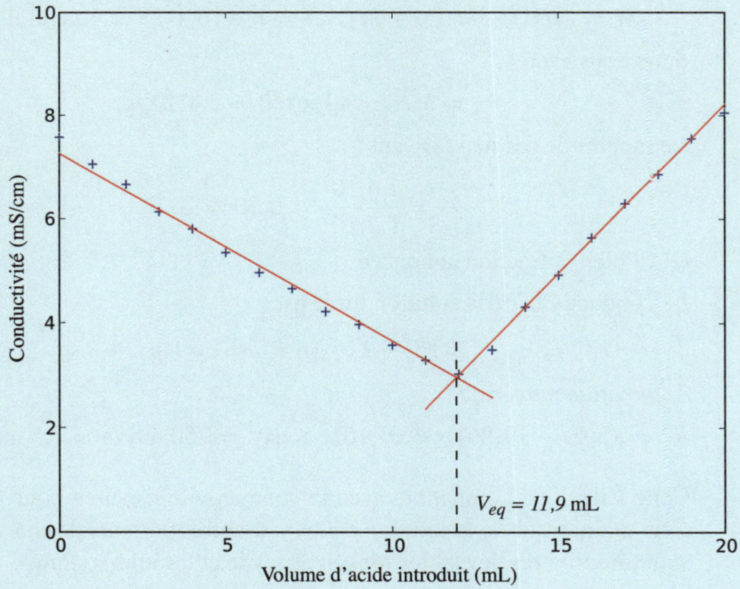

On voit que leur intersection a lieu pour $v_e = 11{,}9$ mL.

6 À l'équivalence, on a (d'après l'avant-dernière ligne du tableau d'avancement obtenu précédemment) :

$$c_b v_b - c v_e = 0 \quad \text{soit :} \quad c_b = \frac{c v_e}{v_b}.$$

•••

➔ Solution de l'exercice type (suite)

Lycée du Parc, Lyon

Application numérique :

$$c_b = \frac{0,10 \times 11,9}{40,0} = 3,0 \cdot 10^{-2} \ \text{mol.L}^{-1}.$$

7 La solution ayant été diluée 200 fois, on en déduit la concentration des ions hydroxyde dans le Destop® :

$$c_0 = 200 c_b = 6,0 \ \text{mol.L}^{-1}.$$

8 Calculons :

- la masse m_D d'un litre de Destop® ;
- la masse m_h d'hydroxyde de sodium que contient un litre de Destop®.

La masse m_e d'un litre d'eau étant un kilogramme, la masse m_D vaut par définition dm_e soit :

$$m_D = 1,2 \,\text{kg}.$$

Par ailleurs, la masse molaire de l'hydroxyde de sodium est :

$$M = M(\text{H}) + M(\text{O}) + M(\text{Na}) = 1 + 16 + 23 = 40 \ \text{g.mol}^{-1}$$

donc nous avons :

$$m_h = M c_0 = 40 \times 6,0 = 2,4.10^2 \ \text{g}.$$

Le rapport de ces masses vaut :

$$\frac{m_h}{m_D} = \frac{2,4.10^2}{1,2.10^3} = 0,20 = 20 \ \%.$$

C'est bien la fraction annoncée.

9 La conductivité de la solution titrée est :

$$\sigma_b = \lambda_{\text{HO}^-}[\text{HO}^-] + \lambda_{\text{Na}^+}[\text{Na}^+] = c_b(\lambda_{\text{HO}^-} + \lambda_{\text{Na}^+}).$$

Application numérique :

$$\sigma_b = (5,01 + 19,86) \times 3,0 \cdot 10^{-2} \times 10^3 = 750 \ \text{mS/m} = 7,5 \ \text{mS/cm}.$$

Cette valeur est compatible avec la conductivité mesurée pour $v = 0$. Ceci indique que, si la solution contient d'autres porteurs de charges, ils sont minoritaires devant les ions hydroxyde et les ions sodium.

Voir énoncé page 41

1 QCM Testez vos connaissances

5 min | Corrigé p. 59

1 Le volume équivalent d'un dosage de 20 mL d'acide éthanoïque par une solution de soude de concentration $c_b = 1{,}00 \cdot 10^{-2}$ mol.L^{-1} vaut $v_e = 19$ mL. Sans faire de calculs, indiquer quelle est la concentration de la solution initiale d'acide éthanoïque.

a $9{,}5 \cdot 10^{-3}$ mol.L^{-1} **b** $5{,}0 \cdot 10^{-2}$ mol.L^{-1} **c** $1{,}00 \cdot 10^{-2}$ mol.L^{-1}

2 On représente ci-dessous les courbes de titrage de solutions d'un acide A par une base forte de concentration $c_0 = 10^{-1}$ mol.L^{-1}. Classer les solutions par ordre de concentration croissante.

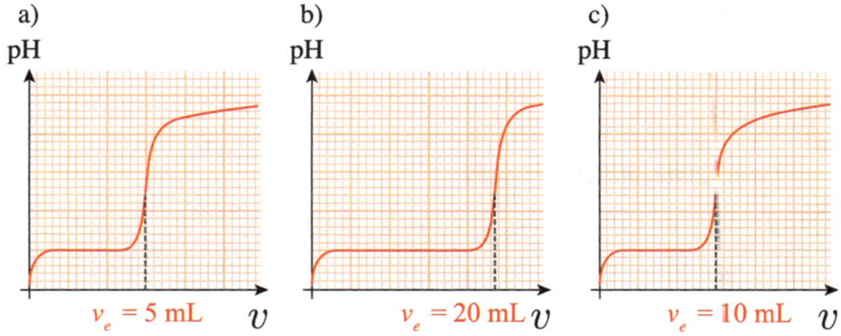

3 À l'équivalence :

a Les quantités de matières apportées de réactif titrant et de réactif titré sont dans des proportions stœchiométriques.

b Le volume de réactif titrant ajouté est égal au volume initial de la solution.

4 *Note : pour répondre à cette question, il est nécessaire de s'être familiarisé avec le contenu du chapitre 7.*

On dose une solution d'un acide faible AH, de concentration c_0, de p$K_a = 4$, avec de la soude. À un certain moment du titrage, avant l'équivalence, le pH de la solution titrée est égal à 4. On suppose que le volume de solution titrante introduit dans le bécher est négligeable devant le volume de la solution titrée. Que vaut à ce moment la concentration [AH] de la forme acide ?

a 0 **b** c_0 **c** $c_0/4$ **d** $c_0/2$

5 On se propose de titrer une solution S d'acide faible. On prélève 100 mL de la solution S, et au titrage on trouve un volume équivalent de 22 mL. Si on avait prélevé 200 mL de la solution S, quel volume équivalent aurait-on trouvé ?

a 11 mL **b** 22 mL **c** 33 mL **d** 44 mL

6 Le pH de la solution de la question précédente, avant titrage, valait :

a 1 **b** 2 **c** 3 **d** Indéterminé

7 On titre 100 mL d'une solution S d'acide chlorhydrique par de la soude de concentration $c_0 = 10^{-1}$ mol.L^{-1}. On trouve un volume équivalent de 10 mL. Sans poser les calculs, indiquer quelle est la concentration de la solution S :

a 10^{-2} mol.L^{-1} **b** 10^{-1} mol.L^{-1}
c 1 mol.L^{-1} **d** 10^{-4} mol.L^{-1}
e On n'a pas assez d'informations pour la déterminer

8 On titre 100 mL de solution d'un monoacide faible de concentration $c \approx 10^{-3}$ mol.L^{-1}avec une solution de soude de pH = 12. Indiquer l'ordre de grandeur du volume équivalent :

a 100 mL **b** 10 mL

2 Dosage d'un acide fort ★★ 15 min Corrigé p. 59

Lycée Chateaubriand, Rennes

Retrouvez en vidéo le corrigé de cet exercice.

On introduit dans un bécher 20 mL d'une solution d'acide chlorhydrique de concentration c_A inconnue et quelques gouttes de bleu de bromothymol (BBT). A l'aide d'une burette, on ajoute lentement une solution de soude de concentration molaire $c_B = 1{,}00 \times 10^{-2}$ mol.L^{-1}. Le BBT change de couleur quand on a versé 12,4 mL de solution de soude. On ferme alors le robinet de la burette.

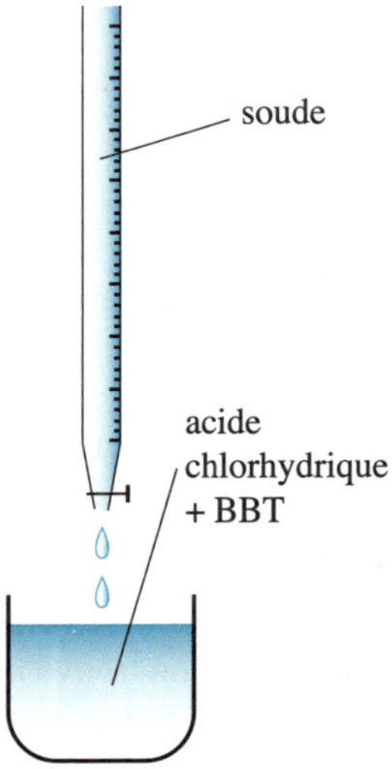

1 Donner la définition de l'équivalence acido-basique. Quand se produit-elle ?

2 Calculer la concentration molaire de la solution d'acide chlorhydrique.

3 Calculer les concentrations molaires des ions présents dans le mélange et la masse du solide qui serait obtenu si on évaporait le mélange.

Données :

$M(Na) = 23\ g.mol^{-1}$ $M(Cl) = 35{,}5\ g.mol^{-1}$

3 Étude d'une solution commerciale ★★★ 35 min

Corrigé p. 60

D'après Lycée Saint-Sernin, Toulouse

Note : les questions 4 et 5 de cet exercice font appel aux notions étudiées au chapitre 6.

Sur l'étiquette du produit on peut lire que la solution commerciale S_0 est constituée d'acide chlorhydrique ($H_3O^+ + Cl^-_{aq}$) mais aucune concentration n'est indiquée. La transformation conduisant à l'acide chlorhydrique étant totale, la concentration c_0 de la solution commerciale est égale à la concentration en ions H_3O^+. On cherche à déterminer cette concentration en faisant un titrage pH-métrique. Pour cela on dilue 50 fois la solution commerciale et on procède au titrage d'un volume $V_A = 20{,}0$ mL de la solution diluée S_A à l'aide d'une solution d'hydroxyde de sodium S_B ($Na^+_{aq} + HO^-_{aq}$) de concentration molaire en soluté apporté $c_B = 4{,}0 \cdot 10^{-2}$ mol.L^{-1}. On obtient la courbe de la figure ci-après. On a également fait apparaître la courbe représentant la dérivée du pH en fonction du volume de soude versé.

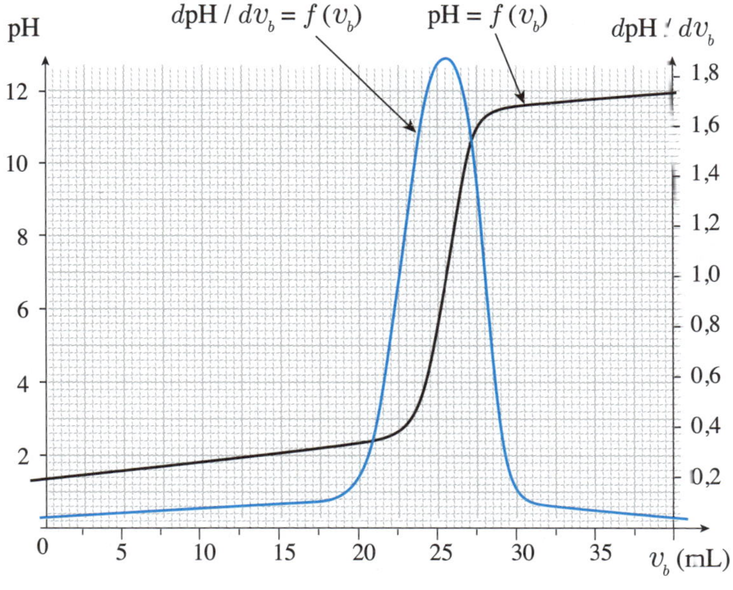

1 Écrire l'équation de la réaction support du titrage.

2 **(a)** Définir l'équivalence.

(b) En déduire la valeur de la concentration des ions oxonium dans la solution diluée S.

(c) Montrer que dans la solution commerciale, la concentration des ions oxonium $[H_3O^+]$ est voisine de 2,5 mol.L^{-1}. Cette valeur sera utilisée pour la suite de l'exercice.

3 On désire diminuer le pH de l'eau d'un aquarium en utilisant cette solution commerciale et l'amener à une valeur proche de 6 alors qu'il était initialement égal à 7. Sur le mode d'emploi du fabricant on peut lire qu'il faut verser, en une fois, 20 mL de la solution commerciale dans 100 L d'eau. Pour simplifier le calcul, on considérera que le volume final reste égal à 100 L. Quelle serait la valeur du pH final de l'eau de l'aquarium s'il n'y avait qu'une simple dilution des ions H_3O^+ ?

4 L'eau étant toujours plus ou moins calcaire, elle contient des ions hydrogénocarbonate HCO_3^-(aq) dont il faut tenir compte. Les ions H_3O^+ introduits vont, en effet, réagir avec ces ions. L'équation associée à la réaction considérée est la suivante :

$$HCO_3^-(aq) + H_3O^+ \rightleftarrows CO_2(aq) + 2H_2O \quad \text{réaction 1}$$

(a) Donner l'expression de la constante d'équilibre K_1 associée à l'équation de la réaction 1 en fonction des concentrations des différentes espèces chimiques présentes.

(b) Exprimer cette constante d'équilibre en fonction de la constante d'acidité K_a du couple :

$$CO_2(aq),H_2O/HCO_3^-(aq)$$

Déterminer sa valeur numérique.

Donnée :

$pK_a = 6,4$.

5 L'eau utilisée pour l'aquarium est très calcaire. Dans cette eau, les concentrations molaires initiales des espèces mises en jeu dans la réaction 1 sont telles que le quotient de réaction initial de cette réaction vaut : $Q_{r,i} = 5,0$.

(a) En utilisant le critère d'évolution spontanée, montrer que des ions H_3O^+ sont consommés si l'eau est calcaire.

(b) Le pH final sera-t-il supérieur, égal ou inférieur au pH calculé à la question 1.c ?

(c) Dans la notice du fabricant on trouve la phrase suivante : *Assurez-vous par des tests réguliers que votre eau est suffisamment calcaire car sinon il pourrait y avoir des risques de chutes acides*. Expliquer.

1 QCM Testez vos connaissances

Enoncé p. 55

1 Réponse [a] : $c_{\text{acide}} = 9{,}5 \cdot 10^{-3}$ mol.L^{-1}. Le volume introduit en soude est légèrement inférieur au volume initial en acide, donc la concentration en acide doit être légèrement inférieure à la concentration de la soude.

2 Plus une solution est concentrée, plus il faut introduire de solution titrante pour obtenir les proportions stœchiométriques de l'équivalence. Il suffit donc de classer les résultats par volume équivalent croissant. Cela donne : a, c, b.

3 Seule la réponse [a] est correcte. Les volumes des solutions, en soi, n'importent pas, ce sont les quantités de matière qui importent.

4 Réponse [d]. Le pH étant égal au pK_a, le couple acide-base impliqué dans la réaction titrante se retrouve pour moitié sous forme basique et pour moitié sous forme acide. Cela implique que la concentration de la forme acide est égale à $c_0/2$, puisque la dilution de la solution titrée par la solution titrante est négligeable.

5 Réponse [d] : 44 mL. On aurait dû introduire deux fois plus de réactif titrant pour arriver à la stœchiométrie.

6 Réponse [d] : indéterminé. Dans la question 5, l'acide titré est faible.

7 Réponse [a]. Il suffit d'appliquer une simple règle de trois : pour atteindre la stœchiométrie, on a besoin de 10 fois moins de solution titrante que de solution titrée, donc la solution titrante est dix fois plus concentrée que la titrée.

8 Réponse [b] : 10 mL. Il suffit là-encore d'effectuer une règle de trois. La concentration de la solution titrante est environ de 10^{12-14} mol.L^{-1}, soit 10^{-2} mol.L^{-1}, donc elle est dix fois plus concentrée que la solution titrée, et on a donc besoin d'un volume dix fois inférieur à celui de la solution titrée pour atteindre l'équivalence.

2 Dosage d'un acide fort

Enoncé p. 56

Lycée Chateaubriand, Rennes

Retrouvez en vidéo le corrigé de cet exercice.

1 L'introduction de soude (NaOH) dans le bécher conduit à la réaction suivante :

$$H_3O^+ + HO^- = 2H_2O$$

L'équivalence acido-basique a lieu quand on a introduit la même quantité de matière en acide et en base dans le milieu réactionnel.

2 Soit n_A la quantité de matière de HCl dans la solution, et n_B celle de NaOH dans la solution. Il y a équivalence quand $n_A = n_B$.

Or $n_A = c_A v_A$ où $v_A = 20$ mL est le volume de la solution d'acide chlorhydrique. D'autre part $n_B = c_B v$ où v est le volume de soude versé. En particulier, à l'équivalence, $v = v_e = 12{,}4$ mL et on a :

$$n_A = n_B = c_A v_A = c_B v_e \ ,$$

d'où :

$$c_A = \frac{c_B v_e}{v_A} = \frac{0{,}01 \times 12{,}4}{20} = 6{,}2 \cdot 10^{-3} \text{ mol.L}^{-1}.$$

3 Puisqu'on est à l'équivalence acido-basique, et que l'on titre un acide fort avec une base faible, le pH de la solution vaut 7 et l'équilibre d'autoprotolyse de l'eau entraîne :

$$[H_3O^+] = [OH^-] = 10^{-7} \text{ mol.L}^{-1}.$$

Calculons les concentrations en ions chlorure et sodium.

$$[Na^+] = [Cl^-] = \frac{c_A v_A}{v_A + v_E};$$

on ne peut pas ici négliger la dilution. On obtient :

$$[Na^+] = [Cl^-] = 3{,}8.10^{-3} \text{ mol.L}^{-1}.$$

La solution contient donc $c_A v_A = 1{,}2.10^{-4}$ mol d'ions Na^+ et autant d'ions Cl^-. Si on évaporait le mélange, on obtiendrait donc $1{,}2.10^{-4}$ mol de sel (NaCl). La masse molaire du sel étant :

$$23 + 35{,}5 = 58 \text{ g.mol}^{-1},$$

cela représenterait une masse :

$$m = 58{,}5 \times 1{,}2 \times 10^{-4} = 7{,}3.10^{-3} \text{ g} = 7{,}3 \text{ mg}.$$

3 Étude d'une solution commerciale

Enoncé p. 57

D'après Lycée Saint-Sernin, Toulouse

1 La réaction de support du titrage est :

$$H_3O^+ + HO^- = 2H_2O$$

2 **(a)** L'équivalence correspond à l'introduction dans la solution titrée d'une quantité de réactif titrant (ici HO^-) en proportion stœchiométrique de la quantité de réactif titré (ici H_3O^+).

(b) La quantité de matière d'ions hydroxyde HO^- introduite dans la solution est égale à $n_b = v_b c_B$. La quantité de matière en ions oxonium dans la solution titrée est $n_a = v_A c_A$, où c_A est la concentration de la solution diluée en ions oxonium. À l'équivalence on a : $n_a = n_b$ (les coefficients stœchiométriques des deux réactifs dans l'équation bilan du titrage sont tous les deux égaux à un). Cette égalité entraîne :

$$c_A = \frac{v_{be} c_B}{v_A}.$$

Pour effectuer l'application numérique, on a besoin de connaître le volume équivalent v_{be} de soude. Pour cela on utilise, sur la figure donnée en énoncé, soit la méthode des tangentes parallèles, soit la position du maximum de la dérivée du pH. Les traits de constructions relatifs à ces deux méthodes sont reportés sur la figure ci-dessous.

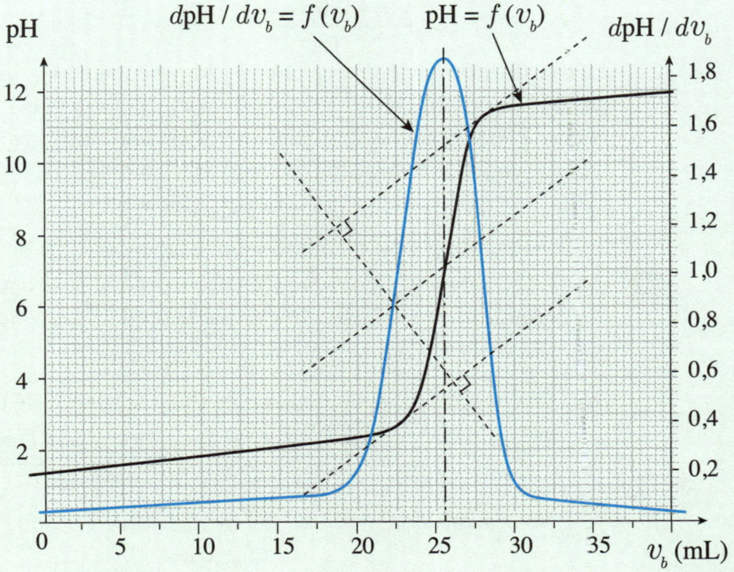

On mesure un volume équivalent entre 25 et 26 mL. Compte-tenu de la précision des données, nous gardons deux chiffres significatifs seulement, et adoptons un volume équivalent égal à $v_{be} = 26$ mL. Nous avons donc :

$$c_A = \frac{4{,}0 \times 10^{-2} \times 26}{20{,}0} = 5{,}2 \cdot 10^{-2} \text{ mol.L}^{-1}.$$

Notons que l'on n'a pas converti les volumes dans les unités du Système International car on a un rapport de volumes, dont la valeur est indépendante de l'unité. La concentration en ions H_3O^+ de la solution diluée est $c_A = 5{,}2 \cdot 10^{-2}$ mol.L^{-1}.

(c) La concentration dans la solution commerciale vaut $c_0 = 50c_A$, puisque la solution diluée a été obtenue en diluant 50 fois la solution commerciale. On note que la relation ci-dessus néglige l'autoprotolyse de l'eau, ce qui est légitime puisque les concentrations en ions oxonium en jeu sont bien supérieures à 10^{-7} mol.L^{-1}. On a donc : $c_0 = 50 \times 5{,}2 \cdot 10^{-2} = 2{,}6$ mol.L^{-1}. Cette valeur est effectivement voisine de la valeur de 2,5 mol.L^{-1} annoncée dans l'énoncé. Comme indiqué, nous adopterons désormais pour la suite : $c_0 = 2{,}5$ mol.L^{-1}.

3 On calcule la concentration c_1 en soluté apporté des ions H_3O^+ dans l'aquarium, de volume $V = 100$ L. La quantité de matière apportée est : $n_1 = c_0 v_0$, où $v_0 = 20$ mL est le volume à ajouter recommandé par le fabricant. La concentration est donc, si on ne prend en compte que la dilution, comme indiqué dans l'énoncé : $c_1 = \frac{c_0 v_0}{V}$.

L'application numérique donne :

$$c_1 = \frac{2{,}5 \times 2{,}0 \times 10^{-2}}{100} = 5{,}0 \cdot 10^{-4}\ \text{mol.L}^{-1}.$$

La transformation de l'acide chlorhydrique étant totale, la concentration en ions oxonium $[H_3O^+]$ est égale à c_1 (notons que l'on néglige là-encore l'autoprotolyse de l'eau, ce qui est légitime puisque les concentrations en jeu sont très supérieures à 10^{-7} mol.L^{-1}). Nous avons donc :

$$\text{pH} = -\log c_1 \approx 3{,}3.$$

Cette valeur du pH est bien inférieure à la valeur cible de 6.

4 **(a)** La constante de réaction est égale au produit des concentrations des produits (hors solvant) divisée par le produit des concentrations des réactifs. Cela donne : $K_1 = \frac{[CO_2(aq)]}{[HCO_3^-][H_3O^+]}$.

(b) La constante d'acidité du couple $CO_2(aq), H_2O/HCO_3^-$ est donnée par :

$$K_a = \frac{[\text{base}][H_3O^+]}{[\text{acide}]} = \frac{[HCO_3^-][H_3O^+]}{[CO_2(aq)]}.$$

Nous avons donc : $K_1 = \frac{1}{K_a}$. Or $K_a = 10^{-\text{pK}_\text{a}}$ donc :

$$K_1 = 10^{\text{pK}_\text{a}} = 10^{6,4} \approx 2{,}5 \cdot 10^6.$$

5 **(a)** Le quotient de réaction initial est bien inférieur à la constante de réaction, donc l'équilibre se déplace de manière à augmenter le quotient de réaction, donc il est déplacé vers la droite (ainsi, on augmente le numérateur et on abaisse le dénominateur du quotient de réaction). Déplacer l'équilibre de la réaction 1 vers la droite correspond à consommer des ions oxonium. Puisque le quotient initial de réaction est ici très petit devant la constante de réaction ($Q_{r,i} \ll K_1$), la réaction 1 peut être considérée comme quasi-totale, ce qui permet d'affirmer que des ions H_3O^+ sont consommés à partir du moment où l'eau est calcaire.

(b) Puisqu'une partie des ions H_3O^+ est consommée par réaction avec les ions hydrogénocarbonate, la concentration finale dans la solution des ions H_3O^+ sera inférieure à celle estimée au 1.c, qui supposait que l'aquarium contenait de l'eau pure. En conséquence, le pH final sera supérieur au pH de 3,3 inféré au 1.c.

(c) Les recommandations du fabricant manifestement supposent que l'eau est calcaire. Si tel n'est pas le cas, on se retrouve dans les conditions du 1.c et le pH se trouve être beaucoup plus petit que prévu (pH = 3,3 au lieu de 6), donc l'eau de l'aquarium se trouve être beaucoup plus acide que prévu.

C'est ce que le fabricant appelle une « chute acide ».

Chapitre 4

Cinétique d'une transformation chimique

Plan du chapitre

1 Introduction

Exercice type — **Lycée Jean Bosco, Guines**

On étudie la cinétique chimique de la réaction entre l'acide oxalique $H_2C_2O_4$ et l'ion permanganate MnO_4^- :

$$5H_2C_2O_{4(aq)} + 2MnO^-_{4\ (aq)} + 6H^+_{(aq)} \rightarrow 10CO_{2(g)} + 2Mn^{2+}_{(aq)} + 8H_2O_{(l)}$$

La solution étudiée est obtenue en mélangeant rapidement à $t = 0$ une solution de permanganate de potassium de concentration $c_p = 5 \cdot 10^{-3}$ mol.L^{-1} d'un volume $v_p = 20$ cm^3 et une solution d'acide oxalique de concentration $c_a = 0{,}05$ mol.L^{-1} d'un volume de $v_a = 30$ cm^3.
On réalise les mesures par colorimétrie. On procède à température constante.
On obtient le tableau de résultats suivant :

t (s)	0	20	40	60	70	80	90	100	120	180
$[MnO_4^-]$		2,00	1,92	1,68	1,40	1,00	0,59	0,35	0,15	0,00

où la concentration en ion permanganate est donnée en mmol.L^{-1}.

1 Compléter le tableau pour $t = 0$.

2 Établir la relation entre $[Mn^{2+}]$ et $[MnO_4^-]$. En déduire la courbe représentant la concentration en ions manganèse en fonction du temps.

3 La courbe obtenue à la question précédente possède une propriété remarquable. Laquelle ? Comment interpréter ce résultat ?

Voir corrigé page 69

2 Quantification de la cinétique d'une transformation chimique

La cinétique chimique est la branche de la chimie qui étudie comment les transformations chimiques se déroulent dans le temps. Certaines sont très rapides, quasi instantanée, d'autres se déroulent très lentement.

2.1 Rappel : avancement d'une réaction

Nous avons déjà vu dans les classes antérieures la notion d'avancement d'une réaction chimique. L'avancement, qui est une quantité de matière, permet de rendre compte à tout instant des quantités de réactifs et de produits dans le milieu réactionnel. Il est souvent noté x. À l'instant initial, il vaut $x = 0$. Sa valeur maximale x_{max} est donnée par le réactif limitant. On appelle taux d'avancement la variable sans dimension $\tau = x/x_{\text{max}}$.

À l'aide de l'avancement, on dresse un tableau représentant les quantités de matière des réactifs et produits à l'instant initial et à un instant quelconque, d'avancement x. On appelle un tel tableau un tableau d'avancement.

Ainsi, considérons l'équation-bilan formelle suivante :

$$\alpha\text{A} + \beta\text{B} = \gamma\text{C} + \delta\text{D}$$

Cette équation-bilan revient à dire que : si l'on fait réagir α mol de A et β mol de B, alors on obtient γ mol de C et δ mol de D.

Appelons n_A et n_B les quantités de matière respectivement en A et B à l'instant initial. On suppose que les produits C et D ne sont pas introduits dans le milieu réactionnel donc à $t = 0$, on a $n_C = 0$ et $n_D = 0$.

Le tableau d'avancement de la réaction a alors l'allure suivante :

Instant	αA	+	βB	$\rightarrow$	γC	+	δD
Initial	n_A		n_B		0		0
Arbitraire	$n_A - \alpha x$		$n_B - \beta x$		γx		δx

2.2 Temps de demi-réaction

Définition 1

On appelle temps de demi-réaction le temps nécessaire pour que l'avancement atteigne la moitié de sa valeur finale.

Dans le cas particulier de conditions stœchiométriques, et où aucun des produits n'est présent dans le milieu réactionnel à $t = 0$, c'est le temps au bout duquel la moitié des produits a été formée, ou encore le temps au bout duquel la moitié des réactifs a été consommée.

2.3 Interprétation graphique

On peut donner l'interprétation graphique suivante du temps de demi-réaction :

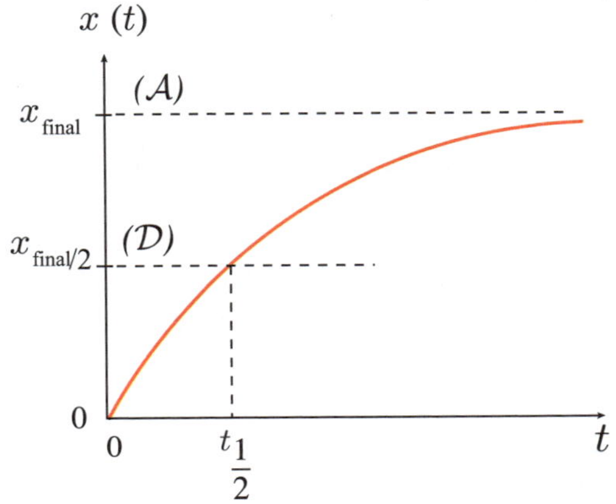

Le temps de demi-réaction $t_{1/2}$ est la date à laquelle la droite horizontale $(\mathcal{D})$ située à mi-chemin entre la valeur initiale et l'asymptote $(\mathcal{A})$ intercepte la courbe de l'avancement.

2.4 Vitesse volumique

Définition 2

On appelle vitesse volumique d'apparition d'un produit la dérivée temporelle de la concentration de ce produit.

$$v_{\text{formation}}(A) = \frac{\mathrm{d}[A]}{\mathrm{d}t}.$$

Puisqu'il s'agit d'un produit, la vitesse ainsi définie est positive.

Définition 3

On appelle vitesse volumique de disparition d'un réactif l'opposé de la dérivée temporelle de la concentration de ce réactif.

$$v_{\text{disparition}}(A) = -\frac{\mathrm{d}[A]}{\mathrm{d}t}.$$

Puisqu'il s'agit d'un réactif, sa concentration baisse au cours du temps : sa dérivée est négative. Le fait d'en prendre l'opposé assure que la vitesse définie ci-dessus est positive.

Les vitesses d'apparition et de disparition s'expriment généralement en mol.min^{-1}. On parle parfois de « vitesse de formation » au lieu de « vitesse d'apparition ». Nous verrons à l'exercice page 75 comment réaliser une détermination graphique de vitesse volumique de réaction.

COURS INTERROS CORRIGÉS

3 Facteurs cinétiques

3.1 Rôle de la température

À RETENIR

En général, une augmentation de la température tend à accélérer une transformation chimique.

C'est la raison pour laquelle on congèle les aliments pour les conserver plus longtemps : on abaisse fortement la vitesse des réactions chimiques qui conduisent à leur dégradation.

3.2 Influence des concentrations

À RETENIR

En général, une augmentation des concentrations se traduit par une accélération de la transformation chimique.

3.3 Interprétation microscopique

Au niveau microscopique, la réaction chimique a lieu grâce aux chocs des molécules ou ions des réactifs, qui lorsqu'ils se rencontrent, se réorganisent (« cassures » et créations de nouvelles liaisons covalentes, par exemple) et donnent les molécules ou ions des produits. Tous les chocs entre réactifs ne donnent pas nécessairement lieu à une réaction élémentaire et à la formation des produits. Il faut que les chocs soient efficaces, et donc en particulier suffisamment énergétiques pour que la réaction ait lieu. La réaction sera d'autant plus rapide que les chocs seront fréquents, et que la proportion de chocs efficaces sera importante. Pour augmenter la fréquence des chocs, on a deux solutions :

- ou bien on augmente la température, ce qui augmente à la fois la vitesse d'agitation des molécules ou ions des réactifs, et la proportion de chocs efficaces ;
- ou bien on augmente directement le nombre de molécules de réactifs.

On comprend ainsi pourquoi on accélère la réaction en élevant la température ou en augmentant les concentrations. Ces deux grandeurs (température et concentration) sont appelées des facteurs cinétiques.

4 Suivi temporel d'une réaction

Il existe divers moyens de suivre au cours du temps la quantité de matière en réactifs et produits d'une réaction chimique. Nous en résumons quelques uns.

4.1 Suivi par conductimétrie

On peut, en utilisant la loi de Kohlrausch (voir page 24), suivre au cours du temps la conductivité d'une solution. En utilisant un tableau d'avancement, on peut alors relier la conductivité à l'avancement, et déduire l'évolution temporelle de celui-ci.

4.2 Suivi par spectrophotométrie

D'une manière tout-à-fait similaire, on peut relier l'absorbance totale d'une solution siège d'une transformation à l'avancement de la réaction représentant celle-ci. La mesure de l'absorbance en fonction du temps nous donne alors l'évolution temporelle de l'avancement.

4.3 Suivi par dosage

On peut extraire à intervalles de temps réguliers de petites fractions du milieu réactionnel dans lesquelles on mesure la quantité d'un produit ou d'un réactif par dosage. Étant donné que l'opération de dosage prend elle-même un certain temps, ce qui pourrait introduire une incertitude sur la chronologie de la réaction, on réalise une trempe de l'échantillon en introduisant celui-ci dans de l'eau glacée. En effet, nous avons vu que la température est un facteur cinétique et qu'une réaction est beaucoup plus lente à basse température.

4.4 Suivi par mesure de pression

Si la réaction s'accompagne d'une variation de la quantité de matière à l'état gazeux, l'équation d'état des gaz parfaits (voir chapitre 14) nous enseigne qu'à volume et température constants, la réaction s'accompagne d'une variation de pression proportionnelle à la variation de quantité de matière gazeuse, laquelle permet ainsi une mesure indirecte de l'avancement.

5 Les catalyseurs

5.1 Définition

Définition 4

On appelle catalyseur d'une réaction toute espèce chimique, qui, bien que n'entrant pas dans l'équation-bilan, augmente la vitesse de la réaction sans modifier l'état final de celle-ci.

5.2 Catalyse hétérogène et catalyse homogène

On parle de catalyse homogène lorsque le catalyseur se trouve dans la même phase que les réactifs. Ainsi, la dismutation de l'eau oxygénée par les ions fer II ou fer III est un cas de catalyse homogène puisque ces ions sont en solution aqueuse, et donc dans la même phase que l'eau oxygénée. Cette transformation chimique a pour équation-bilan :

$$2H_2O_{2\,(aq)} \rightarrow 2H_2O_{(l)} + O_{2\,(g)}.$$

Dans ce cas, plus la concentration du catalyseur est grande, plus la réaction est rapide.

En revanche, la catalyse de la dismutation de l'eau oxygénée par le métal platine (qui est un autre catalyseur de cette réaction) n'est pas une catalyse homogène : le métal platine est en phase solide, alors que l'eau oxygénée est en solution aqueuse. On parle de catalyse *hétérogène*.

Pour augmenter l'efficacité d'une catalyse hétérogène, on a intérêt à augmenter la surface de contact entre les réactifs et le catalyseur. Pour ce faire, il est plus intéressant d'introduire une quantité donnée de catalyseur sous forme fragmentée (par exemple sous forme de granules, ou sous forme de mousse présentant des alvéoles, augmentant ainsi la surface de contact —cette dernière présentation étant plus facile à récupérer après réaction—) plutôt que sous forme compacte, en un seul bloc.

5.3 Catalyse enzymatique

Les enzymes sont des protéines (molécules complexes constituées d'un grand nombre d'acides aminés) qui jouent le rôle de catalyseurs de certaines réactions d'intérêt biologique. Elles se trouvent dans la même phase liquide que les réactifs et produits des réactions. La catalyse enzymatique est donc une catalyse homogène.

La catalyse enzymatique a lieu pour des températures qui sont celles des êtres vivants. Ce sont donc des conditions dites « douces », qui présentent un intérêt économique puisque peu coûteuses à reproduire de manière industrielle.

5.4 Autocatalyse

On dit d'une réaction qu'elle est auto-catalysée lorsque l'un de ses produits est un catalyseur de la réaction. La courbe de la quantité de matière d'un produit, et de la vitesse de formation correspondante en fonction du temps, ont alors l'allure suivante :

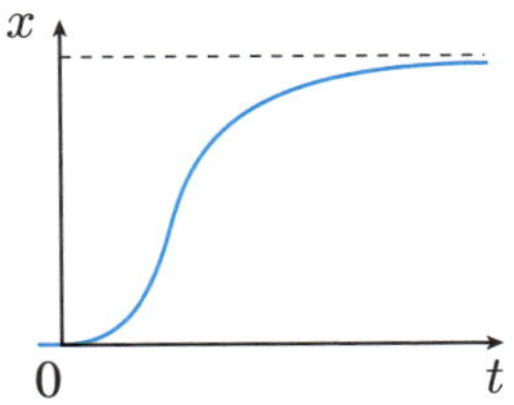

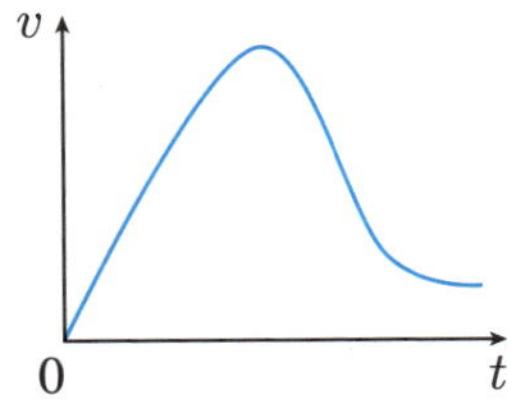

On constate dans un premier temps que la vitesse de la réaction est relativement lente. C'est normal, puisqu'en présence de peu ou pas de produits, elle est peu ou pas catalysée, donc lente.

Puis sa vitesse augmente régulièrement, ceci à cause de l'augmentation de la concentration en catalyseur (produit).

Enfin la vitesse baisse à nouveau, simplement à cause de la disparition des réactifs, jusqu'à s'annuler au bout d'un temps très long.

On voit donc ici un contre-exemple à l'observation répandue que la vitesse de formation d'un produit décroît au cours du temps.

Solution de l'exercice type

Lycée Jean Bosco, Guines

1 La concentration en permanganate de potassium de la solution initiale est :

$$[MnO_4^-] = \frac{c_p v_p}{v_a + v_p} = \frac{5 \times 10^{-3} \times 20}{20 + 30} = 2 \cdot 10^{-3}\ \text{mol.L}^{-1} = 2\ \text{mmol.L}^{-1}.$$

MÉTHODE

Il s'agit d'un calcul de dilution : la quantité de matière introduite ($c_p v_p$) est diluée sur le volume total ($v_a + v_p$). Il est indispensable de savoir effectuer ce type de calculs sans hésiter.

2 On dresse un tableau d'avancement de la réaction :

Instant	$5H_2C_2O_4$	+ $2MnO_4^-$	+ $6H^+$	→ $10CO_2$	+ $2Mn^{2+}$	+ $8H_2O$
Initial	n_1	n_2	excès	0	0	solvant
Arbitraire	$n_1 - 5x$	$n_2 - 2x$	excès	$10x$	$2x$	solvant

où $n_1 = c_a v_a$ est la quantité de matière initiale en acide oxalique et $n_2 = c_p v_p$ est la quantité de matière initiale en ions permanganate.

...

COURS INTERROS CORRIGÉS

➜ Solution de l'exercice type (suite)

D'après ce tableau, les quantités de matière en ions permanganate $n'_p(x)$ et en ions manganèse $n'_m(x)$, pour un avancement arbitraire x, sont données par :

$$\begin{cases} n'_p(x) = n_2 - 2x \\ n'_m(x) = 2x \end{cases}$$

Leur somme vérifie donc :

$$n'_p(x) + n'_m(x) = n_2.$$

En divisant membre à membre cette égalité par $v_a + v_p$, on obtient :

$$[MnO_4^-] + [Mn^{2+}] = \frac{n_2}{v_a + v_p} = 2 \cdot 10^{-3} \text{ mol.L}^{-1} = 2 \text{ mmol.L}^{-1}.$$

On en déduit le tableau des valeurs des concentrations de l'ion manganèse en fonction du temps :

t (s)	0	20	40	60	70	80	90	100	120	180
$[Mn^{2+}]$	0,00	0,00	0,08	0,32	0,60	1,00	1,41	1,65	1,85	2,00

où les concentrations sont données en mmol.L^{-1}.
Puis la courbe correspondante :

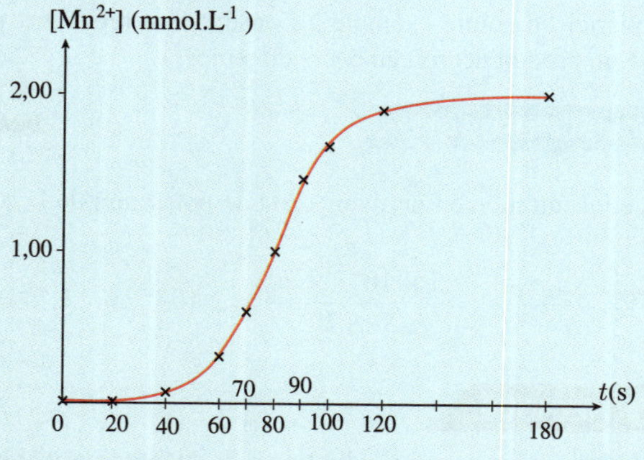

3 La courbe obtenue précédemment possède un *point d'inflexion* pour $t \approx 80$ min. La courbe croise sa tangente en ce point : avant 80 min, la réaction s'accélère au cours du temps, tandis qu'au-delà elle ralentit.
Ces résultats peuvent être s'interpréter si l'un des produits de la réaction est un catalyseur de celle-ci : sa concentration augmentant au cours du temps, celle-ci s'accélère, puis les réactifs se raréfient et elle ralentit, et l'avancement atteint sa valeur finale. Des produits de la réaction susceptibles d'être le catalyseur, à savoir CO_2 et Mn^{2+}, seul Mn^{2+} reste en solution. Ce sont donc les ions manganèse qui (auto)-catalysent la réaction.

Voir énoncé page 63

1 QCM Testez vos connaissances

5 min Corrigé p. 79

1 Généralement, lorsqu'on abaisse la température, on

[a] diminue [b] augmente

la vitesse des réactions chimiques.

2 Si l'on dilue une solution dans laquelle se produit une réaction lente, on accélère cette réaction.

[a] Vrai [b] Faux

3 Si la vitesse volumique d'une réaction est 60 $mol.L^{-1}.min^{-1}$, alors en $mol.L^{-1}.h^{-1}$, elle vaut :

[a] 1 [b] 60 [c] 3600

4 Plus la concentration d'un soluté est grande, plus son absorbance est :

[a] grande [b] petite

5 On considère la réaction lente suivante, qui a lieu à volume et température constants :

$$2N_2O_{(g)} \rightarrow 2N_{2(g)} + O_{2(g)}$$

Au cours de la réaction, la pression du milieu réactionnel :

[a] diminue [b] augmente

6 On considère la réaction lente suivante, pour laquelle réactifs ou produits sont soit des solides, soit des gaz :

$$A + B \rightarrow C + 2D$$

A est un gaz, C est un solide. La réaction a lieu dans une enceinte à température et volume constants. Le graphe ci-après représente l'évolution de la pression au cours du temps.

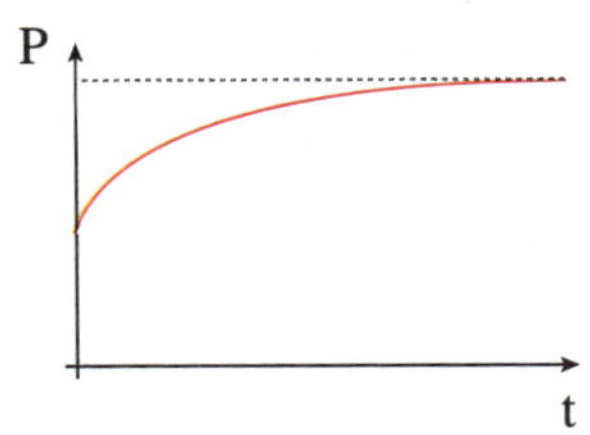

B est : [a] un gaz [b] un solide

D est : [a] un gaz [b] un solide

7 On considère la réaction suivante :

$$A + 2B \rightarrow 2C + D$$

Parmi les tableaux d'avancement page suivante, lesquels peuvent être corrects ?

a

Instant	A	+	2B	→	2C	+	D
Initial	n_1		n_2		n_3		0
Intermédiaire	$n_1 - x$		$n_2 - 2x$		$n_3 + 2x$		x

b

Instant	A	+	2B	=	2C	+	D
Initial	n_1		n_2		0		0
Intermédiaire	$n_1 - x$		$n_2 - 2x$		x		x

c

Instant	A	+	2B	=	2C	+	D
Initial	0		n_2		n_3		0
Intermédiaire	0		$n_2 - 2x$		$n_3 + 2x$		x

2 Catalyse

★ 5 min

Corrigé p. 79

Lycée Jean Moulin, Torcy

Dire, parmi les exemples donnés ci-dessous, lesquels correspondent à une catalyse homogène ou hétérogène.

1. Dismutation de l'eau oxygénée catalysée par les ions Fe^{2+}.
2. Synthèse de l'ammoniac catalysée par le fer.
3. Catalyse d'une réaction d'estérification par les ions H_3O^+.
4. Toute réaction enzymatique.
5. Oxydation du monoxyde de carbone en dioxyde de carbone dans un pot d'échappement catalytique.

3 Catalyse

★★ 10 min

Corrigé p. 80

Lycée Arago, Paris

On considère la réaction dont l'équation-bilan est :

$$A + B \rightarrow C + D$$

Le graphe de la concentration de C en fonction du temps a l'allure suivante :

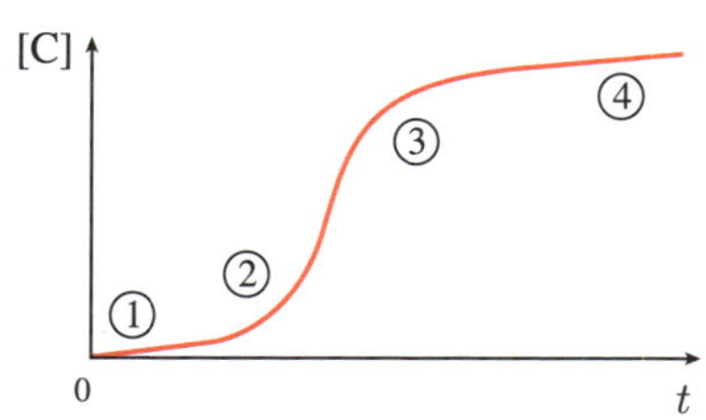

1. De quel type de catalyse ce graphe est-il caractéristique ?
2. Commenter les parties 1 à 4 du graphe.

3 D est en fait une base. En procédant en milieu acide, on a l'équation-bilan suivante :

$$A + B + H^{+} \rightarrow C + DH^{+}$$

Le graphe de la concentration de C en fonction du temps a la même allure que précédemment.
La réaction est-elle catalysée par C ou par D ?

4 Facteurs cinétiques

★★ 15 min Corrigé p. 80

Lycée Corneille, La Celle Saint-Cloud

On s'intéresse à la cinétique de la réaction d'oxydation de l'ion iodure I^{-} par l'ion peroxodisulfate $S_2O_8^{2-}$:

$$S_2O_8^{2-} + 2I^{-} \rightarrow 2SO_4^{2-} + I_2$$

1 Définir ce que l'on appelle « vitesse volumique de disparition de l'ion peroxodisulfate ».

2 On réalise quatre expériences correspondant aux conditions suivantes :
(1) Température : $\theta = 32$ °C.
(2) Température : $\theta = 23$ °C.
(3) Température : $\theta = 15$ °C.
(4) Température : $\theta = 32$ °C et présence d'ions Fe^{3+} et Fe^{2+}.
Dans chacune de ces expériences, la concentration initiale en ions I^{-} vaut : $[I^{-}] = 2 \times 10^{-2}$ mol.L^{-1}.
Les courbes de l'évolution temporelle de la concentration en ion peroxodisulfate sont reportées à la figure suivante :

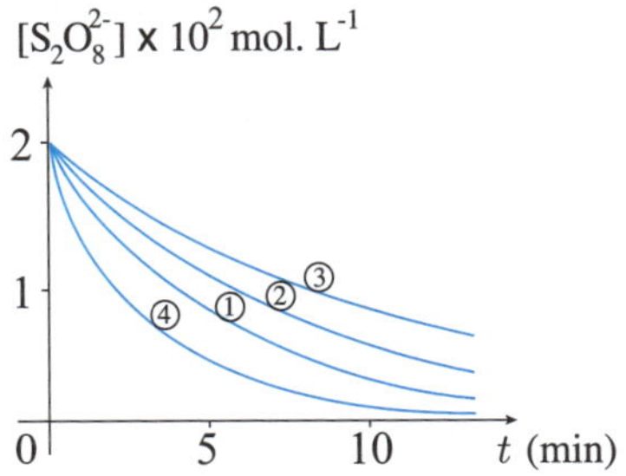

Quelle est la concentration initiale en ions peroxodisulfate dans chacune de ces expériences ?

3 Quel est le comportement de la vitesse instantanée de disparition de l'ion peroxodisulfate dans chacune de ces expériences ? Donner une interprétation et expliquer quels sont les facteurs cinétiques mis en évidence par cet ensemble d'expériences.

4 Lors de l'établissement des courbes de chacune des expériences ci-dessus, les mesures ont été réalisées en plongeant des échantillons à doser dans un bain d'eau glacée. Justifier en s'appuyant sur la réponse à la question précédente.

5 Cinétique d'une réaction

★★ 15 min Corrigé p. 82

Lycée Sainte Anne, Brest

Retrouvez le corrigé de cet exercice en vidéo.

On considère la réaction d'oxydoréduction dont l'équation-bilan est la suivante :

$$Mg_{(s)} + 2\,H_3O^+{}_{(aq)} \rightarrow Mg^{2+}_{(aq)} + 2\,H_2O_{(l)} + H_{2\,(g)}$$

On introduit 2 g de magnésium dans un bécher contenant 50 mL de solution d'acide chlorhydrique de concentration $c_0 = 10^{-2}$ mol.L^{-1}, et on mesure le pH à intervalles de temps réguliers à l'aide d'un pH-mètre.

On obtient les résultats suivants :

t (min)	0	2	4	6	8	10	12	14
pH	2,00	2,12	2,27	2,44	2,66	2,95	3,41	4,36

1. Montrer que le magnésium est introduit en excès.
2. Tracer sur un même graphe les courbes [H_3O^+] et [Mg^{2+}] en fonction du temps.
3. Calculer la vitesse volumique d'apparition des ions Mg^{2+} à $t = t_1 = 2$ min et à $t = t_2 = 10$ min.

Donnée :

M(Mg) = 24 g.mol^{-1}.

6 Suivi de réaction

★★★ 20 min Corrigé p. 84

Lycée Saint-Exupéry, Lyon

On considère la réaction dont l'équation-bilan est la suivante :

$$5Br^- + BrO_3^- + 6H^+ \rightarrow 3Br_2 + 3H_2O$$

1. À $t = 0$, on a les quantités de matière suivantes :

$$n_{BrO_3^-} = 2 \text{ mol} \;;\; n_{Br^-} = 12 \text{ mol} \;;\; n_{H^+} = 12 \text{ mol}.$$

Effectuer un bilan de matière aux instants $t = 0$, $t \rightarrow +\infty$ et $t = t_{1/2}$. On justifiera les calculs à l'aide d'un tableau d'avancement.

2. La figure ci-contre représente, dans les conditions de la question 1., l'évolution de n_{Br_2} en fonction du temps.

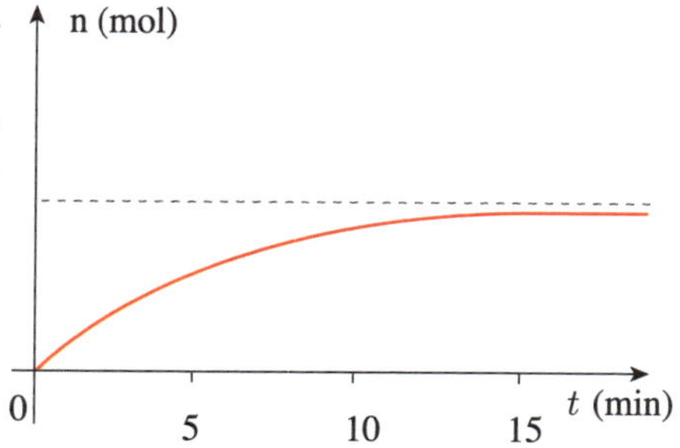

(a) Reproduire le graphe en faisant apparaître l'échelle des ordonnées.

(b) Reporter sur le graphe obtenu l'évolution de n_{Br^-}, $n_{BrO_3^-}$ et n_{H^+}.

7 Spectrophotométrie

★★★ 25 min Corrigé p. 85

Lycée Jean Rostand, Villepinte

1 L'ion dichromate $Cr_2O_7^{2-}$ appartient au couple oxydant/réducteur $Cr_2O_7^{2-}/Cr^{3+}$. L'acide oxalique appartient au couple $CO_2/H_2C_2O_4$. L'ion dichromate et l'acide oxalique réagissent ensemble selon la réaction suivante :

$$Cr_2O_7^{2-} + 8H^+ + 3H_2C_2O_4 \rightarrow 2Cr^{3+} + 7H_2O + 6CO_2$$

Écrire les demi équations associées aux couples et retrouver l'équation bilan.

2 Pour suivre la transformation, on décide d'utiliser une méthode spectrophotométrique. Pour cela on commence par tracer la courbe $A = f(\lambda)$ pour une solution de dichromate de potassium.

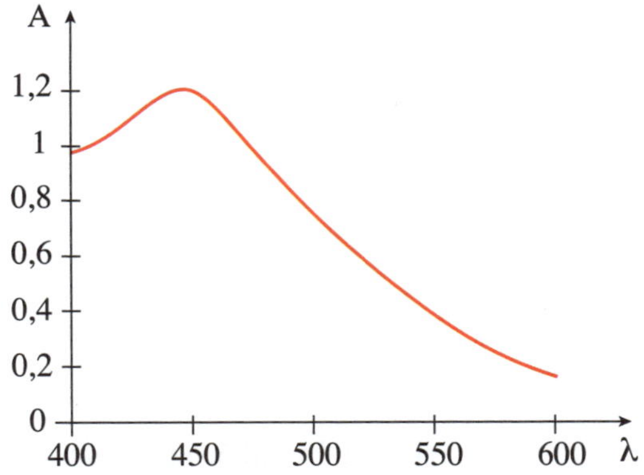

À quelle longueur d'onde faut-il se placer pour déterminer le plus précisément la concentration des ions dichromate ? Justifier la réponse.

3 Le spectrophotomètre, relié à l'ordinateur, permet d'obtenir la courbe $A = f(t)$. On dispose par ailleurs de la représentation graphique, donnée ci-dessous, de $A = f([Cr_2O_7^{2-}])$.

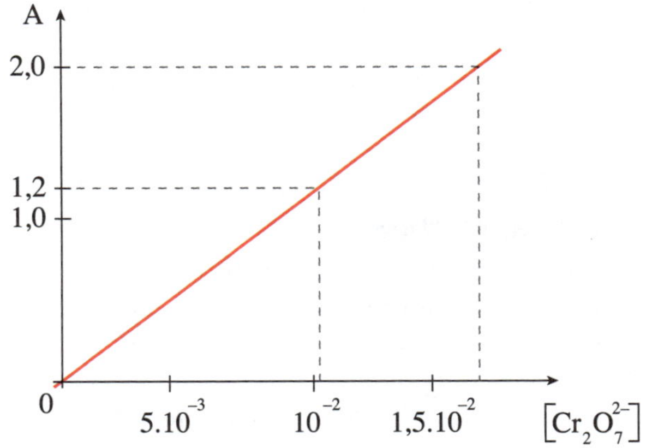

(a) Justifier l'utilité de cette représentation graphique.

(b) Déterminer son équation. Avec quelle loi est-elle en accord ?

4 À la date $t = 0$ on réalise le mélange suivant :

- $V_1 = 10$ mL d'une solution S_1 d'acide oxalique de concentration $C_1 = 0{,}4$ mol.L^{-1}.
- $V_2 = 10$ mL d'une solution S_2 acidifiée de dichromate de potassium de concentration $C_2 = 2{,}0 \cdot 10^{-2}$ mol.L^{-1}.

On agite, et très rapidement on place une partie du mélange dans une cuve que l'on place dans le spectrophotomètre. On relève $A = f(t)$, donnée ci-dessous.

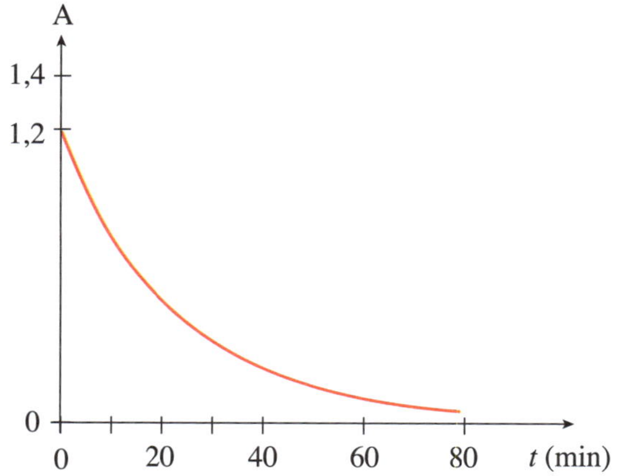

(a) Dresser le tableau d'évolution du système réactionnel.

(b) Trouver la relation entre la quantité de matière initiale de dichromate, l'avancement et l'absorbance.

(c) On définit la vitesse volumique de réaction v de la manière suivante :

$$v = \frac{1}{V_1 + V_2}\frac{\mathrm{d}x}{\mathrm{d}t}.$$

Exprimer cette vitesse en fonction de la dérivée temporelle de l'absorbance.

(d) Évaluer la vitesse volumique de réaction à $t = 20$ min.

8 Ions ammonium dans un aquarium ★★★ 30 min

Corrigé p. 86

Lycée Saint Sernin, Toulouse

L'urée, de formule $(NH_2)_2CO$, est un polluant de l'aquarium. Elle est contenue dans les déjections de certains poissons et conduit, au cours d'une réaction lente, à la formation d'ions ammonium NH_4^+ et d'ions cyanate OCN^- selon l'équation :

$$(NH_2)_2CO(aq) \rightarrow NH_4^+(aq) + OCN^-(aq)$$

L'étude de la cinétique de cette réaction peut être réalisée par conductimétrie. Pour cela on prépare un volume $V = 100{,}0$ mL d'une solution d'urée de concentration molaire en soluté apporté égale à $c = 0{,}020$ mol.L^{-1} et on suit sa décomposition en la maintenant dans un bain marie à 45 °C. À différentes dates, on mesure la conductivité de la solution. La conductivité σ de cette solution peut s'exprimer en fonction des concentrations des espèces ioniques en solution et des conductivités molaires ioniques (les ions H_3O^+ et $HO^-{}_{aq}$ sont en très faible quantité et pourront ne pas être pris en compte). On a donc la relation suivante :

$$\sigma = \lambda_{NH_4^+} \cdot [NH_4^+]_{aq} + \lambda_{OCN^-} \cdot [OCN^-]_{aq}$$

1 Montrer que la concentration de la solution en ions NH_4^+(aq) peut être déterminée à partir de la mesure de la conductivité de la solution, les conductivités molaires ioniques étant connues.

2 Évolution du système chimique

(a) Compléter littéralement le tableau descriptif de l'évolution du système ci-dessous.

	$(NH_2)_2CO(aq) \rightarrow NH_4^+(aq) + OCN^-(aq)$			
État	Avanc. (mol)	Quantités de matière (mol)		
		$(NH_2)_2CO$	NH_4^+	OCN^-
Initial	$x = 0$			
Intermédiaire	x			
Final	x_{max}			

Pour la dernière ligne, correspondant à l'état final, on supposera que la transformation est totale.

(b) En déduire la relation, à chaque instant, entre la concentration en ions NH_4^+(aq) en solution et l'avancement de la réaction.

(c) Calculer l'avancement maximal x_{max}.

3 On peut ainsi représenter l'évolution de l'avancement de la réaction en fonction du temps (voir la figure 4.1 ci-dessous).

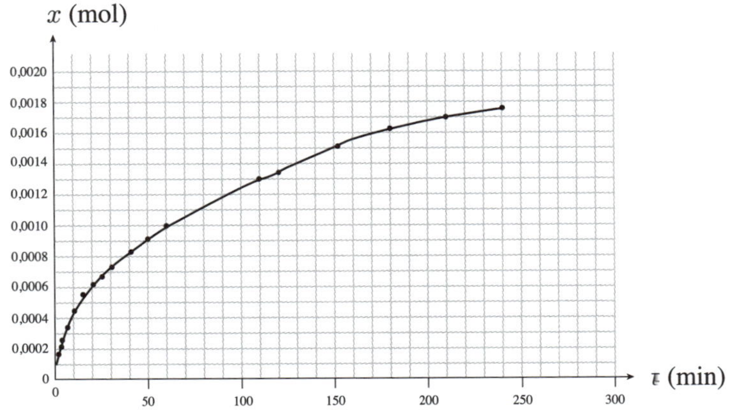

Figure 4.1 – *Cinétique de la décomposition de l'urée.*

En déduire le taux d'avancement de la réaction à l'instant de date $t = 110$ min.

4 La vitesse volumique de réaction est donnée par la relation :

$$v(t) = \frac{1}{V}\left(\frac{\mathrm{d}x}{\mathrm{d}t}\right),$$

où x est l'avancement de la réaction à l'instant de date t et V le volume de la solution. Décrire, en utilisant la courbe précédente, l'évolution de cette vitesse.

5 En poursuivant l'expérience pendant une durée suffisante, on obtient une concentration finale : $[NH_4^+]_f = 2{,}0 \cdot 10^{-2}$ mol.L^{-1}. Déterminer le taux d'avancement final de cette transformation. Cette transformation est-elle totale ?

6 Définir puis déterminer graphiquement le temps de demi-réaction.

7 Dans l'aquarium, la valeur de la température est seulement de 27 °C. Tracer sur la figure 4.1 l'allure de la courbe à cette température.

8 Les ions ammonium finissent par se transformer en ions nitrate dont l'accumulation risque de compromettre la vie des poissons. Ces derniers ions constituent un aliment essentiel pour les plantes vertes de l'aquarium. Expliquer pourquoi dans les livres d'aquariophilie, on dit que l'aquarium doit être « bien planté ».

1 QCM Testez vos connaissances

Enoncé p. 71

1 Réponse [a] : on la diminue.

2 Réponse [b] : *faux*.

3 Réponse [c] : elle vaut 3600 $mol.L^{-1}.h^{-1}$.

4 Réponse [a] : plus l'absorbance est grande.

5 Réponse [b] : la quantité de matière en phase gazeuse augmente avec l'avancement de la réaction, puisque deux moles de gaz (réactif) donnent, après réaction, trois moles de gaz (produits, réparties en deux moles de diazote et une mole de dioxygène). La pression d'un gaz, toutes autres choses étant égales par ailleurs, étant proportionnelle à la quantité de matière (voir le chapitre 14 sur l'équation d'état des gaz parfaits, page 299), nous en déduisons que la pression augmente au cours de la réaction.

6 B est un solide (réponse [b]), D est un gaz (réponse [a]). L'augmentation de la pression avec l'avancement indique la quantité de matière sous forme gazeuse augmente avec l'avancement. La seule possibilité pour que ceci soit vrai est que B soit solide et que D soit gazeux. Aucune des trois autres possibilités (B solide et D solide, B gazeux et D solide, B gazeux et D gazeux) ne le permet.

7 Seul le tableau [a] est correct. Il y a une erreur sur le coefficient stœchiométrique de C dans le tableau b. Enfin, dans le tableau c, il manque, à l'instant initial, l'un des produits (A) et l'un des réactifs (D), donc la réaction ne peut avoir lieu ni dans un sens, ni dans l'autre.

2 Catalyse

Enoncé p. 72

Lycée Jean Moulin, Torcy

1 Les ions Fe^{2+} sont dissous dans la solution aqueuse. Ils sont donc présents dans la phase liquide : il s'agit d'une catalyse homogène.

2 Le fer est ici un catalyseur solide, alors que les réactifs sont sous forme gazeuse. Il s'agit d'une catalyse hétérogène.

3 Les réactifs et les ions H_3O^+ sont présents dans la même phase (liquide). Il s'agit d'une catalyse homogène.

4 Toute réaction enzymatique a lieu en phase liquide, et l'enzyme est elle-même présente dans cette phase : il s'agit d'une catalyse homogène.

5 Les réactifs et le produit de cette réaction sont en phase gazeuse. En revanche, le catalyseur est en phase solide (il s'agit d'un dépôt de métaux tels que le platine et de composés tels que des oxydes de césium), donc c'est un cas de catalyse hétérogène.

3 Catalyse

Enoncé p. 72

Lycée Arago, Paris

1 Ce graphe a l'allure caractéristique des réactions auto-catalytiques, c'est-à-dire catalysées par l'un de leurs propres produits (donc ici C ou D).

2 On distingue sur la courbe de l'énoncé les régimes suivants :

- Dans une première partie (1), les produits sont encore peu abondants et la vitesse de réaction est relativement lente.
- Ensuite, dans la partie (2), l'apparition des produits conduit à une catalyse de plus en plus efficace de la réaction, qui donc s'accélère.
- Par suite de l'épuisement (raréfaction) des réactifs, la réaction se ralentit, sur la partie (3),
- et sa vitesse tend finalement vers zéro lorsque le temps tend vers l'infini (partie 4), puisqu'il ne reste pratiquement plus de réactif dans le milieu réactionnel.

3 Si la réaction du 2. était catalysée par D, alors la nouvelle réaction ne pourrait plus être auto-catalysée puisque D réagit avec les ions H^+ pour donner son ion acide conjugué DH^+. Or puisque la courbe de la concentration de C est inchangée, on est encore en présence d'auto-catalyse. On en déduit que la réaction est auto-catalysée par C.

4 Facteurs cinétiques

Enoncé p. 73

Lycée Corneille, La Celle Saint-Cloud

1 La vitesse instantanée volumique de disparition de l'ion peroxodisulfate est :

$$v_d(S_2O_8^{2-}) = -\frac{d[S_2O_8^{2-}]}{dt}.$$

On rappelle que puisque les réactifs disparaissent, leur concentration ou quantité de matière sont des fonctions décroissantes du temps et donc les dérivées temporelles sont négatives. On prend donc l'opposé de ces dérivées afin de manipuler des grandeurs positives.

2 Toutes les courbes ont une origine commune qui correspond à :

$$[S_2O_8^{2-}]_0 = 2 \times 10^{-2}\ \text{mol.L}^{-1}.$$

3 La vitesse volumique de disparition de l'ion peroxodisulfate est, d'après sa définition, la valeur absolue de la pente de la tangente au graphe de sa concentration $[S_2O_8^{2-}]$ en fonction du temps. On constate les faits suivants :

- la vitesse de disparition du peroxodisulfate est la plus importante dans le cas (4), lorsque le milieu réactionnel contient des ions Fe^{2+} et Fe^{3+} et se trouve à la température $\theta = 32$ °C ;

- ensuite, à la même température mais sans présence d'ions fer II et fer III, la vitesse de disparition est plus faible, comme on le voit sur le cas (1) ;
- pour des températures décroissantes, on constate que la vitesse de disparition de l'ion peroxodisulfate devient de plus en plus faible (succession des courbes (1), (2) et (3)) ;
- enfin, pour une courbe donnée, on constate que la vitesse de disparition décroît au cours du temps, comme illustré sur le schéma ci-après

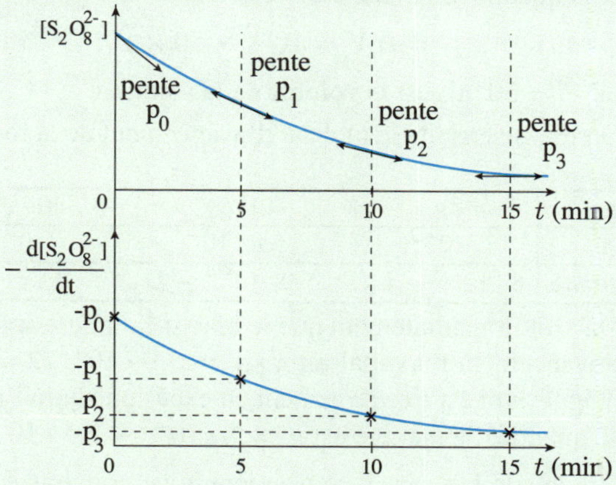

De ces observations, on peut dégager les interprétations suivantes :

- les ions Fe^{2+} et Fe^{3+}, qui n'apparaissent pas dans l'équation-bilan mais qui accélèrent la réaction pour une température donnée (en l'occurrence $\theta = 32°$) jouent le rôle de catalyseur de la réaction ;
- la réaction est plus rapide, toutes autres choses égales par ailleurs, lorsque la température est plus élevée ; ainsi, nous mettons en évidence le deuxième facteur cinétique, la température ;
- enfin, les vitesses de disparition des réactifs diminuent avec le temps, ceci étant lié à la baisse de la concentration des réactifs dans le milieu réactionnel. Le dernier facteur cinétique que l'on met donc en évidence est la concentration.

4 La durée du dosage nécessaire pour estimer la concentration en ions peroxodisulfate peut largement excéder la minute, or on voit sur le graphe qu'en une minute la concentration peut varier notablement et dégrader ainsi la précision des mesures. On bloque donc la réaction en jouant sur le facteur cinétique température en plongeant l'échantillon dans un bain d'eau glacée.

5 Cinétique d'une réaction

Enoncé p. 74

Lycée Sainte Anne, Brest

Retrouvez le corrigé de cet exercice en vidéo.

1 On calcule les quantités de matière introduites. La quantité de matière en magnésium est :

$$n_{\mathrm{Mg}} = \frac{m_{\mathrm{Mg}}}{\mathrm{M(Mg)}} = \frac{2}{24} = 8 \cdot 10^{-2} \text{ mol}$$

et la quantité de matière en ions H_3O^+ est :

$$n_{H_3O^+} = c_0 V = 10^{-2} \times 50 \times 10^{-3} = 5{,}0 \cdot 10^{-4} \text{ mol}$$

où $V = 50$ mL est le volume de la solution.

On dresse ensuite le tableau d'avancement de la réaction :

Instant	Mg	+	$2H_3O^+$	→	Mg^{2+}	+	$2H_2O$	+	H_2
Initial	$8 \cdot 10^{-2}$		$5{,}0 \cdot 10^{-4}$		0		solvant		0
Arbitraire	$8 \cdot 10^{-2} - x$		$5{,}0 \cdot 10^{-4} - 2x$		x		solvant		x

On voit immédiatement que le réactif limitant est l'ion oxonium, et que l'avancement maximal est $x_{\max} = 5{,}0 \cdot 10^{-4}/2 = 2{,}5 \cdot 10^{-4}$ mol. Le magnésium est très largement en excès puisqu'à l'avancement maximal sa quantité de matière est $n' = 8 \cdot 10^{-2} - 2{,}5 \cdot 10^{-4} \simeq 8 \cdot 10^{-2}$ mol.

2 D'après le tableau d'avancement nous pouvons écrire les quantités de matière en ions magnésium et oxonium dans le milieu réactionnel :

$$\begin{cases} n_{Mg^{2+}} = x \\ n_{H_3O^+} = 5{,}0 \cdot 10^{-4} - 2x \end{cases}$$

En éliminant x et en divisant par le volume V de la solution on obtient :

$$[Mg^{2+}] = \frac{1}{2}(10^{-2} - [H_3O^+]).$$

Quant à la concentration en ions H_3O^+, elle s'obtient simplement à partir du pH, par la formule :

$$[H_3O^+] = 10^{-\mathrm{pH}}.$$

On peut donc remplir à présent le tableau suivant :

t (min)	0	2	4	6	8	10	12	14
pH	2,00	2,12	2,27	2,44	2,66	2,95	3,41	4,36
$[H_3O^+]$ (10^{-3} mol.L^{-1})	10	7,6	5,4	3,6	2,2	1,1	0,39	0,044
$[Mg^{2+}]$ (10^{-3} mol.L^{-1})	0	1,2	2,3	3,2	3,9	4,4	4,8	5,0

À partir de ce tableau on construit le graphe page ci-contre.

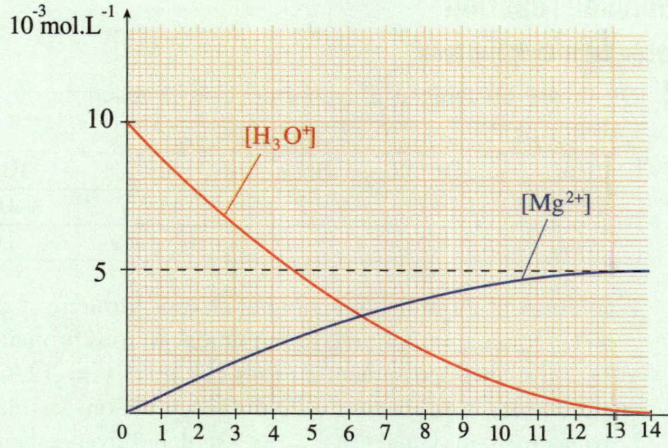

3 Pour calculer ces vitesses instantanées on utilise la propriété que la corde et la tangente ont pratiquement la même pente, comme on le voit sur la figure ci-dessous :

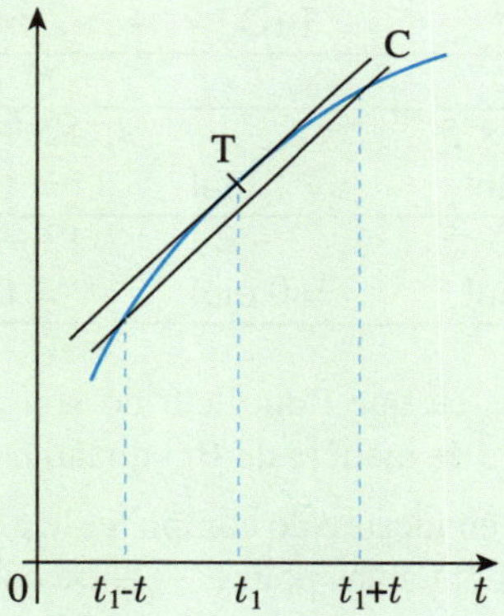

Ainsi, pour calculer la vitesse volumique de formation des ions Mg^{2+} à $t = t_1 = 2$ min, on effectue le calcul :

$$v_{Mg^{2+}}(t_1) = \frac{[Mg^{2+}]_{t=4\text{ min}} - [Mg^{2+}]_{t=0\text{ min}}}{4-0} = 5{,}8.10^{-4}\text{ mol.L}^{-1}.\text{min}^{-1}.$$

On effectue un calcul similaire à $t = t_2 = 10$ min :

$$v_{Mg^{2+}}(t_2) = \frac{[Mg^{2+}]_{t=12\text{ min}} - [Mg^{2+}]_{t=8\text{ min}}}{12-8} = 2{,}2\cdot 10^{-4}\text{ mol.L}^{-1}.\text{min}^{-1}.$$

On constate que la vitesse volumique d'apparition des ions Mg^{2+} décroît au cours du temps.

6 Suivi de réaction

Enoncé p. 74

Lycée Saint-Exupéry, Lyon

1 On dresse un tableau d'avancement de la réaction, où l'on appelle x l'avancement.

État	$5Br^-$	+ BrO_3^-	+ $6H^+$	→ $3Br_2$	+ $3H_2O$
Initial	12	2	12	0	solvant
Arbitraire	$12 - 5x$	$2 - x$	$12 - 6x$	$3x$	solvant

L'épuisement du milieu réactionnel en ions bromure se produirait pour $x = 12/5$ soit $x = 2{,}4$ mol, l'épuisement en ions bromate (BrO_3^-) pour $x = 2$ mol et l'épuisement en ions H^+ pour $x = 12/6 = 2$ mol. Ce sont donc les ions bromate et hydrogène qui sont les réactifs limitants. L'avancement maximal est $x_{max} = 2$ mol, et l'avancement à l'instant de demi-réaction est $x_{1/2} = 1$ mol.

On est donc en mesure à présent d'écrire les bilans de matière en moles aux différents instants :

t	$5Br^-$	+ BrO_3^-	+ $6H^+$	→ $3Br_2$	+ $3H_2O$
0	12	2	12	0	solvant
$t_{1/2}$	$12 - 1 \times 5 = 7$ mol	$2 - 1 = 1$ mol	$12 - 1 \times 6 = 6$ mol	$1 \times 3 = 3$ mol	solvant
$+\infty$	$12 - 2 \times 5 = 2$ mol	$2 - 2 = 0$ mol	$12 - 2 \times 6 = 0$ mol	$2 \times 3 = 6$ mol	solvant

2 **(a)** D'après ce que l'on vient de voir à la question 1, on sait que la quantité de matière de Br_2 quand $t \to +\infty$ est 6 mol.

(b) On est en mesure de compléter le graphe donné dans l'énoncé. Les valeurs obtenues pour $t \to +\infty$ correspondent aux ordonnées des asymptotes horizontales aux différentes courbes.

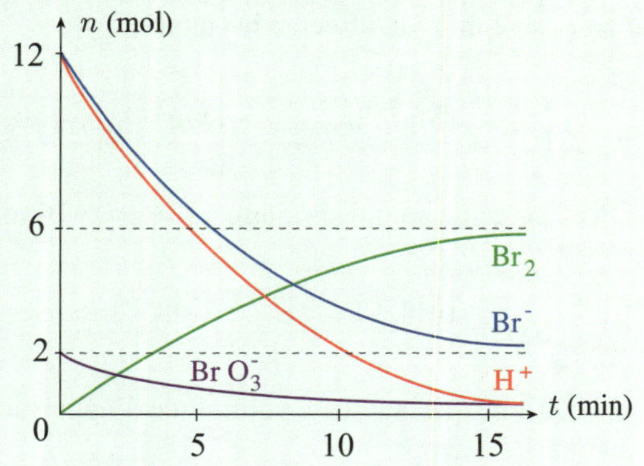

7 Spectrophotométrie

Enoncé p. 75

Lycée Jean Rostand, Villepinte

1 La demi-équation électronique du couple $Cr_2O_7^{2-}/Cr^{3+}$ est :

$$Cr_2O_7^{2-} + 14H^+ + 6e^- = 2Cr^{3+} + 7H_2O$$

La demi-équation électronique du couple $CO_2/H_2C_2O_4$ est :

$$H_2C_2O_4 = 2CO_2 + 2H^+ + 2e^-$$

L'écriture de ce second couple fait intervenir trois fois moins d'électrons que le précédent, donc on multiplie ses coefficients stœchiométriques par trois, et on ajoute les deux demi équations résultantes de manière à pouvoir éliminer les électrons de l'écriture :

$$Cr_2O_7^{2-} + 14H^+ + 3H_2C_2O_4 \rightarrow 2Cr^{3+} + 7H_2O + 6CO_2 + 6H^+,$$

qui donne, en enlevant $6H^+$ aux produits et aux réactifs, l'équation bilan donnée dans l'énoncé.

2 Pour une plus grande précision, il faut se placer à la longueur d'onde où les ions dichromate sont les plus absorbants, c'est-à-dire qu'il faut ici travailler à la longueur d'onde $\lambda = 450$ nm.

3 **(a)** L'utilité d'une telle représentation graphique est de pouvoir relier a posteriori l'absorbance que l'on aura mesurée à la concentration en ions dichromate (il s'agit d'une courbe d'étalonnage).

(b) On cherche une relation du type : $A = K \cdot c$, où c est la concentration de la solution en ions dichromate, et K la constante de proportionnalité que l'on recherche. L'absorbance vaut $A_0 = 1{,}2$ lorsque la concentration vaut $c_0 = 10^{-2}$ mol.L^{-1}, donc nous avons :

$$K = \frac{A_0}{c_0} = 1{,}2.10^2 = 120 \text{ L.mol}^{-1}.$$

⚠ ATTENTION

On rappelle que l'absorbance est un nombre sans unité.

Cette relation est en accord avec la loi de Beer-Lambert.

4 **(a)** On présente les différents états (initial et intermédiaire) sous forme d'un tableau.

État :	$Cr_2O_7^{2-}$	+ $3H_2C_2O_4$	+ $8H^+$	= $2Cr^{3+}$	+ $6CO_2$	+ $7H_2O$
Initial	n_2	n_1	excès	0	0	solvant
Interm.	$n_2 - x$	$n_1 - 3x$	excès	$2x$	$6x$	solvant

où $n_1 = C_1V_1 = 4 \cdot 10^{-3}$ mol est la quantité de matière initiale en acide oxalique, $n_2 = C_2V_2 = 2 \cdot 10^{-4}$ mol est la quantité de matière initiale en ions dichromate, et où x est l'avancement de la réaction.

COURS INTERROS CORRIGÉS

(b) Nous avons la relation suivante :

$$A = K[Cr_2O_7^{2-}] = \frac{K}{V_1 + V_2}(n_2 - x) \quad \text{soit :} \quad A = 6\,000 \times (2 \cdot 10^{-4} - x).$$

(c) On dérive par rapport au temps la relation vue au *b.* :

$$\frac{dA}{dt} = \frac{K}{V_1 + V_2}\left(\frac{dn_2}{dt} - \frac{dx}{dt}\right) = -\frac{K}{V_1 + V_2}\frac{dx}{dt} \quad \text{d'où :} \quad v = -\frac{1}{K}\frac{dA}{dt}.$$

(d) Dans un premier temps, il s'agit de déterminer graphiquement la dérivée temporelle de l'absorbance, qui est sensiblement égale à la pente de la droite $[AB]$ dessinée ci-dessous.

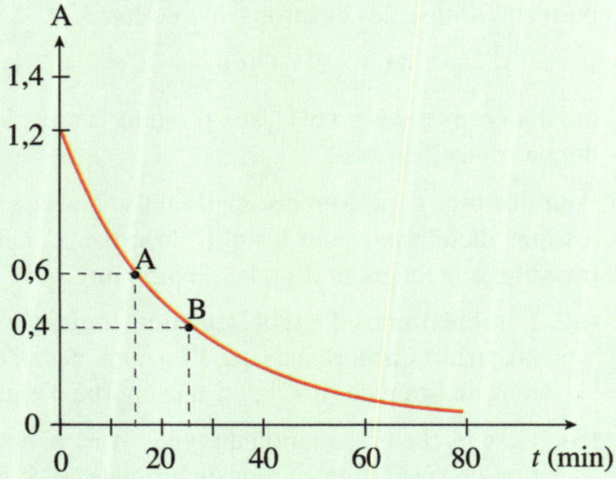

Nous avons donc :

$$\frac{dA}{dt} \approx \frac{0{,}4 - 0{,}6}{25 - 15} = -2 \cdot 10^{-2}\ \text{min}^{-1}.$$

d'où l'on déduit :

$$v \approx \frac{2 \cdot 10^{-2}}{120} = 1{,}7 \cdot 10^{-4}\ \text{mol.min}^{-1}.$$

8 Ions ammonium dans un aquarium

Enoncé p. 76

Lycée Saint Sernin, Toulouse

1 La décomposition de l'urée produit des quantités de matière égale d'ions ammonium et d'ions cyanate, donc on a : $[NH_4^+] = [OCN^-]$. De l'expression de la conductivité on déduit donc :

$$[NH_4^+] = \frac{\sigma}{\lambda_{NH_4^+} + \lambda_{OCN^-}}.$$

Si les conductivités molaires ioniques $\lambda_{NH_4^+}$ et λ_{OCN^-} sont connues, la mesure de la conductivité de la solution σ permet donc d'estimer la concentration en ions ammonium.

2 **(a)** On complète le tableau ci-dessous

	$(NH_2)_2CO(aq) \rightarrow NH_4^+(aq) + OCN^-(aq)$			
État	Avanc. (mol)	Quantités de matière (mol)		
		$(NH_2)_2CO$	NH_4^+	OCN^-
Initial	$x = 0$	cV	0	0
Intermédiaire	x	$cV - x$	x	x
Final	x_{max}	0	cV	cV

(b) À chaque instant, la quantité de matière des ions ammonium en solution est x, donc la concentration est donnée par :

$$[NH_4^+] = \frac{x}{V}.$$

(c) L'avancement maximum est obtenu en supposant que le réactif limitant a disparu. Ici il n'y a qu'un réactif, l'urée. Sa disparition s'écrit $cV - x_{max} = 0$ donc $x_{max} = cV$. L'application numérique donne :

$$x_{max} = 100{,}0 \cdot 10^{-3} \times 0{,}020 = 2{,}0 \cdot 10^{-3} \text{ mol}.$$

Le nombre de chiffres significatifs limitant est celui de la concentration c, qui est donnée avec deux chiffres significatifs seulement, donc on garde deux chiffres significatifs dans le résultat.

3 À $t = 110$ min, on mesure un avancement $x \approx 0{,}0013$ mol, donc on a un taux d'avancement :

$$\tau = \frac{x}{x_{max}} = 0{,}65 = 65~\%.$$

Les traits de construction en pointillés sur la figure en fin de correction de l'exercice montrent comment on a mesuré cette valeur de l'avancement.

4 La vitesse de réaction est proportionnelle au coefficient directeur de la tangente à la courbe de la figure 4.1. Au début de la réaction, elle est grande, puis elle décroît et tend vers zéro lorsque x tend vers sa valeur asymptotique.

5 L'avancement final de la réaction est :

$$x_f = [NH_4^+]_f \times V = 2{,}0 \cdot 10^{-3} \text{ mol}.$$

Le taux d'avancement final est donc :

$$\tau_f = \frac{x_f}{x_{max}} = 1 = 100~\%$$

donc la transformation est totale, puisque l'avancement final correspond à l'épuisement du réactif.

6 Le temps de demi-réaction correspond à la durée séparant l'état initial de l'état correspondant à un taux d'avancement de 50 %. Ceci correspond ici à un avancement de $x_{1/2} = 0{,}5 \times 2{,}0 \cdot 10^{-3} = 1{,}0 \cdot 10^{-3}$.

Graphiquement, on voit que cet avancement est obtenu au bout de $t_{1/2} = 60\,\text{min} = 1\,\text{h}$ (voir les traits de construction sur la figure 4.2 ci-dessous).

7 La température étant plus basse, la réaction est plus lente. L'allure (qualitative) de la nouvelle courbe d'avancement est représentée sur la figure 4.2 ci-dessous.

8 Les plantes de l'aquarium absorbent les ions nitrates NO_3^- et permettent ainsi d'abaisser leur concentration dans l'eau. C'est la raison pour laquelle un aquarium « bien planté » permet de maintenir le taux de nitrates à des valeurs ne mettant pas en danger la vie des poissons.

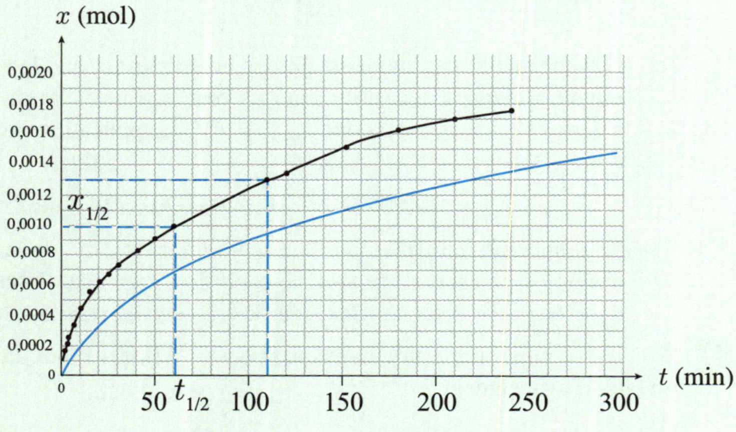

Figure 4.2 – *Cinétique de la décomposition de l'urée.*

Chapitre

5

Décroissance radioactive

Plan du chapitre

1 Introduction

Exercice type — Lycée Grand Champ, Versailles

On considère l'isotope ${}^3_1H$ de l'hydrogène, encore appelé tritium.

1 Écrire l'équation de sa désintégration β^-.

2 Sachant que la demi-vie du tritium est de 12,3 ans, calculer l'activité d'un kilogramme d'eau radioactive, où chaque molécule d'eau possède un atome d'hydrogène « normal » ${}^1_1H$ et un atome d'hydrogène « lourd » ${}^3_1H$.

Donnée :
Nombre d'Avogadro : $N_A \approx 6{,}02 \cdot 10^{23}$ mol^{-1}.

Voir corrigé page 96

Ce chapitre présente les différents types de radioactivité que l'on peut rencontrer. Il présente ensuite les formules d'évolution temporelle du nombre de noyaux radioactifs dans un échantillon, et définit certaines quantités pertinentes pour l'étude de la désintégration radioactive d'un grand nombre de noyaux.

2 Isotopes stables et isotopes radioactifs

Nous rappelons que l'on appelle isotopes deux noyaux du même élément qui diffèrent par leur nombre de masse.

Certains isotopes d'un élément sont stables : un noyau de cet isotope, isolé, reste tel quel pour « toujours ». En revanche, certains isotopes sont instables : spontanément, isolés, ils ont une probabilité non nulle, mesurable, de donner lieu à une transformation nucléaire produisant un ou d'autres noyau(s) sur une certaine échelle de temps.

Cette transformation s'accompagne de l'éjection de particules qui peuvent être des noyaux d'hélium (particules α), des électrons (particules β^-), des positons (particules β^+) ou des photons γ (photons extrêmement énergétiques, d'énergie plus élevée que les rayons X).

Définition 1 : isotope radioactif

On dit qu'un isotope est *radioactif* lorsque, isolé, il a une probabilité non nulle de donner lieu à une transformation nucléaire sur un intervalle de temps donné.

Si l'on dispose les noyaux sur un diagramme où l'on porte N, le nombre de neutrons, en abscisse, et Z, le nombre de protons, en ordonnée, nous obtenons le diagramme représenté ci-dessous, appelé « diagramme N-Z ». Sur ce diagramme, les noyaux stables (non radioactifs) sont représentés d'une certaine couleur, tandis que les noyaux instables (radioactifs) sont représentés d'une autre couleur. Sur une même ligne, on a différents isotopes d'un même élément. La droite verte est la droite d'équation $N = Z$. Nous voyons que les noyaux stables, tant que leur nombre de nucléons n'est pas trop grand, ont tendance à se regrouper au voisinage de cette droite. Toutefois, à partir de $Z \approx 20$ (ou $N \approx 20$), la région des noyaux stables dévie vers le bas : les noyaux stables ont alors plus de neutrons que de protons.

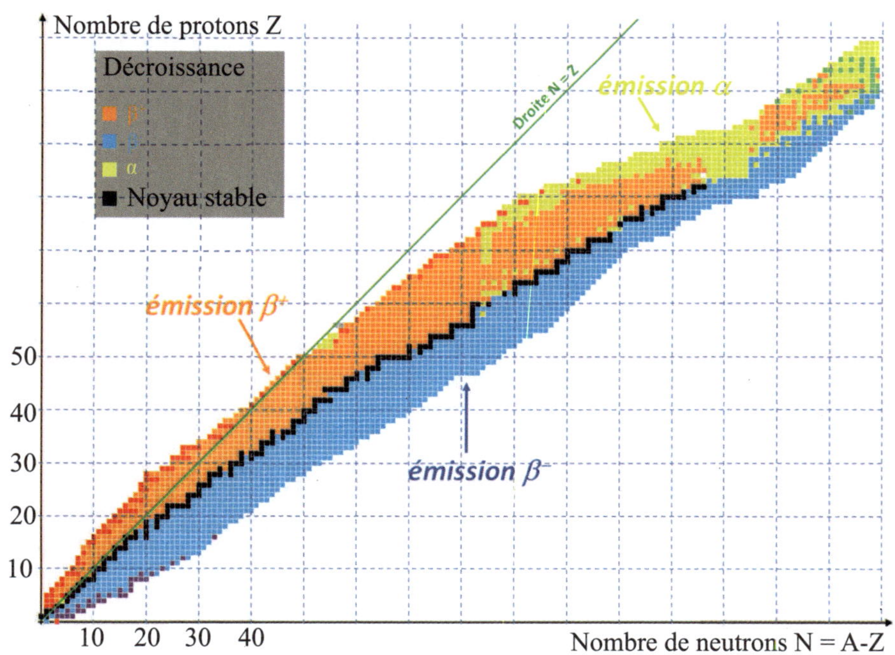

La figure ci-après montre la région du diagramme N-Z représentant les noyaux les plus légers ($N < 21$, $Z < 21$). L'élément se trouvant dans la case en bas à gauche ($N = 0$, $Z = 1$) est l'hydrogène 1 (^1_1H). Il est, de loin, le noyau le plus abondant dans l'Univers. Bien que le nombre de cases correspondant à des noyaux instables soit nettement plus grand que celui correspondant aux noyaux stables, ces derniers sont largement plus abondants dans l'Univers, du fait de leur stabilité.

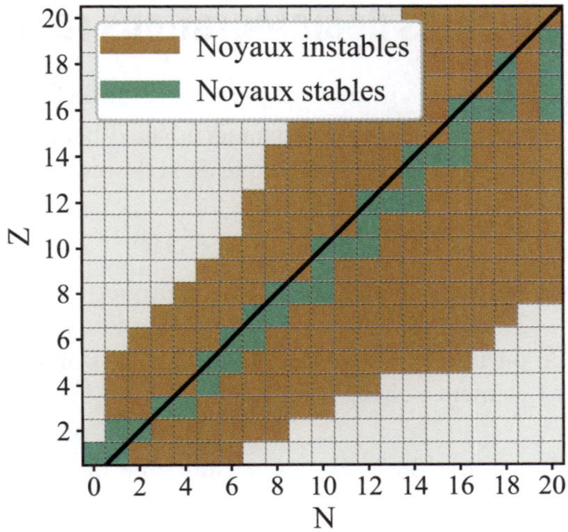

On remarque également sur cette figure que l'on a, en général, plus de noyaux stables quand N est pair que quand N est impair.

3 Lois de conservation

Au cours d'une désintégration radioactive, la somme des nombres de masse se conserve : la somme des nombres de masse des produits est égale à la somme des nombres de masse des réactifs.

De la même manière, la charge électrique totale se conserve : la somme des numéros atomiques des produits est égale à la somme des numéros atomiques de réactifs.

Ces deux lois portent le nom de lois de Soddy.

À RETENIR

Au cours d'une transformation nucléaire, le nombre de masse total et la charge électrique totale se conservent.

Sachant que les produits de certaines désintégrations peuvent être l'électron ou le positon (particule identique à l'électron mais de charge opposée), il est important de bien savoir quel nombre de masse on doit leur attribuer.

Puisque le nombre de masse A est celui des nucléons (protons et neutrons), ce nombre vaut zéro tant pour l'électron que pour le positon.

Les symboles de l'électron et du positon à utiliser dans l'écriture des réaction nucléaires sont donc respectivement : ${}_{-1}^{0}e^-$ et ${}_{1}^{0}e^+$, puisque l'on place le nombre de masse en exposant et la charge électrique en indice (ceci est également vrai pour les noyaux, puisque le numéro atomique est alors égal à leur charge, exprimée en charge élémentaire).

4 Les principales désintégrations radioactives

1 On distingue la radioactivité dite « alpha », au cours de laquelle un noyau ${}_{Z}^{A}X$ se désintègre spontanément en émettant un noyau d'hélium ${}_{2}^{4}He$, pour donner un noyau plus léger. L'écriture générique de la désintégration α est :

$$ {}_{Z}^{A}X \rightarrow {}_{Z-2}^{A-4}\,Y + {}_{2}^{4}\,He $$

On voit bien que l'on change d'élément, puisque le numéro atomique du produit $(Z-2)$ est différent de celui du noyau initial (Z). C'est la raison pour laquelle on utilise le symbole Y au lieu du symbole X initial (pour montrer que l'élément a changé).

Exemple : l'uranium 238 (${}_{92}^{238}U$) peut subir une désintégration α en thorium 234 :

$$ {}_{92}^{238}U \rightarrow {}_{90}^{234}\,Th + {}_{2}^{4}\,He $$

2 La radioactivité dite « beta moins » se solde par l'éjection par le noyau d'un électron, ainsi que d'un antineutrino (particule sans masse et sans charge électrique, qui vient assurer une autre loi de conservation qui n'est pas au programme). Son écriture générique est :

$$ {}_{Z}^{A}X \rightarrow {}_{Z+1}^{A}\,Y + {}_{-1}^{0}\,e^-(+\bar{\nu}) $$

où $\bar{\nu}$ est le symbole de l'antineutrino.

3 La radioactivité dite « beta plus » se solde par l'éjection par le noyau d'un positon, ainsi que d'un neutrino (là-encore particule sans masse et sans charge électrique, qui vient assurer cette autre loi de conservation qui n'est pas au programme). Son écriture générique est :

$$ {}_{Z}^{A}X \rightarrow {}_{Z-1}^{A}\,Y + {}_{1}^{0}\,e^+(+\nu) $$

où ν est le symbole du neutrino. En toute rigueur, on devrait écrire les antineutrinos ou neutrinos dans les désintégrations β^- ou β^+, mais souvent on ne les indique pas.

4 Enfin, il existe un quatrième type de désintégration radioactive, qui n'est pas à proprement parler une désintégration, mais plutôt une désexcitation : un noyau peut se trouver dans un état excité (d'énergie supérieure à celle de son niveau fondamental), et il émet un photon en se désexcitant. Le principe est strictement analogue à celui de la désexcitation d'un atome, mais les énergies mises en jeu sont considérables, et les photons par conséquent beaucoup plus énergétiques. Ce sont toujours des photons γ. Notons que puisque les photons n'ont ni masse ni charge, l'identité du noyau est inchangée (il garde mêmes nombre de masse et numéro atomique). C'est pourquoi le terme de désintégration est peu adapté à ce mécanisme. Il obéit toutefois, à l'instar des autres processus, aux lois quantitatives de la radioactivité qui sont l'objet de la prochaine section. Formellement on peut représenter ce type de transformation par l'écriture :

$$^{A}_{Z}X^* \rightarrow {}^{A}_{Z}X + \gamma,$$

où l'astérisque indique que le noyau est dans un état excité.

Remarque : la plupart du temps, les désintégrations β^+ ou β^- donnent lieu à un noyau dans un état excité, qui se désexcite par émission d'un photon gamma. Dans la pratique, ces désintégrations s'accompagnent donc fréquemment de l'émission d'un photon gamma.

5 Loi de décroissance radioactive

La probabilité qu'a un noyau radioactif donné de se désintégrer sur un intervalle de temps Δt est indépendant du temps. Cela peut surprendre *a priori*. Imaginons qu'un noyau a une probabilité de 1 % de se désintégrer d'ici à une semaine. Cela ne veut pas dire qu'au bout de 100 semaines il se sera certainement désintégré. Imaginons qu'au bout de 10 ans, notre noyau ne s'est toujours pas désintégré (cela représente 520 semaines). À ce moment-là la probabilité qu'il se désintègre d'ici à une semaine *n'a pas changé* : c'est toujours 1 %. On peut faire l'analogie avec le lancer d'un dé : la probabilité qu'un lancer de dé non truqué nous donne le numéro 6 est toujours de un sixième, même si auparavant cent lancers successifs n'ont pas donné le numéro 6.

Cette simple constatation a des conséquences importantes pour la mise en œuvre de relations mathématiques servant à décrire la décroissance radioactive d'un élément.

Appelons $N(t)$ le nombre de noyaux radioactifs dans un échantillon à un instant t donné. On appelle p la probabilité que chaque noyau se désintègre sur un intervalle de temps de une seconde. Cette probabilité est la même pour tous les noyaux (si ce sont les mêmes isotopes d'un même élément, bien sûr).

Le nombre de désintégrations que l'on peut attendre sur l'intervalle de temps Δt est, si l'on a un très grand nombre de noyaux :

$$-\Delta N = p\Delta t \times N$$

si l'on suppose que sur l'intervalle de temps Δt, le nombre total de noyaux n'a que très peu varié. On utilise un signe moins puisque N, le nombre de noyaux, décroît par suite des désintégrations.

En prenant la limite $\Delta t \to 0$, on peut écrire :

$$\frac{\mathrm{d}N}{\mathrm{d}t} = -pN.$$

Dans cette écriture, on considère N comme une fonction continue et dérivable du temps. *Stricto sensu,* ce n'est pas le cas : c'est une fonction à valeurs entières, constante par morceaux, qui présente un discontinuité chaque fois qu'un noyau se désintègre. Toutefois, il est commode, pour de grands ensembles de noyaux, de faire cette approximation. En fait, lorsqu'on considère de grandes quantités de noyaux, on oublie l'aspect probabiliste de la désintégration des noyaux. On écrit simplement que la dérivée temporelle du nombre de noyaux est proportionnelle au nombre de noyaux restants. La constante de proportionnalité s'appelle la *constante radioactive* du noyau, et elle est souvent notée λ.

L'équation :

$$\frac{\mathrm{d}N}{\mathrm{d}t} = -\lambda N$$

est une équation différentielle homogène du premier ordre à coefficients constants. Sa solution générale est de la forme donnée ci-après.

À RETENIR

La loi de la décroissance radioactive s'écrit :

$$N(t) = N_0 e^{-\lambda t}.$$

où la constante d'intégration N_0 est bien sûr le nombre de noyaux que l'on a au départ (il suffit pour s'en convaincre de prendre $t = 0$ dans la relation ci-dessus).

On notera que la constante λ est homogène à l'inverse d'un temps et s'exprime donc dans les unités du Système International en s^{-1}.

Définition 2 : activité

On appelle *activité*, et on note $A(t)$, le nombre de désintégrations radioactives d'un système par unité de temps. L'activité est reliée au nombre de noyaux radioactifs par la relation :

$$A(t) = -\frac{\mathrm{d}N}{\mathrm{d}t}.$$

En utilisant la relation donnée plus haut, il est facile de montrer que l'activité suit également la loi de décroissance radioactive :

$$A(t) = A_0 e^{-\lambda t},$$

où $A_0 = \lambda N_0$.

Définition 3 : becquerel

L'activité d'un échantillon radioactif s'exprime en becquerel, de symbole Bq. Un *becquerel* correspond à une désintégration par seconde.

Remarque : il existe d'autres unités d'activité, par exemple le curie (Ci), qui vaut 37 gigabecquerel. Pourquoi cette valeur ? C'est l'activité d'une masse de 1 g de radium 226, découvert par Pierre et Marie Curie.

Définition 4 : demi-vie

On appelle *demi-vie* d'un isotope radioactif, et on note T, le temps au bout duquel il ne reste plus que la moitié des noyaux initialement présents.

Notons que cette notion de demi-vie est bien définie, c'est-à-dire unique pour un isotope donné, précisément à cause du comportement en décroissance radioactive de l'isotope. Entre constante radioactive λ et demi-vie T, il existe la relation :

$$\lambda T = \ln 2.$$

6 Effets des rayonnements ionisants

On appelle rayonnements ionisants les produits des décroissances radioactives des différents types mentionnés ci-dessus. Seuls les photons gamma appartiennent au spectre électromagnétiques et méritent l'appellation de rayonnement. Pour les autres types de radioactivité (α, β^+ ou β^-) l'utilisation du terme « rayonnement » est un abus de langage. On distingue deux types de contamination par des sources radioactives : la contamination externe (la source se trouve en dehors du corps humain, et on doit prendre un certain nombre de précautions pour éviter au maximum que des « rayonnements » ionisants pénètrent dans le corps) et la contamination interne (la source se trouve alors dans le corps humain, soit parce qu'elle a été ingérée, soit parce qu'elle a été inhalée).

La dose absorbée est la quantité d'énergie absorbée par un tissu par unité de masse. Dans les unités du Système International, elle s'exprime en gray, de symbole Gy. On a donc : 1 Gy= 1 J.kg^{-1}.

Le débit de dose absorbée est la dose absorbée par unité de temps, et s'exprime donc, dans les unités du Système International, en gray par seconde (Gy.s^{-1}).

Les différents types de radioactivité vus ci-dessus représentent chacune un danger différent. Par exemple la radioactivité α ne présente pas de danger en exposition externe, alors qu'elle est extrêmement nocive en exposition interne.

Enfin, selon le type de radioactivité et d'exposition, les effets peuvent être localisés à la peau, à un organe en particulier, ou au corps entier.

Notons enfin que la radioactivité n'est pas nécessairement un effet physique à éviter systématiquement. Dans le domaine médical, en particulier, elle peut être utilisée pour détruire des tumeurs (on parle alors de radiothérapie).

Solution de l'exercice type — **Lycée Grand Champ, Versailles**

1 La désintégration radioactive β^- du noyau de ${}^3_1\mathrm{H}$ fait apparaître un noyau de même nombre de masse et de numéro atomique $Z = 2$, donc un noyau d'hélium. Elle s'écrit donc :

$$ {}^3_1\mathrm{H} \rightarrow {}^3_2\,\mathrm{He} + {}^{\;0}_{-1}\mathrm{e}^- + \bar{\nu} $$

2 Calculons le nombre de noyaux qu'il y a dans ce kilogramme d'eau. La masse molaire moléculaire de cette eau est :

$$ M = 16 + 1 + 3 = 20\ \mathrm{g.mol^{-1}} $$

(au lieu des 18 $\mathrm{g.mol^{-1}}$ habituels).

On en déduit la quantité de matière en molécules d'eau dans le système :

$$ n = \frac{1000}{20} = 50\ \mathrm{mol}. $$

C'est aussi la quantité de matière en noyaux de tritium puisque chaque molécule d'eau porte un tel noyau. Le nombre total de noyaux de tritium est donc :

$$ N_0 = N_A n \approx 3{,}0 \cdot 10^{25}\ \text{noyaux}. $$

La loi de la décroissance radioactive s'écrit :

$$ N(t) = N_0 e^{-\lambda t} $$

et en dérivant par rapport au temps :

$$ A(t) = -\frac{\mathrm{d}N}{\mathrm{d}t} = N_0 \lambda e^{-\lambda t}. $$

L'activité initiale est donc : $A_0 = N_0\lambda$, où :

$$ \lambda = \frac{\ln 2}{T}. $$

On en déduit :

$$ A_0 = \frac{\ln 2}{T} N_0 = \frac{\ln 2}{12{,}3 \times 365 \times 86400} \times 3{,}0 \cdot 10^{25} \approx 5{,}4 \cdot 10^{16}\ \mathrm{Bq}. $$

Cette activité est encore de 1,4 mégacurie (MCi).

Voir énoncé page 89

1 QCM Testez vos connaissances

5 min Corrigé p. 102

1 À composition donnée, l'activité d'un échantillon est :

[a] indépendante de [b] proportionnelle à

sa masse.

2 Deux échantillons contiennent le même nombre de noyaux. Ceux du premier échantillon ont une demi-vie plus courte que ceux du deuxième. L'activité initiale du premier échantillon est

[a] supérieure [b] inférieure [c] égale

à celle du deuxième.

3 $^{14}_{7}N$ et $^{14}_{6}C$ sont-ils des isotopes ?

4 Sans consulter un tableau périodique, identifier l'intrus, sachant qu'il n'y en n'a qu'un :

$$^{14}_{7}N,\ ^{14}_{6}C,\ ^{18}_{6}C,\ ^{226}_{88}Ra,\ ^{226}_{88}Rn,\ ^{225}_{88}Ra.$$

5 Lequel de ces deux isotopes du fer n'existe pas ? Pourquoi ?

[a] $^{56}_{26}Fe$ [b] $^{14}_{26}Fe$

6 Sur le diagramme N-Z, deux isotopes correspondent à deux cases :

[a] Voisines l'une de l'autre

[b] Situées sur la même ligne

[c] Situées sur la même colonne

7 Deux noyaux correspondant à des éléments différents ont même nombre de masse. Peuvent-ils avoir le même nombre de neutrons ?

[a] Oui, toujours [b] Oui, parfois [c] Non, impossible

8 Deux échantillons de matériaux radioactifs différents ont même nombre de noyau. L'échantillon n°1 a initialement une activité supérieure à celle de l'échantillon n°2. La demi-vie des noyaux de l'échantillon n°1 est

[a] plus courte [b] plus longue

que celle des noyaux de l'échantillon n°2.

9 L'activité de l'échantillon n°1 de la question précédente peut-elle rester indéfiniment supérieure à celle de l'échantillon n°2 ?

[a] Oui [b] Non

10 Deux échantillons E_1 et E_2 de noyaux radioactifs ont même activité. La durée de demi-vie des noyaux de E_1 est plus grande que celle des noyaux de E_2. Quel échantillon contient le plus de noyaux ?

[a] E_1 [b] E_2

11 Un échantillon radioactif a une activité de $4 \cdot 10^{11}$ Bq. Six mois plus tard, il a une activité de $3 \cdot 10^{11}$ Bq. Sa durée de demi-vie est :

[a] Inférieure à six mois [b] Inférieure à deux ans

[c] Inférieure à un an [d] Supérieure à un an

COURS INTERROS CORRIGÉS

12 Au cours d'une réaction nucléaire, le nombre de neutrons est conservé

a Vrai b Faux

13 On considère un échantillon de N_0 noyaux radioactifs, ayant une activité $A(t)$ fonction du temps. Que représente $\int_0^T A(t)\,\mathrm{d}t$?

a La masse de l'échantillon

b L'activité résiduelle à l'instant T

c Le nombre total de désintégrations entre $t = 0$ et $t = T$

14 Une désintégration alpha peut donner lieu à un noyau plus lourd que le noyau initial.

a Vrai b Faux

15 On considère deux échantillons radioactifs différents. Les courbes du graphe ci-après montrent leur activité en fonction du temps.

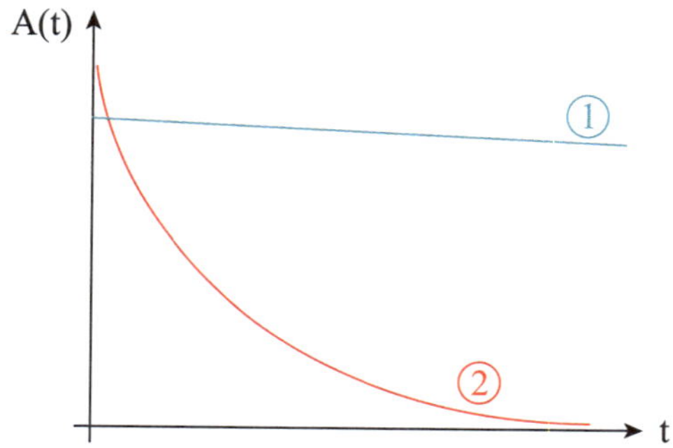

Lequel a la demi-vie la plus longue ?

a L'échantillon n°1 b L'échantillon n°2

Lequel des échantillons comporte-t-il initialement le plus de noyaux radioactifs ?

a L'échantillon n°1 b L'échantillon n°2

16 Quelle est l'activité d'un échantillon d'isotope stable ?

a 0 Bq b Impossible à déterminer

17 Parmi les équations-bilan suivantes, identifier celles qui correspondent à des transformations nucléaires.

a $^{6}_{3}\mathrm{Li} + ^{2}_{1}\mathrm{H} \rightarrow ^{4}_{2}\mathrm{He} + ^{4}_{2}\mathrm{He}$

b $\mathrm{CoCO_3} + 2\mathrm{HCl} \rightarrow \mathrm{CoCl_2} + \mathrm{H_2O} + \mathrm{CO_2}$

c $^{238}_{92}\mathrm{U} \rightarrow ^{234}_{90}\mathrm{Th} + ^{4}_{2}\mathrm{He}$

d $2\mathrm{Li}_{(s)} + 2\mathrm{H_2O}_{(l)} \rightarrow 2\mathrm{LiOH}_{(aq)} + \mathrm{H}_{2(g)}$

2 Comparaison d'activités

★ 15 min Corrigé p. 103

Lycée Jules Verne, Nantes

On considère deux isotopes radioactifs de l'iode, utilisés en médecine : l'iode 131 ($^{131}_{53}I$) de demi-vie 8,1 j, et l'iode 123 ($^{123}_{53}I$) de demi-vie 13 h.

1. On dispose de deux échantillons de masse $m = 10$ g de ces deux isotopes. Quelles sont leur activités initiales ?
2. Au bout de combien de temps leurs activités sont-elles égales ?

Donnée :

Nombre d'Avogadro : $N_A \approx 6{,}02 \cdot 10^{23}$ mol^{-1}.

3 Décroissance radioactive

★ 10 min Corrigé p. 105

Lycée Henri IV, Paris

Combien de temps faut-il attendre pour que 99,9 % d'une masse donnée de strontium 90 ($^{90}_{38}Sr$) ait disparu ?

Donnée :

La demi-vie du $^{90}_{38}Sr$ est de 28 ans.

4 Décroissance radioactive

★★ 15 min Corrigé p. 105

Lycée Carnot, Paris

Un échantillon de $^{223}_{88}Ra$ a une activité initiale de 5000 Bq. On mesure cette activité aux instants successifs suivants :

t (jours)	0	10	20	30	40	50	60	70
activité (Bq)	5000	2800	1500	800	500	260	140	80

1. Déterminer la demi-vie de l'isotope $^{223}_{88}Ra$.
2. Au bout de combien de temps l'activité de l'échantillon ne sera plus que d'un becquerel ?

5 Demi-vie d'un isotope

★★ 10 min Corrigé p. 107

Lycée Louis-Le-Grand, Paris

Un gramme d'uranium 238 ($^{238}_{92}U$) a une activité de 12200 Bq. Quelle est la demi-vie de cet isotope ?

Donnée :

Nombre d'Avogadro : $N_A \approx 6{,}02 \cdot 10^{23}$ mol^{-1}.

6 Décroissance du vanadium 52

★★ 20 min Corrigé p. 108

Lycée Vallée de Chevreuse, Gif sur Yvette

On donne l'extrait du tableau périodique suivant :

$_{19}$K	$_{20}$Ca	$_{21}$Sc	$_{22}$Ti	$_{23}$V	$_{24}$Cr	$_{25}$Mn	$_{26}$Fe	$_{27}$Co	$_{28}$Ni	$_{29}$Cu	$_{30}$Zn

L'isotope 52 du vanadium ($^{52}_{23}$V) est radioactif β^- et sa désintégration s'accompagne d'une émission γ.

1 Écrire l'équation nucléaire correspondant à la désintégration spontanée du vanadium 52.

2 On dispose d'un échantillon qui contient $N(t)$ noyaux de vanadium 52 à l'instant t.

(a) Quelle est l'expression de $N(t)$ en fonction du temps, de N_0 valeur de N à l'instant $t = 0$ et de la constante radioactive λ ?

(b) On suppose que le vanadium 52 est le seul élément radioactif présent dans l'échantillon et on définit l'activité $A(t)$ de celui-ci comme le taux de désintégration :

$$A(t) = -\frac{\mathrm{d}N}{\mathrm{d}t}.$$

Exprimer $\ln[A(t)]$ en fonction de t et des constantes N_0 et λ. On rappelle que ln est la fonction logarithme népérien.

3 On cherche à faire une vérification expérimentale du résultat précédent. À l'aide d'un compteur, on détermine le nombre de désintégrations $-\Delta N$ qui ont lieu pendant une courte durée Δt encadrant les diverses dates t et on admet qu'une valeur approchée de $A(t)$ est obtenue par :

$$A(t) \approx -\frac{\Delta N}{\Delta t}.$$

On obtient les points de coordonnées $(t, \ln[A(t)])$ portés sur le graphique de la figure suivante.

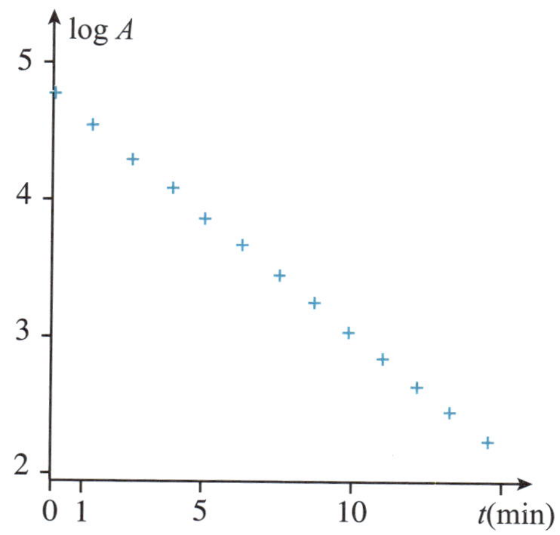

(a) Montrer que la forme de la courbe obtenue constitue effectivement une vérification expérimentale de l'expression de $N(t)$ vue plus haut.

(b) Déduire de la courbe la valeur de la constante radioactive λ du vanadium 52.

(c) Définir la demi-vie d'un élément radioactif et calculer celle du vanadium 52.

7 Datation au carbone 14

★★★ 20 min Corrigé p. 109

Lycée Sainte-Marie, Antony

L'isotope 14 du carbone ($^{14}_{6}C$) est radioactif β^-. Sa demi-vie est 5568 ans. La proportion de carbone 14 dans l'environnement des êtres vivants est maintenue à peu près constante par la réaction des neutrons produits par le rayonnement cosmique (particules de très haute énergie d'origine extraterrestre ; le terme rayonnement est ici trompeur, ce ne sont pas des photons !) sur l'azote $^{14}_{7}N$ dans la haute atmosphère terrestre. Pendant sa vie, un être vivant (arbre, animal, etc.) échange en permanence du carbone avec son environnement (CO_2 capté par la photosynthèse, alimentation, etc.) et son taux de carbone 14 se maintient donc à un taux constant, que l'on considérera être le même pour tous les êtres vivants. Ce taux est de $f = 1{,}2 \times 10^{-12}$ atomes de carbone 14 pour un atome de carbone 12. On négligera la présence d'autres isotopes du carbone.

1. Écrire l'équation nucléaire de la formation d'un noyau de carbone 14.

2. Écrire l'équation nucléaire de désintégration du carbone 14.

3. Quelle est l'activité initiale d'un gramme de carbone ? On donnera cette valeur en becquerels, puis en désintégrations par minutes (DPM). Cette valeur est appelée l'*activité naturelle standard* du carbone 14.

4. Un morceau de bois fossilisé retrouvé dans des fouilles archéologiques à côté des restes d'une habitation présente une activité résiduelle du carbone de 6,7 DPM.g^{-1}. Quel est l'âge de ce morceau de bois ?
   En fait, ces méthodes de datation (et l'abondance standard du carbone 14) ne sont valables que pour des années antérieures à 1960. Au début des années 60, les essais atmosphériques de bombes nucléaires firent augmenter l'abondance de carbone 14 atmosphérique de 90 %.

5. On considère un arbuste mort en 1963. On suppose que sa fraction de carbone 14 au moment de sa mort était celle du carbone atmosphérique. À quelle date l'activité du carbone des restes de cet arbuste sera-t-elle égale à l'activité naturelle standard du carbone 14 ?

Donnée :

Nombre d'Avogadro : $N_A \approx 6{,}02 \cdot 10^{23}$ mol^{-1}.

1 QCM Testez vos connaissances

Enoncé p. 97

1 Réponse [b]. Elle est *proportionnelle* à la masse. Il suffit pour s'en convaincre de se rappeler la relation mentionnée en cours $A = \lambda N$. La masse est bien proportionnelle à N, pour une composition donnée, et λ ne dépend que du noyau.

2 Réponse [a]. Elle est supérieure. Là-encore, penser à $A = \lambda N$. N est identique au départ pour les deux échantillons, mais λ est plus grande pour le premier, puisque sa demi-vie est plus courte.

3 *Non.* Ils n'ont pas le même numéro atomique, donc la notion d'isotopie entre eux n'a pas de sens.

4 L'intrus est $^{226}_{88}\text{Rn}$. Les trois premiers noyaux ont été mentionnés en cours. Manifestement il y a un problème avec les trois derniers, puisqu'ils ont tous même numéro atomique, mais des symboles différents. Puisqu'il n'y a qu'un intrus, c'est nécessairement $^{226}_{88}\text{Rn}$ (le radon, de symbole Rn, a en fait pour numéro atomique 86).

5 Réponse [b]. Cet isotope ne peut pas exister car on a $A < Z$, ce qui est impossible (on ne peut pas avoir moins de nucléons qu'il n'y a de protons).

6 Réponse [b]. Deux isotopes ont même nombre de protons Z, donc ils se trouvent sur la même ligne (Z étant en ordonnée).

7 Réponse [c] : c'est impossible. Les noyaux ont même $A = N + Z$, où N est le nombre de neutrons. Ils ont des Z différents, puisqu'ils correspondent à des éléments chimiques différents, donc ils ont nécessairement des N différents.

8 Réponse [a] : plus courte. Il y a plus de désintégrations par seconde dans l'échantillon n°1, et pourtant il y a le même nombre total de noyaux : cela signifie que les noyaux de l'échantillon n°1 ont une demi-vie plus courte. On peut aussi, pour s'en convaincre, utiliser la relation $A = \lambda N$.

9 Réponse [b] : non. En effet, si elle restait indéfiniment supérieure, cela signifierait qu'au total on aurait plus de désintégrations dans l'échantillon n°1 que dans l'échantillon n°2, ce qui est impossible, puisqu'ils ont même nombre de noyaux.

10 Réponse [a] : l'échantillon E_1. On peut là-encore utiliser la relation $A = \lambda N$. La durée de demi-vie des noyaux de E_1 est plus grande, donc son λ est plus petit. Pour que l'activité soit égale à celle de l'échantillon E_2, il faut donc que N soit plus grand pour cet échantillon.

11 Les réponses correctes sont [b] et [d]. Examinons chacun des cas : la première proposition est évidemment fausse, puisqu'au bout de 6 mois l'activité n'a pas chuté de moitié, donc il reste plus de la moitié des noyaux initialement présent. Une période de un an représente deux fois six mois. Puisque la décroissance de l'activité est exponentielle, on sait que tous les six mois l'activité est multipliée par 3/4.

Donc au bout d'un an, l'activité (ou le nombre de noyaux) est multiplié par $(3/4) \times (3/4) = 9/16$. Ce nombre est encore supérieure à $1/2$, donc au bout d'un an, on a encore plus de la moitié des noyaux initiaux. D'une manière similaire, on sait qu'au bout de deux ans, l'activité (ou le nombre de noyaux) aura été multipliée par $(9/16)^2 = 81/256$. Ce nombre est cette fois inférieur à $1/2$, donc la demi-vie des noyaux est inférieure à deux ans. Le lecteur pourra vérifier que la demi-vie est également inférieure à un an et demi, mais proche de cette valeur.

12 Réponse **b** : faux. Il suffit pour s'en convaincre de considérer la réaction de désintégration *beta plus* donnée page 92

13 Réponse **c** : le nombre total de désintégrations entre $t = 0$ et $t = T$. Le symbole A est ici l'activité et n'a rien à voir avec la masse du noyau. L'activité résiduelle à $t = T$ est $A(T)$.

14 Réponse **b** : faux. Le noyau produit a pour nombre de masse $A - 4$, où A est le nombre de masse du noyau initial.

15 Réponse **a**. L'échantillon n°1 a la durée de demi-vie la plus longue, puisque son activité décroît (beaucoup) plus lentement que celle de l'échantillon n°2. En outre, le nombre total de désintégrations, donné par $\int_0^T A(t)\,\mathrm{d}t$, où T représente une date très grande devant les durées de demi-vie des deux noyaux, est manifestement plus grand pour l'échantillon n°1 (cela représente l'aire comprise entre l'axe des abscisses et la courbe d'activité). Ce nombre total de désintégrations est égal au nombre initial de noyaux, donc l'échantillon n°1 comporte plus noyaux.

16 Réponse **a** : 0. Un isotope stable ne se désintègre pas, donc on enregistre 0 désintégration par unité de temps.

17 Réponses **a** et **c**. Pour ces transformations, on n'a pas les mêmes éléments chimiques dans les produits et réactifs. En revanche, les transformations b et d sont des transformations chimiques. Les mêmes éléments chimiques se retrouvent dans les réactifs et produits.

2 Comparaison d'activités

Enoncé p. 99

Lycée Jules Verne, Nantes

1 On écrit :

$$N(t) = N_0 e^{-\lambda t}$$

où $N(t)$ est le nombre de noyaux radioactifs dans l'un des échantillons, N_0 le nombre de noyaux radioactifs initiaux, et λ la constante radioactive associée. L'activité s'en déduit par :

$$\begin{aligned} A(t) &= -\frac{\mathrm{d}N}{\mathrm{d}t} \\ &= \lambda N_0 e^{-\lambda t}, \end{aligned}$$

donc l'activité initiale de l'échantillon est : $A_0 = \lambda N_0$. Il s'agit donc d'exprimer N_0 et λ en fonction des données de l'énoncé. Commençons par N_0. On peut écrire que la masse molaire atomique d'un atome, exprimée en g.mol^{-1}, est sensiblement égale au nombre de masse A de son noyau.

La quantité de noyaux radioactifs initialement contenus dans les échantillons est donc :

$$N_0 = \frac{m}{A} N_A$$

où la masse m de l'échantillon doit être exprimée en grammes.

⚠ ATTENTION

A est ici le nombre de masse et ne doit pas être confondu avec l'activité de l'échantillon.

Il faut maintenant exprimer λ en fonction des données de l'énoncé. On utilise pour cela la relation :

$$\lambda = \frac{\ln 2}{T}.$$

En définitive, l'activité initiale des échantillons est : $A_0 = \frac{\ln 2}{T}.\frac{m}{A} N_A$.

L'application numérique donne pour ${}^{131}_{53}\text{I}$:

$$A_0 = \frac{\ln 2}{8{,}1 \times 24 \times 3600} \times \frac{10}{131} \times 6{,}02 \times 10^{23} \approx 4{,}6 \cdot 10^{16} \text{ Bq}$$

et pour ${}^{123}_{53}\text{I}$:

$$A'_0 = \frac{\ln 2}{13 \times 3600} \times \frac{10}{123} \times 6{,}02 \times 10^{23} \approx 7{,}2 \cdot 10^{17} \text{ Bq}.$$

2 On appelle $A(t)$ et $A'(t)$ respectivement les activités de l'iode 131 et de l'iode 123, et on note λ et λ' leur constantes radioactives respectives. On cherche t tel que $A'(t) = A(t)$, soit : $A'_0 e^{-\lambda' t} = A_0 e^{-\lambda t}$, donc :

$$t = \frac{1}{\lambda' - \lambda} \ln \frac{A'_0}{A_0}$$

ce qui peut encore s'écrire :

$$t = \frac{TT'}{T - T'} \cdot \frac{1}{\ln 2} \cdot \ln \frac{A'_0}{A_0}$$

où T et T' sont les demi-vies respectivement de l'iode 131 et de l'iode 123.

L'application numérique donne :

$$t = \frac{194 \times 13}{194 - 13} \times \frac{1}{\ln 2} \times \ln \frac{7{,}2 \cdot 10^{17}}{4{,}6 \cdot 10^{16}} \approx 55 \text{ h}.$$

Les activités des deux échantillons seront comparables au bout de 2 jours et 7 heures.

3 Décroissance radioactive

Enoncé p. 99

Lycée Henri IV, Paris

On écrit la décroissance exponentielle du nombre $N(t)$ de noyaux de strontium 90 dans l'échantillon :

$$N(t) = N_0 e^{-\lambda t}.$$

On veut que 99,9 % des noyaux de strontium aient disparu, donc on veut que $N(t)$ vaille un millième de N_0. Cela s'écrit :

$$\frac{1}{1000} = e^{-\lambda t} \quad \text{ou encore :} \quad t = \frac{1}{\lambda} \ln 1000.$$

En utilisant la demi-vie T du strontium (qui est reliée à λ par $T = \ln 2/\lambda$), et en écrivant $\ln 1000 = 3 \ln 10$, on a :

$$t = 3T\frac{\ln 10}{\ln 2} = 28 \times 3 \times \frac{\ln 10}{\ln 2} \approx 280 \text{ ans}.$$

4 Décroissance radioactive

Enoncé p. 99

Lycée Carnot, Paris

1 On appelle $N(t)$ le nombre de noyaux radioactifs dans l'échantillon à un instant t. On a :

$$N(t) = N_0 e^{-\lambda t}.$$

La demi-vie T est atteinte pour $N(T) = \frac{1}{2}N_0$, donc on a :

$$\frac{1}{2}N_0 = N_0 e^{-\lambda T}$$

ce qui donne :

$$\lambda = \frac{\ln 2}{T} \quad \text{ou :} \quad T = \frac{\ln 2}{\lambda}.$$

D'autre part l'activité de l'échantillon est donnée par son taux de désintégration, soit :

$$A(t) = -\frac{\mathrm{d}N}{\mathrm{d}t}$$

d'où l'on peut écrire :

$$A(t) = \lambda N_0 e^{-\lambda t} = A_0 e^{-\lambda t}$$

où $A_0 = \lambda N_0$ est l'activité initiale de l'échantillon. On prend le logarithme népérien ln des deux membres de l'égalité ci-dessus. Cela donne :

$$\ln[A(t)] = \ln(A_0) - \lambda t.$$

Ainsi, la courbe du logarithme de l'activité en fonction du temps doit être une droite, et sa pente nous donne λ, qui permet de calculer la demi-vie de l'isotope. La figure page suivante montre le graphe de $\ln[A(t)]$ en fonction de t.

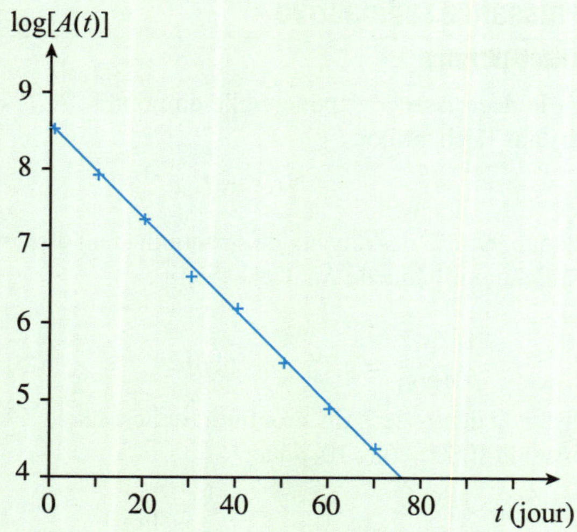

On peut mesurer pour cette droite un coefficient directeur $-\lambda = -0{,}059\,\text{jour}^{-1}$. On en déduit la demi-vie du ${}^{223}_{88}\text{Ra}$:

$$T = \frac{\ln 2}{\lambda} = \frac{\ln 2}{0{,}059} \approx 11{,}7\ \text{j}.$$

MÉTHODE

On peut s'assurer du bon ordre de grandeur de ce résultat avec les données de l'énoncé : la demi-vie correspond à $A(T) = 2500$ Bq, donc la demi-vie doit se situer entre 10 et 20 jours.

On peut d'ailleurs résoudre cette question de manière plus simple, mais moins précise, en traçant le graphe de l'activité en fonction du temps. On cherche alors le point d'intersection de ce graphe avec la droite correspondant à une activité moitié de l'activité initiale (l'activité étant proportionnelle au nombre de noyaux, quand la moitié de ceux-ci se sont désintégrés, l'activité est moitié moindre). L'abscisse de ce point d'intersection nous indique alors la demi-vie, comme on le voit sur la figure :

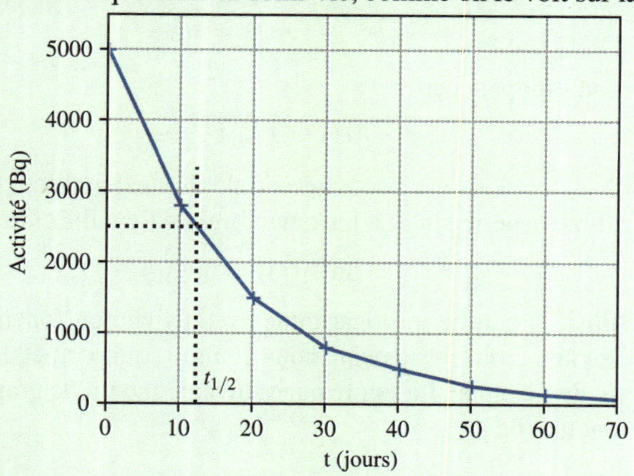

On peut ainsi estimer que le temps de demi-vie est de l'ordre de 12 jours.

2 On écrit :

$$A(t) = A_0 e^{-\lambda t} \quad \text{soit : } t = \frac{1}{\lambda} \ln \frac{A_0}{A(t)} \quad \text{ou encore : } t = \frac{T}{\ln 2} \ln \frac{A_0}{A(t)}.$$

L'application numérique donne :

$$t = \frac{11{,}7}{\ln 2} \ln 5000 \approx 144 \text{ j.}$$

L'activité ne sera plus que de 1 Bq au bout de 4 mois et 24 jours.

5 Demi-vie d'un isotope

Enoncé p. 99

Lycée Louis-Le-Grand, Paris

On appelle $N(t)$ le nombre de noyaux d'uranium 238 que contient l'échantillon d'un gramme. On a :

$$N(t) = N_0 e^{-\lambda t}$$

et :

$$A(t) = -\frac{dN}{dt} = A_0 e^{-\lambda t}$$

où l'activité initiale est $A_0 = \lambda N_0$. On a d'autre part entre demi-vie et λ la relation suivante :

$$T = \frac{\ln 2}{\lambda}$$

donc :

$$T = \frac{N_0 \ln 2}{A_0}.$$

Nous connaissons $A_0 = 12200$ Bq. Il s'agit donc de déterminer N_0. La masse molaire atomique de $^{238}_{92}U$ est voisine de $M = 238$ g.mol^{-1}, donc :

$$N_0 = \frac{m}{M} N_A = \frac{1}{238} \times 6{,}02 \times 10^{23} = 2{,}53 \times 10^{21} \text{ noyaux}$$

où $m = 1$ g est la masse de l'échantillon. Nous pouvons en déduire :

$$T = \frac{2{,}53 \times 10^{21} \times \ln 2}{12200} \approx 1{,}44 \cdot 10^{17} \text{ s.}$$

Cette unité est assez peu parlante et il vaut mieux dans ce cas convertir en années :

$$T = \frac{1{,}44 \times 10^{17}}{365 \times 24 \times 60 \times 60} \approx 4{,}56 \cdot 10^{9} \text{ ans}$$

c'est-à-dire environ quatre milliards et demi d'années. Par une coïncidence tout à fait fortuite, il s'avère que c'est pratiquement l'âge de la Terre et du Système Solaire.

6 Décroissance du vanadium 52

Enoncé p. 100

Lycée Vallée de Chevreuse, Gif sur Yvette

1 Il faut conserver charge électrique et nombre de masse au cours de la réaction, qui s'écrit *a priori*, puisqu'il s'agit d'une désintégration β^- :

$$^{52}_{23}\text{V} \rightarrow {}^{0}_{-1}e^- + {}^{A}_{Z}X + \bar{\nu} + \gamma$$

où $^{A}_{Z}X$ est le noyau inconnu produit de la désintégration, et où $\bar{\nu}$ est l'antineutrino émis par une désintégration β^-, et où γ est le photon γ mentionné dans l'énoncé, résultat de la désexcitation du noyau produit. La conservation de la masse et de la charge s'écrivent :

$$\begin{cases} A + 0 = 52 \\ Z - 1 = 23 \end{cases}$$

donc le noyau produit est caractérisé par :

$$Z = 24 \quad \text{et} \quad A = 52.$$

D'après le tableau périodique fourni, c'est du chrome $^{52}_{24}\text{Cr}$.
La réaction s'écrit donc en définitive :

$$^{52}_{23}\text{V} \rightarrow {}^{0}_{-1}e^- + {}^{52}_{24}\text{Cr} + \bar{\nu} + \gamma$$

2 **(a)** Le nombre de noyaux de vanadium 52 suit une loi exponentielle décroissante :

$$N(t) = N_0 e^{-\lambda t}.$$

(b) On a :

$$\begin{aligned} A(t) &= -\frac{\mathrm{d}N}{\mathrm{d}t} \\ &= N_0 \lambda_0 e^{-\lambda t}. \end{aligned}$$

On prend le logarithme du membre de gauche et de droite de cette égalité :

$$\ln[A(t)] = \ln(N_0 \lambda) - \lambda t.$$

3 **(a)** La fonction obtenue à la question précédente est une fonction affine du temps, dont le graphe est une droite (de pente négative $-\lambda$). C'est le cas de la courbe de la figure de l'énoncé. C'est donc une confirmation expérimentale de l'expression de $A(t)$ et donc de $N(t)$.

(b) La pente (ou *coefficient directeur*) que l'on peut mesurer pour cette droite est :

$$-\lambda \approx -0{,}18\ \text{min}^{-1}$$

donc $\lambda \approx 0{,}18\ \text{min}^{-1}$.

(c) La demi-vie est le temps au bout duquel il ne reste plus que la moitié du nombre initial de noyaux radioactifs. On a donc la relation :

$$\frac{N_0}{2} = N_0 e^{-\lambda T},$$

qui donne :

$$T = \frac{\ln 2}{\lambda}.$$

L'application numérique donne :

$$T = \frac{\ln 2}{0,18} \approx 3,9 \text{ min}.$$

7 Datation au carbone 14

Enoncé p. 101

Lycée Sainte-Marie, Antony

1 La formation d'un noyau de carbone 14 s'écrit :

$$^{14}_{7}\text{N} + ^{1}_{0}n \rightarrow ^{14}_{6}\text{C} + ^{1}_{1}\text{p}$$

Il y a émission d'un proton $^{1}_{1}\text{p}$ pour assurer la conservation de la charge et du nombre de masse.

2 La désintégration β^- du carbone 14 s'écrit :

$$^{14}_{6}\text{C} \rightarrow ^{0}_{-1}\text{e}^- + ^{A}_{Z}X(+\bar{\nu})$$

où $^{A}_{Z}X$ est un noyau à déterminer en utilisant la conservation du nombre de masse et de la charge électrique :

$$\begin{cases} A + 0 = 14 \\ Z - 1 = 6 \end{cases}$$

donc :

$$A = 14 \quad \text{et :} \quad Z = 7.$$

La désintégration radioactive du carbone 14 s'écrit donc :

$$^{14}_{6}\text{C} \rightarrow ^{0}_{-1}\text{e}^- + ^{14}_{7}\text{N}(+\bar{\nu})$$

3 On appelle $N(t)$ le nombre de noyaux de carbone 14 contenus dans 1 g de carbone. $N(t)$ vérifie une loi de décroissance exponentielle :

$$N(t) = N_0 e^{-\lambda t}.$$

L'activité s'obtient à partir de la dérivée temporelle de cette quantité :

$$A(t) = -\frac{\text{d}N}{\text{d}t} = N_0 \lambda e^{-\lambda t}$$

donc l'activité initiale A_0 (à $t = 0$) vaut : $A_0 = \lambda N_0$ On a d'autre part :

$$\lambda = \frac{\ln 2}{T} \quad \text{donc :} \quad A_0 = N_0 \frac{\ln 2}{T}.$$

Il s'agit donc de déterminer N_0, nombre de noyaux de carbone 14 initialement présents dans un gramme de carbone.

$$N_0 = \frac{1}{12} N_A f \approx 6,0 \cdot 10^{10}.$$

On en déduit l'activité initiale du gramme de carbone :

$$A_0 = 6{,}0 \times 10^{10} \frac{\ln 2}{5568 \times 365 \times 24 \times 60 \times 60} \approx 0{,}24 \text{ Bq} \approx 14 \text{ DPM}.$$

Notez que la valeur canonique standard de l'activité du carbone est :

$$A_0 = 13{,}6 \text{ DPM.g}^{-1}.$$

4 On écrit $A(t) = A_0 e^{-\lambda t}$, ce qui peut se transformer en :

$$t = -\frac{T}{\ln 2} \ln \frac{A(t)}{A_0}.$$

L'application numérique donne :

$$t \approx 5920 \text{ ans}.$$

L'arbre qui a donné ce morceau de bois est mort il y a environ 5900 ans.

5 L'activité du carbone de cette arbuste, au moment de sa mort, est $A'_0 = 1{,}9 A_0$ puisque la teneur de carbone 14 atmosphérique était 90 % plus importante que la valeur qu'elle avait toujours eu auparavant.

On veut : $A(t) = A_0$, où maintenant :

$$A(t) = A'_0 e^{-\lambda t}.$$

On recherche donc l'instant t tel que :

$$A'_0 e^{-\lambda t} = A_0$$

soit :

$$t = \frac{1}{\lambda} \ln \frac{A'_0}{A_0} = \frac{T}{\ln 2} \ln \frac{A'_0}{A_0}.$$

L'application numérique donne :

$$t = \frac{5568}{\ln 2} \ln 1{,}9 \approx 5160 \text{ ans}.$$

Le carbone du bois de cet arbuste aura donc une activité de l'ordre de l'activité standard initiale d'un gramme de carbone aux alentours de l'année 7160.

Chapitre 6

Évolution spontanée d'un système chimique

Plan du chapitre

1 Notion d'équilibre chimique

Exercice type 1 — Lycée La Colline, Montpellier

On considère la réaction d'hydrolyse suivante :

$$(CH_3CO_2C_2H_5)_{(aq)} + H_2O_l \rightleftarrows CH_3CO_2H_{(aq)} + C_2H_5OH_{(aq)}$$

Dans les conditions de l'expérience, la constante de cet équilibre est : $K = 0{,}1$. La solution initiale contient en concentrations égales de l'éthanoate d'éthyle, de l'acide éthanoïque et de l'éthanol ($c = 0{,}05$ mol.L^{-1}).

1 L'équilibre est-il déplacé ? Si oui, dans quel sens ?

2 Quelles sont les concentrations finales ?

Voir corrigé page 114

Considérons la transformation chimique correspondant à l'équilibre suivant :

$$A_(aq) + B_(aq) \rightleftarrows C_(aq) + D_(aq)$$

où le symbole (aq) signifie que les espèces A, B, C, et D sont en solution aqueuse. Le symbole $\rightleftarrows$ est ici représentatif de la notion *d'équilibre chimique*. Il signifie que la réaction a lieu, au niveau microscopique, dans les deux sens. En effet, au niveau microscopique, on a à la fois les deux situations suivantes :

- une entité A et une entité B se rencontrent, et forment une entité C et une entité D, selon le bilan :

$$A + B \rightarrow C + D$$

- une entité C et une entité D se rencontrent, et forment une entité A et une entité B, selon le bilan :

$$C + D \rightarrow A + B$$

Lorsque l'équilibre est atteint, les deux réactions continuent d'exister, mais elles se compensent. Les espèces A, B, C, et D coexistent dans la solution, et leurs concentrations sont constantes dans le temps. On parle d'équilibre dynamique. En moyenne, pour une réaction $A + B \rightarrow C + D$, on a une réaction $C + D \rightarrow A + B$.

Remarquons toutefois que certaines réactions peuvent avoir une cinétique extrêmement lente. Le fait que les concentrations correspondantes paraissent presque constantes dans le temps ne signifie alors pas que le système est à l'équilibre.

Un système chimique évolue spontanément vers un état d'équilibre.

2 Quotient de réaction

À tout équilibre chimique peut être associée une grandeur, appelée *quotient de réaction*, qui se définit de la manière suivante :

- Le quotient de réaction comporte au numérateur le produit des concentrations des produits de la réaction, élevées à une puissance qui est le coefficient stœchiométrique correspondant.
- Le quotient de réaction comporte au dénominateur le produit des concentrations des réactifs de la réaction, élevées à une puissance qui est le coefficient stœchiométrique correspondant.

Ainsi, considérons la réaction :

$$\underbrace{Cu(NH_3)_6^{2+}}_{\text{réactif}} \rightleftarrows \underbrace{Cu^{2+} + 6NH_3}_{\text{produits}}$$

où toutes les espèces sont en solution aqueuse. Le quotient de la réaction s'écrit alors :

$$Q_r = \frac{[Cu^{2+}][NH_3]^6}{[Cu(NH_3)_6^{2+}]} \quad \begin{array}{l} \leftarrow \text{produits} \\ \leftarrow \text{réactif} \end{array}$$

- La concentration de NH_3 est élevée à la puissance 6 puisqu'il s'agit de son coefficient stœchiométrique dans l'équation-bilan.
- Les autres concentrations sont laissées telles quelles, puisque leur coefficient stœchiométrique associé est égal à un ($x^1 = x$).

Remarque : On admettra que le quotient de réaction est un nombre sans dimension. Cela impose d'exprimer *systématiquement* les concentrations dans la même unité avant de calculer Q_r. Cette unité est la $mol.L^{-1}$.

Attention : lorsqu'un produit ou un réactif est soit le solvant, soit un solide, il n'intervient pas dans le calcul du quotient de réaction.

Exemples

- Considérons l'équilibre :

$$NaCl_{(s)} \rightleftarrows Na^-_{(aq)} + +Cl^-_{(aq)}$$

L'expression du quotient de réaction est :

$$Q_r = [Na^+][Cl^-].$$

- Considérons l'équilibre de dissociation dans l'eau d'un monoacide faible AH :

$$AH_{(aq)} + H_2O_{(l)} \rightleftarrows A^-_{(aq)} + H_3O^+$$

L'expression du quotient de réaction est :

$$Q_r = \frac{[A^-][H_3O^+]}{[AH]}.$$

On voit que l'on n'a pas écrit $[H_2O]$, puisque l'eau est le solvant.

3 Constante d'équilibre et déplacements d'équilibres

3.1 Lien entre constante d'équilibre et quotient de réaction

À RETENIR

Lorsqu'un système est à l'équilibre chimique, son quotient de réaction est égal à une constante caractéristique de l'équilibre, qui ne dépend que de la température. Cette constante est appelée *constante d'équilibre*.

Si le quotient de réaction n'est pas égal à la constante d'équilibre K, deux cas peuvent se produire :

- $Q_r > K$: d'après l'expression du quotient de réaction, cela signifie que l'on a un excès de produits (ou un manque de réactifs). L'équilibre est donc déplacé vers la gauche, de manière à faire baisser la valeur de Q_r.
- $Q_r < K$: d'après l'expression du quotient de réaction, cela signifie que l'on a un excès de réactifs (ou un manque de produits). L'équilibre est donc déplacé vers la droite, de manière à faire augmenter la valeur de Q_r.

Lorsque $Q_r = K$, l'équilibre est atteint.

En appliquant ces règles, on peut déduire comment se déplace un équilibre lorsqu'on ôte que l'on rajoute un réactif ou un produit.

3.2 Déplacement d'équilibre

Lorsque l'on ajoute à un milieu réactionnel en équilibre chimique une espèce chimique intervenant dans cet équilibre, celui-ci se déplace de manière à consommer l'espèce rajoutée.

Lorsque l'on retire d'un milieu réactionnel en équilibre chimique un espèce chimique intervenant dans cet équilibre, celui-ci se déplace de manière à produire l'espèce retirée.

Solution de l'exercice type 1

Lycée La Colline, Montpellier

1 Calculons le quotient de la réaction dans les conditions initiales. Il vaut :

$$Q_r = \frac{[C_2H_5OH][CH_3CO_2H]}{[CH_3CO_2C_2H_5]} = \frac{0{,}05 \times 0{,}05}{0{,}05} = 0{,}05 < K$$

Puisque le quotient de réaction est inférieur à la constante d'équilibre, celui-ci est déplacé vers la droite.

2 On présente les états initial et final sous forme d'un tableau, c'est-à-dire dans le sens de formation des produits :

État :	$CH_3CO_2C_2H_5$	+	H_2O	$\rightleftarrows$	CH_3CO_2H	+	C_2H_5OH
Initial	c		-		c		c
Final	$c-x$		-		$c+x$		$c+x$

où x est l'avancement volumique de la réaction, en mol.L^{-1}. À l'équilibre, le quotient de la réaction est égal à la constante d'équilibre, donc :

$$\begin{aligned}
\frac{(c+x)^2}{c-x} &= K \\
(c+x)^2 &= K(c-x) \\
c^2+2cx+x^2 &= Kc-Kx \\
x^2+(2c+K)x+(c^2-Kc) &= 0 \\
x^2+0{,}2x-2{,}5\cdot 10^{-3} &= 0.
\end{aligned}$$

On doit résoudre cette équation polynomiale du second degré. Le discriminant est : $\Delta = 0{,}2^2 + 4 \times 2{,}5 \cdot 10^{-3} = 5 \cdot 10^{-2}$, donc les racines sont :

$$\begin{cases} x_1 = \dfrac{-0{,}2+\sqrt{0{,}05}}{2} \approx 1{,}18 \cdot 10^{-2} \\ x_2 = \dfrac{-0{,}2-\sqrt{0{,}05}}{2} \approx -0{,}212 \end{cases}$$

On élimine la seconde racine. En effet, si on l'utilise pour calculer les concentrations en acide éthanoïque et éthanol, qui sont $c+x$, on trouve une valeur négative. La seule valeur qui a un sens physique est donc la première racine, positive (on retrouve bien le fait que l'équilibre doit être déplacé vers la droite).

...

Solution de l'exercice type 1 (suite) — Lycée La Colline, Montpellier

On obtient en définitive les concentrations suivantes :

$$[C_2H_5OH] = [CH_3CO_2H] = c + x \approx 6{,}18 \cdot 10^{-2}\ \text{mol.L}^{-1}$$

et :

$$[CH_3CO_2C_2H_5] = c - x \approx 3{,}82 \cdot 10^{-2}\ \text{mol.L}^{-1}.$$

MÉTHODE

Dans ce genre d'exercices, il est bon de vérifier la validité des résultats en calculant le quotient de réaction et en vérifiant qu'il est égal à la constante d'équilibre. Ici, on a :

$$Q_r = \frac{(6{,}18 \cdot 10^{-2})^2}{3{,}82 \cdot 10^{-2}} \approx 1{,}00 \cdot 10^{-1} = K$$

Voir énoncé page 111

4 Les piles

Exercice type 2 — Lycée Saint-Adrien, Villeneuve-d'Ascq

On considère une pile cuivre-zinc. L'électrode en cuivre constitue son pôle positif. L'électrode au pôle négatif a une masse $m = 250$ g. La concentration des solutions dans lesquelles baignent les électrodes est de 1 mol.L^{-1}.

1. Quelle est la réaction de fonctionnement de la pile ?
2. Sachant que la pile peut débiter 2,68 A·h, quel est le volume de la solution dans laquelle baigne la cathode ?
3. Que se passe-t-il si on trempe un fil de zinc dans une solution de sulfate de cuivre ?

Donnée : Masse molaire atomique du zinc : $M(\text{Zn}) = 65{,}4$ g.mol^{-1}.

Voir corrigé page 119

Cette section réinvestit les connaissances sur l'oxydoréduction acquises dans les classes antérieures. Dans une pile, on sépare l'oxydant et le réducteur, qui pour réagir doivent s'échanger des électrons à travers un circuit électrique.

4.1 Exemple de pile et notations

Considérons le montage de la figure ci-après. Si on plonge une lame de zinc dans une solution contenant du sulfate de cuivre, le zinc se recouvre de cuivre et des ions zinc (II) apparaissent dans la solution. On traduit cela en disant que le zinc est un meilleur donneur d'électrons que le cuivre (meilleur réducteur) et que le cuivre est un meilleur accepteur d'électrons que le zinc (meilleur oxydant). En effet, la réaction d'oxydoréduction qui se produit lorsque l'on plonge une lame de zinc dans une solution de sulfate de cuivre correspond au passage de deux électrons d'un atome de zinc vers un ion cuivre (II).

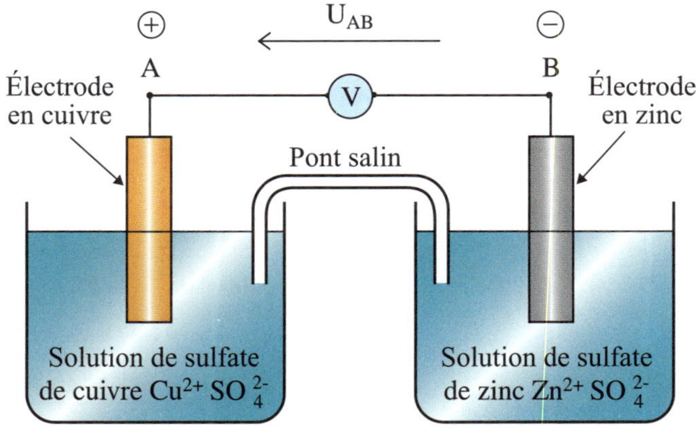

Cette plus grande *avidité* du cuivre pour les électrons peut être retrouvée par le montage présenté ci-dessus. Le voltmètre indique une tension U_{AB} positive. Si l'on plaçait un fil métallique entre les deux électrodes, les électrons auraient donc tendance à aller spontanément vers l'électrode de plus haut potentiel, c'est-à-dire vers le cuivre. C'est précisément ce qui se passe si l'on fait l'expérience. Les électrons sont cédés par le zinc, selon la demi-équation :

$$Zn = Zn^{2+} + 2e^-$$

Ces électrons sont « entraînés » dans le circuit électrique par la différence de potentiel, et se retrouvent à l'électrode de cuivre. Là, ils passent aux ions Cu^{2+} de la solution, selon l'autre demi-équation :

$$Cu^{2+} + 2e^- = Cu$$

En l'absence de pont salin, la demi-pile de gauche deviendrait rapidement de charge négative et celle de droite de charge positive (elle perd des électrons). La différence de potentiel s'annulerait alors rapidement et la réaction cesserait. Il faut donc en permanence égaliser les potentiels des solutions en fermant le circuit par des porteurs de charges, sans toutefois permettre que les ions cuivre et le zinc soit directement en contact : l'échange d'électrons entre eux pourrait se faire localement, sans que ceux-ci ne soient forcés à circuler dans le circuit. On peut par exemple séparer les demi-piles par une membrane ou un pont salin. Au travers de ceux-ci, des porteurs de charge (des ions) peuvent circuler, compensant le transfert d'électrons d'une demi-pile vers l'autre au travers du circuit. Ces porteurs de charge ne doivent pas être les ions intervenant dans les équations redox des demi-piles.

À RETENIR

Une pile est notée en abrégé par les deux couples d'oxydoréduction qu'elle fait intervenir, séparés par le symbole ||. Les composés ioniques sont écrits de part et d'autre de ce symbole, qui représente le pont ionique.

Exemple : la pile que nous venons de considérer se note $Cu|Cu^{2+}||Zn^{2+}|Zn$.

Définition 1

La tension existant à vide entre les électrodes d'une pile est appelée sa force électromotrice, en abrégé f.é.m. Elle se mesure en volt, de symbole V.

On utilise les appellations anode et cathode pour désigner les bornes d'une pile. À l'anode a lieu une oxydation, et à la cathode a lieu une réduction. Comme moyen mnémotechnique on peut utiliser la première lettre de chaque mot :

- [O]xydation = [A]node (voyelle).
- [R]éduction = [C]athode (consonne).

On peut également utiliser le moyen suivant : à l'[A]node a lieu une oxyd[A]tion, et à la [C]athode une rédu[C]tion.

Par conséquent, la borne positive d'une pile est la cathode (lorsque la pile débite dans le sens spontané). À l'inverse, le pôle négatif, lorsque la pile débite dans le sens spontané, est l'anode.

Il faut bien prendre garde au fait que les équivalences : pôle positif = cathode et : pôle négatif = anode ne sont vraies que lorsque la pile débite dans le sens spontané. Ceci n'est plus vrai lorsque l'on relie les bornes de cette pile aux bornes d'un générateur de tension de f.é.m. plus grande, monté en inverse (pour réaliser une électrolyse, par exemple, comme nous le reverrons au chapitre suivant).

4.2 Capacité d'une pile

Définition 2

On appelle capacité d'une pile la quantité d'électricité totale qu'elle peut débiter.

Rappelons que la quantité d'électricité se mesure, dans les unités du Système International, en coulomb, de symbole C. Un coulomb est la quantité d'électricité qui traverse une section d'un fil conducteur en une seconde, lorsque celui-ci est parcouru par un courant d'intensité $I = 1$ A. Donc :

$$1\ \mathrm{C} = 1\ \mathrm{A} \cdot \mathrm{s}$$

COURS INTERROS CORRIGÉS

Remarque : il s'agit d'ampères multipliés par des secondes (lire « ampère seconde »), et donc bien A·s. La notation A/s est incorrecte, ainsi que l'expression « ampère par seconde ».

On préfère utiliser, pour les capacités, l'ampère-heure, de symbole A·h. C'est la quantité d'électricité qui traverse une section d'un conducteur parcouru par un courant $I = 1$ A en une heure.

Entre le coulomb et l'ampère-heure, on a la correspondance :

$$1 \text{ A} \cdot \text{h} = 3600 \text{ C}.$$

On notera que l'appellation *capacité* pour une pile entre en conflit avec l'appellation capacité pour un condensateur. Elles ne représentent pas la même chose. Elles n'ont même pas la même unité. On prendra donc garde à ne pas les confondre. Le contexte permettra de trancher.

Définition 3

On appelle faraday, et on note $\mathcal{F}$, la quantité d'électricité correspondant à une mole de charges élémentaires. On a :

$$1\ \mathcal{F} = 96500 \text{ C.mol}^{-1}.$$

Le faraday est donc la valeur absolue de la charge d'une mole d'électrons. On a ainsi $1\ \mathcal{F} = N_A \times e$ où N_A est le nombre d'Avogadro et e est la charge élémentaire ($N_A \approx 6{,}02 \cdot 10^{23}$ mol^{-1}, et $e \approx 1{,}6 \cdot 10^{-19}$ C).

4.3 Piles et accumulateurs

Le concept de générateur électrochimique que nous venons d'étudier peut se diviser en deux types :

- Les piles, qui sont jetables après usage.
- Les accumulateurs, qui sont rechargeables, et peuvent subir un nombre important de cycles charge/décharge.

Ce que nous avions appelé jusqu'à maintenant *pile* était en fait indifféremment une pile ou un accumulateur. L'utilisation pratique permet de les différencier.

La réaction qui se produit pour recharger un accumulateur est la réaction inverse de son fonctionnement en générateur. Pour recharger un générateur, on doit le connecter à un générateur extérieur.

Il existe un cas particulier de pile, appelé pile à combustible. Ce n'est pas une pile jetable. Ce n'est pas non plus un accumulateur, puisqu'à proprement parler on ne recharge pas une pile à combustible. Dans une pile à combustible, les réactifs (réducteur et oxydant) sont amenés en permanence à la pile au fur et à mesure qu'elle consomme. Une pile à combustible n'est donc pas un système fermé. C'est un système qui permet de convertir en énergie électrique l'énergie chimique stockée dans la matière qu'on lui apporte.

Solution de l'exercice type 2

Lycée Saint-Adrien, Villeneuve-d'Ascq

1 Les électrons vont de la borne négative vers la borne positive, où se trouve l'électrode de cuivre. On a à cette électrode une réduction (c'est la cathode) et la demi-réaction correspondante est donc :

$$Cu^{2+} + 2e^- \rightarrow Cu$$

À l'anode on a une oxydation (perte d'électrons), donc :

$$Zn \rightarrow Zn^{2+} + 2e^-$$

La réaction de fonctionnement de la pile est donc :

$$Cu^{2+} + Zn \rightarrow Cu + Zn^{2+}$$

2 Calculons quel est le nombre de moles n d'électrons que peut débiter la pile. On a : $Q = n\mathcal{F}$ donc :

$$n = \frac{Q}{\mathcal{F}} \approx \frac{2{,}68 \times 3600}{96500} \approx 0{,}10 \text{ mol.}$$

On voit sur les demi-équations que lorsqu'une mole d'atomes de zinc ou d'ions cuivre (II) réagissent, deux moles d'électrons passent à travers le circuit. Donc n est égal au double de l'avancement de la réaction de fonctionnement. L'avancement maximale de la réaction est donc : $x_f = 0{,}05$ mol. On présente cette dernière sous forme d'un tableau. On y note n_0 la quantité de matière initiale en ions cuivre II (recherchée). Les quantités de matière des produits, n_1 et n_2, sont sans intérêt pour cette question. Enfin, la quantité de matière initiale en atomes de zinc est :

$$n_{Zn} = \frac{m}{M(Zn)} = \frac{250}{65{,}4} \approx 3{,}8 \text{ mol.}$$

Instant	Cu^{2+}	+	Zn	→	Cu	+	Zn^{2+}
Initial	n_0		3,8		n_1		n_2
Arbitraire	$n_0 - x$		$3{,}8 - x$		$n_1 + x$		$n_2 + x$
Final	$n_0 - 0{,}05$		3,75		$n_1 + 0{,}05$		$n_2 + 0{,}05$

On voit qu'à l'état final il reste du zinc, donc la pile est usée par manque d'ions cuivre (II), pas par manque de zinc, et l'on a : $n_0 - 0{,}05 = 0$ donc $n_0 = 0{,}05$ mol. Puisque l'on considère des demi-piles standard où la concentration des solutions est 1 mol.L^{-1}, on en déduit que le volume de la solution dans laquelle baigne la cathode est $v = 50$ mL.

3 Puisque le zinc est un meilleur réducteur que le cuivre, il se produit la réaction d'oxydoréduction qui correspond à l'équation de fonctionnement de la pile, donc : des ions zinc (II) apparaissent dans la solution et le fil de zinc se recouvre de métal cuivre.

Voir énoncé page 115

COURS

INTERROS

CORRIGÉS

1 QCM Testez vos connaissances

5 min

Corrigé p. 128

1 Lorsqu'à une solution où existe un équilibre chimique, on rajoute l'un des produits, on déplace l'équilibre :

[a] vers la droite [b] vers la gauche

2 On a un équilibre chimique dans une solution S. On rajoute l'un des réactifs. L'équilibre se déplace. Lorsque le nouvel équilibre est atteint, la nouvelle valeur du quotient de réaction est :

[a] inférieure [b] supérieure [c] égale

à la précédente.

3 Lorsque la constante d'équilibre d'une réaction est très petite, on peut considérer que :

[a] La réaction est quasi-totale [b] Les réactifs sont peu consommés

4 La constante d'équilibre d'une réaction chimique dépend :

[a] du volume du bécher [b] des concentrations [c] de la température

5 On considère l'équilibre $A_{(aq)} + B_{(aq)} \rightleftarrows C_{(aq)} + D_{(aq)}$. À l'équilibre, les concentrations des quatre espèces chimiques A, B, C et D sont égales. Quelle est la constante de réaction ?

[a] 0 [b] 1 [c] Indéterminée

6 Une fois l'équilibre de la question précédente atteint, on rajoute dans le milieu réactionnel 2 mol de A et 2 mol de C. L'équilibre est déplacé :

[a] vers la gauche [b] vers la droite [c] il n'est pas déplacé

7 Une fois le nouvel équilibre de la question précédente réalisé, on retire du milieu réactionnel le produit D présent dans la solution. L'équilibre est déplacé :

[a] vers la gauche [b] vers la droite [c] il n'est pas déplacé

8 Plus une constante de réaction est grande, plus la réaction est rapide.

[a] Vrai [b] Faux

9 Le quotient de réaction peut être différent de la constante de réaction.

[a] Vrai [b] Faux

10 On considère l'équilibre chimique :

$$A + B \rightleftarrows C + D$$

Sa constante de réaction est K. Quelle est la constante de réaction de l'équilibre :

$$2A + 2B \rightleftarrows 2C + 2D\,?$$

[a] $2K$ [b] K^2 [c] $K/2$ [d] K

11 On considère le titrage d'un acide faible AH par de la soude. Écrire la réaction de titrage. S'agit-il d'un équilibre ?

[a] Oui [b] Non

Au cours du titrage, s'il s'agit d'un équilibre, est-il déplacé, et dans quel sens ?
[a] Non, il n'est pas déplacé
[b] Il est déplacé vers la droite [c] Il est déplacé vers la gauche

12 Le quotient de réaction peut dépendre :
[a] du temps
[b] de la concentration des produits et réactifs

2 QCM Testez vos connaissances sur les piles

5 min — Corrigé p. 128

1 Lorsqu'une pile débite dans une résistance, sa cathode est le siège d'une :
[a] réaction d'oxydoréduction [b] réduction [c] oxydation

2 La borne négative d'une pile en fonctionnement spontané est :
[a] sa cathode [b] son anode

3 Une pile est schématisée par $(-)A|A^+||B^+|B(+)$. La réaction qui a lieu à la cathode est :
[a] $B \rightarrow B^+ + e^-$ [b] $B \rightarrow A + e^-$ [c] $B^+ + e^- \rightarrow B$

4 On considère la pile nickel argent représentée ci-dessous.

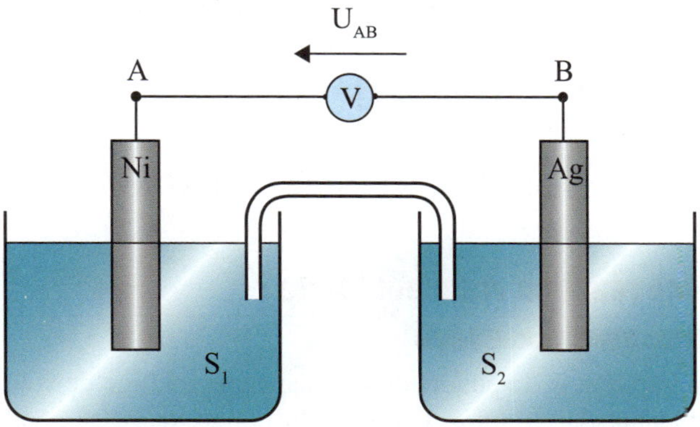

Les solutions dans lesquelles baignent les électrodes sont une solution de sulfate de nickel et une solution de nitrate d'argent. La solution S_1 est celle du :
[a] sulfate de nickel [b] nitrate d'argent

5 Pour la pile de la question précédente, on mesure une tension $U_{AB} < 0$. La cathode est l'électrode :
[a] de nickel [b] d'argent

6 Lorsque la pile des deux questions précédentes débite, l'argent est oxydé.
[a] Vrai [b] Faux

7 Après usage, il faut jeter (dans des containers appropriés) :
[a] les piles [b] les accumulateurs

COURS INTERROS CORRIGÉS

8 L'ampère-heure est une unité :
[a] d'intensité [b] de charge [c] de tension

9 Un pile permet de convertir :
[a] de l'énergie électrique en énergie chimique
[b] de l'énergie chimique en énergie électrique

10 Dans un pont salin, les porteurs de charge positifs circulent :
[a] de l'anode vers la cathode [b] de la cathode vers l'anode

11 Si on retire le pont salin :
[a] la pile cesse de débiter
[b] la tension chute aux bornes de la pile
[c] la pile débite plus faiblement

3 Quotients de réaction

★ 5 min Corrigé p. 129

Lycée Saint-Exupéry, Lyon

On considère la réaction suivante :

$$[Co(H_2O)_6]^{2+}_{(aq)} + 4Cl^-_{(aq)} \rightleftarrows [CoCl_2]^{2-}_{(aq)} + 6H_2O$$

1 Donner l'expression Q_r du quotient de réaction de cet équilibre en fonction des concentrations des espèces dissoutes.

2 Donner en fonction de Q_r l'expression du quotient de réaction Q'_r de l'équilibre suivant :

$$\frac{1}{2}[CoCl_2]^{2-}_{(aq)} + 3H_2O \rightleftarrows \frac{1}{2}[Co(H_2O)_6]^{2+}_{(aq)} + 2Cl^-_{(aq)}$$

4 Une réaction vraiment totale ?

★★ 15 min Corrigé p. 129

Lycée Gay-Lussac, Limoges

On introduit de la poudre de zinc dans une solution de volume $v = 100$ mL contenant du chlorure d'argent. On donne, dans les conditions de l'expérience, la constante de l'équilibre :

$$2Ag^+_{(aq)} + Zn_{(s)} \rightleftarrows 2Ag_{(s)} + Zn^{2+}_{(aq)} \quad K = 10^{52}$$

1 Que se passe-t-il ?

2 (a) Exprimer K en fonction de $[Zn^{2+}]$ et $[Ag^+]$ à l'équilibre.

(b) Sachant que l'on introduit du zinc en excès, et que la concentration initiale de la solution en chlorure d'argent était $c = 0{,}1$ mol.L^{-1}, calculer la concentration finale en ions argent (I) dans la solution.

(c) À combien d'ions cela correspond-il ? Comment interpréter ce résultat ?

Données :
Nombre d'Avogadro : $N_a = 6{,}02 \cdot 10^{23}$ mol^{-1}.

5 Calcul de concentrations

★★ 10 min Corrigé p. 131

Lycée Louis-Le-Grand, Paris

Dans une solution S de sulfate de plomb de concentration $c = 0{,}1$ mol.L^{-1}, on introduit de la poudre d'étain en excès. On donne dans les conditions de l'expérience la constante de l'équilibre suivant :

$$Pb_{(s)} + Sn^{2+}_{(aq)} \rightleftarrows Sn_{(s)} + Pb^{2+}_{(aq)} \qquad K = 0{,}45.$$

1 Quelle réaction se produit ?
Justifier qualitativement qu'elle n'est pas totale.

2 Calculer la concentration finale des espèces dissoutes dans la solution S.

6 Constante d'équilibre

★★★ 15 min Corrigé p. 132

Lycée Jeanne d'Albret, Saint Germain en Laye

On considère l'équilibre :

$$Zn(NH_3)^{2+}_{4\ (aq)} \rightleftarrows Zn^{2+}_{(aq)} + 4NH_{3(aq)}$$

1 Donner l'expression de sa constante K en fonction des concentrations des espèces en solution à l'équilibre.

2 À l'état initial, on a : $[Zn(NH_3)_4^{2+}] = 0{,}1$ mol.L^{-1} et $[Zn^{2+}] = [NH_3] = 0$, donner la composition de l'état final.

Donnée :
Constante de l'équilibre : $K = 3 \cdot 10^{-10}$.

Les piles

7 Pile cuivre-argent

★★ 15 min Corrigé p. 132

Lycée du Parc, Lyon

On considère une pile cuivre-argent $(-)Cu|Cu^{2+}||Ag^{+}|Ag(+)$.

1 Faire un schéma de cette pile.

2 Quel est la borne positive de la pile ainsi constituée ?

3 Écrire l'équation bilan des demi-réactions ayant lieu à l'anode et à la cathode.

4 La solution associée à chaque électrode a un volume $V = 100$ mL, et une concentration ionique $c = 1$ mol.L^{-1}. On suppose que la masse de l'électrode qui est consommée est en excès. Pendant combien de temps la pile peut-elle débiter un courant $I = 0{,}6$ A ?

Donnée :
$\mathcal{F} = 96500$ C.mol^{-1}.

COURS INTERROS CORRIGÉS

8 Pile étain-cuivre

★★ 15 min Corrigé p. 133

Lycée Hoche, Versailles

On considère une pile étain/cuivre. La solution associée à chaque demi-pile a un volume $V = 0{,}4$ L. Chaque électrode métallique a une masse $m = 200$ g. La concentration ionique initiale de la solution dans laquelle est immergée chaque électrode est $c = 1$ mol.L^{-1}.

1 On relie les électrodes de cette pile à un voltmètre, l'électrode de cuivre étant reliée à l'entrée COM de celui-ci. On lit sur le voltmètre la tension $-0{,}48$ V. Préciser quelle est l'anode et la cathode. Quelle réaction se produit quand la pile débite ?

2 Quelle est la masse de chaque électrode lorsque la pile est usée ?

3 Quelle est la capacité de cette pile en A·h ?

Données :
Masse molaire atomique du cuivre : $M(\text{Cu}) = 63{,}5$ g.mol^{-1}.
Masse molaire atomique de l'étain : $M(\text{Sn}) = 118{,}7$ g.mol^{-1}.

9 Pile nickel-argent

★★ 15 min Corrigé p. 135

Lycée Jules Verne, Nantes

On réalise une pile nickel-argent. Chaque solution ionique a un volume $v = 1$ L et une concentration $c = 1$ mol.L^{-1}.

1 Préciser l'anode et la cathode.

2 Écrire les demi-équations électroniques se produisant aux électrodes lorsque la pile débite.

3 Donner la masse minimale de chaque électrode pour que la capacité de la pile soit limitée par la concentration des solutions ioniques. Quelle est alors cette capacité ?

Données :

Constante d'équilibre de la réaction ($Ni^{2+} + 2Ag \rightleftarrows Ni + 2Ag^{+}$) : $K = 4 \cdot 10^{-36}$.
Masse molaire atomique du nickel : $M(\text{Ni}) = 58{,}7$ g.mol^{-1}.
Masse molaire atomique de l'argent : $M(\text{Ag}) = 107{,}9$ g.mol^{-1}.

10 Pile argent-magnésium

★★ 15 min Corrigé p. 136

Lycée Blaise Pascal, Orsay

On considère une pile standard $Ag|Ag^{+}||Mg^{2+}|Mg$. L'électrode de magnésium est l'anode. La f.é.m. de cette pile est $E = 3{,}17$ V.

1 Écrire l'équation-bilan de fonctionnement de la pile.

2 Quelle électrode voit sa masse diminuer lorsque la pile débite ?

3 On observe une variation de la masse totale des électrodes de $\Delta m = 2{,}3$ g. Quelle quantité d'électricité la pile a-t-elle débité ?

Données :
Masse molaire atomique du magnésium : $M(\text{Mg}) = 24{,}3$ g.mol^{-1}.
Masse molaire atomique de l'argent : $M(\text{Ag}) = 107{,}9$ g.mol^{-1}.

11 Pile plomb-zinc

★★ 20 min Corrigé p. 136

Lycée Blaise Pascal, Orsay

On considère une pile plomb-zinc. Chaque électrode a une masse $m = 100$ g. Les solutions de chaque demi-pile ont une concentration en cations métalliques $c = 0{,}2$ mol.L^{-1}, et un volume $v = 200$ mL.

1 Le plomb est réduit quand la pile débite. Quelles sont la cathode et l'anode ?

2 Quelle est la capacité de cette pile ?

3 On réalise l'une ou l'autre des opérations suivantes :

(a) On multiplie par deux la concentration des solutions de chaque demi-pile.

(b) On multiplie par deux la masse des électrodes.

Indiquer dans chaque cas ce que devient la capacité de la pile.

Données :
Masse molaire atomique du plomb : $M(\text{Pb}) = 207$ g.mol^{-1}.
Masse molaire atomique du zinc : $M(\text{Zn}) = 65{,}4$ g.mol^{-1}.

12 Capacité d'une pile

★★★ 15 min Corrigé p. 137

Lycée Pasteur, Neuilly

On donne page ci-contre la tension $u(t)$ aux bornes d'une pile en fonction du temps, lorsqu'elle débite à travers une résistance $R = 10\ \Omega$. La pile s'arrête lorsque la tension à ses bornes vaut $u = 0{,}95$ V.

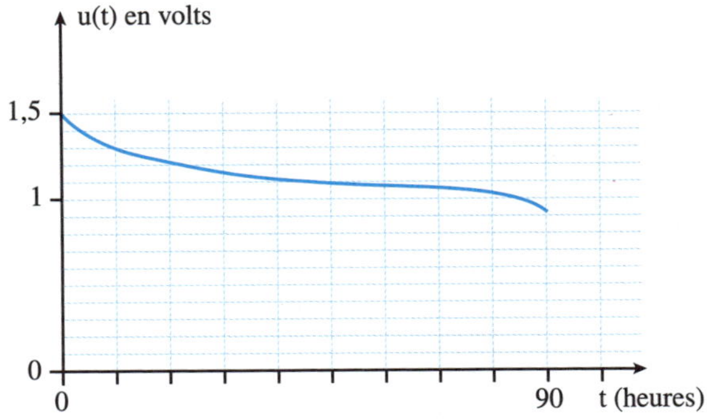

Évaluer la quantité d'électricité débitée par la pile.

13 Pile à combustible

★★★ 25 min Corrigé p. 139

Lycée Louis-Le-Grand, Paris

On considère une pile à combustible, pour laquelle le combustible est du dihydrogène et le comburant du dioxygène. Cette pile sert à alimenter le moteur d'une voiture électrique expérimentale de masse $m = 1{,}7$ t.

1 Rappeler quelle est la différence entre une pile classique et une pile à combustible.

2 Donner l'équation de fonctionnement de la pile en milieu acide, sachant qu'elle fait intervenir les couple d'oxydoréduction H^+/H_2 et O_2/H_2O.

3 On souhaite monter une côte avec cette voiture. Le dénivelé entre le bas et le sommet de la côte est $h = 150$ m. On rappelle que l'énergie électrique d'une pile est donnée par : $E = Q \times U$, avec Q la charge et U la tension de fonctionnement de la pile.

(a) Quel est le travail du poids entre le bas et le sommet de la côte ?

(b) Quel énergie doit donc délivrer le moteur pour monter la côte ?

(c) Quel volume de dioxygène, mesuré dans les conditions ambiantes, la pile consomme-t-elle sur la montée ?

(d) Quelle masse de dihydrogène est-elle consommée au cours de la montée ?

(e) Rappeler l'énoncé de la loi de Mariotte ou Boyle-Mariotte évoquée en classe de Seconde.

(f) Le dihydrogène est stocké dans une bouteille à la pression $P = 350$ bars, à température ambiante. Le volume de cette bouteille est $V = 50\ \text{dm}^3$. Quelle masse de dihydrogène contient-elle ?

4 Déduire de la question précédente combien de fois la voiture peut monter cette côte avec une bouteille de dihydrogène. On supposera que la consommation de la voiture est nulle lors de la descente.

On supposera pour simplifier que le rendement du moteur de cette voiture est de 100 % et que la tension de fonctionnement de la pile est égale à sa f.é.m.

Données :

Tension à vide (f.é.m.) de la pile : $E = +1{,}229$ V.

Masse molaire atomique de l'hydrogène : $M(\text{H}) = 1\ \text{g.mol}^{-1}$.

Masse molaire atomique de l'oxygène : $M(\text{O}) = 16\ \text{g.mol}^{-1}$.

Intensité de la pesanteur : $g = 9{,}8\ \text{m.s}^{-2}$.

Volume molaire d'un gaz parfait dans les conditions ambiantes :
$V_m = 24\ \text{L.mol}^{-1}$.

14 Étude d'une pile

★★★ 25 min Corrigé p. 141

Lycée Louis-le-Grand, Paris

On appelle $u(t)$ la valeur de la tension aux bornes d'une pile P, en fonction du temps. Cette tension a la dépendance fonctionnelle suivante :

$$u(t) = u_0 - at$$

lorsque la pile débite à travers une résistance R, où u_0 est la tension initiale aux bornes de la pile et où a est une constante positive. La pile s'arrête de fonctionner lorsque la tension à ses bornes atteint une valeur $u_1 < u_0$.

1 Dans le Système International, quel est l'unité de a ?

2 Donner l'expression de la durée τ de fonctionnement de la pile en fonction de u_0, u_1 et a.

3 Donner l'expression de la quantité d'électricité Q débitée par la pile en fonction de u_0, u_1, a et R.

4 Donner l'expression de l'énergie électrique $\mathcal{E}$ fournie par la pile en fonction de u_0, u_1, a et R.

5 Effectuer l'application numérique de τ, Q et $\mathcal{E}$.

Données :

$a = 2 \cdot 10^{-7}$ S.I., $u_0 = 2{,}3$ V, $u_1 = 1{,}9$ V, $R = 10\ \Omega$

1 QCM Testez vos connaissances

Enoncé p. 120

1 Réponse [b]. On augmente le quotient de réaction donc on déplace l'équilibre vers la gauche.

2 Réponse [c]. À l'équilibre le quotient de réaction est égal à la constante d'équilibre. La nouvelle valeur est donc égale à la précédente.

3 Réponse [b]. Lorsque la constante d'équilibre est très petite, on peut considérer que les réactifs sont peu consommés.

4 Réponse [c]. La constante d'équilibre d'une réaction chimique dépend de la température. Elle ne dépend pas des concentrations ni du volume du milieu réactionnel.

5 Réponse [b] : 1.

6 Réponse [c] : il n'est pas déplacé (le quotient de réaction vaut un).

7 Réponse [b] : il est déplacé vers la droite.

8 Réponse [b] : faux. La constante de réaction n'a rien à voir avec les considérations cinétiques. Elle décrit simplement les propriétés de l'équilibre.

9 Réponse [a] : vrai. La constante de réaction est différente du quotient de réaction lorsque l'équilibre n'est pas atteint.

10 Réponse [b] : K^2.

11 La réaction de titrage est : $AH + HO^- \rightleftarrows A^- + H_2O$.

Réponse [a] : il s'agit d'un équilibre. Au cours du titrage, on introduit un réactif, donc l'équilibre est déplacé vers la droite (réponse [b]).

12 Réponses [a] et [b]. Le quotient de réaction dépend directement des concentrations des produits et réactifs, d'où la réponse [b]. Si ces concentrations évoluent dans le temps (cas d'une réaction lente), alors il dépend du temps (réponse [a]).

2 QCM Testez vos connaissances sur les piles

Enoncé p. 121

1 Réponse [b]. La cathode est le siège d'une réduction.

2 Réponse [b] : le pôle négatif d'une pile est son anode lorsqu'elle fonctionne dans le sens spontané.

3 Réponse [c] : la réaction qui se produit à la cathode est la réduction $B^+ + e^- \rightarrow B$.

4 Réponse [a] : la solution de sulfate de nickel. Les ions nickel doivent être du côté de l'électrode de nickel.

5 Réponse [b] : la cathode est l'électrode d'argent. Les électrons remontent les potentiels, donc vont de A vers B. C'est donc l'électrode du côté de B qui est le siège d'une réduction.

6 Réponse **b** : faux. L'argent est réduit, comme on vient de le voir précédemment.

7 Réponse **a** : les piles. Les accumulateurs peuvent être, eux, rechargés.

8 Réponse **b** : de charge.

9 Réponse **b** : une pile convertit de l'énergie chimique en énergie électrique.

10 Réponse **a** : de l'anode vers la cathode. En l'absence de pont salin, la demi-pile constituant la cathode (le pôle + de la pile) se chargerait négativement, du fait de l'arrivée des électrons par le circuit électrique extérieur à la pile. Pour compenser ceci, il faut que les porteurs de charge positifs présent dans le pont salin migrent vers la cathode.

11 Réponses **a** et **b**. Retirer le pont salin correspond à ouvrir un circuit : le courant ne peut plus y circuler.

3 Quotients de réaction

Enoncé p. 122

Lycée Saint-Exupéry, Lyon

1 Le quotient de réaction de cet équilibre est :

$$Q_r = \frac{[CoCl_2^{2-}]}{[Co(H_2O)_6^{2+}][Cl^-]^4}.$$

On notera que l'on n'écrit pas $[H_2O]$, ceci n'aurait pas de sens, puisque l'eau est le solvant.

2 On applique la règle vue en cours, en utilisant le fait que $[X]^{1/2} = \sqrt{[X]}$. Cela donne :

$$Q'_r = \frac{\sqrt{[Co(H_2O)_6^{2+}][Cl^-]^2}}{\sqrt{[CoCl_2^{2-}]}}.$$

On voit donc que l'on a la relation :

$$Q'_r = \frac{1}{\sqrt{Q}}.$$

4 Une réaction vraiment totale ?

Enoncé p. 122

Lycée Gay-Lussac, Limoges

1 La constante de l'équilibre indiqué dans l'énoncé est très grande, donc la réaction

$$2Ag^+_{(aq)} + Zn_{(s)} \leftrightarrows 2Ag_{(s)} + Zn^{2+}_{(aq)}$$

peut être considérée comme quasi-totale. Donc les ions Ag (I) oxydent le zinc pour donner de l'argent métallique et des ions zinc (II).

2 **(a)** À l'équilibre, la constante K est égale au quotient de réaction, donc ;

$$K = \frac{[Zn^{2+}]_{eq}}{[Ag^+]^2_{eq}}.$$

(b) On présente les états initial et final sous forme d'un tableau :

État :	$2Ag^+$	+	Zn	=	2Ag	+	Zn^{2+}
Initial	c		-		0		0
Final	c-2x		-		2x		x

À l'équilibre, nous avons donc :

$$\frac{x}{(c-2x)^2} = 10^{52}.$$

Ce résultat est *extrêmement* grand. Puisque l'on a nécessairement $2x < c$ (on ne peut pas consommer plus d'ions argent que l'on n'en avait au départ), x est inférieur à 0,05. Donc si le quotient du membre de gauche est très grand, ce n'est pas parce que son numérateur est très grand, mais nécessairement parce que son dénominateur est très petit. On a donc :

$$(c-2x)^2 \approx 0 \quad \text{soit :} \quad x \approx \frac{c}{2}.$$

On a ainsi :

$$\frac{x}{[Ag^+]^2} = \frac{c}{2[Ag^+]^2} = 10^{52}$$

donc :

$$[Ag^+] = \sqrt{\frac{c}{2 \times 10^{52}}} \approx 2{,}2 \cdot 10^{-27}\ \text{mol.L}^{-1}.$$

(c) La quantité de matière en ions argent (I) présents après réaction dans la solution est :

$$n = v[Ag^+]$$

et le nombre d'entités correspondant est :

$$N = n \cdot N_a = N_a v[Ag^+] = 6{,}02 \times 10^{23} \times 0{,}1 \times 2{,}2 \times 10^{-27} \approx 1{,}3 \cdot 10^{-4}.$$

MÉTHODE

Bien évidemment on ne peut pas avoir un nombre fractionnaire d'ions argent (I). Cela signifie simplement que la plupart du temps dans la solution il n'y a pas un seul ion argent présent. Il est dans ce cas évidemment légitime de considérer que la réaction est totale, et la notion même d'équilibre chimique, se produisant dans les deux sens à vitesses égales, se trouve ici poussée à son extrême limite.

5 Calcul de concentrations

Enoncé p. 123

Lycée Louis-Le-Grand, Paris

1 On considère la réaction suivante, susceptible de se produire dans le milieu réactionnel (il s'agit de l'équilibre inverse de celui indiqué dans l'énoncé ; nous l'écrivons ainsi de manière à ce que l'étain introduit en excès apparaisse comme un réactif) :

$$Sn_{(s)} + Pb^{2+}_{(aq)} \rightleftarrows Sn^{2+}_{(aq)} + Pb_{(s)}$$

La constante de cet équilibre est l'inverse de celle de celui donné dans l'énoncé : $K' = \frac{1}{0,45} = 2,2$.
Initialement, le quotient de réaction de cet équilibre est nul, puisque l'on n'a pas d'ion étain (II) dans la solution : $[Sn^{2+}] = 0$ mol.L^{-1}, donc :

$$Q_r = \frac{[Sn^{2+}]}{[Pb^{2+}]} = 0.$$

Nous avons : $Q_r < K'$ donc l'équilibre est déplacé vers la droite, c'est-à-dire que l'étain réduit les ions plomb (II) pour produire des ions étain (II) et du plomb métallique. Toutefois cette réaction n'est pas totale car la constante de l'équilibre associé n'est pas très grande. On s'attend donc à une réaction limitée.

2 On présente les états initial et final sous forme d'un tableau :

État :	Pb^{2+}	+	Sn	=	Pb	+	Sn^{2+}
Initial	c		-		-		0
Final	$c - x$		-		-		x

où x est l'avancement volumique en mol.L^{-1}. À l'équilibre, le quotient de la réaction est égal à la constante de l'équilibre, donc :

$$K' = \frac{x}{c - x}, \text{ soit : } K'c = x + K'x \text{ donc : } x = \frac{K'c}{1 + K'}.$$

L'application numérique donne :

$$x = \frac{2,2 \times 0,1}{1 + 2,2} \approx 6,9 \cdot 10^{-2} \text{ mol.L}^{-1}$$

donc on en déduit les concentrations :

- $[Sn^{2+}] = 6,9 \cdot 10^{-2}$ mol.L^{-1}.
- $[Pb^{2+}] = 0,1 - 6,9 \cdot 10^{-2} = 3,1 \cdot 10^{-2}$ mol.L^{-1}.

Ces concentrations sont du même ordre de grandeur (ce qui n'est pas surprenant puisque la constante de l'équilibre n'était ni très grande ni très petite). On a donc ici une réaction d'oxydoréduction qui n'est pas totale.

MÉTHODE

On vérifie, pour s'assurer de la justesse du raisonnement et de l'application numérique, que le quotient de réaction est égal à la constante de l'équilibre : $Q_r = \frac{[Sn^{2+}]}{[Pb^{2+}]} = \frac{6,9 \cdot 10^{-2}}{3,1 \cdot 10^{-2}} = 2,2 = K'$.

COURS INTERROS CORRIGÉS

6 Constante d'équilibre

Enoncé p. 123

Lycée Jeanne d'Albret, Saint Germain en Laye

1 Lorsque l'équilibre est atteint, la constante de l'équilibre est égale au quotient de réaction, soit :

$$K = \frac{[Zn^{2+}]_{eq}[NH_3]^4_{eq}}{[Zn(NH_3)_4^{2+}]_{eq}}.$$

2 On présente les différents états (initial et final) sous forme d'un tableau.

État :	$Zn(NH_3)_4^{2+}$	=	Zn^{2+}	+	$4NH_3$
Initial	c		0		0
Final	c-x		x		4x

où $c = 0,1$ mol.L^{-1} est la concentration de départ, et où x est l'avancement volumique (en mol.L^{-1}) de la réaction. À l'équilibre, le quotient de réaction doit être égal à la constante d'équilibre, c'est-à-dire :

$$\frac{(4x)^4 x}{c-x} = K \quad \text{soit :} \quad \frac{256x^5}{c-x} = K = 3 \cdot 10^{-10}.$$

Puisque K est très petite, on va faire l'hypothèse que le taux d'avancement de la réaction est faible, c'est-à-dire que l'avancement x à l'équilibre est petit devant la concentration initiale c de la solution. À ce moment-là, on a : $c - x \approx c$ et l'équation écrite ci-dessus peut encore s'écrire :

$$\frac{256x^5}{c} = 3 \cdot 10^{-10} \quad \text{soit :} \quad x^5 \approx 1{,}17 \cdot 10^{-13}.$$

On en déduit :

$$x \approx (1{,}17 \cdot 10^{-13})^{1/5} \approx 2{,}6 \cdot 10^{-3} \text{ mol.L}^{-1}.$$

On vérifie bien que cet avancement est faible devant c, et on en déduit les concentrations suivantes :

- $[Zn(NH_3)^{2+}] = 0{,}1 - 2{,}6 \cdot 10^{-3} \approx 9{,}7 \cdot 10^{-2}$ mol.L^{-1}
- $[Zn^{2+}] = 2{,}6 \cdot 10^{-3}$ mol.L^{-1}
- $[NH_3] = 4x \approx 1{,}0 \cdot 10^{-2}$ mol.L^{-1}

7 Pile cuivre-argent

Enoncé p. 123

Lycée du Parc, Lyon

1 La pile est schématisée page suivante.

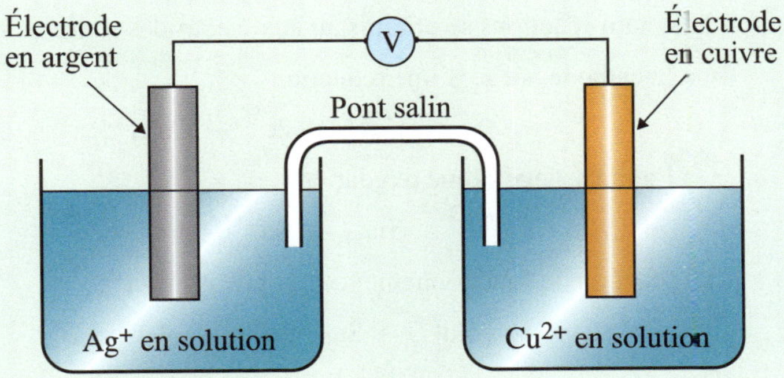

2 Le pôle positif est spécifié par la notation de la pile : c'est l'électrode d'argent.

3 À la cathode on a une réduction : les électrons arrivant par le circuit électrique se combinent aux ions argent (I) de la solution selon la demi-réaction :

$$Ag^+ + e^- \rightarrow Ag$$

À l'anode on a une oxydation : les atomes de cuivre perdent deux électrons qui s'en vont dans le circuit électrique, et donnent des ions cuivre (II) qui passent dans la solution :

$$Cu \rightarrow Cu^{2+} + 2e^-$$

4 Les ions qui sont réduits sont les ions Ag^+ (ils gagnent un électron chacun). La pile s'arrête de débiter lorsqu'il n'y en a plus dans la solution de la demi-pile à l'argent. Soit n la quantité de matière en ions argent (I). On a :

$$n = cV = 1 \times 0{,}1 = 0{,}1 \text{ mol.}$$

La quantité d'électricité que peut débiter la pile est donc :

$$Q = n\mathcal{F}$$

où $\mathcal{F}$ est la valeur absolue de la charge d'une mole d'électrons. Le temps pendant lequel la pile peut débiter un courant I est donc :

$$t = \frac{Q}{I} = \frac{n\mathcal{F}}{I} = \frac{0{,}1 \times 96500}{0{,}6} \approx 16080 \text{ s} \approx 4{,}5 \text{ h.}$$

La pile peut débiter ce courant pendant environ quatre heures et demi.

8 Pile étain-cuivre

Enoncé p. 124

Lycée Hoche, Versailles

1 La tension que l'on lit est négative donc le pôle positif de la pile est du côté de la borne COM du voltmètre : c'est l'électrode de cuivre. Donc le cuivre est à la cathode, et l'étain se trouve à l'anode.

Les demi-réactions se produisant aux électrodes sont :

- à la cathode, siège d'une réduction :

$$Cu^{2+}_{(aq)} + 2e^- \rightarrow Cu_{(s)}$$

- à l'anode, siège d'une oxydation :

$$Sn_{(s)} \rightarrow Sn^{2+}_{(aq)} + 2e^-$$

La réaction de fonctionnement de la pile est donc :

$$Cu^{2+}_{(aq)} + Sn_{(s)} \rightarrow Sn^{2+}_{(aq)} + Cu_{(s)}$$

2 On évalue les quantités de matière initiales des réactifs :

$$n_{Cu^{2+}} = cV = 1 \times 0{,}4 = 0{,}4 \text{ mol}$$

où $c = 1$ mol.L^{-1} est la concentration des ions cuivre (II) dans la demi-pile du cuivre.

$$n_{Sn} = \frac{m}{M(Sn)} = \frac{200}{118{,}7} \approx 1{,}68 \text{ mol.}$$

On voit donc que l'étain est en excès et que c'est la quantité de matière dans la solution de cuivre (II) qui limite la capacité de la pile. On présente les résultats dans un tableau. On appelle n_1 et n_2 les quantités de matière initiales en métal cuivre et en ions étain, que l'on n'a pas à déterminer.

État	Cu^{2+}	+	Sn	→	Cu	+	Sn^{2+}
Initial	0,4		1,65		n_1		n_2
Intermédiaire	$0{,}4 - x$		$1{,}65 - x$		$n_1 + x$		$n_2 + x$
Final	0		1,25		$n_1 + 0{,}4$		$n_2 + 0{,}4$

Les quantités de matière sont exprimées en moles dans ce tableau. À la fin de la réaction (quand la pile est usée), l'avancement final obtenu est $x_f = 0{,}4$ mol, la masse de l'électrode d'étain est :

$$m' = 1{,}25 \times 118{,}7 \approx 148 \text{ g.}$$

On voit que la quantité de matière de l'électrode de cuivre a augmenté de 0,4 mol, ce qui représente une augmentation de masse de :

$$\Delta m = 0{,}4 \times 63{,}5 \approx 25 \text{ g.}$$

La masse finale de l'électrode de cuivre est donc

$$m'' = m + \Delta m = 200 + 25 = 225 \text{ g}$$

3 Les demi-équations de la pile nous montrent que lorsqu'une mole d'étain réagit, deux moles d'électrons sont produites, donc cette pile peut débiter au total $Q = 2x_f = 0{,}8$ mol d'électrons. La charge électrique correspondante est :

$$Q = 2x_f\mathcal{F} = 0{,}8 \times 96500 = 77200 \text{ C} \approx 21{,}4 \text{ A.h.}$$

9 Pile nickel-argent

Enoncé p. 124

Lycée Jules Verne, Nantes

1 La constante de l'équilibre :

$$2Ag^+_{(aq)} + Ni_{(s)} \leftrightarrows 2Ag_{(s)} + Ni^{2+}_{(aq)}$$

est égale à $1/K$, et vaut donc $\sim 2{,}5 \cdot 10^{35}$.
La réaction :

$$2Ag^+ + Ni \leftrightarrows 2Ag + Ni^{2+}$$

peut donc être considérée comme quasi-totale. Il s'agit de la réaction de fonctionnement de la pile. On en déduit que l'argent est plus réducteur que le nickel, et donc l'argent est à la cathode et le nickel à l'anode.

2 À la cathode on a la réduction :

$$Ag^+_{(aq)} + e^- \rightarrow Ag_{(s)}$$

et à l'anode on a l'oxydation :

$$Ni_{(s)} \rightarrow Ni^{2+}_{(aq)} + 2e^-$$

3 On calcule la quantité de matière initiale en ions argent (I). Elle est donnée par :

$$n_0 = n_{Ag^+} = vc = 1 \text{ mol}.$$

On appelle n la quantité de matière initiale en atomes de nickel. On présente le bilan de matière sous forme d'un tableau :

Instant	$2Ag^+$	+	Ni	$\rightarrow$	2Ag	+	Ni^{2+}
Initial	n_0		n		n_1		n_2
Arbitraire	$n_0 - 2x$		$n - x$		$n_1 + 2x$		$n_2 + x$
Final	0		$n - \frac{n_0}{2}$		$n_1 + n_0$		$n_2 + \frac{n_0}{2}$

où les quantités de matières n_1 et n_2 n'ont pas à être déterminées. Pour que la capacité de la pile soit limitée par la concentration de la solution en ions argent (I), il faut avoir $n - \frac{n_0}{2} > 0$ soit :

$$m = nM(\text{Ni}) > \frac{n_0}{2}M(\text{Ni}) \approx 29{,}5 \text{ g}.$$

MÉTHODE

Le résultat a ici été arrondi à la valeur supérieure et non à la valeur la plus proche, puisque l'on souhaite avoir une limite inférieure.

On lit sur les demi-équations que la quantité de matière en électrons débitée par la pile est n_0, ce qui correspond à une quantité d'électricité :

$$Q = n_0\mathcal{F} = 96500 \text{ C} \approx 27 \text{ A} \cdot \text{h}.$$

10 Pile argent-magnésium

Enoncé p. 124

Lycée Blaise Pascal, Orsay

1 L'équation de fonctionnement de la pile est :

$$2Ag^{+}_{(aq)} + Mg_{(s)} \rightarrow 2Ag_{(s)} + Mg^{2+}_{(aq)}$$

(le magnésium, à l'anode, est oxydé). La demi-équation à l'anode est :

$$Mg_{(s)} \rightarrow Mg^{2+}_{(aq)} + 2e^{-}$$

et la demi-équation à la cathode est :

$$Ag^{+}_{(aq)} + e^{-} \rightarrow Ag_{(s)}$$

2 L'électrode de magnésium voit donc sa masse diminuer lorsque la pile débite.

3 Lorsque la pile a débité n moles d'électrons, il s'est formé n moles d'argent métallique à la cathode et $n/2$ moles de magnésium ont été consommées à l'anode. La variation de masse correspondante est :

$$\Delta m = M(\text{Ag})n - \frac{1}{2}M(\text{Mg})n = 107{,}9n - 12{,}15n = 95{,}75n.$$

La quantité d'électricité débitée par la pile est donc :

$$Q = n\mathcal{F} \approx \frac{\Delta m \mathcal{F}}{95{,}75} \approx 2300 \text{ C}.$$

11 Pile plomb-zinc

Enoncé p. 125

Lycée Blaise Pascal, Orsay

1 Le plomb est [r]éduit, donc la [c]athode est l'électrode de plomb, et l'anode est l'électrode de zinc. La réaction qui a lieu quand la pile débite est donc :

$$Pb^{2+}_{(aq)} + Zn_{(s)} \rightarrow Pb_{(s)} + Zn^{2+}_{(aq)}$$

2 On évalue les quantités de matière initiales des réactifs de l'équation de fonctionnement de cette pile.

$$n_{Pb^{2+}} = cv = 4 \cdot 10^{-2} \text{ mol.}$$

$$n_{Zn} = \frac{m}{M(\text{Zn})} = \frac{100}{65{,}4} \approx 1{,}53 \text{ mol.}$$

Le réactif limitant est donc de tout évidence largement l'ion plomb (II). Puisque la réduction de cet ion fait intervenir deux électrons, la pile peut débiter au total $n_e = 2n_{Pb^{2+}} = 8 \cdot 10^{-2}$ mol d'électrons, qui représentent une quantité d'électricité :

$$Q = n_e\mathcal{F} = 8 \times 10^{-2} \times 96500 \approx 7700 \text{ C} \approx 2{,}1 \text{ A} \cdot \text{h}.$$

3 Si on augmente la masse des électrodes, on voit que la concentration de la solution d'ions plomb (II) reste limitante : la capacité de la pile ne va pas augmenter. En revanche, on voit que si on multiplie par deux la concentration de chaque solution [celle qui nous intéresse est en fait celle des ions plomb (II), l'autre n'est pas limitante], on augmente la quantité de matière du réactif limitant. Il reste encore limitant même multiplié par deux, donc la capacité de la pile est doublée.

12 Capacité d'une pile

Enoncé p. 125

Lycée Pasteur, Neuilly

La quantité d'électricité qui passe par unité de temps dans le circuit est égale à l'intensité $I(t)$ du courant dans celui-ci, donnée par la loi d'Ohm :

$$I(t) = \frac{u(t)}{R}.$$

La quantité d'électricité débitée par la pile sur un petit intervalle de temps Δt, allant de $[t - \Delta t/2, t + \Delta t/2]$, est :

$$\Delta Q \approx I(t)\Delta t.$$

Autrement dit la quantité d'électricité est approximativement égale à l'aire grisée sur la figure ci-après.

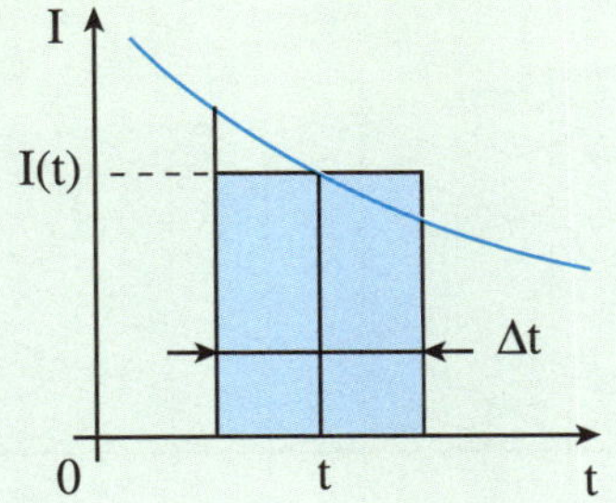

La quantité d'électricité circulant dans le circuit sur un intervalle de temps fini $[t_i, t_f]$ est donc approximativement donnée par l'aire hachurée ci-dessous :

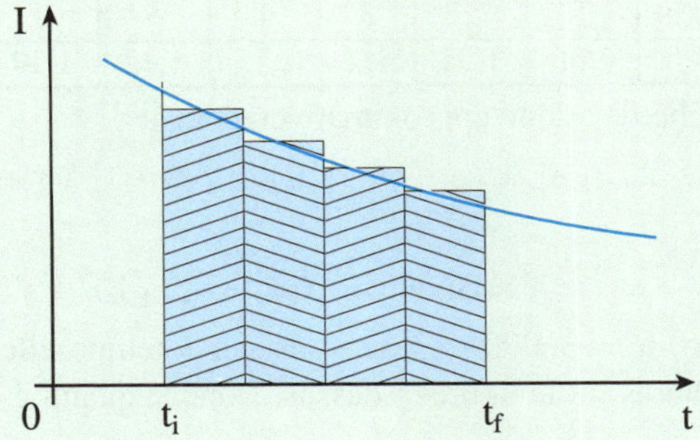

Plus Δt est petit, plus la précision est grande. Dans la limite où $\Delta t \to 0$, on voit que la quantité d'électricité débitée n'est autre que l'intégrale sur l'intervalle temporel de l'intensité du courant (aire entre l'axe des abscisses et la courbe, voir le cours de mathématiques). La quantité d'électricité totale débitée par la pile est donc :

$$Q = \int_0^{t_u} I(t)\,\mathrm{d}t = \frac{1}{R}\int_0^{t_u} u(t)\,\mathrm{d}t.$$

où t_u est la date à laquelle la pile est usée.

MÉTHODE

Grâce aux propriétés de linéarité de l'intégrale, on a pu sortir la constante $\frac{1}{R}$ devant le signe d'intégration.

L'intégrale $\int_0^{t_u} u(t)dt$ montre donc qu'il faut évaluer l'aire entre la courbe de la tension et l'axe des abscisses sur le graphe donné en énoncé. On notera toutefois auparavant que puisque l'on travaille dans les unités du S.I., il faut auparavant convertir l'axe des abscisses en secondes.

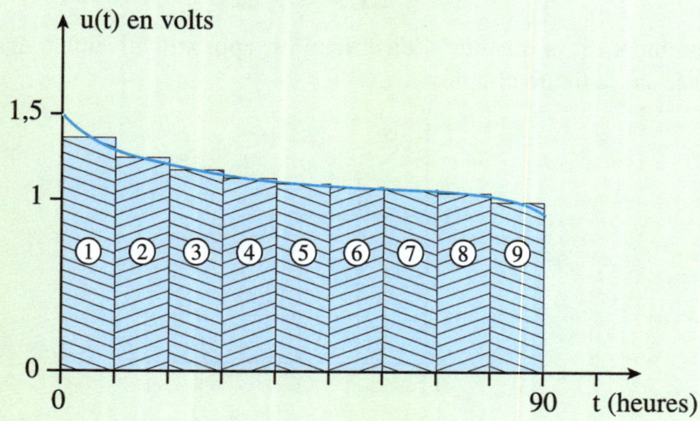

On reporte dans le tableau ci-dessous les aires des différents rectangles de la figure ci-dessus.

rectangle n° i	1	2	3	4	5	6	7	8	9
Valeur de u_i	1,35	1,25	1,2	1,15	1,12	1,10	1,08	1,05	1,00

L'aire cherchée est donc approximativement :

$$A \approx \Delta t u_1 + \Delta t u_2 \ldots + \Delta t u_9 = \Delta t(u_1 + u_2 + \ldots + u_9).$$

On obtient :

$$A \approx 36000 \times 10{,}3 \approx 3{,}7 \cdot 10^5 \text{ V.s}$$

car $\Delta t = 10$ h $= 36000$ s est la « largeur » temporelle de chacun des rectangles hachurés sur la figure ci-dessus. Donc la quantité d'électricité débitée est :

$$Q = \frac{A}{R} = 3{,}7 \cdot 10^4 \text{ C} \approx 10{,}3 \text{ A} \cdot \text{h}.$$

13 Pile à combustible

Enoncé p. 126

Lycée Louis-Le-Grand, Paris

1 Une pile à combustible est une pile dans laquelle les réactifs des couples d'oxydoréduction mis en jeu sont en permanence apportés à chaque électrode. Tant que la pile est alimentée en ces réactifs, elle fonctionne. À l'inverse, dans une pile normale, les réactifs sont présents au départ et consommés peu à peu. Lorsque l'un d'eux vient à faire défaut, la pile est usée.

2 Les deux couples mis en jeu dans la pile à combustible hydrogène/oxygène sont :

- le couple H^+/H_2, de demi-équation :

$$2H^+_{(aq)} + 2e^- \rightarrow H_{2(g)}$$

- le couple O_2/H_2O, de demi-équation :

$$O_{2(g)} + 4H^+_{(aq)} + 4e^- \rightarrow 2H_2O_{(l)}$$

L'équation de fonctionnement s'obtient donc en additionnant les deux demi-équations :

$$\begin{array}{rcl} 2H_2 & \rightarrow & 4H^+ + 4e^- \\ O_2 + 4H^+ + 4e^- & \rightarrow & 2H_2O \end{array}$$

ce qui donne en définitive :

$$2H_2 + O_2 \rightarrow 2H_2O$$

3 **(a)** Le travail du poids entre le bas et le sommet de la côte est un travail résistant (donc négatif) qui vaut :

$$W_P = -mgh = -1700 \times 9{,}8 \times 150 \approx -2{,}5 \cdot 10^6 \text{ J}.$$

(b) Le moteur doit donc dépenser une énergie $|W_P|$ pour monter la côte, soit $2{,}5 \cdot 10^6$ J.

(c) On évalue l'énergie fournie par la combustion d'une quantité de matière n de dioxygène. On lit sur la demi-équation du dioxygène que lorsqu'une mole de dioxygène est consommée, quatre moles d'électrons circulent dans le circuit. La quantité d'électricité correspondante est :

$$Q = 4n\mathcal{F}$$

qui libère une énergie :

$$\mathcal{E} = Q \cdot e = 4n\mathcal{F}E,$$

puisque l'on suppose que la tension de fonctionnement de la pile est égale à sa fém. La quantité de matière en dioxygène requise pour monter la côte est donc :

$$n = \frac{|W_p|}{4\mathcal{F}e}.$$

L'application numérique donne :

$$n = \frac{2{,}5 \cdot 10^6}{4 \times 96500 \times 1{,}229} = 5{,}27 \text{ mol}$$

qui occupent dans les conditions ambiantes un volume :

$$V = nV_m = 5{,}27 \times 24 = 126 \text{ L}.$$

ATTENTION

Notons que si ce dioxygène provient de l'air, cela implique un volume d'air environ 5 fois plus grand, soit environ 630 L d'air. Ce calcul suppose également que le rendement du moteur de la voiture est de 100 %, ce qui est bien sûr beaucoup trop optimiste. Toute l'énergie électrique libérée par la pile n'est pas entièrement convertie en travail moteur sur la voiture. Les quantités que nous obtenons sont donc des valeurs minimales.

(d) On lit sur l'équation de fonctionnement de la pile que la quantité de matière en dihydrogène qui est consommée est $2n$. La masse de dihydrogène consommée est donc :

$$m_{H_2} = 2nM_{H_2} = 5{,}27 \times 2 \times 2 \approx 21 \text{ g}.$$

(e) À une température donnée, le volume molaire d'un gaz parfait est inversement proportionnel à sa pression.

(f) La température de stockage du dihydrogène est celle des conditions ambiantes, mais la pression de stockage est 350 fois plus importante, donc le volume molaire du dihydrogène dans ces conditions vaut :

$$V'_m = \frac{V_m}{350} = 6{,}86 \cdot 10^{-2} \text{ L.mol}^{-1}.$$

Donc la quantité de matière en dihydrogène que contient la bouteille est :

$$n' = \frac{V}{V'_m} = \frac{50}{6{,}86 \cdot 10^{-2}} \approx 730 \text{ mol}$$

qui représentent une masse de dihydrogène :

$$m'_{H_2} = n'M_{H_2} \approx 1460 \text{ g} = 1{,}46 \text{ kg}.$$

4 La voiture peut donc monter la côte un nombre N de fois où N est donné par :

$$N = \frac{m'_{H_2}}{m_{H_2}} \approx \frac{1460}{21} \approx 69.$$

ATTENTION

Comme le rendement réel du moteur est en fait *inférieur* à 100 %, la voiture pourra monter la côte *au plus* 69 fois.

14 Étude d'une pile

Enoncé p. 127

Lycée Louis-le-Grand, Paris

Il s'agit d'un exercice similaire au précédent, à ceci près que la résolution doit s'effectuer par un calcul analytique plutôt que de manière graphique.

1 Pour que l'expression donnée dans l'énoncé soit homogène, il faut que dans le Système International a s'exprime en volt par seconde, de symbole $V.s^{-1}$.

2 La pile s'arrête après un temps τ tel que :

$$\begin{aligned} u(\tau) &= u_1 \\ u_0 - a\tau &= u_1 \\ a\tau &= u_0 - u_1 \\ \tau &= \frac{u_0 - u_1}{a}. \end{aligned}$$

3 La quantité d'électricité débitée par la pile est, comme à l'exercice précédent :

$$\begin{aligned} Q &= \int_0^\tau I(t)\,\mathrm{d}t \\ &= \frac{1}{R}\int_0^\tau u(t)\,\mathrm{d}t \\ &= \frac{1}{R}\int_0^\tau u_0 - at\ \mathrm{d}t \\ &= \frac{1}{R}\left(\int_0^\tau u_0\,\mathrm{d}t - a\int_0^\tau t\,\mathrm{d}t\right) \\ &= \frac{1}{R}\left(\tau u_0 - a\left[\frac{t^2}{2}\right]_0^\tau\right) \\ &= \frac{1}{R}\tau\left(u_0 - a\frac{\tau}{2}\right) \\ &= \frac{1}{R}\frac{u_0 - u_1}{a}\left(u_0 - \frac{u_0 - u_1}{2}\right) \\ &= \frac{u_0^2 - u_1^2}{2aR} \end{aligned}$$

où l'on a utilisé l'expression de τ vue à la question précédente. On laissera au lecteur le soin de s'assurer que cette expression est bien homogène.

4 La puissance électrique instantanée fournie par la pile est :

$$\mathcal{P}(t) = RI(t)^2 = \frac{u(t)^2}{R},$$

et l'énergie électrique fournie par la pile est :

$$\mathcal{E} = \int_0^\tau \mathcal{P}(t)\,\mathrm{d}t$$

ce qui donne :

$$\begin{aligned}
\mathcal{E} &= \int_0^\tau \frac{u(t)^2}{R}\,\mathrm{d}t \\
&= \frac{1}{R}\int_0^\tau (u_0 - at)^2\,\mathrm{d}t \\
&= \frac{1}{R}\int_0^\tau (u_0^2 - 2u_0at + a^2t^2)\,\mathrm{d}t \\
&= \frac{1}{R}\left(\int_0^\tau u_0^2 dt - 2u_0a\int_0^\tau t\,\mathrm{d}t + a^2\int_0^\tau t^2 dt\right) \\
&= \frac{1}{R}\left(\tau u_0^2 - 2u_0a\left[\frac{t^2}{2}\right]_0^\tau + a^2\left[\frac{t^3}{3}\right]_0^\tau\right) \\
&= \frac{\tau}{R}\left(u_0^2 - u_0a\tau + \frac{a^2}{3}\tau^2\right) \\
&= \frac{1}{R}\frac{u_0 - u_1}{a}\cdot\frac{u_0^2 + u_1^2 + u_0u_1}{3} \\
&= \frac{u_0^3 - u_1^3}{3Ra}.
\end{aligned}$$

5 Application numérique :

$$\tau = \frac{u_0 - u_1}{a} = \frac{2{,}3 - 1{,}9}{2\cdot 10^{-7}} = 2\cdot 10^6\ \mathrm{s} \approx 23\ \mathrm{j}.$$

$$Q = \frac{u_0^2 - u_1^2}{2Ra} = \frac{2{,}3^2 - 1{,}9^2}{2\times 10\times 2\times 10^{-7}} = 4{,}2\cdot 10^5\ \mathrm{C} \approx 117\ \mathrm{A\cdot h}.$$

$$\mathcal{E} = \frac{u_0^3 - u_1^3}{3Ra} = \frac{2{,}3^3 - 1{,}9^3}{3\times 10\times 2\times 10^{-7}} \approx 8{,}8\cdot 10^5\ \mathrm{J} \approx 880\ \mathrm{kJ}.$$

Chapitre 7

Réactions non totales et constante d'acidité

Plan du chapitre

1 Introduction

Exercice type — Lycée Louise Michel, Champigny

On dispose d'une solution aqueuse d'ammoniaque, de concentration apportée $c = 10^{-1}$ mol.L^{-1}. Son pH vaut 11,1.
Montrer, en calculant les concentrations de toutes les espèces en solution, que l'ammoniac est une base faible.

Voir corrigé page 151

Dans ce chapitre, nous étudions les propriétés des équilibres acido-basiques, et nous introduisons en particulier leur constante de réaction et la notion de pK_a.

2 Définition d'un couple acide faible/base faible

Un couple acide/base est dit faible dans l'eau lorsque la réaction de dissociation de l'acide en solution aqueuse n'est pas totale. Elle est alors réversible (elle a lieu dans les deux sens) et conduit à un *équilibre chimique* dans lequel coexistent en quantités bien déterminées réactifs et produits. On peut alors écrire la constante de cette équilibre :

$$K_a = \frac{([H_3O^+]/c^0)([A^-]/c^0)}{([AH]/c^0)},$$

où $c^0 = 1$ mol.L^{-1} est la concentration de référence. Comme son nom l'indique, K_a est une constante, caractéristique du couple acide/base faible considéré, et qui dépend uniquement de la température. Lorsque toutes les concentrations sont exprimées en mole par litre (mol.L^{-1}), on peut simplifier l'écriture ci-dessus et écrire simplement :

$$K_a = \frac{[H_3O^+][A^-]}{[AH]}.$$

3 Classification des acides

3.1 Notion de pK_a

On définit le pK_a d'un couple acide/base de la manière suivante :

$$pK_a = -\log K_a.$$

Plus un acide est fort, plus il est dissocié : plus sa constante de réaction K_a est grande, et donc plus son pK_a est petit.

À RETENIR

Plus le pK_a d'un acide est petit, plus cet acide est fort. En solution aqueuse, le pK_a des couples acide/base est compris entre 0 et 14.

De la même manière, on peut définir la force d'une base. Plus un acide est fort, plus sa base conjuguée est faible, et vice-versa

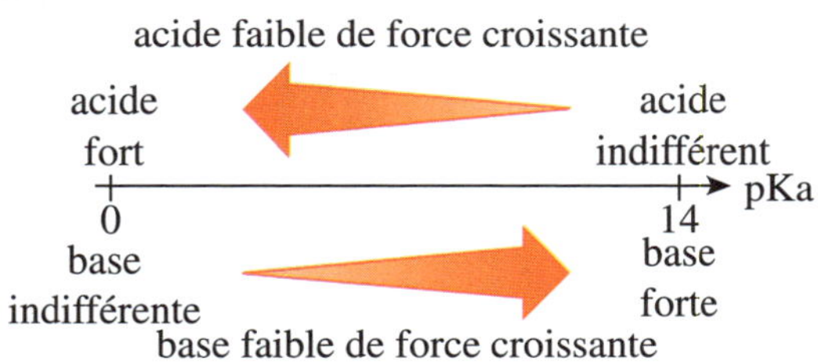

La base conjuguée d'un acide fort dans l'eau est tellement faible dans l'eau qu'elle n'induit pas de réaction particulière. On parle de base indifférente. C'est le cas par exemple de l'ion Cl^-, base conjuguée de l'acide chlorhydrique HCl, acide fort dans l'eau :

$$HCl \rightarrow H^+ + Cl^-$$

En solution aqueuse, Cl^- ne donne lieu a aucune réaction particulière. On parle d'« ion spectateur ». De la même manière, l'acide conjugué d'une base forte est appelé « acide indifférent ».

3.2 Relation entre pH et pK_a

De la définition de la constante d'acidité K_a, on déduit :

$$pK_a = -\log[H_3O^+] - \log\frac{[A^-]}{[AH]} = pH - \log\frac{[A^-]}{[AH]}$$

soit :

$$pH = pK_a + \log\frac{[A^-]}{[AH]}.$$

À RETENIR

Entre pH et pK_a, on a la relation :

$$pH = pK_a + \log \frac{[\text{base}]}{[\text{acide}]}.$$

3.3 Échelle de distribution des espèces

Selon la valeur relative du pH et du pK_a, c'est la forme acide AH ou la forme basique A^- qui domine dans la solution. En effet :

$$pH - pK_a = \log \frac{[A^-]}{[AH]}.$$

Si $pH - pK_a > 0$, alors $\log \frac{[A^-]}{[AH]} > 0$ donc $\frac{[A^-]}{[AH]} > 1$ soit $[A^-] > [AH]$.
On a la relation inverse si $pH - pK_a < 0$.

À RETENIR

- Si $pH < pK_a$, c'est la forme acide qui domine ;
- Si $pH > pK_a$, c'est la forme basique qui domine.

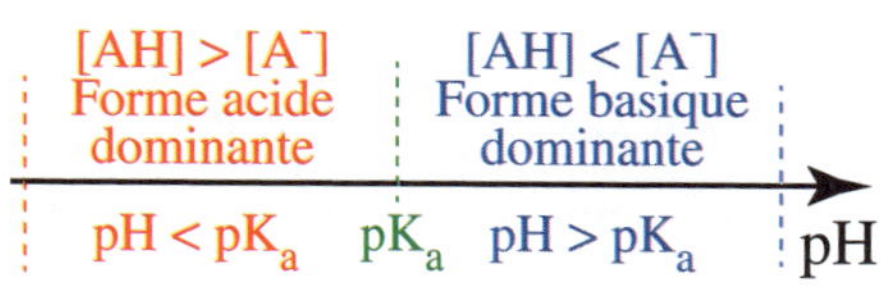

3.4 Solution tampon

Une solution tampon est une solution d'un acide faible contenant des concentrations égales de la forme acide et de la forme basique. Son pH est donc égal au pK_a. Une solution tampon est insensible à la dilution. Par ailleurs le pH d'une solution tampon varie très peu si l'on ajoute une petite quantité de la forme acide ou basique à la solution. Son pH est donc fixé avec une très grande précision. On utilise des solutions tampon pour étalonner un pH-mètre.

4 Activités de programmation

Dans cette section, nous réalisons deux activités utilisant le langage Python : nous calculons le taux d'avancement final de la réaction d'un acide faible sur l'eau et en déduisons le pH de la solution, et nous traçons de diagramme de distributions des espèces acide et basique d'un couple acide-base en fonction du pH.

4.1 Taux d'avancement final de la réaction d'un acide faible sur l'eau

Nous considérons le couple acide base AH/A^-, de pK_a donné. Nous apportons une concentration c_0 de la forme acide à une solution d'eau pure.

Remarque : il importe de distinguer la concentration *apportée* ou *introduite* de la concentration réelle dans la solution, une fois atteint l'équilibre. La concentration apportée est la concentration du réactif (ici, AH) avant qu'une transformation n'ait lieu.

La transformation chimique est décrite par l'équilibre :

$$AH + H_2O \leftrightarrows A^- + H_3O^+$$

Nous négligeons les autres transformations ayant lieu dans la solution (comme l'autoprotolyse de l'eau) et cherchons l'avancement final de cet équilibre. Nous écrivons le tableau d'avancement suivant (en concentration) :

	AH	+	H_2O	=	A^-	+	H_3O^+
État initial	c_0		—		0		0
État final	$c_0 - x$		—		x		x

Par ailleurs, par définition de la constante d'acidité, nous avons :

$$K_a = \frac{x \times x}{c_0 - x}$$

lorsque l'équilibre est atteint. Nous souhaitons déterminer x connaissant K_a et c_0. Nous pouvons réécrire l'égalité ci-dessus de la manière suivante :

$$K_a(c_0 - x) = x^2 \quad \text{soit encore} \quad x^2 + K_a x - K_a c_0 = 0.$$

Cette équation est une équation du second degré de la forme

$$ax^2 + bx + c = 0$$

avec :

$$\begin{cases} a = 1, \\ b = K_a \ \text{ et} \\ c = -K_a c_0 \end{cases}$$

Une telle équation admet en général deux solutions, qui sont respectivement :

$$x_1 = \frac{-b + \sqrt{\Delta}}{2a} \text{ et } x_2 = \frac{-b - \sqrt{\Delta}}{2a},$$

où Δ, le discriminant, est donné par :

$$\Delta = b^2 - 4ac$$

car Δ est très souvent strictement positif.

Avec les valeurs que nous avons pour les trois constantes a, b et c nous avons ici :

$$\Delta = K_a^2 - 4 \times 1 \times (-K_a c_0) = K_a^2 + 4K_a c_0$$

Les deux solutions (ou « racines ») de l'équation du second degré sont donc :

$$x_1 = \frac{-K_a + \sqrt{K_a^2 + 4K_a c_0}}{2}$$

et

$$x_2 = \frac{-K_a - \sqrt{K_a^2 + 4K_a c_0}}{2}.$$

Nous voyons immédiatement que la seconde racine est négative. Nous l'éliminons car une concentration ne peut être négative. La concentration recherchée est donc x_1. Comme nous pouvons le lire sur le tableau d'avancement, il s'agit de la concentration en ions oxonium à l'équilibre. Nous pouvons donc directement déduire le pH de la solution.

Nous implémentons la formule donnant x_1 sous forme d'une fonction Python, que nous appelons ConcentrationOxonium() pour les raisons données ci-dessus :

live! **En Python**

```
def ConcentrationOxonium (c, Ka=1.0e-3):
    return (-Ka+sqrt(Ka**2+4*c*Ka))/2.

def p(x):
    return -log10(x)
```

Nous définissons également une fonction « p », qui correspond à l'opérateur p vu en cours pour inférer directement le pH à partir de la concentration en ions oxonium.

Avant d'étudier la solution donnée par ConcentrationOxonium(), intéressons-nous à quelques cas limites qui nous permettront de vérifier que notre implémentation est correcte.

- **Si c_0 est très grande devant K_a :** dans ce cas K_a^2 est petite devant $K_a c_0$ et le discriminant est pratiquement égal à $4K_a c_0$. La racine de l'équation s'écrit donc :

$$x_1 = \frac{-K_a + 2\sqrt{K_a c_0}}{2} \approx \frac{2\sqrt{K_a c_0}}{2} \approx \sqrt{K_a c_0}.$$

Lorsque nous appliquons l'opérateur « p » à ce résultat pour déduire le pH, nous obtenons :

$$\mathrm{pH} = -\log(x_1) = -\log\sqrt{K_a c_0} = -\frac{1}{2}\left[\log(K_a) + \log(c_0)\right]$$

soit encore :

$$\mathrm{pH} = \frac{1}{2}(\mathrm{pK_a} - \log c_0).$$

Le dernier terme peut encore s'écrire, en faisant usage de l'opérateur « p », de la manière suivante :

$$\mathrm{pH} = \frac{1}{2}(\mathrm{pK_a} + \mathrm{p}c_0).$$

COURS INTERROS CORRIGÉS

Ce résultat n'est pas à connaître par cœur, mais il nous sera utile pour vérifier la solution générale dans le cas où c_0 est largement supérieure à K_a (rappelons que la comparaison entre ces deux grandeurs n'a de sens que si la concentration est exprimée en mol.L^{-1}).

- **Si c_0 est très petite devant K_a :** nous ne pouvons alors pas simplifier directement l'équation en disant que le discriminant est pratiquement égal à K_a, sans quoi nous obtiendrions une solution égale à zéro. Il faut réaliser un petit travail supplémentaire. Nous écrivons :

$$\Delta = K_a^2\left(1 + \frac{4c_0}{K_a}\right).$$

Le dernier terme de la somme entre parenthèses est petit, par hypothèse. Lorsque nous calculons la racine carrée du discriminant, nous pouvons utiliser la propriété (que nous reverrons dans le chapitre 17) suivante :

$$\sqrt{1+\varepsilon} \approx 1 + \frac{\varepsilon}{2},$$

lorsque ε est un petit nombre. Ici, cela nous permet d'écrire :

$$\begin{aligned} x_1 &= \frac{-K_a + \sqrt{K_a^2\left(1+\frac{4c_0}{K_a}\right)}}{2} \\ &= \frac{-K_a + \sqrt{K_a^2}\sqrt{1+\frac{4c_0}{K_a}}}{2} \\ &\approx \frac{-K_a + K_a\left(1+\frac{2c_0}{K_a}\right)}{2} \\ &\approx \frac{2c_0}{2} = c_0. \end{aligned}$$

Dans ce cas, nous avons simplement : $\mathrm{pH} = \mathrm{p}c_0$.

Vérifions ces résultats dans l'exemple qui suit. Nous supposons que le $\mathrm{pK_a}$ du couple AH/A^- vaut 3,5, et traçons la courbe du pH pour une gamme de concentrations apportées allant de 10^{-6} à 1 mol.L^{-1}.

live! **En Python**

```
pKa = 3.5
c=10**(-linspace(0,6))
H=ConcentrationOxonium(c, Ka=10**(-pKa))
# Note: p(c) = -log10(c)
plot(p(c),p(H),lw=3,color='red',zorder=1)
plot(p(c),.5*(pKa+p(c)))
plot(p(c),p(c))
xlabel("pc")
ylabel("pH")
```

Nous obtenons le graphe de la figure suivante :

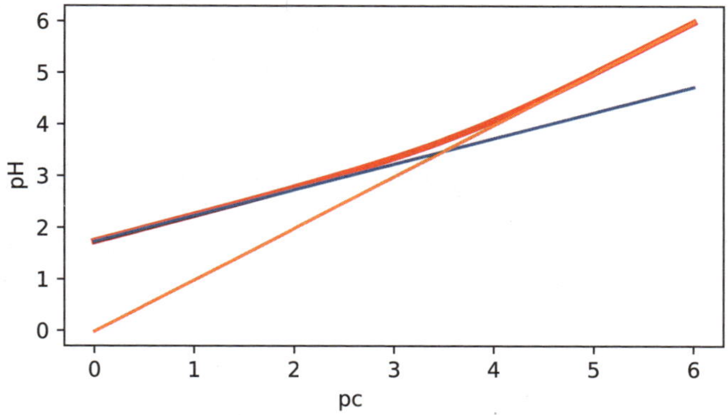

La courbe en gras et en rouge représente la valeur du pH obtenue à partir de la racine x_1 (nous utilisons l'option `zorder` pour nous assurer qu'elle est au premier plan, devant les autres courbes). Le graphe orange correspond au cas où c_0 est petit devant K_a, et le graphe en bleu au cas contraire. Nous voyons que ces graphes sont des droites, et que ces droites sont bien des asymptotes à la courbe rouge pour les deux cas limites considérés. Il est également intéressant d'étudier le taux d'avancement x_1 rapporté au taux d'avancement maximal que l'on obtiendrait si la réaction était totale (c_0). Le rapport :

$$f = \frac{x_1}{c_0}$$

représente ainsi la fraction d'acide introduite qui a réagit. Avec les valeurs de l'exemple précédent, nous pouvons écrire :

live!

```
f=H/c0
plot(p(c),f)
xlabel("pc")
ylabel("Fraction ayant réagi")
```

et nous obtenons le graphe ci-après :

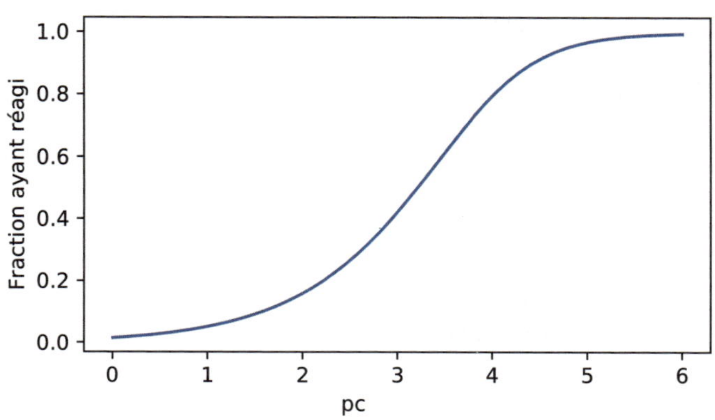

COURS
INTERROS
CORRIGÉS

On voit que plus la concentration apportée est faible, plus l'acide réagit sur l'eau. La fraction d'acide ayant réagi tend vers un pour de petites concentrations : l'acide se comporte alors pratiquement comme un acide fort. En revanche, pour des concentrations élevées (supérieures au K_a), le taux d'avancement de la transformation reste faible.

4.2 Diagramme de distribution des espèces acide et basique

Nous reprenons les notations du paragraphe précédent, et nous posons à présent la question de déterminer la fraction a de la concentration apportée se trouvant sous forme acide :

$$a = \frac{[\mathrm{AH}]}{c_0}$$

et la fraction b de la concentration apportée se trouvant sous forme basique :

$$b = \frac{[\mathrm{A}^-]}{c_0}.$$

Nous avons :

$$\mathrm{pH} = \mathrm{pK_a} + \log \frac{\mathrm{b}}{\mathrm{a}}$$

et

$$a + b = 1 \quad \text{car } [\mathrm{AH}] + [\mathrm{A}^-] = c_0.$$

Nous pouvons écrire :

$$\frac{b}{a} = 10^{\mathrm{pH}-\mathrm{pK_a}}.$$

Pour alléger les notations, nous appelons E le membre de droite : $E = 10^{\mathrm{pH}-\mathrm{pK_a}}$. Nous avons donc :

$$\frac{b}{a} = E \quad \text{et} \quad a + b = 1.$$

D'après la première équation nous pouvons écrire : $b = aE$. En substituant cette expression de b dans la deuxième équation nous obtenons :

$$a + aE = 1 \quad \text{soit} \quad a = \frac{1}{1+E} \quad \text{puis :} \quad b = 1 - a = \frac{E}{1+E}.$$

Nous implémentons ces résultats dans une fonction en Python appelée `Distributions`, puis affichons les graphes des fractions sous forme acide et basique pour un couple acide-base ayant un $\mathrm{pK_a}$ égal à 5,0.

live!

```
def Distributions (pH, pKa):
    E=10**(pKa-pH)
    a = E/(E+1)
    b = 1/(E+1)
    return a,b

pH = linspace (0,14)
acide, base = Distributions (pH, 5.0)
plot(pH,acide,'b')
plot(pH,base ,'b--')
```

Nous obtenons le graphe suivant :

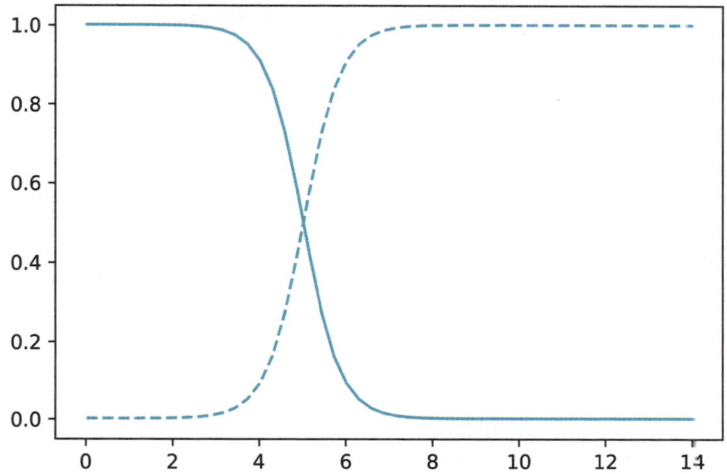

Le graphe en ligne continue représente la fraction sous forme acide, et celui en ligne pointillée représente la fraction sous forme basique. C'est la première qui domine pour un pH inférieur au pK_a, et la deuxième dans le cas contraire. Les deux graphes se croisent pour $pH = pK_a$.

Solution de l'exercice type

Lycée Louise Michel, Champigny

Commençons par évaluer les concentrations de toutes les espèces présentes dans la solution, comme cela est demandé. Les espèces présentes dans la solution sont :

- les ions HO^-,
- les ions H_3O^+,
- l'ammoniac NH_3,
- et son acide conjugué l'ion ammonium NH_4^+.

On commence par calculer la concentration en ions oxonium puisque l'on connaît le pH.

$$[H_3O^+] = 10^{-pH} = 10^{-11,1} = 7,9 \cdot 10^{-12} \text{ mol.L}^{-1}.$$

...

COURS INTERROS CORRIGÉS

Solution de l'exercice type (suite)

Lycée Louise Michel, Champigny

L'équilibre d'autoprotolyse de l'eau permet de calculer la concentration en ions hydroxyde :

$$[\,HO^-\,] = \frac{K_e}{[\,H_3O^+\,]} = \frac{10^{-14}}{7{,}9 \times 10^{-12}} = 1{,}3 \cdot 10^{-3} \ \text{mol.L}^{-1}.$$

L'électroneutralité de la solution permet de calculer la concentration de la dernière espèce chargée :

$$[NH_4^+] = [\,HO^-\,] - [\,H_3O^+\,] \simeq [\,HO^-\,] = 1{,}3 \cdot 10^{-3} \ \text{mol.L}^{-1}.$$

Enfin, la conservation de l'élément azote permet de calculer la concentration en ammoniac de la solution :

$$[NH_3] = c - [NH_4^+] = 10^{-1} - 1{,}3 \cdot 10^{-3} = 9{,}9 \cdot 10^{-2} \ \text{mol.L}^{-1}.$$

MÉTHODE

La forme basique NH_3 est très largement majoritaire, ce qui ne serait pas le cas si l'ammoniac était une base forte (auquel cas on aurait $[NH_4^+] = c$ et $[NH_3] = 0$). Donc l'ammoniac est une base faible.

Voir énoncé page 143

1 QCM Testez vos connaissances

5 min Corrigé p. 157

1 Dans le couple H_3O^+/H_2O, l'eau est une base :

[a] faible [b] indifférente [c] forte

2 Lorsque le pH d'une solution est égal au pK_a d'un couple acide/base présent dans cette solution, la concentration de la forme acide est :

[a] supérieure [b] égale [c] inférieure

à la concentration de la forme basique.

3 Dans un couple acide/base, l'espèce chargée est nécessairement la forme basique.

[a] Vrai [b] Faux

4 Plus un acide est fort,

[a] plus son pK_a est grand

[b] plus son K_a est grand

[c] plus il se dissocie en solution aqueuse pour donner des ions oxonium et la base qui lui correspond

[d] moins il se dissocie en solution aqueuse

5 Un ampholyte est :

[a] une base forte

[b] une base à la fois faible et forte

[c] un acide à la fois faible et fort

[d] une espèce à la fois acide et basique

6 On introduit 10^{-3} mol.L^{-1} d'une espèce A dans un litre d'eau pure. On mesure un pH égal à 4. Indiquer, sans calcul, si A est :

[a] une acide fort

[b] une acide faible

[c] une base forte

[d] une base faible

[e] la situation décrite est impossible

7 On introduit 10^{-3} mol.L^{-1} d'une espèce A dans un litre d'eau pure. On mesure un pH égal à 11. Indiquer, sans calcul, si A est :

[a] une acide fort

[b] une acide faible

[c] une base forte

[d] une base faible

[e] ua situation décrite est impossible

8 On introduit 10^{-3} mol.L^{-1} d'une espèce A dans un litre d'eau pure. On mesure un pH égal à 9. Indiquer, sans calcul, si A est :

- **a** une acide fort
- **b** une acide faible
- **c** une base forte
- **d** une base faible
- **e** La situation décrite est impossible

9 On introduit 10^{-3} mol.L^{-1} d'une espèce A dans un litre d'eau pure. On mesure un pH égal à 2. Indiquer, sans calcul, si A est :

- **a** une acide fort
- **b** une acide faible
- **c** une base forte
- **d** une base faible
- **e** la situation décrite est impossible

10 Le pK_a d'un couple acide/base peut être supérieur à 7.

- **a** Vrai
- **b** Faux

11 Dans une solution aqueuse, on a en présence les espèces AH et A^- d'un couple acide-base. Leurs concentrations vérifient la relation : $[AH] = 10[A^-]$. Le pH de la solution est égal à 4. Le pK_a du couple AH/A^- est :

- **a** 4
- **b** 5
- **c** 3
- **d** 10

12 Si, dans une solution aqueuse, on a autant de forme acide que de forme basique d'un couple acide-base, alors le pH est :

- **a** égal à 0
- **b** égal à 7
- **c** indéterminé
- **d** égal au pK_a du couple acide-base

13 Le pK_a d'un couple acide-base dépend :

- **a** du pH
- **b** de la concentration de l'acide
- **c** de la concentration de la base
- **d** du volume de la solution
- **e** de la température
- **f** de la possible présence d'autres couples acide-base dans la même solution

2 Acide faible

★★ 5 min Corrigé p. 157

Lycée Madeleine Danielou, Rueil-Malmaison

L'acide AH est un acide faible.

1 Une solution d'acide AH de concentration apportée $c_0 = 10^{-3}$ mol.L^{-1} a un pH égal à l'une des trois valeurs suivantes. Laquelle ?

- **a** 3,0
- **b** 3,8
- **c** 2,5

2 En déduire le pK_a du couple AH/A^-.

3 Acide méthanoïque

★★ 10 min Corrigé p. 158

Lycée Paul Lapie, Courbevoie

On dispose d'une solution de méthanoate de sodium, de concentration apportée $c = 4 \cdot 10^{-2}$ mol.L^{-1}.

La valeur de son pH, déterminée au pH-mètre, est pH = 8,2.

1. Montrer que l'ion méthanoate est une base faible.
2. Quel est le pK_a du couple acide méthanoïque/ion méthanoate ?

4 Comparaison d'acides

★★ 20 min Corrigé p. 159

Lycée Jules Ferry

Retrouvez en vidéo le corrigé de cet exercice.

On prépare deux solutions aqueuses S_1 et S_2 à partir de deux espèces chimiques différentes notées A_1H et A_2H, et d'eau distillée. Dans les deux cas la concentration apportée est $c_0 = 1{,}0 \cdot 10^{-2}$ mol.L^{-1}. On considère que la réaction de chaque espèce acide dans l'eau est instantanée. On cherche à différencier ces deux espèces acides en observant leur action sur l'eau, par l'intermédiaire d'une mesure de pH réalisée dans les mêmes conditions pour chaque solution.

1. Écrire l'équation-bilan de la réaction d'une espèce acide AH avec l'eau. Indiquer les deux couples acide-base mis en jeu dans cette équation.
2. On néglige toute autre réaction. Quelle relation a-t-on dans ces conditions, entre les quantités de matière de A^- et H_3O^+ ?
3. On réalise la mesure du pH à 25 °C, en utilisant un volume $v = 150$ mL de chacune des solutions S_1 et S_2. Pour la solution S_2 on mesure pH = 2,00, tandis que pour la solution S_1 la valeur du pH permet d'inférer une concentration en ions oxonium $[H_3O^+] = 1{,}3 \cdot 10^{-3}$ mol.L^{-1}.
   - **(a)** Calculer les quantités de matière en ions oxonium n_1 et n_2 présentes respectivement dans la solution S_1 et la solution S_2.
   - **(b)** Calculer la quantité de matière d'acide A_1H et A_2H initialement présente dans les 150 mL de chaque solution avant toute réaction avec l'eau.
   - **(c)** Comparer les résultats et montrer que l'une des espèces acides correspond à un acide fort, et l'autre à un acide faible. Déterminer la valeur du pK_a de ce dernier.

5 Acide benzoïque

★★★ 25 min Corrigé p. 161

Lycée Camille Guérin, Poitiers

On étudie dans cet exercice le couple acide benzoïque/ion benzoate : $C_6H_5COOH/C_6H_5COO^-$, dont le pK_A vaut 4,2.

1 On mesure à l'aide d'un pH-mètre le pH d'une solution S_1 d'acide benzoïque de concentration $c_1 = 1{,}0 \cdot 10^{-2}$ mol.L^{-1}. On trouve pour valeur pH $= 3{,}1$. Indiquer en quoi ce résultat permet d'affirmer que l'acide benzoïque est un acide faible dans l'eau.

2 Écrire l'équation-bilan de la réaction de l'acide benzoïque avec l'eau. Donner l'expression de la constante d'acidité du couple considéré, et la calculer.

3 On mesure dans un second temps le pH d'une solution S_2 de benzoate de sodium de concentration $c_2 = 1{,}0 \cdot 10^{-2}$ mol.L^{-1}. On trouve pH $= 8{,}1$. Le benzoate de sodium (C_6H_5COONa) est un corps pur ionique dont les ions se dispersent totalement en solution.
Indiquer pourquoi la mesure précédente permet d'affirmer que l'ion benzoate est une base faible dans l'eau.

4 Écrire l'équation-bilan de la réaction de l'ion benzoate avec l'eau. Donner l'expression de la constante de cette réaction, et la calculer.

5 On ajoute à la solution S_1 quelques gouttes d'une solution S de soude. Le pH prend alors la valeur 5,2.
Indiquer sans calcul, en utilisant une échelle de pH, quelle est l'espèce du couple qui prédomine dans la solution obtenue.

6 Noter, sur une échelle des pK_a, les différents couples acide/base qui interviennent dans la solution S_1 et dans la solution de soude.

7 Écrire l'équation-bilan de la réaction acide-base qui se produit lors du mélange de la solution S_1 et de la solution de soude.

8 Calculer cette constante de réaction.

9 En déduire si la réaction est quasi-totale.

1 QCM Testez vos connaissances

Enoncé p. 153

1 Réponse **b** : l'eau est une base indifférente.

2 Réponse **b** : les concentrations des formes basique et acide sont égales.

3 Réponse **b** : *faux*. Voir par exemple l'exercice type du cours, ou le couple ion ammonium/ammoniac (NH_4^+/NH_3).

4 Réponses **b** et **c**. Plus l'acide est fort, plus il a tendance à se dissocier en solution aqueuse.

5 Réponse **d**. Les suggestions **b** et **c** sont impossibles : un acide (ou un base) est soit fort, soit faible, mais pas les deux à la fois.

6 Réponse **b** : un acide faible. C'est un acide puisque le pH est inférieur à 7. S'il était fort on aurait $pH = -\log(10^{-3}) = 3$, ce qui n'est pas le cas.

7 Réponse **c** : une base forte. D'après l'équilibre d'autoprotolyse de l'eau, on a en effet : $[HO^-] = 10^{-14}/[H_3O^+] = 10^{-3}$ mol.L^{-1}, ce qui est égal à la concentration apportée.

8 Réponse **d** : une base faible. Un calcul similaire à celui de la réponse précédente montre que la concentration en ions hydroxyde est, cette fois, inférieure à la concentration de base apportée.

9 Réponse **e** : c'est impossible. Ce serait nécessairement un acide, puisque le pH est inférieur à 7, mais même s'il s'agissait d'un acide fort, on aurait un pH égal à 3. Ici, on a dix fois plus d'ions oxonium de ce que serait capable de donner cet acide.

10 Réponse **a** : vrai.

11 Réponse **b** : le pK_a du couple est égal à 5. Il suffit d'appliquer la relation :

$$pH = pK_a + \log \frac{[\text{base}]}{[\text{acide}]}.$$

12 Réponse **d**. Il suffit d'appliquer la même formule qu'à la question précédente.

13 Réponse **e**. Il ne dépend de rien d'autre.

2 Acide faible

Enoncé p. 154

Lycée Madeleine Danielou, Rueil-Malmaison

1 Si l'acide était fort, la concentration en ions oxonium serait égale à la concentration apportée et le pH serait égal à 3. L'acide étant faible, il est *partiellement dissocié* et donc son pH est *supérieur* à cette valeur. La seule réponse possible est donc la valeur 3,8.

COURS INTERROS CORRIGÉS

2 On utilise la formule :

$$pH = pK_a + \log \frac{[A^-]}{[AH]}.$$

Pour déterminer [AH] et $[A^-]$, on utilise l'équation-bilan suivante :

$$AH + H_2O \rightleftharpoons A^- + H_3O^+$$

donc on peut affirmer, si on néglige l'autoprotolyse de l'eau (ce qui est légitime ici compte-tenu de la faible valeur du pH), que l'on a :

$$[A^-] = [H_3O^+] = 10^{-pH} \quad \text{et :} \quad [AH] = c_0 - [A^-].$$

En utilisant ces égalités et la valeur du pH déduite de la question précédent, on obtient :

$$pK_a = pH - \log \frac{1{,}5 \times 10^{-4}}{8{,}5 \times 10^{-4}} = 4{,}5.$$

3 Acide méthanoïque

Enoncé p. 155

Lycée Paul Lapie, Courbevoie

1 Si l'ion méthanoate était une base forte, alors la réaction suivante serait totale :

$$CHO_2^- + H_2O = CHO_2H + HO^-,$$

et la concentration en ions hydroxyde HO^- serait égale à la concentration apportée, soit 4×10^{-2} mol.L^{-1}. Or nous savons que la concentration en ions oxonium est donnée par :

$$[H_3O^+] = 10^{-8{,}2} = 6{,}3 \times 10^{-9} \text{ mol.L}^{-1},$$

d'où l'on infère la concentration en ions hydroxyde en utilisant l'équilibre d'autoprotolyse de l'eau :

$$[HO^-] = \frac{10^{-14}}{6{,}3 \times 10^{-9}} = 1{,}6 \times 10^{-6} \text{ mol.L}^{-1},$$

qui est largement inférieure à la concentration apportée. L'ion méthanoate est donc une base faible.

2 Pour obtenir le pK_a demandé, il nous faut utiliser la formule :

$$pH = pK_a + \log \frac{[CHO_2^-]}{[CHO_2H]}.$$

Il nous faut donc déterminer la concentration en ions méthanoate et en acide méthanoïque de la solution. Pour ce faire, nous allons établir la liste des concentrations des espèces présentes dans la solution, qui sont, de manière exhaustive, les ions oxonium H_3O^+, les ions hydroxyde HO^-, les ions sodium Na^+, les ions méthanoate CHO_2^- et l'acide méthanoïque CHO_2H.

Nous avons d'ores et déjà déterminé les concentrations en ions oxonium et hydroxyde à la question précédente. Les ions sodium sont spectateurs donc leur concentration est égale à la concentration introduite :

$$[Na^+] = c = 4 \cdot 10^{-2} \text{ mol.L}^{-1}.$$

L'électroneutralité de la solution permet de déterminer la concentration de la dernière espèce chargée :

$$[CHO_2^-] = [Na^+] + [H_3O^+] - [HO^-] \simeq 4 \cdot 10^{-2} \text{ mol.L}^{-1}.$$

Enfin, la somme des concentrations de la forme basique et de la forme acide du couple acide méthanoïque/ion méthanoate est égale à la concentration apportée donc :

$$[CHO_2H] = c - [CHO_2^-] = c - ([Na^+] + [H_3O^+] - [HO^-]).$$

Or on a exactement $[Na^+] = c$ donc :

$$[CHO_2H] = [HO^-] - [H_3O^+] \approx 1{,}6 \cdot 10^{-6} \text{ mol.L}^{-1}.$$

Remarque : les ions oxonium étant très minoritaires comparés aux ions hydroxyde, la concentration de ceux-ci et de la forme acide est donnée par l'avancement de la réaction écrite à la question précédente. Ce ne serait pas si le cas si le pH était voisin de 7.

En substituant ces résultats dans la formule du pH en fonction du pK_a, on obtient :

$$pK_a = pH - \log \frac{[CHO_2^-]}{[CHO_2H]} = 8{,}2 - \log \frac{4 \times 10^{-2}}{1{,}6 \times 10^{-6}} = 3{,}8.$$

Le pK_a du couple acide méthanoïque/ion méthanoate vaut 3,8

4 Comparaison d'acides

Enoncé p. 155

Lycée Jules Ferry

Retrouvez en vidéo le corrigé de cet exercice.

1 L'équation-bilan de la réaction s'écrit :

$$AH + H_2O \rightleftharpoons A^- + H_3O^+$$

Les deux couples acide-base mis en jeu par cette réaction sont respectivement :

- le couple AH/A^- ;
- le couple H_3O^+/H_2O.

2 Si l'on néglige toute autre réaction, on voit sur l'équation-bilan ci-dessus que la quantité de matière en A^- et ions oxonium H_3O^+ est la même, puisque toutes deux correspondent à l'avancement de la réaction.

3 **(a)** Pour la solution S_1, nous avons :

$$n_1 = [H_3O^+] \times v = 1{,}3 \cdot 10^{-3} \times 0{,}15 = 2{,}0 \cdot 10^{-4} \text{ mol}.$$

Nous pouvons calculer la concentration en ions oxonium dans la solution S_2 en utilisant la relation :

$$[H_3O^+]_2 = 10^{-pH} = 1{,}0 \cdot 10^{-2}\ \text{mol.L}^{-1}.$$

MÉTHODE

La précision avec laquelle est donné le pH de la solution S_2 ne permet pas d'écrire cette concentration avec trois chiffres significatifs. On peut s'en convaincre en examinant les valeurs numériques de $10^{-2{,}005}$ et $10^{-1{,}995}$, respectivement.

On en déduit la quantité de matière recherchée en multipliant par le volume de la solution :

$$n_2 = [H_3O^+] \times v = 1{,}0 \cdot 10^{-2} = 1{,}5 \cdot 10^{-3}\ \text{mol}.$$

(b) Les quantités de matières recherchées sont identiques pour les deux solutions et valent :

$$n = c_0 v = 1{,}0 \times 10^{-2} \times 0{,}15 = 1{,}5 \cdot 10^{-3}\ \text{mol}.$$

(c) Puisque $[A_2^-] = [H_3O^+]$, nous voyons que dans la solution S_2, l'intégralité de l'acide introduit se retrouve sous la forme basique : la réaction entre l'acide et l'eau est totale. Il s'agit d'un acide fort. En revanche, ce n'est pas le cas de l'acide de la solution S_1 : c'est un acide faible. Pour déterminer le pK_a de ce dernier, nous utilisons la relation :

$$pH = pK_a + \log \frac{[A_1^-]}{[A_1H]}.$$

La concentration de la forme basique est égale à celle des ions oxonium, soit :

$$[A_1^-] = 1{,}3 \cdot 10^{-3}\ \text{mol.L}^{-1}.$$

Quant à la concentration de la forme acide, elle s'obtient en divisant par le volume v la quantité de matière de cette dernière, $c_0 v - [A_1^-]v$, que l'on peut obtenir en dressant un tableau d'avancement de la réaction entre l'acide et l'eau. Nous avons donc :

$$[A_1H] = 1{,}0 \cdot 10^{-2} - 1{,}3 \cdot 10^{-3} = 9 \cdot 10^{-3}\ \text{mol.L}^{-1}.$$

Par ailleurs nous avons :

$$pH = -\log([H_3O^+]) = 2{,}9.$$

Nous en déduisons :

$$pK_a = pH - \log \frac{1{,}3 \cdot 10^{-3}}{9 \cdot 10^{-3}} = 3{,}7.$$

Le pK_a du couple acide-base de la solution S_1 vaut 3,7.

5 Acide benzoïque

Enoncé p. 155

Lycée Camille Guérin, Poitiers

1 Raisonnons par l'absurde. Si l'acide benzoïque était fort, alors la concentration en ions oxonium serait égale à la concentration apportée, donc

$$pH = -\log(10^{-2}) = 2,$$

or on a $pH = 3,1$, donc cela indique que l'on a moins d'ions H_3O^+ dans la solution que si l'acide était totalement dissocié, donc il est partiellement dissocié et il s'agit d'un acide faible.

2 La réaction de l'acide benzoïque avec l'eau est :

$$C_6H_5COOH + H_2O = C_6H_5COO^- + H_3O^+$$

Sa constante de réaction est donnée par :

$$K_r = \frac{[H_3O^+][C_6H_5COO^-]}{[C_6H_5COOH]} = K_a = 10^{-pK_a} = 6,3 \cdot 10^{-5}.$$

3 Un raisonnement identique à celui du 1. permet d'indiquer que cette base est faible. En effet si elle était forte la concentration en ions hydroxyde serait 10^{-2} mol.L^{-1} et celle en ions hydroxyde serait :

$$\frac{10^{-14}}{10^{-2}} = 10^{-12} \text{ mol.L}^{-1}.$$

Le pH de la solution serait donc 12, ce qui n'est pas le cas.

4 L'équation-bilan de la réaction de l'ion benzoate avec l'eau est la suivante :

$$C_6H_5COO^- + H_2O = C_6H_5COOH + HO^-$$

et la constante de cette réaction est :

$$\begin{aligned} K'_r &= \frac{[HO^-][C_6H_5COOH]}{[C_6H_5COO^-]} \\ &= \frac{[HO^-][H_3O^+][C_6H_5COOH]}{[H_3O^+][C_6H_5COO^-]} \\ &= \frac{K_e}{K_a} = 1,6 \cdot 10^{-10}. \end{aligned}$$

5 L'échelle de pH suivante montre que c'est la forme basique $C_6H_5COO^-$ du couple qui domine, puisque $pH > pK_a$.

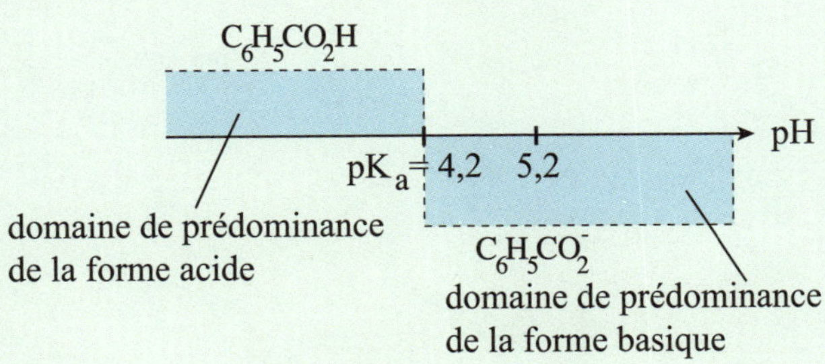

6 Les différentes espèces présentes dans les solutions S_1 et S sont représentées encadrées à la figure ci-après.

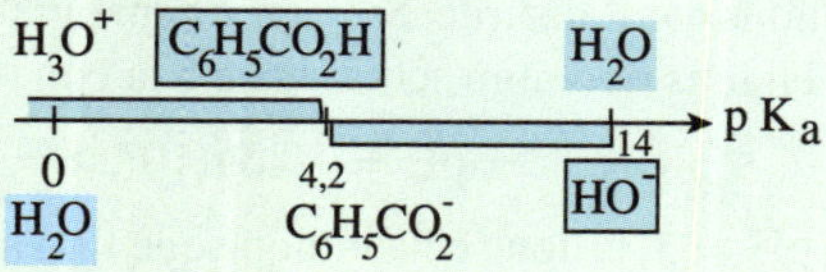

7 La réaction acido-basique ayant lieu est :

$$C_6H_5COOH + HO^- \leftrightarrows C_6H_5COO^- + H_2O$$

8 La constante de cette réaction vaut :

$$K_r'' = \frac{[C_6H_5COO^-]}{[C_6H_5COOH][\,HO^-]} = \frac{1}{K_r'} = 6{,}3 \cdot 10^9 \gg 1.$$

9 Le fait que cette constante de réaction soit très grande devant un permet d'affirmer que l'on peut considérer la réaction comme quasi-totale.

Chapitre

8

Électrolyse

Plan du chapitre

1 Introduction

Exercice type — **Lycée Hélène Boucher, Toulouse**

On souhaite nickeler (recouvrir d'une couche de nickel) un cube de cuivre de côté $a = 3$ cm.

1 Peut-on réaliser cette opération simplement en plongeant le cube dans une solution de sulfate de nickel ? Pourquoi ? Que faut-il faire ?

2 On procède par électrolyse. Doit-on placer le cube de cuivre à l'anode ou à la cathode ? Donner une représentation schématique de l'expérience, où l'on fera apparaître :

- le sens de branchement du générateur extérieur ;
- le sens de circulation des électrons ;
- les réactions se produisant à chaque électrode.

On admettra que l'autre électrode est en nickel.

3 On fait passer un courant d'intensité $I = 2$ A pendant un temps $t = 1$ h. En supposant qu'elle est uniforme, calculer l'épaisseur e de la couche de nickel qui s'est déposée sur l'objet en cuivre.

Données :
Masse molaire atomique du nickel : $M(\text{Ni}) = 58{,}7\ \text{g.mol}^{-1}$.
Masse volumique du nickel : $\mu = 8{,}9\ \text{g.cm}^{-3}$.
Constante de l'équilibre $Cu^{2+} + Ni = Cu + Ni^{2+}$: $K = 2 \cdot 10^{20}$.

Voir corrigé page 165

Dans ce chapitre, nous voyons comment forcer une réaction d'oxydoréduction à se dérouler non pas dans le sens spontané, mais dans le sens contraire. Cela se fait par électrolyse, à l'aide d'un générateur de tension extérieur.

2 Exemple d'électrolyse

On réalise l'expérience de la figure ci-dessous.

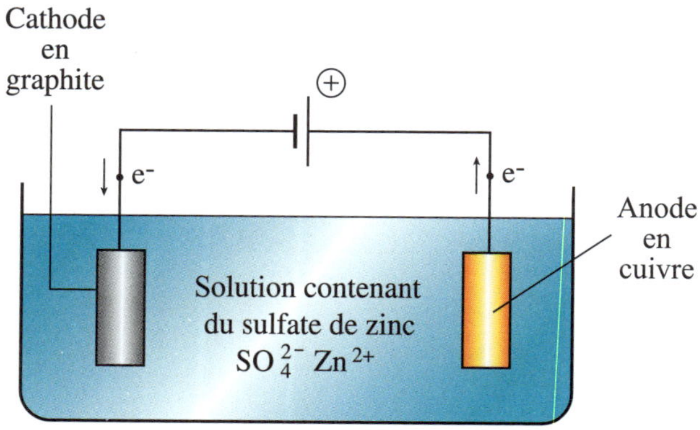

Deux électrodes, l'une en cuivre, l'autre en graphite, trempent dans une solution de sulfate de zinc. Spontanément, on ne s'attend à aucune réaction particulière puisque le zinc est un meilleur réducteur que le cuivre (c'est-à-dire que le cuivre est plus « avide » d'électrons que le zinc ; le cuivre ici est déjà réduit, et le zinc déjà oxydé, donc rien ne devrait se produire). Toutefois, on relie les électrodes aux bornes d'un générateur de tension extérieur. L'électrode en cuivre est reliée au pôle positif du générateur, alors que l'électrode en graphite est reliée à son pôle négatif. Ce générateur agit sur le circuit comme une « pompe à électrons », et tend à les faire circuler dans le sens indiqué sur la figure. Pour que le courant circule, il faut :

- que le cuivre cède des électrons qui partent vers le générateur, donc qu'il soit oxydé. Il doit donc se produire la réaction :

$$Cu_{(s)} \rightarrow Cu^{2+}_{(aq)} + 2e^-$$

et l'électrode de cuivre est donc l'anode (siège d'une oxydation).

- que les électrons arrivant dans l'électrode en graphite trouvent un « récepteur » sur lequel se fixer. Ce sont les ions zinc (II), qui sont réduits selon la demi-équation :

$$Zn^{2+}_{(aq)} + 2e^- \rightarrow Zn_{(s)}$$

L'équation-bilan de l'électrolyse est donc :

$$Cu_{(s)} + Zn^{2+}_{(aq)} \rightarrow Cu^{2+}_{(aq)} + Zn_{(s)}$$

Cette réaction est contraire au sens spontané.

Remarque : la différence de potentiel que l'on doit imposer aux bornes d'un électrolyseur pour que l'électrolyse ait lieu doit être supérieure à un certain seuil. En dessous, il ne se produit rien. Cette tension de seuil que l'on doit imposer est appelée la force contre électromotrice de l'électrolyseur.

À RETENIR

La réaction qui a lieu lors d'une électrolyse est une réaction d'oxydoréduction forcée. Elle a lieu dans le sens inverse du sens spontané.

3 Notation

Le symbole électrique d'un électrolyseur est le suivant :

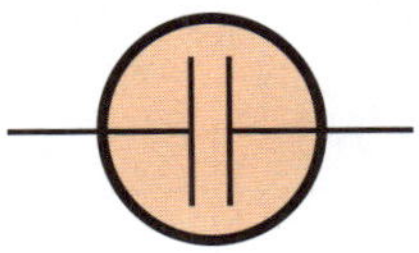

4 Considérations énergétiques

Ainsi, nous voyons que nous pouvons :

- soit libérer de l'énergie électrique en dépensant de l'énergie chimique. C'est ce qui a lieu lorsqu'une pile débite.
- soit stocker de l'énergie chimique en dépensant de l'énergie électrique. C'est ce qui a lieu lors d'une électrolyse.

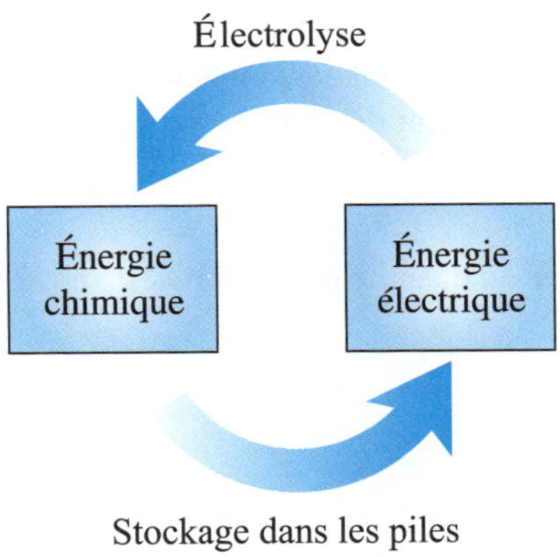

Solution de l'exercice type — Lycée Hélène Boucher, Toulouse

1 On souhaite qu'ait lieu la réaction d'oxydoréduction suivante :

$$Cu_{(s)} + Ni^{2+}_{(aq)} \rightarrow Cu^{2+}_{(aq)} + Ni_{(s)}$$

Solution de l'exercice type

Lycée Hélène Boucher, Toulouse

La constante de l'équilibre associé est $1/K = 5 \cdot 10^{-21}$. Cette constante est très petite devant un, donc l'avancement de la réaction souhaité est infime.

Dans la pratique, on peut dire qu'elle n'a pas lieu. La réaction qui se produirait spontanément serait la réaction inverse de celle désirée. Ici, il faut procéder par électrolyse.

2 On veut que les ions nickel (II) soient réduits pour obtenir du nickel métallique, et que celui-ci se dépose sur l'objet. L'objet doit donc être placé à l'électrode qui est le siège d'une réduction, c'est-à-dire à la cathode.

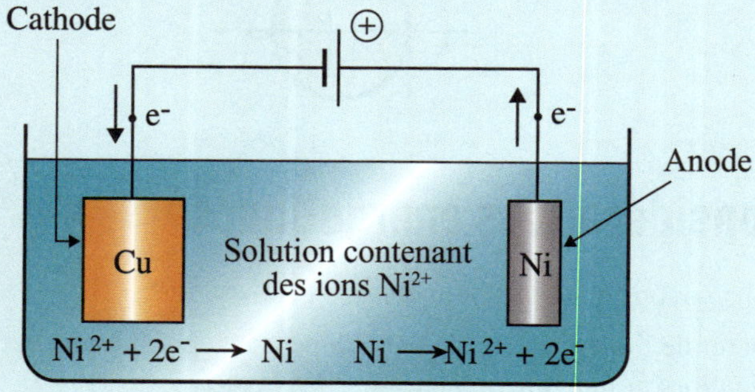

3 On voit sur la demi-équation du couple Ni^{2+}/Ni que lorsque deux moles d'électrons ont circulé dans l'électrolyseur, on a formé une mole de nickel métallique.

Calculons la quantité de matière en électrons qui a circulé dans l'électrolyseur pendant le temps t :

$$n = \frac{It}{\mathcal{F}}$$

donc on a formé un quantité de matière n' de nickel métallique, donnée par :

$$n' = \frac{n}{2} = \frac{It}{2\mathcal{F}}.$$

La masse correspondante est : $m = n'M(\text{Ni}) = \frac{ItM(\text{Ni})}{2\mathcal{F}}$, et le volume occupé par le nickel métallique formé s'en déduit par :

$$v = \frac{m}{\mu} = \frac{ItM(\text{Ni})}{2\mu\mathcal{F}}.$$

Or le volume du dépôt de nickel est lié à son épaisseur e par : $v = 6a^2e$, puisque le cube a six faces, chacune de côté a, donc de surface a^2.

...

Solution de l'exercice type (suite)

Lycée Hélène Boucher, Toulouse

ATTENTION

Notons qu'en toute rigueur, si le cube après dépôt reste cubique, alors le volume total de l'objet après dépôt est : $v' = (a + 2e)^3$, donc le volume du dépôt est :

$$\begin{aligned} v &= v' - a^3 \\ &= a^3 + 6a^2e + 12ae^2 + 8e^3 - a^3 \\ &= 6a^2e + 12ae^2 + 8e^3. \end{aligned}$$

qui comporte des termes additionnels par rapport à l'expression proposée ci-dessus, et qui correspondent aux 12 arêtes et aux 8 coins du cube. Ces termes sont toutefois négligeables si $e \ll a$.

On a donc en définitive :

$$e = \frac{v}{6a^2} = \frac{ItM(\text{Ni})}{12a^2\mu\mathcal{F}}.$$

L'application numérique donne :

$$e = \frac{2 \times 3600 \times 58{,}7}{12 \times 3^2 \times 8{,}9 \times 96500} \approx 4{,}6 \cdot 10^{-3}\ \text{cm} = 0{,}046\ \text{mm}.$$

Voir énoncé page 163

COURS

INTERROS

CORRIGÉS

1 QCM Testez vos connaissances

5 min Corrigé p. 173

1 Vrai ou Faux ?

(a) La réaction qui a lieu lors d'une électrolyse pourrait avoir lieu spontanément.

(b) Une électrolyse ne peut se faire sans générateur électrique extérieur.

(c) Une électrolyse libère de l'énergie électrique.

2 L'anode d'un bac à électrolyse doit être reliée au pôle

[a] positif [b] négatif

du générateur extérieur.

3 On considère le montage ci-contre.

Le pôle D correspond :

[a] à l'anode [b] à la cathode

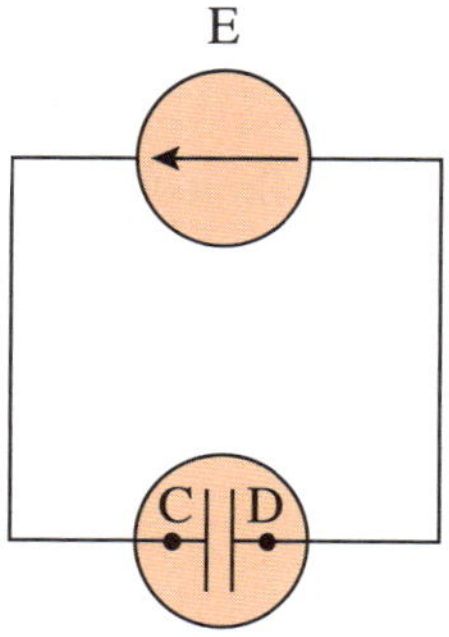

4 Lorsque l'on recharge des piles rechargeables, est-ce qu'une électrolyse a lieu dans la pile ?

[a] Oui [b] Non

5 On peut effectuer une électrolyse avec un générateur de tension alternative.

[a] Vrai [b] Faux

6 Lors d'une électrolyse, l'énergie électrique fournie par le générateur extérieur est entièrement dissipée par effet Joule.

[a] Vrai [b] Faux

7 Dans la cuve à électrolyse représentée ci-après, on recouvre d'une couche de nickel une lame de cuivre.

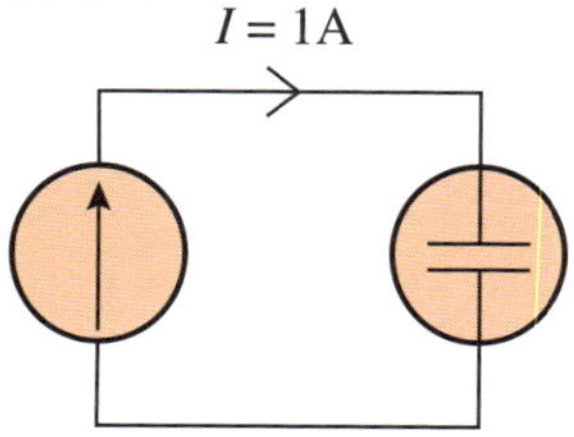

Après une heure de fonctionnement, l'épaisseur de la couche de nickel est $e = 0{,}01$ mm. On répète l'expérience en rajoutant une cuve à électrolyse identique à la précédente, en parallèle de la précédente, et on ajuste la tension du générateur extérieur de manière à ce qu'il continue de débiter un courant d'intensité $I = 1$ A, comme représenté page suivante.

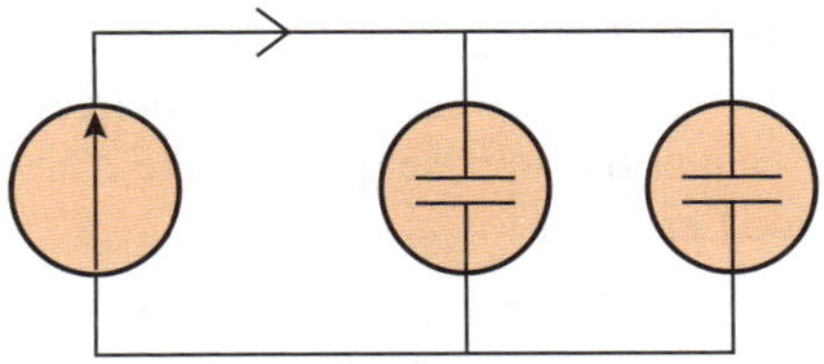

Après une heure de fonctionnement, quelle est l'épaisseur de la couche de nickel dans le nouveau bac à électrolyse ?

a 0,01 mm **b** 0,02 mm **c** 5 µm

2 Synthèse de l'aluminium ★★ 15 min

Corrigé p. 173

Lycée Fénelon, Paris

La production industrielle de l'aluminium s'effectue par électrolyse à partir d'oxyde d'aluminium extrait de la bauxite (roche sédimentaire initialement trouvée aux Baux-de-Provence, en France), selon l'équation-bilan :

$$Al_2O_{3(s)} + C_{(s)} \rightarrow Al_{(s)} + CO_{2(g)}$$

1 Équilibrer cette équation-bilan.

2 Quelle masse d'aluminium obtient-on si un courant d'intensité $I = 710$ A traverse le bac à électrolyse pendant $t = 72$ h ?

Données :
Masse molaire atomique de l'aluminium : $M(\text{Al}) = 27$ g.mol^{-1}.

3 Synthèse du magnésium ★★ 15 min

Corrigé p. 174

Lycée Pierre de Fermat, Toulouse

Le magnésium est produit industriellement par électrolyse du chlorure de magnésium $MgCl_2$.

1 Quelle masse de magnésium est produite en 1 h dans un bac à électrolyte parcouru par un courant $I = 320$ A ?

2 On traite vingt kilogramme de chlorure de magnésium. Au bout de combien de temps est-il consommé ? Quel est le volume de chlore produit ?

Données :

Masse molaire atomique du magnésium : $M(\text{Mg}) = 24{,}3$ g.mol^{-1}
Masse molaire atomique du chlore : $M(\text{Cl}) = 35{,}5$ g.mol^{-1}
Volume molaire dans les conditions de l'expérience : $V_m = 24$ L.mol^{-1}.

4 Électrolyse de l'eau ★★ 15 min Corrigé p. 175

Lycée Parc-Impérial, Nice

On réalise l'électrolyse de l'eau. On ne s'intéresse pas aux composés en solution dans l'eau, et on suppose que la seule réaction ayant lieu est celle de l'électrolyse de l'eau.

1. À l'une des électrodes, on recueille un volume $v = 2\ \text{m}^3$ de dihydrogène. Cette électrode est-elle l'anode ou la cathode ?
2. Quel autre gaz recueille-t-on à l'autre électrode ? Quel est son volume ?
3. Quelle masse d'eau a été électrolysée ? Quel est le volume d'eau correspondant ?
4. Sachant que l'électrolyse a été effectuée avec un courant d'intensité $I = 142$ A, combien de temps a-t-elle duré ?

Données :

Masse molaire atomique de l'hydrogène : $M(\text{H}) = 1\ \text{g.mol}^{-1}$.
Masse molaire atomique de l'oxygène : $M(\text{O}) = 16\ \text{g.mol}^{-1}$.
Volume molaire des gaz parfaits dans les conditions de l'expérience :

$V_m = 24\ \text{mol.L}^{-1}$.

Masse volumique de l'eau : $\mu = 10^3\ \text{kg.m}^{-3}$.

Les couples redox impliqués dans la réaction d'électrolyse sont :

$$H^+_{(aq)} + e^- \rightarrow \frac{1}{2}H_{2\,(g)} \qquad \text{et} \qquad \frac{1}{2}O_{2\,(g)} + 2H^+_{(aq)} + 2e^- \rightarrow H_2O_{(l)}$$

5 Chromage de pare-chocs ★★ 15 min Corrigé p. 176

Lycée Lavoisier, Paris

live! *Retrouvez le corrigé de cet exercice en vidéo.* On souhaite chromer un pare-chocs par électrolyse. Le pare-chocs peut être assimilé à une lame de longueur $L = 1{,}5$ m, de largeur $l = 15$ cm, et d'épaisseur négligeable. On souhaite que la couche de chrome ait une épaisseur $e = 0{,}05$ mm.

1. Quel volume de chrome métallique doit-on déposer sur le pare-chocs ?
2. À quelle quantité de matière cela correspond-il ?
3. L'électrolyte est plongé dans une solution contenant des ions chrome Cr^{3+}.
   - **(a)** Écrire la demi-équation d'oxydoréduction conduisant à la formation de chrome métallique.
   - **(b)** Doit-on placer le pare-chocs à l'anode ou à la cathode ?
   - **(c)** L'électrolyse dure $t = 40$ min. Quelle est l'intensité du courant traversant le bac à électrolyse ?

Données :

Masse molaire atomique du chrome : $M(\text{Cr}) = 52\ \text{g.mol}^{-1}$
Masse volumique du chrome : $\mu = 7{,}19\ \text{g.cm}^{-3}$.

6 Pile et électrolyse

★★★ 50 min Corrigé p. 177

Lycée Marseilleveyre, Marseille

1 On veut réaliser une pile à partir des deux demi-piles suivantes :

- une plaque d'argent plongeant dans 100 mL d'une solution contenant des ions argent Ag^+ de concentration 0,10 mol.L^{-1} ;
- une plaque de cuivre plongeant dans 100 mL d'une solution contenant des ions cuivre Cu^{2+} de concentration 0,05 mol.L^{-1}.

Un pont salin relie les deux solutions. La constante d'équilibre associée à l'équation :

$$2Ag^+_{(aq)} + Cu_{(s)} \rightleftarrows 2Ag_{(s)} + Cu^{2+}_{(aq)}$$

est $K = 3.10^{15}$.

(a) Calculer le quotient de réaction initial $Q_{r,i}$ et en déduire le sens spontané de la réaction.

(b) Écrire les équations des réactions se produisant aux électrodes lorsque la pile débite.

(c) Faire le schéma légendé de la pile en fermant le circuit par un conducteur ohmique. Indiquer l'anode, la cathode et le sens de déplacement des porteurs de charges dans tout le circuit.

(d) À l'aide d'un tableau d'avancement, déterminer les concentrations $[Ag^+]$ et $[Cu^{2+}]$ en fonction de la durée t de fonctionnement. On considérera que la réaction spontanée est totale et que les espèces métalliques sont largement en excès. L'intensité du courant dans le circuit est constante et égale à $I = 0{,}20$ A.

(e) On réalise le tableau de mesures suivant :

t(s)	1 000	2 000	3 000	4 000	5 000
$[Ag^+]$ en mmol.L^{-1}	80	60	40	20	0
$[Cu^{2+}]$ en mmol.L^{-1}	60	70	80	90	100

Tracer les graphiques : $[Ag^+] = f(t)$ et $[Cu^{2+}] = g(t)$ aux échelles : 1 cm pour 500 s et 1 cm pour 10,0 mmol.L^{-1}.

(f) Déterminer la durée de fonctionnement maximale de la pile à partir du graphique et des expressions établies en 1.*d*).

(g) Calculer l'ordre de grandeur du quotient de réaction à la date $t = 4\,000$ s. Ce résultat confirme-t-il l'évolution de la réaction ?

(h) Déterminer la valeur du taux d'avancement à la date $t = 4\,000$ s.

2 À la date $t = 5\,000$ s, on relie des électrodes métalliques en cuivre et en argent aux bornes d'un générateur de courant continu de façon à ce que la réaction proposée en première partie puisse se faire en sens inverse du sens direct.

(a) Comment appelle-t-on ce type de transformation ? Justifier votre réponse.

(b) Faire le schéma du montage à réaliser en indiquant l'anode et la cathode, et le sens de circulation du courant.

(c) Exprimer les concentrations $[Ag^+]$ et $[Cu^{2+}]$ en fonction du temps et de l'intensité constante I' du courant.

(d) Sachant qu'à la date $t = 4\,000$ s, on a : $[Ag^+] = 1{,}0.10^{-2}$ mol.L^{-1}, calculer la valeur de I'.

Donnée :
On considérera dans cet exercice qu'un faraday vaut $\mathcal{F} = 10^5$ C.mol^{-1}.

1 QCM Testez vos connaissances

Enoncé p. 168

1 (a) *Faux*. Une réaction d'électrolyse n'est pas une réaction spontanée.

(b) *Vrai*. Elle ne peut se produire sans générateur extérieur, qui joue le rôle de « pompe à électrons ».

(c) *Faux*. Une électrolyse consomme de l'énergie électrique.

2 Réponse [a]. L'anode est le siège d'une oxydation (libération d'électrons) qui partent dans le circuit extérieur et rejoignent donc le pôle positif du générateur.

3 Réponse [b] : la cathode. Le générateur extérieur force le sens de circulation des électrons, qui vont de D vers C dans la cuve à électrolyse. En D, on a ainsi une réduction, donc D est la cathode.

4 Réponse [a] : oui. On transforme alors de l'énergie électrique en énergie chimique.

5 Réponse [b] : faux. Il faut bien entendu une tension continue, sinon les effets des réductions et oxydations successives ayant lieu à chaque électrode s'annulent.

6 Réponse [b] : faux. Une partie de cette énergie électrique est stockée sous forme chimique dans le bac à électrolyse.

7 Réponse [c] : 5 µm. Puisque les cuves sont identiques, le courant d'intensité $I = 1$ A se répartit de manière égale dans les deux branches en courant d'intensité $I' = I/2 = 0{,}5$ A. Au bout d'une heure de fonctionnement, l'épaisseur du dépôt de nickel est donc la moitié de ce qu'il était avec une seule cuve.

2 Synthèse de l'aluminium

Enoncé p. 169

Lycée Fénelon, Paris

1 On équilibre chacun des couples d'oxydoréduction impliqués dans la réaction. Les deux couples impliqués dans la réaction sont le couple Al_2O_3/Al et le couple CO_2/C. La demi-équation du premier couple est :

$$Al_2O_{3(s)} + 6H^+_{(aq)} + 6e^- \rightarrow 2Al_{(s)} + 3H_2O_{(l)}$$

et celle du second couple est :

$$CO_{2(g)} + 4H^+_{(aq)} + 4e^- \rightarrow C_{(s)} + 2H_2O_{(l)}$$

Le plus petit commun multiple de 6 et 4 est 12, donc on présente les deux demi-réactions de la manière suivante :

$$\begin{aligned} 2Al_2O_{3(s)} + 12H^+_{(aq)} + 12e^- &\rightarrow 4Al_{(s)} + 6H_2O_{(l)} \\ 3C_{(s)} + 6H_2O_{(l)} &\rightarrow 3CO_{2(g)} + 12H^+_{(aq)} + 12e^- \end{aligned}$$

En groupant membre à membre ces deux demi-équations, et en enlevant les entités communes aux réactifs et aux produits, on obtient :

$$2Al_2O_{3(s)} + 3C_{(s)} \rightarrow 4Al_{(s)} + 3CO_{2(g)}$$

2 Calculons le nombre de moles d'électrons qui parcourent le circuit pendant le temps t. Leur charge (en valeur absolue) est : $Q = It$, donc la quantité de matière équivalente est :

$$n = \frac{Q}{\mathcal{F}} = \frac{It}{\mathcal{F}}.$$

On voit sur la demi-équation de l'aluminium écrite à la question précédente que lorsqu'une mole d'aluminium est produite, trois moles d'électrons ont réagit. Donc ici on a produit $\frac{n}{3}$ mol d'aluminium. La masse correspondante est :

$$m = \frac{n}{3}M(\mathrm{Al}) = \frac{ItM(\mathrm{Al})}{3\mathcal{F}}.$$

L'application numérique donne :

$$m = \frac{710 \times 72 \times 3600 \times 27}{3 \times 96500} \approx 17 \text{ kg}.$$

3 Synthèse du magnésium

Enoncé p. 169

Lycée Pierre de Fermat, Toulouse

1 On écrit les demi-équations des couples impliqués à chaque électrode.

ATTENTION

On pourrait objecter ici que l'équilibrage de la réaction est évident et n'implique pas une telle étape. Cela dit, à la question suivante, nous aurons besoin de savoir quelle quantité de matière en électrons traverse le circuit lorsqu'une mole d'aluminium est formée. Pour cela nous aurons besoin des demi-équations.

On a :

$$Mg^{2+} + 2e^- \rightarrow Mg$$

et :

$$Cl_2 + 2e^- \rightarrow 2Cl^-$$

L'équation-bilan de l'électrolyse est donc :

$$MgCl_2 \rightarrow Mg + Cl_2$$

et on lit sur la demi-équation du magnésium que deux moles d'électrons doivent circuler dans la cuve à électrolyse pour former une mole de magnésium. La quantité de matière d'électrons qui ont circulé au bout du temps t est :

$$n = \frac{It}{\mathcal{F}},$$

et donc la quantité de matière de magnésium formé est :

$$n_{\text{Mg}} = \frac{n}{2} = \frac{It}{2\mathcal{F}}.$$

La masse correspondante s'obtient en multipliant cette quantité de matière par la masse molaire du magnésium :

$$m_{\text{Mg}} = \frac{ItM(\text{Mg})}{2\mathcal{F}}.$$

L'application numérique donne :

$$n_{\text{Mg}} = \frac{320 \times 3600}{2 \times 96500} \approx 5{,}97 \text{ mol}$$

et

$$m_{\text{Mg}} = 5{,}97 \times 24{,}3 \approx 145 \text{ g}.$$

2 La masse molaire du chlorure de magnésium est :

$$M(\text{MgCl}_2) = M(\text{Mg}) + 2M(\text{Cl}) = 24{,}3 + 2 \times 35{,}5 = 95{,}3 \text{ g.mol}^{-1}.$$

On fait donc réagir :

$$n' = \frac{20 \times 10^3}{95{,}3} \approx 210 \text{ mol}$$

de chlorure de magnésium. On lit sur l'équation-bilan de l'électrolyse que l'on forme une mole de magnésium chaque fois que l'on consomme une mole de chlorure de magnésium. On forme donc 210 mol de magnésium. À la question précédente, on a vu que l'on forme le magnésium au taux de 5,97 mol.h^{-1}, donc l'électrolyse se fait en un temps :

$$T = \frac{210}{5{,}97} \approx 35{,}2 \text{ h}.$$

On lit sur l'équation-bilan de la réaction de l'électrolyse que l'on produit une mole de dichlore par mole de chlorure d'aluminium consommé, donc on produit au total 210 mol de dichlore, qui occupent un volume :

$$V = 210 \times 24 \approx 5{,}0.10^3 \text{ L} = 5 \text{ m}^3.$$

4 Électrolyse de l'eau

Enoncé p. 170

Lycée Parc-Impérial, Nice

1 La formation de dihydrogène correspond donc à une *réduction*. Elle a donc lieu à la cathode.

2 On écrit l'équation-bilan de la réaction d'électrolyse :

$$\text{H}_2\text{O}_{(\text{l})} \rightarrow \text{H}_{2(\text{g})} + \frac{1}{2}\text{O}_{2(\text{g})}.$$

On recueille donc à l'anode du dioxygène, en quantité de matière deux fois moindre que le dihydrogène à la cathode.

MÉTHODE

Puisque le volume molaire d'un gaz parfait est indépendant de sa nature, et que l'on peut assimiler les deux gaz en question à des gaz parfaits dans les conditions de l'expérience, on recueille 1 m^3 de dioxygène à l'anode.

3 On évalue la quantité de matière en dihydrogène formé. Elle vaut :

$$n = \frac{v}{V_m} = \frac{2000}{24} \approx 83{,}3 \text{ mol.}$$

On lit sur l'équation-bilan de la réaction que la même quantité de matière en eau a été utilisée. La masse molaire de l'eau est $M_{\text{eau}} = 2M(\text{H})$ à laquelle on ajoute $\text{M(O)} = 18 \text{ g.mol}^{-1}$, donc la masse d'eau qui a réagi est :

$$m = nM_{\text{eau}} \approx 83{,}3 \times 18 \approx 1{,}5.10^3 \text{ g.}$$

Le volume correspondant est :

$$V = \frac{m}{\mu} \approx \frac{1{,}5}{10^3} = 1{,}5 \cdot 10^{-3} \text{ m}^3 = 1{,}5 \text{ L.}$$

On lit sur les demi-équations des couples impliqués que la formation d'une mole de dihydrogène implique la circulation de deux moles d'électrons. Cela représente ici la quantité d'électricité : $Q = 2n\mathcal{F}$.

La durée de l'électrolyse est donc :

$$t = \frac{Q}{I} = \frac{2n\mathcal{F}}{I} \approx 113000 \text{ s} \approx 31{,}5 \text{ h.}$$

5 Chromage de pare-chocs

Enoncé p. 170

Lycée Lavoisier, Paris

live! *Retrouvez le corrigé de cet exercice en vidéo.*

1 Sur chacune des deux faces du pare-chocs, on souhaite déposer un parallélépipède de dimension $L \times l \times e$ de chrome. Le volume de chrome que l'on souhaite déposer est donc :

$$V = 2Lle = 2 \times 150 \times 15 \times 5 \cdot 10^{-3} = 22{,}5 \text{ cm}^3.$$

2 Calculons dans un premier temps la masse à laquelle correspond cette quantité :

$$m = V\mu = 22{,}5 \times 7{,}19 \approx 162 \text{ g.}$$

La quantité de matière correspondante est :

$$n = \frac{m}{M(\text{Cr})} = \frac{162}{52} \approx 3{,}1 \text{ mol.}$$

3 **(a)** La demi-équation d'oxydoréduction conduisant à la formation du chrome métallique est :

$$Cr^{3+}_{(aq)} + 3e^- \rightarrow Cr_{(s)}$$

(b) On voit qu'il faut *réduire* les ions chrome (III) pour fabriquer du métal chrome, donc il faut placer le pare-chocs à la cathode.

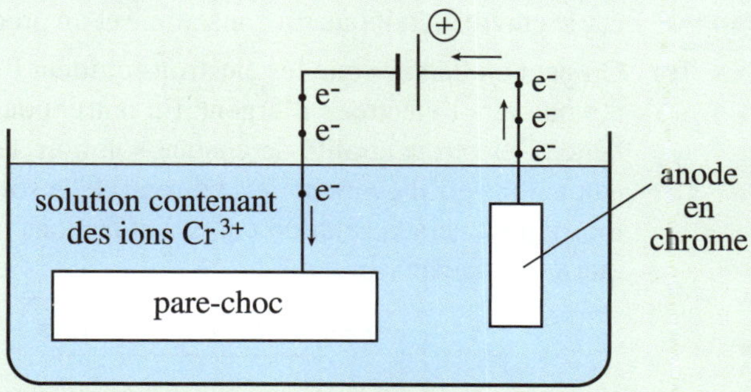

MÉTHODE

On remarque que pour ce genre d'opération on prend une anode du même métal que celui que l'on souhaite déposer sur la cathode.

(c) On veut réduire $n = 3{,}12$ mol d'ions chrome, donc il faut faire circuler $3n = 9{,}36$ mol d'électrons dans le circuit, qui correspondent à une quantité d'électricité totale :

$$Q = 3n\mathcal{F} = 9{,}36 \times 96500 \approx 9{,}01 \cdot 10^5 \text{ C.}$$

L'intensité du courant traversant le bac à électrolyse est donc :

$$I = \frac{Q}{t} \approx \frac{9{,}01 \cdot 10^5}{40 \times 60} \approx 375 \text{ A.}$$

6 Pile et électrolyse

Enoncé p. 171

Lycée Marseilleveyre, Marseille

1 **(a)** L'expression du quotient de réaction est :

$$Q_{r,i} = \frac{[Cu^{2+}]}{[Ag^+]^2} = \frac{0{,}05}{0{,}10^2} = 5 \times 10^{-2} \times 10^2 = 5{,}0.$$

Nous avons $Q_{r,i} \ll K$ donc le sens d'évolution du système est vers la droite : les ions argent et le cuivre sont consommés et on produit des ions cuivre et de l'argent métallique.

(b) À l'électrode d'argent nous avons :

$$Ag^+_{(aq)} + e^- \rightarrow Ag_{(s)},$$

car les ions argent sont consommés et on produit de l'argent métallique. À l'électrode de cuivre nous avons :

$$Cu_{(s)} \rightarrow Cu^{2+}_{(aq)} + 2e^-,$$

car le cuivre métallique est consommé et on produit des ions cuivre.

(c) On peut en déduire que les électrons quittent l'électrode de cuivre et vont vers l'électrode d'argent. En outre, pour assurer en permanence l'électroneutralité de chaque solution, le pont salin permet aux anions qu'il contient de se diriger de la solution contenant les ions argent vers la solution contenant les ions cuivre, comme indiqué sur le schéma ci-après :

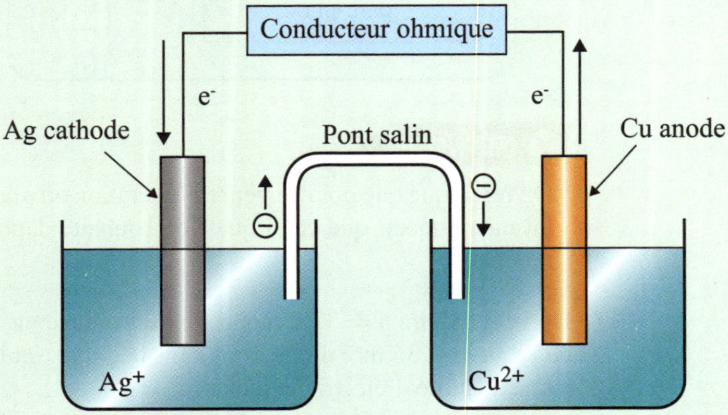

Les ions argent sont [r]éduits, donc l'électrode d'argent est la [c]athode. Le cuivre est [o]xydé donc l'électrode de cuivre est l'[a]node.

(d) On dresse le tableau d'avancement de la réaction :

Instant	$2Ag^+$	+	Cu	=	2Ag	+	Cu^{2+}
Initial	n_0		excès		$n(Ag)$		n_1
t	$n_0 - 2x$		excès		$n(Ag) + 2x$		$n_1 + x$

où l'on appelle n_0 (resp. n_1) la quantité de matière initiale en ions argent (resp. cuivre) et x l'avancement.

On constate que pour un avancement x de la réaction, $2x$ mol d'électrons sont échangées, donc $2x\mathcal{F} = It$.

En appelant $V = 100$ mL le volume commun aux deux solutions, on a, pour les ions argent :

$$[Ag^+]_t = \frac{n_0 - It/\mathcal{F}}{V} = [Ag^+]_0 - \frac{It}{\mathcal{F}V},$$

et pour les ions cuivre :

$$[Cu^{2+}]_t = \frac{n_1 + It/2\mathcal{F}}{V} = [Cu^{2+}]_0 + \frac{It}{2\mathcal{F}V},$$

où $[Ag^+]_0$ et $[Cu^{2+}]_0$ sont les concentrations initiales respectives des deux solutions. L'application numérique donne :

$$[Ag^+]_t = 0{,}1 - \frac{0{,}2t}{0{,}1 \times 10^5} = 0{,}1 - 2.10^{-5}t$$

et :

$$[Cu^{2+}]_t = 0{,}05 + \frac{0{,}2t}{2 \times 0{,}1 \times 10^5} = 0{,}05 + 10^{-5}t.$$

(e) On reporte les valeurs sur la figure suivante :

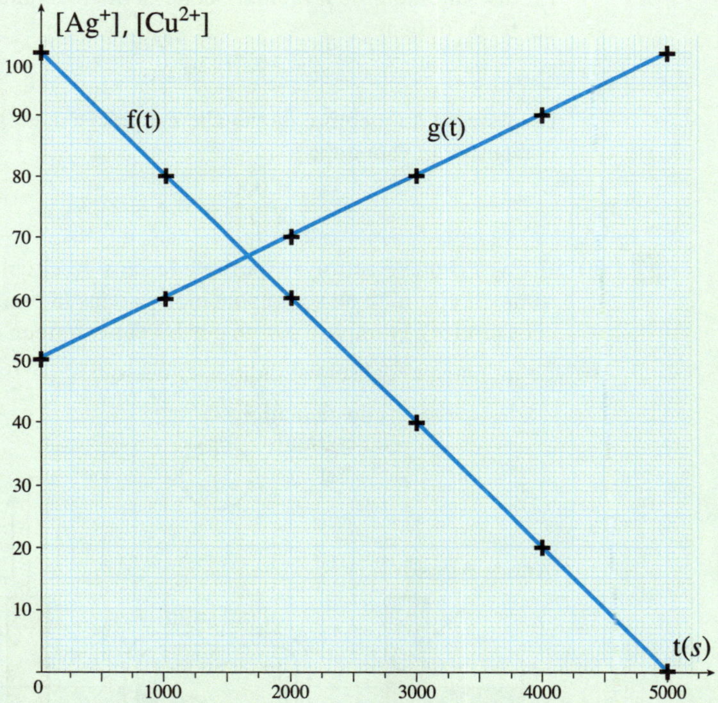

(f) Le graphique indique que la concentration en ions argent est nulle après un temps $t = 5000$ s : c'est la durée de fonctionnement de la pile. Les ions argent sont le réactif limitant de la réaction qui a lieu lorsque la pile débite. On le vérifie en utilisant l'expression du $1(d)$. Soit T la durée de fonctionnement maximale de la pile. On a :

$$[Ag^+]_{t=T} = 0 \quad \text{soit : } \; 0{,}1 - 2.10^{-5}T = 0$$

donc :

$$T = \frac{0{,}1}{2.10^{-5}} = \frac{1}{2} \times 10^{-1+5} = 0{,}5 \times 10^4 = 5\,000 \text{ s}.$$

On retrouve bien la valeur donnée par les mesures.

(g) Le quotient de réaction à $t = 4\,000$ s vaut :

$$Q_{r,4000} = \frac{[Cu^{2+}]}{[Ag^+]^2} = \frac{0{,}09}{0{,}02^2} = \frac{9 \times 10^{-2}}{4 \times 10^{-2\times 2}} = \frac{9}{4} \times 10^{-2+4} \approx 2 \times 10^2.$$

Cette valeur est beaucoup plus grande que la valeur initiale : cela confirme que le quotient de réaction augmente pour atteindre la valeur d'équilibre donnée par la constante de réaction.

(h) On appelle $x_{\max}$ l'avancement maximal de la réaction. On a :

$$2x_{\max}\mathcal{F} = IT.$$

Appelons x l'avancement à $t = 4\,000$ s. On a :

$$2x\mathcal{F} = It.$$

En divisant membre à membre cette dernière égalité par la précédente, on obtient :

$$\frac{x}{x_{\max}} = \frac{t}{T}.$$

Le quotient du membre de gauche est précisément le taux d'avancement τ qui vaut donc :

$$\tau = \frac{4\,000}{5\,000} = 0{,}8 = 80\%.$$

2 **(a)** Il s'agit d'une électrolyse, puisque le sens de circulation des électrons est contraire au sens spontané (vu dans la première partie de cet exercice), et imposé par un générateur extérieur.

(b) Le montage à réaliser est indiqué ci-dessous.

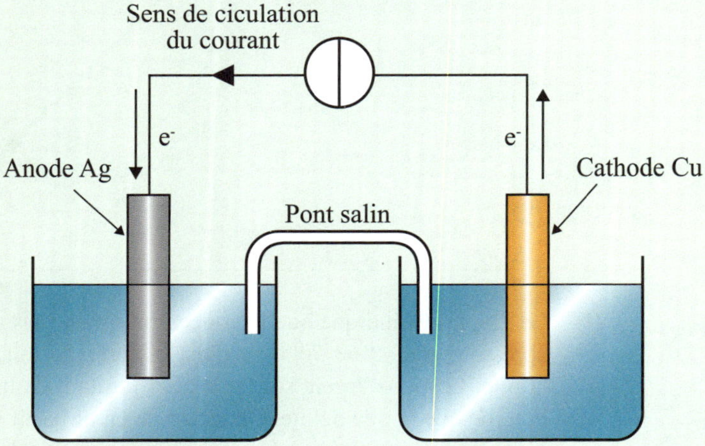

Cette fois, c'est l'électrode de cuivre qui est le siège d'une réduction : c'est la cathode. L'électrode d'argent, qui est quant à elle le siège d'une oxydation, est l'anode.

(c) On dresse un tableau d'avancement similaire au précédent, où l'on inverse réactifs et produits :

Instant	$2Ag$	+	Cu^{2+}	=	$2Ag^+$	+	Cu
Initial	excès		n'_1		0		$n_0(Cu)$
t	excès		$n'_1 - x$		$2x$		$n_0(Cu) + x$

où l'on appelle x l'avancement de l'électrolyse et n'_1 la quantité de matière initiale en ions cuivre. La quantité de matière initiale en ions argent est nulle, puisque l'on commence l'électrolyse à la fin de la durée de fonctionnement maximale de la pile. Comme précédemment, pour un avancement x de la réaction, $2x$ mol d'électrons sont échangées, donc $2x\mathcal{F} = I't$. On en déduit la concentration des ions cuivre :

$$[Cu^{2+}]_t = \frac{n'_1 - I't/2\mathcal{F}}{V} = [Cu^{2+}]'_0 - \frac{I't}{2\mathcal{F}V}$$

(où $[Cu^{2+}]'_0$ est la concentration des ions cuivre au début de l'électrolyse) et des ions argent :

$$[Ag^+]_t = \frac{I't/\mathcal{F}}{V} = \frac{I't}{\mathcal{F}V}.$$

On remplace dans les égalités précédentes les grandeurs connues par leur valeur numérique :

$$[Cu^{2+}]_t = 0{,}1 - \frac{I't}{2 \times 10^5 \times 0{,}1} = 0{,}1 - 5 \times 10^{-5} I't$$

et :

$$[Ag^+]_t = \frac{I't}{10^5 \times 0{,}1} = 10^{-4} I't.$$

(d) On a :

$$1{,}0 \times 10^{-2} = 10^{-4} I' \times 4000$$

soit :

$$I' = \frac{10^{-2}}{4 \times 10^3 \times 10^{-4}} = 0{,}25 \times 10^{-2-3+4} = 0{,}025 \text{ A.}$$

COURS INTERROS CORRIGÉS

Chapitre
9

Chimie organique

Plan du chapitre

1 Introduction

Exercice type — Lycée Stanislas, Paris

Donner la formule développée des corps obtenus en déplaçant les doublets d'électrons comme indiqué par les flèches incurvées :

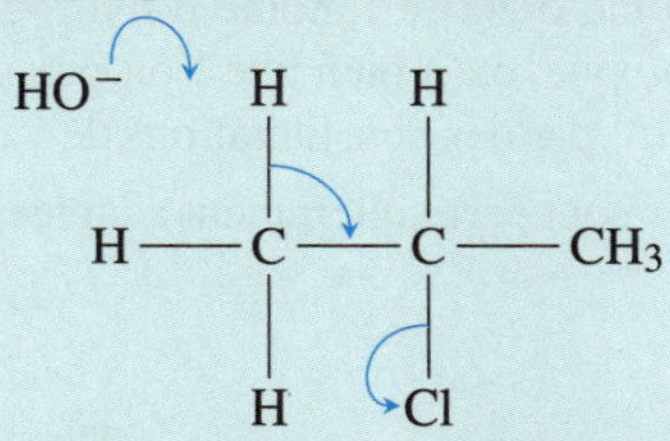

Nommer les corps obtenus. Comment s'appelle ce type de réaction ?

Voir corrigé page 190

2 Structure et propriétés

2.1 Notion d'isomère

À RETENIR

Des *isomères de constitution* ont même formule brute mais des formules développées ou semi-développées différentes. Les propriétés physiques ou chimiques de deux isomères de constitution peuvent être radicalement différentes.

2.2 Formules topologiques

Nous avons déjà vu en classes de Seconde et Première les notions de formules brute, formule développée et formule semi-développée, et la notion de formule de Lewis en classe de Première. Nous présentons ici la notion de formule topologique. Elle constitue une simplification supplémentaire par rapport à la formule semi-développée : nous n'écrivons plus les atomes d'hydrogène explicitement, ni les atomes de carbone. Seuls les autres types d'atomes sont explicités (on les appelle les *hétéroatomes*). Ainsi, pour la molécule de propane, nous avons :

$CH_3 — CH_2 — CH_3$

formule semi-développée — formule topologique

Naturellement, on voit qu'il nous faut introduire une « cassure » (changement de direction) entre les deux liaisons C–C, sans quoi la formule topologique serait ambiguë : on ne saurait pas si l'on a une seule ou deux liaisons.

Notons qu'il est de coutume d'écrire l'atome d'hydrogène de certains groupes fonctionnels (alcool, carboxyle, etc.) bien que l'on puisse facilement inférer son existence s'il n'est pas écrit, par des considérations de valence.

Les formules topologiques sont particulièrement adaptées aux molécules comportant beaucoup d'atomes.

À RETENIR

Pour passer d'une formule topologique à une formule semi-développée, on remplace chaque changement de direction, intersection ou extrémité vide de liaisons par un atome de carbone, puis on complète la molécule par des atomes d'hydrogène à concurrence de la valence de chaque atome.

Exemple : cherchons quelle est la formule semi-développée correspondant à la formule topologique suivante, qui est celle de la vanilline :

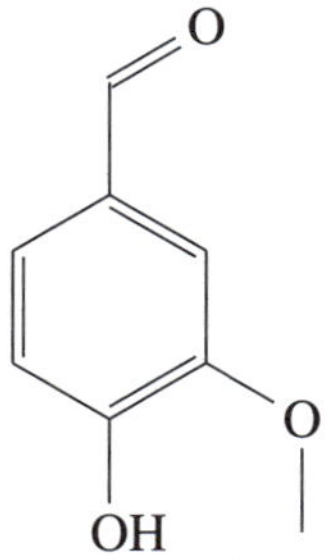

On commence par remplacer chaque sommet vide par un atome de carbone (à gauche) puis on ajoute les atomes d'hydrogènes de manière à ce que chaque atome de carbone ait quatre liaisons et chaque atome d'oxygène deux liaisons (à droite) : voir page ci-contre.

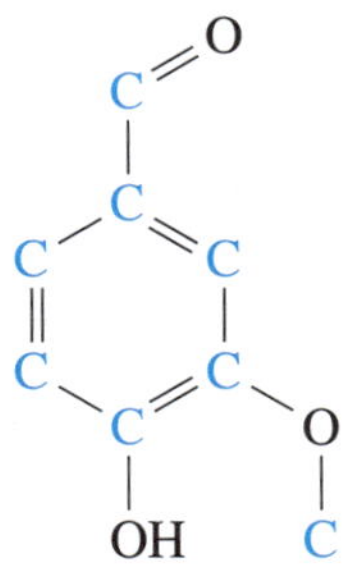

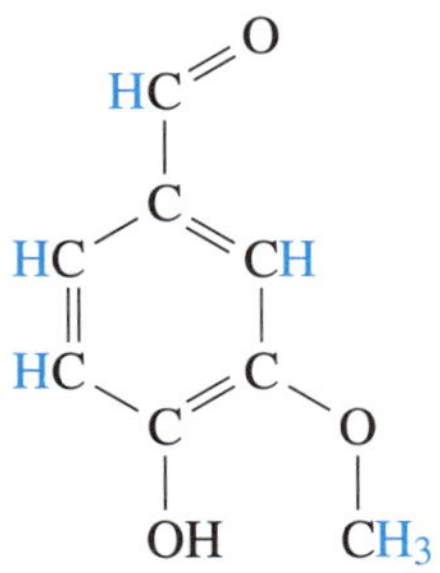

2.3 Nomenclature

Ici nous introduisons de nouvelles familles fonctionnelles : les esters, les amines, les amides et les halogéno-alcanes.

2.4 Tableau récapitulatif des familles fonctionnelles

Dans ce tableau la lettre X désigne un atome de la famille des halogènes (le chlore Cl, le fluor F, le brome Br ou l'iode I), tandis que R, R' et R'' désignent des chaînes carbonées arbitraires.

Nom	Groupe caractéristique	Exemple de molécule
Ester	$R-C(=O)-OR'$	$H_3C-C(=O)-O-CH_3$ Éthanoate de méthyle
Amine	$R-N(R')(R'')$	$CH_3-CH_2-NH_2$ Éthylamine
Amide	$R-C(=O)-N(R'')(R')$	$H_3C-C(=O)-NH-CH_3$ N-méthyléthanamide
Halogénoalcane	$R-X$ X = F, Cl, Br ou I	CH_2Cl-CH_3 Chloroéthane

2.5 Nomenclature des esters

On utilise le nom générique d'alkaloate d'alkyle (voir le tableau récapitulatif). Le groupe alkaloate est nommé exactement comme l'acide carboxylique que l'on obtiendrait en changeant le radical —-R' par un atome d'hydrogène (en supprimant le mot « acide » et en changeant le suffixe -oïque en -oate). Le groupe —R' est traité comme un substituant.

COURS
INTERROS
CORRIGÉS

Exemple :

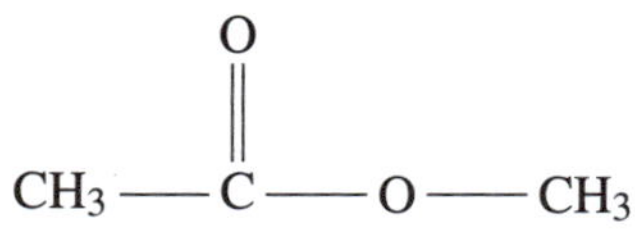

éthanoate de méthyle

2.6 Nomenclature des amines

Une amine peut avoir un (amine primaire), deux (amine secondaire) ou trois (amine tertiaire) substituants sur son azote. Dans le cas d'une amine primaire, on utilise essentiellement des règles similaires à celles par exemple des alcools, en utilisant cette fois le suffixe -amine, éventuellement précédé du numéro du carbone porteur. Dans le cas d'une amine secondaire, on identifie le radical le plus long (R), qui joue le rôle de chaîne principale. On nomme alors l'amine comme l'amine primaire (RNH_2) obtenue en substituant le radical le plus court (R') par un atome d'hydrogène, et on ajoute devant son nom la lettre N suivie du nom du substituant R'. Enfin, dans le cas d'une amine tertiaire, on considère comme des substituants les deux radicaux les plus courts, et on indique avant le nom de l'amine le nom de ces deux substituants, en respectant l'ordre alphabétique : N-« *nom du substituant 1* » N-« *nom du substituant 2* ».

Exemple :

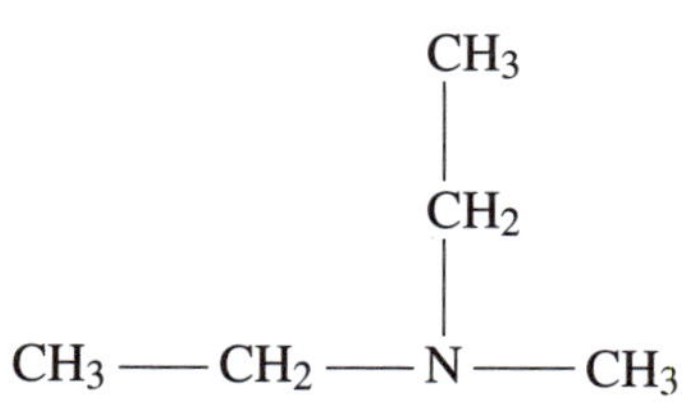

N-éthyl-N-méthyléthanamine

Dans le cas où il ont le même nom, on utilise la notation :

« N,N-di *nom du substituant* ».

2.7 Nomenclature des amides

Ils obéissent à des règles très similaires à celles des amines, à ceci près que le suffixe est -amide au lieu de -amine, et que la chaîne principale ne correspond pas au substituant le plus long, mais au substituant contenant le carbone carboxylique (celui qui a une double liaison avec un atome d'oxygène).

Exemple :

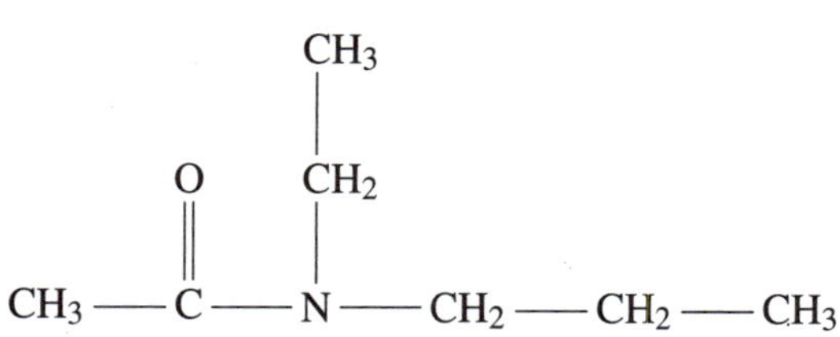

N-éthyl-N-propyléthanamide

2.8 Nomenclature des halogénoalcanes

On liste les substituants halogénés en préfixe (en utilisant la terminaison « o » : fluoro, bromo, chloro ou iodo) précédés du numéro du carbone sur lesquels il se trouve, suivi du nom de l'alcane que l'on obtiendrait si tous les substituants halogénés étaient remplacés par des atomes d'hydrogène. On numérote la chaîne la plus longue de manière à ce que les substituants aient le plus petit numéro possible. Ainsi, le composé :

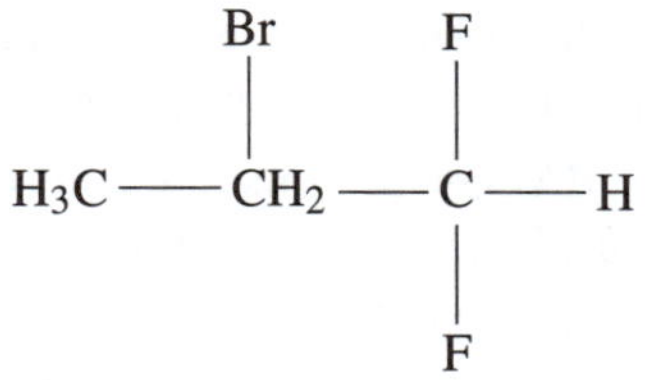

est le 2-bromo-1,1-difluoropropane.

En effet, pour avoir les numéros les plus bas possibles pour les substituants, on doit numéroter la chaînes des trois atomes de carbone de droite à gauche. On a deux substituants « fluor » sur le premier atome (1,1-difluoro) et un substituant « brome » sur le deuxième (2-bromo). Enfin si tous les substituants étaient remplacés par des atomes d'hydrogène on aurait la molécule :

CH_3 — CH2 — CH_3

qui est une molécule de propane. On voit ainsi qu'au contraire des autres familles fonctionnelles, dont la nomenclature comporte un suffixe particulier (voir tableau ci-dessus), la nomenclature des halogénoalcanes est entièrement décrite par un ou plusieurs préfixes.

2.9 Composés cycliques

On utilise le préfixe « cyclo » devant le nom du composé. Quand il n'a qu'un seul substituant, on attribue d'office le numéro 1 à son carbone porteur.

Exemple :

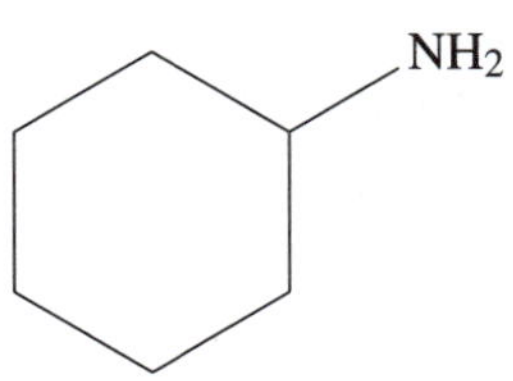

cyclohexanamine

3 Réactions de chimie organique

On résume ici les principaux types de réactions susceptibles de transformer les chaînes carbonées.

- *Raccourcissement de chaîne.* Pour raccourcir les chaînes, on a recours au craquage. Il en existe plusieurs types : craquage catalytique, vapocraquage, craquage thermique. Ce dernier a lieu a des températures allant typiquement de 300°C à 900°C, sous des pressions pouvant aller jusqu'à environ 70 bars. L'énergie cinétique des molécules permet que les chocs entre elles, rendus très fréquents par l'élévation de pression, puissent casser les liaisons covalentes.
- *Allongement de chaîne.* Il s'agit de l'opération réciproque du craquage : on cherche à obtenir des chaînes plus longues. Les réactions d'addition ou les réactions de polymérisation permettent d'obtenir des chaînes longues.
- *Reformage.* Les réactions de reformage d'un hydrocarbure changent sa formule développée sans altérer le nombre de carbones qu'il porte. Elles peuvent conduire à sa cyclisation, à sa ramification ou à sa déshydrogénation (perte de deux hydrogènes entraînant la formation d'une double liaison). Ces réactions ont généralement lieu à 500°C, sous haute pression, en présence d'un catalyseur (platine).

3.1 Catégories de réaction

On peut distinguer essentiellement trois grandes catégories de réactions en chimie organique : réactions de substitution, réactions d'addition, réactions d'élimination.

3.1.1 - Réactions de substitution

Ces réactions sont celles au cours desquelles un atome ou groupe d'atomes en remplace un autre dans la molécule.

Exemple :

$$HO^- + CH_3—CH_2Br \longrightarrow CH_3—CH_2OH + Br^-$$

Le groupe OH vient ici *substituer* l'atome de brome qui quitte la molécule, emportant la charge négative.

3.1.2 - Réactions d'addition

Ce sont les réactions au cours desquelles les fragments d'une molécule se fixent sur deux atomes d'une autre molécule, le plus souvent sur les carbones adjacents d'une liaison double ou tripe.

Exemple :

$$CH_2{=}CH_2 + Br_2 \longrightarrow CH_2Br—CH_2Br$$

3.1.3 - Réaction d'élimination

Il s'agit de la réciproque de la réaction d'addition : deux fragments d'une molécule sont éliminés. Ils proviennent généralement d'atomes de carbone adjacents, et forment une nouvelle molécule. Ils laissent alors une liaison multiple entre les carbones qu'ils occupaient.

Exemple :

$$CH_3{-}CH_2Br \longrightarrow CH_2{=}CH_2 + HBr$$

$$CH_3 - HCOH - CH_3 \longrightarrow CH_3 - \underset{\underset{\displaystyle O}{||}}{C} - CH_3 + H_2$$

3.2 Les polymères

Les polymères sont de très grandes molécules (on dit aussi macromolécules) qui résultent de la répétition, un très grand nombre de fois, d'un motif identique.

Ainsi, la molécule de polychlorure de vinyle (PVC) est une longue molécule linéaire constituée d'un grand nombre de « maillons » identiques. Écrire la formule brute *in extenso* d'une telle molécule, étant donnée sa taille, est évidemment hors de question, aussi on adopte la notation suivante :

$$-\!\!\left(CH_2 - \underset{\underset{\displaystyle Cl}{|}}{CH} \right)_{\!n}\!\!-$$

Le motif entre parenthèses représente le maillon élémentaire de la chaîne, ou monomère. L'indice *n* est appelé le degré de polymérisation du polymère.

Les polymères peuvent être soit synthétiques, soit naturels. Par exemple, les protéines sont des polymères d'acide aminés (les acides aminés ont une fonction acide carboxylique et une fonction amine). Nous reverrons en exercice la synthèse d'un polymère (le PVC) ainsi que l'obtention de polymères d'acide aminés, par création de liaisons peptidiques (il s'agit de la liaison qui permet d'« attacher » entre eux plusieurs acides aminés, et qui s'établit entre l'atome de carbone portant la fonction acide carboxylique et l'atome d'azote portant la fonction amine).

3.3 Mouvement des doublets électroniques

Pour expliciter le mécanisme d'une réaction, on peut utiliser des flèches courbes pour symboliser le déplacement des doublets électroniques au cours de la réaction. Ces flèches partent du milieu d'un doublet, et leur pointe correspond soit à une liaison entre atomes, soit à un atome lui-même où le doublet constitue alors un doublet non-liant.

Exemple : considérons la réaction d'élimination suivante.

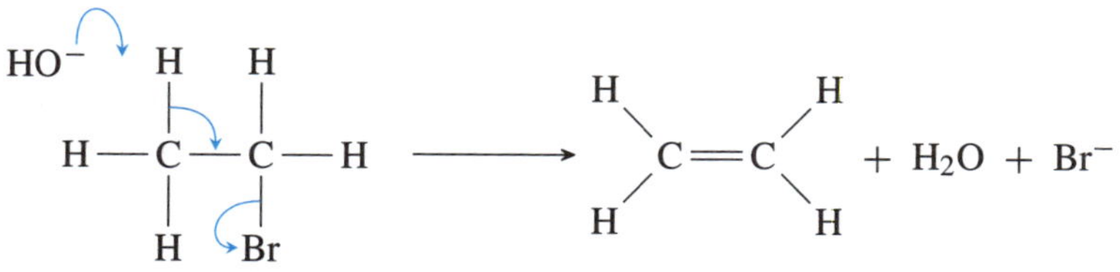

Explicitons la signification des flèches. La flèche courbe centrale part de la liaison C—H pour aller entre les deux atomes de carbone. Le doublet d'électrons correspondant vient donc former une double liaison C=C, là où on avait initialement une liaison simple C—C. Si, au lieu d'un mouvement du *doublet*, on avait cassé en deux la liaison C—H, l'atome d'hydrogène se séparant de la molécule resterait neutre (il garderait « son » électron). Ici, le départ de *deux* électrons donne à cet atome d'hydrogène *une* charge positive. Il contracte une liaison covalente avec l'ion HO^-, ainsi qu'indiqué par la flèche courbe en haut à gauche, pour former une molécule d'eau (neutre). Enfin, le départ du doublet de la liaison C—Br sur l'atome de brome sépare celui-ci de la molécule. Comme précédemment, si un seul électron de la liaison covalente partait sur l'atome, celui-ci garderait sa neutralité. Aussi, le mouvement du *doublet* confère *une* charge négative à cet atome, qui devient un ion Br^-, entouré de quatre doublets non-liants.

Solution de l'exercice type — **Lycée Stanislas, Paris**

Le mouvement des doublets électroniques implique la réaction suivante :

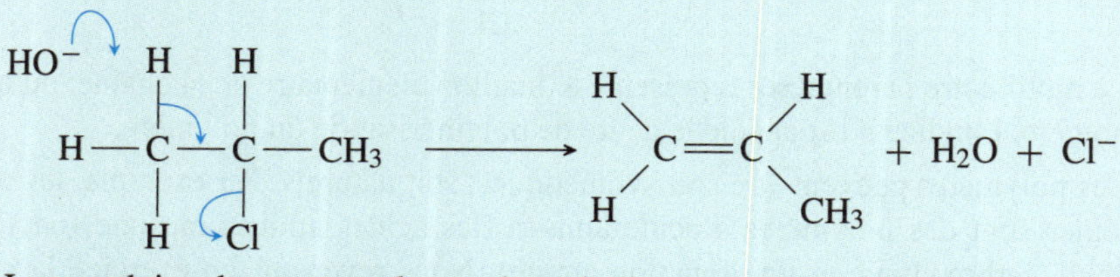

Les produits obtenus sont le propène, de l'eau et un ion chlorure. Il s'agit d'une réaction d'élimination.

Voir énoncé page 183

1 QCM Vérifiez vos connaissances

15 min Corrigé p. 196

On considère la molécule A suivante :

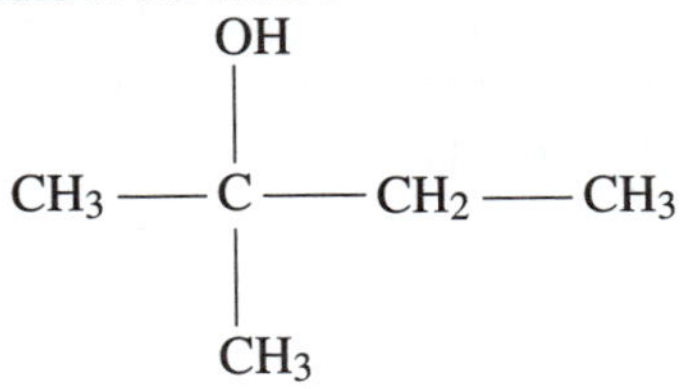

1 Quel est son nom ?

- **a** 1-éthyl, 1-méthyléthanol
- **b** 2-hydroxy, 2-méthylbutane
- **c** 1,1-diméthylpropan-1-ol
- **d** 2-méthylbutan-2-ol

2 La réaction de déshydratation de cette molécule est, à votre avis :

- **a** Une réaction d'addition
- **b** Une réaction de substitution
- **c** Une réaction d'élimination

3 L'un des produits de la réaction de déshydratation est :

a de l'eau **b** de l'éthanol **c** du dihydrogène **d** du méthane

4 La réaction de déshydratation de la molécule A peut conduire *a priori* à deux molécules B et C de formule développée différente. On s'intéresse à l'addition d'eau en milieu acide sur chacune de ces deux molécules. On admettra la règle suivante, appelée règle de Markovnikov : « quand un réactif dissymétrique s'additionne à un alcène dissymétrique, la partie électropositive du réactif se fixe sur le carbone de la double liaison qui est lié au plus grand nombre d'atomes d'hydrogène ». Parmi les réactifs suivants, le(s)quel(s) sont dissymétrique(s) ?

a Br_2 **b** HBr **c** H_2O **d** Cl_2

5 Quelle est la partie électropositive du réactif dans la réaction d'addition d'eau sur la molécule C ?

a H^+ **b** HO^- **c** H_2O

6 L'addition d'eau sur un mélange contenant des molécules B et C va donner lieu à combien de produits différents ?

a 1 **b** 2 **c** 3 **d** 4

COURS
INTERROS
CORRIGÉS

2 Formules topologiques

★★ 15 min Corrigé p. 197

Lycée Stendhal, Grenoble

Donner la formule topologique de chacune des molécules suivantes :

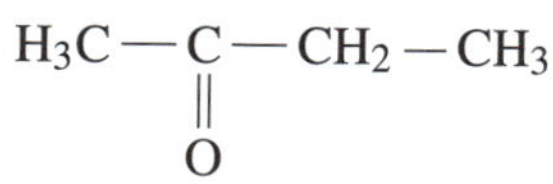 Molécule A	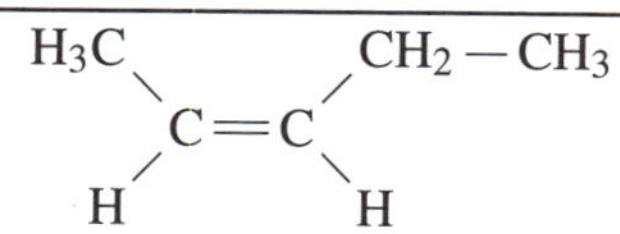 Molécule B
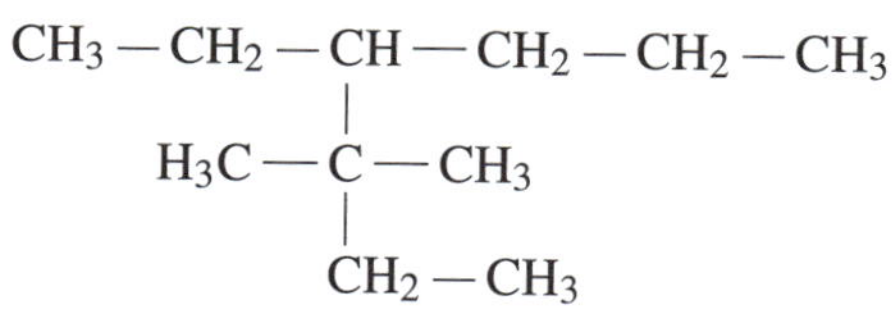 Molécule C	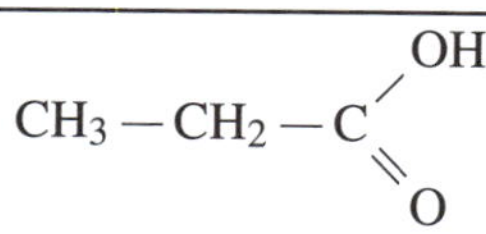 Molécule D
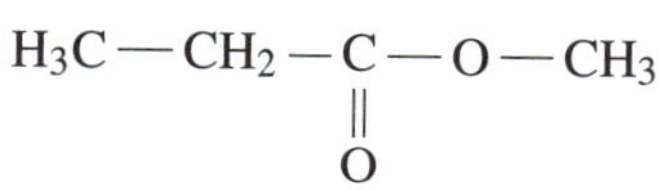 Molécule E	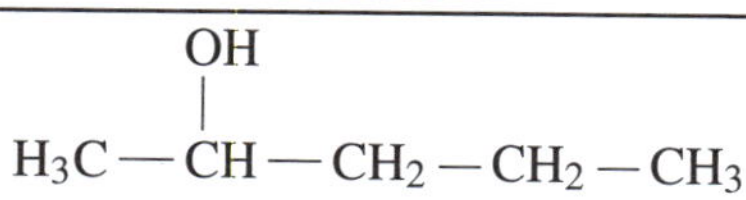 Molécule F
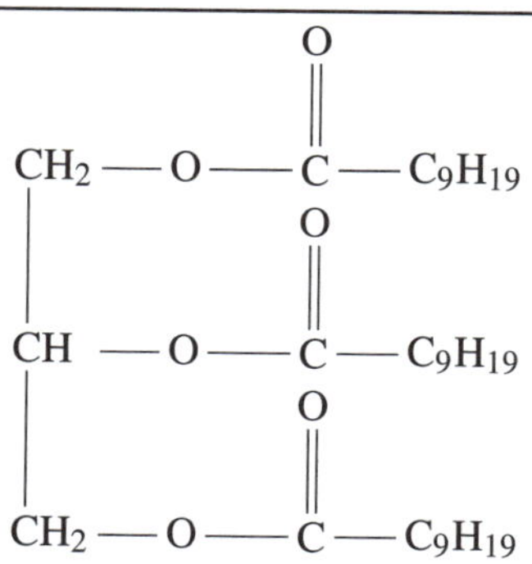 Molécule G	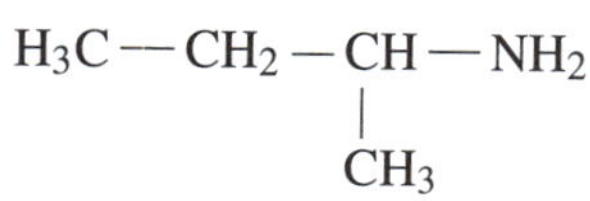 Molécule H

3 Formules topologiques

★★ 15 min Corrigé p. 198

Lycée Louis Pasteur, Lille

Écrire les formules semi-développées des molécules suivantes :

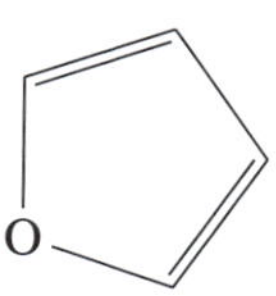

Furane

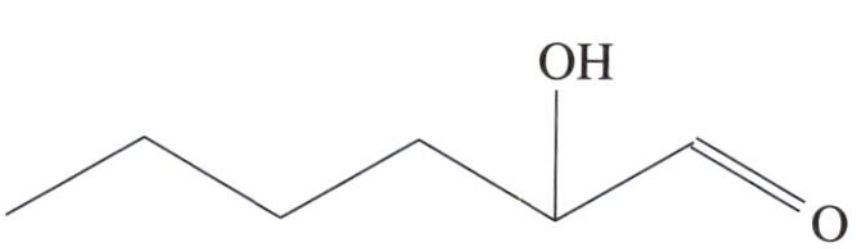

2-hydroxyheptanal

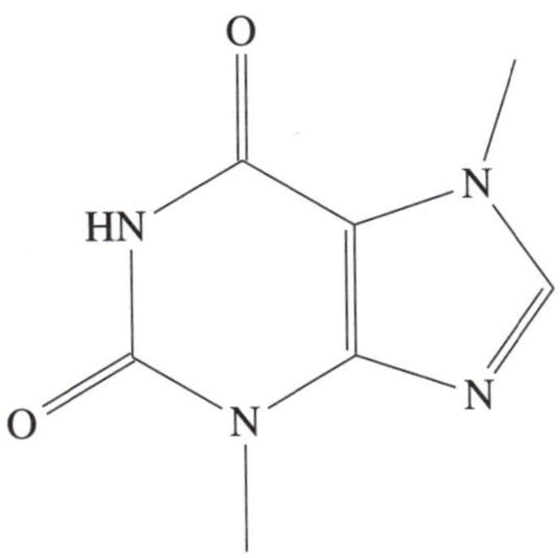

Théobromine

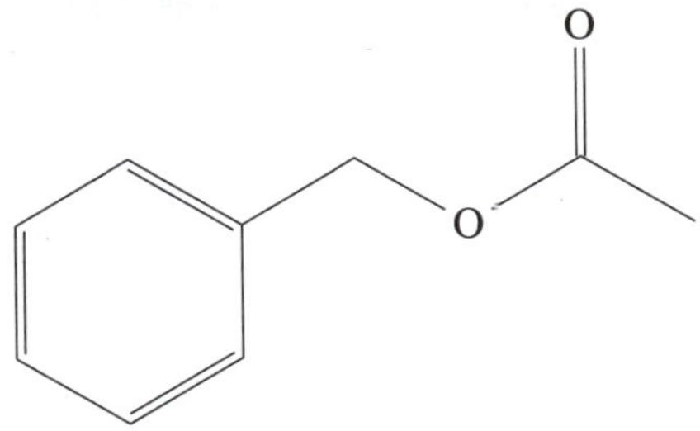

Acétate de benzyle

4 Formules topologiques

★★★ 10 min Corrigé p. 198

Lycée Henri IV, Paris

Donner la formule semi-développée des trois molécules ci-après.

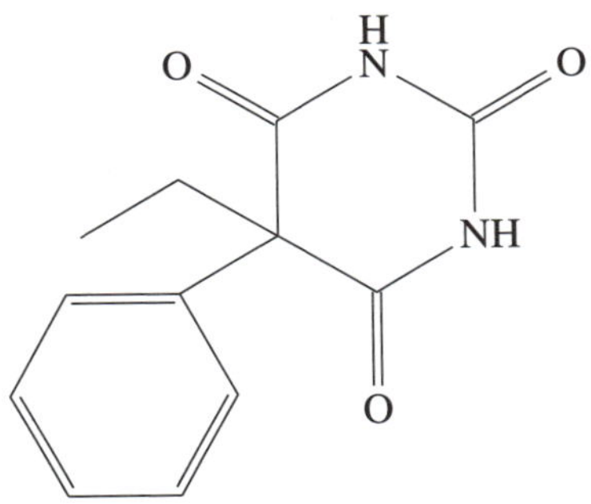

Phénobarbital

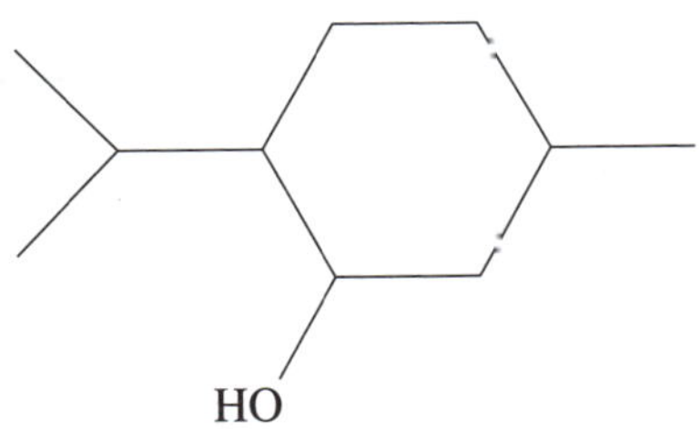

Menthol

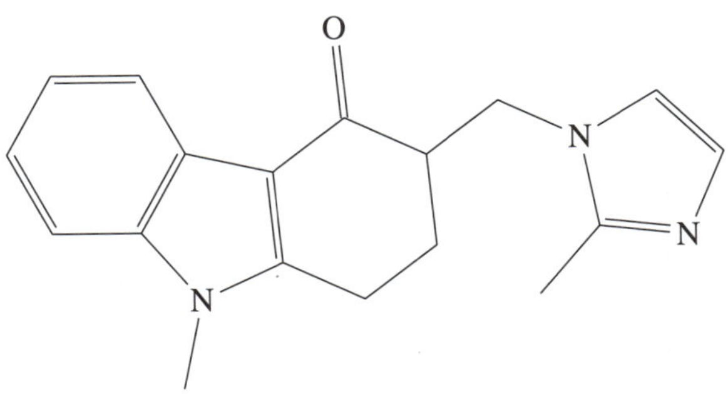

Odansétron

5 Réaction d'un ester chromique

★★★ 15 min Corrigé p. 199

Lycée Blaise Pascal, Clermont-Ferrand

On considère un ester chromique de formule générale :

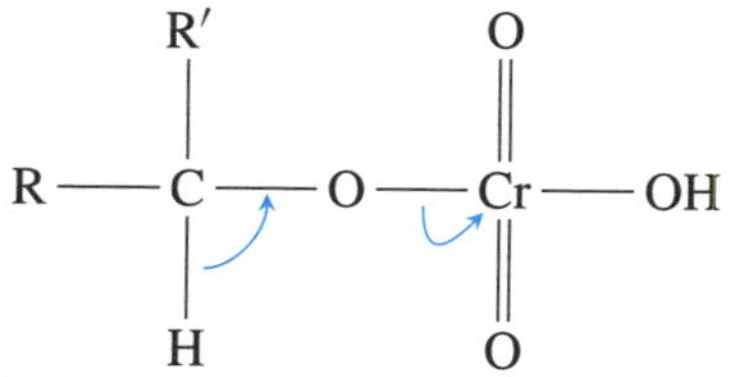

où les radicaux R et R' sont des groupes alkyles.

1. Indiquer les produits de la réaction correspondant aux mouvements des doublets électroniques indiqués en bleu sur la figure.
2. Quel est le nom générique du composé obtenu sur lequel se trouvent les groupes alkyles ?

6 Réaction de Fischer

★★★ 15 min Corrigé p. 199

Lycée Jean de la Fontaine, Paris

On considère le mécanisme réactionnel en cinq étapes représenté ci-dessous :

Étape 1	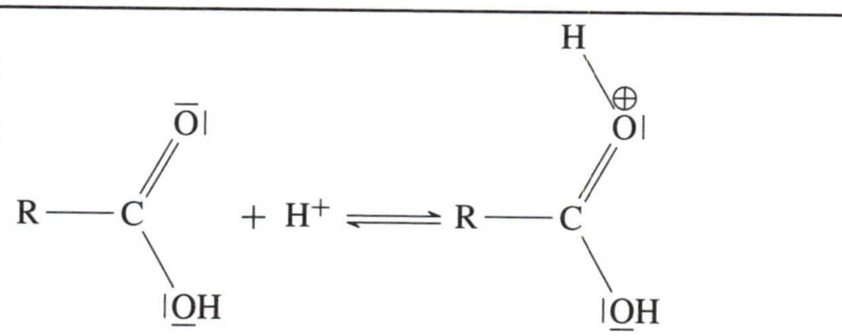
Étape 2	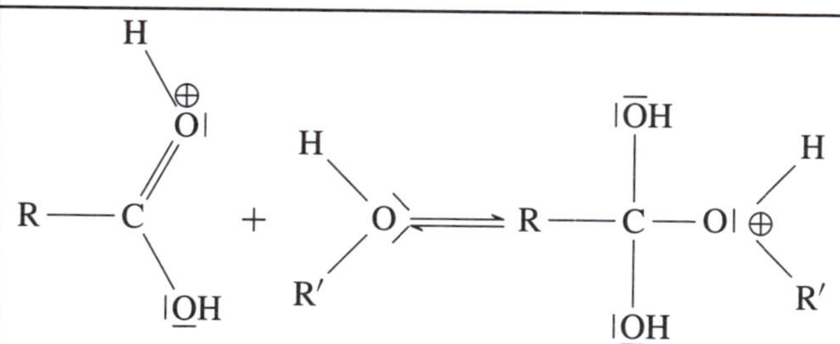
Étape 3	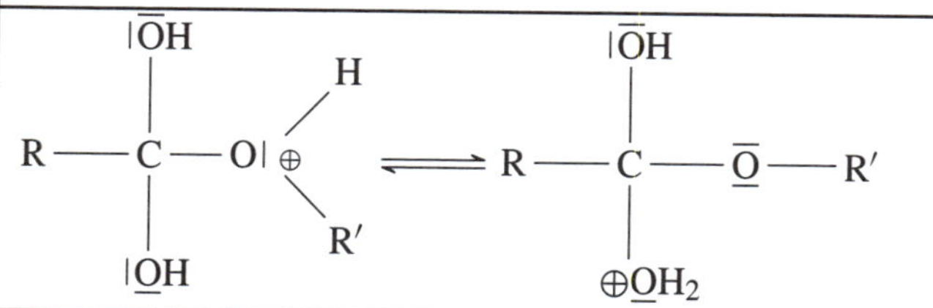

Étape 4	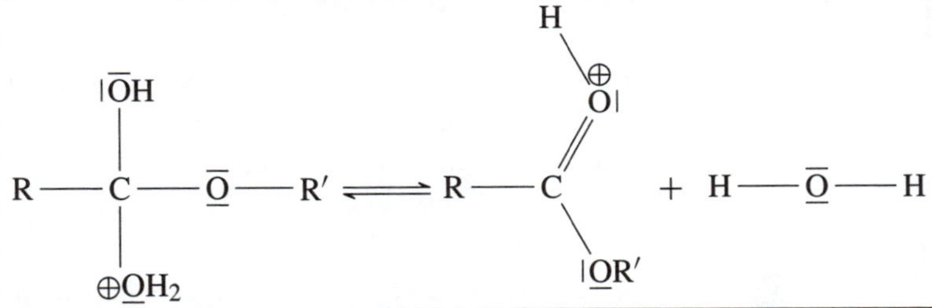
Étape 5	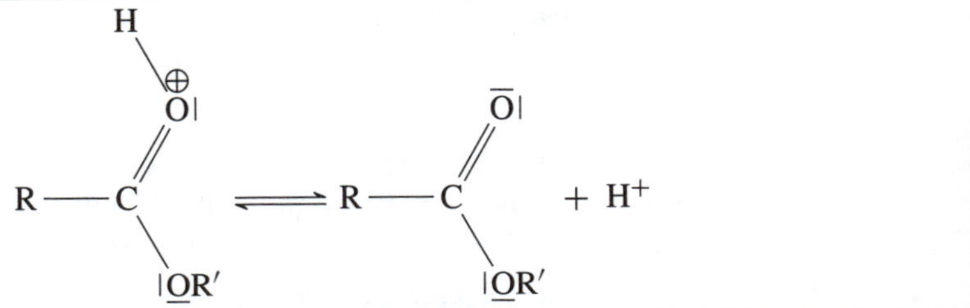

1 Écrire l'équation-bilan de la réaction décrite par ce mécanisme.

2 De quel type de réaction s'agit-il ?

3 Indiquer le type de réaction décrites par les étapes 2 et 4, parmi les suivantes : substitution, addition, élimination.

4 Recopier l'étape 2 et indiquer sur les réactifs les mouvements de doublet d'électrons par des flèches courbes.

5 Quel est le rôle joué par le cation H^+ ?

1 QCM Vérifiez vos connaissances

Enoncé p. 191

1 Réponse [d]. La chaîne carbonée la plus longue portant le groupe —OH est la chaîne horizontale de quatre atomes de carbone. On la numérote en commençant au plus près du groupe —OH, donc à partir de la gauche. Le second carbone porte le groupe fonctionnel alcool, et un groupe méthyle. C'est donc du 2-méthylebutan-2-ol.

2 Réponse [c]. Le mot déshydratation suggère la perte d'eau, donc il doit s'agir d'une réaction d'élimination.

3 Réponse [a]. L'un des produits de cette réaction est par conséquent de l'eau.

4 Réponses [b] et [c]. Les réactifs dissymétriques sont ceux qui ont une ou des liaison(s) polaire(s) (puisqu'on doit identifier « la partie électropositive du réactif »). Ce sont donc ici HBr et H_2O.

5 Réponse [a]. La molécule d'eau se scinde en deux par déplacement d'un doublet électronique correspondant à l'une des deux liaisons O—H, vers l'atome d'oxygène. Elle se scinde donc en HO^- (partie électronégative) et H^+ (partie électropositive).

6 Réponse [a]. Écrivons les deux réactions de déshydratation de la molécule A :

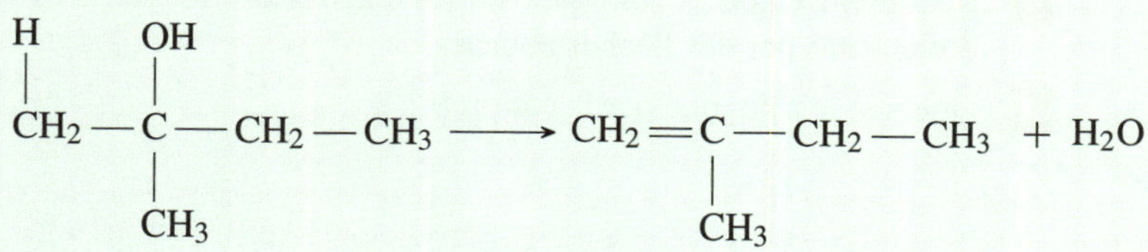

Molécule B

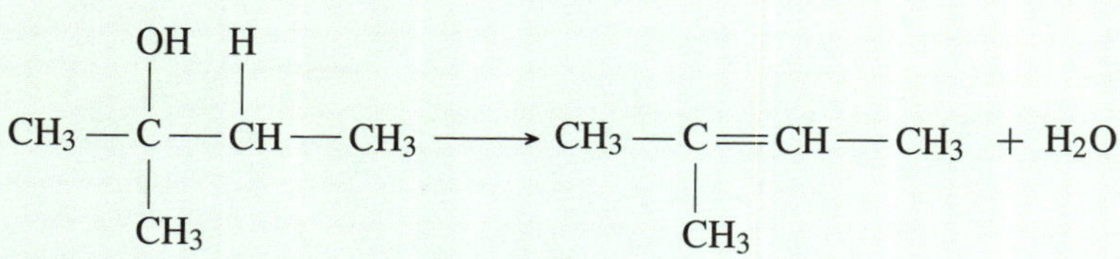

Molécule C

L'addition d'eau sur la molécule B, suivant la règle donnée dans l'énoncé, va greffer un atome d'hydrogène sur le carbone de la double liaison qui est lié au plus grand nombre d'atomes d'hydrogène, donc sur l'atome de carbone de gauche. Le groupe —OH va donc aller sur le deuxième carbone. On retrouve alors la molécule A.

De manière analogue, l'addition d'eau sur la molécule C va greffer un atome d'hydrogène sur le carbone numéro 3 (puisqu'il est lié à un atome d'hydrogène, alors que l'atome numéro 2 n'est lié à aucun). Par conséquent, le groupe —OH va se greffer à nouveau sur le carbone numéro 2. On retrouve encore la molécule A.

Au final, on voit que l'on n'obtient, par addition d'eau sur un mélange de molécules B et C, que la molécule A, donc un seul produit.

2 Formules topologiques

Enoncé p. 192

Lycée Stendhal, Grenoble

Les formules topologiques sont les suivantes :

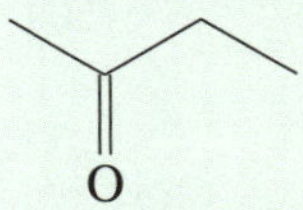 Molécule A	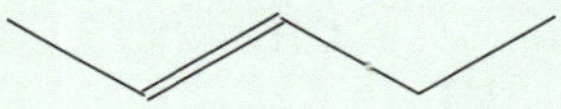 Molécule B
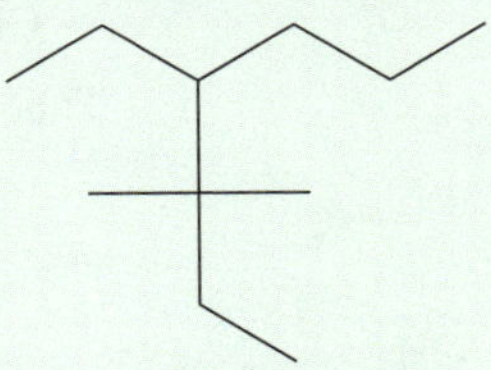 Molécule C	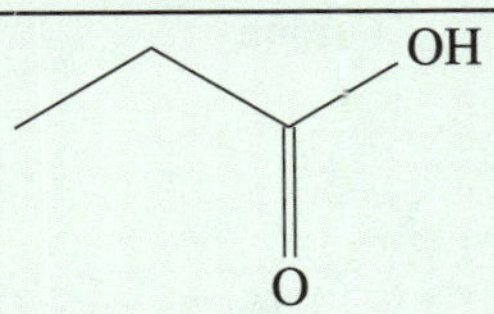 Molécule D
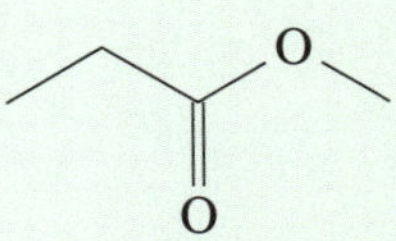 Molécule E	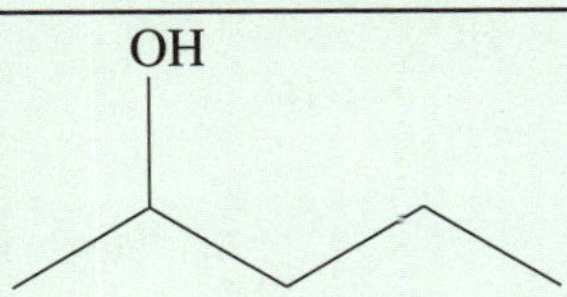 Molécule F
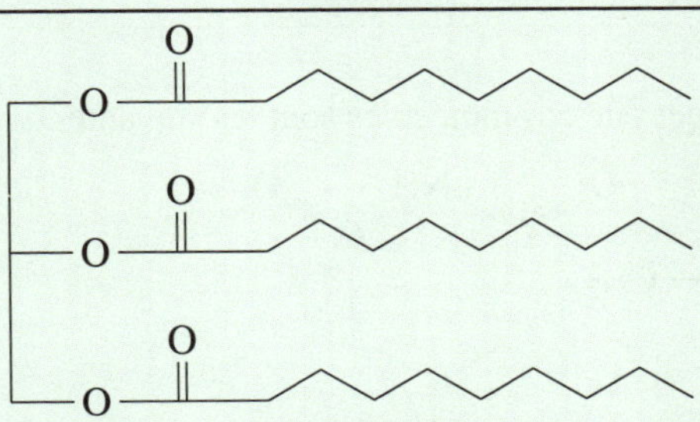 Molécule G	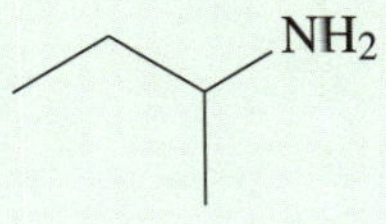 Molécule H

3 Formules topologiques

Enoncé p. 192

Lycée Louis Pasteur, Lille

Comme indiqué en cours, on remplace chaque sommet de liaison vide par un atome de carbone, puis on complète chaque carbone et chaque hétéroatome avec des atomes d'hydrogène, à concurrence de la valence de l'atome. Cela donne :

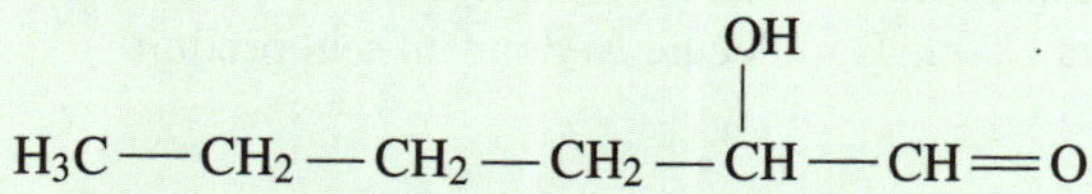

2-hydroxyheptanal

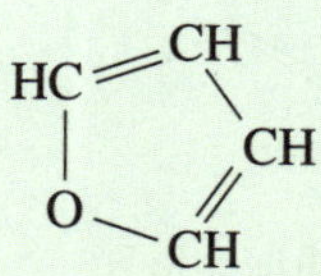

Furane

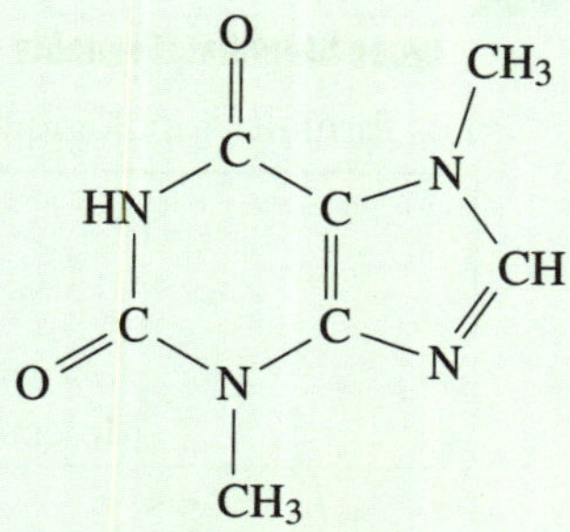

Théobromine

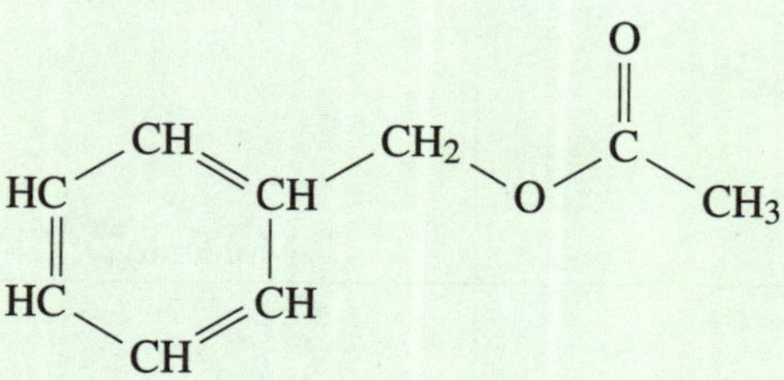

Acétate de benzyle

4 Formules topologiques

Enoncé p. 193

Lycée Henri IV, Paris

Les formules semi-développées de ces molécules sont les suivantes.

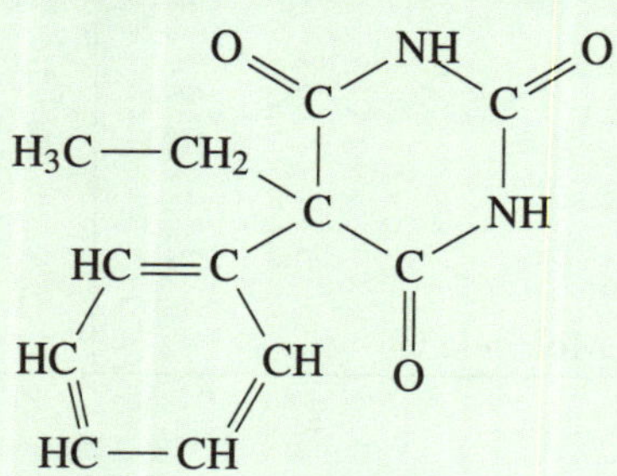

Phénobarbital

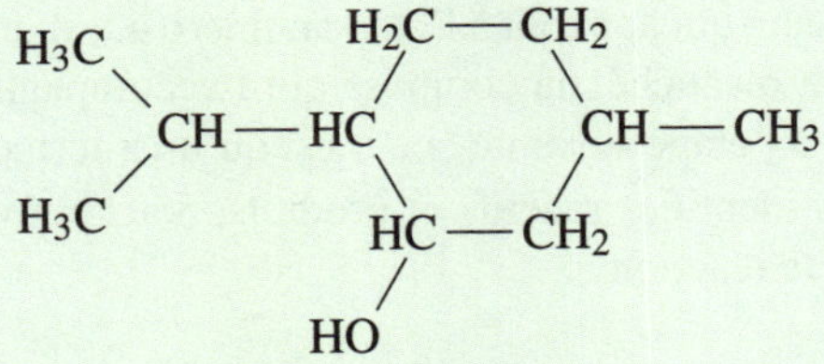

Menthol

La formule semi-développée de l'odansétron est la suivante :

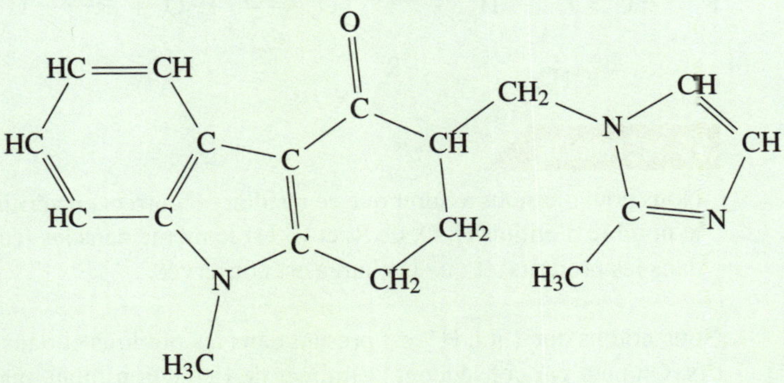

5 Réaction d'un ester chromique

Enoncé p. 194

Lycée Blaise Pascal, Clermont-Ferrand

1 La flèche de gauche correspond à la séparation d'un proton H^+ et à la formation d'une double liaison C=O. La flèche de droite correspond au départ de l'ion $HCrO_3^-$. Nous avons donc les produits suivant :

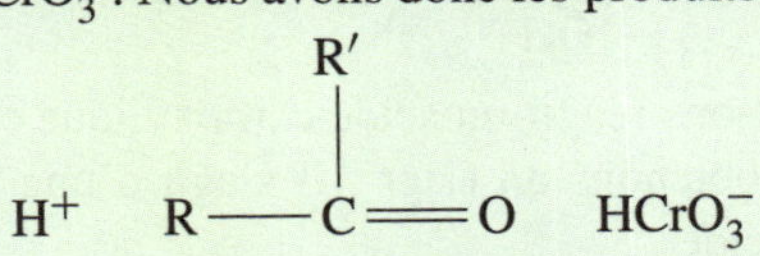

2 Le composé sur lequel se trouvent les groupes alkyles est une cétone.

6 Réaction de Fischer

Enoncé p. 194

Lycée Jean de la Fontaine, Paris

1 Il nous faut avant toute chose identifier réactifs et produits. Les réactifs sont tous les composés apparaissant dans les membres de gauche des étapes, qui ne sont pas des intermédiaires réactionnels d'étapes antérieures. Ainsi, HOR' qui apparaît à l'étape numéro 2 est un réactif, mais pas le composé qui le précède, puisque c'est un intermédiaire réactionnel issu de l'étape numéro 1. On identifie de manière similaire les produits. Ce sont tous les composés apparaissant dans les membres de droite des étapes, qui ne sont pas des intermédiaires réactionnels, c'est-à-dire qui ne sont pas réutilisés dans une étape ultérieure.

Ainsi, l'eau, qui apparaît à l'étape numéro 4, est un produit. Ce n'est pas le cas, en revanche, du composé qui l'accompagne puisque celui-ci est réutilisé à l'étape suivante : ce n'est qu'un intermédiaire réactionnel. Une fois identifiés réactifs et produits, nous pouvons écrire l'équation-bilan de la réaction :

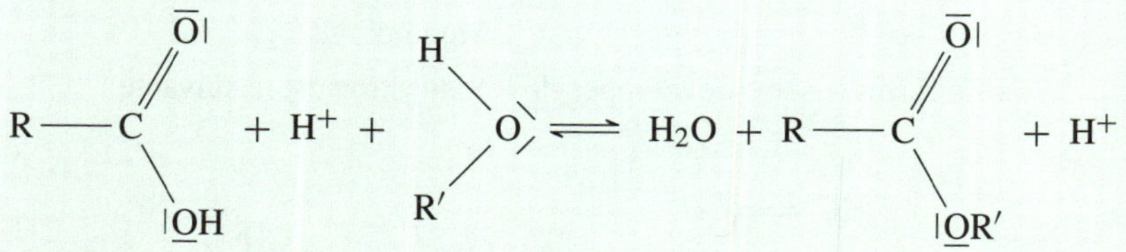

MÉTHODE

Nous pouvons nous assurer que ce résultat est correct en vérifiant que le nombre d'entités H, O, C, R, et R' est le même dans les réactifs et dans les produits, et que la charge est conservée.

Nous notons que l'ion H^+ est présent dans les produits et dans les réactifs. On peut par conséquent l'éliminer de l'équation-bilan, mais il faut préciser sur la double flèche de réaction que celle-ci doit être effectuée en milieu acide :

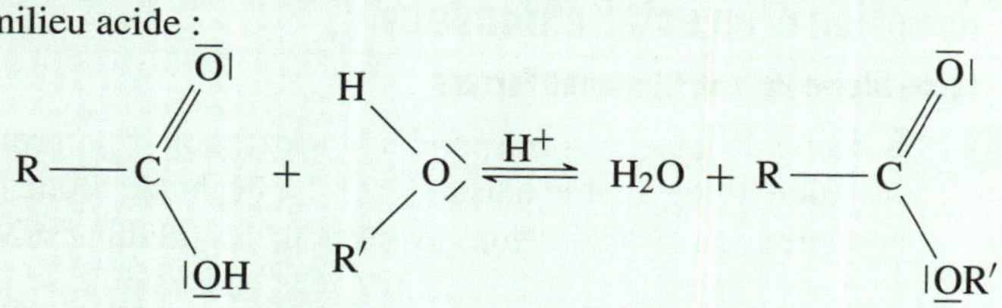

2 Nous faisons réagir un acide carboxylique et un alcool en milieu acide, et nous obtenons un ester : il s'agit d'une réaction d'estérification en milieu acide.

3 L'étape 2 correspond à une addition, et l'étape 4 à une élimination.

4 Les mouvements des doublets d'électrons s'effectuent comme suit :

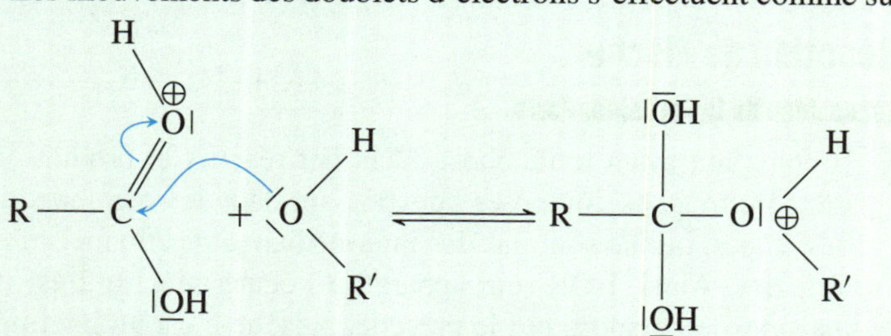

5 Le cation H^+ est utilisé au cours d'une ou plusieurs étapes de la réaction, mais il est régénéré à la fin : il n'intervient pas dans l'équation-bilan (comme nous l'avons vu plus haut) mais il est nécessaire au déroulement de la réaction. Il joue donc le rôle de catalyseur.

Chapitre 10

Force et mouvement

Plan du chapitre

1. Introduction
2. Vitesse et accélération
3. Vecteur accélération dans quelques cas particuliers
4. Deuxième loi de Newton

1 Introduction

Exercice type — Lycée Thiers, Marseille

On considère un objet ponctuel massif initialement immobile, de masse $m = 100$ g, situé à $t = 0$ à l'origine du repère $(O, \vec{\imath}, \vec{\jmath})$. Il est soumis aux deux forces constantes $\overrightarrow{F_1}$ et $\overrightarrow{F_2}$, de valeurs respectives $F_1 = F_2 = 6$ N.

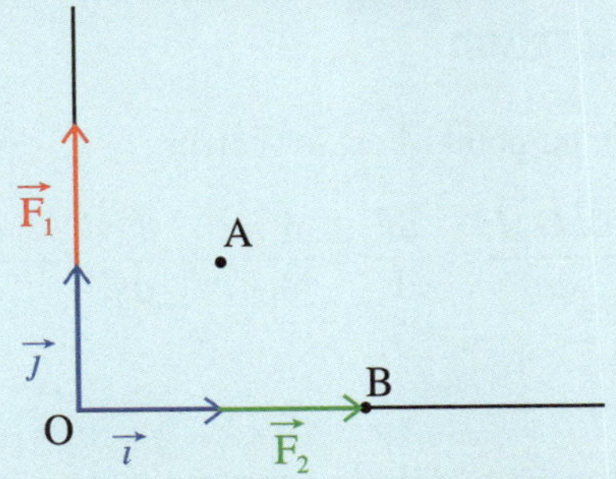

1 L'objet va-t-il passer par le point A ? Par le point B ?

2 À quelle date arrivera-t-il au point identifié à la question précédente ?

Données :

Les coordonnées de A dans le repère $(O, \vec{\imath}, \vec{\jmath})$ sont respectivement $x = 1$ m et $y = 1$ m.

Les coordonnées de B dans le repère $(O, \vec{\imath}, \vec{\jmath})$ sont respectivement $x = 2$ m et $y = 0$ m.

On considérera que le repère $(O, \vec{\imath}, \vec{\jmath})$ est attaché à un référentiel galiléen.

Voir corrigé page 206

2 Vitesse et accélération

Dans les sections qui suivent, on étudie le mouvement d'un système ponctuel M. Le point O est un point quelconque de l'espace, fixe dans le référentiel d'étude.

2.1 Vecteur vitesse

Le point M est repéré par la donnée du vecteur $\overrightarrow{OM}(t) = x(t)\vec{i} + y(t)\vec{j} + z(t)\vec{k}$. La donnée des fonctions $x(t)$, $y(t)$ et $z(t)$ constitue *l'équation horaire* du point M, et le vecteur $\overrightarrow{OM}$ est le vecteur position du système.

Le vecteur vitesse du point M est le vecteur :

$$\vec{v} = \frac{\mathrm{d}\overrightarrow{OM}}{\mathrm{d}t} = \frac{\mathrm{d}x}{\mathrm{d}t}\vec{i} + \frac{\mathrm{d}y}{\mathrm{d}t}\vec{j} + \frac{\mathrm{d}z}{\mathrm{d}t}\vec{k}.$$

À RETENIR

Le vecteur vitesse est la dérivée par rapport au temps du vecteur position du système.

Les composantes du vecteur vitesse sont les dérivées de l'équation horaire.

2.2 Vecteur accélération

Le vecteur accélération du point M est le vecteur :

$$\vec{a} = \frac{\mathrm{d}^2\overrightarrow{OM}}{\mathrm{d}t^2} = \frac{\mathrm{d}\vec{v}}{\mathrm{d}t} = \frac{\mathrm{d}^2x}{\mathrm{d}t^2}\vec{i} + \frac{\mathrm{d}^2y}{\mathrm{d}t^2}\vec{j} + \frac{\mathrm{d}^2z}{\mathrm{d}t^2}\vec{k}.$$

À RETENIR

Le vecteur accélération est la dérivée par rapport au temps du vecteur vitesse du système.

Les composantes du vecteur accélération sont les dérivées secondes de l'équation horaire.

Pour déterminer l'équation horaire d'un objet connaissant son accélération, on intègre deux fois par rapport au temps les coordonnées de son accélération (voir la correction de l'exercice type).

2.3 Unités

Dans les unités du Système International, les composantes de l'équation horaire s'expriment en mètre (de symbole m), et ses dérivées temporelles successives, la vitesse, en mètre par seconde ($\mathrm{m.s^{-1}}$) et l'accélération, en mètre par seconde carrée ($\mathrm{m.s^{-2}}$).

3 Vecteur accélération dans quelques cas particuliers

3.1 Cas d'un mouvement rectiligne

Dans un mouvement rectiligne, le vecteur accélération est dirigé le long du mouvement.

- Si le vecteur accélération, en outre, est constant, on parle de mouvement uniformément accéléré.
- Si le vecteur accélération est nul, le mouvement se fait à vitesse constante et le mouvement est dit rectiligne et uniforme.

3.2 Cas d'un mouvement circulaire : base de Frenet

On étudie un point M ayant un mouvement circulaire. On appelle $\vec{T}$ le vecteur unitaire tangent en M à la trajectoire et dirigé dans le sens du mouvement, et $\vec{N}$ le vecteur normal en M à la trajectoire et dirigé vers le centre du cercle. On appelle v la norme du vecteur vitesse de M.

La base $(\vec{T}, \vec{N})$ est appelée la base de Frenet, ou base de Frenet-Serret, ou encore parfois base de Serret-Frenet. Dans cette base, le vecteur accélération d'un mouvement circulaire a une expression relativement simple.

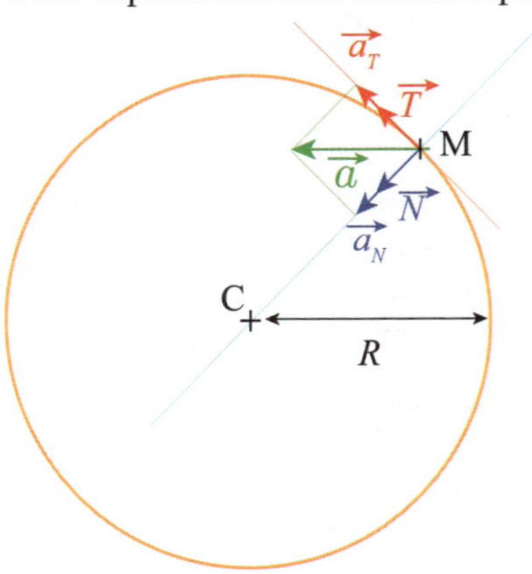

Ainsi, dans la figure ci-dessus, le système décrit une trajectoire circulaire de rayon R dans le sens trigonométrique (sens contraire des aiguilles d'une montre). Son accélération comporte deux composantes : a_T, le long du vecteur $\vec{T}$, et a_N, le long du vecteur $\vec{N}$.

Le vecteur accélération s'écrit :

$$\vec{a} = a_T \vec{T} + a_N \vec{N} \quad \text{avec :} \quad a_T = \frac{\mathrm{d}v}{\mathrm{d}t} \quad \text{et} \quad = \frac{v^2}{R}.$$

La quantité a_T est parfois appelée l'accélération tangentielle, et a_N l'accélération normale (« normale » signifiant ici « perpendiculaire »).

On peut aussi écrire directement :

$$\vec{a} = \frac{\mathrm{d}v}{\mathrm{d}t}\vec{T} + \frac{v^2}{R}\vec{N}.$$

À RETENIR

Dans le cas d'un mouvement circulaire, le vecteur accélération est toujours dirigé vers l'intérieur du cercle décrit.

En outre, dans le cas particulier d'un mouvement uniforme, le vecteur accélération est colinéaire au vecteur $\vec{N}$, puisque $a_T = \frac{\mathrm{d}v}{\mathrm{d}t} = 0$. La droite qui porte ce vecteur passe donc par le centre du cercle et sa norme, qui est constante, vaut $\frac{v^2}{R}$.

4 Deuxième loi de Newton

Dans les classes antérieures il a été vu que l'action des forces extérieures appliquées à un système modifie sa vitesse. Ici nous allons formaliser cette relation, et relier la somme vectorielle des forces appliquées au système au taux de variation de son vecteur vitesse, c'est-à-dire son accélération. Auparavant, il nous faut introduire la notion de centre de masse.

4.1 Centre de masse

Le centre de masse d'un système est le point où l'on peut considérer que s'appliquent les différentes forces extérieures au système. Si le système possède un centre de symétrie (par exemple si le système a une répartition sphérique, ou la forme d'une brique, etc.), le centre de masse coïncide avec le centre de symétrie.

POUR ALLER PLUS LOIN

De manière plus rigoureuse, pour faire le lien avec le cours de Mathématiques, le centre de masse correspond au barycentre des différents points constituant le système, pondérés par leur masse.

4.2 Référentiels galiléens

Nous définissons ici un type de référentiel particulier, d'importance capitale pour étudier ensuite la relation fondamentale de la dynamique, encore appelée « deuxième loi de Newton ». Il s'agit des référentiels galiléens.

4.3 Rappel : système isolé et première loi de Newton

Un système est dit isolé quand il n'est soumis à aucune force extérieure.

À RETENIR

Première loi de Newton : le centre de masse d'un système isolé est animé d'un mouvement de translation rectiligne uniforme.

Quelques commentaires sur la première loi de Newton :

1. Rectiligne signifie « en ligne droite ».
2. Uniforme signifie « à vitesse constante ».
3. Mathématiquement, cela signifie que le vecteur vitesse du centre de masse du système est une constante :
$$\overrightarrow{v_G} = \overrightarrow{c^{te}}.$$
4. Cette vitesse peut être nulle : il s'agit d'un cas particulier. Le centre de masse du système isolé est alors immobile.

Définition 1

On appelle référentiel galiléen tout référentiel dans lequel la première loi de Newton est vérifiée.

Le référentiel terrestre (lié à la surface terrestre) est *approximativement* galiléen. Le référentiel géocentrique (lié au centre de la Terre) et héliocentrique (lié au centre du soleil) peuvent également être considérés comme galiléens.

4.4 Énoncé de la deuxième loi de Newton

La deuxième loi de Newton relie la somme vectorielle des forces extérieures $\Sigma \vec{F}$ qui s'exercent sur un système donné de masse m et l'accélération $\vec{a}$ du centre de masse de ce système dans un référentiel galiléen.

À RETENIR

La deuxième loi de Newton s'écrit :
$$\Sigma \vec{F} = m\vec{a}.$$
Cette relation n'est vraie que si le référentiel est galiléen.

Notons que cette relation est aussi parfois appelée « relation fondamentale de la dynamique ».

COURS INTERROS CORRIGÉS

Cas particulier : dans le cas d'un système isolé, on retrouve la première loi de Newton. En effet, on a : $\Sigma\vec{F} = \vec{0}$ donc $\vec{a} = \vec{0}$. Par conséquent, $\vec{v}$ a pour dérivée par rapport au temps le vecteur nul. Ce vecteur est donc constant dans le temps : $\vec{v} = \overrightarrow{c^{te}}$. C'est précisément ce qu'affirme la première loi de Newton.

Solution de l'exercice type

Lycée Thiers, Marseille

Le système considéré est l'objet M. La somme vectorielle $\vec{F}$ des forces appliquées au système est représentée ci-dessous. Elle a pour module :

$$F = \sqrt{F_1^2 + F_2^2} = \sqrt{36+36} = 6\sqrt{2} \approx 8{,}48 \text{ N}.$$

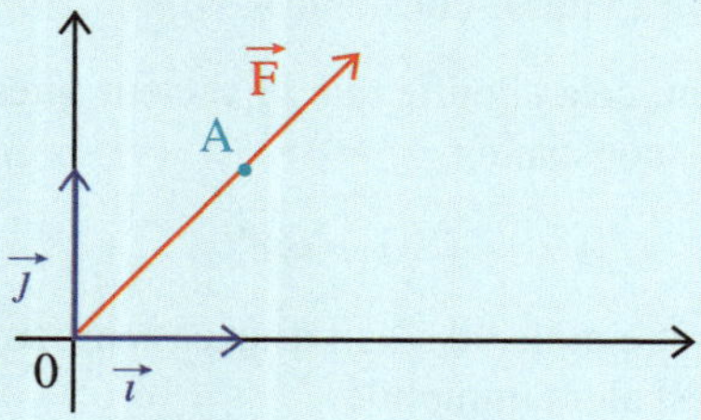

1 Puisque le système est initialement immobile et soumis à une force constante, sa trajectoire va être la droite passant par O (sa position initiale) et portée par le vecteur $\vec{F}$. L'objet va donc passer par le point A.

2 On établit l'équation horaire du système. On appelle (x, y) les coordonnées du point M. On peut écrire :

$$m\frac{\mathrm{d}^2\overrightarrow{OM}}{\mathrm{d}t^2} = \vec{F} \quad \text{soit :} \quad m\begin{pmatrix} \dfrac{\mathrm{d}^2x}{\mathrm{d}t^2} \\ \dfrac{\mathrm{d}^2y}{\mathrm{d}t^2} \end{pmatrix} = \begin{pmatrix} F_2 \\ F_1 \end{pmatrix}.$$

On commence par étudier la projection de cette égalité sur la coordonnée x. Elle s'écrit :

$$m\frac{\mathrm{d}^2x}{\mathrm{d}t^2} = F_2$$

qui s'intègre une première fois par rapport au temps t en :

$$m\frac{\mathrm{d}x}{\mathrm{d}t} = F_2t + v_x^0.$$

…

Solution de l'exercice type (suite)

Lycée Thiers, Marseille

La constante d'intégration v_x^0 est déterminée par les *conditions initiales*. Lorsque $t = 0$, on sait que la vitesse du système est nulle, soit $\frac{\mathrm{d}x}{\mathrm{d}t} = 0$. La relation ci-dessus donne d'autre part à $t = 0$: $\frac{\mathrm{d}x}{\mathrm{d}t} = v_x^0$. On en déduit que la constante d'intégration v_x^0 est nulle, soit :

$$m\frac{\mathrm{d}x}{\mathrm{d}t} = F_2 t.$$

On intègre une deuxième fois cette relation par rapport au temps. Cela donne :

$$x = \frac{F_2}{2m}t^2 + x_0$$

où x_0, constante d'intégration, est déterminée par les *conditions initiales*. Lorsque $t = 0$, on sait que l'abscisse x du système est nulle, soit $x = 0$. La relation ci-dessus donne d'autre part à $t = 0$: $x = x_0$. On en déduit que la constante d'intégration x_0 est nulle, soit :

$$x = \frac{F_2}{2m}t^2.$$

L'équation horaire de la trajectoire projetée sur l'axe $(O,\vec{j})$ s'obtient de manière similaire, et conduit à un résultat identique :

$$y = \frac{F_1}{2m}t^2.$$

La date t_A à laquelle le système passe par le point A s'obtient en écrivant :

$$x_A = \frac{F_2}{2m}t_A^2 \quad \text{soit :} \quad t_A = \sqrt{\frac{2mx_A}{F_2}}.$$

L'application numérique donne :

$$t_A = \sqrt{\frac{2 \times 0{,}1 \times 1}{6}} \approx 0{,}18 \text{ s}.$$

Le système passe au point A au bout de dix-huit centièmes de seconde.

- Bien évidemment, utiliser plutôt l'équation sur y pour déterminer t_A aurait donné le même résultat, sinon cela signifierait que le système ne passe pas par le point A.
- On aurait pu aussi se contenter de travailler sur l'axe $(O,\vec{u})$, où $\vec{u}$ est le vecteur unitaire dirigé par la droite (OA), orienté de O vers A. La coordonnée du point A dans le repère $(O,\vec{u})$ est $q_A = \sqrt{2} \approx 1{,}41$ m. La date de passage au point A s'obtient alors par :

$$t_A = \sqrt{\frac{2mq_A}{F}},$$

ce qui donne bien entendu le même résultat.

Voir énoncé page 201

1 QCM Testez vos connaissances

5 min Corrigé p. 214

1 Deux corps de masses différentes sont soumis à une force identique. Celui qui a la plus grande accélération est :

a le plus massif b le moins massif

2 Sur un manège en rotation, un enfant est assis sur un cheval de bois. La réaction du cheval compense exactement le poids de l'enfant.

a Vrai b Faux

3 On laisse tomber une balle de tennis sur un sol en béton. Elle rebondit. Durant le bref contact entre la balle et le sol, la réaction du sol sur la balle est toujours inférieure au poids de la balle, en valeur absolue.

a Vrai b Faux

4 La masse de la Lune est égale à 1/81e de la masse de la Terre. Le centre de masse du système Terre-Lune est situé sur la droite passant par le centre de la Terre et par le centre de la Lune.

a Vrai b Faux

Il est situé plus près de la Lune que de la Terre

a Vrai b Faux

5 Le poids d'un parachutiste, une fois son parachute déployé, est

a inférieur b égal c supérieur

à son poids en début de saut.

6 La somme vectorielle des tensions des cordes d'un parachute, une fois celui-ci déployé, est, en norme :

a inférieure au poids du parachutiste

b égale au poids du parachutiste

c supérieure au poids du parachutiste

7 Quels référentiels parmi ceux mentionnés ci-dessous peuvent être considérés comme galiléens ?

a Le référentiel lié au sol

b Une voiture qui accélère

c Une voiture qui roule à vitesse constante en ligne droite

d Un avion en plein vol

8 Deux corps en mouvement de translation ont la même accélération. La somme vectorielle des forces s'exerçant sur le corps n° 1 a une norme supérieure à la somme vectorielle des forces s'exerçant sur le corps n° 2. Lequel des deux corps est le plus massif ?

a Le corps n° 1 b Le corps n° 2

9 Sur la figure ci-dessous sont représentés vectoriellement le poids $\vec{P}$ d'une personne dans un ascenseur, ainsi que la réaction $\vec{R}$ du sol de l'ascenseur sur la personne.

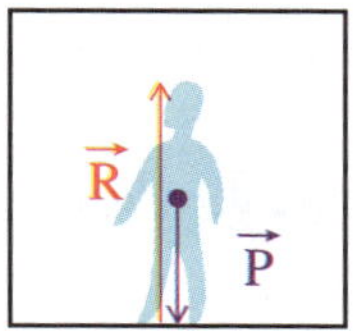

L'ascenseur est-il en train de :

a monter **b** descendre **c** impossible à déterminer

10 Sur la figure ci-dessous sont représentés vectoriellement le poids $\vec{P}$ d'une personne dans un ascenseur, ainsi que la réaction $\vec{R}$ du sol de l'ascenseur sur la personne. L'ascenseur est en train de descendre.

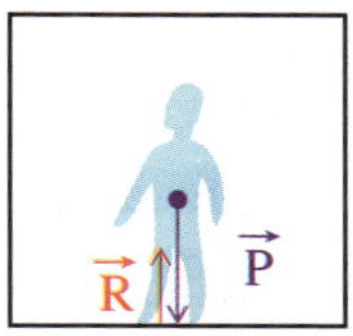

S'agit-il :

a du début **b** de la fin

de la descente ?

11 Une masse m oscille verticalement au bout d'un ressort auquel elle est attachée.

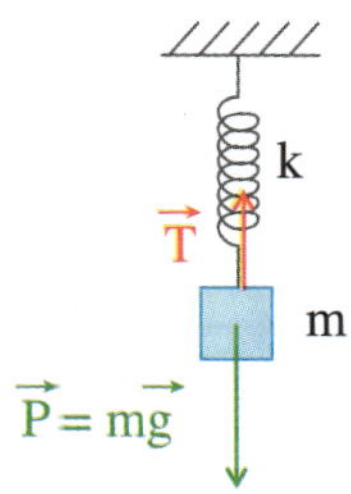

La norme de la tension T du ressort est :

a Toujours inférieure à mg

b Toujours supérieure à mg

c Alternativement inférieure et supérieure à mg

12 On considère un mobile se déplaçant horizontalement sur coussin d'air et accroché à un ressort, dont on indique en pointillés la longueur à vide l_0. Le mobile se déplace vers la droite.

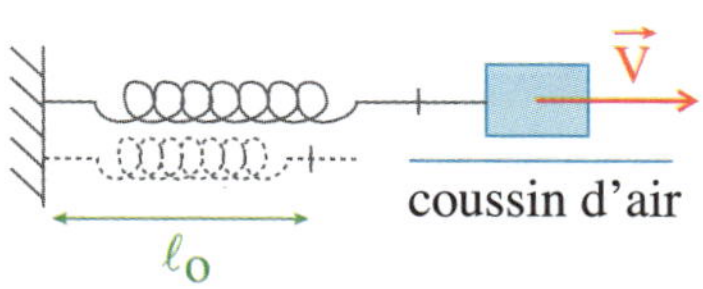

a Il ralentit **b** Il accélère

2 Couple de patineurs ★★ 10 min Corrigé p. 215

D'après Lycée du Parc, Lyon

Un couple de patineurs sur glace se trouve immobile au centre de la piste. À l'instant $t = 0$, ils se repoussent mutuellement. On néglige les forces de frottement, c'est-à-dire que l'on suppose que la réaction de la piste est perpendiculaire au sol.

1. Montrer que le centre de masse du système {patineur+patineuse} reste immobile.
2. Sachant qu'à $t = 5{,}0$ s, la distance séparant les deux partenaires est $d = 12$ m, quelle est la vitesse du patineur par rapport au sol ?

Indication : Les patineurs ont la même masse.

3 Arrêt d'un véhicule ★★ 15 min Corrigé p. 216

Lycée Léonard Limosin, Limoges

Une voiture de masse $m = 1242$ kg, lancée à 105 km.h^{-1} sur une piste horizontale et rectiligne, s'arrête en un temps $t = 6{,}3$ s. On suppose que la décélération du véhicule est uniforme. Calculer :

1. La valeur de la force de freinage.
2. La distance d'arrêt du véhicule.

4 Mouvement circulaire ★★ 40 min Corrigé p. 218

Nouveau Programme

Un élève veut écrire un script en Python permettant d'afficher le vecteur accélération de la trajectoire d'un point matériel en mouvement circulaire. Il écrit le script 1 (page suivante), qui définit diverses fonctions donnant la position, le vecteur vitesse ou le vecteur accélération du point matériel. En outre il écrit une fonction `TraceVecteurAcceleration(t)`, qui trace une flèche dont l'origine se trouve à la position du point matériel à l'instant `t`, et dont la longueur et direction sont celles du vecteur accélération. Les unités sont, pour toutes les grandeurs, celles du Système International.

Après avoir défini ces différentes fonctions, il fait tracer par une boucle en Python 50 vecteurs accélération pour 50 points régulièrement espacés de la trajectoire circulaire, de la manière suivante :

Script 2

```
for t in linspace (0,2*pi*R0/V0,num=50,endpoint=False):
    TraceVecteurAcceleration(t)
xlim(-7,7)
ylim(-7,7)
```

Script 1

```
R0=5
V0=3

def VecteurPosition (t):
    x = R0*cos(t*V0/R0)
    y = R0*sin(t*V0/R0)
    return x,y

def VecteurVitesse (t, h=1e-5):
    x0, y0 = VecteurPosition (t-h)
    x1, y1 = VecteurPosition (t+h)
    vx = (x1 - x0)/(2*h)
    vy = (y1 - y0)/(2*h)
    return vx,vy

def VecteurAcceleration (t, h=1e-5):
    vx0, vy0 = VecteurVitesse (t-h)
    vx1, vy1 = VecteurVitesse (t+h)
    ax = (vx1 - vx0)/(2*h)
    ay = (vy0 - vy1)/(2*h)
    return ax,ay

def TraceVecteurAcceleration (t):
    x,y    = VecteurPosition(t)
    ax,ay = VecteurAcceleration (t)
    arrow (x,y,ax,ay,head_width=.2,
    length_includes_head=True)
    plot (x,y,'+b')
```

Il obtient la figure suivante :

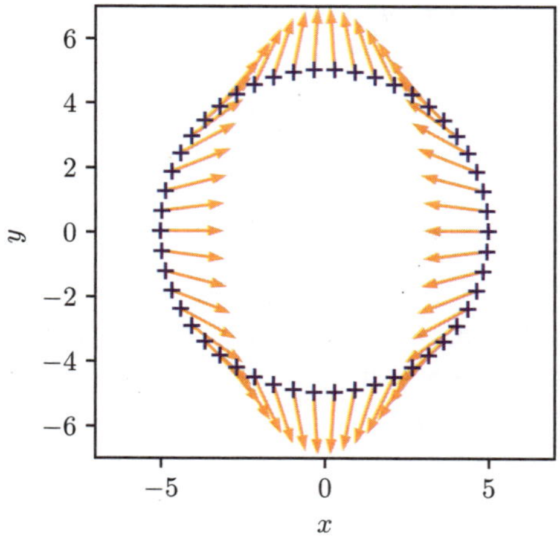

1 Quelles quantités représentent respectivement les variables `R0` et `V0` définies par l'élève ?

2 Pourquoi peut-on affirmer que l'élève a commis une erreur quelque part ?

3 Identifier cette erreur et la remplacer par l'instruction correcte.

4 Après correction, l'élève obtient la figure suivante :

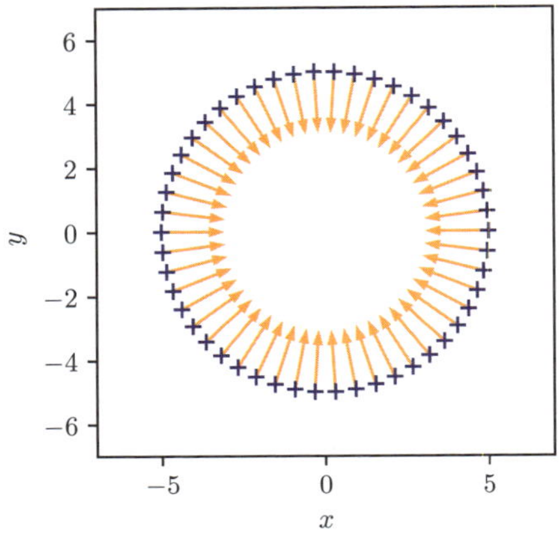

Quel adjectif s'applique à ce mouvement circulaire ? Quelles sont les caractéristiques du vecteur accélération dans ce cas ?

5 L'élève change les valeurs de `V0` et `R0` et trace à nouveau la figure. Il obtient :

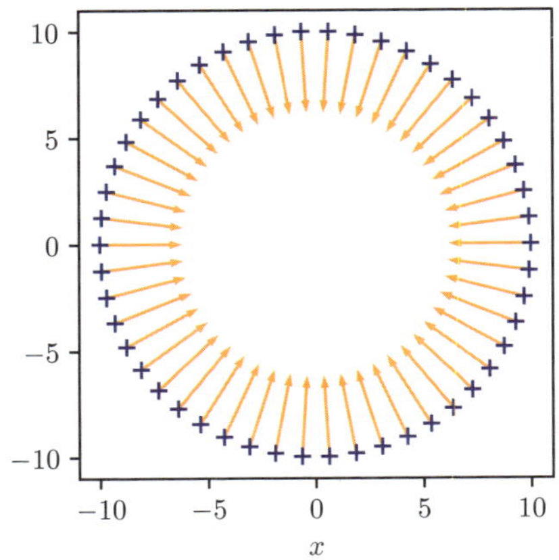

Parmi les couples de valeurs suivantes, quel a été celui choisi par l'élève ? Justifier.

(a) `R0 = 3` et `V0 = 10`

(b) `R0 = 10` et `V0 = 3`

(c) `R0 = 5` et `V0 = 2`

(d) `R0 = 10` et `V0 = 6`

5 Ascenseur

★★★ 15 min Corrigé p. 220

Lycée Henri IV, Paris

1 Un pendule formé d'un fil sans masse et d'une bille de petite masse $m = 100$ g est fixé au plafond d'un ascenseur. Calculer la tension du fil sur la bille dans les cas suivants :

(a) l'ascenseur démarre vers le haut avec une accélération constante sur un bref intervalle de temps et de valeur $a_1 = 2{,}2$ m s^{-2}.

(b) l'ascenseur se déplace ensuite à vitesse constante.

(c) l'ascenseur ralentit avec une décélération constante de valeur $a_2 = 1{,}7$ m.s^{-2}.

2 Une personne dont la masse est $m = 65$ kg se trouve dans le même ascenseur, sur un pèse-personne correctement étalonné. Quelles sont les trois indications successives du pèse-personne dans les trois cas considérés ci-dessus ?

Donnée : $g = 9{,}8$ m.s^{-2}.

6 Recul d'un canon

★★★ 15 min Corrigé p. 222

D'après lycée Saint Jean de Passy, Paris

On considère le canon représenté sur la figure ci-après. Il est initialement immobile, et tire avec un angle de 30° par rapport à l'horizontal un boulet de masse $m = 10$ kg. La vitesse du boulet dans le référentiel du canon est $v = 50$ m.s^{-1}.

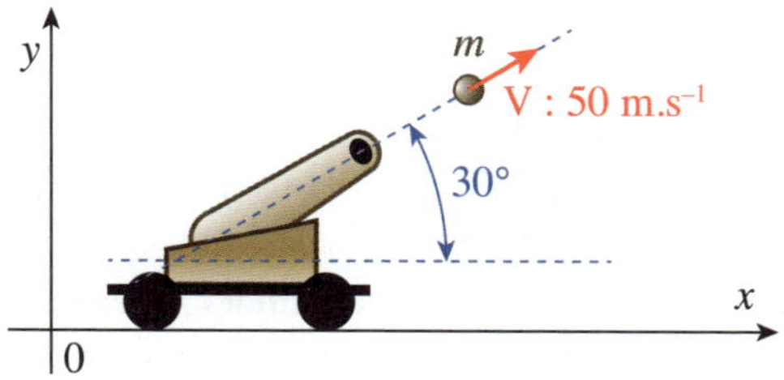

Quelle est la vitesse de recul du canon dans le référentiel lié au sol ?

Indications : la masse du canon seul (sans boulet) est $M = 320$ kg. On négligera les frottements du sol. L'abscisse x du centre de masse du système {canon + boulet} est donnée par :

$$x = \frac{m x_{\text{boulet}} + M x_{\text{canon}}}{M + m}$$

1 QCM Testez vos connaissances

Enoncé p. 208

1 Réponse **b** : le moins massif. Il suffit d'écrire « $a = F/m$ » pour se rendre compte que lorsque m augmente, a diminue (F restant constante). Pour s'en convaincre intuitivement, il suffit de comparer l'accélération d'une voiture vide et de la même voiture chargée de passagers et de bagages.

2 Réponse **b** : faux. Si c'était le cas, l'enfant vérifierait la première loi de Newton et aurait une trajectoire rectiligne uniforme, ce qui n'est évidemment pas le cas. En fait le référentiel attaché au manège n'est pas un référentiel galiléen, et le fait que l'enfant y soit au repos n'entraîne pas que la somme des forces qui s'appliquent sur lui est nulle.

3 Réponse **b** : faux. En effet, si c'était le cas, la somme vectorielle des forces s'exerçant sur la balle serait toujours dirigée vers le bas, et donc l'accélération de la balle aussi. Cette dernière ne pourrait donc jamais « rebrousser chemin » (c'est-à-dire rebondir).

4 Première question : réponse **a** : vrai.

Seconde question : Réponse **b** : faux.

Le centre de masse va se trouver plus près du corps le plus massif, à savoir la Terre.

5 Réponse **b** : le poids du parachutiste ne varie pas.

6 Réponse **b**. Une fois le parachute déployé, celui-ci se dirige vers le bas à vitesse constante. Son accélération est donc nulle dans le référentiel galiléen lié au sol, et la somme vectorielles des forces exercées sur lui est nulle. Ces forces sont les forces de tension des câbles du parachute et son propre poids.

7 Réponses **a**, **c** et **d**.

8 Réponse **a**. Il suffit pour s'en convaincre d'écrire la deuxième loi de Newton pour les deux corps.

9 Réponse **c**. On ne peut pas déterminer le sens du mouvement. On sait juste, puisque la réaction du sol a une norme supérieure au poids de la personne, qu'elle subit une accélération vers le haut, mais cela ne préjuge en rien du sens de son vecteur vitesse.

10 Réponse **a**. La somme vectorielle des forces exercées sur la personne est dirigée vers le bas, donc celle-ci accélère vers le bas. L'accélération ayant même sens que la vitesse (puisque l'ascenseur est en train de descendre), on en déduit que l'ascenseur est en phase d'accélération, donc en début de descente.

11 Réponse **c**. Lorsque la masse se trouve au-dessus de sa position d'équilibre, elle accélère vers le bas, alors qu'elle accélère vers le haut lorsqu'elle se trouve au-dessous de sa position d'équilibre. Son accélération se fait donc alternativement vers le haut (la tension du ressort est alors supérieure à son poids, en norme) et vers le bas (la tension du ressort est alors inférieure à son poids, en norme).

12 Réponse **a** : il ralentit. Le mobile se trouvant sur coussin d'air, la réaction du support est verticale et compense exactement son poids. La résultante des forces exercées sur le mobile se résume donc à la tension du ressort, qui est ici dirigée vers la gauche, puisque le ressort a une longueur supérieure à sa longueur à vide. L'accélération du mobile est de sens opposé à sa vitesse, donc il ralentit.

2 Couple de patineurs

Enoncé p. 210

D'après Lycée du Parc, Lyon

1 Le système {patineur + patineuse} est soumis aux forces suivantes :

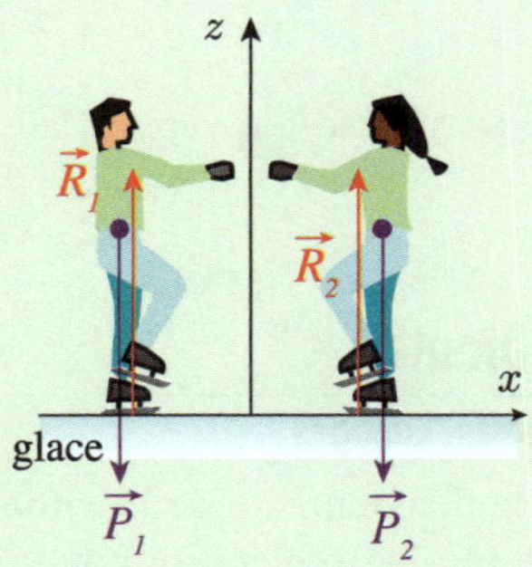

(a) Son poids, qui est la somme vectorielle du poids $\vec{P_1}$ du patineur et du poids $\vec{P_2}$ de la patineuse. Cette somme vectorielle est verticale et dirigée vers le bas.

(b) La réaction de la piste, qui est la somme vectorielle de la réaction $\vec{R_1}$ de la piste sur le patineur et de la réaction $\vec{R_2}$ sur la patineuse. Puisque l'on néglige les forces de frottement, cette réaction de la piste est *verticale*.

La somme vectorielle des forces extérieures s'exerçant sur le système étudié n'a donc pas de composante horizontale. En écrivant donc la projection horizontale de la deuxième loi de Newton pour le système étudié, on obtient :

$$(M_1 + M_2)\frac{\mathrm{d}^2x}{\mathrm{d}t^2} = 0$$

où x désigne l'abscisse du centre de masse du système {patineur + patineuse}.

On en déduit que $\frac{\mathrm{d}x}{\mathrm{d}t}$ = constante = 0, car le système est initialement immobile. Donc on en déduit que x = constante, c'est-à-dire que le centre de masse du système {patineur + patineuse} reste immobile. Pour des raisons de commodité on adoptera, comme c'est le cas sur la figure, $x = 0$.

MÉTHODE

Choisir cette constante d'intégration égale à zéro revient à choisir l'origine de l'axe des x à la position initiale (du centre de masse) du couple de patineurs.

2 La somme des forces s'exerçant sur le patineur n'a pas de composante horizontale. Sa vitesse, une fois que les patineurs sont séparés, reste donc constante. À $t = 5{,}0$ s, le patineur a parcouru une distance :

$$d = \frac{12}{2} = 6{,}0 \text{ m (par symétrie, les patineurs ayant la même masse).}$$

Sa vitesse est donc :

$$v = \frac{6}{5} = 1{,}2 \text{ m.s}^{-1}.$$

La valeur de sa vitesse par rapport au sol est 1,2 m.s^{-1} soit environ 4,3 km.h^{-1}.

3 Arrêt d'un véhicule

Enoncé p. 210

Lycée Léonard Limosin, Limoges

1 On applique la deuxième loi de Newton au système {voiture}. Puisque l'accélération (ou la décélération) du véhicule est uniforme, l'accélération est donnée par le taux de variation de la vitesse entre l'instant initial et l'instant final.

$$a = \frac{v_f - v_i}{t_f - t_i}$$

où v_f (resp. v_i) est la vitesse finale (resp. initiale) et t_f (resp. t_i) la date finale (resp. initiale). Or on a :

$$\begin{cases} v_f = 0 \\ v_i = 105 \text{ km.h}^{-1} \approx 29{,}2 \text{ m.s}^{-1} \end{cases}$$

et :

$$\begin{cases} t_f = 6{,}3 \text{ s} \\ t_i = 0 \end{cases}$$

d'où l'on déduit :

$$a = -\frac{29{,}2}{6{,}3} \approx -4{,}6 \text{ m.s}^{-2}.$$

La valeur absolue de l'accélération est donc $|a| \approx 4{,}6 \text{ m.s}^{-2}$, et la force de freinage a donc pour valeur :

$$F = m|a| \approx 1242 \times 4{,}6 \approx 5{,}7.10^3 \text{ N}.$$

2 On adopte pour répondre à cette question les notations de la figure ci-dessous :

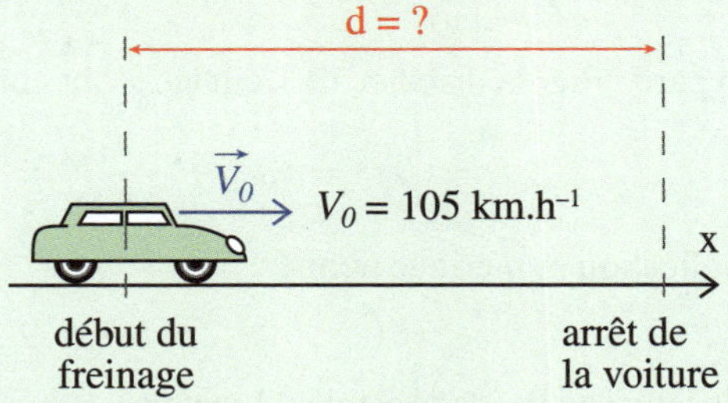

En appliquant la deuxième loi de Newton à la voiture dans le référentiel galiléen lié au sol, on a :

$$m\frac{\mathrm{d}^2x}{\mathrm{d}t^2} = -F$$

puisque la force $\vec{F}$ est dirigée vers la gauche (sens opposé à la vitesse), et que la composante verticale de la réaction de la piste et le poids de la voiture se compensent (pour assurer un mouvement exclusivement horizontal). En intégrant cette égalité par rapport au temps, on obtient :

$$m\frac{\mathrm{d}x}{\mathrm{d}t} = -Ft + K.$$

MÉTHODE

La constante d'intégration K doit être déterminée à partir des conditions initiales.

À $t = 0$, on a :

$$m\left.\frac{\mathrm{d}x}{\mathrm{d}t}\right|_{t=0} = mv_0 = K$$

donc en définitive :

$$v(t) = \frac{\mathrm{d}x}{\mathrm{d}t} = v_0 - \frac{F}{m}t.$$

En intégrant une deuxième fois par rapport au temps, nous obtenons :

$$x(t) = x_0 + v_0t - \frac{1}{2}\frac{F}{m}t^2.$$

On pose qu'à $t = 0$ l'abscisse de la voiture est nulle donc : $x_0 = 0$. On a donc :

$$x(t) = v_0t - \frac{1}{2}\frac{F}{m}t^2.$$

Or nous avons vu à la question précédente que :

$$F = \frac{mv_0}{t_f}$$

donc :

$$x(t) = v_0 t - \frac{1}{2}\frac{v_0}{t_f}t^2$$

et en particulier la distance de freinage s'obtient par :

$$d = x(t_f) = v_0 t_f - \frac{1}{2}\frac{v_0}{t_f}t_f^2 = \frac{1}{2}v_0 t_f.$$

L'application numérique donne :

$$d = 0{,}5 \times 29{,}2 \times 6{,}3 \approx 92 \text{ m}.$$

La distance de freinage est de 92 mètres.

4 Mouvement circulaire

Enoncé p. 210

Nouveau Programme

1 Les variables `R0` et `V0` représentent respectivement le rayon de la trajectoire circulaire, et la vitesse à laquelle celle-ci est décrite. Certes le choix de ces noms de variables est suggestif (R comme rayon, V comme vitesse) mais ceci n'est pas une justification suffisante. L'élève aurait parfaitement pu les appeler, s'il avait voulu, `A` et `B`, à condition que les diverses fonctions qu'il écrit fassent appel à ces nouveaux noms au lieu de `R0` et `V0`. Pour justifier la réponse nous devons remarquer que l'élève définit le vecteur position du point matériel par :

$$\begin{aligned} x &= R_0 \cos(V_0 t / R_0) \\ y &= R_0 \sin(V_0 t / R_0) \end{aligned}$$

Notons que nous utilisons la notation R_0 ou V_0 plutôt que `R0` ou `V0` dans les phrases mathématiques. Nous avons donc :

$$x^2 + y^2 = R_0^2 \cos^2(V_0 t / R_0) + R_0^2 \sin^2(V_0 t / R_0).$$

Or nous savons que, pour tout argument α (ici, en l'occurrence, $V_0 t / R_0$), nous avons :

$$\cos^2 \alpha + \sin^2 \alpha = 1$$

donc :

$$x^2 + y^2 = R_0^2.$$

La distance du point matériel à l'origine des coordonnées est donc R_0 à tout instant, ce qui justifie le fait que R_0 (`R0`) est le rayon de la trajectoire du point matériel. En ce qui concerne V_0, à présent, nous dérivons une fois par rapport au temps x et y. Nous obtenons :

$$\frac{dx}{dt} = v_x = -R_0 \times \frac{V_0}{R_0}\sin(V_0 t / R_0) = -V_0 \sin(V_0 t / R_0)$$

et

$$\frac{dy}{dt} = v_y = R_0 \times \frac{V_0}{R_0}\cos(V_0 t / R_0) = V_0 \cos(V_0 t / R_0).$$

Nous voyons que $v_x^2 + v_y^2 = V_0^2$, donc V_0 est la norme de la vitesse à tout instant.

MÉTHODE

Il existe une autre manière de voir que dans le programme, `V0` est la vitesse du point matériel. On sait que les fonctions cosinus et sinus sont périodiques de période 2π. Pour que le point matériel effectue un tour, il faut donc que l'argument des fonctions `cos` et `sin` augmente de 2π, c'est-à-dire que l'on ait :

$$V_0 T / R_0 = 2\pi,$$

où T est la période du mouvement.
On peut réécrire cette égalité comme :

$$V_0 = \frac{2\pi R_0}{T}.$$

La variable `V0` apparaît ainsi comme le quotient du périmètre de la trajectoire ($2\pi R_0$) et de la période : c'est donc bien la vitesse.

2 On sait que l'accélération d'un mouvement circulaire est toujours dirigée vers l'intérieur du cercle, ce qui n'est manifestement pas le cas ici : l'élève a donc commis une erreur.

3 La dérivation temporelle des coordonnées se fait en effectuant une différence entre des valeurs à des temps très proches du temps `t`. Ainsi, par exemple, la vitesse en x, qui est formellement dx/dt, est évaluée de manière approchée par :

$$v_x \approx \frac{x(t+h) - x(t-h)}{2h}.$$

Le calcul rigoureux d'une dérivée se fait en prenant la valeur limite de ce quotient quand $h \to 0$. Ici nous nous contentons d'une valeur approchée avec h très petit ($h = 10^{-5}$). Dans chaque cas la valeur au temps $t+h$ a un suffixe « 1 » et la valeur au temps $t-h$ a un suffixe « 0 ». On voit ainsi que l'élève a commis une erreur de signe sur le calcul de la coordonnée y de l'accélération (ce que l'on pouvait anticiper au vu de la figure) : la ligne 20, au lieu de :

```
ay = (vy0 - vy1)/(2*h)
```

devrait être :

```
ay = (vy1 - vy0)/(2*h).
```

4 Il s'agit d'un mouvement circulaire uniforme. Dans ce cas le vecteur accélération est de norme constante et la droite qui le porte passe par le centre du cercle.

5 On lit directement sur la figure que le nouveau rayon du cercle est 10. Il nous faut donc à présent départager entre les cas (b) et (d), (a) et (c) étant exclus.

Dans le cas (b), la norme du vecteur accélération serait :

$$a_N = \frac{V_0^2}{R_0} = \frac{3^2}{10} = 0{,}9 \text{ m.s}^{-2}$$

tandis que dans le cas (c), la norme du vecteur accélération serait :

$$a_N = \frac{V_0^2}{R_0} = \frac{6^2}{10} = 3{,}6 \text{ m.s}^{-2}.$$

C'est ce dernier cas qui est compatible avec la longueur des flèches de la figure.

5 Ascenseur

Enoncé p. 213

Lycée Henri IV, Paris

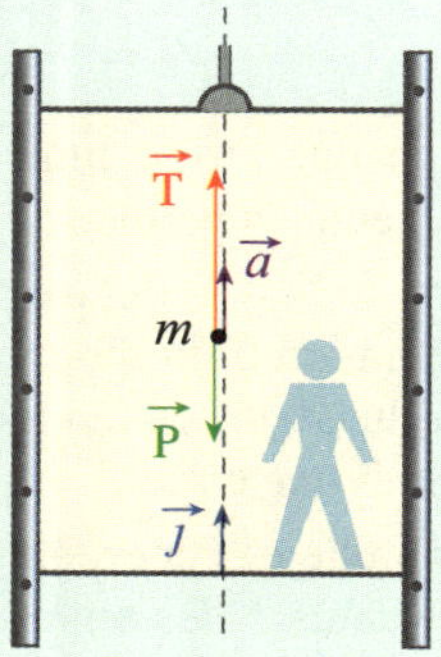

1 On adopte les notations de la figure ci-avant. Le vecteur $\vec{j}$ est unitaire, vertical et dirigé vers le haut. On applique la relation fondamentale de la dynamique à la bille dans le référentiel lié au sol, qui est galiléen. Elle s'écrit :

$$\vec{P} + \vec{T} = m\vec{a}$$

soit encore :

$$(-mg + T)\vec{j} = ma\vec{j}$$

ce qui donne en définitive :

$$T = m(a + g).$$

(a) On a dans ce cas $a = a_1 = 2{,}2 \text{ m.s}^{-2}$, ce qui nous donne :

$$T = m(a + g) = 0{,}1 \times (2{,}2 + 9{,}8) = 1{,}2 \text{ N}.$$

(b) Dans ce cas l'accélération a de l'ascenseur est nulle, et la tension est donnée par :

$$T = m(0 + g) = mg = 0{,}1 \times 9{,}8 = 0{,}98 \text{ N}.$$

(c) Enfin, dans ce dernier cas, $a = -a_2 = -1{,}7 \text{ m.s}^{-2}$ (puisqu'il s'agit d'une décélération, le vecteur $\vec{a}$ est dirigé vers le bas). On obtient donc :

$$T = m(a + g) = 0{,}1 \times (-1{,}7 + 9{,}8) = 0{,}81 \text{ N}.$$

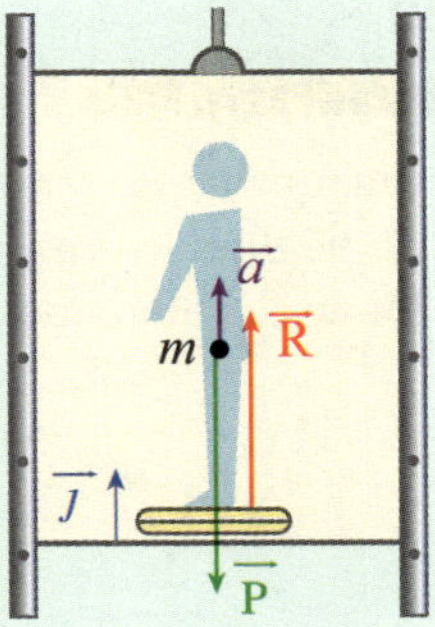

2 Ce que mesure le pèse-personne est en dernier lieu l'intensité de la réaction $\vec{R}$ qu'il exerce sur le système qui se trouve sur son plateau. Cette intensité n'est pas donnée en newton, ce qui serait l'unité correcte (en effet un *pèse*-personne mesure un *poids*, pas une masse), mais en kilogrammes, de manière à indiquer la masse que devrait avoir un système pour qu'il exerce le poids que subit le pèse-personne. Bien évidemment, l'étalonnage se fait dans un référentiel galiléen, avec un système de masse m au repos sur le plateau du pèse-personne. Dans ce cas la relation fondamentale de la dynamique appliquée à ce système s'écrit :

$$\vec{P} + \vec{R} = 0$$

soit encore : $R = mg$. Donc quand la réaction qu'*exerce* le pèse-personne est R, il *indique* la valeur $m = \frac{R}{g}$. Pour savoir la valeur m' qu'il indique dans les cas accélérés rencontrés ci-dessus, il suffit donc d'évaluer la réaction R, puis de calculer $m' = \frac{R}{g}$.

La deuxième loi de Newton appliquée à la personne dans le référentiel galiléen lié au sol s'écrit :

$$\vec{P} + \vec{R} = m\vec{a}$$

d'où :

$$m' = \frac{R}{g} = \frac{ma + mg}{g} = m\frac{a}{g} + m.$$

Dans le premier cas, l'application numérique donne :

$$m' = 65 \times \frac{2{,}2}{9{,}8} + 65 = 80 \text{ kg}.$$

Dans le second, on obtient : $m' = m = 65$ kg. Enfin, dans le dernier cas, on a :

$$m' = -65 \times \frac{1{,}7}{9{,}8} + 65 = 54 \text{ kg}.$$

On retrouve dans ces résultats le fait intuitif que l'on se sent « plus lourd » quand l'ascenseur démarre vers le haut, et plus léger au moment où il ralentit.

COURS
INTERROS
CORRIGÉS

6 Recul d'un canon

Enoncé p. 213

D'après lycée Saint Jean de Passy, Paris

Les forces extérieures auxquelles est soumis le système {canon+boulet} sont verticales, puisque l'on néglige les frottements du sol. Par conséquent, en vertu de la deuxième loi de Newton, nous avons :

$$\frac{\mathrm{d}^2x}{\mathrm{d}t^2} = 0$$

donc :

$$\frac{\mathrm{d}x}{\mathrm{d}t} = \text{const.}$$

Cette constante est nulle car elle correspond à la vitesse qu'avait le système par rapport au sol avant le tir. Puisque

$$\frac{\mathrm{d}x}{\mathrm{d}t} = 0$$

et que

$$x = \frac{mx_{\text{boulet}} + Mx_{\text{canon}}}{M+m},$$

nous avons :

$$m\frac{\mathrm{d}x_{\text{boulet}}}{\mathrm{d}t} + M\frac{\mathrm{d}x_{\text{canon}}}{\mathrm{d}t} = 0$$

soit encore, si V est la composante de la vitesse du canon sur l'axe (Ox) :

$$m(v\cos 30° + V) + MV = 0.$$

En effet, la composante de $\overrightarrow{v}$ sur l'axe (Ox) est $v\cos 30°$. Cette vitesse, d'après l'énoncé, est la vitesse dans le référentiel du canon. Il nous faut donc lui ajouter V pour avoir la vitesse dans le référentiel terrestre.

En extrayant V de l'égalité précédente, il vient :

$$V = -\frac{m}{m+M}v\cos 30°.$$

L'application numérique donne :

$$V = -\frac{10}{330} \times 50 \times \frac{\sqrt{3}}{2} = -1{,}4\ \text{m.s}^{-1}.$$

Chapitre 11

Mouvement dans un champ uniforme

Plan du chapitre

1 Introduction

Exercice type — **Lycée Thiers, Marseille**

Un plongeur saute dans la mer du haut d'une falaise de Cassis, haute de 35 m. On néglige sa vitesse initiale. Calculer la vitesse à laquelle il pénètre dans l'eau :

1 en calculant son équation horaire ;

2 en utilisant la conservation de l'énergie mécanique.

Données : On négligera la résistance de l'air ; $g = 9{,}8$ m.s^{-2}.

Voir corrigé page 231

Dans ce chapitre, nous étudions les mouvements dans un champ uniforme. Il peut s'agir du mouvement dans un champ de pesanteur à la surface terrestre (on parle alors de mouvement de chute libre) ou du mouvement d'une particule chargée dans un champ électrique uniforme. Formellement, l'étude de ces deux types de mouvements est très similaire.

2 Mouvement de chute libre

Définition 1

On appelle mouvement de chute libre tout mouvement d'un corps exclusivement soumis à son poids.

Cela signifie que la seule force extérieure s'exerçant sur le système en chute libre est son poids (qui résulte de son attraction gravitationnelle avec la Terre ou avec l'astre à la surface duquel il se trouve). Cela exclut en particulier les forces de frottement (résistance de l'air).

On considère un corps en chute libre à la surface de la Terre. Ce corps est soumis à son poids $\vec{P} = m\vec{g}$. La deuxième loi de Newton permet d'écrire :

$$m\vec{g} = m\vec{a_G} \quad \text{soit :} \quad \vec{a_G} = \vec{g}.$$

L'accélération du centre d'inertie du système est égale à l'accélération de la pesanteur.

3 Particule chargée dans un champ électrique

Dans cette section nous étudions comment produire un champ électrique uniforme, et étudions le mouvement d'une particule chargée dans un tel champ.

3.1 Rappel : force électrostatique

Une particule portant une charge q située en un point où règne un champ électrique $\vec{E}$ est soumise à une force électrostatique $\vec{F} = q\vec{E}$.

3.2 Champ électrique dans un condensateur plan chargé

Un condensateur plan est un système composé de deux plaques métalliques en regard, entre lesquelles se trouve un milieu isolant (air, vide, ou tout type de matériau isolant). On appelle d la distance entre les plaques, appelées armatures.

On se limite à l'étude du cas idéal du condensateur plan « infini », pour lequel l'extension des plaques est bien supérieure à la distance qui les sépare. On impose entre ces deux plaques, que nous notons A et B, une différence de potentiel U_{AB}. Il apparaît alors entre ces deux plaques, et seulement entre elles, un champ électrique $\vec{E}$, perpendiculaire aux plaques, et dirigé du potentiel le plus haut vers le potentiel le plus bas.

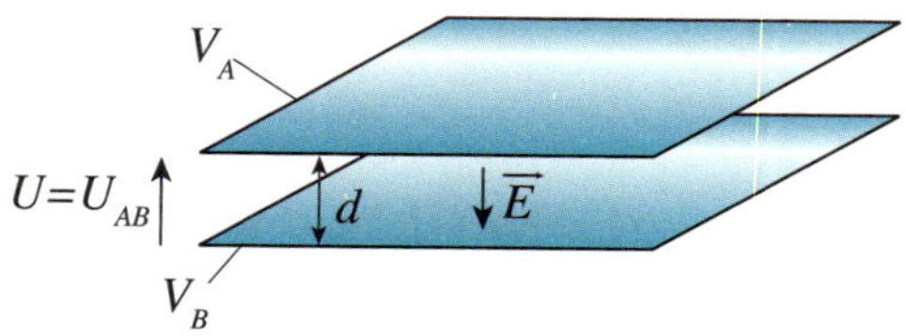

Ce champ électrique est uniforme, c'est-à-dire que :

- sa direction,
- son sens,
- et son intensité

ne dépendent pas de l'endroit où l'on se trouve entre les plaques.

Son intensité est donnée par :

$$E = \frac{U}{d}.$$

3.3 Mouvement d'une particule dans un champ électrique uniforme

On raisonne dans un repère (Oxz) fixe dans le référentiel galiléen du laboratoire.

Dans tout ce qui suit, on néglige le poids de la particule dans le champ de pesanteur terrestre. La particule porte une charge q, sa vitesse initiale est $\vec{v_0} = v_{0_x}\vec{\imath} + v_{0_z}\vec{\jmath}$, et elle se trouve initialement en O.

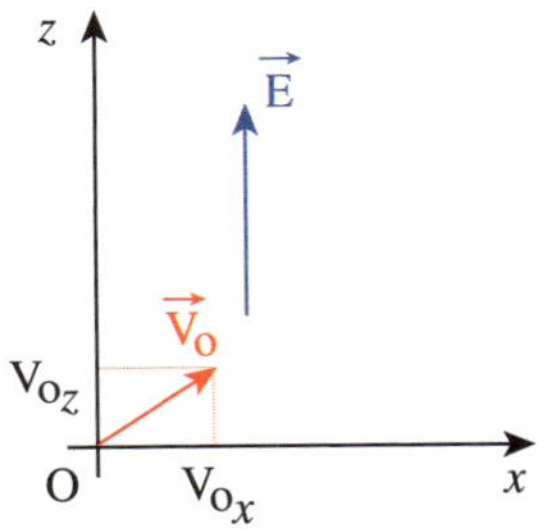

On donne ici l'exemple d'un champ électrique porté par l'axe (Oz). Cela n'enlève rien à la généralité des résultats que l'on obtient : toutefois, il faudra adapter le raisonnement qui suit au cas particulier de chaque exercice, où les axes n'ont pas de raison d'avoir le même nom et la même orientation que dans cet exemple.

Le type de raisonnement à appliquer systématiquement dans ce type de problème est le suivant :

- On applique deuxième loi de Newton à la particule dans le référentiel du laboratoire. Elle s'écrit :

$$m\vec{a} = \vec{F} = q\vec{E} \quad \text{soit :} \quad \vec{a} = \frac{q}{m}\vec{E}.$$

- On projette cette relation sur les axes du repère. On obtient :

$$\frac{d^2x}{dt^2} = 0 \quad \text{et} \quad \frac{d^2z}{dt^2} = \frac{qE}{m}.$$

- On intègre une première fois par rapport au temps cette relation :

$$\frac{dx}{dt} = K_1 \quad \text{et} \quad \frac{dz}{dt} = \frac{qE}{m}t + K_2.$$

- On détermine les constantes d'intégration en utilisant les conditions initiales :

$$\frac{dx}{dt} = v_{0_x} = K_1 \quad \text{et} \quad \frac{dz}{dt} = v_{0_z} = K_2.$$

- d'où l'on déduit l'expression de la vitesse :

$$\frac{dx}{dt} = v_{0_x} \quad \text{et} \quad \frac{dz}{dt} = \frac{qE}{m}t + v_{0_z}.$$

- On intègre cette relation une deuxième fois par rapport au temps :

$$x(t) = v_{0_x} t + K_1' \quad \text{et} \quad z(t) = \frac{qE}{2m} t^2 + v_{0_z} t + K_2'.$$

- Une fois de plus, on détermine les constantes d'intégration en utilisant les conditions initiales :

$$x(0) = K_1' = 0 \quad \text{et} \quad z(0) = K_2' = 0.$$

- Ceci nous permet d'écrire en définitive l'équation horaire de la particule :

$$x(t) = v_{0_x} t \quad \text{et} \quad z(t) = \frac{qE}{2m} t^2 + v_{0_z} t.$$

À RETENIR

L'équation horaire d'un système est la ou les fonction(s) qui au temps t associe sa ou ses coordonnées.

Exemple : dans le cas considéré ci-dessus nous avons deux fonctions $x(t)$ et $z(t)$, qui constituent l'équation horaire de la particule.

Ce type de raisonnement est invariablement celui à appliquer dans les exercices où l'on demande de calculer la trajectoire d'une particule chargée dans un champ uniforme. Le résultat n'est pas à retenir, mais la méthode est à maîtriser parfaitement.

On peut éliminer le temps dans l'équation horaire pour obtenir l'équation cartésienne de la trajectoire. D'après l'équation donnant x en fonction de t nous pouvons écrire :

$$t = \frac{x}{v_{0_x}}$$

et nous substituons cette expression de t dans l'expression de $z(t)$. Nous obtenons en définitive :

$$z = \frac{qE}{2mv_{0_x}^2} x^2 + \frac{v_{0_z}}{v_{0_x}} x.$$

Il s'agit de l'équation d'une parabole (si $v_{0_x} \neq 0$, sinon on a $x(t) = 0$ pour tout temps t et la trajectoire est incluse dans une droite).

À RETENIR

La trajectoire d'un système dans un champ uniforme est une parabole si le vecteur vitesse initial du système n'est pas colinéaire au champ, et est portée par une droite sinon.

On donne sur la figure page ci-contre l'allure de la trajectoire de la particule de l'exemple générique détaillé dans les lignes précédentes, pour les cas $q > 0$ et $q < 0$.

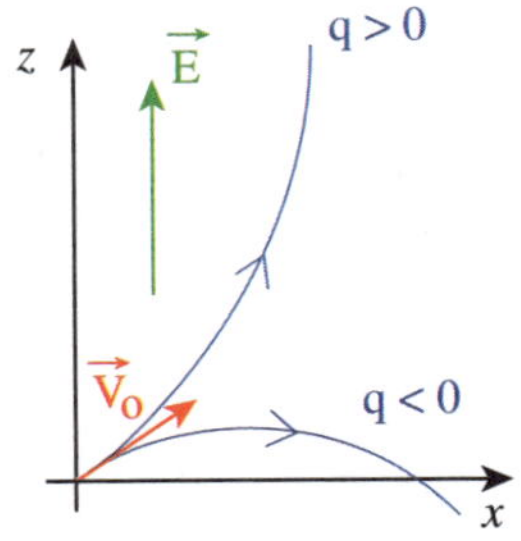

À RETENIR

Si la particule est de charge positive, sa trajectoire tourne sa concavité dans le sens indiqué par le vecteur $\vec{E}$, et dans le sens contraire sinon.

4 Considérations énergétiques

4.1 Travail d'une force constante

On considère une force constante $\vec{F}$ appliquée au système étudié, ce qui est en particulier le cas dans un champ uniforme. Au cours du temps, le point d'application de cette force se déplace du point A au point B. On appelle travail de la force $\vec{F}$ entre les points A et B, et on note $W_{A\to B}^{\vec{F}}$, la quantité $\vec{F}.\overrightarrow{AB}$. On veillera au fait que cette expression n'est valable que si la force est constante.

À RETENIR

$$W_{A\to B}^{\vec{F}} = \vec{F}.\overrightarrow{AB} \qquad \text{où } \vec{F} \text{ est constante.}$$

Dans les unités du Système International, le travail s'exprime en joules, de symbole J.

Définition 2

La puissance $\mathcal{P}$ d'une force est le travail qu'elle fournit par unité de temps. Dans les unités du Système International, la puissance s'exprime en watts, de symbole W. La puissance délivrée par un système qui fournit un travail ΔW sur un intervalle de temps Δt est :

$$\mathcal{P} = \frac{\Delta W}{\Delta t}.$$

Un travail positif est qualifié de travail moteur. Un travail négatif est également appelé un travail résistant. Le travail d'une force constante entre A et B ne dépend pas du chemin suivi pour aller de A à B, qui peut être absolument quelconque.

4.2 Théorème de l'énergie cinétique

On étudie un système en mouvement dans un champ uniforme, soumis à une force $\vec{f}$. La trajectoire de ce système passe par deux points A et B. La variation d'énergie cinétique entre les passages aux points A et B est égale au travail de la force $\vec{f}$ appliquée au système

À RETENIR

$$E_c(B) - E_c(A) = W_{A\to B}^{\vec{f}}$$

où l'énergie cinétique E_c est donnée par :

$$E_c = \frac{1}{2}mv^2,$$

m étant la masse du système et v sa vitesse dans le référentiel d'étude.

Remarque : cette relation n'est vraie que si le référentiel d'étude est galiléen.

4.3 Cas d'un champ de pesanteur

À RETENIR

Le travail effectué par le poids d'un système de masse m, entre les points A et B, est :

$$W_{A\to B}^{\vec{P}} = mg(z_A - z_B)$$

où z_A (resp. z_B) est l'altitude du point A (resp. du point B), comptée positivement vers le haut, et g l'intensité de la pesanteur.

Définition 3

L'*énergie potentielle de pesanteur* est définie par :

$$E_p = mgz.$$

Le travail du poids entre deux points A et B est alors donné par :

$$W_{A\to B}^{\vec{P}} = E_p(A) - E_p(B)$$

Remarque : un système est dit *conservatif* (ou *non dissipatif*) si le travail des forces auxquelles il est soumis ne dépend que du point d'arrivée et du point de départ, pas du chemin suivi. Le poids est ainsi une force conservative, et un pendule simple pesant (système que nous aurons l'occasion de revoir) est un système conservatif. Un système soumis à une force de frottement fluide n'est pas conservatif. Les forces de frottement, ceci sera revu dans les études ultérieures, dégradent leur travail en chaleur. On dit alors que le système est *dissipatif*.

Définition 4

L'énergie mécanique d'un système est égale à la somme de son énergie cinétique et de son énergie potentielle :

$$E_m = E_c + E_p,$$

Le théorème de l'énergie cinétique peut se réécrire sous une autre forme. En effet, nous avons, entre deux point A et B :

$$E_c(B) - E_c(A) = W_{A \to B}^{\vec{P}} = mg(z_A - z_B) = E_p(A) - E_p(B)$$

soit encore :

$$E_c(B) + E_p(B) = E_c(A) + E_p(A)$$

donc :

$$E_m(A) = E_m(B).$$

Le théorème de l'énergie cinétique prend donc ici une forme particulièrement simple :

À RETENIR

Dans un champ de pesanteur, l'énergie mécanique d'un système se conserve en l'absence de forces de frottement.

Retrouver la conservation de l'énergie mécanique en vidéo avec Nathan live.

4.4 Particule chargée dans un champ électrique

Le travail effectué par la force électrostatique sur une particule de charge q qui se déplace d'un point A à un point B est égal à :

$$W_{A \to B}^{\vec{F}} = q(V_A - V_B) = qU_{AB}.$$

À RETENIR

Le travail effectué par la force électrostatique est égal au produit de la charge par la différence de potentiel.

On peut donc définir une énergie potentielle de manière analogue à ce que nous avons vu dans un champ de pesanteur :

Définition 5

L'énergie potentielle E_p d'une particule de masse m, vitesse v et charge q dans un champ électrique est :

$$E_p = qV,$$

où V est le potentiel électrique.

COURS

INTERROS

CORRIGÉS

Par suite, nous pouvons également définir, de manière analogue, une énergie mécanique :

Définition 6

L'énergie mécanique E_m d'une particule de masse m, vitesse v et charge q dans un champ électrique est :

$$E_m = \frac{1}{2}mv^2 + qV,$$

où V est le potentiel électrique.

Le théorème de l'énergie cinétique, dans le cas d'une particule chargée dans un champ uniforme, prend également la forme simple suivante :

À RETENIR

L'énergie mécanique d'une particule chargée dans un champ électrique uniforme se conserve.

Remarques

L'énergie potentielle n'a pas la même forme dans le cas du champ de pesanteur et dans le cas du champ électrique. Dans le premier cas son expression est $E_p = mgz$ et dans le second cas $E_p = qV$. Pour lever toute ambiguïté on peut spécifier « énergie potentielle de pesanteur » ou « énergie potentielle électrostatique ».

Une particule chargée entre les armatures d'un condensateur est bien sûr soumise à la force électrostatique, mais aussi, dans les conditions terrestres, à son propre poids. Toutefois, l'ordre de grandeur de ce dernier est très inférieur à celui de la force électrostatique, et donc négligeable devant celle-ci. Par suite, on néglige également l'énergie potentielle de pesanteur dans les problèmes de particules chargées dans des champs électriques.

4.5 Une unité d'énergie : l'électron-volt

On définit l'électron-volt (de symbole eV) comme étant l'énergie gagnée par un électron accéléré sous une différence de potentiel de 1 V.

Pour calculer la valeur d'un électron-volt dans les unités du Système International, on utilise la conservation de l'énergie mécanique d'un électron entre un point de potentiel 0 V et un point de potentiel +1 V. On suppose l'énergie cinétique initiale de l'électron nulle. Son énergie cinétique finale est donnée par :

$$E_c - 0 = q_e(0 - 1) = -q_e = +1{,}6 \cdot 10^{-19}\ \text{J}.$$

On utilise également les multiples de l'électron-volt : le kiloélectron-volt ($1\ \text{keV} = 10^3\ \text{eV}$) et le mégaélectron-volt ($1\ \text{MeV} = 10^6\ \text{eV}$).

Solution de l'exercice type

Lycée Thiers, Marseille

1 Pour calculer l'équation horaire, on va écrire la deuxième loi de Newton pour le système {plongeur}, étudié dans le référentiel terrestre considéré comme galiléen.

Puisque l'on néglige la résistance de l'air, la seule force exercée sur le plongeur est son poids $\vec{P} = m\vec{g}$. La deuxième loi de Newton s'écrit donc :

$$m\vec{g} = m\vec{a_G} \quad \text{soit :} \quad \vec{a_G} = \vec{g}.$$

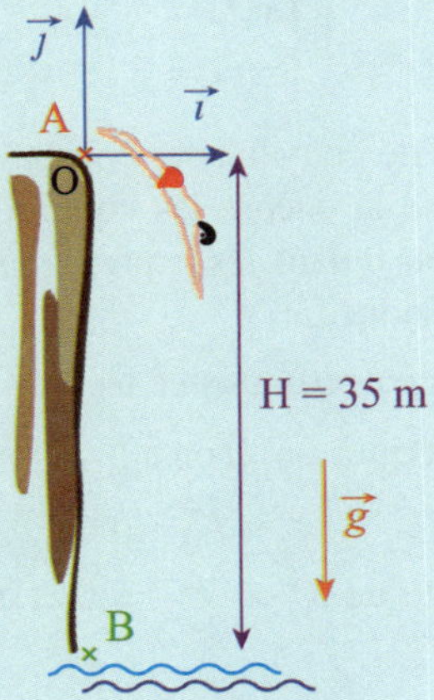

On projette cette égalité sur la base $(\vec{\imath}, \vec{\jmath})$. Elle s'écrit :

$$\frac{d^2x}{dt^2} = 0 \quad \text{et} \quad \frac{d^2z}{dt^2} = -g.$$

En effet, la composante horizontale de l'accélération, qui s'écrit $\frac{d^2x}{dt^2}$, est nulle puisque l'accélération $\vec{g}$ est verticale, et la composante verticale est négative, puisque $\vec{\jmath}$ est dirigé vers le haut et $\vec{g}$ dirigé vers le bas.

On *intègre* une fois par rapport au temps cette relation. On obtient :

$$\frac{dx}{dt} = K_1 \quad \text{et} \quad \frac{dz}{dt} = -gt + K_2,$$

où K_1 et K_2 sont des *constantes d'intégration*. On *doit* toujours les écrire puisqu'elles peuvent avoir *a priori* n'importe quelle valeur. Pour obtenir cette valeur, on utilise les *conditions initiales*. Ici, on sait qu'à $t = 0$, on a, d'après l'énoncé :

$$\frac{dx}{dt} = 0 \quad \text{et} \quad \frac{dz}{dt} = 0$$

car le système est sans vitesse initiale.

Or d'après la solution que nous avons obtenue, à $t = 0$ on a :

$$\frac{dx}{dt} = K_1 \quad \text{et} \quad \frac{dz}{dt} = K_2.$$

Pour faire coïncider ces deux expressions, on doit avoir $K_1 = 0$ et $K_2 = 0$.

Solution de l'exercice type — **Lycée Thiers, Marseille**

On a donc l'expression suivante de la vitesse :

$$\frac{\mathrm{d}x}{\mathrm{d}t} = 0 \quad \text{et :} \quad \frac{\mathrm{d}z}{\mathrm{d}t} = -gt.$$

On *intègre à nouveau par rapport au temps* ces égalités pour obtenir les expressions de $x(t)$ et $z(t)$, c'est-à-dire pour obtenir l'équation horaire du plongeur. Cela donne :

$$\begin{cases} x(t) = K'_1 \\ z(t) = K'_2 - \frac{1}{2}gt^2 \end{cases}$$

où K'_1 et K'_2 sont de nouveau des constantes d'intégration. Pour les déterminer on utilise là encore les conditions initiales (c'est-à-dire que l'on substitue t par 0 dans les expressions obtenues, et que l'on utilise les données de l'énoncé) :

- À $t = 0$, le plongeur commence juste sa chute donc $x = 0$ et $z = 0$.
- En outre, on sait qu'à $t = 0$ on a :

$$x = K'_1 \quad \text{et} \quad z = K'_2$$

donc on en déduit que $K'_1 = K'_2 = 0$ et donc l'équation horaire est en définitive :

$$\begin{cases} x(t) = 0 \\ z(t) = -\frac{1}{2}gt^2 \end{cases}$$

Le plongeur touche l'eau quand $z = -H$ donc quand $H = \frac{1}{2}gt^2$, soit encore quand :

$$t = \sqrt{\frac{2H}{g}}.$$

À cette date, la vitesse du plongeur vaut, d'après l'expression de $\frac{\mathrm{d}z}{\mathrm{d}t}$:

$$v = \frac{\mathrm{d}z}{\mathrm{d}t} = -gt = -\sqrt{2Hg}.$$

L'application numérique donne : $v = -26\ \mathrm{m.s^{-1}}$.
On trouve une valeur négative puisque le plongeur se dirige vers les z décroissants.

Solution de l'exercice type (suite)

Lycée Thiers, Marseille

2 On étudie à nouveau le système {plongeur} dans le référentiel galiléen lié au sol. La somme algébrique des travaux des forces extérieures appliquées au système se réduit ici au travail du poids. On appelle A le point de départ du plongeur (en haut de la falaise) et B son point d'impact à la surface de l'eau. La conservation de l'énergie mécanique du système {plongeur} entre les points A et B s'écrit :

$$\frac{1}{2}mv_B^2 + mgz_B = \frac{1}{2}mv_A^2 + mgz_A, \text{ soit encore :}$$

$$\frac{1}{2}mv_B^2 - \frac{1}{2}mv_A^2 = mg(z_A - z_B)$$

qui s'écrit ici, puisque l'on néglige la vitesse initiale :

$$\frac{1}{2}mv_B^2 - 0 = mg[0 - (-H)].$$

On en déduit :

$$v_B = \sqrt{2gH}$$

ce qui donne la même réponse que précédemment (à ceci près qu'on a ici la norme de la vitesse au lieu de la valeur algébrique de la vitesse verticale).

Voir énoncé page 223

1 QCM Testez vos connaissances

5 min

Corrigé p. 241

1 À la surface de la Terre, si les frottements sont négligeables, plus un corps est massif, plus il tombe vite.

a Vrai b Faux

2 Le travail du poids d'un passager d'un vol Marseille-Ajaccio entre le décollage et l'atterrissage est :

a négatif b nul c positif

3 Identifier la situation où la réaction du sol de l'ascenseur effectue un travail moteur.

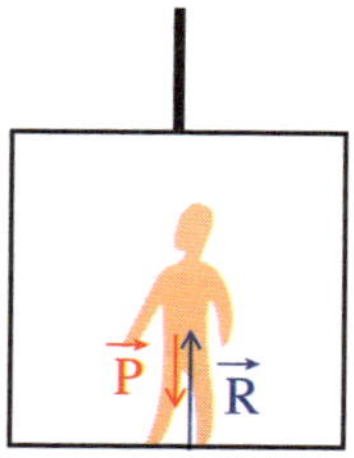

a L'ascenseur monte à vitesse constante

b L'ascenseur descend à vitesse constante

4 À tension constante, si on diminue la distance entre les deux armatures d'un condensateur plan, on abaisse la valeur du champ électrique qui règne entre ces deux armatures.

a Vrai b Faux

5 Le champ électrique dans un condensateur plan est

a perpendiculaire b parallèle

aux armatures.

6 La particule de la figure suivante a une charge électrique :

a positive

b négative

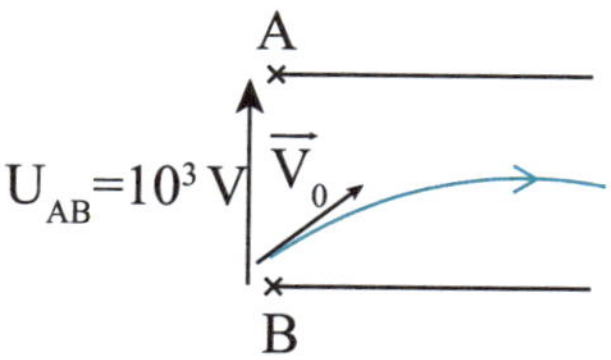

7 Un cation Ca^{2+} accéléré sous une différence de potentiel de 10 V voit son énergie cinétique s'accroître de :

a 10 eV b 5 eV c 20 eV

8 On tire, à partir du sol, un ballon de foot qui finit par retomber et s'immobiliser.

L'état initial est l'état du système avant le tir, et l'état final est l'état obtenu après immobilisation du ballon. Le travail du poids du ballon entre l'état initial et l'état final est :

a null b positif c négatif

2 Déviation de particule chargée

★ 5 min Corrigé p. 241

Lycée Frédéric Ozanam, Lille

On dispose de deux plaques métalliques A et B entre lesquelles on impose une différence de potentiel. On fait le vide entre ces plaques de manière à ce qu'une particule chargée suive une trajectoire balistique sans subir de choc avec des molécules de l'air. On lance une particule de charge positive en O avec une vitesse initiale $\overrightarrow{v_0}$, dans quatre cas différents, représentés sur la figure ci-après.

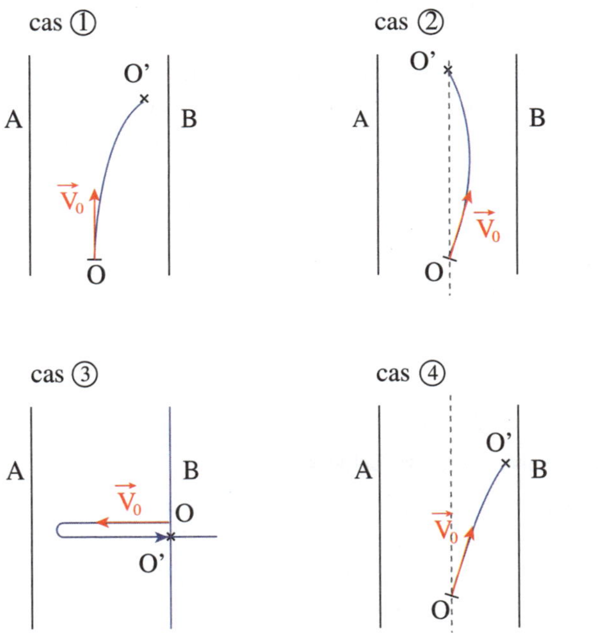

1 Pour chacun des cas représentés, indiquer quel est le signe de la tension U_{AB}.

2 À l'aide d'un argument simple, indiquer dans quel(s) cas l'énergie cinétique de la particule en O' est égale à celle qu'elle avait en O.

3 Accélération d'ions sulfure

★ 10 min Corrigé p. 242

Lycée Champollion, Grenoble

Dans une chambre d'ionisation, on produit des ions sulfure ${}^{32}_{16}S^{2-}$ et ${}^{33}_{16}S^{2-}$. À leur sortie de la chambre en O, les ions ont tous la même vitesse verticale $\overrightarrow{V_0}$ de norme 450 km.s^{-1}. Ils pénètrent alors dans l'espace (où règne le vide) compris entre deux plaques planes parallèles entre elles A et C, distantes de $d = 10$ cm. On applique entre ces plaques la tension $U_{CA} = 2000$ V. On considérera le poids des ions négligeable devant toutes les autres forces pouvant agir sur eux (voir figure page suivante).

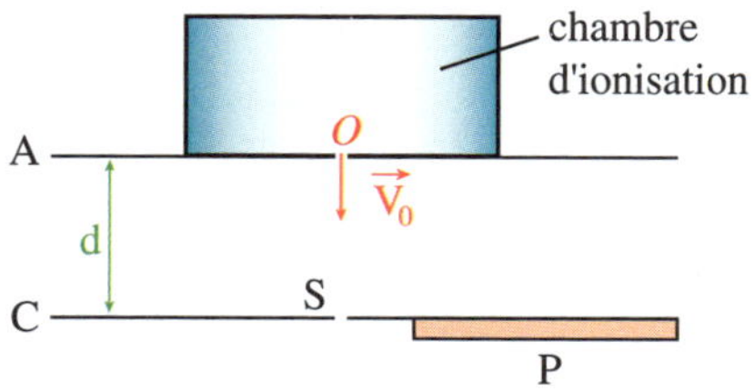

1 Décrire, en la justifiant, la nature du mouvement des ions entre les plaques A et C.

2 Donner l'expression littérale de la vitesse v_s des ions lorsqu'ils arrivent sur la plaque C en S. Que remarquez-vous ?

3 Calculer les valeurs des vitesses v_s^{32} et v_s^{33} des deux types d'ions à leur passage en S.

Données :
Masse de l'ion sulfure 32 : $m_{32} = 5{,}32 \cdot 10^{-26}$ kg
Masse de l'ion sulfure 33 : $m_{33} = 5{,}50 \cdot 10^{-26}$ kg
Charge électrique élémentaire : $q = 1{,}6 \cdot 10^{-19}$ C.

4 Étude balistique

★★ 20 min Corrigé p. 243

Lycée Pierre de Fermat, Toulouse

Retrouvez le corrigé de cet exercice en vidéo.

On considère le dispositif de la figure ci-dessous, constitué d'un canon situé sur un promontoire d'une hauteur h, qui tire un projectile ponctuel P à une vitesse v_0 et avec un angle α par rapport à l'horizontale.

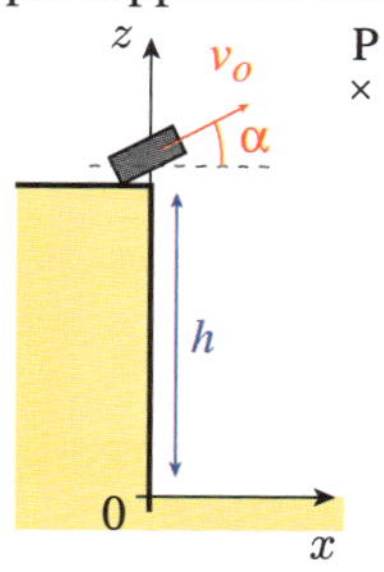

1 Dans le repère (Oxz), écrire l'accélération du projectile P après le tir (on négligera les forces de frottement).

2 Exprimer le vecteur vitesse de P dans le référentiel du sol, le repère étant (Oxz), en fonction de α, v_0, g et t.

3 Exprimer $\overrightarrow{OM}(t)$ en fonction de h, v_0, α, t et g.

4 En utilisant le résultat du 3., établir la relation :

$$z(x) = -\frac{1}{2}\frac{g}{(v_0 \cos\alpha)^2}x^2 + x\tan\alpha + h.$$

5 *Application numérique* $v_0 = 900$ km.h^{-1}, $\alpha = 45°$, $h = 100$ m et $g = 10$ m.s^{-2}.

(a) Calculer la distance parcourue par le projectile avant de toucher le sol.

(b) Calculer l'altitude maximale atteinte.

(c) Déterminer la vitesse du projectile lorsqu'il atteint le sol.

(d) Calculer la vitesse du projectile lorsqu'il passe à son altitude maximale.

5 Principe de l'oscilloscope

★★ 20 min Corrigé p. 245

Lycée Charlemagne, Paris

À l'intérieur d'un oscilloscope, un canon à électrons émet un faisceau d'électrons à la vitesse v_0 selon la direction (Ox). Ce faisceau passe entre deux plaques métalliques horizontales qui forment ce que l'on appelle un condensateur plan. Entre ces plaques règne un champ électrique $\vec{E}$ uniforme vertical. Nous supposons ici que ce champ est tel que les électrons sont déviés vers le haut.

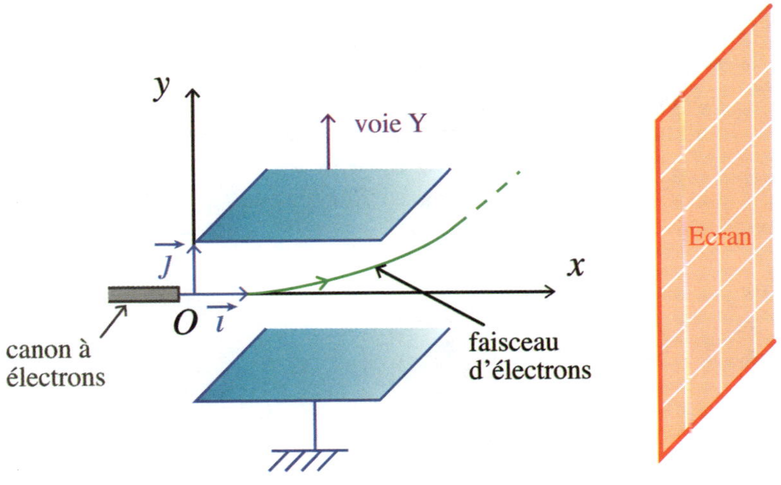

Nous supposons que le poids des électrons est négligeable devant la force électrostatique à laquelle ils sont soumis. L'étude se fait dans le référentiel du laboratoire, et nous adoptons le repère $(O,\vec{i},\vec{j})$ représenté sur la figure. On note e la charge de l'électron.

COURS INTERROS CORRIGÉS

1 Montrer que le vecteur $\vec{E}$ peut s'écrire : $\vec{E} = -E\vec{j}$, où $E = ||\vec{E}||$ est la norme du champ électrique.

2 Donner les composantes de la force électrostatique s'exerçant sur un électron du faisceau.

3 En déduire les équations horaires d'un électron.

4 Montrer que l'équation de la trajectoire d'un électron, entre les plaques, est :

$$y = \frac{eE}{2mv_0^2}x^2,$$

où m est la masse de l'électron. Quelle est la nature de cette trajectoire ?

5 Quelle est la nature de la trajectoire d'un électron lorsqu'il sort de l'espace compris entre les plaques ?

6 Lancer de poids

★★ 30 min Corrigé p. 246

Lycée Lakanal, Sceaux

Lors d'un concours d'athlétisme, un lanceur de poids effectue le lancer d'un poids de masse $m = 9{,}0$ kg. On supposera que ce poids est ponctuel et confondu avec son centre d'inertie, et on négligera les forces de frottement (résistance de l'air) au cours de son mouvement.

Une fois que le poids a quitté la main du lanceur, sa trajectoire est incluse dans un plan vertical $(O,\vec{i},\vec{j})$.

Le lancer comporte deux phases :

- Une première phase pendant laquelle le lanceur communique de l'énergie cinétique au poids. Durant cette phase, le poids, qui était initialement à l'altitude $z_1 = 1{,}0$ m et avait une vitesse nulle, se retrouve à une altitude $z_2 = 1{,}9$ m avec une vitesse $v_0 = 16$ m.s^{-1}. Le vecteur vitesse du poids fait alors un angle $\alpha = 44°$ avec l'horizontale.

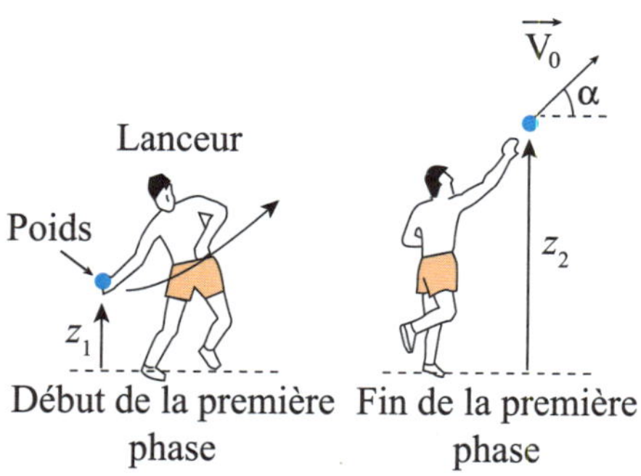

- Une seconde phase, pendant laquelle le poids n'est plus en contact avec la main du lanceur, et suit sa trajectoire dans le champ de pesanteur terrestre.

Cette phase se termine lorsque le poids arrive en contact avec le sol (voir figure page ci-contre).

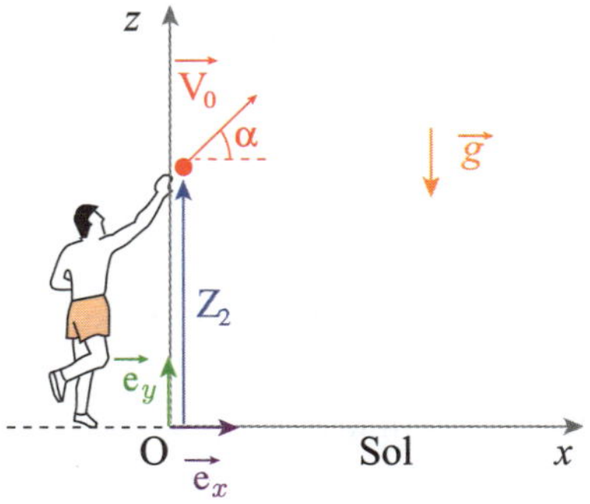

On prendra l'origine des dates ($t = 0$) à l'instant où le poids quitte la main du lanceur, c'est-à-dire au début de la seconde phase.

1 Calculer l'énergie cinétique du poids à $t = 0$.

2 Calculer le travail fourni par le lanceur au poids pendant la première phase.

3 Établir les équations du mouvement du poids pendant la seconde phase. En déduire l'équation de sa trajectoire dans le repère $(O,\vec{\imath},\vec{\jmath})$.

4 Quelle est l'altitude maximale atteinte par le poids ?

5 Calculer l'abscisse x_f du poids au moment où il touche le sol. Les juges mesurent une longueur de lancer $L = 27{,}75$ m. Cette mesure est-elle compatible avec la valeur de x_f ? D'où vient à votre avis la différence ?

Donnée : $g_0 = 9{,}81$ m.s^{-2}.

7 Jeu de fête foraine

★★★ 30 min Corrigé p. 249

Lycée Blomet, Paris

On considère le dispositif représenté page suivante, que l'on peut voir par exemple lors de fêtes foraines. Il s'agit d'un rail sur lequel peut glisser un mobile de masse m avec très peu de frottements. Ce rail comporte une partie horizontale (AB'), qui se rattache à un arc de cercle $B'E'$ puis à une partie rectiligne montante $(E'E)$. Le but est de lancer le mobile de manière à atteindre l'extrémité E de la partie montante, située à une hauteur H au-dessus du prolongement du rail horizontal. À ce moment-là, le mobile heurte un dispositif approprié et le joueur peut recommencer.

On suppose que le joueur applique sur le mobile une force horizontale constante $\vec{f}$ sur le trajet AB, puis lâche le mobile en B. On négligera les frottements dans toute la suite de l'exercice. On pose $d = d(A,B)$.

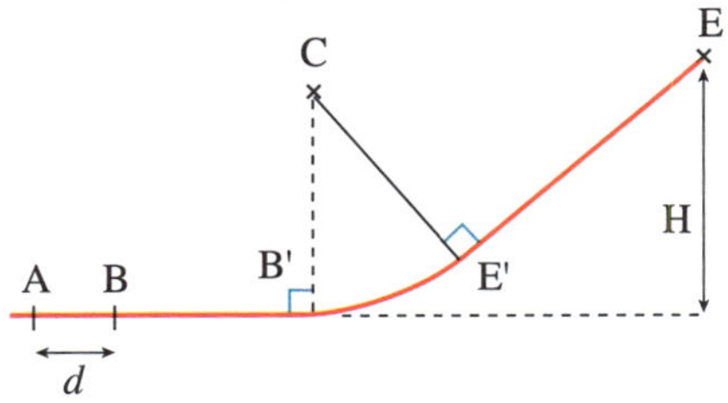

1 Quelle est la vitesse v_1 du mobile sur la partie horizontale, en fonction de m, f et d ?

2 Avec quelle force minimale f_{min} le joueur doit-il lancer le mobile pour gagner ? On exprimera f_{min} en fonction de m, d, H et de g, intensité de la pesanteur.

3 On démonte à présent partiellement le dispositif, en retirant le rail $(E'E)$. Un joueur lance le mobile en lui appliquant la force f_{min}. Lorsque le mobile sort du dispositif en E', il décrit une trajectoire parabolique. L'altitude maximale qu'il atteint au-dessus du plan du rail horizontal est-elle égale à H ?

Données :

$m = 7$ kg, $d = 50$ cm, $H = 2$ m et $g = 10$ m.s^{-2}.

1 QCM Testez vos connaissances

Enoncé p. 234

1 Réponse [b] : faux. L'accélération de la pesanteur est la même pour tous les corps à la surface de la Terre, si on néglige la résistance de l'air : $\vec{a_G} = \vec{g}$.

2 Réponse [b] : nul. En effet Marseille et Ajaccio sont deux villes de bord de mer, et donc le passager est à la même altitude au décollage et à l'atterrissage.

3 Réponse [a]. La réaction du sol effectue un travail moteur si et seulement si elle est de même sens que la vitesse de l'ascenseur, qui doit donc être dirigée vers le haut.

4 Réponse [b] : faux. Le champ électrique est inversement proportionnel à la distance entre les deux armatures.

5 Réponse [a]. Voir le cours.

6 Réponse [a]. Le champ électrique est dirigé vers le bas, ainsi que le vecteur accélération de la particule : sa charge est donc positive.

7 Réponse [c]. En effet, la variation d'énergie cinétique est $qU = 2 \times 10 = 20$ eV.

8 Réponse [a]. L'altitude du ballon est la même entre l'état initial et l'état final.

2 Déviation de particule chargée

Enoncé p. 235

Lycée Frédéric Ozanam, Lille

1 La particule est de charge positive donc la force électrostatique qu'elle subit et le champ électrique au point où elle se trouve sont colinéaires et de même sens. Enfin, si le champ électrique est dirigé de A vers B, cela signifie que $U_{AB} > 0$, et vice-versa. À l'aide de ces considérations, on peut donner le signe de U_{AB} dans chacun des quatre cas.

- Dans le cas 1, la force électrostatique est dirigé vers la droite, donc on a $U_{AB} > 0$.
- Dans le cas 2, elle est dirigée vers la gauche donc $U_{AB} < 0$.
- Dans les cas 3 et 4, elle est à nouveau dirigée vers la droite, donc $U_{AB} > 0$.

2 La particule évolue dans le vide donc elle n'est soumise qu'à une force, conservative, qui est la force électrostatique (on néglige son poids). Son énergie mécanique $E_m = E_c + E_p = E_c + qV$ est donc conservée le long de sa trajectoire. En conséquence, on peut écrire :

$$E_c(O) + qV_O = E_c(O') + qV_{O'}.$$

Donc si on veut que la particule ait la même énergie cinétique en O' qu'en O, il faut avoir :

$$qV_O = qV_{O'} \quad \text{donc :} \quad V_O = V_{O'}.$$

O et O' doivent être sur la même équipotentielle. Dans le cas présent, les équipotentielles entre les deux plaques, sont les plans parallèles à ces plaques. On en déduit que la particule a même énergie cinétique en O et O' dans les cas 2 et 3.

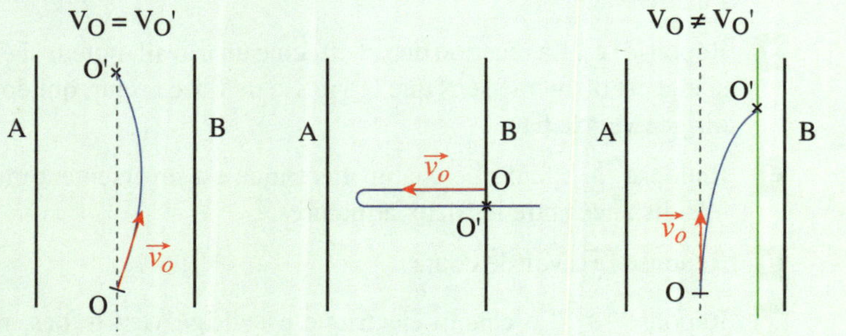

cas ② cas ③

3 Accélération d'ions sulfure

Enoncé p. 235

Lycée Champollion, Grenoble

1 Le champ électrique entre A et C est vertical et uniforme, donc la force électrostatique à laquelle est soumise une particule au cours de son mouvement est constante : le mouvement des électrons est rectiligne et uniformément accéléré.

2 On écrit la conservation de l'énergie mécanique d'un ion entre le moment où il sort de la chambre d'ionisation et le moment où il franchit la plaque C. On a :

$$\frac{1}{2}mv_s^2 - \frac{1}{2}mv_0^2 = Q(V_A - V_C) = -QU_{CA}$$

où $Q = -2q$ est la charge portée par un ion. On peut donc écrire :

$$v_s = \sqrt{v_0^2 - \frac{2QU_{CA}}{m}} = \sqrt{v_0^2 + \frac{4qU_{CA}}{m}}.$$

On remarque que cette vitesse ne dépend pas de la distance qui sépare les deux plaques, mais seulement de la tension électrique entre elles.

3 L'application numérique, pour les ions sulfure 32, donne :

$$v_s^{32} = \sqrt{(450 \times 10^3)^2 - \frac{4 \times (-1{,}6 \times 10^{-19}) \times 2000}{5{,}32 \times 10^{-26}}} = 476{\cdot}10^3 \text{ m.s}^{-1}$$

et dans le cas des ions sulfure 33 :

$$v_s^{33} = \sqrt{(450 \times 10^3)^2 - \frac{4 \times (-1{,}6 \times 10^{-19}) \times 2000}{5{,}50 \times 10^{-26}}} = 475{\cdot}10^5 \text{ m.s}^{-1}.$$

4 Étude balistique

Enoncé p. 236

Lycée Pierre de Fermat, Toulouse

Retrouvez le corrigé de cet exercice en vidéo.

1 La deuxième loi de Newton appliquée au point P, dans le référentiel galiléen lié au sol, s'écrit :

$$m\vec{a} = \vec{P}$$

puisque le point P n'est soumis, en l'absence de forces de frottement, qu'à son poids $\vec{P} = m\vec{g} = -mg\vec{j}$. L'accélération du point P dans le repère (Oxz) s'écrit donc :

$$\begin{cases} \frac{\mathrm{d}^2x}{\mathrm{d}t^2} = 0 \\ \frac{\mathrm{d}^2z}{\mathrm{d}t^2} = -g \end{cases}$$

2 En prenant la primitive par rapport au temps de ces deux équations, on obtient le système suivant :

$$\begin{cases} \frac{\mathrm{d}x}{\mathrm{d}t} = K_1 \\ \frac{\mathrm{d}z}{\mathrm{d}t} = -gt + K_2 \end{cases}$$

où les constantes K_1 et K_2 sont déterminées à partir des conditions initiales :

$$\begin{cases} \left.\frac{\mathrm{d}x}{\mathrm{d}t}\right|_{t=0} = v_0 \cos\alpha = K_1 \\ \left.\frac{\mathrm{d}z}{\mathrm{d}t}\right|_{t=0} = v_0 \sin\alpha = K_2 \end{cases}$$

En définitive, le vecteur vitesse du point P a pour coordonnées dans le repère (Oxz) :

$$\vec{v} = \begin{pmatrix} v_0 \cos\alpha \\ -gt + v_0 \sin\alpha \end{pmatrix}.$$

3 On prend à nouveau la primitive par rapport au temps du vecteur vitesse précédent, et on obtient :

$$\overrightarrow{OM} = \begin{pmatrix} v_0 \cos\alpha\, t + K_1' \\ -\frac{1}{2}gt^2 + v_0 \sin\alpha\, t + K_2' \end{pmatrix}$$

où les constantes d'intégration K_1' et K_2' représentent respectivement l'abscisse et l'ordonnée du point P à $t = 0$, et valent donc respectivement 0 et h.

En définitive, on a :

$$\overrightarrow{OM}(t) = \begin{pmatrix} x(t) \\ z(t) \end{pmatrix} = \begin{pmatrix} v_0 \cos\alpha\, t \\ -\frac{1}{2}gt^2 + v_0 \sin\alpha\, t + h \end{pmatrix}.$$

4 Il suffit pour aboutir à l'expression demandée de remplacer dans l'expression de $z(t)$ la variable t par $\dfrac{x}{v_0 \cos\alpha}$, donnée par l'expression de $x(t)$.

On en déduit :

$$z(x) = -\frac{1}{2}g\left(\frac{x}{v_0 \cos\alpha}\right)^2 + v_0 \sin\alpha \frac{x}{v_0 \cos\alpha} + h$$

donc :

$$z(x) = -\frac{1}{2}\frac{g}{(v_0 \cos\alpha)^2}x^2 + x \tan\alpha + h.$$

5 **(a)** On commence par donner l'expression numérique de $z(x)$ dans les unités du Système International :

$$z(x) = -\frac{1}{2}\frac{10}{(\frac{900}{3,6} \times \frac{\sqrt{2}}{2})^2}x^2 + x \tan 45° + 100$$

soit :

$$z(x) = -\frac{x^2}{6250} + x + 100.$$

Pour connaître l'abscisse x du point d'impact du projectile sur le sol ($z = 0$), il faut résoudre l'équation du second degré :

$$0 = -\frac{x^2}{6250} + x + 100$$

dont le discriminant vaut : $\Delta = 1 + 4 \times 100 \times \frac{1}{6250} = 1,064 > 0$. Les racines sont :

$$6250 \times \frac{1 \pm \sqrt{\Delta}}{2}$$

et valent respectivement : $x_1 = 6348$ m et $x_2 = -98,4$ m. La racine x_2 ne convient pas, puisque le mouvement se fait à $x > 0$. Elle correspond à l'abscisse à laquelle il faudrait placer le canon pour obtenir la même trajectoire, si celui-ci n'était pas situé sur un promontoire. Ainsi, on retient la racine x_1 : le projectile tombe à 6,3 km du canon.

(b) Il faut trouver le maximum de la fonction $z(x)$. Pour ce faire, on dérive cette fonction par rapport à x et on cherche pour quelle valeur de x la dérivée s'annule. On a :

$$z'(x) = -\frac{x}{3125} + 1.$$

Cette dérivée s'annule pour $x = 3125$ m. En prenant cette valeur dans l'expression de $z(x)$, on trouve : $z_{max} = 1662,5 \simeq 1,7.10^3$ m.

(c) L'énergie mécanique du projectile est conservée entre le moment où il sort du canon (instant initial) et le moment où il atteint le sol (instant final) puisque l'on néglige les forces de frottement. On peut donc écrire :

$$\frac{1}{2}mv_0^2 + mgh = \frac{1}{2}mv_f^2$$

où l'on désigne par m la masse du projectile et par v_f la vitesse qu'il a lorsqu'il atteint le sol. De cette égalité on déduit :

$$v_f = \sqrt{v_0^2 + 2gh} = \sqrt{250^2 + 2 \times 10 \times 100} = 254 \text{ m.s}^{-1}$$
$$= 914 \text{ km.h}^{-1}.$$

(d) On peut remarquer que la vitesse du projectile lorsqu'il atteint son altitude maximum est purement horizontale. Or la vitesse horizontale du projectile est constante et vaut :

$$v_0 \cos\theta = 900 \times \cos 45° = 636 \text{ km.h}^{-1}.$$

On reprend sur la figure ci-après les résultats obtenus dans cet exercice :

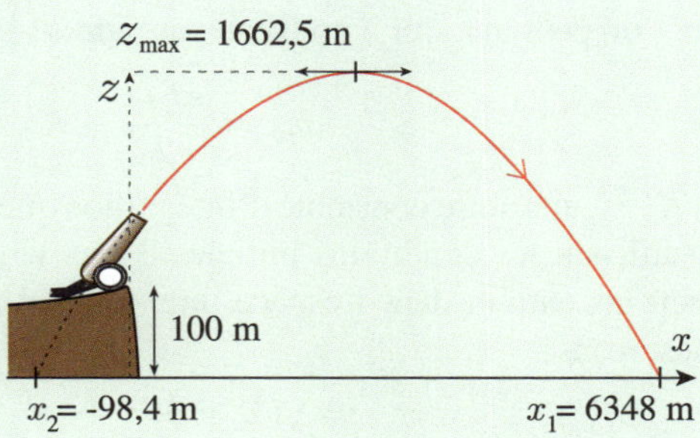

5 Principe de l'oscilloscope

Enoncé p. 237

Lycée Charlemagne, Paris

1 Les électrons sont déviés vers le haut, donc la force qui agit sur eux, qui est exclusivement la force électrostatique puisque l'on néglige leur poids, est dirigée vers le haut. Cette force a pour expression $\vec{F} = -e\vec{E}$, donc le champ $\vec{E}$ est vertical et dirigé vers le bas. On peut donc écrire :

$$\vec{E} = -E\vec{\imath}.$$

2 La force électrostatique a donc pour composantes :

$$F_x = 0 \quad \text{et :} \quad F_y = -e \times (-E) = eE.$$

3 La force électrostatique n'ayant pas de composante en x, le mouvement projeté sur l'axe de x est un mouvement uniforme à la vitesse v_0 :

$$x(t) = v_0 t,$$

où l'on adopte pour origine des dates l'instant où l'électron pénètre dans l'espace entre les deux plaques.

De la même manière, en projection sur l'axe (Oy), la deuxième loi de Newton (ou relation fondamentale de la dynamique) s'écrit :

$$m\frac{\mathrm{d}^2 y}{\mathrm{d}t^2} = F_y = eE.$$

En intégrant une première fois par rapport au temps cette égalité, on obtient :

$$m\frac{\mathrm{d}y}{\mathrm{d}t} = eEt + K,$$

où K est une constante d'intégration que l'on détermine en utilisant les conditions initiales. À $t = 0$, nous avons :

$$m \times 0 = eE \times 0 + K \quad \text{donc :} \quad K = 0$$

puisque les électrons pénètrent dans l'espace inter-plaques horizontalement (la composante verticale de leur vitesse est nulle). Nous avons donc l'égalité :

$$m\frac{\mathrm{d}y}{\mathrm{d}t} = eEt,$$

que l'on peut intégrer à nouveau par rapport au temps, ce qui donne :

$$my = \frac{eEt^2}{2} + K',$$

où K' est une autre constante d'intégration que l'on détermine à nouveau en utilisant les conditions initiales. Nous voyons sur la figure que les électrons entrent dans l'espace inter-plaques en $y = 0$, donc à $t = 0$ nous avons ;

$$my = 0 = K'.$$

Nous avons en définitive l'équation horaire suivante pour le mouvement vertical :

$$y = \frac{eEt^2}{2m}.$$

4 Nous utilisons la relation $x = v_0 t$ pour substituer t par x/v_0 dans l'équation horaire en y :

$$y = \frac{eE(x/v_0)^2}{2m} = \frac{eEx^2}{2mv_0^2}.$$

Il s'agit de l'équation d'une parabole : entre les plaques les électrons ont une trajectoire parabolique.

5 Lorsqu'un électron sort de l'espace inter-plaques, il n'est plus soumis à aucune force (on néglige son poids) : d'après la première loi de Newton, sa trajectoire est donc rectiligne uniforme.

6 Lancer de poids

Enoncé p. 238

Lycée Lakanal, Sceaux

1 L'énergie cinétique du système {poids} à $t = 0$ est donnée par :

$$E_{c_0} = \frac{1}{2}mv_0^2 = \frac{1}{2} \times 9 \times 16^2 = 1152\,\text{J} \simeq 1{,}2\,\text{kJ}.$$

2 On écrit la variation d'énergie mécanique du système {poids} entre l'état initial (poids immobile à l'altitude z_1) et l'état final (le poids quitte la main du lanceur). Pendant cette phase, le poids, outre son propre poids, est soumis à la force $\vec{F}$ exercée sur lui par le lanceur

La variation d'énergie mécanique s'écrit :

$(E_{c_0} + mgz_2) - (0 + mgz_1) = W_{\vec{F}}$ soit : $W_{\vec{F}} = E_{c_0} + mg(z_2 - z_1)$.

L'application numérique donne :

$$W_{\vec{F}} = 1152 + 9 \times 9{,}81 \times (1{,}9 - 1{,}0) = 1231 \text{ J} \simeq 1{,}2 \text{ kJ}.$$

MÉTHODE

On remarquera que ce travail est peu différent de l'énergie cinétique du poids. C'est normal, l'essentiel de l'effort du lanceur vise à *accélérer* le poids, pas à le *hisser*.

3 Pendant cette seconde phase, le poids n'est plus soumis qu'à son poids $\vec{P} = m\vec{g}$. La deuxième loi de Newton s'écrit donc :

$$m\vec{a} = m\vec{g}$$

qui devient, après projection sur les axes Ox et Oy :

$$m\frac{\mathrm{d}^2x}{\mathrm{d}t^2} = 0 \quad \text{et} \quad m\frac{\mathrm{d}^2y}{\mathrm{d}t^2} = -mg$$

ou encore :

$$\frac{\mathrm{d}^2x}{\mathrm{d}t^2} = 0 \quad \text{et} \quad \frac{\mathrm{d}^2y}{\mathrm{d}t^2} = -g.$$

De la première équation on déduit :

$$v_x(t) = \frac{\mathrm{d}x}{\mathrm{d}t} = \text{constante} = v_0 \cos\alpha$$

puisque l'on sait que à $t = 0$, la valeur de la vitesse horizontale est $v_0 \cos\alpha$, d'après l'énoncé.

La seconde équation conduit à :

$$v_y(t) = \frac{\mathrm{d}y}{\mathrm{d}t} = \text{constante} - gt = v_0 \sin\alpha - gt$$

où cette fois on utilise la valeur de la vitesse verticale à $t = 0$, que l'on déduit de v_0 et α donnés par l'énoncé.

On déduit des expressions de $v_x(t)$ et $v_y(t)$ respectivement :

$$x(t) = v_0 t \cos\alpha + x_{(t=0)} = v_0 t \cos\alpha$$

et :

$$y(t) = v_0 t \sin\alpha - \frac{1}{2}gt^2 + y_{(t=0)} = v_0 t \sin\alpha - \frac{1}{2}gt^2 + z_2$$

Pour éliminer le temps dans ces équations et obtenir y en fonction de x, on écrit :

$$t = \frac{x}{v_0 \cos\alpha}$$

ce qui donne, tous calculs faits :

$$y = -\frac{g}{2v_0^2 \cos^2\alpha} x^2 + x \tan\alpha + z_2$$

soit numériquement :

$$y = -0{,}037 \times x^2 + 0{,}966 \times x + 1{,}9 \quad \text{(où } x \text{ et } y \text{ sont en mètres).}$$

4 Pour connaître l'altitude maximale atteinte par le poids, il nous faut calculer le maximum de la fonction $y(x)$ établie précédemment. Mathématiquement pour que $y(x)$ atteigne un maximum, il faut que $y'(x)$ soit nul. Nous calculons donc :

$$y'(x) = -0{,}037 \times 2 \times x + 0{,}966 = -0{,}074x + 0{,}966.$$

On notera qu'exceptionnellement on travaille directement sur les valeurs numériques au lieu d'utiliser les expressions littérales. Cela évite une lourdeur inutile dans les calculs.
On cherche tout d'abord pour quelle valeur de x le maximum est atteint :

$$y'(x) = 0 \Leftrightarrow x = \frac{0{,}966}{0{,}074} = 13 \text{ m.}$$

On utilise cette valeur dans l'expression de $y(x)$ et on obtient, tous calculs faits :

$$y_{max} = 8{,}2 \text{ m.}$$

5 On obtient l'abscisse x_f en écrivant que $y(x_f) = 0$. Cela revient à résoudre l'équation du second degré suivante :

$$0 = -0{,}037x^2 + 0{,}966x + 1{,}9.$$

Son discriminant est $\Delta = 0{,}966^2 + 4 \times 1{,}9 \times 0{,}037 = 1{,}214 > 0$, donc elle admet deux racines, qui sont respectivement :

$$x_1 = 28 \text{ m} \quad \text{et} \quad x_2 = -1{,}8 \text{ m.}$$

La seconde racine est négative, ce qui impliquerait un passage du poids à cette valeur de x à une date $t < 0$, ce qui est impossible puisque le mouvement décrit dans la seconde phase a lieu à $t > 0$, donc la racine à retenir est :

$$x_f = x_1 = 28 \text{ m.}$$

L'écart avec la valeur annoncée par les juges peut avoir plusieurs origines :

- On ne connaît la vitesse initiale et l'angle initial du poids qu'avec deux chiffres significatifs, ce qui est peu compte-tenu de l'écart constaté.

- Les juges mesurent la distance du point du « cratère » laissé par le poids le plus proche du lanceur ; or ici on a simplifié en supposant le poids ponctuel.
- Enfin la résistance de l'air, qui exerce sur le poids une force opposée à son vecteur vitesse, a tendance à raccourcir la portée du tir

7 Jeu de fête foraine

Enoncé p. 239

Lycée Blomet, Paris

1 On étudie le système {mobile} dans le référentiel galiléen lié au sol. Il est soumis à son poids $\vec{P}$, à la réaction $\vec{R}$ du rail et à la force $\vec{f}$ du joueur. $\vec{P}$ et $\vec{R}$ ne travaillent pas pendant la phase d'accélération puisque ces deux forces sont verticales (on néglige les frottements), donc perpendiculaires au mouvement, horizontal. La variation de l'énergie mécanique du système entre l'instant initial (mobile en A, immobile) et l'instant final (mobile en B, à la vitesse v_1), est égale au travail de la force du joueur, ce qui donne :

$$\frac{1}{2}mv_1^2 - 0 = fd \quad \text{soit :} \quad v_1 = \sqrt{\frac{2fd}{m}}.$$

2 On utilise la conservation de l'énergie mécanique du système entre le point B et le point E. Quand le joueur applique la force minimale, le mobile arrive en E avec une vitesse v_2 nulle. On a ainsi :

$$0 + \frac{1}{2}mv_1^2 = mgH + 0,$$

où le membre de gauche représente l'énergie mécanique du système en B et le membre de droite son énergie mécanique en E. On en déduit :

$$f_{\min}d = mgH \quad \text{donc :} \quad f_{min} = \frac{mgH}{d}.$$

L'application numérique donne :

$$f_{\min} = \frac{7 \times 10 \times 2}{0{,}5} = 3.10^2 \text{ N}.$$

3 L'altitude maximale atteinte est inférieure à H. En effet, entre le point E′ et le sommet de la trajectoire parabolique, seul le poids travaille, comme précédemment. Toutefois, au sommet de sa trajectoire le vecteur vitesse du mobile possède une composante horizontale, donc son énergie cinétique n'est pas nulle. Utilisons alors la conservation de l'énergie mécanique, et notons M le point d'altitude maximale de la trajectoire dans le cas où on retiré le rail. On a :

$$E_m = \frac{1}{2}mv_M^2 + mgH',$$

où v_M est la vitesse du mobile lorsqu'il passe au point M, et H' la hauteur de ce point par rapport au rail horizontal. En revanche, lorsque le rail incliné était présent, nous avions :

$$E_m = 0 + mgH,$$

puisque pour $f = f_{\min}$ le mobile arrivait sans vitesse au point E. Nous avons donc :

$$mgH' = mgH - \frac{1}{2}mv_M^2.$$

Puisque $v_M \neq 0$, nous avons $H' < H$.

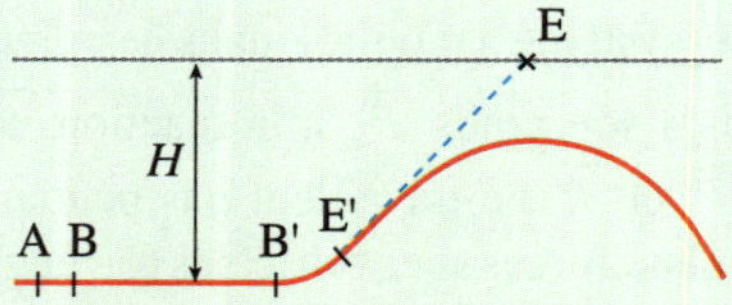

Chapitre 12

Mouvement dans un champ de gravitation

Plan du chapitre

1 Introduction

Exercice type — Lycée Condorcet, Paris

La planète Saturne possède de nombreux satellites naturels. Certains, très petits, ont été découverts récemment par les missions spatiales, et des observations au sol permettent encore d'en découvrir de nouveaux. Le satellite appelé Encelade se trouve sur une orbite circulaire à 238 020 km du centre de la planète, et le satellite Dioné décrit également une orbite circulaire à 377 400 km du centre de Saturne.
Montrer que ces satellites sont en résonance 2:1, c'est-à-dire que lorsque l'un d'eux effectue un tour complet de Saturne, l'autre effectue deux tours.

Voir corrigé page 257

Dans ce chapitre, nous étudions le mouvement de systèmes dans le champ de gravitation d'astres comme le Soleil ou des planètes.

2 Référentiels utilisés

On étudie le mouvement d'un corps de petite masse autour d'une masse centrale dominante. Le référentiel utilisé est centré sur cette masse. Ainsi, on utilise :

1. le référentiel centré sur le soleil (référentiel héliocentrique) lorsqu'on étudie le mouvement des planètes du système solaire ;
2. le référentiel centré sur le centre de la Terre (référentiel géocentrique) lorsqu'on étudie le mouvement d'un satellite artificiel de la Terre ;
3. et de manière générale le référentiel planétocentrique (centré sur une planète) lorsqu'on étudie des satellites de cette planète.

3 Lois de Képler

Johannes Képler (1571-1630) a trouvé trois lois, établies à partir des observations réalisés par l'astronome Tycho Brahé. Ces trois lois portent son nom, et sont d'une importance capitale en astronomie. Képler a trouvé ses lois en étudiant le mouvement des planètes du Système Solaire (notamment le mouvement de Mars) mais elles s'appliquent à toute masse en orbite autour d'un masse centrale dominante : satellites naturels (« lunes ») d'une planète, satellites artificiels de la Terre, orbites de planètes extra-solaires autour d'une étoile autre que le Soleil, etc.

3.1 Première loi de Képler

À RETENIR

La première loi de Képler, la « loi des orbites », énonce que les orbites (trajectoires) des planètes autour du Soleil sont des ellipses, dont le Soleil occupe un foyer.

Une ellipse est une figure géométrique fermée, qui généralise la notion de cercle. Elle possède (voir la figure ci-après) deux foyers F et F′. Une ellipse est définie comme l'ensemble des points M tels que :

$$\mathrm{FM} + \mathrm{F'M} = 2a,$$

où a est appelé demi grand-axe.

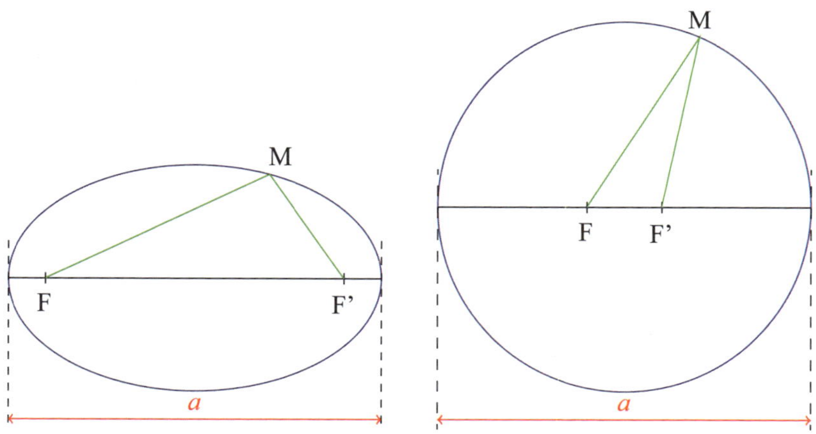

La figure de gauche montre une ellipse où les foyers sont très séparés (on dit qu'elle est très excentrique : les foyers sont loin du *centre*). Elle a alors une forme ovale très aplatie. En revanche, la figure de droite montre une ellipse où les foyers sont peu disjoints : elle est alors quasi-circulaire. Dans le cas où les foyers sont confondus (F = F′), nous avons :

$$\mathrm{FM} + \mathrm{F'M} = \mathrm{FM} + \mathrm{FM} = 2\mathrm{FM} = 2a \quad \text{soit} \quad \mathrm{FM} = a.$$

L'ellipse est alors un cercle de rayon a et de centre F (ou F′, puisque c'est le même point).

La plupart des planètes du système solaire ont une orbite peu excentrique (quasi-circulaire). En revanche, certains petits corps du système solaire, comme les comètes, ont des excentricités très importantes et par conséquent des orbites très allongées. Elles peuvent passer plus près du Soleil que la Terre à certaines époques, et à d'autres se retrouver plus de 100 fois plus loin du Soleil que la Terre.

3.2 Deuxième loi de Képler

À RETENIR

La deuxième loi de Képler, la « loi des aires », indique que les aires balayées par un « rayon-vecteur » (segment joignant le Soleil à une planète) en des temps égaux sont égales.

Exemple : Le point A' de la figure ci-après représente la position de la planète un mois après son passage en A. De même le point B' représente la position de la planète un mois après son passage en B.

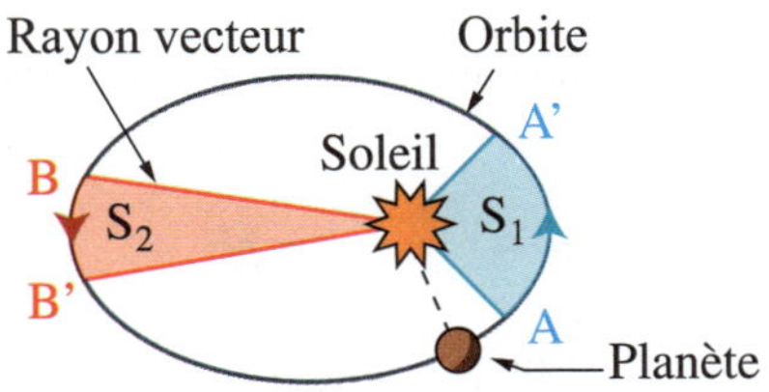

Les aires S_1 et S_2 sont égales.

L'aire balayée par un rayon-vecteur par unité de temps est aussi appelée la « constante des aires » de l'orbite. Elle est égale à la surface de l'orbite divisée par la période orbitale.

Une conséquence immédiate de la deuxième loi de Képler est que les planètes ont une vitesse orbitale supérieure lorsqu'elles passent plus près du Soleil (lorsqu'elles sont à leur périhélie), que lorsqu'elles sont plus loin du Soleil (vers leur aphélie). Cette différence est assez petite pour les planètes qui ont, comme on l'a vu, des orbites quasi-circulaires. En revanche, elle peut être considérable pour les comètes et autres petits corps de grande excentricité.

COURS

3.3 Troisième loi de Képler

La troisième loi de Képler relie la période de révolution T d'une planète à son rayon orbital R. On se limitera ici au cas d'une orbite circulaire.

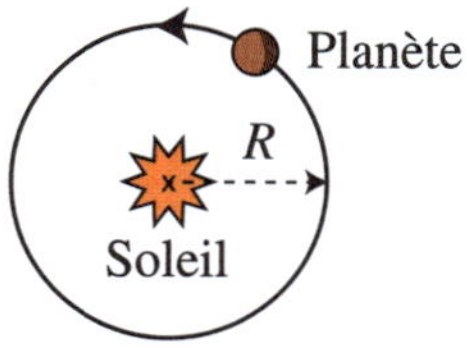

À RETENIR

Troisième loi de Képler : le carré de la période de révolution T d'un corps en orbite circulaire est proportionnel au cube de son rayon R.

$$\frac{T^2}{R^3} = \text{constante.}$$

Nous allons démontrer cette loi au paragraphe 3.3.2.

3.3.1 - Expression de l'accélération

Nous avons vu que l'accélération dans le cas d'un mouvement circulaire du point M s'écrit :

$$\vec{a} = \frac{\mathrm{d}v}{\mathrm{d}t}\vec{T} + \frac{v^2}{R}\vec{N}$$

où on note $\vec{T}$ le vecteur unitaire tangent en M à la trajectoire et dirigé dans le sens du mouvement, $\vec{N}$ le vecteur normal en M à la trajectoire et dirigé vers le centre du cercle et v la norme du vecteur vitesse de M.

L'unique force à laquelle est soumis le système est la force de pesanteur : $\vec{F} = m\vec{g}$, qui est en tout point orthogonale au vecteur vitesse $\vec{v}$ du système, donc sa puissance instantanée $\vec{F}.\vec{v}$ est nulle.

Par application du théorème de l'énergie cinétique, on en déduit donc que l'énergie cinétique, et donc la vitesse du système, est constante au cours du temps.

À RETENIR

Une orbite circulaire autour d'un corps central à symétrie sphérique est décrite à vitesse constante. Il s'agit d'un mouvement circulaire uniforme.

Dans ce cas particulier où le mouvement est uniforme, le vecteur accélération est colinéaire au vecteur $\vec{N}$, puisque $\frac{\mathrm{d}v}{\mathrm{d}t} = 0$, et sa norme, qui est constante, vaut $\frac{v^2}{R}$.

3.3.2 - Démonstration de la troisième loi de Képler

Nous étudions le mouvement dans le référentiel sans rotation lié au corps central, supposé galiléen. On vient de voir que l'accélération de la masse en orbite s'écrit :

$$\vec{a} = \frac{v^2}{R}\vec{N}.$$

Par ailleurs la force gravitationnelle exercée par le corps central, de masse M sur la masse m en orbite s'écrit :

$$\vec{F} = \frac{GMm}{R^2}\vec{N}.$$

On écrit la deuxième loi de Newton pour ce système :

$$m\vec{a} = \vec{F}$$

soit

$$m\frac{v^2}{R}\vec{N} = \frac{GMm}{R^2}\vec{N}$$

ou encore :

$$\frac{v^2}{R} = \frac{GM}{R^2}$$

donc :

$$v = \sqrt{\frac{GM}{R}}.$$

On en déduit la période de l'orbite du corps étudié, qui est le temps qu'il met à parcourir le périmètre $2\pi R$ de son orbite à la vitesse v :

$$T = \frac{2\pi R}{v} = \frac{2\pi R^{\frac{3}{2}}}{\sqrt{GM}}.$$

On peut écrire encore cette relation en élevant les deux membres de l'égalité ci-dessus au carré :

$$T^2 = \frac{4\pi^2}{GM}R^3.$$

Il faut savoir retrouver rapidement cette relation.

Ceci démontre la troisième loi de Képler dans le cas particulier d'un mouvement circulaire.

La constante de proportionnalité $\frac{4\pi^2}{GM}$ ne dépend que du corps central. Elle est donc la même pour toutes les planètes du Système Solaire.

La troisième loi de Képler permet :

- de calculer la masse du corps central connaissant le rayon de l'orbite et la période d'un de ses satellites. C'est ainsi que l'on a pu par exemple estimer la masse de Jupiter à partir du mouvement des satellites galiléens (c'est le nom donné aux quatre plus gros satellites de Jupiter, à ne pas confondre avec la notion de « galiléen » d'un référentiel) ;

- de prédire la période (resp. le rayon de l'orbite) d'un satellite ou d'une planète quand on connaît le rayon de son orbite (resp. sa période) et la masse du corps central.

La troisième loi de Képler peut se généraliser au cas des orbites non circulaires. Elles sont alors elliptiques, et l'on doit remplacer, dans l'expression de la loi de Képler, le rayon de l'orbite par le demi grand-axe de l'ellipse. La démonstration de cette généralisation est toutefois hors-programme.

3.3.3 - Expression simple de la troisième loi de Képler

Dans le cas particulier des planètes du Système Solaire, la troisième loi de Képler s'énonce de manière particulièrement simple dans le cas où les durées s'expriment en années et les rayons en *unités astronomiques*. La troisième loi de Képler peut s'écrire :

$$T^2 = K R^3,$$

où K est une constante de proportionnalité qui dépend du corps central et du système d'unités utilisé.

On introduit l'unité astronomique (de symbole U.A.), qui est une unité de distance, et qui est égale à la distance Soleil-Terre (sa valeur précise a été fixée par l'Union Astronomique Internationale à : 1 U.A. = 149 597 870 km).

Si on exprime les durées en années, alors, pour la Terre, on a :

$$T = 1 \text{ année} \quad \text{et} \quad R = 1 \text{ U.A.}$$

et donc la constante de la loi de Képler vaut :

$$K = \frac{1}{1} = 1 \text{ année}^2.\text{U.A.}^{-3}.$$

Cette constante s'applique à tous les corps en orbite autour du soleil, c'est-à-dire à toutes les planètes du Système Solaire.

Astuce : il peut être utile de se souvenir que le carré de la période de révolution d'une planète du Système Solaire, exprimé en années, est égal au cube du demi grand-axe de son orbite, exprimé en unités astronomiques.

4 Satellites artificiels de la Terre

On appelle satellite géostationnaire un satellite qui décrit son orbite en 23 h 56 min. Ainsi, il reste toujours dans le plan d'un même méridien terrestre, puisque la durée de rotation de la Terre sur elle-même, par rapport aux étoiles fixes et non par rapport au Soleil est de 23 h 56 min.

L'altitude d'un satellite géostationnaire est d'environ 36 000 km.

On appelle satellite en orbite basse un satellite ayant une orbite circulaire à basse altitude (quelques centaines de kilomètres tout de même pour éviter les forces de frottement de l'atmosphère qui feraient tomber le satellite à la surface terrestre). La période d'un satellite en orbite basse est d'environ 1 h 25 min.

Solution de l'exercice type

Lycée Condorcet, Paris

Encelade et Dioné sont en orbite autour du même corps central (Saturne), donc on peut écrire :

$$\begin{cases} T_{\text{Dioné}}^2 = K\,R_{\text{Dioné}}^3 \\ T_{\text{Encelade}}^2 = K\,R_{\text{Encelade}}^3 \end{cases}$$

où la constante K est la même pour Dioné et Encelade. En divisant entre elles ces égalités, on a :

$$\left(\frac{T_{\text{Dioné}}}{T_{\text{Encelade}}}\right)^2 = \left(\frac{R_{\text{Dioné}}}{R_{\text{Encelade}}}\right)^3$$

ce qui s'écrit encore :

$$\frac{T_{\text{Dioné}}}{T_{\text{Encelade}}} = \sqrt{\left(\frac{R_{\text{Dioné}}}{R_{\text{Encelade}}}\right)^3}.$$

L'application numérique donne :

$$\frac{T_{\text{Dioné}}}{T_{\text{Encelade}}} = \sqrt{\left(\frac{377400}{238020}\right)^3} = 1{,}997 \simeq 2{,}00.$$

Ainsi, quand Dioné décrit une orbite entière, Encelade en décrit deux. Ce type de coïncidence, appelée résonance de moyen mouvement, n'est pas fortuit et est courant dans les systèmes de satellites des planètes géantes (Jupiter et Saturne essentiellement), ainsi que dans certains systèmes de planètes extra-solaires.

Voir énoncé page 251

1 QCM Testez vos connaissances

5 min

Corrigé p. 265

1 Les propositions suivantes sont-elles vraies ou fausses ?

(a) La force exercée par la Terre sur le Soleil est d'égale valeur à celle exercée par le Soleil sur la Terre.

(b) Quand la distance entre deux masses ponctuelles croît, la force de gravitation qu'elles exercent l'une sur l'autre croît également.

(c) La force gravitationnelle peut être répulsive.

(d) Quand la Terre est plus proche du Soleil, sa vitesse orbitale est plus petite.

2 Les planètes situées à l'intérieur de l'orbite de la Terre (Vénus et Mercure) ont des périodes de révolution

[a] supérieures [b] inférieures

à une année.

3 On représente ci-dessous la force $\vec{F}$ exercée par une masse M sur une masse m, située à distance d de la première.

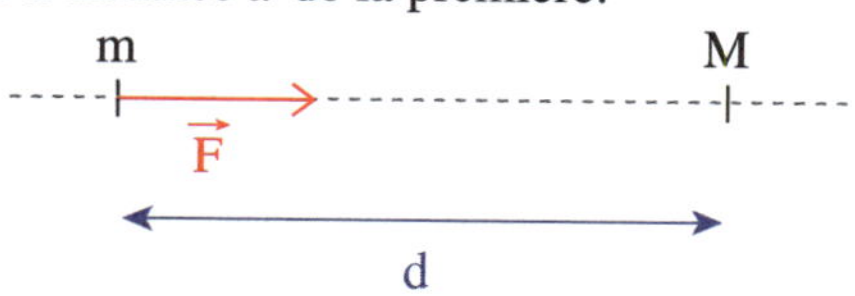

Quelle est la somme des forces exercées sur la masse m par une masse M à la distance d et par une masse $4M$ à la distance $2d$, disposées comme indiqué ci-après ?

[a]

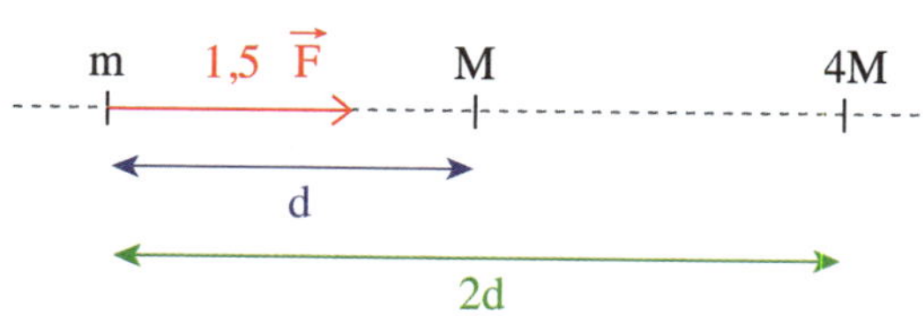

[b]

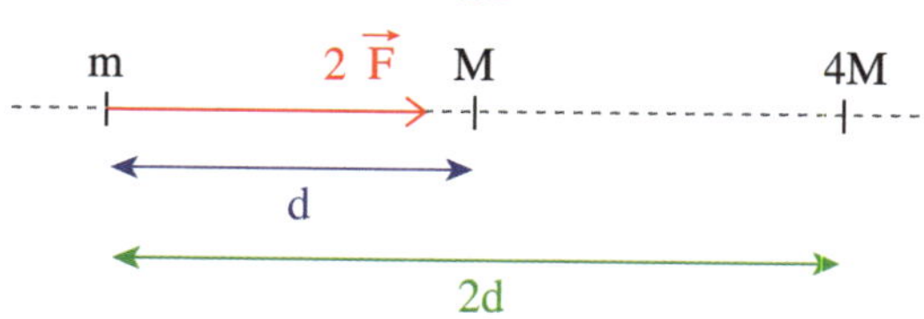

[c]

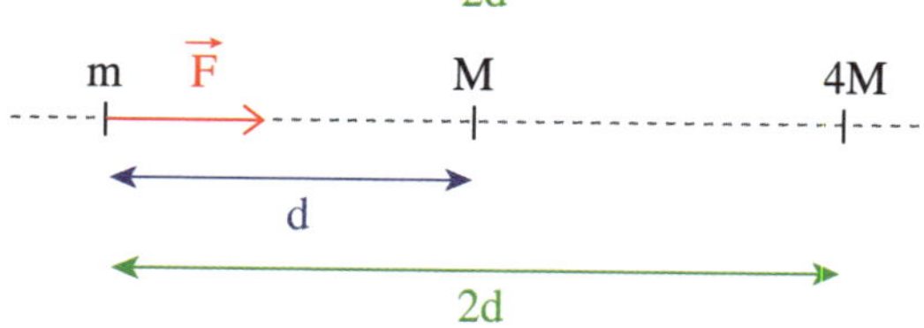

4 Si l'on découvrait, dans notre système solaire, une planète orbitant à 64 unités astronomiques du Soleil, quelle serait sa période orbitale ?

[a] 64 ans [b] 8 ans [c] 512 ans

5 Les anneaux de Saturne peuvent être considérés comme un très grand ensemble de petites particules en orbite circulaire autour de Saturne. La rotation des anneaux se fait :

a en bloc (rotation solide)

b plus lentement à l'extérieur

c plus rapidement à l'extérieur

6 La force gravitationnelle exercée par la Terre sur une personne est le poids de cette personne.

a Vrai **b** Faux

7 On considère la somme vectorielle des deux forces exercées par les deux masses M sur la masse m. Quelle situation est impossible ?

a) 

b) 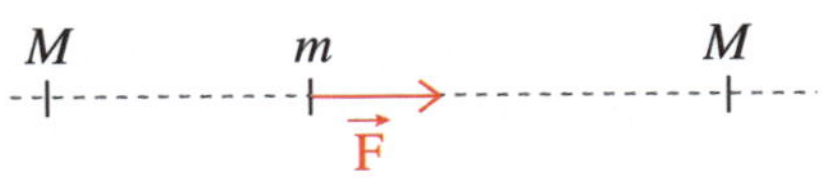

8 Plus le rayon de l'orbite d'une planète du Système Solaire est grand, plus sa période de révolution est grande.

a Vrai **b** Faux

9 Un satellite géostationnaire :

a est en orbite basse **b** a une période de révolution d'environ 24 h

10 La vitesse d'une planète dans son orbite autour du Soleil est une fonction

a croissante **b** décroissante

du rayon de son orbite.

11 Plus un satellite artificiel de la Terre a une masse importante, plus sa période est grande.

a Vrai **b** Faux

2 Système solaire

★★ 15 min Corrigé p. 265

Lycée d'Ancerville

live! *Retrouvez le corrigé de cet exercice en vidéo.*

Les planètes du système solaire, que l'on considère comme ponctuelles, décrivent autour du Soleil des orbites que l'on assimilera à des cercles, de rayon r, centrés sur le Soleil. La période de révolution T d'une planète est le temps que met cette planète pour effectuer un tour autour du Soleil.

1 Énoncer la troisième loi de Képler et écrire la relation qui lie T et r.

COURS
INTERROS
CORRIGÉS

2 On appelle unité astronomique, et on note U.A., la distance Terre-Soleil. Compléter le tableau ci-après :

planète	Mercure	Vénus	Terre	Mars	Jupiter	Saturne
r (U.A.)	0,39		1	1,52	5,2	
T (années)		0,62				29,5

3 On appelle période de révolution *synodique* le temps que met une planète entre deux alignements successifs avec la Terre, sur une même demi-droite issue du Soleil. Calculer, en jours, la période de révolution synodique de Vénus.

3 Satellites géostationnaires

★★ 15 min Corrigé p. 266

Lycée du Parc, Lyon

On s'intéresse à l'altitude à laquelle doit orbiter un satellite géostationnaire.

1 Rappeler la définition d'un satellite géostationnaire

2 Écrire la seconde loi de Newton pour un corps en orbite circulaire autour de la Terre, à une altitude z. On fera intervenir la constante de la gravitation universelle G, la masse M de la Terre, le rayon R de la Terre, et la vitesse v du corps.

3 Transformer cette équation en éliminant G et M et en faisant apparaître l'intensité de la pesanteur g à la surface terrestre. On fera apparaître une relation entre g, R, z et v.

4 En déduire l'altitude à laquelle doit orbiter un satellite géostationnaire.

Données :

$g = 9{,}8$ m.s^{-2} et $R = 6378$ km.

L'intensité de la pesanteur à la surface terrestre peut se calculer à partir du rayon et de la masse de la Terre, grâce à la relation :

$$g = \frac{GM}{R^2}.$$

4 Lois de Képler

★★ 35 min Corrigé p. 268

Lycée Marcellin Berthelot, Toulouse

On considère une planète P en orbite circulaire autour du Soleil S, centré en O, supposé fixe. On note m_p la masse de la planète, m_s la masse du Soleil, et R le rayon de l'orbite.

1 Donner l'expression de la vitesse v de P en fonction de R, m_s et de G, constante de la gravitation.

2 En déduire la période de révolution de la planète autour du Soleil.

3 La loi de Képler affirme que $\frac{R^3}{T^2}$ = constante. Donner l'expression de cette constante en fonction de G et m_s.

4 La planète naine Pluton, découverte en 1910, se trouve à une distance de 40 U.A. du Soleil (où U.A., unité astronomique, est la distance Terre-Soleil).

(a) Réécrire la loi de Képler de la question précédente dans le système d'unités {années terrestres; unités astronomiques}. Montrer qu'elle prend alors une forme particulièrement simple.

(b) La planète naine Pluton a-t-elle décrit entièrement son orbite depuis sa découverte ? Sinon, quelle fraction, exprimée en pourcentage, a-t-elle parcouru depuis sa découverte ?

5 L'un des principaux satellites de Jupiter, Callisto, la quatrième des « lunes » joviennes découvertes en 1610 par Galilée, décrit autour de Jupiter une orbite circulaire en 16,89 jours, à une distance de $1{,}883 \cdot 10^6$ km du centre de la planète. Quelle est la masse de Jupiter ?

Donnée : $G = 6{,}67 \cdot 10^{-11}$ unités S.I.

5 Masse de la Terre

★★★ 25 min Corrigé p. 269

Lycée Thiers, Marseille

On utilise dans cet exercice les caractéristiques orbitales de quelques satellites artificiels de la Terre afin de donner une estimation de la masse de celle-ci. On admettra que les satellites étudiés sont en orbite circulaire, et qu'ils sont exclusivement soumis à la force gravitationnelle exercée par la Terre.

1 Montrer que le mouvement d'un satellite en orbite circulaire est uniforme.

2 On appelle H l'altitude du satellite, R la valeur du rayon terrestre, G la constante de la gravitation, T la période du satellite et M la masse de la Terre. Montrer que $(R+H)^3$ est proportionnelle à T^2, et écrire la valeur de la constante de proportionnalité en fonction de M et G.

3 Le tableau ci-après donne les altitudes et périodes de quelques satellites artificiels de la Terre.

Satellite	Météosat	Station Mir	Cosmos-1970
T	23 h 56 min	1 h 35 min	11 h 14 min
H	35800 km	500 km	19100 km

Le premier satellite a des caractéristiques bien particulières.

(a) Quelles sont elles ?

(b) Comment appelle-t-on ce genre de satellite ?

(c) À quoi correspond la période de 23 h 56 min ?

(d) Pourquoi cette période n'est-elle pas égale à 24 h ?

4 Vérifier à partir du tableau que le rapport $\frac{(R+H)^3}{T^2}$ est constant.

5 En déduire une valeur de la masse de la Terre.

Données :

Constante de la gravitation $G = 6{,}67 \cdot 10^{-11}$ S.I.
Rayon de la Terre $R_T = 6400$ km.

COURS INTERROS CORRIGÉS

6 Vitesse de libération

★★★ 15 min Corrigé p. 271

Lycée René Cassin, Arpajon

Dans le film « Deep Impact », on voit des astronautes se déplacer à la surface d'un noyau de comète. On supposera pour simplifier que ce noyau est sphérique et homogène, de diamètre 10 km, et de masse volumique $\rho = 3$ g.cm^{-3}. Si les bottes des astronautes ne sont pas munies de dispositifs permettant d'agripper le sol, jusqu'à quelle vitesse peuvent-ils se déplacer à la surface sans décoller ?

Données :

Constante de la gravitation $G = 6{,}67 \cdot 10^{-11}$ S.I.
Le volume d'un sphère de rayon R est : $V = \frac{4}{3}\pi R^3$. On admettra que la vitesse limite demandée est celle d'un hypothétique « satellite » en orbite rasante à la surface de l'astéroïde.

7 Planète extra-solaire

★★★ 70 min Corrigé p. 272

Lycée Sainte-Geneviève, Versailles

On considère une planète extra-solaire (ou exoplanète) de masse m en orbite circulaire uniforme autour d'une étoile de masse M. L'observateur se trouve dans le plan de l'orbite. On appelle P le centre de masse de la planète, E celui de l'étoile, G leur centre de gravité commun, défini par :

$$M\overrightarrow{GE} + m\overrightarrow{GP} = \vec{0} \qquad (1)$$

On appelle a la distance EP. On suppose l'observateur immobile dans le référentiel galiléen lié à G.

Première partie

1. Dériver l'équation (1) par rapport au temps, et en déduire la relation qui existe entre m, M, v_E (norme de la vitesse de l'étoile dans le référentiel lié à G) et v_P (norme de la vitesse de la planète dans ce même référentiel).
2. On note r la distance GP. Exprimer r en fonction de a, M et m.
3. Exprimer l'accélération de la planète en fonction de v_P et r.
4. Donner l'expression de la force gravitationnelle s'exerçant entre la planète et l'étoile, en fonction de m, M, a et G, constante de la gravitation.
5. Exprimer la période orbitale de la planète en fonction de v_p et r.
6. Déduire des questions précédentes la relation :

$$T^2 = \frac{4\pi^2 a^3}{G(M+m)}.$$

Seconde partie

(les notions abordées ici sont développées au chap. 18)

La planète est elle-même indétectable. L'observateur n'a accès qu'au spectre de l'étoile. Celle-ci se déplaçant par rapport à lui, il observe un décalage des raies de son spectre, qui varie en fonction du temps.

1 Quel est le nom de l'effet physique responsable de cette variation du spectre ?

2 On observe le spectre de l'étoile en quatre instants t_1 à t_4 différents, qui correspondent chacun à l'une des positions de la planète A, B, C ou D. Identifier la position correcte de la planète pour chacun des spectres, sachant que les dates t_1 à t_4 sont croissantes, et couvrent une fraction de période de la planète.

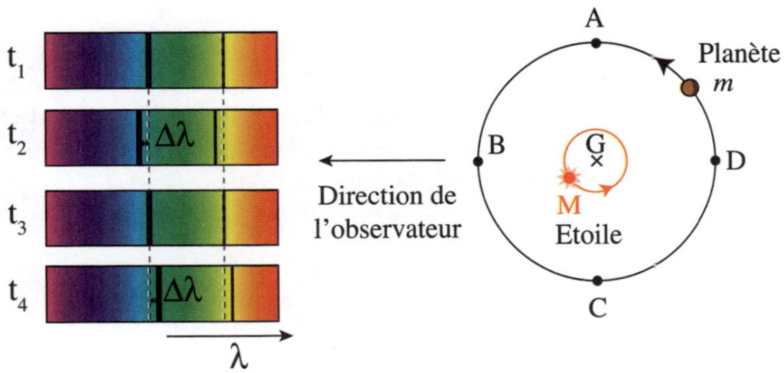

3 Quelle est la relation entre v_E, c, λ_0 et $\Delta\lambda$?

4 Exprimer v_E en fonction de G, m, M et a.

5 Des quantités suivantes, indiquer lesquelles sont des observables (quantités que l'on peut déduire de l'observation) et lesquelles sont des inconnues : M, T, m, a, v_E. Combien a-t-on d'observables ? Combien a-t-on d'inconnues ? Peut-on déterminer les inconnues de manière unique à partir des observables ?

6 On détermine par une méthode indépendante la masse M de l'étoile. En faisant l'hypothèse que la masse de la planète est négligeable devant celle de l'étoile ($m \ll M$), démontrer les relations suivantes :

$$m = M^{2/3}\left(\frac{T}{2\pi G}\right)^{1/3} v_E$$

et

$$a = \left(\frac{GMT^2}{4\pi^2}\right)^{1/3}.$$

7 **POUR ALLER PLUS LOIN**

On observe le décalage spectral au cours du temps d'une raie du spectre d'une étoile de masse égale à celle du Soleil. En moyenne, la longueur d'onde de la raie est $\lambda_0 = 5890$ Å. On obtient la courbe suivante :

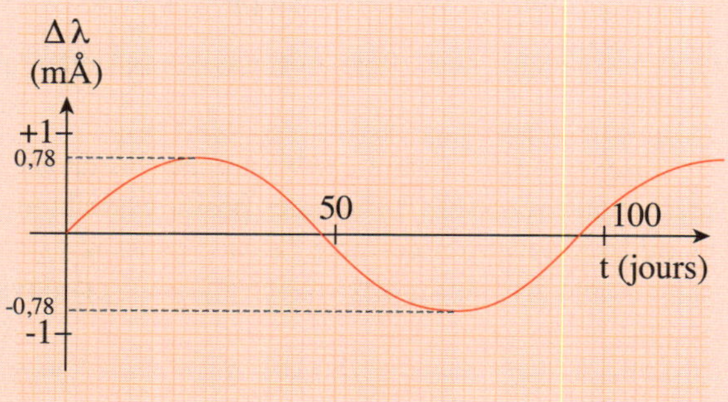

Justifier l'allure de la courbe, déterminer la masse de la planète, que l'on exprimera en masses de Jupiter, et la distance de l'étoile à la planète, que l'on exprimera en unités astronomiques (il s'agit de la distance Terre-Soleil, de symbole UA).

Données :
Masse du Soleil : $M_\odot = 1{,}9891 \cdot 10^{30}$ kg
Masse de Jupiter : $M_J = 1{,}8986 \cdot 10^{27}$ kg
Célérité de la lumière : $c = 299\,792\,458$ m.s^{-1}
Constante de la gravitation : $G = 6{,}67 \cdot 10^{-11}$ S.I.
Distance Terre-Soleil : 1 UA $= 1{,}4959787 \cdot 10^{11}$ m.

1 QCM Testez vos connaissances

Enoncé p. 258

1 (a) *Vrai.* C'est le principe de l'action et de la réaction.

(b) *Faux.* La force gravitationnelle décroît comme le carré de la distance.

(c) *Faux.* La force gravitationnelle est toujours attractive.

(d) *Faux.* La loi des aires affirme précisément le contraire

2 Réponse [b] : inférieures. La troisième loi de Képler nous dit que la période de ces planètes est plus courte que celle de la Terre, puisque leur distance au Soleil est inférieure à celle de la Terre. Par conséquence, elles ont une période orbitale inférieure à une année.

3 Réponse [b]. La force exercée par la masse $4M$ vaut : $G \times 4M/(2d)^2 = GM/d^2 = F$. Chacune des deux masses M exerce donc une force de valeur F. Ces deux forces sont colinéaires et de même sens, leur somme a donc pour valeur $2F$.

4 Réponse [c] : 512 ans. Il suffit d'appliquer la troisième loi de Képler.

5 Réponse [b] : plus lentement. Les particules constituant l'anneau obéissent aux loi de Képler, et leur période orbitale croît avec le rayon de leur orbite, donc les anneaux tournent plus lentement sur leur bord externe. On dit qu'ils sont en rotation différentielle.

6 Réponse [a] : vrai.

7 La situation (b) est impossible. La masse m est située plus près de la masse de gauche, qui exerce donc en norme une force plus grande que la masse de droite. La somme vectorielle des forces doit donc être dirigée vers la gauche.

8 Réponse [a] : vrai. Si T^2 croît, alors R^3 et donc R aussi.

9 Réponse [b]. Un satellite géostationnaire a une période de révolution d'environ 24 h, et n'est pas en orbite basse.

10 Réponse [b] : décroissante, puisque $v = \sqrt{\frac{GM}{R}}$.

11 Réponse [b] : faux. La période de révolution d'un satellite ne dépend pas de sa masse, mais seulement de celle du corps central (ici la Terre), et de son altitude.

2 Système solaire

Enoncé p. 259

Lycée d'Ancerville

live! *Retrouvez le corrigé de cet exercice en vidéo.*

1 La troisième loi de Képler dit que : « le cube des rayons des orbites des planètes est proportionnel au carré de leurs périodes de révolution ».

Ainsi, on peut écrire :

$$r^3 = KT^2$$

où K est la constante de proportionnalité, et dépend bien évidemment du système d'unités utilisé.

2 Dans cette question, on utilise un système d'unités particulier. Dans ce système d'unités, la période de révolution de la Terre vaut $T = 1$, puisque l'unité de durée est l'année, et le rayon de l'orbite terrestre vaut $r = 1$ U.A., comme indiqué dans le tableau, par définition de l'unité astronomique. Ainsi, la constante K de la question précédente, dans ce système d'unités, vaut :

$$K = \frac{r^3}{T^2} = \frac{1^3}{1^2} = 1.$$

L'expression de la troisième loi de Képler prend donc une forme particulièrement simple :

$$r^3 = T^2.$$

lorsque l'on exprime les périodes de révolution en années et les rayons des orbites en unités astronomiques. On utilise cette propriété pour remplir le tableau. Par exemple, pour connaître la durée de révolution de Mercure, on écrit : $T = \sqrt{0{,}39^3} = 0{,}24$ années. Réciproquement, pour connaître le rayon de l'orbite de Vénus, on écrit :

$$r = (0{,}62^2)^{1/3} = 0{,}73\text{U.A.}$$

On effectue ce genre de calculs simples pour remplir le tableau :

planète	Mercure	Vénus	Terre	Mars	Jupiter	Saturne
r (U.A.)	0,39	0,73	1	1,52	5,2	9,55
T (années)	0,24	0,62	1	1,87	11,9	29,5

3 Pour répondre à cette question, on se place dans le référentiel centré sur le Soleil et tournant avec la Terre. Dans ce référentiel, la vitesse angulaire de Vénus est :

$$\omega_{Vénus} = \frac{2\pi}{T_{Vénus}} - \frac{2\pi}{T_{Terre}} = 3{,}85 \text{ rad.an}^{-1}$$

et donc on déduit la période de Vénus dans ce référentiel, qui est :

$$T^{syn}_{Vénus} = \frac{2\pi}{\omega_{Vénus}} = 1{,}63 \text{ ans } = 596 \text{ jours.}$$

3 Satellites géostationnaires

Enoncé p. 260

Lycée du Parc, Lyon

1 Un satellite géostationnaire est un satellite qui effectue exactement une orbite lorsque la Terre effectue un tour sur elle-même. Il se trouve donc toujours à la verticale du même méridien.

2 On applique la deuxième loi de Newton au satellite, dans le référentiel galiléen géocentrique. Son accélération, d'après les formules de Frénet, s'écrit :

$$\vec{a} = \frac{v^2}{R+z}\vec{n}$$

où $\vec{n}$ est le vecteur normal à son orbite et dirigé vers le centre de la Terre. La seule force à laquelle est soumise le satellite est la force d'attraction gravitationnelle de la Terre, qui s'écrit :

$$\vec{F} = \frac{GMm}{(R+z)^2}\vec{n}$$

où m est la masse du satellite. Puisque le référentiel géocentrique est galiléen, on peut écrire, grâce à la deuxième loi de Newton :

$$\frac{GMm}{(R+z)^2} = m\frac{v^2}{R+z}.$$

On peut éliminer m, ce qui donne :

$$\frac{GM}{(R+z)^2} = \frac{v^2}{R+z}$$

soit encore :

$$\frac{GM}{R+z} = v^2.$$

3 L'intensité de la pesanteur à la surface terrestre s'obtient en écrivant d'une part pour tout masse m à la surface de la Terre :

$$P = mg$$

et d'autre part :

$$P = \frac{GMm}{R^2}$$

donc :

$$g = \frac{GM}{R^2}.$$

On en déduit la relation pour le satellite :

$$g\frac{R^2}{R+z} = v^2.$$

4 On exprime la période T du satellite en fonction du rayon de son orbite et de sa vitesse orbitale :

$$T = \frac{2\pi(R+z)}{v}$$

donc

$$g\frac{R^2}{R+z} = \frac{4\pi^2(R+z)^2}{T^2}$$

ou encore :

$$z = \sqrt[3]{\frac{gR^2T^2}{4\pi^2}} - R.$$

COURS INTERROS CORRIGÉS

L'application numérique donne :

$$z = \sqrt[3]{\frac{9{,}8 \times (6{,}378 \times 10^6)^2 \times 86400^2}{4\pi^2}} - 6{,}378 \times 10^6 \approx 36 \cdot 10^6 \text{ m}.$$

L'altitude à laquelle doit orbiter un satellite géostationnaire est donc de 36000 km. Notons que la période adoptée ici pour la rotation de la Terre est $T = 86400$ s, soit exactement 24 h. La période réelle de rotation sidérale (par rapport aux étoiles, et non par rapport au Soleil), qui est celle à considérer lorsqu'on se place dans le référentiel géocentrique, est légèrement plus faible (d'environ 4 minutes). Ce niveau de précision est toutefois inutile, puisque g n'est donnée qu'avec deux chiffres significatifs.

4 Lois deKépler

Enoncé p. 260

Lycée Marcellin Berthelot, Toulouse

1 La deuxième loi de Newton dans le référentiel héliocentrique s'écrit, pour la planète :

$$\vec{F} = m_p \vec{a}$$

où $\vec{F}$ est la force gravitationnelle exercée par le Soleil sur la planète et où $\vec{a}$ est l'accélération de la planète. Cette planète étant en orbite circulaire (donc uniforme, puisque la force gravitationnelle ne travaille pas), l'accélération peut s'écrire :

$$\vec{a} = \frac{v^2}{R}\vec{N}$$

où $\vec{N}$ est le vecteur unitaire normal à la trajectoire de la planète, et dirigé vers le Soleil. Or $\vec{F} = \frac{Gm_s m_p}{R^2}\vec{N}$, donc :

$$\frac{Gm_p m_s}{R^2} = m_p \frac{v^2}{R} \quad \text{soit :} \quad v = \sqrt{\frac{Gm_s}{R}}.$$

2 La période vaut $T = \frac{2\pi R}{v}$, donc :

$$T = 2\pi\sqrt{\frac{R^3}{Gm_s}}.$$

3 De cette relation on déduit :

$$\frac{R^3}{T^2} = \frac{Gm_s}{4\pi^2}$$

où l'on voit que le membre de droite ne dépend pas des paramètres de la planète, et doit donc être une constante pour toutes les planètes du système solaire.

4 **(a)** La loi de Képler vue à la question précédente peut s'exprimer en disant : « les cubes des rayons des orbites des planètes sont proportionnels aux carrés de leurs périodes ». Cherchons la valeur de la constante de proportionnalité dans le cas où les distances sont données en unités astronomiques (U.A., qui est égale à la distance Soleil-Terre), et où les périodes sont données en années Dans le cas de la Terre, avec ces unités et par définition, $R = 1$ et $T = 1$, donc $\frac{R^3}{T^2} = 1$. La constante de proportionnalité vaut 1 dans ce système d'unité, et alors la loi de Képler peut s'écrire : $R^3 = T^2$.

(b) Ainsi, on peut déduire que la période de la planète naine Pluton est :

$$T = \sqrt{40^3} \simeq 250 \text{ ans.}$$

Il s'est écoulé seulement 110 ans depuis sa découverte, donc Pluton a depuis lors décrit environ $\frac{110}{250} = 44\ \%$ de son orbite.

5 On utilise la relation vue précédemment :

$$\frac{R^3}{T^2} = \frac{GM}{4\pi^2}$$

où M était la masse du corps central, qui valait m_s dans le cas particulier où celui-ci était le Soleil, et qui est maintenant, dans le cadre de l'étude d'un satellite jovien, la masse de Jupiter. On peut écrire :

$$M = \frac{4\pi^2 R^3}{GT^2}$$
$$= \frac{4\pi^2 \times (1{,}883 \times 10^9)^3}{6{,}67 \times 10^{-11} \times (16{,}89 \times 24 \times 60 \times 60)^2}$$
$$= 1{,}86 \times 10^{27} \text{ kg.}$$

Cette masse représente environ un millième de la masse du Soleil, ou trois cent fois la masse de la Terre.

5 Masse de la Terre

Enoncé p. 261

Lycée Thiers, Marseille

1 On considère un satellite en orbite circulaire autour de la Terre.

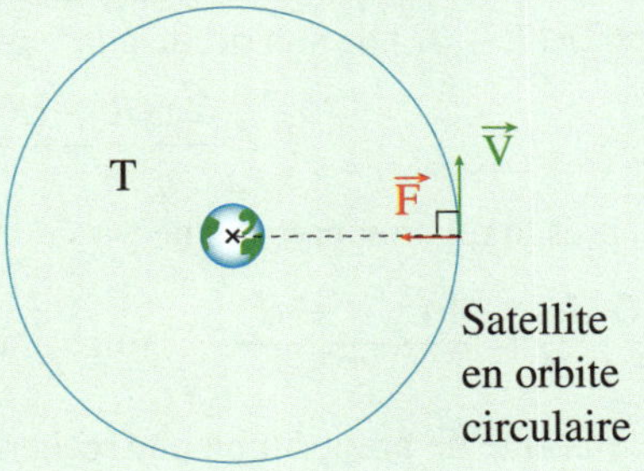

On voit que la force d'attraction gravitationnelle $\vec{F}$ est en tous points de la trajectoire orthogonale au vecteur vitesse $\vec{V}$ du satellite.

L'unique force extérieure exercée sur le satellite est la force gravitationnelle $\vec{F}$, qui ne travaille pas puisque $\vec{F}.\vec{V} = 0$, donc l'énergie cinétique du satellite reste constante, en vertu du théorème de l'énergie cinétique. Cela signifie que la norme du vecteur vitesse du satellite reste constante au cours du mouvement, et donc que ce mouvement est uniforme.

2 On adopte les notations de la figure ci-dessous.

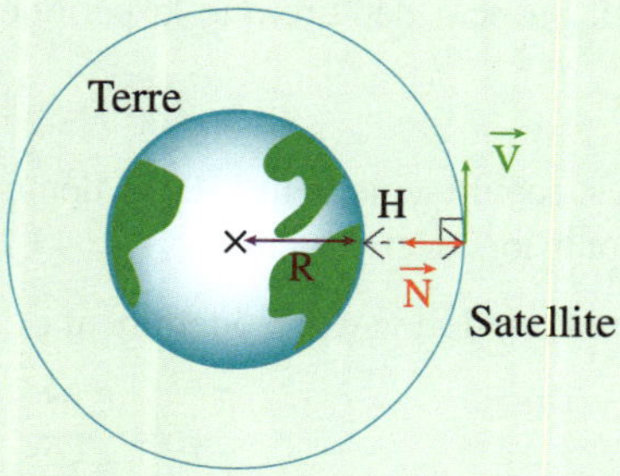

Le repère de Frénet du satellite est $(\vec{T}, \vec{N})$. On écrit la deuxième loi de Newton pour le satellite dans le référentiel géocentrique : $\vec{F} = m\vec{a}$, où m est la masse du satellite, et $\vec{a}$ son accélération. Or la Terre ayant une distribution de masse à symétrie sphérique, on peut raisonner comme si toute sa masse était concentrée en son centre, et écrire :

$$\vec{F} = \frac{GMm}{(R+H)^2}\vec{N}.$$

En outre, puisque le mouvement orbital est circulaire uniforme, on peut écrire :

$$\vec{a} = \frac{V^2}{R+H}\vec{N}.$$

On en déduit l'égalité suivante :

$$\frac{GMm}{(R+H)^2} = m\frac{V^2}{R+H} \quad \text{soit :} \quad \frac{GM}{R+H} = V^2.$$

Or la période T du satellite est égale au temps qu'il met à décrire le périmètre $2\pi(R+H)$ de son orbite à la vitesse V, donc :

$$T = \frac{2\pi(R+H)}{V}$$

donc, d'après la relation précédente :

$$\frac{GM}{R+H} = \frac{4\pi^2(R+H)^2}{T^2} \quad \text{soit :} \quad (R+H)^3 = \frac{GM}{4\pi^2}T^2$$

donc la constante de proportionnalité recherchée est $\frac{GM}{4\pi^2}$.

3 **(a)** Le premier satellite a une période de révolution égale à la période de rotation de la Terre. Il reste donc en permanence à la verticale du même méridien terrestre.

(b) Il est appelé pour cette raison satellite *géostationnaire*.

(c) La période de 23 h 56 min est la durée de rotation de la Terre, par rapport aux étoiles, autrement dit dans le référentiel géocentrique, galiléen.

(d) Cette période n'est pas rigoureusement égale à 24 h car la durée de 24 h est le temps que met la Terre pour faire un tour sur elle-même *par rapport au Soleil*, et non par rapport aux étoiles. Or pendant qu'elle décrit un tour sur elle-même, la Terre parcourt une petite fraction ($\frac{1}{365}^e$) de son orbite autour du Soleil, qui se traduit par un déplacement apparent du Soleil par rapport aux étoiles. Pour rattraper cette angle supplémentaire, la Terre doit tourner pendant environ quatre minutes supplémentaires pour se « recaler » sur le Soleil.

4 On reproduit le tableau de l'énoncé en rajoutant une ligne pour $\frac{(R+H)^3}{T^2}$, calculé après conversion des variables dans les unités du Système International.

Satellite	Météosat	Station Mir	Cosmos-1970
T	23 h 56 min	1 h 35 min	11 h 14 min
H	35800 km	500 km	19100 km
$K = \frac{(R+H)^3}{T^2}$	$1{,}012 \times 10^{13}$	$1{,}011 \times 10^{13}$	$1{,}014 \times 10^{13}$

On remarque que ce rapport est constant avec une très bonne approximation (jusqu'au troisième chiffre significatif), donc on vérifie sur ces valeurs la troisième loi de Képler.

5 En transformant l'égalité établie au début de cet exercice, on obtient :

$$K = \frac{(R+H)^3}{T^2} = \frac{GM}{4\pi^2} \quad \text{donc :} \quad M = \frac{4\pi^2 K}{G}.$$

On prend pour K la valeur moyenne des trois valeurs obtenues ci-dessus, soit : $K = 1{,}0125 \times 10^{13}$. On en déduit pour valeur de la masse de la Terre :

$$M = \frac{4\pi^2 \times 1{,}0125 \times 10^{13}}{6{,}67 \times 10^{-11}} = 5{,}99 \times 10^{24} \text{ kg.}$$

6 Vitesse de libération

Enoncé p. 262

Lycée René Cassin, Arpajon

Si un astronaute se déplace plus vite que le satellite hypothétique mentionné dans l'énoncé, alors il tend à s'éloigner de la surface de l'astéroïde : la force gravitationnelle qu'il subit n'est plus suffisante pour le retenir.

COURS
INTERROS
CORRIGÉS

Vice-versa, s'il est plus lent, il tend à se rapprocher du centre de l'astéroïde donc maintient le contact avec sa surface. Enfin, s'il a exactement la vitesse du satellite hypothétique, il « flotte » au-dessus de la surface sans s'en approcher ou s'en éloigner.

Déterminons donc la vitesse v d'un satellite en orbite basse autour d'une sphère homogène de rayon R et de masse volumique ρ. On raisonne comme dans les exercices précédents : on écrit la deuxième loi de Newton pour le satellite dans le repère « sphérocentrique », considéré comme galiléen :

$$\vec{F} = m\vec{a}$$

où $\vec{F}$ est la force gravitationnelle que subit le satellite, $\vec{a}$ est son accélération, et m sa masse. En désignant par $\vec{N}$ le vecteur unitaire dirigé vers le centre de l'astéroïde, on peut écrire :

$$F\vec{N} = m\frac{v^2}{R}\vec{N}$$

ou encore :

$$F = m\frac{v^2}{R} \quad \text{soit encore :} \quad \frac{GMm}{R^2} = m\frac{v^2}{R},$$

où $M = \frac{4}{3}\pi R^3 \rho$ est la masse de l'astéroïde, et où on raisonne comme si elle était concentrée en son centre, puisque la répartition de masse est à symétrie sphérique. Cette dernière égalité devient donc :

$$v^2 = \frac{4}{3}\pi G R^2 \rho$$

soit :

$$v = \sqrt{\frac{4}{3}\pi G R^2 \rho}.$$

L'application numérique avec $\rho = 3 \times 10^3$ kg.m^{-3} et $R = 5 \times 10^3$ m donne : $v = 4{,}5$ m.s^{-1} $= 2.10^1$ km.h^{-1}. Tant que les astronautes ne courent pas plus vite que cette vitesse limite, ils restent à la surface de l'astéroïde.

7 Planète extra-solaire

Enoncé p. 262

Lycée Sainte-Geneviève, Versailles

Première partie

1 G étant le centre de gravité de E et P (donc le barycentre de ces points pondérés par la masse du corps auquel ils correspondent), nous avons :

$$m\overrightarrow{GP} + M\overrightarrow{GE} = \vec{0}.$$

2 En dérivant par rapport au temps cette relation, on obtient :

$$m\frac{\mathrm{d}\overrightarrow{GP}}{\mathrm{d}t} + M\frac{\mathrm{d}\overrightarrow{GE}}{\mathrm{d}t} = \vec{0}$$

Or :

$$\frac{\mathrm{d}\overrightarrow{GP}}{\mathrm{d}t} = \overrightarrow{v_P} \quad \text{et} \quad \frac{\mathrm{d}\overrightarrow{GE}}{\mathrm{d}t} = \overrightarrow{v_E},$$

donc en définitive on obtient :

$$m\overrightarrow{v_P} = -M\overrightarrow{v_E},$$

soit, en prenant la norme de chacun des membres de cette égalité :

$$mv_P = Mv_E.$$

3 On ajoute $M\overrightarrow{PG}$ à chaque membre de l'égalité écrite à la première question, de manière à faire apparaître le vecteur $\overrightarrow{PE}$:

$$M\overrightarrow{GE} + M\overrightarrow{PG} + m\overrightarrow{GP} = M\overrightarrow{PG},$$

soit

$$M\overrightarrow{PE} = (M+m)\overrightarrow{PG}.$$

En prenant la norme de chaque membre de l'égalité, on obtient finalement :

$$r = \frac{M}{M+m}a.$$

4 Le mouvement de la planète étant circulaire et uniforme autour de G, l'accélération de celle-ci est exclusivement normale à l'orbite et dirigée vers le centre. Sa norme vaut :

$$a_P = \frac{v_P^2}{r}.$$

5 La force gravitationnelle s'exerçant entre la planète et l'étoile a pour norme :

$$F = \frac{GMm}{a^2},$$

puisque la planète et l'étoile sont séparées par la distance a.

6 La période orbitale de la planète est le temps qu'il lui faut pour parcourir le périmètre de son orbite, de longueur $2\pi r$, à la vitesse v_p :

$$T = \frac{2\pi r}{v_P}.$$

7 La deuxième loi de Newton, écrite ici en norme, nous donne :

$$F = ma_P,$$

donc :

$$\frac{GMm}{a^2} = m\frac{v_P^2}{r} = m\frac{4\pi^2 r}{T^2}.$$

En substituant r par son expression en fonction de a, M et m, et en simplifiant par m, on obtient :

$$\frac{GM}{a^2} = \frac{4\pi^2 aM}{(M+m)T^2},$$

COURS INTERROS CORRIGÉS

qui peut encore s'écrire :

$$T^2 = \frac{4\pi^2 a^3}{G(M+m)}.$$

Il s'agit de la troisième loi de Képler.

Remarque : la particularité de cet exercice est de ne pas supposer en première instance, comme on le fait généralement, que la masse de la planète est négligeable par rapport à celle de l'étoile centrale. La troisième loi de Képler obtenue est donc légèrement différente : au dénominateur on a la somme des masses des deux corps, au lieu d'avoir la masse de l'étoile seule.

Seconde partie

1 C'est l'effet Doppler qui est responsable du décalage des raies du spectre.

2 À l'instant t_2, les raies sont décalés vers les courtes longueurs d'onde (le « bleu »). Cela signifie que l'étoile s'approche de l'observateur, et donc, par symétrie, que la planète s'éloigne. L'instant t_2 correspond donc au passage de la planète par le point C. Réciproquement, l'instant t_4 correspond au passage de la planète par le point A. Par continuité, on en déduit donc que l'instant t_3 correspond au passage au point D et l'instant t_1 le passage au point B. On voit qu'en définitive la longueur d'onde des raies oscille de part et d'autre de leur longueur d'onde au repos, avec une période égale à celle de la planète.

3 On utilise la relation vue en cours, qui nous donne :

$$\lambda = \lambda_0 \left(1 \pm \frac{v_E}{c}\right),$$

qui donne :

$$\Delta\lambda = \pm\lambda_0 \frac{v_E}{c}.$$

Dans cette égalité, le signe + se réfère au cas où l'étoile s'éloigne de l'observateur (lorsque la planète passe en A). Le décalage de longueur d'onde est alors positif. Vice-versa, le signe − se réfère au cas où l'étoile s'approche de l'observateur.

4 On procède ici comme dans la première partie, en écrivant la deuxième loi de Newton, cette fois pour l'étoile et non la planète. Si on appelle R la distance GE, on montre alors de manière similaire à ce qui a été fait pour la planète que l'on a :

$$R = a \frac{m}{M+m}$$

et l'accélération de l'étoile vaut donc :

$$a_E = \frac{v_E^2}{R}.$$

La deuxième loi de Newton relative à l'étoile, qui s'écrit :

$$M\frac{v_E^2}{R} = \frac{GMm}{a^2}$$

conduit en définitive à :

$$v_E^2 = \frac{Gm^2}{(M+m)a}.$$

5 La quantités M, m et a sont *a priori* inconnues. En revanche, T et v_E sont des observables : l'effet Doppler permet de déterminer v_E, et un suivi observationnel du système sur un intervalle de temps suffisamment long permet de déterminer la période d'oscillation des raies, qui est aussi T. On a un nombre d'inconnues supérieur au nombre d'observables. Il n'est pas possible de déterminer les inconnues de manière univoque.

6 Si l'on fait l'hypothèse $m \ll M$, on peut remplacer $M+m$ par M dans l'expression de T^2 et v_E^2, ce qui donne respectivement :

$$T^2 = \frac{4\pi^2 a^3}{GM}$$

et

$$v_E^2 = \frac{Gm^2}{aM}.$$

De la première égalité on déduit directement :

$$a^3 = \frac{GMT^2}{4\pi^2} \quad \text{soit :} \quad a = \left(\frac{GMT^2}{4\pi^2}\right)^{1/3}.$$

En substituant cette expression de a dans l'expression de v_E^2, on obtient :

$$v_E^2 = G^{2/3}M^{-4/3}(4\pi^2)^{1/3}T^{-2/3}m^2$$

qui conduit finalement à :

$$m = M^{2/3}\left(\frac{T}{2\pi G}\right)^{1/3} v_E.$$

7 Le décalage Doppler, à un instant donné, dépend de la vitesse radiale de l'étoile, qui est la projection de $\overrightarrow{v_E}$ sur la ligne de visée (Gx), comme représenté sur la figure suivante :

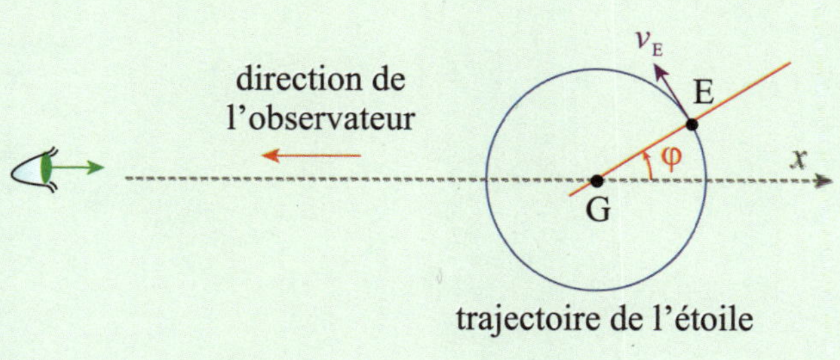

On voit donc que $v_r = -v_E \sin\varphi$. Puisque l'orbite est circulaire et uniforme, φ croît linéairement au cours du temps : v_r, et par conséquent le décalage Doppler des raies, est une fonction sinusoïdale du temps. Pour déterminer la masse de la planète, on détermine tout d'abord la vitesse de l'étoile. On mesure une amplitude des variations de longueur d'onde $\Delta\lambda \simeq 0{,}8$ mÅ, et une période des variations de 95 jours, soit, dans les unités du Système International :

$$T = 95 \times 24 \times 60 \times 60 = 8{,}2 \cdot 10^6 \text{ s.}$$

On en déduit la vitesse de l'étoile par :

$$v_E = c\frac{\Delta\lambda}{\lambda_0} = 299\,792\,458 \times \frac{8 \cdot 10^{-4}}{5980} = 40 \text{ m.s}^{-1}.$$

MÉTHODE

Compte-tenu de la précision de lecture du graphe, on garde au maximum deux chiffres significatifs dans les résultats.

Ceci nous donne finalement :

$$m = (2{,}0 \cdot 10^{30})^{2/3} \left(\frac{8{,}2 \cdot 10^6}{6{,}28 \times 6{,}67 \cdot 10^{-11}}\right)^{1/3} \times 40 \approx 1{,}7 \cdot 10^{27} \text{ kg}$$

soit

$$m = \frac{1{,}7 \cdot 10^{27}}{1{,}9 \cdot 10^{27}} = 0{,}9\ M_J$$

et

$$\begin{aligned} a &= \left(\frac{6{,}67 \cdot 10^{-11} \times 2{,}00 \cdot 10^{30} \times (8{,}2 \cdot 10^6)^2}{4\pi^2}\right)^{1/3} \\ &= 6{,}1 \cdot 10^{10} \text{ m} = 0{,}41 \text{ UA.} \end{aligned}$$

Les caractéristiques orbitales de cette planète sont proches de celles de la planète CoRoT-9b (laquelle n'a toutefois pas une orbite circulaire). Il s'agit donc d'une planète de masse légèrement inférieure à celle de Jupiter, qui a un rayon orbital proche de celui de Mercure, la planète la plus proche du Soleil dans notre système solaire.

Chapitre 13

Dynamique des fluides incompressibles

Plan du chapitre

1 Introduction

Exercice type — Nouveau Programme

Nous considérons le dispositif représenté sur la figure ci-dessous, appelé tube de Pitot. L'axe du corps principal du tube, de rayon r, est horizontal. Le tube a deux ouvertures. L'une, située en A, se trouve face à l'écoulement d'un fluide de masse volumique ρ et de vitesse V, considéré incompressible. L'autre, située en B, se trouve sur le côté du corps principal du tube de Pitot. Entre ces deux ouvertures se trouve un manomètre en U, à l'intérieur duquel se trouve un liquide de masse volumique ρ'. Lorsque l'écoulement autour du tube est en régime permanent, les surfaces du liquide du manomètre ont une hauteur constante.

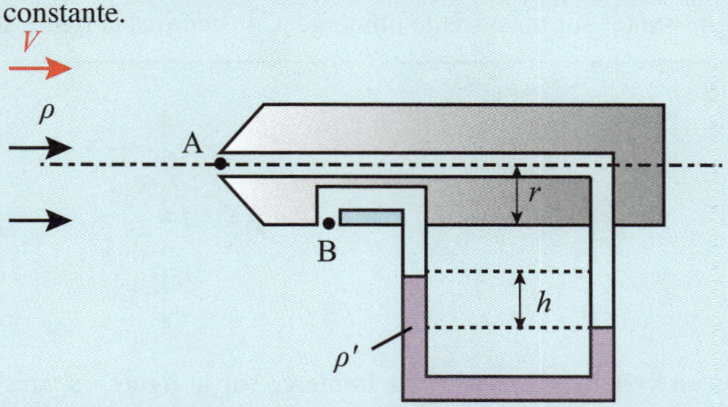

Nous faisons l'hypothèse que la masse volumique ρ du fluide en mouvement est très inférieure à celle du manomètre, et que la pression en amont du tube (c'est-à-dire à gauche sur la figure ci-dessus) est uniforme et de valeur P_0.

1 En utilisant la conservation du débit volumique, démontrer que la vitesse du fluide en A est nulle.

...

Exercice type (suite) **Nouveau Programme**

2. En écrivant la relation de Bernoulli sur la ligne de courant aboutissant en A, donner l'expression de la pression P_A au point A en fonction de P_0, ρ et V.
3. En écrivant la relation de Bernoulli sur la ligne de courant aboutissant en B, indiquer la valeur de la pression P_B au point B.
4. Exprimer le dénivelé de pression h du manomètre en fonction de $P_A - P_B$, de l'intensité de la pesanteur g et ρ'. On utilisera l'hypothèse que la masse volumique ρ du fluide en mouvement est négligeable devant ρ'.
5. Exprimer la vitesse V du fluide en fonction de h, ρ' et g.

Voir corrigé page 283

Dans ce chapitre nous introduisons une nouvelle notion relative aux fluides au repos, la poussée d'Archimède, puis nous passons à des notions relatives aux fluides en mouvement. L'une d'elle, la relation de Bernoulli, généralise la relation fondamentale de l'hydrostatique vue en classe de Première.

2 La poussée d'Archimède

Ainsi que nous l'avons vu dans les classes antérieures, à l'intérieur de tout liquide au repos dans un champ de pesanteur, il existe une grandeur appelée pression, qui correspond à la norme de la force pressante par unité de surface que le fluide exerce sur tout système immergé. Ici, nous désirons évaluer la résultante des forces pressantes sur un système immergé. Considérons la figure suivante :

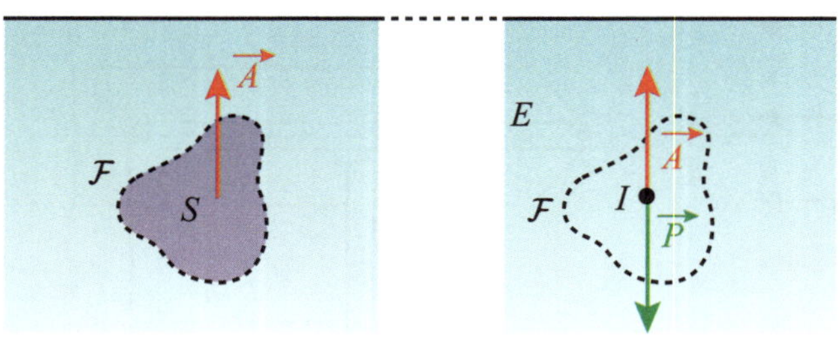

Nous avons un système S *quelconque* immergé sur la figure de gauche, dont le bord correspond à la frontière $\mathcal{F}$ représentée en pointillés. Le fluide situé à l'extérieur de cette frontière exerce des forces pressantes sur le système. Quelle est la somme vectorielle (ou résultante) de ces forces pressantes ? Nous notons désormais $\vec{A}$ cette somme vectorielle.

Pour la déterminer, considérons la figure de droite, où le système n'est pas immergé dans le fluide, et où on sépare arbitrairement le fluide en deux systèmes : le système I (comme intérieur), qui se trouve à l'intérieur de la frontière $\mathcal{F}$

ayant exactement la forme du système S précédemment immergé, et le système E (comme extérieur), qui correspond au reste du fluide.

Par la suite nous appellerons parfois le système I « le fluide déplacé ». Il s'agit en effet du fluide qui est remplacé par le système S lorsque l'on immerge ce dernier.

Le système E est indiscernable du liquide de la figure de gauche : en tout point du fluide extérieur il règne donc la même pression dans le cas de gauche et dans le cas de droite. Par conséquent *la force exercée par le système E sur le système I est aussi la résultante* $\vec{A}$ *des forces de pression recherchée.*

Utilisons à présent le fait que le fluide, dans la figure de droite, est au repos. Le système I est donc à l'équilibre, et par conséquent soumis à des forces extérieures de somme vectorielle nulle. Les deux forces extérieures auxquelles ce système est soumis sont :

- son poids $\vec{P}$, dirigé vers le bas
- et la résultante $\vec{A}$ des forces de pression exercée par E.

Nous avons en définitive :

$$\vec{P} + \vec{A} = \vec{0} \quad \text{soit} \quad \vec{A} = -\vec{P}.$$

Nous lisons directement dans la relation qui précède que la force exercée par le fluide sur le système immergé S est égale à l'opposé du poids du fluide déplacé. Cette force est appelée la poussée d'Archimède.

Remarque : notons que, si nous avons du passer par la force résultante sur des éléments du fluide dans notre étape intermédiaire (celle de la figure de droite ci-dessus), la norme, sens et direction de la poussée d'Archimède est complètement générale puisque le fluide extérieur à la frontière $\mathcal{F}$, responsable des forces pressantes qui donnent lieu à cette poussée, est le même dans la figure de gauche et celle de droite.

À RETENIR

Tout système immergé dans un fluide au repos reçoit de la part de ce fluide une force, appelée poussée d'Archimède, égale à l'opposé du poids du fluide déplacé.

Par conséquent, la poussée d'Archimède est toujours dirigée vers le haut.

3 Notions d'hydrodynamique

3.1 Définitions

Définition 1

On dit d'un fluide qu'il est incompressible lorsque sa masse volumique ne dépend pas de la pression à laquelle il est soumis.

Les liquides sont en très bonne approximation des fluides incompressibles. En revanche, une masse donnée de gaz a un volume qui dépend de sa pression, en vertu de l'équation des gaz parfaits étudiée au chapitre 14. Les gaz ne sont donc pas des fluides incompressibles.

Définition 2

On appelle élément de fluide ou parcelle de fluide une région du fluide, suffisamment grande pour contenir un très grand nombre d'atomes ou de molécules du fluide, mais suffisamment petite pour que l'on puisse y considérer comme uniformes les différentes grandeurs du fluide (pression, vitesse, masse volumique, etc.).

Il est donc légitime de parler de « la vitesse » ou de « la pression » d'une parcelle de fluide. En général, au cours de son évolution, la parcelle de fluide se déforme.

Définition 3

On dit que l'écoulement d'un fluide est en régime permanent lorsque la vitesse en un point donné ne varie pas au cours du temps.

Définition 4

On appelle débit volumique d'un fluide au travers d'une surface le volume de fluide traversant cette surface par unité de temps.

Dans les unités du Système International, le débit volumique s'exprime donc en mètre cube par seconde ($m^3.s^{-1}$).
Dans le cas particulier où la vitesse est perpendiculaire à la surface, et où elle est uniforme sur celle-ci, le débit volumique, noté Q, a pour expression :

$$Q = S \times v,$$

où S est la surface et v la norme de la vitesse.

3.2 Conservation du débit volumique

Nous admettrons sans démonstration le résultat suivant.

À RETENIR

Lorsque l'écoulement d'un fluide incompressible est en régime permanent, son débit volumique est le même à travers toute surface traversant intégralement le fluide.

Exemples

- On considère l'écoulement d'un fleuve dans son lit, représenté sur la figure ci-après.

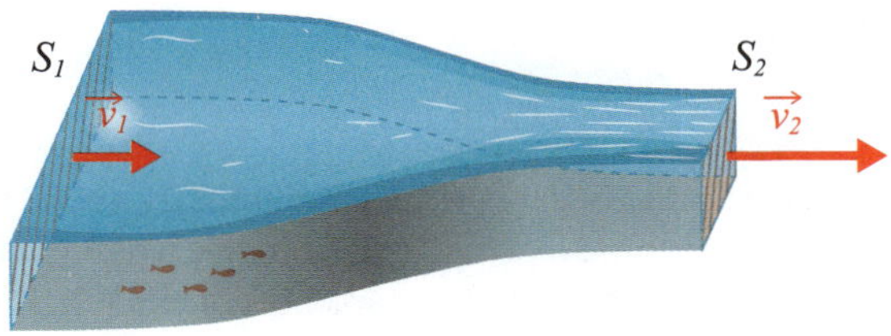

On suppose que l'on est en régime permanent. Le débit du fleuve, mesuré au travers de la surface S_1, où le fluide a la vitesse v_1, est :

$$Q_1 = S_1 \times v_1.$$

De manière similaire, au travers de la surface S_2, où le fluide a la vitesse v_2, le débit vaut :

$$Q_2 = S_2 \times v_2.$$

En régime permanent, nous avons $Q_1 = Q_2$. Notons que cette égalité n'est pas nécessairement vraie si le régime n'est pas permanent : s'il y a une brusque montée des eaux en amont due à un orage, par exemple, le niveau de l'eau peut monter à la surface S_1 et l'on peut temporairement avoir $Q_1 > Q_2$.

- On considère un liquide circulant dans un tuyau de section variable, comme représenté ci-dessous.

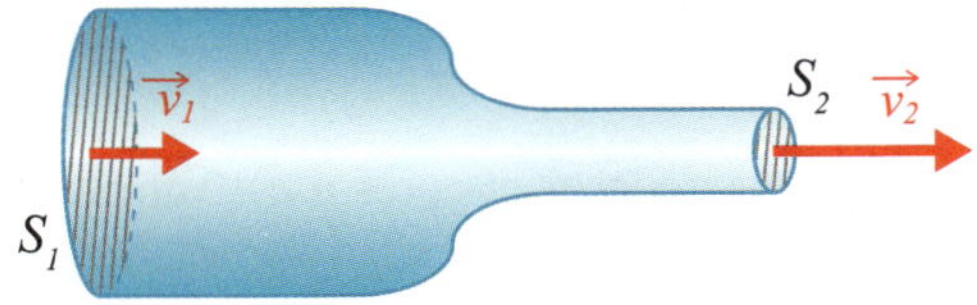

Ici encore, nous avons :

$$Q_1 = S_1 \times v_1 \quad \text{et} \quad Q_2 = S_2 \times v_2$$

et la conservation du débit volumique implique :

$$Q_1 = Q_2.$$

Notons qu'au contraire de l'exemple précédent, le liquide passant à travers les surfaces S_1 et S_2 traverse toute la surface disponible. Il n'est pas possible que l'on ait, même temporairement, $Q_1 \neq Q_2$. Ici, la conservation du débit volumique a donc lieu même si le régime n'est pas permanent, à partir du moment où le fluide est incompressible.

Notons sur cet exemple que, puisque $S_2 < S_1$, nous avons $v_2 > v_1$. C'est l'une des propriétés de l'effet Venturi, qui sera vu en exercice (page 289).

COURS
INTERROS
CORRIGÉS

3.3 Relation de Bernoulli

Dans les classes antérieures, nous avons vu la relation suivante, appelée relation fondamentale de l'hydrostatique, valable dans un liquide au repos entre deux points quelconques A et B :

$$P_A - P_B = \rho g(z_B - z_A),$$

où P_A (resp. P_B) est la pression au point A, d'altitude z_A (resp. au point B, d'altitude z_B), et où ρ et g sont respectivement la masse volumique du fluide et g l'intensité de la pesanteur. Notons pour commencer que la relation ci-dessus peut encore s'écrire :

$$P_A + \rho g z_A = P_B + \rho g z_B.$$

Autrement dit, la quantité $P + \rho g z$ est partout la même à l'intérieur d'un liquide au repos. Nous allons voir ici une généralisation de cette affirmation au cas d'un fluide en mouvement.

3.3.1 - Notion de fluide parfait

Un fluide est dit parfait lorsque les deux conditions suivantes sont satisfaites :

- les seules forces exercées sur une parcelle de fluide par le fluide environnant sont les forces pressantes ;
- deux parcelles de fluide voisines n'échangent pas de chaleur entre elles : le flux thermique est nul.

La relation que nous allons énoncer ci-après n'est valable que pour les fluides parfaits.

3.3.2 - Notion de ligne de courant

On appelle ligne de courant dans un fluide une courbe partout tangente au vecteur vitesse du fluide. Ainsi, sur la figure ci-dessous, montrant la vitesse dans un liquide en train de s'écouler d'une cuve, nous avons représenté quelques lignes de courant.

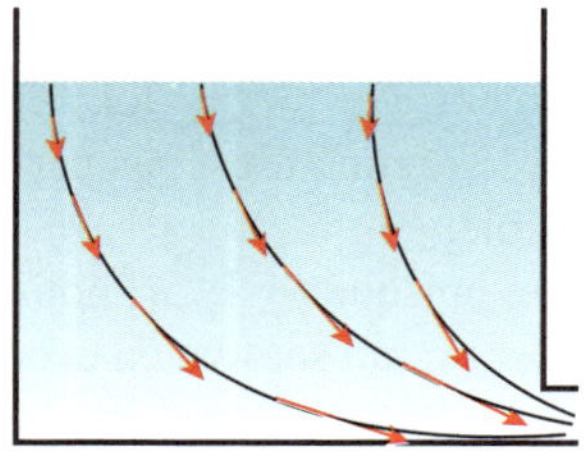

3.3.3 - Énoncé de la relation de Bernoulli

Nous admettrons sans démonstration le résultat suivant :

À RETENIR

Dans un fluide parfait incompressible en régime permanent, la quantité :

$$\frac{1}{2}\rho v^2 + P + \rho g z$$

est constante le long d'une ligne de courant. Dans cette expression, v est la vitesse du fluide, ρ sa masse volumique, P la pression, g l'intensité de la pesanteur et z l'altitude.

Cette loi de conservation a été établie par le mathématicien, physicien et médecin suisse Daniel Bernoulli en 1738.

Remarques

- On peut observer que dans le cas où la pression est négligeable, la relation de Bernoulli se réduit à :

$$\frac{1}{2}v^2 + gz = \text{constante.}$$

Il s'agit ici de la conservation de l'énergie mécanique d'une masse unité du fluide. Rappelons que la conservation de l'énergie mécanique d'un système de masse m, vitesse v et altitude z s'écrit :

$$\frac{1}{2}mv^2 + mgz = E_m \text{ constante,}$$

où E_m est l'énergie mécanique de cet élément de fluide.

- Dans le cas où le fluide est au repos, on retrouve la relation fondamentale de l'hydrostatique, sous la forme mentionnée ci-dessus :

$$P + \rho g z = \text{constante.}$$

Notons que dans ce cas particulier, la notion de ligne de courant perd son sens. Toutefois, il est possible de démontrer que la quantité ci-dessus est alors uniforme sur l'ensemble du fluide.

La relation de Bernoulli apparaît ainsi comme la généralisation de deux relations importantes de la physique, qui proviennent de deux domaines en apparence non connectés : la relation fondamentale de l'hydrostatique et la conservation de l'énergie mécanique.

Solution de l'exercice type — **Nouveau Programme**

1 En régime permanent, le débit volumique est constant le long du tube ayant le point A à son extrémité. La surface du fluide du manomètre étant fixe en régime permanent, on sait qu'à cet endroit le débit volumique est nul. Par conséquent, il est également nul au niveau du point A, ce qui implique que la vitesse du fluide y est nulle.

...

COURS
INTERROS
CORRIGÉS

Solution de l'exercice type

Nouveau Programme

2 Le long de la ligne de courant aboutissant en A on peut donc écrire la relation de Bernoulli :

$$\frac{1}{2}\rho V^2 + P_0 + \rho g z_A = 0 + P_A + \rho g z_A$$

soit :

$$P_A = P_0 + \frac{1}{2}\rho V^2.$$

3 Le long de la ligne de courant aboutissant en B, nous pouvons écrire la relation de Bernoulli :

$$\frac{1}{2}\rho V^2 + P_0 = \frac{1}{2}\rho V^2 + P_B$$

donc

$$P_B = P_0.$$

4 Nous pouvons utiliser la relation fondamentale de l'hydrostatique dans le tube, puisque les fluides y sont au repos. Nous exprimons la pression au point C, représenté sur la figure suivante, de deux manières différentes.

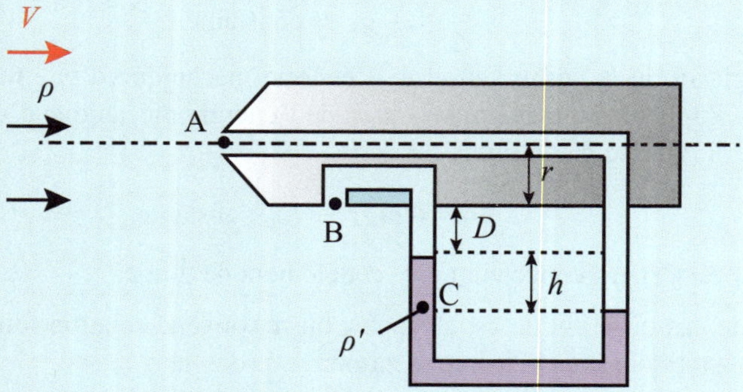

Cette pression est égale à celle qui règne à la surface du liquide manométrique dans la branche de droite, puisqu'elle se trouve à la même altitude. Nous avons donc :

$$P_C = P_A + \rho g(r + D + h),$$

car $r+D+h$ est la différence d'altitude entre le point A et le point C. Par ailleurs, nous pouvons écrire la relation fondamentale de l'hydrostatique dans la branche de gauche. La pression augmente de $\rho g D$ entre le point B et la surface du liquide manométrique dans cette branche, puis de $\rho' g h$ entre la surface et le point C. Nous avons donc :

$$P_C = P_B + \rho g D + \rho' g h.$$

Solution de l'exercice type (suite) Nouveau Programme

En utilisant ces deux expressions de la pression au point C, nous pouvons écrire :

$$P_A + \rho g(r + D + h) = P_B + \rho g D + \rho' g h,$$

soit :

$$P_A - P_B = \rho' g h - \rho g r - \rho g h \approx \rho' g h,$$

car ρ est petite devant ρ'.

5 Des questions antérieures nous pouvons déduire :

$$P_A - P_B = \frac{1}{2}\rho V^2$$

donc :

$$\frac{1}{2}\rho V^2 = \rho' g h$$

soit

$$V = \sqrt{\frac{2\rho' g h}{\rho}}.$$

Remarque : on voit que l'on peut ainsi déterminer la vitesse relative entre le fluide et le tube de Pitot en mesurant la différence de pression entre A et B. Ce genre de dispositif est d'un usage répandu en aéronautique pour déterminer la vitesse d'un avion par rapport à l'air environnant.

Voir énoncé page 277

1 QCM Testez vos connaissances

5 min Corrigé p. 291

1 La poussée d'Archimède est dirigée vers le bas lorsque :

- **a** Le corps immergé est plus dense que le liquide qui l'entoure
- **b** Le corps immergé est moins dense que le liquide qui l'entoure
- **c** La poussée d'Archimède n'est jamais dirigée vers le bas.

2 On dit qu'un fluide est incompressible lorsque :

- **a** La pression est la même en tout point du fluide
- **b** La pression est nulle en tout point du fluide
- **c** La masse volumique du fluide ne dépend pas de la pression

3 La relation de Bernoulli, dans un fluide incompressible, est une relation entre :

- **a** La pression, la masse volumique, la vitesse et l'altitude.
- **b** La température, la vitesse, la masse volumique et la l'altitude ;
- **c** L'accélération, la masse volumique, la vitesse et la pression ;

4 Chacun des termes de la relation de Bernoulli, sous la forme vue en cours, a même unité :

- **a** qu'une vitesse
- **b** qu'une pression
- **c** qu'une énergie.

5 On dit que l'écoulement d'un fluide est en régime permanent lorsque :

- **a** La vitesse des éléments du fluide est partout la même ;
- **b** Le fluide est toujours en mouvement ;
- **c** En tout point donné, la vitesse du fluide ne varie pas au cours du temps.

2 Débit d'un fleuve

★ 5 min Corrigé p. 291

Nouveau Programme

On considère un fleuve s'écoulant en régime permanent. À une certaine position A, sa largeur est de 240 m et sa profondeur est de 20 m. Le débit volumique du fleuve est de $2{,}4 \times 10^3$ $m^3.s^{-1}$.

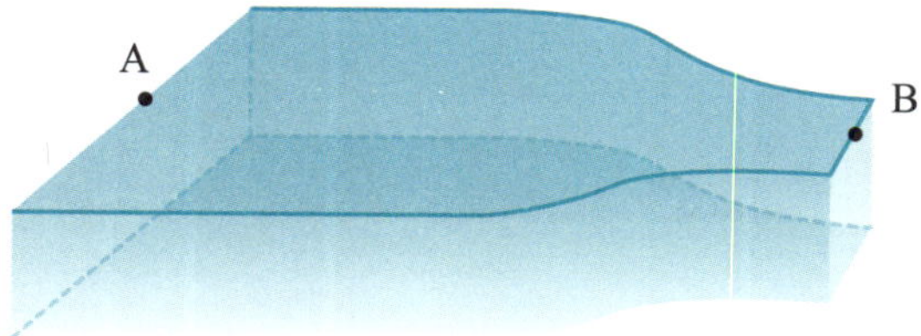

1 Quelle est la vitesse du courant à la position A ?

2 À une position B située en aval, la vitesse du courant est de 1,2 $m.s^{-1}$ et la largeur du fleuve s'est réduite à 130 m. Quelle est à cette position la profondeur du fleuve ?

Indications : on admettra que la section du fleuve aux positions A et B a une forme rectangulaire, et que la vitesse est uniforme sur chacune de ces sections.

3 Ligne de flottaison

★★ 20 min Corrigé p. 292

Nouveau Programme

On considère un solide de masse m, de forme parallélépipédique, de dimensions $L \times l \times h$, comme représenté sur la figure ci-dessous.

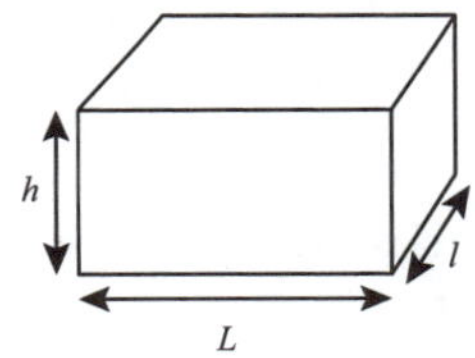

On plonge ce solide dans un liquide masse volumique ρ.

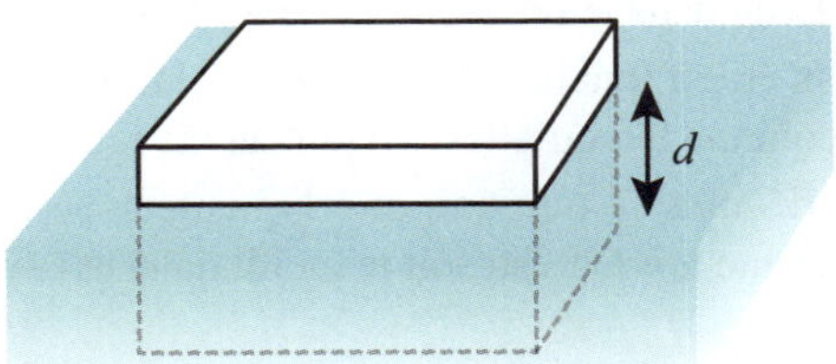

1 À quelle condition ce solide peut-il flotter c'est-à-dire présenter, à l'équilibre, une partie émergée ?

2 Supposons remplie cette condition, et supposons que le solide, à l'équilibre, est tel que ses faces de côté L et l soient horizontales, comme représenté sur la figure ci-dessus. Donner l'expression de la distance d entre la partie inférieure du solide et la surface du liquide, en fonction de m, L, l et ρ.

4 Trajectoire d'un jet d'eau

★★ 20 min Corrigé p. 293

Nouveau Programme

live! *Retrouvez le corrigé de cet exercice en vidéo.*

On réalise le dispositif de la figure suivante.

Un récipient est placé sur une colonne de hauteur H. Il est rempli jusqu'à la hauteur h d'eau, de masse volumique ρ.

Le récipient possède un orifice à sa base, prolongé d'un bec verseur horizontal. Au pied de la colonne, à une distance D de celle-ci, on place une cuve. On suppose que les parcelles de fluide, lorsqu'elles quittent le bec verseur, se comportent comme des masses ponctuelles.

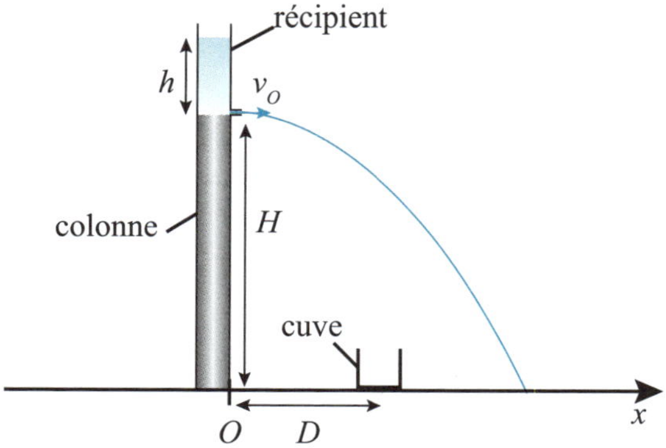

1 Quelle est la nature de la trajectoire des parcelles de fluide une fois qu'elles quittent le bec verseur ?

2 Nous notons v_0 la vitesse de l'eau en sortie du bec verseur.

(a) Donner l'expression de v_0 en fonction de la hauteur h de la surface de l'eau dans le récipient, et de g l'intensité de la pesanteur.

(b) Donner, en fonction de v_0, g et H, la distance des gouttes d'eau à la colonne lorsqu'elles arrivent au niveau du sol.

(c) En déduire ce que doit être la hauteur de l'eau dans le récipient pour que le jet d'eau soit recueilli dans la cuve.

Données :
Hauteur de la colonne : $H = 1{,}2$ m.
Distance de la cuve : $D = 75$ cm.

5 Vidange d'une piscine

★★ 25 min Corrigé p. 294

Nouveau Programme

On considère une piscine gonflable pour enfants, remplie d'eau à la hauteur h.

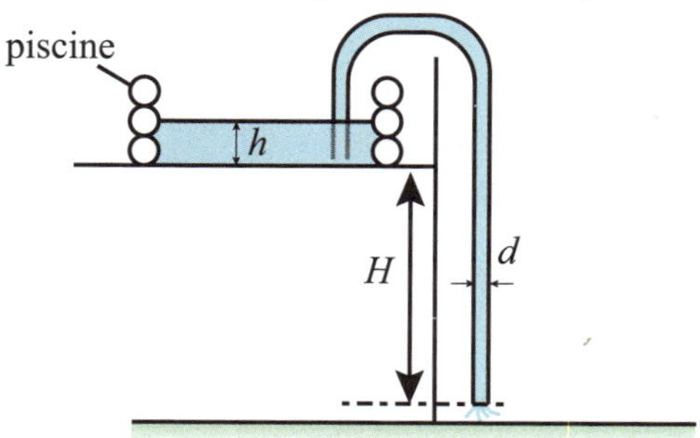

Cette piscine se trouve sur une terrasse, et on souhaite la vider dans le jardin en contrebas en utilisant l'effet siphon. Pour ce faire, on utilise un tuyau de diamètre d, que l'on dispose comme sur la figure page ci-contre.

Entre le bas du tuyau côté jardin, et le sol de la terrasse, on a une différence d'altitude H.

1 Donner l'expression de la vitesse de l'eau en sortie du tuyau, en fonction de l'intensité de la pesanteur g, de la hauteur d'eau h et du dénivelé H.

2 En faisant l'approximation que h est négligeable devant H, donner l'expression du temps requis pour vider la piscine en fonction de d, h, H, g et du diamètre D de la piscine, puis effectuer l'application numérique.

Données :
Intensité de la pesanteur : $g = 9{,}8\ \text{m.s}^{-2}$
Dénivelé entre la terrasse et l'extrémité basse du tuyau : $H = 3{,}5$ m
Hauteur d'eau initiale dans la piscine : $h = 40$ cm.
Diamètre de la piscine : $D = 2{,}0$ m.
Diamètre du tuyau : $d = 2{,}5$ cm.

6 Débitmètre à effet Venturi ★★★ 25 min Corrigé p. 295

Nouveau Programme

On considère le dispositif de la figure ci-dessous, consistant en un tuyau de diamètre D se rétrécissant vers une portion centrale de diamètre d avant de s'élargir à nouveau. Ce tuyau est connecté à un manomètre en U, une entrée (A) se trouvant sur la portion large et l'autre (B) sur la portion étroite. Un liquide de masse volumique ρ circule dans le tuyau, et possède la vitesse u dans la partie amont, de grande section. Le liquide utilisé dans le manomètre a pour masse volumique ρ', et est non-miscible avec le fluide circulant dans le tuyau. L'axe du tube est horizontal. Le but de cet exercice est de démontrer que le dénivelé du fluide dans le manomètre est relié à la vitesse du fluide dans le tuyau, et que l'on peut ainsi estimer le débit volumique dans celui-ci.

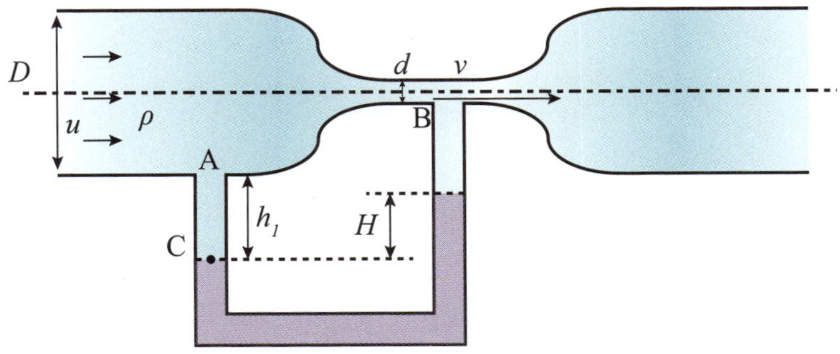

Nous notons H le dénivelé entre les deux surfaces de liquide du manomètre.

On considère que le fluide s'écoulant dans le tuyau est incompressible, et que l'écoulement est en régime permanent. Dans ces conditions les fluides à l'intérieur du manomètre en U sont au repos.

1. Exprimer la vitesse v au point B en fonction de u, D et d.
2. Quelle est la différence d'altitude entre les points B et A ?
3. Déduire de la question précédente, en appliquant la relation de Bernoulli à la ligne de courant passant par A et B, la différence de pression $P_A - P_B$.
4. Calculer la pression du fluide du manomètre au point C, situé à la surface du liquide manométrique de gauche, de deux manières :
   (a) En utilisant la relation fondamentale de l'hydrostatique entre le point A et le point C.
   (b) En utilisant la relation fondamentale de l'hydrostatique entre le point B et le point C.
   On notera h_1 la différence de hauteur entre le point A et le point C.
5. De la question précédente déduire la valeur de $P_A - P_B$ en fonction de ρ', ρ, H, D, d et g.
6. En déduire que le débit dans le tuyau a l'expression suivante :

$$Q = \frac{\pi D^2}{4} \sqrt{\frac{2gH\left(\frac{\rho'}{\rho} - 1\right)}{\left(\frac{D}{d}\right)^4 - 1}}.$$

1 QCM Testez vos connaissances

Enoncé p. 286

1 Réponse **c** : la poussée d'Archimède est toujours dirigée vers le haut.

2 Réponse **c** : la masse volumique du fluide ne dépend pas de la pression.

3 Réponse **a** : il s'agit d'une relation entre la pression, la masse volumique, la vitesse et l'altitude :

$$\frac{1}{2}\rho v^2 + \rho g z + P = \text{constante.}$$

4 Réponse **b** : les termes ont même unité qu'une pression.

5 Réponse **c** : la vitesse du fluide est constante en tout point donné.

2 Débit d'un fleuve

Enoncé p. 286

Nouveau Programme

1 Le débit volumique Q du fleuve au point A est égal à la surface S de la section du fleuve multipliée par la vitesse v_{A}, où v_{A} est la quantité recherchée, et où $S = l_{\mathrm{A}} \times h_{\mathrm{A}}$, l_{A} étant la largeur du fleuve en A et h_{A} sa profondeur. Nous avons donc :

$$Q = v_{\mathrm{A}} \times l_{\mathrm{A}} \times h_{\mathrm{A}},$$

soit :

$$v_{\mathrm{A}} = \frac{Q}{l_{\mathrm{A}} \times h_{\mathrm{A}}}.$$

L'application numérique donne :

$$v_{\mathrm{A}} = \frac{2{,}4 \times 10^3}{240 \times 20} = 0{,}50 \text{ m.s}^{-1}.$$

2 Le fleuve s'écoulant en régime permanent, son débit volumique est partout le même. Nous pouvons donc écrire, en utilisant des notations similaires à celles de la question précédente :

$$Q = v_{\mathrm{B}} \times l_{\mathrm{B}} \times h_{\mathrm{B}},$$

soit :

$$p_{\mathrm{B}} = \frac{Q}{l_{\mathrm{B}} \times h_{\mathrm{B}}}.$$

L'application numérique donne :

$$h_{\mathrm{B}} = \frac{2{,}4 \times 10^3}{130 \times 1{,}2} = 15 \text{ m.}$$

MÉTHODE

Nous gardons deux chiffres significatifs dans le résultat puisque c'est la précision avec laquelle Q et v_{B} sont données dans l'énoncé.

3 Ligne de flottaison

Enoncé p. 287

Nouveau Programme

1 Supposons le solide au repos, totalement immergé. Si la poussée d'Archimède est inférieure à son poids, la somme vectorielle des forces exercées sur le solide est dirigée vers le bas : le solide « coule ». Si en revanche elle est supérieure à son poids, la somme vectorielle des forces est dirigée vers le haut et le solide va être accéléré en direction de la surface. La condition pour qu'il puisse flotter est donc que la poussée d'Archimède qui s'exerce sur lui, quand il est totalement immergée, soit supérieure à son poids.

La poussée d'Archimède sur le solide est égale au poids du liquide déplacé. Le volume du solide est $L \times l \times h$, donc la masse M du liquide déplacé est :

$$M = \rho \times L \times l \times h$$

et le poids P de celui-ci est :

$$P = Mg = \rho \times L \times l \times h \times g,$$

où g est l'intensité de la pesanteur. Le solide peut flotter si la poussée d'Archimède est supérieure ou égale à son poids mg, donc :

$$\rho \times L \times l \times h > m.$$

Remarque : Si on note ρ_{objet} la masse volumique de l'objet, qui s'obtient en divisant sa masse par son volume :

$$\rho_{\text{objet}} = \frac{m}{L \times l \times h},$$

alors la condition ci-dessus s'écrit simplement :

$$\rho > \rho_{\text{objet}}.$$

2 Lorsque le solide est à l'équilibre, la somme vectorielle des deux forces s'exerçant sur lui (son poids et la poussée d'Archimède) est nulle. La masse M' du fluide déplacé est, par analogie avec la question antérieure :

$$M' = L \times l \times d \times \rho.$$

Par conséquent la somme vectorielle $\vec{F}$ des forces s'exerçant sur le solide est :

$$\vec{F} = (L \times l \times d \times \rho g - mg)\vec{e_z},$$

où $\vec{e_z}$ est le vecteur unitaire dirigé vers le haut. La condition $\vec{F} = \vec{0}$ est donc équivalente à :

$$L \times l \times d \times \rho - m = 0$$

soit :

$$d = \frac{m}{L \times l \times \rho}.$$

Naturellement, $d < h$ si et seulement si la condition de la première question est satisfaite.

4 Trajectoire d'un jet d'eau

Enoncé p. 287

Nouveau Programme

Retrouvez le corrigé de cet exercice en vidéo.

1 Les parcelles de fluide se comportant comme des masses ponctuelles, elles ont la trajectoire parabolique caractéristique des mouvements de chute libre (voir chapitre 11).

2 **(a)** Nous appliquons la relation de Bernoulli entre la surface du liquide dans le récipient et le bec verseur. Nous considérons que la vitesse des parcelles de fluide à la surface est négligeable devant celle obtenue à la sortie du bec verseur, donc nous avons :

$$0 + P_0 + \rho g z_S = \frac{1}{2}\rho v^2 + P_0 + \rho g z_B,$$

où P_0 est la pression atmosphérique, ρ la masse volumique du fluide, z_S l'altitude de la surface et z_B celle du bec verseur. Nous en déduisons :

$$\frac{1}{2}\rho v_0^2 = \rho g(z_S - z_B) = \rho g h,$$

soit :

$$v_0 = \sqrt{2gh}.$$

(b) Les parcelles de fluide se comportant comme des masses ponctuelles, nous pouvons utiliser le formalisme nous permettant d'obtenir l'équation horaire de trajectoires dans un champ de gravité uniforme. Si nous notons z la coordonnée verticale, nous obtenons, en projetant sur les axes (Ox) et (Oz) la relation fondamentale de la dynamique :

$$\ddot{x} = 0 \quad \text{et} \quad \ddot{z} = -g,$$

puisque la force auxquelles les parcelles sont soumises, leur propre poids, est verticale. En intégrant une fois par rapport au temps ces équations, nous avons :

$$\dot{x} = K_1 \quad \text{et} \quad \dot{z} = -gt + K_2,$$

où les constantes d'intégration K_1 et K_2 sont à déterminer. Si nous adoptons comme origine des temps l'instant où la parcelle sort du bec verseur, nous savons qu'alors $\dot{x} = v_0$ et $\dot{z} = 0$, puisque le bec verseur est horizontal. Nous en déduisons : $K_1 = v_0$ et $K_2 = 0$. Nous intégrons à nouveau par rapport au temps et obtenons :

$$x = v_0 t + K_3 \quad \text{et} \quad z = -\frac{1}{2}gt^2 + K_4,$$

où, à nouveau, nous devons déterminer les constantes d'intégration K_3 et K_4. L'origine de abscisses x est choisie (voir la figure de l'énoncé) à la position du bec verseur, donc en $t = 0$, on doit avoir $x = 0$. Par conséquent $K_3 = 0$.

Si nous prenons l'origine de z au niveau du sol, à $t = 0$ nous devons avoir $z = H$, donc $K_4 = H$. En définitive l'équation horaire des parcelles de fluide est :

$$x = v_0 t \quad \text{et} \quad z = H - \frac{1}{2}gt^2.$$

Pour savoir à quelle valeur de x les gouttes d'eau impactent le sol, déterminons à quel instant t_s nous avons $z = 0$ (position du sol) :

$$H - \frac{1}{2}gt_s^2 = 0$$

donc

$$t_s = \sqrt{\frac{2H}{g}}.$$

À cet instant, la valeur de x vaut :

$$x = v_0 t_s = v_0\sqrt{\frac{2H}{g}}.$$

(c) Nous souhaitons avoir $x = D$. Par ailleurs, nous substituons l'expression de v_0 par celle obtenue à la question 2. Ainsi, nous écrivons :

$$D = \sqrt{2gh} \times \sqrt{\frac{2H}{g}} = 2\sqrt{Hh}.$$

Nous en déduisons :

$$h = \frac{D^2}{4H}.$$

Nous notons que cette valeur ne dépend ni de l'intensité de la pesanteur, ni de la masse volumique du liquide. L'application numérique donne :

$$h = \frac{0{,}75^2}{4 \times 1{,}2} = 0{,}12 \text{ m} = 12 \text{ cm}.$$

Nous gardons deux chiffres significatifs pour ce résultat puisque c'est la précision avec laquelle sont données les valeurs de l'énoncé.

5 Vidange d'une piscine

Enoncé p. 288

Nouveau Programme

1 Nous écrivons la relation de Bernoulli pour une ligne de courant qui émerge du tuyau (T) et provient de la surface (S) de la piscine. À ces deux endroits la pression est égale à la pression atmosphérique P_0. La vitesse v_S des parcelles de fluide près de la surface de la piscine est négligeable devant la vitesse de celles qui émergent du tuyau, aussi nous considérons $v_S = 0$.

Nous pouvons donc écrire :

$$0 + P_0 + \rho g z_S = \frac{1}{2}\rho v_T^2 + P_0 + \rho g z_T,$$

où v_T est la vitesse en sortie du tuyau, z_S l'altitude de la surface de la piscine, z_T l'altitude de l'extrémité basse du tuyau et ρ la masse volumique de l'eau. Cette relation devient :

$$\frac{1}{2}v_T^2 = g(z_S - z_T) = g(h + H),$$

car la différence d'altitude entre la surface de la piscine et la sortie du tuyau, comme on peut le voir sur la figure de l'énoncé, est $h + H$. En définitive nous avons donc :

$$v_T = \sqrt{2g(h + H)}.$$

2 Le rayon du tuyau est $d/2$ donc sa section est $\pi d^2/4$, et le débit volumique est par conséquent :

$$Q = \pi\frac{d^2}{4}v_T = \sqrt{2g(h + H)}\frac{\pi d^2}{4}.$$

En vertu de l'hypothèse donnée dans l'énoncé, nous pouvons écrire :

$$Q \approx \sqrt{2gH}\frac{\pi d^2}{4}.$$

Le volume d'eau dans la piscine est initialement :

$$V = \pi h D^2/4,$$

donc la durée requise pour la vider est :

$$t = \frac{V}{Q} = \frac{hD^2}{\sqrt{2gH}d^2}.$$

L'application numérique donne :

$$t = \frac{0{,}4 \times 2^2}{\sqrt{2 \times 9{,}8 \times 3{,}5} \times (2{,}5 \times 10^{-2})^2} = 3{,}1.10^2 \text{ s}.$$

Nous gardons deux chiffres significatifs dans le résultat puisque c'est la précision avec laquelle sont donnés les paramètres de l'énoncé. Il faut un peu plus de cinq minutes pour vider la piscine.

6 Débitmètre à effet Venturi

Enoncé p. 289

Nouveau Programme

1 L'écoulement étant en régime permanent, le débit volumique du fluide est le même dans la section large et dans la section étroite. La surface de la section large vaut $\pi D^2/4$, tandis que celle de la section étroite est $\pi d^2/4$. Nous avons alors :

$$\pi\frac{D^2}{4}u = \pi\frac{d^2}{4}v, \text{ donc : } v = \left(\frac{D}{d}\right)^2 u.$$

2 La différence d'altitude entre les points B et A est égale à la différence des rayons des parties large et étroite, donc :

$$z_B - z_A = \frac{D-d}{2}.$$

3 La relation de Bernoulli sur cette ligne de courant s'écrit :

$$\frac{1}{2}\rho u^2 + P_A + \rho g z_A = \frac{1}{2}\rho v^2 + P_B + \rho g z_B,$$

soit encore :

$$\begin{aligned} P_A - P_B &= \frac{1}{2}\rho v^2 - \frac{1}{2}\rho u^2 + \rho g(z_B - z_A) \\ &= \frac{1}{2}\rho\left[\left(\frac{D}{d}\right)^4 - 1\right]u^2 + \rho g(z_B - z_A) \\ &= \frac{1}{2}\rho\left[\left(\frac{D}{d}\right)^4 - 1\right]u^2 + \rho g\frac{D-d}{2}. \end{aligned}$$

4 **(a)** Les fluides à l'intérieur du manomètre étant au repos, nous pouvons appliquer la relation fondamentale de l'hydrostatique entre le point A et le point C. Nous avons :

$$P_C - P_A = \rho g h_1 \quad \text{soit} \quad P_C = P_A + \rho g h_1.$$

(b) De manière similaire, nous pouvons utiliser cette relation entre le point B et le point C. Lorsque l'on passe du point B à la surface du liquide manométrique dans la branche de droite, la pression augmente de $\rho g[(D-d)/2 + h_1 - H]$, le terme entre crochets étant la différence d'altitude entre le point B et la surface. Ensuite, entre la surface et le point C, la pression augmente de $\rho' g H$, donc en définitive nous avons :

$$P_C = P_B + \rho g\left(\frac{D-d}{2} + h_1 - H\right) + \rho' g H.$$

5 Nous écrivons l'égalité entre les deux expressions de P_C obtenues à la question précédente :

$$P_A + \rho g h_1 = P_B + \rho g\left(\frac{D-d}{2} + h_1 - H\right) + \rho' g H,$$

donc :

$$P_A - P_B = \rho g\frac{D-d}{2} + (\rho' - \rho) g H.$$

On constate que les termes contenant h_1 s'éliminent entre eux.

6 Au cours des questions précédentes, nous avons obtenu deux expressions de $P_A - P_B$: l'une obtenue en utilisant la relation de Bernoulli, et liée à la vitesse du fluide dans le tube, l'autre obtenue en utilisant la relation fondamentale de la dynamique et liée à la différence de hauteur des surfaces du fluide manométrique. Nous écrivons que les deux expressions obtenues sont égales :

$$\rho g \frac{D-d}{2} + (\rho' - \rho) g H = \frac{1}{2}\rho \left[\left(\frac{D}{d}\right)^4 - 1\right] u^2 + \rho g \frac{D-d}{2}.$$

Les termes en $\rho g (D-2)/2$ s'annulent et nous obtenons :

$$u^2 = \frac{2gH\left(\frac{\rho'}{\rho} - 1\right)}{\left(\frac{D}{d}\right)^4 - 1}.$$

La vitesse u est obtenue en prenant la racine carrée de cette expression, et le débit volumique est obtenu (voir la question 1) en multipliant u par $\pi D^2/4$, ce qui donne en définitive l'expression demandée dans l'énoncé :

$$Q = \frac{\pi D^2}{4} \sqrt{\frac{2gH\left(\frac{\rho'}{\rho} - 1\right)}{\left(\frac{D}{d}\right)^4 - 1}}.$$

Remarque : on note qu'en vertu de la relation de Bernoulli, la pression du fluide est plus petite là où il accélère (dans la portion étroite) ce qui est assez contre-intuitif. Cet effet est appelé l'effet Venturi, et a des applications ou conséquences dans de nombreux domaines.

Chapitre 14

Équation d'état des gaz parfaits

Plan du chapitre

1 Introduction

Exercice type — **Lycée Picpus, Paris**

Une bouteille de dihydrogène de volume $v = 100$ L contient à 20 °C de l'hydrogène comprimé à la pression $p = 150$ atm.

1 Calculer la quantité de matière en dihydrogène contenue dans la bouteille.

2 Calculer la masse de dihydrogène contenue dans la bouteille.

3 Quelle est la pression du dihydrogène à la température $\theta = 200$ °C ?

Données :
Masse molaire de l'hydrogène : $\mathrm{M(H)} = 1{,}0\ \mathrm{g.mol^{-1}}$
Constante des gaz parfaits : $\mathcal{R} = 8{,}31\ \mathrm{J.K^{-1}.mol^{-1}}$
1 atm = 101 325 Pa

Voir corrigé page 302

Ce chapitre fait le lien entre l'agitation thermique d'un gaz, identifiée par sa température, et les chocs sur les parois des particules qui le composent, liés à la pression. D'un point de vue macroscopique, ce lien est établi par l'équation d'état. Nous allons étudier cette équation à l'aide d'un modèle simplifié appelé modèle du *gaz parfait*.

2 Notion de gaz parfait

L'hypothèse « gaz parfait » regroupe les conditions de la page suivante.

- Les particules constitutives du gaz (atomes ou molécules) peuvent être assimilées à des masses ponctuelles.
- Ces particules n'interagissent pas entre elles (ni par action à distance, ni par chocs).
- La pression du gaz est liée aux chocs sur les parois, et chaque particule a une trajectoire rectiligne uniforme entre deux chocs sur les parois.

La plupart des gaz, dans les conditions usuelles, se comportent presque de manière « idéale », c'est-à-dire comme des gaz parfaits. Toutefois, pour que les particules « s'ignorent » comme requis par la deuxième hypothèse, il faut que la distance moyenne qui les sépare soit beaucoup plus grande que leur dimension, donc il faut que le gaz soit suffisamment dilué.

À RETENIR

Le modèle de gaz parfait n'est valable que pour les gaz dilués et de faible pression.

L'air qui nous entoure peut être avec une très bonne approximation considéré comme un gaz parfait.

3 Équation d'état des gaz parfaits

Entre la pression P, le volume V et la température absolue T d'une quantité de matière n d'un gaz parfait, on a la relation suivante, appelée équation d'état des gaz parfaits :

$$PV = n\mathcal{R}T \ ,$$

où $\mathcal{R}$ est appelée la constante des gaz parfaits, et vaut, dans les unités du Système International :

$$\mathcal{R} = 8{,}31 \text{ J.K}^{-1}\text{.mol}^{-1}.$$

Il faut bien faire attention au fait que la température est ici la température absolue (échelle kelvin). Tous les termes de cette équation sont positifs. Si la température est donnée dans une autre échelle, il faudra auparavant la convertir en kelvin.
On notera que cette relation est indépendante de la nature (composition chimique) du gaz considéré. On pouvait s'y attendre dans la mesure où la première hypothèse des gaz parfaits suppose que les particules du gaz parfait sont des masses ponctuelles, et donc ne considère absolument pas la structure atomique ou moléculaire (c'est-à-dire l'identité chimique) des particules du gaz.

La relation entre la température θ en degré Celsius et la température absolue T en kelvin est :

$$T = \theta + 273{,}15 \ ,$$

ou bien :

$$\theta = T - 273{,}15.$$

4 Grandeurs utiles : définitions et rappels

4.1 Pression

Définition 1

La pression est la force exercée par unité de surface.

Si on note P la pression, elle est donc donnée par :

$$P = \frac{F}{S},$$

où F est la force pressante exercée par le fluide sur une surface plane d'aire S.
Dans les unités du Système International, elle se mesure donc en N.m^{-2}, encore appelé pascal, de symbole Pa. On utilise souvent l'hecto-pascal, de symbole hPa.
On a : 1 hPa = 100 Pa.
La pression standard est $P_0 = 101\,325$ Pa = 1 013,25 hPa.

D'autres unités fréquemment utilisées sont :

- Le bar, de symbole bar. Il est défini par 1 bar = 10^5 Pa. Souvent, on fait l'approximation : $P_0 \approx 1{,}0$ bar, valable jusqu'au deuxième chiffre significatif.
- L'atmosphère, de symbole atm. On a : 1 atm = $P_0 = 101\,325$ Pa.
- Le millimètre de mercure, de symbole mmHg. La pression standard P_0 vaut 760 mmHg.

Une pression se mesure à l'aide d'un manomètre.

4.2 Masse molaire

Cette quantité, étudiée au cours du programme de Chimie, est fréquemment utilisée dans les exercices sur les gaz parfaits.
On rappelle qu'une mole est la quantité de matière contenant $\mathcal{N}_A \approx 6 \times 10^{23}\ \text{mol}^{-1}$ entités, où $\mathcal{N}_A$ est le nombre d'Avogadro. La masse molaire d'une espèce est la masse d'une mole des représentants de cette espèce.
Entre la masse molaire M, la quantité de matière n et la masse m d'un système, on a :

$$m = M \times n.$$

4.3 Masse volumique

La masse volumique d'un système est la masse que contient une unité de volume de ce système. Pour un système homogène de volume V et de masse m, la masse volumique ρ est donnée par :

$$\rho = \frac{m}{V}.$$

COURS
INTERROS
CORRIGÉS

Solution de l'exercice type **Lycée Picpus, Paris**

1 Utilisons l'équation d'état $PV = n\mathcal{R}T$ pour exprimer n :

$$n = \frac{PV}{\mathcal{R}T} = \frac{150 \times 101\,325 \times 0,1}{8,31 \times (20 + 273,15)} = 624 \text{ mol.}$$

Il faut faire attention à exprimer les grandeurs P, V dans les unités du Système International, et veiller à exprimer T en Kelvins.

2 La masse molaire moléculaire du dihydrogène est :

$$\mathrm{M(H_2)} = 2\mathrm{M(H)} = 2,0 \text{ g.mol}^{-1}$$

On en déduit la masse m du gaz contenu dans la bouteille :

$$m = n \times \mathrm{M(H_2)} = 624 \times 2,0 = 1,2 \times 10^3 \text{ g} = 1,2 \text{ kg.}$$

3 On utilise à nouveau l'équation d'état des gaz parfaits :

$$P = \frac{n\mathcal{R}T}{V}.$$

L'application numérique donne :

$$P = \frac{624 \times 8,31 \times (200 + 273,15)}{0,100} \approx 24,5 \times 10^6 \text{ Pa} = 245 \text{ atm.}$$

Voir énoncé page 299

1 QCM Vérification des connaissances

5 min Corrigé p. 306

1 Si, à température constante, on augmente le volume d'un gaz parfait, sa pression :

[a] augmente [b] diminue

2 Dans le modèle des gaz parfaits, les particules sont supposées :

[a] sphériques [b] ponctuelles

3 Si, à volume constant, on augmente la température d'un gaz parfait, la pression :

[a] augmente [b] diminue

4 Si on rajoute du gaz dans une enceinte de volume fixe et de température fixée, la pression du gaz :

[a] augmente [b] diminue

2 Pression d'un gaz

★ 5 min Corrigé p. 306

Lycée Louis de Broglie, Marly-le-Roi

Un réservoir indilatable contient de l'argon à 25 °C et sous 4,0 bars. Quelle devient la pression de l'argon si on chauffe le réservoir à 283 °C ?

3 Bouteilles communiquantes

★ 10 min Corrigé p. 307

Lycée Blaise Pascal, Clermont-Ferrand

On considère un système formé de deux bouteilles A et B identiques indéformables reliées par un conduit, sur lequel se trouve un robinet, comme indiqué sur la figure ci-dessous.

Figure 14.1 – *Les deux bouteilles sont identiques.*

Initialement, la bouteille A contient un gaz à la pression $P_A = 1{,}5 \times 10^5$ bar, et la bouteille B est vide.

1 On ouvre le robinet. Que se passe-t-il ? Quelle est la pression du gaz dans les deux bouteilles ?

2 On referme alors le robinet, on fait le vide dans la bouteille A, puis on rouvre le robinet. Quelle est la nouvelle pression du gaz ?

Indications :

On admet que le gaz contenu dans les bouteilles se comporte comme un gaz parfait. La température de ce gaz est fixée tout au long de l'expérience.

4 Air dans un dirigeable ★ 10 min Corrigé p. 308

Lycée Victor Schoelcher, Fort-de-France

Quelle masse d'air contient un ballon dirigeable, considéré comme sphérique et de rayon $R = 15$ m ?

Données :

L'air dans le dirigeable est chauffé à 100 °C, et sa pression est de un bar.
Le volume d'une sphère de rayon R est $\frac{4}{3}\pi R^3$.
La masse molaire moléculaire moyenne de l'air est $M = 29$ g.mol^{-1}
La constante des gaz parfaits vaut : $\mathcal{R} = 8{,}31$ J.K^{-1}.mol^{-1}
1 bar= 10^5 Pa.

5 Masse volumique de l'hélium ★ 10 min Corrigé p. 308

Lycée Jeanne d'Arc, Mazamet

Calculer la masse volumique ρ de l'hélium dans les conditions normales de température et de pression.

Données :

Masse molaire atomique de l'hélium : M(He) = 4,0 g.mol^{-1}
La constante des gaz parfaits vaut : $\mathcal{R} = 8{,}31$ J.K^{-1}.mol^{-1}
Les conditions normales de température et de pression correspondent à une température de 20 °C et une pression de 101 325 Pa.

6 Température de la stratosphère ★★ 10 min Corrigé p. 309

Lycée Saint-Louis-de-Gonzague, Perpignan

L'air de la base de la stratosphère, où évoluent les avions de ligne, a une pression dix fois plus petite qu'au niveau de la mer, et une masse volumique 7,4 fois plus petite. Quelle est sa température, en degré Celsius ?

Données :
Température de l'air au niveau de la mer : $\theta = 20$ °C.
L'air au niveau de la mer et à la base de la stratosphère a la même composition chimique.

7 Pression de vapeur d'eau

★★ 15 min Corrigé p. 309

Lycée Gustave Eiffel, Bordeaux

Une enceinte indéformable d'un volume 1,0 m^3 contient de la vapeur d'eau à la température $\theta = 200$ °C. On refroidit l'enceinte de manière à condenser cette vapeur d'eau et on recueille au total un volume $v = 1{,}5$ L d'eau liquide. Quelle était initialement la pression de la vapeur d'eau ?

Données :

Masse molaire atomique de l'oxygène : M(O) = 16 $g.mol^{-1}$
Masse molaire atomique de l'hydrogène : M(H) = 1,0 $g.mol^{-1}$
Masse volumique de l'eau liquide : $\rho = 1{,}00 \times 10^3$ $kg.m^{-3}$
La constante des gaz parfaits vaut : $\mathcal{R} = 8{,}31$ $J.K^{-1}.mol^{-1}$

8 Enceintes communiquantes

★★ 15 min Corrigé p. 310

Lycée de la Providence, La Rochelle

Deux enceintes indéformables (1) et (2) sont maintenues à la température $\theta = 100$ °C en permanence. À l'instant initial, l'enceinte (1) contient un gaz sous une pression $p_1 = 3{,}0$ bar ; le volume de cette enceinte est : $v_1 = 1{,}0$ m^3. L'enceinte (2) contient quant à elle le même gaz sous une pression $p_2 = 2{,}0$ bar, et son volume est $v_2 = 2{,}0$ m^3.

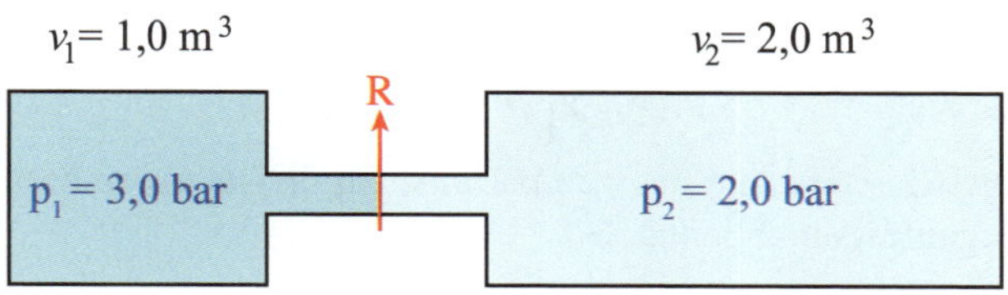

Figure 14.2 – *Représentation schématiques des enceintes (1) et (2).*

On ouvre le robinet R et les molécules du gaz peuvent librement circuler entre les enceintes (1) et (2) : la pression est alors la même dans les deux enceintes. Que vaut cette pression ?

1 QCM Vérification des connaissances

Enoncé p. 303

1. Réponse **b**. En effet $P = n\mathcal{R}T\frac{1}{V}$, donc P et V sont inversement proportionnels, toutes autres choses fixées.
2. Réponse **b**. Voir le cours.
3. Réponse **a**. En effet $P = (n\mathcal{R}/V) \times T$, donc toutes autres choses fixées par ailleurs, la pression est proportionnelle à la température.
4. Réponse **a**. En effet $P = (\mathcal{R}T/V) \times n$, donc toutes autres choses fixées par ailleurs, la pression est proportionnelle à la quantité de matière.

2 Pression d'un gaz

Enoncé p. 303

Lycée Louis de Broglie, Marly-le-Roi

Appelons n la quantité de matière d'argon présente dans l'enceinte, P sa pression initiale, T sa température absolue initiale, et V le volume de l'enceinte. Lorsque l'on chauffe l'enceinte, sa température devient T', et la pression de l'argon devient P'. En revanche le volume reste égal à V (l'enceinte est indilatable) et la quantité de matière en argon reste égale à n (on n'a pas changé la quantité d'argon dans l'enceinte).
On peut donc écrire, en supposant que l'argon se comporte comme un gaz parfait, l'équation d'état des gaz parfaits avant et après chauffage de l'enceinte. Cela donne :

$$\begin{cases} PV = n\mathcal{R}T \\ P'V = n\mathcal{R}T' \end{cases}$$

où $\mathcal{R}$ est la constante des gaz parfaits. En divisant membre à membre ces deux égalités, on obtient :

$$\frac{P}{P'} = \frac{T}{T'} \quad \text{soit : } \quad P' = P\frac{T'}{T}.$$

Pour effectuer l'application numérique, on doit auparavant évaluer les températures absolues. Avant chauffage on a $\theta = 25$ °C donc :

$$T = 25 + 273 = 298 \text{ K}.$$

Après chauffage on a $\theta = 283$ °C donc :

$$T' = 283 + 273 = 556 \text{ K}.$$

On peut donc effectuer l'application numérique. Il est inutile de convertir P en pascals, on peut la garder en bars, et on obtiendra le résultat directement en bars :

$$P' = 4{,}0 \times \frac{556}{298} \approx 7{,}5 \text{ bar}.$$

Une précision de deux chiffres significatifs est ici un maximum, compte-tenu de la précision avec laquelle est donnée P. On garde toutefois trois chiffres significatifs sur les températures pour effectuer le calcul afin d'éviter l'accumulation d'erreurs d'arrondi.

3 Bouteilles communiquantes

➔ Enoncé p. 303

Lycée Blaise Pascal, Clermont-Ferrand

1 Lorsque l'on ouvre le robinet, le gaz se répartit entre les deux bouteilles.

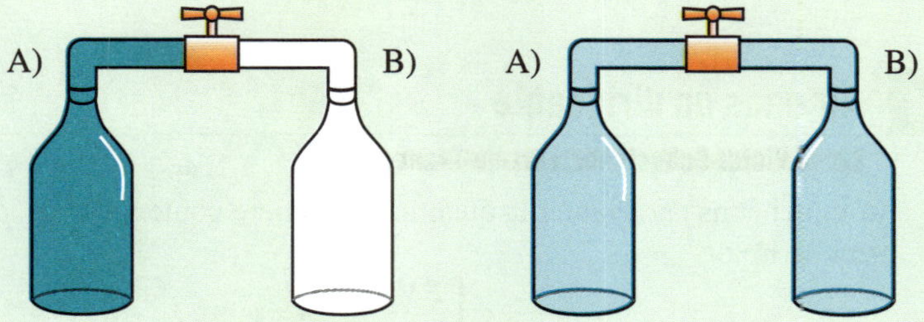

Figure 14.3 – *Une partie de l'air passe dans la bouteille B à l'ouverture du robinet.*

On écrit l'équation d'état des gaz parfaits pour le gaz contenu dans les bouteilles, avant (indice i) et après (indice f) l'ouverture du robinet :

$$\begin{cases} P_i V_i = n\mathcal{R}T_i \\ P_f V_f = n\mathcal{R}T_f \end{cases}$$

où n est la quantité de matière du gaz, T sa température absolue, V le volume qu'il occupe, et P sa pression. Nous utilisons le fait que la température est constante tout au long de l'expérience donc $T_f = T_i$, et le fait que les bouteilles sont identiques donc $V_f = 2V_i$. On divise entre elles les égalités ci-dessus et on obtient :

$$\frac{P_i V_i}{P_f \times 2V_i} = \frac{n\mathcal{R}T_i}{n\mathcal{R}T_i} = 1$$

donc :

$$P_f = \frac{1}{2}P_f.$$

Application numérique :

$$P_f = 7{,}5 \times 10^4 \text{ bar.}$$

2 On se retrouve avec une situation similaire à celle du début, à ceci près que la bouteille pleine est maintenant la bouteille B, et que la pression initiale est différente et vaut $7{,}5 \times 10^4$ bar.

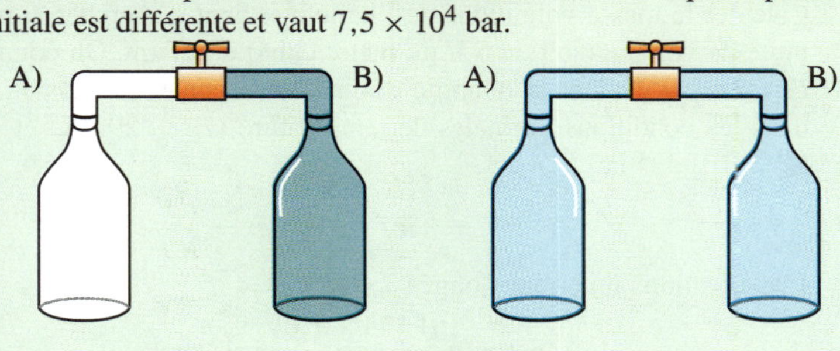

Figure 14.4 – *L'air résiduel se répartit entre les deux bouteilles lorsqu'on ouvre le robinet.*

On applique un raisonnement identique à celui de la question précédente et on obtient :

$$P_f = \frac{7{,}5 \times 10^{-4}}{2} \approx 3{,}8 \times 10^{4} \text{ bar.}$$

4 Air dans un dirigeable

Enoncé p. 304

Lycée Victor Schoelcher, Fort-de-France

Commençons par évaluer la quantité de matière contenue dans le ballon. On peut écrire :

$$\begin{cases} PV = n\mathcal{R}T \\ V = \frac{4}{3}\pi R^3 \end{cases}$$

donc on a :

$$n = \frac{4\pi R^3 P}{3\mathcal{R}T}.$$

Il faut convertir la pression en pascal et la température en kelvin avant d'effectuer l'application numérique. On a :

$$\begin{cases} P = 1 \text{ bar } = 10^5 \text{ Pa} \\ T = 100 + 273 = 373 \text{ K} \end{cases}$$

On en déduit :

$$n = \frac{4\pi \times 15^3 \times 101\,325}{3 \times 8{,}31 \times 373} = 4{,}6 \times 10^5 \text{ mol.}$$

On en déduit la masse d'air correspondante connaissant la masse molaire moléculaire moyenne de l'air :

$$m = n \times M = 4{,}6 \times 10^5 \times 29 \approx 1{,}3 \times 10^7 \text{ g} = 13 \text{ tonnes.}$$

Nous gardons deux chiffres significatifs dans le résultat final puisque c'est la précision avec laquelle est donné le rayon dans l'énoncé.

5 Masse volumique de l'hélium

Enoncé p. 304

Lycée Jeanne d'Arc, Mazamet

Calculer la masse volumique de l'hélium revient à chercher la masse d'une unité de volume (soit en S.I. un mètre cube) d'hélium. On commence pour ce faire par évaluer la quantité de matière n contenue dans $V = 1{,}0 \text{ m}^3$, dans les conditions normales de température ($T = 293$ K) et de pression ($P = 101\,325$ Pa) :

$$PV = n\mathcal{R}T \quad \text{soit : } n = \frac{PV}{\mathcal{R}T}.$$

L'application numérique donne :

$$n = \frac{101\,325 \times 1{,}0}{8{,}31 \times 293} = 42 \text{ mol.}$$

La masse correspondante s'obtient en multipliant cette quantité de matière par la masse molaire de l'hélium :

$$\rho = 4{,}0 \times 42 = 168 \text{ g.m}^{-3} \approx 0{,}17 \text{ kg.m}^{-3}.$$

6 Température de la stratosphère

Enoncé p. 304

Lycée Saint-Louis-de-Gonzague, Perpignan

La difficulté de cet exercice consiste à transcrire l'information sur les masses volumiques en une relation utilisable dans l'équation d'état des gaz parfaits. L'air au niveau de la mer et à la base de la stratosphère ont même composition, donc ont la même masse molaire moléculaire moyenne. Donc si un volume donné d'air est 7,4 fois moins massif à la base de la stratosphère qu'au niveau de la mer, cela veut dire aussi que ce volume contient une quantité de matière 7,4 fois plus petite. Soit V un tel volume d'air. Au niveau de la mer il contient une quantité de matière n en air, et à la base de la stratosphère une quantité de matière :

$$n' = \frac{n}{7{,}4}.$$

Si on appelle P et T la pression et la température absolue au niveau de la mer, et P' et T' la pression et la température absolue à la base de la stratosphère, alors on peut écrire :

$$\begin{cases} PV = n\mathcal{R}T \\ P'V = n'\mathcal{R}T' \end{cases}$$

En divisant la seconde égalité par la première, on obtient :

$$\frac{T'n'}{Tn} = \frac{P'}{P}$$

d'où l'on déduit :

$$T' = T \times \frac{n}{n'} \times \frac{P'}{P} = T \times 7{,}4 \times \frac{1}{10} = 0{,}74 \times T.$$

On a d'autre part : $T = 20 + 273{,}15 \approx 293$ K, donc on a :

$$T' = 0{,}74 \times 293 \approx 217 \text{ K} \quad \text{d'où :} \quad \theta' = T' - 273{,}15 \approx -56\ °\text{C}.$$

7 Pression de vapeur d'eau

Enoncé p. 305

Lycée Gustave Eiffel, Bordeaux

Commençons par évaluer la quantité de matière recueillie en eau. La masse d'eau recueillie est :

$$m = v\rho = 1{,}5 \times 10^{-3} \times 1{,}00 \times 10^{3} = 1{,}5 \text{ kg} = 1{,}5 \times 10^{3} \text{ g}.$$

On notera que 1 L $= 10^{-3}$ m^3.

La masse molaire moléculaire de l'eau est :

$$M = M(O) + 2M(H) = 16{,}0 + 2{,}0 = 18{,}0 \text{ g.mol}^{-1}.$$

La quantité de matière en eau est donc :

$$n = \frac{m}{M} = \frac{1\,500}{18{,}0} = 83{,}3 \text{ mol.}$$

On notera qu'il faut bien faire attention à diviser des *grammes* par des *grammes par mole* sous peine d'obtenir un résultat faux.
Avant condensation, cette eau était sous forme de vapeur, que l'on va assimiler à un gaz parfait. On peut donc écrire :

$$PV = n\mathcal{R}T$$

où $V = 1 \text{ m}^3$ est le volume de l'enceinte, $T = \theta + 273{,}15 \approx 473$ K est la température absolue de la vapeur d'eau, et P est la pression recherchée. On a donc :

$$P = \frac{n\mathcal{R}T}{V}.$$

L'application numérique donne :

$$P = \frac{83{,}3 \times 8{,}31 \times 473}{1{,}0} \approx 3{,}3 \times 10^5 \text{ Pa} \approx 3{,}3 \text{ bar.}$$

L'eau dans l'enceinte avait initialement une pression de 3,3 bars.

8 Enceintes communiquantes

Enoncé p. 305

Lycée de la Providence, La Rochelle

Appelons n_1 la quantité de matière en gaz contenue initialement dans l'enceinte 1, et n_2 la quantité de matière en gaz contenue initialement dans l'enceinte 2.
On peut écrire, en supposant que ce gaz se comporte comme un gaz parfait :

$$\begin{cases} p_1 v_1 = n_1 \mathcal{R}T \\ p_2 v_2 = n_2 \mathcal{R}T \end{cases}$$

où T est la température absolue, constante, de chaque enceinte.
Une fois que le robinet est ouvert, la pression vaut p dans les deux enceintes. Le volume commun accessible au gaz devient $v_1 + v_2$, et la quantité de matière totale en gaz est $n_1 + n_2$. L'équation d'état des gaz parfaits s'écrit alors :

$$\begin{aligned} p(v_1 + v_2) &= (n_1 + n_2)\mathcal{R}T \\ &= n_1\mathcal{R}T + n_2\mathcal{R}T \\ &= p_1 v_1 + p_2 v_2 \end{aligned}$$

On en déduit :

$$p = \frac{p_1 v_1 + p_2 v_2}{v_1 + v_2}.$$

L'application numérique donne :

$$p = \frac{3{,}0 + 4{,}0}{1{,}0 + 2{,}0} = 2{,}3 \text{ bar.}$$

Chapitre 15

Bilan d'énergie et transferts thermiques

Plan du chapitre

1 Introduction

Exercice type — D'après lycée Antoine de Saint-Exupéry, La Rochelle

On considère une pièce dans un immeuble ancien, dont un seul mur donne sur l'extérieur. On suppose pour simplifier que toutes les pertes thermiques de la pièce se font par ce mur et sa fenêtre. La résistance thermique du mur est $R = 9{,}1 \times 10^{-3}$ K.W^{-1} et celle de la fenêtre est $r = 3{,}6 \times 10^{-3}$ K.W^{-1}.

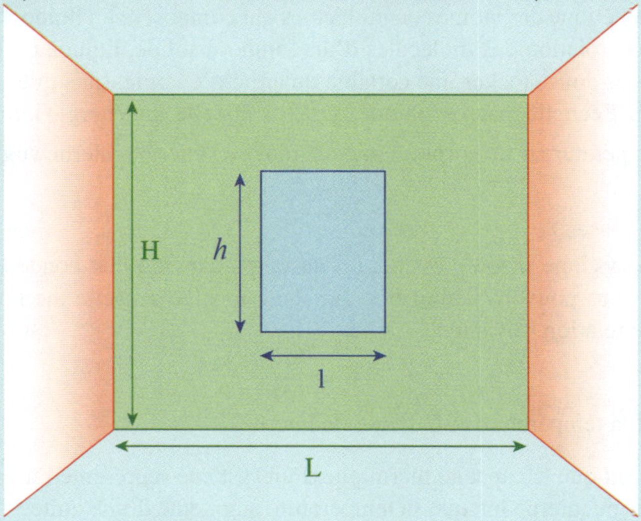

Exercice type (suite) D'après lycée Antoine de Saint-Exupéry, La Rochelle

On souhaite améliorer l'isolation de cette pièce, et l'on se pose la question de savoir s'il vaut mieux remplacer la fenêtre par un double vitrage, ou doubler le mur par un revêtement de laine de roche.

1 Calculer la résistance thermique totale de l'ensemble du mur et de la fenêtre.

2 On envisage de poser du double vitrage, ce qui multiplierait par 44 la résistance thermique de la fenêtre, ou d'isoler le mur, ce qui multiplierait par 101 sa résistance thermique. Trouver quelle serait la résistance thermique totale de l'ensemble du mur et de la fenêtre dans les deux cas de figure envisagés, et identifier la meilleur solution. Par combien divise-t-on la facture énergétique du local dans le meilleur cas ?

Voir corrigé page 321

Dans ce chapitre nous introduisons le premier principe de la thermodynamique et présentons la notion de transfert thermique.

2 Énergie interne

Un système physique macroscopique, porté à une certaine température, est constitué d'entités élémentaires (atomes ou molécules) qui, observées individuellement, ne sont pas au repos. Même si le corps est immobile dans le référentiel d'étude, chacune des entités qui le composent peut stocker de l'énergie. Cela peut ainsi être l'énergie cinétique des atomes ou molécules qui composent un fluide, l'énergie de vibration ou rotation des molécules d'un composé solide, liquide ou gazeux. Le système peut donc stocker une certaine quantité d'énergie, sans que celle-ci soit manifeste à l'échelle macroscopique, que l'on appelle son énergie interne.

Plus la température d'un corps augmente, plus son énergie interne augmente.

Définition 1

Pour un système incompressible tel un corps dans un état condensé (liquide, solide), nous pouvons définir une grandeur appelée capacité thermique, notée C, par la relation suivante :

$$C = \frac{\mathrm{d}U}{\mathrm{d}T},$$

où T est la température et U l'énergie interne.

Ainsi, on voit que la capacité thermique d'un système représente l'accroissement de son énergie interne lorsque sa température augmente d'une unité.

À RETENIR

Si un système voit sa température passer de la valeur T_1 à la valeur T_2, son énergie interne varie de la quantité :

$$\Delta U = C(T_2 - T_1),$$

où C est la capacité thermique du système.

Dans l'expression ci-dessus, la température peut être exprimées en degré Celsius, ou en kelvin. Naturellement les deux températures doivent être dans la même unité. Par convention, on désigne fréquemment les températures absolues (en kelvin dans les unités du Système International) par la lettre majuscule T, et les températures en degré Celsius par la lettre grecque θ.

Définition 2

La capacité thermique massique c d'un système de masse m et de capacité thermique C est donnée par :

$$c = \frac{C}{m}.$$

Remarque : dans les unités du Système International, C s'exprime indistinctement en joules par kelvin ($J.K^{-1}$) ou en joules par degré Celsius ($J.°C^{-1}$) et c s'exprime indistinctement en joules par kilogramme et par kelvin ($J.kg^{-1}.K^{-1}$) ou en joules par kilogramme et par degré Celsius ($J.kg^{-1}.\ °C^{-1}$).

3 Transfert thermique et travail

Nous avons vu au cours des chapitres précédents qu'exercer un travail sur un système faisait varier son énergie cinétique. En l'absence de frottements, c'est l'énergie cinétique macroscopique du système, celle qui résulte de son mouvement, qui est affectée. Toutefois, les forces de frottement peuvent aussi affecter l'énergie cinétique microscopique du système, qui résulte de l'agitation des molécules ou atomes qui le composent. Dans ce cas, le travail exercé sur le système élève son énergie interne. On dit que le travail est « dissipé en chaleur ». Naturellement, on peut avoir tous les cas intermédiaires. Ainsi, un enfant qui glisse sur un toboggan voit le travail de son poids transformé en énergie cinétique. Toutefois son énergie cinétique finale n'est pas exactement celle qu'il aurait si toute son énergie potentielle de pesanteur était convertie en énergie cinétique. Les forces de frottements entre la surface du toboggan et les vêtements de l'enfant conduisent à un (léger) échauffement de ceux-ci : une partie (et une partie seulement) du travail de poids est dissipée en chaleur.

Remarque : il existe une différence fondamentale entre la variation d'énergie cinétique d'un système par le travail des forces extérieures (effet macroscopique), et la dissipation du travail en chaleur (effet microscopique). Dans le premier cas, un système peut aussi bien augmenter son énergie cinétique, s'il reçoit du travail de l'extérieur, qu'abaisser son énergie cinétique, en cédant du travail à l'extérieur. En revanche, la dissipation du travail en chaleur ne peut se faire que dans un seul sens : elle est *irréversible*. Il est impossible qu'un système, en abaissant spontanément sa température, cède du travail à l'extérieur.

4 Premier principe de la thermodynamique

Considérons un système qui reçoit, entre un état initial noté (i) et un état final noté (f), une quantité d'énergie Q sous forme de chaleur et un travail W effectué par des forces extérieures. Nous pouvons alors écrire :

$$E_c^{(f)} - E_c^{(i)} + U^{(f)} - U^{(i)} = W + Q,$$

où E_c est l'énergie cinétique (macroscopique) du système et U son énergie interne. Considérons quelques cas limites de cette égalité :

- Dans le cas où la variation d'énergie interne du système est nulle, et où il n'échange pas de chaleur avec l'extérieur, on a $Q = 0$ et $U^{(f)} - U^{(i)} = 0$. L'égalité ci-dessus se réduit alors à :

  $$E_c^{(f)} - E_c^{(i)} = W,$$

  qui est le théorème de l'énergie cinétique.
- Dans le cas où le système est immobile et le reste, la variation d'énergie cinétique est nulle et l'égalité ci-dessus devient simplement :

  $$U^{(f)} - U^{(i)} = W + Q,$$

  C'est souvent sous cette forme que l'on écrit le premier principe de la thermodynamique.

À RETENIR

La variation d'énergie interne d'un système restant au repos est égale à la somme de la quantité d'énergie Q reçue sous forme de chaleur et de la quantité d'énergie W reçue sous forme de travail des forces extérieures s'exerçant sur le système :

$$\Delta U = W + Q.$$

5 Transferts thermiques par conduction

Si la température n'est pas uniforme à l'intérieur d'un système, on assiste à un transfert d'énergie des parties chaudes vers les parties froides. Les parties chaudes perdent donc de l'énergie interne et voient leur température baisser, tandis que les parties froides gagnent de l'énergie interne et voient leur température augmenter. Les transferts de chaleur cessent lorsque toutes les parties du système ont la même température : on dit que le système a atteint l'équilibre thermique. L'évolution vers l'équilibre thermique est irréversible : l'énergie ne peut aller spontanément des parties froides vers les parties chaudes.

À RETENIR

Les transferts thermiques se font toujours des parties chaudes vers les parties froides d'un système. Si toutes les parties sont à la même température, il n'y a pas de transfert thermique. On dit que le système est à l'équilibre thermique.

D'un point de vue microscopique, les entités qui se trouvent dans les parties les plus chaudes ont une énergie cinétique (de translation, vibration ou rotation) supérieure à celle des parties froides, et la communiquent de proche en proche aux entités des parties les plus froides. La plus ou moins grande facilité avec laquelle les entités transfèrent cette énergie des parties chaudes aux parties froides va déterminer les propriétés de bon ou mauvais conducteur thermique du système.

On considère un corps homogène parallélépipédique, représentant une paroi. L'une de ses faces est maintenue à la température T_0 et l'autre à la température $T_1 > T_0$. Il existe un flux d'énergie au travers du parallélépipède, de la face chaude (T_1) vers la face froide (T_0),et qui a pour valeur :

$$\phi = \frac{T_1 - T_0}{R},$$

où R est une constante appelée la résistance thermique du corps. Elle dépend de sa géométrie (surface, épaisseur) et du matériau dont il est constitué.

Remarques

Le flux est proportionnel à la différence de température ; il s'annule donc à l'équilibre thermique.
Notons que l'on peut réécrire la relation ci-dessus de la manière suivante :

$$T_1 - T_0 = R\phi.$$

Cette écriture nous rappelle la loi d'Ohm « $U = RI$ », à ceci près que la tension (différence de potentiel) est remplacée par une différence de température, la résistance électrique est remplacée par une résistance thermique, et l'intensité du courant (qui correspond à un « flux » de porteurs de charges) est remplacée par un flux thermique.

COURS
INTERROS
CORRIGÉS

La résistance thermique s'exprime en kelvin par watt ($K \cdot W^{-1}$) dans les unités du Système International. Plus la résistance thermique est grande, plus le flux thermique est petit (d'où le nom de « résistance » : elle s'oppose au transfert thermique).

À l'instar de ce que l'on peut faire pour évaluer la résistance électrique équivalente à des conducteurs ohmiques disposés en dérivation et en série, on peut écrire des lois de composition des résistances thermiques pour des parois placés l'une contre l'autre (en « série ») ou juxtaposées (en « parallèle »).

5.1 Cas de parois placées l'une contre l'autre

On considère deux parois placées l'une contre l'autre, de résistances thermiques respectives R_1 et R_2. La température à leur interface (entre les deux) est T_i. Le flux thermique qui traverse les deux parois est le même.

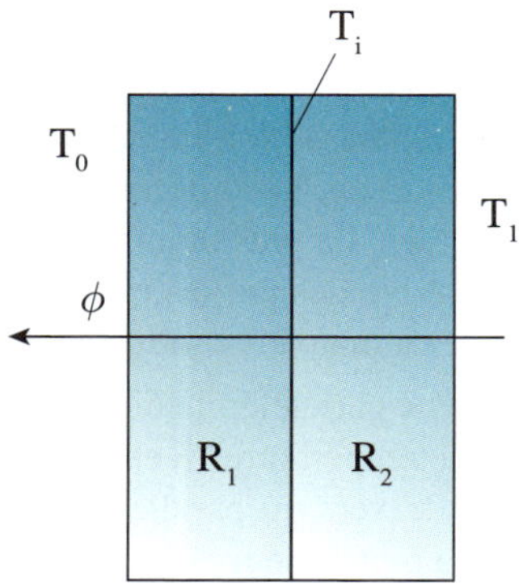

On peut donc écrire :

$$\begin{aligned}\phi &= \frac{T_1 - T_i}{R_2} \\ &= \frac{T_i - T_0}{R_1}.\end{aligned}$$

De ces deux égalités on peut déduire :

$$T_i = \frac{T_0 R_2 + T_1 R_1}{R_2 + R_1}.$$

En remplaçant cette expression dans l'expression de ϕ, on obtient, après simplification, la relation :

$$\phi = \frac{T_1 - T_0}{R_1 + R_2},$$

ce qui montre que le système des deux parois accolées a une résistance thermique égale à $R_1 + R_2$.

5.2 Cas de parois juxtaposées

On considère deux parois juxtaposées, de résistances thermiques respectives R_1 et R_2. On appelle ϕ_1 le flux thermique qui traverse la première paroi, et ϕ_2 le flux thermique qui traverse la seconde paroi. La face droite des parois est portée à la température T_1 et la face gauche est portée à la température T_0. On peut écrire :

$$\phi_1 = \frac{T_1 - T_0}{R_1}$$
$$\phi_2 = \frac{T_1 - T_0}{R_2}$$

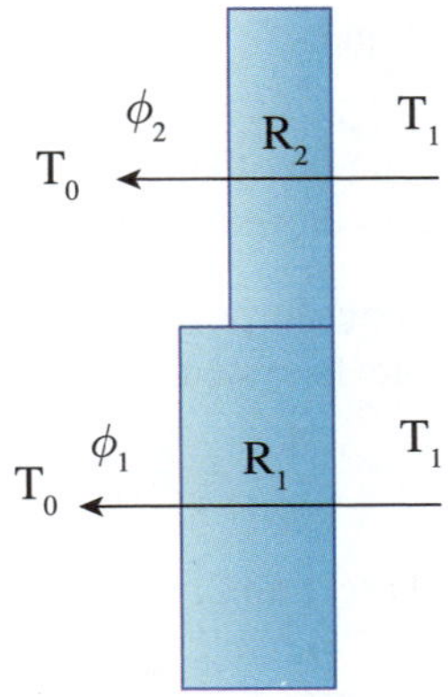

Le flux thermique total traversant le système des deux parois est $\phi = \phi_1 + \phi_2$. Nous pouvons donc écrire :

$$\phi = \frac{T_1 - T_0}{R_1} + \frac{T_1 - T_0}{R_2} = (T_1 - T_0)\left(\frac{1}{R_1} + \frac{1}{R_2}\right)$$

ce qui montre que le système des deux parois a une résistance thermique R donnée par :

$$\frac{1}{R} = \frac{1}{R_1} + \frac{1}{R_2}.$$

On voit ainsi qu'à condition d'assimiler le cas des parois placées côte à côte au cas de dipôles en série, et celui de parois juxtaposées au cas de dipôles en dérivation, les résistances thermiques obéissent aux mêmes lois de composition que les résistances électriques.

5.3 Cas d'un corps en contact avec un thermostat

Définition 3

On appelle thermostat un système dont la température est constante.

Cela peut être un système dont la température est régulée, ou simplement un système d'une grande capacité thermique sur lequel les échanges thermiques n'ont pratiquement pas d'impact (par exemple une grande masse d'eau).

Nous considérons un système de température T pouvant échanger de la chaleur avec un thermostat de température T_0 au travers d'une résistance thermique R. Le flux thermique du thermostat vers le système s'écrit donc :

$$\phi = \frac{T_0 - T}{R}.$$

Le flux thermique est proportionnel à la différence de température entre le système et le thermostat. Ceci constitue la loi phénoménologique de Newton relative à l'évolution thermique d'un système.

Remarque : on vérifie bien que le flux thermique vers le système est positif si le thermostat a une température plus élevée, et négatif dans le cas contraire.

Ce flux thermique induit, en vertu du premier principe de la thermodynamique, une variation de l'énergie interne du système :

$$\frac{\mathrm{d}U}{\mathrm{d}t} = \phi.$$

En vertu de ce que l'on a vu à la section 2, on a également :

$$\frac{\mathrm{d}U}{\mathrm{d}t} = C\frac{\mathrm{d}T}{\mathrm{d}t}$$

donc en définitive nous avons :

$$C\frac{\mathrm{d}T}{\mathrm{d}t} = \frac{T_0 - T}{R}.$$

Nous voyons que la température du système obéit à une équation différentielle du premier ordre. Celle-ci peut être écrite sous la forme :

$$RC\frac{\mathrm{d}T}{\mathrm{d}t} + T = T_0.$$

On voit ainsi que la constante de temps τ du système, qui représente le temps caractéristique pour que sa température tende vers celle du thermostat, est $\tau = RC$.

6 Autres types de transferts thermiques

Le transfert thermique par conduction que nous avons vu au paragraphe précédent se fait par transmission de proche en proche de l'énergie interne, sans déplacement de matière. Il ne peut se faire dans le vide : bien que la matière ne se déplace pas, elle est le support de la transmission thermique. Nous considérons ici deux autres types de transferts d'énergie macroscopique : la convection et le rayonnement.

6.1 Convection

La convection est un phénomène qui a son origine dans la variation de volume massique d'un fluide avec la température. Considérons un fluide initialement à l'équilibre dans un champ de gravité, et isolons par la pensée une petite région de ce fluide (une parcelle). Le fluide est en équilibre, donc la somme vectorielle des forces s'exerçant sur la parcelle est nul : le poids et la force d'Archimède se compensent exactement. Si l'on introduit une source de chauffage à proximité de cette parcelle, elle voit sa température et son volume massique augmenter, donc la force d'Archimède s'exerçant sur elle augmente, son poids restant bien entendu constant. La somme vectorielle des forces s'exerçant sur la parcelle est donc dirigée vers le « haut » (dans le sens opposé du champ de gravité), et la parcelle de fluide commence à monter, emportant avec elle l'excès d'énergie interne qu'elle doit à son chauffage. Cela correspond en particulier à l'observation courante qui dit que « l'air chaud monte ». La parcelle ne va pas monter indéfiniment : elle va se mélanger aux parcelles environnantes, ou leur céder son excès d'énergie interne par conduction. Le bilan net est qu'il y a eu un transport vertical de matière accompagné d'un transfert d'énergie. Il n'existe pas de loi rigoureuse permettant d'écrire le flux thermique convectif dans toutes les situations, comme c'est le cas avec la conduction thermique, mais on peut décrire dans de nombreux cas le transport convectif à l'aide de relations empiriques ou phénoménologiques. Ceci est lié à l'extrême complexité du flot qui s'établit dans le régime convectif.

Le transfert thermique par convection a lieu dans de nombreux cas, à de nombreuses échelles. Il peut exister aussi bien dans les gaz que dans les liquides :

- Les convecteurs électriques sont essentiellement des résistances chauffantes qui génèrent au bas d'une pièce un mouvement convectif (comme leur nom l'indique) qui assure le chauffage de l'air de la pièce.
- Il existe des sources volcaniques sous-marines qui engendrent une convection de l'eau de mer à leur proximité.
- Le chauffage de l'air au niveau du sol pendant la journée engendre des mouvements convectifs à grande échelle dans l'atmosphère. Ceux-ci peuvent notamment influencer la forme et la quantité des nuages. Les amateurs de deltaplane et de vol à voile (planeur) sont familiers de ces effets.
- Le transfert thermique d'énergie dans les étoiles est fréquemment assuré par la convection. Dans le Soleil, par exemple, les transferts thermiques se font par convection entre la surface et jusqu'à une profondeur représentant environ 30 % du rayon du Soleil. On voit les effets de cette convection dans la photosphère solaire (surface visible), où elle se manifeste sous la forme de granulation, qui correspond à des cellules convectives de quelques centaines à un millier de kilomètres d'extension.

6.2 Rayonnement

À RETENIR

Loi de Stefan-Boltzmann : tout corps émet un rayonnement, dont la puissance par unité de surface est donnée par :

$$\mathcal{P} = \epsilon\sigma T^4,$$

où T est la température absolue du corps (mesurée en kelvin dans les unités du Système International), σ est une constante de la physique appelée constante de Stefan-Boltzmann, et ϵ est un nombre sans dimension compris entre 0 et 1, appelé l'émissivité du corps.

Dans les unités du Système International, nous avons :

$$\sigma = 5{,}67 \cdot 10^{-8}\ \mathrm{W.m^{-2}.K^{-4}}.$$

Les pertes par rayonnement induisent une baisse de l'énergie interne du corps émetteur. Ce type de transfert énergétique se fait sans transport de matière, et peut se faire au travers du vide.

6.3 Émissivité des corps

L'émissivité dépend du type de surface du corps. Les corps qui sont de bons absorbeurs de rayonnement (corps rugueux, de couleur sombre) ont une émissivité élevée. À l'inverse, un corps qui réfléchit le rayonnement (tel un corps métallique poli) a une émissivité basse. Le tableau suivant donne l'émissivité de quelques corps.

Matériau	émissivité	Matériau	émissivité
Aluminium poli	0,04	Brique	0,75
Asphalte	0,93	Béton	0,85
Basalte	0,72	Or poli	0,025
Bois	0,8 – 0,95	Papier	0,92
Ciment	0,54	Verre	0,92
Plastique noir	0,95	Plastique blanc	0,84

On voit que si l'on veut minimiser les pertes thermiques par rayonnement d'un système, on a intérêt à le recouvrir d'une couche de métal poli. On comprend ainsi pourquoi les couvertures de survie, utilisées pour lutter contre les pertes thermiques du patient dans les environnements froids, ont leurs faces lisses et métallisées.

6.4 Concept de température effective

On appelle température effective d'un corps la température T_{eff} définie par :

$$T_{\text{eff}} = \left(\frac{\mathcal{P}}{\sigma}\right)^{1/4},$$

où P est la puissance lumineuse rayonnée par le corps par unité de surface. Cette température coïncide avec celle du corps seulement dans le cas où son émissivité est égale à l'unité.

Solution de l'exercice type

D'après lycée Antoine de Saint-Exupéry, La Rochelle

1 On utilise la composition des résistances thermiques de parois juxtaposées :

$$\frac{1}{R_t} = \frac{1}{R} + \frac{1}{r} \quad \text{soit} \quad R_t = \frac{Rr}{R+r}$$

L'application numérique donne :

$$R_t = 2{,}6 \cdot 10^{-3}\ \mathrm{K \cdot W^{-1}}$$

2 Dans le premier cas (celui où on isole la fenêtre), la résistance thermique totale de l'ensemble mur et fenêtre est donnée par :

$$R_1 = \frac{44Rr}{R+44r} = 8{,}6 \cdot 10^{-3}\ \mathrm{K \cdot W^{-1}}$$

Dans le second cas (celui où on isole le mur), elle vaut par contre :

$$R_2 = \frac{101Rr}{101R+r} = 3{,}6 \cdot 10^{-3}\ \mathrm{K \cdot W^{-1}}$$

Il nous faut bien sûr adopter la solution qui conduit à la plus grande résistance thermique, donc il faut en priorité faire poser un double vitrage. On voit que, dans le meilleur cas (celui de la pose de double vitrage), la résistance thermique totale de l'ensemble {mur+fenêtre} passe de $R_t = 2{,}6 \cdot 10^{-3}\ \mathrm{K \cdot W^{-1}}$ à $R_1 = 8{,}6 \cdot 10^{-3}\ \mathrm{K \cdot W^{-1}}$. On divise donc le coût de la facture d'énergie (à température intérieure donnée) par $8{,}6/2{,}6 = 3{,}3$.

Voir énoncé page 311

1 QCM Vérifiez vos connaissances

30 min Corrigé p. 328

1 Plus la résistance thermique entre deux systèmes de températures différentes est élevée, plus le flux thermique entre les deux est :

[a] grand [b] petit

2 Des trois modes de transfert thermique, un seul peut s'effectuer à travers le vide.

[a] Vrai [b] Faux

3 Un système de température $T = 310$ K est mis en contact avec un thermostat de température $T_0 = 280$ K. La capacité thermique du système est $C = 120$ J.K^{-1}. Au bout de 5 minutes, la température du système est de 291 K. Sans effectuer ou poser de calculs, indiquer quelle est la seule valeur plausible de la résistance thermique entre le système et le thermostat :

[a] $3{,}1 \times 10^{-2}$ K.W^{-1}
[b] 2,5 K.W^{-1}
[c] 290 K.W^{-1}

4 Si l'on abaisse la résistance thermique de la question précédente, l'équilibre thermique entre le système et le thermostat est atteint :

[a] Plus lentement [b] Plus rapidement

5 Nous considérons un système au contact de deux thermostats. Le premier thermostat a une température $T_1 = 280$ K et le contact s'effectue au travers d'une résistance thermique R. Le deuxième thermostat a une température $T_2 = 360$ K, et le contact s'effectue au travers d'une résistance thermique $3R$. Quelle est la température du système à l'équilibre thermique ?

[a] 320 K
[b] 300 K
[c] 340 K
[d] 280 K
[e] 360 K.

2 Mur isolé

★ 10 min Corrigé p. 328

Lycée D'Arsonval, Brive

On considère un mur composé de parpaing sur sa face extérieure, et d'un revêtement isolant sur sa face intérieure. La résistance thermique du mur de parpaing est $R_1 = 5{,}3 \times 10^{-3}$ K.W^{-1}, tandis que celle de la partie isolante est $R_2 = 4{,}3 \times 10^{-2}$ K.W^{-1}. On suppose que la température extérieure est $\theta_1 = -5$ °C, et que la température intérieure est $\theta_2 = 19$ °C.

Quelle est la température à l'interface entre le mur de parpaing et l'isolant ?

3 Bilan thermique de la Terre

★★ 25 min Corrigé p. 329

Nouveau Programme

Dans cet exercice, nous nous intéressons à la température effective moyenne de la surface terrestre, sans considérer ses variations spatiales (de l'équateur aux pôles) ou temporelles (diurnes et saisonnières). Nous faisons l'hypothèse simplificatrice que la seule source de chaleur de la Terre est la rayonnement solaire. Étant donné que nous nous intéressons à la température effective de la Terre, nous supposons que sa surface a une émissivité égale à l'unité.

La puissance lumineuse émise par le Soleil est $L = 3{,}83 \times 10^{26}$ W. La Terre est située à la distance $D = 1{,}50 \times 10^{8}$ km de celui-ci, et le rayon de celle-ci est $R = 6{,}37 \times 10^{3}$ km.

1 Quelle est la fraction du rayonnement solaire interceptée par la Terre ? En déduire la puissance du rayonnement solaire incident sur Terre, et donner sa valeur dans les unités du Système International. On supposera que le rayonnement solaire est intercepté par un disque ayant le rayon de la Terre, et on effectuera le quotient entre la surface de ce disque et la surface de la sphère centrée sur le Soleil et ayant pour rayon la distance Terre-Soleil.

2 On suppose que toute la puissance incidente évaluée à la question précédente est absorbée par la Terre, et contribue à la chauffer. Lorsque la Terre est, en moyenne, en équilibre thermique, elle rayonne vers l'espace autant d'énergie qu'elle en absorbe du Soleil. Donner l'expression de la puissance lumineuse rayonnée par la Terre, en fonction de son rayon, de la constante de Stefan σ et de sa température superficielle T_s. On utilisera la loi de Stefan vue en cours.

3 En utilisant la réponse aux deux questions précédentes, donner l'expression de la température superficielle de la Terre T_s en fonction de la puissance lumineuse émise par le Soleil, de la distance à celui-ci et de la constante de Stefan. Effectuer l'application numérique, puis convertir le résultat en degré Celsius.

4 En réalité, toute l'énergie lumineuse reçue du Soleil n'est pas absorbée par la Terre. Une fraction $A = 0{,}31$ de l'énergie incidente est renvoyée vers l'espace (A est appelé l'albédo de la Terre).

(a) En déduire une nouvelle expression de la température superficielle terrestre T_s' en fonction de la température T_s déterminée à la question précédente, et de l'albédo A. Effectuer l'application numérique, puis convertir le résultat en degré Celsius. Que pensez-vous de la valeur obtenue ?

(b) Comment évolue la température effective moyenne T_s' quand l'albédo augmente ?

(c) Donner l'expression de la valeur moyenne F_S du flux thermique provenant du Soleil absorbé par la Terre, et donner sa valeur en W.m^{-2}.

5 Nous considérons à présent le rôle de l'atmosphère terrestre.

(a) En utilisant la loi de Wien vue en classe de Première (rappelée ci-dessous), donner un ordre de grandeur de la longueur d'onde des radiations majoritairement émise par la Terre (on utilisera la température T'_s obtenue précédemment). À quel domaine du spectre électromagnétique ces radiations appartiennent-elles ?

(b) Principalement à cause de son contenu en vapeur d'eau et en dioxyde de carbone, l'atmosphère terrestre absorbe une fraction $f = 0{,}80$ du rayonnement émis par la Terre aux longueurs d'onde du domaine identifié à la question précédente. Étant en équilibre thermique, l'atmosphère rayonne le flux thermique ainsi absorbé pour moitié vers le sol, et pour moitié vers l'espace. La figure ci-après résume les différents flux. On note F_T le flux thermique moyen émis par la Terre.

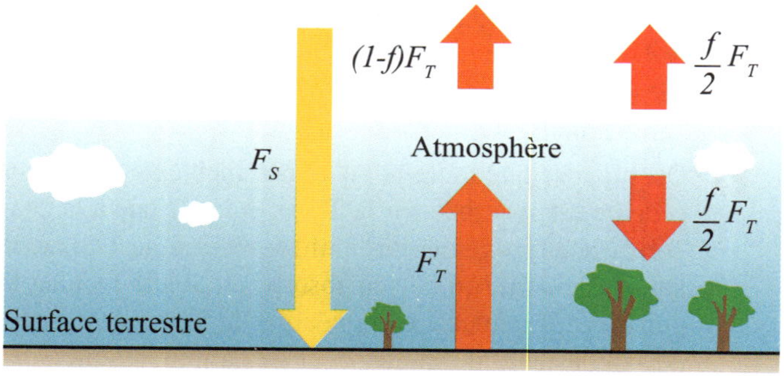

À l'équilibre thermique, la somme des flux incidents sur le sol est égal au flux moyen thermique émis par la Terre. En déduire la relation entre F_S, F_T et f.

(c) En utilisant la loi de Stefan, donner l'expression de F_T en fonction de la température T''_s du sol. En déduire l'expression de celle-ci en fonction de F_S, σ et f. Effectuer l'application numérique et convertir le résultat en degré Celsius.

(d) Nous supposons à présent que la fraction du rayonnement émis par le sol et absorbé par l'atmosphère est $f = 0{,}82$. Calculer la nouvelle température moyenne du sol.

Données :

La surface d'une sphère de rayon R est $4\pi R^2$.

La longueur d'onde λ_m principalement émise par un corps de température T est donnée par :

$$\lambda_m T \approx 3{,}0 \times 10^{-3}\text{m.K}^{-1} \quad \text{(loi de Wien)}$$

La constante de Stefan vaut : $\sigma = 5{,}67 \times 10^{-8}$ W.m^{-2}.K^{-4}.

4 Plaquettes de frein

★★★ 15 min Corrigé p. 332

Lycée Champollion, Grenoble

Retrouvez le corrigé de cet exercice en vidéo.

On considère une voiture de masse totale $m = 930$ kg, qui roule à la vitesse $v = 78$ km.h^{-1} sur une route plate. Un brusque coup de frein fait passer sa vitesse à une nouvelle valeur $v' = 40$ km.h^{-1}. On considère que chacune de ses roues comporte le même mécanisme de freinage : un disque en acier de rayon $r = 15$ cm et d'épaisseur $e = 2{,}0$ cm, de capacité thermique massique $c_1 = 510$ J.kg^{-1}.K^{-1} et de masse volumique $\rho_1 = 7{,}8$ g.cm^{-3}, enserré par deux plaquettes rectangulaires (une de chaque côté du disque), de longueur $L = 5{,}0$ cm, de largeur $l = 3{,}0$ cm et d'épaisseur $e' = 1{,}5$ cm, faites d'un alliage de capacité thermique massique $c_2 = 1{,}2 \cdot 10^3$ J.kg^{-1}.K^{-1} et de masse volumique $\rho_2 = 8{,}0$ g.cm^{-3}.

1 On suppose dans cette première partie que la voiture ne dérape pas durant le freinage : les forces de frottement entre les pneumatiques et la route ne travaillent pas.

(a) Calculer la variation d'énergie cinétique de la voiture.

(b) Calculer la capacité thermique d'un disque et d'une plaquette.

(c) En déduire l'élévation de température des disques d'une part, et des plaquettes d'autre part.

On admettra que la variation d'énergie cinétique est dissipée en chaleur dans les freins, et que la chaleur ainsi dissipée est transmise pour moitié aux disques, et pour moitié aux plaquettes de frein, et que les quatre freins se comportent de manière identique. On admettra également que les pertes d'énergie interne par rayonnement, convection et conduction des plaquettes et des disques sont négligeables sur la durée du freinage.

2 On suppose à présent que la voiture dérape, et qu'elle a mêmes vitesses initiale et finale. L'élévation de température des disques et des plaquettes est-elle inférieure ou supérieure aux valeurs obtenues précédemment ?

Indication : la capacité thermique massique c est la capacité thermique par unité de masse. Ainsi, on obtient la capacité thermique C d'un système de masse m par l'égalité :

$$C = m \times c.$$

5 Chauffage d'un studio

★★★ 100 min Corrigé p. 334

Nouveau programme

Les questions 1 à 5 peuvent être résolues en un temps imparti de 45 minutes. Pour aller plus loin, on pourra s'exercer sur les questions 6 à 8. Elles peuvent être résolues avec les notions vues en classe de Terminale, mais elles sont beaucoup plus difficiles.

On considère un studio que l'on modélise par un parallélépipède. On suppose qu'il donne sur l'extérieur par un seul de ses murs, de résistance thermique R. On néglige les échanges thermiques de l'appartement par ses autres faces.

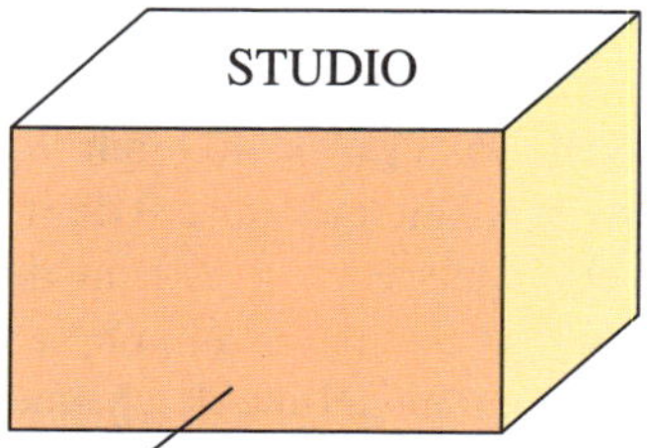

On note $T(t)$ la température à l'intérieur du studio, que l'on suppose uniforme à tout instant. On note T_0 la température extérieure, supposée constante. La capacité thermique totale du studio est C. Ce studio est en outre pourvu d'un convecteur électrique, de puissance P.

1 Exprimer le flux thermique ϕ à travers le mur extérieur du studio en fonction de R, T et T_0.

2 Exprimer $\dfrac{\mathrm{d}T}{\mathrm{d}t}$ lorsque le convecteur est éteint en fonction de ϕ et C.

3 Exprimer $\dfrac{\mathrm{d}T}{\mathrm{d}t}$ lorsque le convecteur est allumé en fonction de ϕ, P et C.

4 En déduire l'équation différentielle à laquelle obéit la température intérieure lorsque le convecteur électrique est éteint, et lorsqu'il est allumé.

5 On suppose que le convecteur chauffe de manière ininterrompue. Quelle est la température limite T_m atteinte dans l'appartement ? On supposera dorénavant que la température de l'appartement est telle que $T_0 < T(t) < T_m$.

POUR ALLER PLUS LOIN

On pourra essayer de résoudre les questions suivantes, toutes accessibles avec les notions du cours de Terminale. Il pourra être utile de revoir au préalable les résultats concernant la résolution des équations différentielles du premier ordre à coefficients constants, page 456.

6 Le convecteur est en fait pourvu d'un thermostat, qui déclenche l'allumage du convecteur lorsque la température devient inférieure à T_1 et son extinction quand elle redevient supérieure $T_2 > T_1$. Donner l'allure de la courbe de température en fonction du temps. On supposera que la température initiale du studio est T_0 (il n'a pas été chauffé depuis longtemps), et on supposera $T_0 < T_1 < T_2 < T_m$.
On rappelle que l'équation différentielle

$$\frac{\mathrm{d}T}{\mathrm{d}t} + aT = b,$$

où a et b sont des constantes, a pour solution $T = Ke^{-at} + b/a$, dans laquelle la constante K est ajustée à une valeur particulière de T.

7 Quelle fraction du temps le convecteur est-il allumé ? On l'exprimera en fonction de T_0, T_1, T_2, P et R.

8 Simplifier l'expression obtenue à la question précédente en faisant l'hypothèse que $T_2 - T_1 \ll T_1 - T_0$ et $T_2 - T_1 \ll T_m - T_2$ (le symbole $\ll$ signifie « beaucoup plus petit que »). On utilisera l'approximation $\ln(1 + x) \approx x$ valable quand $|x| \ll 1$. La température maintenue dans le studio est alors quasi constante puisque les températures T_1 et T_2 sont presque égales. Quel est le flux thermique à travers le mur extérieur en fonction de T_1, T_0 et R ? Vérifier que ce flux correspond à la puissance du convecteur, multipliée par la fraction du temps sur lequel il est allumé.

1 QCM Vérifiez vos connaissances

Enoncé p. 322

1 Réponse **b** : petit. D'après la loi $\phi = \Delta T/R$, si R augmente, ϕ diminue.

2 Réponse **a** : vrai. Seul le transfert thermique par rayonnement peut s'effectuer à travers le vide. Le conduction thermique et la convection ne peuvent s'effectuer qu'à travers un milieu (fluide pour la convection).

3 Réponse **b**. La température au bout de 5 minutes la température a baissé d'une fraction significative de la différence de température entre le système et le thermostat. L'ordre de grandeur du temps de mise en équilibre thermique du système, RC, doit être de 5 minutes ou encore 300 secondes. La résistance thermique du système doit être de l'ordre de quelques unités (300/120). Seul le choix b satisfait cette condition.

4 Réponse **b**. La constante de temps du système (RC) devient plus petite.

5 Réponse **b**. Soit ϕ_1 le flux thermique avec le premier thermostat, et ϕ_2 le flux thermique avec le deuxième thermostat. Nous avons :

$$\phi_1 = \frac{T - T_1}{R}$$

et

$$\phi_2 = \frac{T - T_2}{3R}.$$

À l'équilibre thermique la somme de ces flux thermiques s'annule. Nous avons donc :

$$\frac{T - T_1}{R} + \frac{T - T_2}{3R} = 0$$

ou encore :

$$3(T - T_1) + T - T_2 = 0 \iff 4T = 3T_1 + T_2$$

donc :

$$T = \frac{3T_1 + T_2}{4}.$$

La température d'équilibre est une moyenne pondérée des températures des thermostats. L'application numérique donne 300 K.

2 Mur isolé

Enoncé p. 322

Lycée D'Arsonval, Brive

On appelle ϕ le flux thermique entre l'intérieur et l'extérieur. Ce flux est le même au travers du mur de parpaing et au travers de la partie isolante. Si l'on note θ_i la température de l'interface, nous avons d'une part :

$$\phi = \frac{\theta_2 - \theta_i}{R_2}$$

et d'autre part :

$$\phi = \frac{\theta_i - \theta_1}{R_1}.$$

Par conséquent, nous pouvons écrire :

$$\frac{\theta_2 - \theta_i}{R_2} = \frac{\theta_i - \theta_1}{R_1},$$

d'où nous pouvons extraire l'expression de θ_i :

$$\theta_i \left(\frac{1}{R_1} + \frac{1}{R_2} \right) = \frac{\theta_1}{R_1} + \frac{\theta_2}{R_2},$$

donc :

$$\theta_i = \frac{\theta_1 R_2 + \theta_2 R_1}{R_1 + R_2}.$$

L'application numérique donne :

$$\theta_i = \frac{-5 \times 4{,}3 \times 10^{-2} + 19 \times 5{,}3 \times 10^{-3}}{4{,}3 \times 10^{-2} + 5{,}3 \times 10^{-3}} = -2{,}4\ °\text{C}.$$

Il est intéressant de considérer les cas limites : si R_2 est beaucoup plus grande que R_1, l'expression de θ_i ci-dessus donne :

$$\theta_i \approx \frac{\theta_1 R_2}{R_2} \approx \theta_1.$$

La température à l'interface est alors pratiquement égale à la température extérieure. En revanche, en l'absence d'isolant (ou si la couche intérieure n'isole pratiquement pas), R_2 est nulle ou beaucoup plus petite que R_1, et l'on a :

$$\theta_i \approx \frac{\theta_2 R_1}{R_1} \approx \theta_2.$$

Dans ce dernier cas, la température sur la face intérieure du mur de parpaing est pratiquement égale à la température intérieure.

3 Bilan thermique de la Terre

Enoncé p. 323

Nouveau Programme

1 Au niveau de l'orbite terrestre, la radiation solaire se répartit sur une sphère centrée sur le Soleil et de rayon D, donc sur une surface $S = 4\pi D^2$. La surface s interceptée par la Terre est celle d'un disque de rayon R et vaut donc $s = \pi R^2$. La fraction du rayonnement solaire interceptée par la Terre est donc :

$$F = \frac{s}{S} = \frac{1}{4}\left(\frac{R}{D}\right)^2 = \frac{1}{4}\left(\frac{6{,}37 \times 10^3}{1{,}50 \times 10^8}\right)^2 = 4{,}51 \times 10^{-10}.$$

La puissance du rayonnement solaire incident sur Terre est donc :

$$P = L \times F = 3{,}83 \times 10^{26} \times 4{,}51 \times 10^{-10} = 1{,}73 \times 10^{17}\ \text{W}.$$

La puissance du rayonnement solaire incident sur Terre est de 173 PW (P est le symbole de *péta-*, et correspond à 10^{15}).

COURS INTERROS CORRIGÉS

2 La puissance lumineuse rayonnée par la Terre, par unité de surface, est σT_s^4 (d'après la loi de Stefan, vue en cours). La surface totale de la Terre étant $4\pi R^2$, la puissance totale rayonnée par la Terre est :

$$P = 4\pi R^2 \sigma T_s^4.$$

3 À l'équilibre thermique, la puissance lumineuse reçue du Soleil et celle émise par la Terre sont égales, donc :

$$4\pi R^2 \sigma T_s^4 = L \frac{1}{4} \left(\frac{R}{D}\right)^2.$$

On peut simplifier cette égalité par R^2, puis extraire T_s^4, ce qui donne :

$$T_s^4 = \frac{1}{16\pi} \frac{L}{\sigma D^2}$$

ou encore :

$$T_s = \frac{1}{2} \left(\frac{L}{\pi \sigma D^2}\right)^{1/4}.$$

L'application numérique donne :

$$T_s = \frac{1}{2} \left[\frac{3{,}83 \times 10^{26}}{\pi \times 5{,}67 \times 10^{-8} \times (1{,}50 \times 10^{11})^2}\right]^{1/4} = 278 \text{ K}.$$

Les lois reliant température et rayonnement (telles la loi de Wien ou la loi de Stefan que nous venons d'utiliser) requièrent l'usage des températures absolues, donc en kelvin dans les unités du Système International. Pour obtenir la température dans en degrés Celsius, il nous suffit de retrancher 273 K à cette valeur :

$$\theta_s = 278 - 273 = 5\ °\text{C}.$$

4 **(a)** Seule la fraction $(1 - A)$ de la puissance lumineuse reçue du Soleil contribue à l'équilibre radiatif terrestre. Il nous faut donc remplacer L par $(1 - A)L$ dans l'expression donnant T_s :

$$\begin{aligned} T_s' &= \frac{1}{2} \left[\frac{(1 - A)L}{\pi \sigma D^2}\right]^{1/4} \\ &= (1 - A)^{1/4} \times \frac{1}{2} \left(\frac{L}{\pi \sigma D^2}\right)^{1/4} \\ &= (1 - A)^{1/4} T_s. \end{aligned}$$

L'application numérique donne :

$$T_s' = (1 - 0{,}31)^{1/4} \times 278 = 253 \text{ K}.$$

Exprimée en degrés Celsius, cette température vaut :

$$\theta_s' = 253 - 273 = -20\ °\text{C}.$$

Cette température est particulièrement basse, et ne semble pas correspondre à la température moyenne réelle de la surface terrestre.

(b) Nous observons que $(1-A)^{1/4}$ est une fonction décroissante de A, qui vaut 1 quand $A = 0$ et 0 quand $A = 1$. Par conséquent la température effective moyenne décroît quand l'albédo augmente. Ceci est logique : plus l'albédo est grand, plus grande est la fraction du rayonnement solaire incident qui n'est pas absorbée par la surface terrestre et qui ne contribue donc pas à la réchauffer.

(c) La puissance du rayonnement solaire absorbée par la Terre est $P \times (1-A)$. Pour obtenir le flux recherché, il suffit de diviser cette puissance par la surface de la Terre, soit $4\pi R^2$:

$$F_S = \frac{P(1-A)}{4\pi R^2} = \frac{173 \times 10^{15} \times (1-0{,}31)}{4\pi \times (6{,}37 \times 10^6)^2} = 234\ \text{W.m}^{-2}.$$

5 La loi de Wien s'écrit ici :

$$\lambda_\text{m} \approx \frac{3{,}0 \times 10^{-3}}{253} \approx 1{,}2 \times 10^{-5} = 12\ \mu\text{m}.$$

Les radiations ayant cette longueur d'onde appartiennent au domaine infrarouge.

On lit sur la figure que les flux incidents sur la surface terrestre sont F_S et $(f/2)T_T$ tandis que le flux émis par celle-ci est F_T. À l'équilibre thermique on a donc :

$$F_S + \frac{f}{2} F_T = F_T$$

soit :

$$\left(1 - \frac{f}{2}\right) F_T = F_S.$$

MÉTHODE

On peut retrouver cette égalité d'une autre manière, en écrivant que le flux solaire absorbé par la Terre est égal à la somme de celui émis par la Terre directement dans l'espace, à savoir $(1-f)F_T$, et de celui renvoyé dans l'espace par l'atmosphère, à savoir $(f/2)F_T$. On retrouve bien en définitive :

$$F_S = (1 - f + f/2)F_T = (1 - f/2)F_T.$$

(b) D'après la loi de Stefan, le flux thermique émis par rayonnement par la surface terrestre est :

$$F_T = \sigma T_s''^4.$$

En substituant cette expression dans la relation obtenue à la question précédente, nous avons :

$$\sigma T_s''^4 = \frac{F_S}{1 - \frac{f}{2}}$$

COURS

INTERROS

CORRIGÉS

soit encore :

$$T_s'' = \left[\frac{F_S}{\sigma(1-\frac{f}{2})}\right]^{1/4}.$$

L'application numérique donne :

$$T_s'' = \left[\frac{234}{5,67 \times 10^{-8} \times (1-0,40)}\right]^{1/4} = 288 \text{ K}.$$

En degrés Celsius, cette température vaut :

$$\theta_s'' = 288 - 273 = 15 \text{ °C}.$$

(c) Nous effectuons l'application numérique de la question précédente, cette fois avec $f = 0,82$. Nous obtenons à présent :

$$T_s'' = \left[\frac{234}{5,67 \times 10^{-8} \times (1-0,41)}\right]^{1/4} = 290 \text{ K}$$

soit encore :

$$\theta_s'' = 290 - 273 = 17 \text{ °C}.$$

MÉTHODE

Nous avons donné les températures avec trois chiffres significatifs, puisque c'était la précision avec laquelle étaient donnés les valeurs de l'énoncé. Toutefois, la variation de température que nous venons de déterminer n'a qu'un chiffre significatif.

Le fait qu'une fraction f du rayonnement émis par la surface terrestre soit absorbé par l'atmosphère s'appelle « l'effet de serre ». Plus f est grande, plus l'effet de serre est important. Nous voyons sur les résultats ci-dessus que plus l'effet de serre est important, plus la température effective moyenne de la surface terrestre est élevée. Ceci est dû au fait que la fonction :

$$f \mapsto \left[\frac{F_S}{\sigma(1-\frac{f}{2})}\right]^{1/4}$$

est une fonction croissante de f.

4 Plaquettes de frein

Enoncé p. 325

Lycée Champollion, Grenoble

Retrouvez le corrigé de cet exercice en vidéo.

1 **(a)** L'énergie cinétique de la voiture, avant freinage, est :

$$E_1 = \frac{1}{2}mv^2 = \frac{1}{2} \times 930 \times \left(\frac{78}{3,6}\right)^2 = 2,2 \cdot 10^5 \text{ J}.$$

Après freinage, l'application numérique donne :

$$E_2 = \frac{1}{2} \times 930 \times \left(\frac{40}{3,6}\right)^2 = 5,7 \cdot 10^4 \text{ J}.$$

La variation d'énergie cinétique de la voiture est donc :

$$\Delta E = E_2 - E_1 = -1,6 \cdot 10^5 \text{ J}.$$

(b) Le volume V_d d'un disque est celui d'un cylindre de rayon r et de hauteur e, soit :

$$V_d = \pi r^2 e = \pi \times (0,15)^2 \times 2 \cdot 10^{-2} = 1,4 \cdot 10^{-3} \text{ m}^3.$$

La masse d'une disque est donc :

$$m_d = V_d \rho_1$$

et sa capacité thermique s'en déduit par :

$$C_d = m_d c_1 = V_d \rho_1 c_1 = 1,4 \cdot 10^{-3} \times 7,8 \cdot 10^3 \times 510 = 5.6 \cdot 10^3 \text{ J.K}^{-1}.$$

MÉTHODE

On veille à convertir les masses volumiques dans les unités du Système International : 1 g.cm^{-3} = 10^3 kg.m^{-3}.

Le volume V_p d'une plaquette est celui d'un parallélépipède rectangle et vaut :

$$V_p = L \times l \times e = 0,05 \times 0,03 \times 0,015 = 2,2 \cdot 10^{-5} \text{ m}^3.$$

Sa capacité thermique vaut donc :

$$C_p = V_p \rho_2 c_2 = 2,2 \cdot 10^{-5} \times 8 \cdot 10^3 \times 1,2 \cdot 10^3 = 2,1.10^2 \text{ J.K}^{-1}.$$

(c) Puisque chacun des quatre freins se comporte de manière identique, chacun d'eux reçoit une quantité de chaleur :

$$Q = \frac{|\Delta E|}{4}.$$

Cette quantité de chaleur se répartit en deux fractions égales : $Q/2$, qui contribue à augmenter l'énergie interne du disque, et $Q/2$, qui contribue à augmenter l'énergie interne des deux plaquettes. Chaque plaquette reçoit donc une quantité de chaleur $Q/4$.

En appelant U_d l'énergie interne d'un disque, nous avons :

$$\Delta U_d = \frac{Q}{2} = C_d \Delta T_d,$$

où ΔT_d est l'élévation de température des disques. Nous avons donc :

$$\Delta T_d = \frac{Q}{2C_d} = \frac{|E|}{8C_d} = \frac{1,6 \cdot 10^5}{8 \times 5,6 \times 10^3} = 3,6 \text{ K} = 3,6 \text{ °C}.$$

COURS INTERROS CORRIGÉS

MÉTHODE

Il est indifférent d'exprimer le résultat en kelvin ou en degré Celsius, puisque l'on parle d'une *différence* de température.

En appelant U_p l'énergie interne d'une plaquette, nous avons :

$$\Delta U_p = \frac{Q}{4} = C_p \Delta T_p,$$

où ΔT_p est l'élévation de température des plaquettes. Nous avons donc :

$$\Delta T_d p = \frac{Q}{4C_p} = \frac{|E|}{16C_p} = \frac{1{,}6 \cdot 10^5}{16 \times 210} = 48 \text{ K} = 48 \text{ °C}.$$

Notons qu'il s'agit ici de résultats très approchés, puisque l'on néglige les pertes de chaleur des freins, ainsi que les transferts thermiques entre plaquettes et disques (par conduction) lorsqu'ils sont en contact. Ces résultats ont toutefois le mérite de donner un ordre de grandeur des différentes élévations de température.

2 Une partie de la différence d'énergie cinétique de la voiture est dissipée en chaleur par le frottement entre les roues et le sol, la partie restante étant dissipée en chaleur dans les freins. L'élévation de température des disques et plaquettes est donc inférieure aux valeurs obtenues précédemment.

Remarque : dans le cas où les roues dérapent, il est fréquent qu'elles soient « bloquées » par les freins (elles sont fixes dans le référentiel de la voiture). L'énergie cinétique est alors dissipée en chaleur exclusivement par le frottement des roues sur le sol, et l'élévation de température des composants des freins est négligeable.

5 Chauffage d'un studio

Enoncé p. 325

Nouveau programme

1 Le flux thermique à travers le mur extérieur du studio est donné :

$$\phi = \frac{T - T_0}{R}.$$

2 La variation d'énergie interne du studio sur un petit intervalle de temps δt est donnée par $C\delta T$, où δT est sa variation de température. Par ailleurs elle vaut aussi $-\phi\delta t$ (ϕ étant la puissance perdue par transfert thermique). Nous avons donc l'égalité :

$$C\delta T = \phi\delta t \quad \text{soit} \quad \frac{\delta T}{\delta t} = -\frac{\phi}{C}.$$

En faisant tendre δt vers zéro, nous obtenons l'égalité :

$$\frac{\mathrm{d}T}{\mathrm{d}t} = -\frac{\phi}{C}.$$

3 Dans le cas où le convecteur est allumé, il y a une source d'énergie interne supplémentaire, qui vient s'opposer aux pertes thermiques à travers le mur extérieur. Sur un intervalle de temps δt, la variation d'énergie interne de l'appartement est donc $-\phi\delta t + P\delta t$. On obtient donc, par passage à la limite comme précédemment, la relation :

$$\frac{\mathrm{d}T}{\mathrm{d}t} = -\frac{\phi}{C} + \frac{P}{C}.$$

4 En substituant le flux thermique par l'expression trouvée à la première question, on obtient, lorsque le convecteur est éteint :

$$\frac{\mathrm{d}T}{\mathrm{d}t} = -\frac{T - T_0}{RC},$$

et lorsqu'il est allumé :

$$\frac{\mathrm{d}T}{\mathrm{d}t} = -\frac{T - T_0}{RC} + \frac{P}{C}.$$

5 La température atteinte dans l'appartement s'obtient en annulant la dérivée dans l'équation différentielle précédente (puisqu'à grand temps la température tend vers une constante). On obtient alors :

$$-\frac{T_m - T_0}{RC} + \frac{P}{C} = 0$$

qui donne tous calculs faits :

$$T_m = T_0 + PR.$$

On constate, comme on pouvait s'y attendre, que cette température limite augmente avec la puissance du convecteur, et avec la résistance thermique des murs (mieux ils sont isolés, plus la température atteinte est grande).

6 On donne tout d'abord l'allure générale de la courbe de température correspondant au cas où le convecteur est éteint. L'équation différentielle qui régit son évolution peut être réécrite sous la forme :

$$\frac{\mathrm{d}T}{\mathrm{d}t} + \frac{T}{RC} = \frac{T_0}{RC}.$$

Il s'agit d'une équation différentielle du premier ordre à coefficients constants, dont la solution générale est la somme des solutions générales de l'équation homogène (sans second membre) associée, et d'une solution particulière. Il est facile de vérifier qu'une solution particulière triviale est $T = T_0$, et donc la solution générale est donnée par :

$$T(t) = Ke^{-\frac{t}{RC}} + T_0,$$

où K est une constante d'intégration, qui peut être obtenue connaissant $T(0)$, la température initiale à l'intérieur de l'appartement : $K = T(0) - T_0$. Puisque $T(t) > T_0$, nous avons $K > 0$ et l'allure générale de la courbe est celle page suivante.

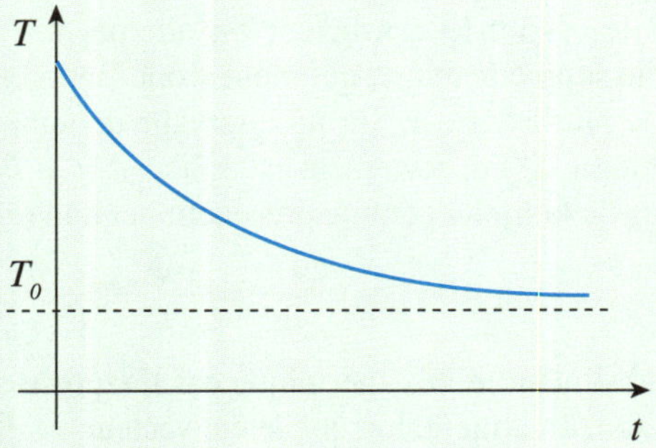

On donne à présent l'allure de la courbe correspondant au cas où le convecteur est tout le temps allumé. L'équation différentielle qui régit alors l'évolution temporelle de la température est donnée par :

$$\frac{dT}{dt} + \frac{T}{RC} = \frac{T_0}{RC} + \frac{P}{C}.$$

La solution particulière est, ainsi que nous l'avons vu ci-dessus, $T = T_0 + PR$. La solution générale est donc donnée par :

$$T(t) = Ke^{-\frac{t}{RC}} + T_0 + PR,$$

où K est donnée par les conditions initiales et vaut $K = T(0) - T_0 - PR = T(0) - T_m$. Puisque $T(t) < T_m$, $K < 0$ et la courbe a l'allure suivante :

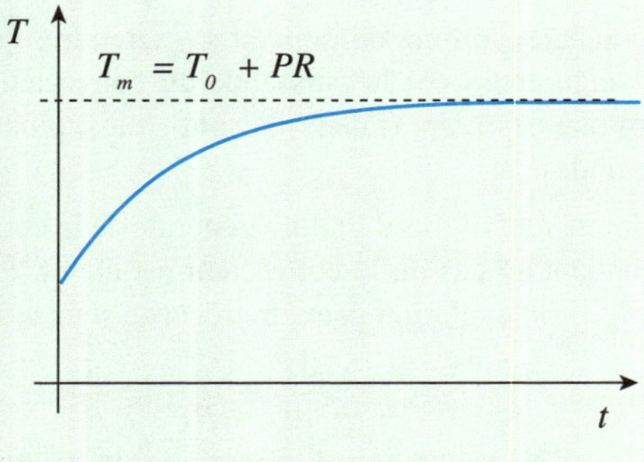

Nous sommes à présent en mesure de donner l'allure de la température intérieure du studio en fonction du temps dans le cas général où le thermostat s'ouvre et se ferme alternativement. Initialement, le thermostat est donc fermé et le convecteur chauffe : on a alors la solution avec convecteur allumé, jusqu'à ce que $T = T_2$ (branche 1). Le thermostat s'ouvre alors et on retrouve la solution avec convecteur éteint (branche 2), jusqu'à ce que $T = T_1$. À ce moment-là, le thermostat se ferme et le convecteur se remet en marche : on a à nouveau la solution avec convecteur allumé (branche 3). On voit donc au final que, passé le comportement transitoire initial, la température dans la pièce est une fonction périodique du temps, comprise entre les valeurs T_1 et T_2.

Les branches de solutions représentées en bleu correspondent au convecteur allumé, et celles représentées en noir au convecteur éteint.

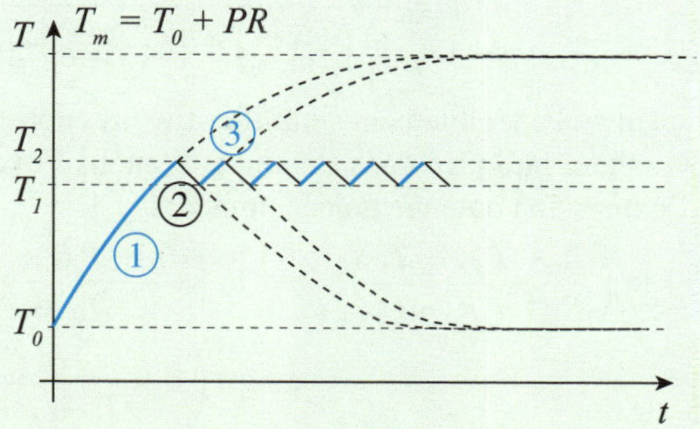

7 On cherche quelle est la durée t_{OFF} d'une branche descendante de la courbe précédente (branche 2, par exemple). Pour une écriture plus légère, on choisit l'origine des dates au moment où le thermostat s'ouvre. La solution est donnée par :

$$T(t) = Ke^{-\frac{t}{RC}} + T_0,$$

et K est donnée par $T(0) = T_2 = K + T_0$, donc nous avons :

$$T(t) = (T_2 - T_0)e^{-\frac{t}{RC}} + T_0.$$

Cette solution est valable jusqu'à ce que $T = T_1$. On écrit donc :

$$T(t_{\mathrm{OFF}}) = T_1 \quad \text{soit} \quad T_1 = (T_2 - T_0)e^{-\frac{t_{\mathrm{OFF}}}{RC}} + T_0,$$

d'où l'on extrait :

$$t_{\mathrm{OFF}} = RC \ln\left(\frac{T_2 - T_0}{T_1 - T_0}\right)$$

De la même manière on cherche la durée t_{ON} d'une branche ascendante de la courbe précédente (branche 3, par exemple). On choisit là encore l'origine des dates au moment où le thermostat se ferme. La solution est donnée par :

$$T(t) = Ke^{-\frac{t}{RC}} + T_0 + PR,$$

et la constante d'intégration K est donnée par : $T_1 = K + T_0 + PR$, soit $K = T_1 - T_0 - PR$. L'expression de $T(t)$ sur la branche ascendante est donc au final :

$$T(t) = (T_1 - PR - T_0)e^{-\frac{t}{RC}} + T_0 + PR.$$

La durée d'allumage du convecteur est obtenue en écrivant $T(t_{\mathrm{ON}}) = T_2$, ce qui conduit, après simplifications, à :

$$t_{\mathrm{ON}} = RC \ln\left(\frac{T_0 + PR - T_1}{T_0 + PR - T_2}\right).$$

La fraction f du temps sur lequel le convecteur est allumé est donc :

$$f = \frac{t_{\mathrm{ON}}}{t_{\mathrm{ON}} + t_{\mathrm{OFF}}},$$

ce qui donne en définitive :

$$f = \frac{\ln\left(\frac{T_0+PR-T_1}{T_0+PR-T_2}\right)}{\ln\left(\frac{T_2-T_0}{T_1-T_0}\right)+\ln\left(\frac{T_0+PR-T_1}{T_0+PR-T_2}\right)}$$

8 On peut considérablement simplifier l'expression précédente si l'on fait l'hypothèse indiquée dans l'énoncé. Prenons l'exemple du numérateur de l'expression obtenue précédemment :

$$\begin{aligned}\ln\left(\frac{T_0+PR-T_1}{T_0+PR-T_2}\right) &= \ln\left(\frac{T_0+PR-T_2+T_2-T_1}{T_0+PR-T_2}\right)\\ &= \ln\left(1+\frac{T_2-T_1}{T_0+PR-T_2}\right)\\ &\approx \frac{T_2-T_1}{T_0+PR-T_2}\end{aligned}$$

En effectuant des simplifications similaires sur les termes du dénominateur, nous écrivons finalement :

$$f = \frac{\frac{T_2-T_1}{T_0+PR-T_2}}{\frac{T_2-T_1}{T_1-T_0}+\frac{T_2-T_1}{T_0+PR-T_2}} = \frac{T_1-T_0}{PR-T_2+T_1}.$$

Puisque $T_2 - T_1$ est une quantité petite devant $T_m - T_2$ et $T_1 - T_0$, donc *a fortiori* devant $T_m - T_0 = PR$, nous pouvons omettre cette quantité du dénominateur du résultat précédent, qui s'écrit alors :

$$f \approx \frac{T_1-T_0}{PR}$$

Le flux thermique à travers le mur extérieur, si l'on considère la température intérieure constante et égale à T_1, est simplement $\phi = (T_1 - T_0)/R$. Par ailleurs, la puissance moyenne P_m du convecteur, qui est égale à sa puissance réelle multipliée par la fraction du temps sur laquelle il fonctionne, est donnée par : $P_m = Pf = \dfrac{T_1-T_0}{R}$.

Cette puissance moyenne coïncide bien entendu avec le flux thermique.

Remarque : nous constatons que plus la température à l'intérieur est grande, plus la fraction du temps où le convecteur est allumé est grande. Lorsque la température souhaitée T_1 s'approche de $T_m = T_0 + PR$, cette fraction du temps tend vers 1 : le convecteur est alors presque toujours allumé. Dans le cas, non considéré dans cet exercice, où la température souhaitée T_1 est supérieure à T_m , on a les désagréments majeurs suivants :

- le convecteur ne s'arrête jamais, et la consommation électrique est donc maximale ;
- la température souhaitée n'est jamais atteinte, et la température du local est donc $T_0 + PR$. On voit que cette température dépend directement de la température extérieure T_0, donc toute baisse de celle-ci se répercute directement à l'intérieur.

Chapitre 16

Intensité et niveau sonores

Plan du chapitre

1 Introduction

Exercice type — Lycée International, Saint Germain en Laye

Le bruit émis par une mouche à 10 cm de l'oreille a un niveau sonore de 40 dB.
Jusqu'à quelle distance peut-on entendre la mouche ?
Indication : l'intensité sonore est inversement proportionnelle au carré de la distance à la source.

Voir corrigé page 344

Cet exercice porte sur la notion d'intensité sonore et de niveau sonore, ainsi que sur celle d'atténuation géométrique, qui fait que l'on entend les sons « moins fort » quand on s'éloigne de la source. Nous allons étudier ces notions dans le présent chapitre, et voir un autre type d'atténuation.

2 Notion d'intensité d'une onde sonore

On appelle puissance d'une onde sonore l'énergie transportée par l'onde sonore par unité de temps. Dans les unités du Système International, l'énergie s'exprime en joule (symbole J) et la puissance en watt (symbole W).

Définition 1

On appelle intensité d'une onde sonore la puissance transportée par l'onde par unité de surface. Si on note I l'intensité de l'onde, P la puissance qu'elle transporte à travers une surface S, alors : $I = \dfrac{P}{S}$.

Unités : dans le Système International, P est en watt, S en mètre carré (m^2) et I en watt par mètre carré ($W.m^{-2}$).

3 Intensité sonore de référence

La plus petite intensité sonore que peut capter l'oreille humaine est :

$$I_0 = 10^{-12}\ W.m^{-2}.$$

Cette intensité est d'un picowatt par mètre carré. On rappelle que le préfixe « pico » correspond à 10^{-12}.

Cette intensité sera adoptée comme intensité de référence pour l'échelle logarithmique que l'on présente plus loin dans ce chapitre : elle correspond au « point zéro » de cette échelle.

Remarque : l'intensité sonore correspondant au seuil de la douleur est :

$$I_{max} = 0{,}1\ W.m^{-2}.$$

On remarque la grande sensibilité du tympan, ainsi que son extraordinaire dynamique (rapport $\frac{I_{max}}{I_0}$). Notons que le seuil de la douleur dépend de la personne, de l'âge, etc. Il est parfois situé placé à 1 $W.m^{-2}$. C'est le cas dans l'un des exercices proposés dans ce chapitre.

4 Besoin d'une échelle logarithmique

Les énergies ou puissances mises en jeu lors de l'émission ou de la réception d'ondes sonores usuelles peuvent varier considérablement. Ainsi, entre l'intensité sonore d'une onde sonore à peine perceptible et l'intensité d'une onde sonore au seuil de la douleur, il n'y a pas moins de 11 ordres de grandeurs : $I_{max}/I_0 = 10^{11}$! Pour s'accommoder de telles variations, il est commode d'adopter une échelle logarithmique, comme c'est le cas lorsqu'une quantité physique peut varier de beaucoup d'ordres de grandeur de manière usuelle (par exemple en chimie la notion de pH correspond à une échelle logarithmique correspondant à la concentration en ions oxonium H_3O^+, qui peut varier de quatorze ordres de grandeur en solution aqueuse).

5 Niveau d'intensité sonore et décibels

Pour manipuler des nombres qui ne soient pas trop petits ou trop grands, on introduit la notion de niveau d'intensité sonore, exprimé en décibel, de symbole dB. C'est une échelle logarithmique associée à la notion d'intensité sonore.

Définition 2

Le niveau d'intensité sonore L associé à l'intensité sonore I est défini par la relation :

$$L = 10 \times \log\left(\frac{I}{I_0}\right),$$

où $I_0 = 10^{-12}$ W.m^{-2}

Dans la pratique, pour être plus concis, on dira « niveau sonore » au lieu de « niveau d'intensité sonore ».

Vérifions que l'intensité sonore de référence correspond à un niveau sonore égal à zéro :

$$L_0 = 10 \times \log\left(\frac{I_0}{I_0}\right) = 10 \times \log(1) = 0 \text{ dB},$$

où nous avons utilisé l'égalité $\log(1) = 0$.

Qu'advient-il au niveau sonore quand on multiplie l'intensité sonore par 10 ? Nous avons déjà répondu à cette question en classe de Seconde, et savons que le niveau sonore augmente de 10 dB. Toutefois, la notion de niveau sonore n'avait pas été introduite en utilisant la fonction logarithme. Démontrons ici ce résultat. Considérons une onde d'intensité sonore I et de niveau acoustique L, et calculons le niveau acoustique d'une onde d'intensité sonore $I' = 10 \times I$:

$$\begin{aligned} L' &= 10 \times \log\left(\frac{I'}{I_0}\right) = 10 \times \log\left(10 \times \frac{I}{I_0}\right) \\ &= 10 \times \log(10) + 10 \times \log\left(\frac{I}{I_0}\right) \\ &= 10 \times 1 + L = 10 + L. \end{aligned}$$

À RETENIR

Lorsque l'on multiplie l'intensité sonore par 10, on ajoute 10 dB au niveau sonore.

On retrouve bien cette propriété générale des échelles logarithmiques grâce auxquelles les multiplications sont « converties » en additions.

Exemples

- Calculons le niveau sonore lié à une onde d'intensité sonore 10^{-8} W.m^{-2}. Nous avons :

$$L = 10 \times \log\left(\frac{10^{-8}}{10^{-12}}\right) = 10 \times \log(10^4) = 10 \times 4 = 40 \text{ dB}.$$

On pouvait aussi ne pas poser les calculs, et utiliser des méthodes similaires à celles utilisées en classe de Seconde, en remarquant qu'ici, simplement, l'intensité acoustique est 10 000 fois plus grande que celle de référence. Il faut donc multiplier l'intensité de référence quatre fois successivement par dix ($I_0 \times 10 \times 10 \times 10 \times 10$), et donc ajouter successivement quatre fois 10 dB au niveau sonore de référence.

- Calculons à présent le niveau sonore correspondant au seuil de la douleur. Il s'écrit :

$$L = 10 \times \log\left(\frac{0{,}1}{10^{-12}}\right) = 10 \times \log(10^{11}) = 10 \times 11 = 110 \text{ dB}.$$

Le niveau sonore correspondant au seuil de la douleur est de 110 dB. Comme on l'a mentionné plus haut, la définition du seuil de la douleur est parfois fixée à 1 W.m^{-2}. On peut alors vérifier que ceci correspond à un niveau sonore de 120 dB.

Qu'advient-il du niveau sonore quand on double l'intensité sonore ? Effectuons le calcul. Considérons une onde d'intensité sonore I et de niveau acoustique L, et calculons le niveau acoustique d'une onde d'intensité sonore $I' = 2 \times I$:

$$\begin{aligned} L' &= 10 \times \log\left(\frac{I'}{I_0}\right) = 10 \times \log\left(2 \times \frac{I}{I_0}\right) \\ &= 10 \times \log(2) + 10 \times \log\left(\frac{I}{I_0}\right) \\ &= 3 \times 1 + L = 3 + L, \end{aligned}$$

où l'on a utilisé la calculatrice pour déterminer $\log(2) \approx 0{,}301\ldots$

Ainsi, lorsqu'on double l'intensité sonore, on ajoute 3 dB au niveau sonore.

L'échelle suivante montre les niveaux sonores caractéristiques de bruits de la vie quotidienne.

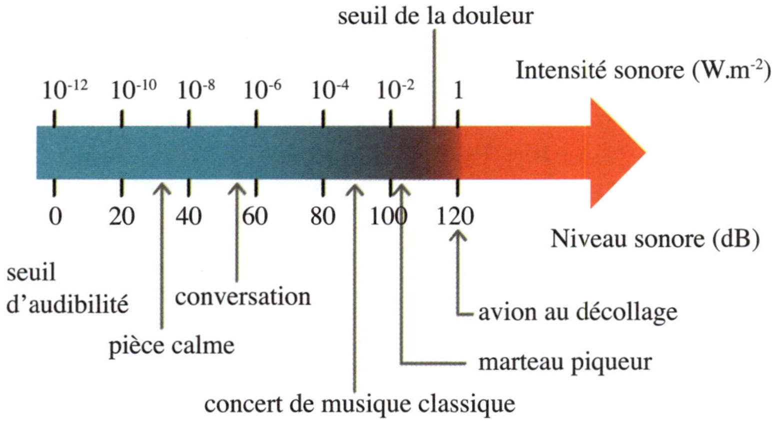

6 Influence de la distance

Si une source sonore considérée comme ponctuelle émet une onde sonore de puissance P avec la même intensité dans toutes les directions, et que cette onde n'est ni diffractée, ni réfléchie, l'intensité sonore I perçue à la distance R de la source est donnée par :

$$I = \frac{P}{S} = \frac{P}{4\pi R^2}, \qquad (2)$$

où $S = 4\pi R^2$ est la surface de la sphère centrée sur la source et de rayon R.

À RETENIR

L'intensité sonore est inversement proportionnelle au carré de la distance à la source, quand l'onde sonore n'est ni diffractée ni réfléchie, et se propage librement.

Comment se traduit cette relation pour les niveaux sonores ? D'après la propriété précédente, quand on multiplie par deux la distance à la source, l'intensité sonore est divisée par 4, car 2^2. D'après la section précédente, quand on divise l'intensité sonore par 2, on abaisse le niveau sonore de 3 dB. Ici, l'intensité sonore est divisée successivement deux fois par deux, donc on retranche deux fois 3 dB, soit 6 dB.

À RETENIR

Quand on multiplie par deux la distance à la source, le niveau sonore est abaissé de 6 dB (si l'onde sonore se propage librement, sans être diffractée ou réfléchie).

Au fur et à mesure que l'on s'éloigne de la source, le niveau sonore baisse : on dit que le son est atténué. On parle ici d'atténuation géométrique, car la seule raison de la baisse de l'intensité ou du niveau sonore est la « dilution » sur une sphère de plus en plus grande de la puissance sonore émise par la source, ainsi qu'on le voit à l'équation (2).

7 Atténuation par absorption

Une autre manière d'atténuer une onde sonore consiste à la faire se propager dans un milieu où elle est amortie, et auquel elle cède une partie de l'énergie qu'elle transporte. L'énergie de l'onde est alors dégradée en chaleur.

L'atténuation des sons par absorption entre deux pièces séparées par un mur est une expérience de la vie courante. L'atténuation dépend de plusieurs facteurs :

- l'épaisseur du mur ;
- le matériau dont il est constitué ;
- la fréquence du son.

Nous listons ci-dessous quelques matériaux utilisés dans la construction et l'atténuation qu'ils procurent.

Matériau	125 Hz	500 Hz	4 kHz
Béton (20 cm)	−39 dB	−51 dB	−60 dB
Brique (10 cm)	−30 dB	−40 dB	−60 dB
Bois massif (5 cm)	−22 dB	−26 dB	−35 dB
Verre (6 mm)	−23 dB	−28 dB	−36 dB

Solution de l'exercice type

Lycée International, Saint Germain en Laye

On peut entendre la mouche jusqu'à une distance qui confère au son reçu par l'oreille un niveau sonore de 0 dB, soit 40 dB au-dessous de son niveau sonore à 10 cm.
Puisque le niveau sonore peut *baisser* de $40 = 10 + 10 + 10 + 10$ dB, l'intensité sonore peut être *divisée par* $10 \times 10 \times 10 \times 10 = 10^4$.
La distance à la mouche peut donc être multipliée par $\sqrt{10^4} = 100$, donc la distance jusqu'à laquelle on peut entendre la mouche est :

$$D = 0{,}1 \times 100 = 10 \text{ m}$$

.

Voir énoncé page 339

1 QCM Vérification des connaissances

5 min Corrigé p. 351

1 Lorsque deux musiciens jouent à l'unisson d'un même instrument, le niveau sonore est :

[a] multiplié par deux [b] identique
[c] augmenté de 3 dB

par rapport au cas où un seul musicien joue.

2 Quelle est l'intensité sonore qui correspondrait à un son de niveau sonore de 400 dB ?

[a] $I = 10^4$ W.m^{-2} [b] $I = 400$ W.m^{-2} [c] $I = 10^{28}$ W.m^{-2}

Que penser de cette valeur ?

3 À quel niveau sonore correspond le seuil de la douleur ?

[a] 1 dB [b] 100 dB [c] 110 dB [d] 12 dB

4 Dans une cour de récréation, cent élèves sont en train de jouer. Le niveau sonore mesuré par un riverain est de 50 dB. Quel niveau sonore s'attend-on à mesurer si mille élèves jouent dans la cour ?

[a] 100 dB [b] 53 dB [c] 60 dB [d] 500 dB

5 En s'appuyant sur le tableau d'atténuation par absorption donné dans le cours, on peut voir qu'en général les matériaux atténuent préférentiellement

[a] les sons graves [b] les sons aigus

6 Le niveau sonore au voisinage d'une fusée au décollage est de 180 dB. L'intensité sonore est donc :

[a] 70 fois plus grande qu'au seuil de la douleur
[b] dix millions de fois plus grande qu'au seuil de la douleur.
[c] 18/11 fois plus grande qu'au seuil de la douleur

2 Niveau sonore

★ 5 min Corrigé p. 352

Lycée Fénelon, Paris

Un tympan a une surface $S = 8{,}0 \cdot 10^{-5}$ m^2. Il reçoit une puissance sonore $P = 2{,}4.10^{-12}$ W.

1 Quelle est l'intensité sonore ?

2 Quel est le niveau d'intensité sonore du son perçu ?

3 Niveau sonore

★ 5 min Corrigé p. 352

Lycée Henri IV, Paris

Un piano produit un son d'intensité sonore à dix mètres de distance $I = 3{,}4.10^{-4}$ W.m^{-2}.

1 Quel est le niveau sonore correspondant ?

2 Quel est le niveau sonore correspondant à quatre pianos jouant ce même son simultanément ?

4 Décroissance de l'écho

★★ 5 min Corrigé p. 352

D'après Lycée La Xavière, Lyon

Un chercheur d'or est au fond d'un canyon, à mi-chemin entre les parois. Après avoir découvert une pépite énorme, il pousse un cri de niveau sonore 95 dB. Après chaque réflexion sur les parois, l'intensité du son reçu par le chercheur d'or est divisée par 20.

Combien d'échos entend-il ?

5 Niveau sonore

★★ 5 min Corrigé p. 354

D'après Lycée Saint Paul, Lens

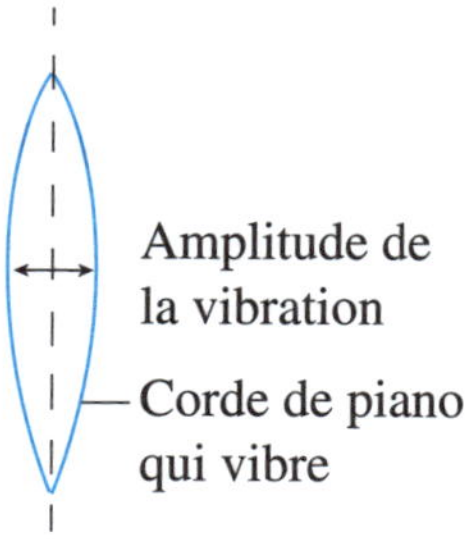

L'intensité sonore émise par une corde de piano est proportionnelle au carré de l'amplitude de la vibration de cette corde. Un pianiste frappe une première fois la touche La_3 et donne à la corde une amplitude de 0,32 mm. Il la frappe une seconde fois, avec une amplitude de 1,5 mm. Quelle est, en décibels, la différence de niveau sonore entre les deux sons émis ?

6 Concert en plein air

★★ 60 min Corrigé p. 354

Bac 2013, Amérique du Sud

Cet exercice porte sur les risques auditifs liés à l'écoute prolongée de musique. Vous devez lire attentivement l'ensemble des documents proposés, répondre à la fin de l'exercice à des questions à choix multiples puis résoudre le problème posé à l'aide d'une rédaction d'au minimum 20 lignes.

« Depuis les années 70, l'écoute de la musique à un niveau sonore élevé est devenue un véritable phénomène de mode et le risque de perte d'acuité auditive est aujourd'hui un véritable problème de santé publique.

En général les personnes atteintes se plaignent de sifflements dans l'oreille (d'acouphènes) ou de troubles de l'audition qui disparaissent le plus souvent après quelques jours de repos auditif. À long terme ces effets peuvent devenir permanents et l'audition dégradée de manière irréversible.

C'est pour cela que le niveau sonore pour les établissements diffusant de la musique est réglementé à 105 dB (décret 98-1143 dit « lieux musicaux ») (ce niveau sonore maximum a été revu à la baisse et vaut 102 dB depuis 2017). Le niveau des baladeurs est limité à 100 dB mais ce niveau peut être facilement amplifié par les écouteurs.

Il est donc important d'éduquer, d'informer et d'amener la population à réfléchir sur le handicap que peut engendrer l'exposition prolongée à des niveaux sonores trop élevés. »

D'après le pharmacien et l'oreille : conseil à l'officine, thèse soutenue par Adeline Zannoni.

« Comment varie le niveau sonore en fonction de la distance ? Si le son n'est pas réfléchi ou diffracté, le niveau sonore perd 6 dB à chaque fois que l'on double la distance. Si le niveau sonore est de 90 dB à 3 mètres de l'instrument, il sera de 84 dB à six mètres. »

Niveau sonore de divers instruments à trois mètres, en plein air :

Clarinette	Contrebasse	Piano	Trombone	Grosse caisse
86 dB	92 dB	94 dB	107 dB	113 dB

D'après *Le son musical* de John Pierce

Document 1

Document 2 :

Même si nous ne sommes pas tous égaux face au son, voici la dose moyenne de son tolérable par semaine. Au-delà de cette dose, vous risquez de léser progressivement et définitivement votre audition.

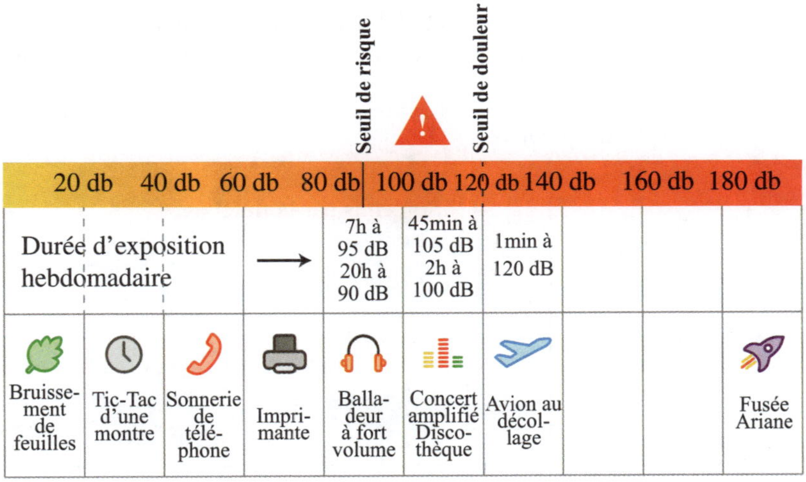

Les oreilles dans la moyenne peuvent tolérer l'écoute d'un baladeur au niveau maximum (100 dB) pendant deux heures par semaine. Elle peuvent tolérer l'écoute d'un concert à 105 dB pendant 45 min.

Les doses de son s'additionnent. Il ne faut pas dépasser une dose de son par semaine. Deux heures de baladeur au niveau maximum plus un concert à 105 dB c'est trois fois la dose de son tolérée par semaine... Il y a **DANGER** !

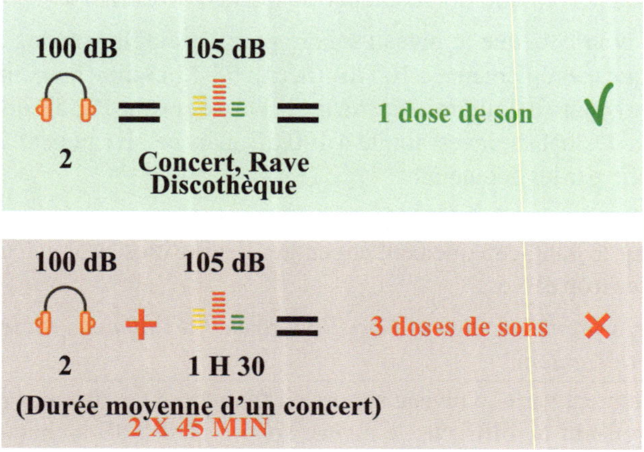

On estime que le risque existe à partir d'un niveau sonore de **90 dB**. Cependant, la douleur n'apparaît qu'à partir de **120 dB**, soit à une intensité sonore 1000 fois plus élevée que le seuil de risque. Les lésions peuvent survenir sans que l'on s'en aperçoive sur le moment. Mais le véritable danger n'est pas uniquement dans le niveau sonore : il se situe aussi dans la **dose de son**, c'est-à-dire dans le temps d'exposition à un niveau sonore donné.

D'après http ://www.agi-son.org

De plus en plus, à l'entrée des festivals de musique, des discothèques..., on voit des distributions gratuites de bouchons d'oreille en mousse.

Document 3 : Les courbes ci-dessous présentent l'enregistrement au laboratoire du son émis par une flûte et des enregistrements du son restitué par un bouchon d'oreille en mousse et un bouchon d'oreille moulé en silicone (très utilisé par les musiciens, mais de prix assez élevé) lorsque la note jouée est un La_4.

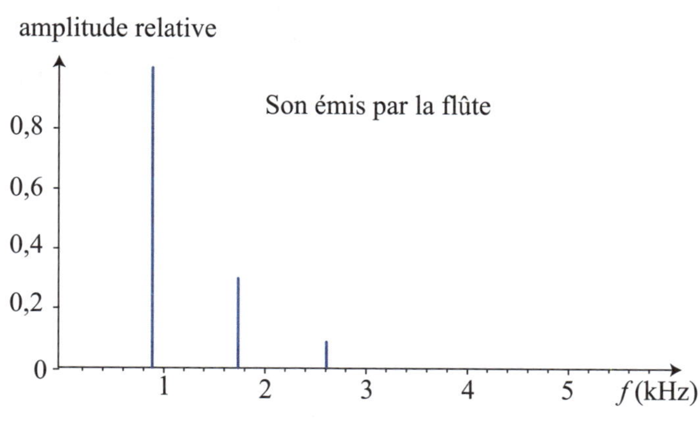

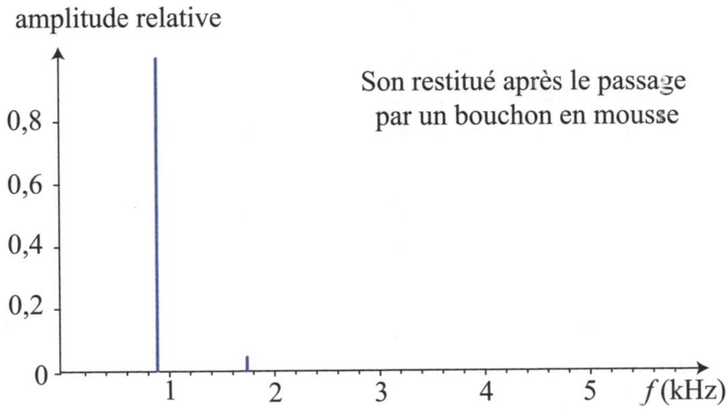

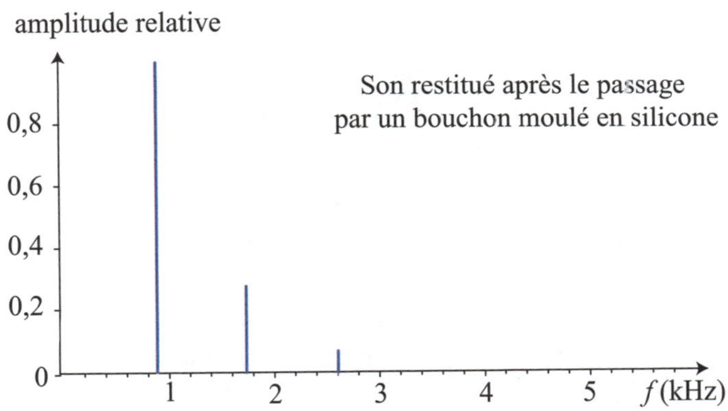

D'après Bac métropole 09/2009

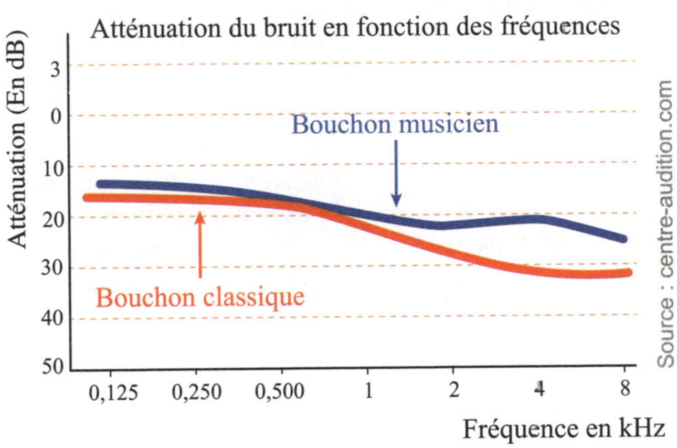

Figure 16.1 – *Document 4*

1 QCM : cocher les bonnes réponses

Cocher les bonnes réponses en précisant à chaque fois le numéro du document utilisé pour répondre à la question. Chaque bonne réponse amène des points. Une mauvaise réponse ne conduit pas à un retrait de points.

(a) L'analyse spectrale du son émis par la flûte, dans le document 3, montre que c'est un son pur.

[a] Oui [b] Non

(pour cette question il n'est pas demandé le numéro du document).

(b) La hauteur du son est modifiée par le bouchon en mousse

[a] Oui [b] Non

(c) Un lycéen se rend à un concert sans protection auditive. Il a déjà écouté son baladeur à 100 dB pendant une heure dans la semaine. Il peut rester une heure à ce concert de niveau sonore 105 dB sans prendre de risques pour son audition.

[a] Oui [b] Non

(d) Les bouchons en silicone sont utilisés par les musiciens car ils conservent la hauteur et le timbre du son.

[a] Oui [b] Non

(e) Si le niveau sonore est de 90 dB à trois mètres de l'instrument, il sera de 84 dB à six mètres et de 78 dB à neuf mètres.

[a] Oui [b] Non

2 Question de synthèse

À partir des documents proposés et de vos connaissances personnelles, indiquez, en le justifiant, vos recommandations pour profiter d'un concert en plein air sans risques auditifs et tout en gardant intacte la qualité du son.

Vous prendrez soin, pour cela, d'utiliser la totalité des documents proposés, d'utiliser au moins une application numérique pertinente, d'apporter une solution au problème posé en veillant à structurer les informations recueillies, d'adopter un jugement critique argumenté et de rédiger un document d'au minimum 20 lignes dans un français correct.

1 QCM Vérification des connaissances

Enoncé p. 345

1 Réponse **c**. L'intensité sonore est multipliée par deux, donc le niveau sonore augmente d'environ 3 dB.

2 Réponse **c**. Il suffit d'appliquer la formule du cours :

$$L = 10 \log \frac{I}{I_0} = 10 \log I - 10 \log I_0$$

soit :

$$\frac{L}{10} = \log I - \log 10^{-12} = \log I + 12$$

donc :

$$I = 10^{L/10-12} = 10^{400/10-12} = 10^{28}\ \text{W.m}^{-2}.$$

Cette valeur est bien entendu aberrante : ce flux d'énergie est supérieur à celui émis, sous forme lumineuse, par le Soleil ! Même les sons les plus forts, au-delà du seuil de la douleur, ont des niveaux sonores bien en-deçà de cette valeur.

3 Réponse **c**.

4 Réponse **c**. L'intensité sonore doit être multipliée par dix, donc on ajoute dix au niveau sonore.

5 Réponse **b**. On voit que les coefficients d'absorption sont plus grands (en valeurs absolue) pour les fréquences les plus élevées, ceci quel que soit le matériau.

6 Réponse **b**. Si on appelle $L' = 180$ dB le niveau sonore au voisinage de la fusée, et $L = 110$ dB le niveau sonore correspondant au seuil de la douleur, et si on note respectivement I' et I les intensités correspondantes, on a :

$$L' = 10 \log\left(\frac{I'}{I_0}\right) \quad \text{et} \quad L = 10 \log\left(\frac{I}{I_0}\right).$$

En soustrayant membre à membre ces deux égalités, on obtient :

$$\begin{aligned} L' - L &= 10 \log\left(\frac{I'}{I_0}\right) - 10 \log\left(\frac{I}{I_0}\right) \\ &= 10 \log\left(\frac{I'}{I_0}\right) + 10 \log\left(\frac{I_0}{I}\right) \\ &= 10 \log\left[\left(\frac{I'}{I_0}\right) \times \left(\frac{I_0}{I}\right)\right] \\ &= 10 \log\left(\frac{I'}{I}\right). \end{aligned}$$

On a donc :

$$\left(\frac{I'}{I}\right) = 10^{\frac{L'-L}{10}} = 10^{\frac{180-110}{10}} = 10^7.$$

2 Niveau sonore

Enoncé p. 345

Lycée Fénelon, Paris

1 L'intensité sonore I est la puissance sonore reçue par unité de surface donc :

$$I = \frac{P}{S} = \frac{2{,}4.10^{-12}}{8.10^{-5}} = 3.10^{-8}\ \text{W.m}^{-2}.$$

L'intensité sonore au niveau du tympan est donc 3.10^{-8} W.m^{-2}.

2 Le niveau sonore L du son est relié à l'intensité sonore par la formule :

$$L = 10 \times \log\left(\frac{I}{I_0}\right) = 10 \times \log\frac{3.10^{-8}}{10^{-12}} = 45\ \text{dB}.$$

Le niveau sonore est donc de 45 dB.

3 Niveau sonore

Enoncé p. 345

Lycée Henri IV, Paris

1 On écrit la relation :

$$L = 10 \times \log\left(\frac{I}{I_0}\right) = 10 \times \log(3{,}4 \times 10^{8}) = 10 \times 8{,}53 = 85\ \text{dB}.$$

On garde deux chiffres significatifs puisque c'est la précision avec laquelle est donnée l'intensité sonore dans l'énoncé.

2 Il suffit cette fois d'appliquer la formule précédente avec l'intensité $I' = 4I = 1{,}4 \times 10^{-3}$ W.m^{-2}. Cela donne :

$$L = 10 \times \log\left(\frac{I'}{I_0}\right) = 10 \times \log(1{,}4 \times 10^{9}) = 10 \times 9{,}13 = 91\ \text{dB}.$$

MÉTHODE

On pouvait également répondre à cette questions en effectuant moins de calculs. L'intensité sonore est multiplié par 2×2. À chaque multiplication par deux, on ajoute 3 dB au niveau sonore, donc on doit ajouter 6 dB au total. Nous avons $85 + 6 = 91$ dB.

4 Décroissance de l'écho

Enoncé p. 346

D'après Lycée La Xavière, Lyon

Commençons par évaluer de combien baisse le niveau sonore lorsque l'intensité sonore est divisée par 20. Nous pouvons évaluer cette baisse de deux manières différentes, exposées ci-dessous.

- *Première méthode : calcul direct.* On considère un son d'intensité sonore I et de niveau sonore L, ainsi qu'un son d'intensité sonore $I' = I/20$ et de niveau sonore L'.

Déterminons $n' - n$:

$$\begin{aligned} L' - L &= 10 \log\left(\frac{I/20}{I_0}\right) - 10 \log\left(\frac{I}{I_0}\right) \\ &= 10 \log\left(\frac{I}{I_0}\right) + 10 \log \log\left(\frac{1}{20}\right) - 10 \log\left(\frac{I}{I_0}\right) \\ &= -10 \log(20) \\ &= -13 \text{ dB}. \end{aligned}$$

Le niveau sonore baisse de 13 dB entre deux échos successifs

- *Deuxième méthode : utilisations de résultats particuliers.* Nous avons $20 = 10 \times 2$. Nous savons que le niveau sonore augmente de 10 dB lorsqu'on multiplie par dix l'intensité sonore, et augmente de 3 dB lorsqu'on la multiplie par deux. Au total, lorsqu'on la multiplie par vingt, il augmente donc de $10 + 3 = 13$ dB. Par conséquent, lorsqu'on la divise par 20, il baisse de 13 dB.

Outre le cri initial de niveau sonore 95 dB, le chercheur d'or va donc entendre des échos de niveaux sonores successifs :

$$\begin{aligned} L_1 &= 95 - 13 = 82 \text{ dB} \\ L_2 &= 82 - 13 = 69 \text{ dB} \\ L_3 &= 69 - 13 = 56 \text{ dB} \\ L_4 &= 56 - 13 = 43 \text{ dB} \\ L_5 &= 43 - 13 = 30 \text{ dB} \\ L_6 &= 30 - 13 = 17 \text{ dB} \\ L_7 &= 17 - 13 = 4 \text{ dB} \end{aligned}$$

Au-delà, on voit que le niveau sonore serait négatif : cela correspond à des intensités sonores en deçà du seuil d'audibilité, et le chercheur d'or ne les entend plus. Il entend donc 7 échos.

Remarque : les niveaux sonores L_1 à L_7 constituent les premiers termes d'une suite arithmétique décroissante.

MÉTHODE

On peut également répondre à cette question en effectuant la division euclidienne de 95 par 13, qui donne :

$$95 = 7 \times 13 + 4,$$

où 7 est le quotient et 4 le reste. On lit directement sur ce résultat que l'on entend 7 échos et que le dernier a un niveau sonore de 4 dB.

5 Niveau sonore

Enoncé p. 346

D'après Lycée Saint Paul, Lens

Entre les deux frappes de la touche, l'amplitude de la corde est multipliée par $k = \frac{1,5}{0,32} \simeq 4,7$.

L'intensité sonore est donc multipliée par $k^2 = 22$.

Soit L le niveau sonore du son initial et L' le niveau sonore du second son. On note respectivement I et I' les intensités sonores correspondantes. Nous avons :

$$\begin{aligned} L' - L &= 10 \log \left(\frac{k^2 I}{I_0} \right) - 10 \log \left(\frac{I}{I_0} \right) \\ &= 10 \log(k^2) = 10 \log(22) = 13 \text{ dB.} \end{aligned}$$

Le niveau sonore augmente donc de 13 dB.

6 Concert en plein air

Enoncé p. 346

Bac 2013, Amérique du Sud

1 (a) Réponse **b**. Ce n'est pas un son pur puisque l'on voit des harmoniques.

(b) Réponse **b**. Le premier pic, dont la fréquence donne la hauteur du son, est à la même fréquence sur le graphe « son émis par la flûte » et sur le graphe « son restitué après le passage par un bouchon en mousse » (document 3).

(c) Réponse **b**. Un heure de concert de niveau sonore 105 dB correspond à plus d'une dose de son, et il ne faut pas dépasser plus d'une dose de son par semaine (document 2).

(d) Réponse **a**. Le bouchon conserve la hauteur (à l'instar du bouchon en mousse, comme on l'a vu ci-dessus) et altère très peu le timbre du son, car l'amplitude relative des harmoniques avec bouchon en silicone est très similaire à celle du son émis par la flûte (document 3), ce qui normal puisque l'atténuation (en dB) d'un bouchon de musicien dépend peu de la fréquence du son (document 4).

(e) Réponse **b**. Non : il serait de 78 dB (en plein air et sans obstacle) à 12 mètres.

2 D'après l'introduction, le niveau sonore d'un concert de plein air est limité à 105 dB. D'après le document 2, cette valeur se trouve en zone de risque (au-dessus de 90 dB). Pour profiter pleinement du concert, sans risque auditif et sans perte de qualité sonore, il faut ramener ce niveau sonore à 90 dB. Le document 1 suggère qu'en s'éloignant des sources sonores (les enceintes) on peut faire baisser le niveau sonore. Il faut qu'il baisse au minimum de $105 - 90 = 15$ dB. Si on double notre distance aux enceintes, on abaisse le niveau sonore de 6 dB.

Si on la quadruple, il est abaissé de 12 dB, ce qui n'est toujours pas suffisant. Si en revanche on la multiplie par $2^3 = 8$, le niveau sonore est abaissé de $6 \times 3 = 18$ dB, ce qui est suffisant. Si le niveau sonore de 105 dB n'est atteint que pour la partie du public qui se trouve proche des enceintes, et que la partie la plus éloignée se trouve pratiquement 8 fois plus loin des enceintes, le niveau sonore peut sortir de la zone de risque dans le partie du public la plus éloignée des enceintes. Si ce n'est pas le cas, soit parce que la configuration des lieux ne permet pas de s'éloigner autant des enceintes, soit parce qu'il y a des enceintes réparties à divers endroits pour assurer un niveau sonore à peu près uniforme, il faut recourir à une autre méthode, et il est alors nécessaire d'utiliser des bouchons d'oreille. Pour ne pas dégrader la qualité du son, on évite d'utiliser des bouchons en mousse (document 3) qui coupent les son aigus et vont donc produire un son « étouffé ». On préfère un bouchon de musicien, qui conserve l'amplitude relative des harmoniques (document 3), puisque l'atténuation qu'il procure dépend peu de la fréquence (document 4). En outre, on voit que l'atténuation fournie par le bouchon de musicien est d'environ 13 à 25 dB selon la fréquence considérée (document 4). Puisque le niveau sonore est, d'après la loi, plafonné à 105 dB, le niveau sonore durant l'utilisation des bouchons de musicien ne va pas dépasser $105 - 13 = 92$ dB (pour les sons de basse fréquence) et sera au-dessous de 90 dB pour les fréquences au-dessus d'environ 300 Hz (puisqu'on lit sur le document 4) que l'atténuation est alors supérieure à 15 dB. On est en droit de se poser la question de vouloir augmenter la sécurité auditive en étant au-dessous de 90 dB (et non 92 dB) pour toutes les fréquences. Pour ce faire, il suffit de ne pas être dans la partie du public où le niveau sonore est maximal. Un éloignement raisonnable des enceintes suffira à abaisser le niveau sonore des 2 dB requis.

Chapitre 17

Diffraction et interférences

Plan du chapitre

1 Introduction

Exercice type — Lycée Louis Le Grand, Paris

On sépare un faisceau monochromatique issu d'une source unique par deux trous T_1 et T_2, de diamètres petits devant la longueur d'onde et séparés par une distance a.

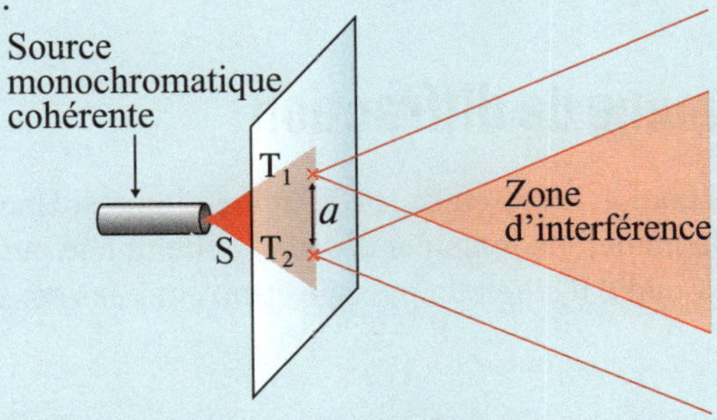

On place un écran dans la zone d'interférence, à une distance D des trous. On cherche les caractéristiques de la figure d'interférence.

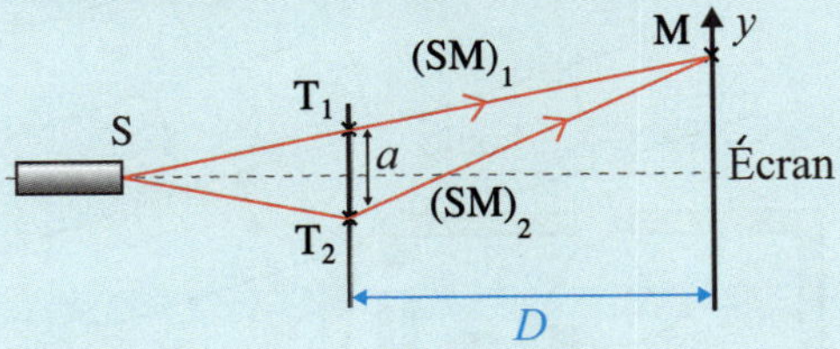

1 Qu'advient-il des rayons lumineux qui traversent les trous ?

...

Exercice type (suite) **Lycée Louis Le Grand, Paris**

2 Montrer que la différence de marche des faisceaux issus de T_1 et T_2 au point M est donnée par :

$$\Delta = \frac{ay}{D},$$

où y est l'ordonnée du point M sur l'écran, comme indiqué dans la figure ci-dessus.

3 En déduire la valeur de l'interfrange en fonction de D, λ et a, où λ est la longueur d'onde du faisceau.

Indications :
La distance a séparant les trous est petite devant la distance D entre les trous et l'écran. De même, on se limite à l'étude des interférences pour une ordonnée y petite devant D.
Lorsque ε est un nombre petit devant un, on a :

$$\sqrt{1+\varepsilon} \approx 1 + \frac{\varepsilon}{2}.$$

Voir corrigé page 369

Cet exercice fait appel aux notions de diffraction et d'interférences des ondes. Nous allons étudier ici ces deux phénomènes, qui s'appliquent à tous les types d'onde, dont les ondes lumineuses.

2 Phénomène de diffraction

Envisageons la situation représentée sur la figure ci-après. Une onde mécanique progressive (ici la houle), de longueur d'onde λ, atteint une ouverture plus petite que sa longueur d'onde. Il s'agit du passage étroit entre les deux jetées du port.

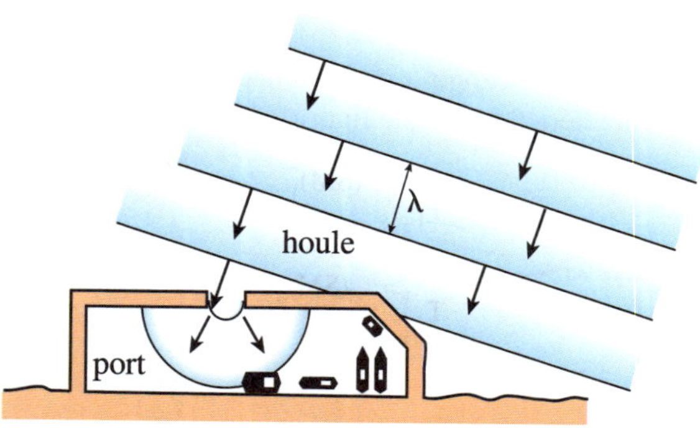

Après leur traversée de l'ouverture entre les jetées, l'onde ne se propage plus en ligne droite mais se propage dans toutes les directions qui lui sont offertes à l'intérieur du port. C'est le phénomène de diffraction, qui est une propriété générale des ondes (houles, ondes sonores, ondes lumineuses, etc.), et qui est particulièrement apparent chaque fois que l'onde traverse une ouverture plus petite que sa propre longueur d'onde.

Ainsi, dans le cas des ondes lumineuses, il est impossible d'isoler un rayon lumineux très fin à l'aide d'un diaphragme. Lorsque le diamètre du diaphragme est de l'ordre de la longueur d'onde, le faisceau lumineux « s'ouvre » à la traversée du diaphragme.

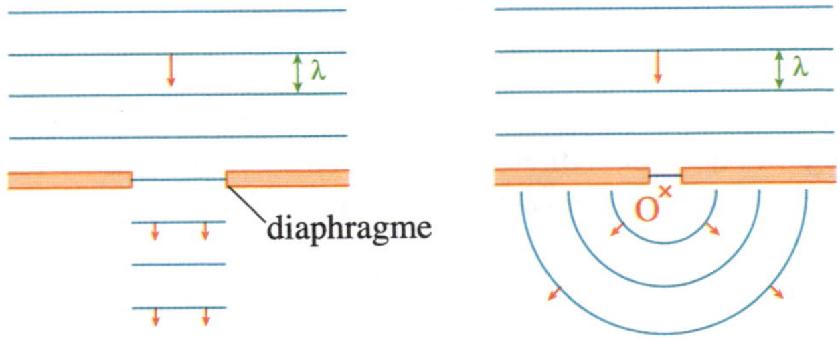

➜ À RETENIR

L'angle caractéristique d'un faisceau de longueur d'onde λ diffracté par une ouverture de taille a est donné par la relation :

$$\alpha \approx \frac{\lambda}{a}.$$

Dans cette relation α est exprimé en radian.

Remarque : le faisceau est diffracté quelle que soit la taille de l'ouverture. Toutefois, lorsque celle-ci est grande devant la longueur d'onde, l'angle d'ouverture est petit, et la diffraction est imperceptible, sauf si on se place suffisamment loin de l'ouverture pour la déceler. Nous reverrons ceci à l'exercice page 373.

2.1 Figure de diffraction de quelques ouvertures particulières

La relation vue ci-dessus ne spécifie pas la forme de l'ouverture, et nous donne seulement un ordre de grandeur de l'angle caractéristique du faisceau diffracté.

2.1.1 - Diffraction par une fente

Dans le cas de la diffraction par une fente de largeur a, le faisceau s'ouvre perpendiculairement à l'axe de la fente, et donne une tache de diffraction qui a l'allure suivante :

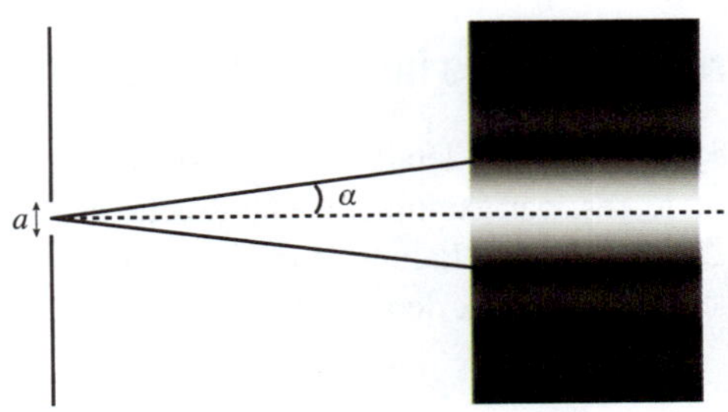

La figure de diffraction fait apparaître une tache centrale brillante, puis à plus grande distance une alternance de franges sombres et brillantes. L'angle entre l'axe de symétrie et la première frange sombre vaut exactement :

$$\alpha = \frac{\lambda}{a}.$$

Attention, dans cette relation l'angle doit être exprimé en radian. Si l'on s'intéresse à la partie centrale de la tache, et que l'on cherche l'angle (par rapport à l'axe de symétrie) que fait la direction où l'intensité lumineuse ne vaut que 50 % de la valeur qu'elle a sur l'axe, on trouve un angle α' donné par :

$$\alpha' = 0{,}44\frac{\lambda}{a}.$$

On voit que la valeur de l'angle d'ouverture ou angle caractéristique dépend de la définition que l'on souhaite donner à cet angle. En tous les cas son ordre de grandeur est λ/a.

2.1.2 - Diffraction par une ouverture circulaire

On a un résultat analogue dans le cas de la diffraction d'un faisceau par une ouverture circulaire de diamètre D. La figure ci-après donne l'allure de la tache de diffraction, appelée dans ce cas particulier « tache d'Airy ».

De manière similaire à ce qui a été vu pour la diffraction par une fente, où l'on avait des franges brillantes et sombres alternées, on a au-delà de la tache centrale une alternance d'anneaux sombres et brillants. L'angle d'ouverture correspondant au premier anneau sombre est donné par la relation :

$$\alpha \simeq \frac{1{,}22\lambda}{D}. \qquad (3)$$

Dans cette relation α est également exprimé en radian.

2.2 Pouvoir de résolution des instruments d'optique

La diffraction limite la quantité de détails que l'on peut observer avec un instrument d'optique. Dans le cas, par exemple, d'une lunette astronomique (qui sera étudiée au chapitre 20), l'entrée de la lunette (l'objectif) constitue une ouverture circulaire, qui diffracte les faisceaux de rayons incidents.

Cette diffraction remplace chaque point de l'image, chaque « pixel » que l'on observerait si l'instrument était parfait, par une tache d'Airy. Toutes ces taches se superposent entre elles dans l'image, et contribuent à supprimer tous les détails fins de l'image correspondant à des objets séparés par des angles plus petits que l'angle caractéristique de diffraction.

En particulier, pour que l'on puisse observer deux étoiles angulairement très proches, il faut que la distance angulaire entre ces deux étoiles soit supérieure à l'angle donné par l'équation (3). On appelle cette condition le « critère de Rayleigh ».

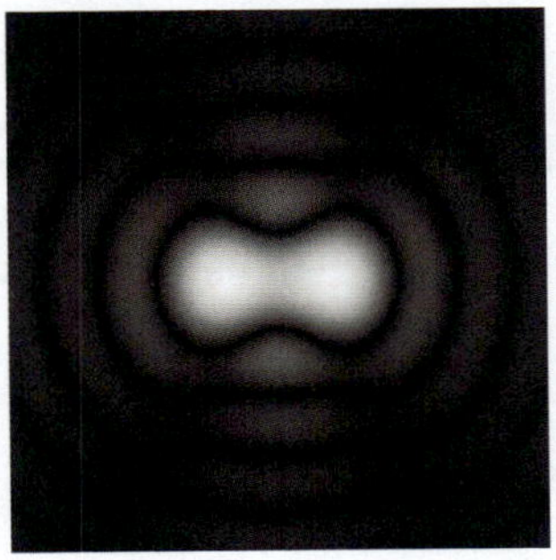

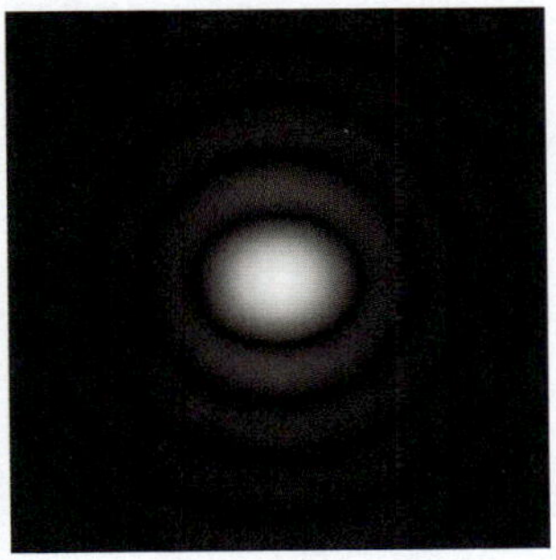

Ainsi, sur la figure ci-dessus, les deux sources de gauche sont séparées par une distance angulaire supérieure à celle donnée par le critère de Rayleigh et sont discernables, tandis que la distance angulaire entre celles de droite ne satisfait pas ce critère : elle sont indiscernables.

3 Interférences

Sous certaines conditions, deux ondes se propageant au même endroit peuvent donner lieu à ce que l'on appelle des interférences. Nous allons voir quelles sont les conditions pour avoir des interférences, et comment caractériser les propriétés de celles-ci.

3.1 Principe de superposition des petites perturbations

Toute onde est associée à des perturbations qui se propagent de proche en proche. Ainsi, la houle évoquée plus haut correspond à des perturbations de la hauteur de la surface de l'eau. Les ondes sonores correspondent à des perturbations de pression. La nature des perturbations associées aux ondes lumineuses et, plus généralement, aux ondes électromagnétiques, n'est pas au programme. Il suffit simplement de savoir qu'à ces ondes sont associées des perturbations de certaines quantités physiques, qui peuvent être définies même dans le vide (la lumière se propage dans le vide).

À RETENIR

Principe de superposition : Si en un point M d'un milieu arrivent deux ondes de même nature, l'une induisant la perturbation u_1 et l'autre la perturbation u_2, alors la perturbation totale u résulte est la somme des perturbations u_1 et u_2 :

$$u = u_1 + u_2.$$

Ce principe de superposition est à l'origine des phénomènes d'interférences en général, et lumineuses en particulier.

3.2 Superposition de deux signaux sinusoïdaux de même fréquence

Nous considérons ici deux signaux de même fréquence f en un point M d'un milieu. L'un est associé à une onde d'amplitude U_1, et s'écrit :

$$u_1(t) = U_1 \sin(2\pi f t).$$

L'autre est associé à une autre onde d'amplitude U_2, et s'écrit :

$$u_2(t) = U_2 \sin(2\pi f t + \varphi).$$

Dans l'expression ci-dessus, l'angle φ est appelé la phase à l'origine du signal (c'est l'argument de la fonction « sinus » quand $t = 0$). Si la phase à l'origine est nulle, les deux signaux oscillent de concert : ils passent par leur maximum simultanément, et par leur minimum simultanément. Ici, nous nous intéressons au signal résultat de la superposition de $u_1(t)$ et $u_2(t)$ pour différentes valeurs de la phase à l'origine. Pour réaliser cette étude, nous allons utiliser le langage Python.

Nous définissons la fonction Python `superposition()` de la manière suivante :

live!

En Python

```
def superposition (U1=1.0, U2=1.0, phi=0.0, f=1.0, tmax
    =4.0, npoints=1000):
    t=arange(npoints)/(npoints-1)*tmax
    u1 = U1*sin(2*pi*f*t)
    u2 = U2*sin(2*pi*f*t+phi)
    plot(t,u1,'--',lw=.75,label='u1')
    plot(t,u2,'--',lw=.75,label='u2')
    plot(t,u1+u2)
    xlabel("t")
    legend()
```

Cette fonction construit trois listes, `t`, `u1` et `u2`. Le premier représente le temps et les deux autres respectivement les signaux u_1 et u_2, puis affiche u_1 et u_2 en fonction de t, ainsi que leur somme. Par défaut la fréquence vaut $f = 1$, la longueur de l'intervalle temporel sur lequel sont affichés les signaux vaut 4, les deux amplitudes valent 1 et la phase à l'origine du signal numéro 2 vaut 0.

Nous allons nous intéresser ici au cas où les amplitudes des deux signaux sont égales. Ce cas se rencontre fréquemment dans les situations expérimentales, comme par exemple dans l'expérience des trous d'Young. Commençons par examiner le cas par défaut.

```
superposition ()
```

Nous obtenons le graphique suivant :

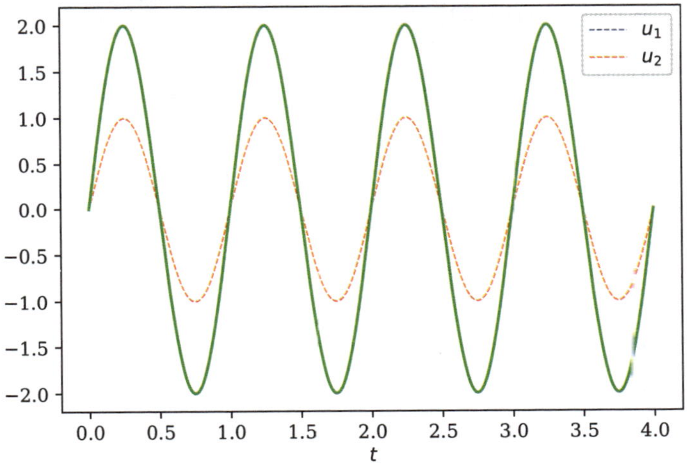

Nous voyons que les deux signaux (représentés ici en pointillés) sont confondus, et que leur somme est exactement égale au double de chacun. L'amplitude du signal résultant est donc 2. On parle dans ce cas d'interférence constructive : les deux signaux interfèrent pour construire un signal d'amplitude double.

Nous modifions à présent la phase à l'origine et prenons $\varphi = \pi/2$.

```
superposition (phi=pi/2)
```

Nous obtenons alors le graphique suivant :

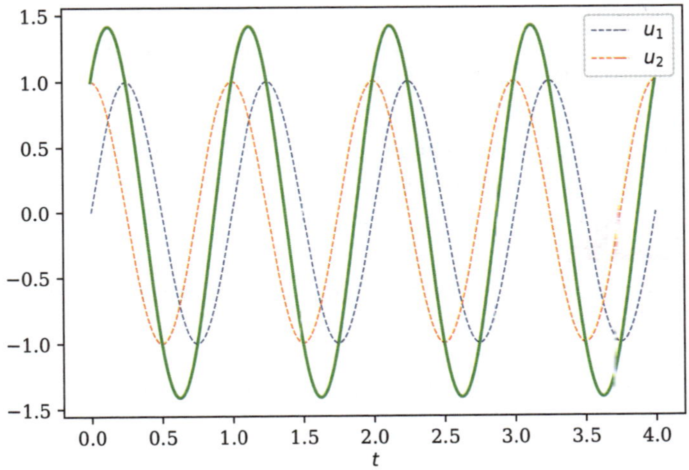

Cette fois, les deux signaux sont décalés. On peut remarquer que lorsque l'un des deux passe par un maximum ou un minimum, l'autre vaut zéro. L'amplitude du signal résultant est cette fois inférieure à deux. Il est possible de démontrer qu'elle vaut $\sqrt{2} \approx 1{,}41$, ce que l'on vérifie approximativement sur le graphe. Lorsque la différence de phase entre les deux signaux vaut $\pi/2$ (ou $-\pi/2$) on dit que les signaux sont en quadrature. Enfin, considérons le cas d'une différence de phase $\varphi = \pi$.

```
superposition (phi=pi)
```

Nous obtenons alors le graphique suivant :

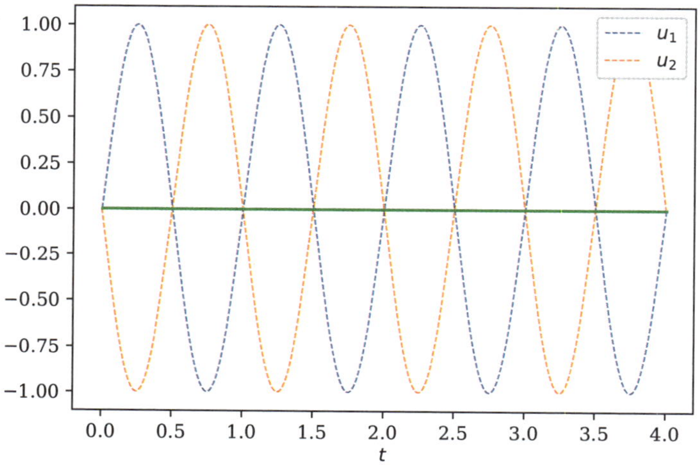

Nous constatons que les signaux sont opposés : $u_1(t) = -u_2(t)$ pour toute valeur de t. Leur somme est donc nulle : le graphe de $u_1 + u_2$ est la droite verte horizontale d'ordonnée 0. On parle dans ce cas d'interférence destructive : les deux signaux, en interférant, donnent un signal nul.

3.3 Conditions pour avoir des interférences

Pour donner lieu à des interférences, deux faisceaux lumineux doivent avoir la même fréquence. Deux ondes de fréquences différentes ne peuvent donner lieu à des interférences.

Dans le cas particulier d'ondes lumineuses, deux faisceaux issus de deux sources indépendantes ne peuvent donner lieu à des interférences.

À RETENIR

Pour pouvoir donner lieu à des interférences, deux faisceaux lumineux doivent être issus de la même source.

On dit alors des ondes des deux faisceaux qu'elles sont cohérentes.

Dans le cas des ondes lumineuses, il faut donc trouver un moyen de séparer en deux faisceaux distincts les ondes lumineuses émises par une même source pour pouvoir les faire interférer. On trouvera à la section 4 comment les séparer à l'aide de deux trous (les « trous d'Young »), et l'un des exercices proposés montre une autre façon de les séparer, à l'aide des miroirs de Fresnel.

3.4 Différence de marche

On considère deux sources S_1 et S_2 synchrones de même fréquence. Ceci signifie que les signaux issus de ces sources passent simultanément par un maximum ou un minimum.

À RETENIR

En tout point M, on appelle différence de marche, et on note Δ, la différence des distances aux deux sources :

$$\Delta = (S_2M) - (S_1M)$$

où (S_1M) est la distance du point M à la source S_1, et (S_2M) la distance du point M à la source S_2.

Grâce à la différence de marche, on peut connaître l'état vibratoire de la superposition des signaux issus des deux sources. En particulier, si la différence de marche est égale à un nombre entier de fois la longueur d'onde, les perturbations arrivant au point M issues des deux faisceaux sont en phase, et interfèrent *constructivement*. Le signal résultant de la superposition des deux signaux a alors une amplitude maximale.

Au contraire, si la différence de marche est égale à un nombre impair de fois la moitié de la longueur d'onde (dit d'une autre manière, si la différence de marche est égale à un multiple de la longueur d'onde, plus une demie longueur d'onde), les perturbations arrivant au point M issues des deux sources sont en opposition de phase, et interfèrent *destructivement*. La superposition des signaux a alors une amplitude nulle.

À RETENIR

Condition pour une interférence destructive :

$$\Delta = (2k+1)\frac{\lambda}{2} = \left(k + \frac{1}{2}\right)\lambda \quad \text{où } k \text{ est un entier relatif}$$

Condition pour une interférence constructive :

$$\Delta = k\lambda \quad \text{où } k \text{ est un entier relatif,}$$

Δ étant la différence de marche et λ la longueur d'onde.

Exemple : sur les figures suivantes, nous voyons, à gauche, le cas d'un point M donnant une différence de marche qui est un multiple de la longueur d'onde (l'amplitude du signal résultant y est alors maximale) tandis qu'à droite, le point M′ donne une différence de marche qui est un multiple de la longueur d'onde plus une demie longueur d'onde. Le signal résultant y est alors nul.

Retrouvez la vidéo correspondant à cette figure avec Nathan Live.

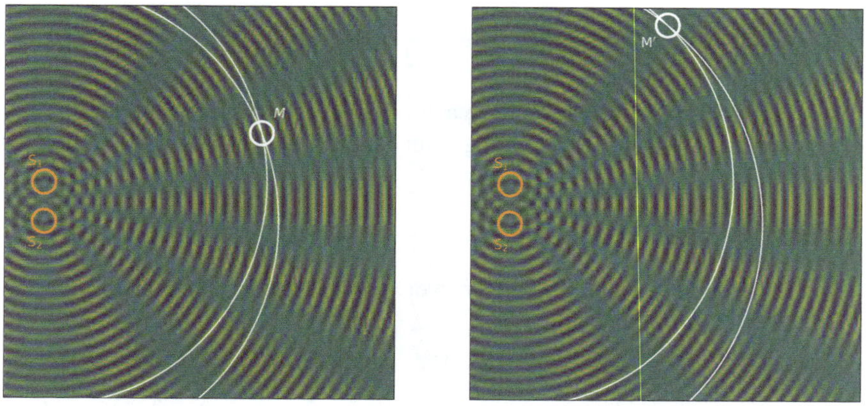

Les notions de marche et de différence de marche vues ci-dessus s'appliquent quand le milieu dans lequel se propagent les ondes est homogène. Dans le cas des ondes lumineuses, on peut bien entendu l'appliquer. Toutefois, dans certaines situations, un rayon lumineux peut traverser différents milieux avant d'interférer. C'est par exemple le cas si on met une lame de verre en sortie de l'un des trous d'Young, comme nous le reverrons en exercice. Dans un tel cas, il est pratique d'introduire d'autres notions pour caractériser les interférences.

À RETENIR

On appelle *chemin optique* la distance parcourue par un rayon lumineux, multipliée par l'indice de réfraction du milieu. Ainsi, le chemin optique entre une source S et un point M pour un rayon lumineux rectiligne dans un milieu d'indice de réfraction n est donné par :

$$(SM) = n \times d(S,M).$$

Avec cette définition, les conditions d'interférences d'ondes lumineuses s'énoncent de manière très similaire à celles vues précédemment, à condition de changer différence de marche en différence de chemin optique. Par ailleurs, lorsque deux ondes lumineuses interfèrent destructivement, on a (si on les observe sur un écran) une zone sombre, tandis que l'on a une zone claire si elles interfèrent constructivement.

À RETENIR

Pour des ondes lumineuses, on évalue la différence des chemins optiques en un point M :

$$\Delta = (S_2M) - (S_1M).$$

On a une zone sombre, correspondant à une interférence destructive, si :

$$\Delta = (2k+1)\frac{\lambda}{2} = \left(k + \frac{1}{2}\right)\lambda \quad \text{où } k \text{ est un entier relatif}$$

On a une zone d'éclairement maximal, correspondant à une interférence constructive, si

$$\Delta = k\lambda \quad \text{où } k \text{ est un entier relatif,}$$

λ étant la longueur d'onde.

Remarque : dans le cas où on réalise une expérience dans l'air, il est légitime d'adopter $n = 1$ (l'indice de l'air est très voisin de l'unité) et de confondre chemin optique et distance parcourue. Il y a toutefois une exception : si l'un des chemins optique passe par du vide, il faut différencier l'indice de l'air (et prendre sa valeur exacte, qui sera donnée) de l'indice du vide (qui est exactement 1, par définition).

4 L'expérience des trous d'Young

On sépare un faisceau monochromatique issu d'une source unique par deux trous T_1 et T_2, de diamètres suffisamment petits pour diffracter les faisceaux, séparés par une distance a).

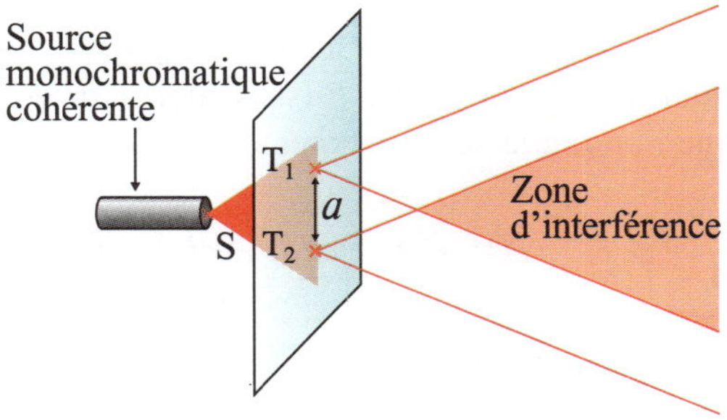

On calcule la différence de chemin optique entre les deux faisceaux en un point M situé à une distance y du plan médiateur des deux trous. La source est supposée se trouver sur ce plan médiateur.

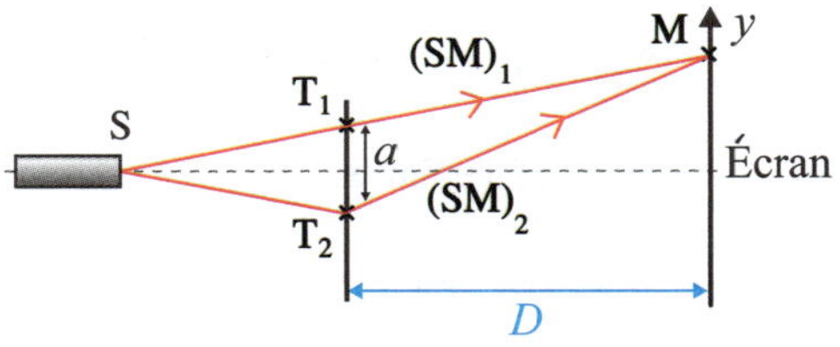

On a :

$$\Delta = (\mathrm{SM})_2 - (\mathrm{SM})_1 = (\mathrm{ST}_2) + (\mathrm{T}_2\mathrm{M}) - (\mathrm{ST}_1) - (\mathrm{T}_1\mathrm{M}) = (\mathrm{T}_2\mathrm{M}) - (\mathrm{T}_1\mathrm{M}).$$

On utilisant le théorème de Pythagore, on peut écrire que :

$$(\mathrm{T}_1\mathrm{M}) = \sqrt{D^2 + (y - \tfrac{a}{2})^2} \text{ et } (\mathrm{T}_2\mathrm{M}) = \sqrt{D^2 + (y + \tfrac{a}{2})^2}.$$

À ce stade, il existe plusieurs méthodes pour donner une approximation de la différence de chemin optique. Il se peut qu'elle soit directement donnée dans l'énoncé. Il se peut également que l'énoncé mentionne l'égalité approchée suivante, vraie pour de petits nombres ε :

$$\sqrt{1+\varepsilon} \simeq 1 + \frac{\varepsilon}{2}.$$

Nous verrons comment utiliser cette propriété dans la solution de l'exercice-type. Une troisième voie consiste utiliser la transformation détaillée ci-après. En notant, pour simplifier : $(\mathrm{T}_1\mathrm{M}) = \sqrt{A}$ et $(\mathrm{T}_2\mathrm{M}) = \sqrt{B}$ (avec $A = D^2 + (y - a/2)^2$ et $B = D^2 + (y + a/2)^2$), nous pouvons écrire :

$$(\mathrm{T}_2\mathrm{M} - \mathrm{T}_1\mathrm{M}) = \sqrt{B} - \sqrt{A} = (\sqrt{B} - \sqrt{A}) \times \frac{\sqrt{B} + \sqrt{A}}{\sqrt{B} + \sqrt{A}} = \frac{B - A}{\sqrt{B} + \sqrt{A}}.$$

MÉTHODE

L'astuce consiste ici à multiplier et diviser par le même nombre de façon à ne pas changer le résultat, puis regrouper le numérateur ainsi écrit avec l'expression initiale, de manière à utiliser une identité remarquable.

Nous pouvons à présent substituer A et B par leurs valeurs. Auparavant, notons que $A \approx D^2$ et $B \approx D^2$. Il n'est pas légitime d'utiliser cette approximation lorsque l'on soustrait A et B ou $\sqrt{A}$ et $\sqrt{B}$ (sans quoi on trouve zéro !), mais elle est légitime lorsque l'on fait la somme, comme cela est le cas au dénominateur. Nous obtenons :

$$(\mathrm{T}_2\mathrm{M} - \mathrm{T}_1\mathrm{M}) \approx \frac{D^2 + (y + a/2)^2 - D^2 - (y - a/2)^2}{\sqrt{D^2} + \sqrt{D^2}}$$

soit encore, en développant le numérateur et en simplifiant les termes qui s'annulent deux à deux :

$$(\mathrm{T}_2\mathrm{M} - \mathrm{T}_1\mathrm{M}) \approx \frac{ay - (-ay)}{D + D} = \frac{2ay}{2D} = \frac{ay}{D}.$$

$$\Delta \simeq D\left[1 + \frac{1}{2D^2}\left(y + \frac{a}{2}\right)^2\right] - D\left[1 + \frac{1}{2D^2}\left(y - \frac{a}{2}\right)^2\right] = \frac{ay}{D}.$$

D'après le cours, on observe une zone claire si $\Delta = k\lambda$, c'est-à-dire si

$$\frac{ay}{D} = k\lambda \quad \text{soit} \quad y = k\frac{D\lambda}{a}.$$

En revanche on observe une zone sombre si $\Delta = (k + 1/2)\lambda$, c'est-à-dire si

$$\frac{ay}{D} = \left(k + \frac{1}{2}\right)\lambda \quad \text{soit} \quad y = \left(k + \frac{1}{2}\right)\frac{D\lambda}{a}.$$

Ces zones alternativement claires et sombres sont appelés des franges.

À RETENIR

On appelle interfrange, et on note i, la distance séparant deux franges claires consécutives.

$$i = \frac{D\lambda}{a}.$$

En effet, entre la frange k et la frange $k + 1$, nous avons la distance :

$$i = (k+1)\frac{D\lambda}{a} - k\frac{D\lambda}{a} = \frac{D\lambda}{a}.$$

Solution de l'exercice type — Lycée Louis Le Grand, Paris

1 Les rayons lumineux qui traversent les trous sont diffractés par ceux-ci, puisque leur taille est plus petite que la longueur d'onde.

2 On calcule la différence de marche entre les deux faisceaux en un point M situé à une distance y du plan médiateur des deux trous. La source S est supposée se trouver sur ce plan médiateur.

On a :

$$\begin{aligned} \Delta &= (SM)_2 - (SM)_1 = (ST_2) + (T_2M) - (ST_1) - (T_1M) \\ &= (T_2M) - (T_1M). \end{aligned}$$

Les termes (ST_1) et (ST_2) sont égaux. La source se trouvant sur le plan médiateur des trous, ils s'annulent entre eux.

On utilisant le théorème de Pythagore, on peut écrire que :

$$(T_1M) = \sqrt{D^2 + (y - \frac{a}{2})^2} \quad \text{et} \quad (T_2M) = \sqrt{D^2 + (y + \frac{a}{2})^2}.$$

Pour utiliser l'indication de l'énoncé, on cherche à exprimer ces distances en faisant intervenir un facteur de la forme $\sqrt{1+\varepsilon}$. Pour ce faire on factorise par D^2 dans les expressions ci-dessus, de manière à faire apparaître un « un » :

$$\begin{aligned} (T_1M) &= D\sqrt{1 + \frac{1}{D^2}\left(y - \frac{a}{2}\right)^2} \\ (T_2M) &= D\sqrt{1 + \frac{1}{D^2}\left(y + \frac{a}{2}\right)^2} \end{aligned}$$

...

Solution de l'exercice type (suite)

Lycée Louis Le Grand, Paris

Le terme de droite dans les racines carrées est petit, puisque la distance a séparant les fentes et l'ordonnée y sont petites devant la distance D, donc nous pouvons utiliser l'approximation donnée dans l'énoncé.

Nous avons ainsi :

$$(T_1M) \approx D\left[1+\frac{1}{2D^2}\left(y-\frac{a}{2}\right)^2\right]$$

$$(T_2M) \approx D\left[1+\frac{1}{2D^2}\left(y+\frac{a}{2}\right)^2\right]$$

d'où nous déduisons Δ :

$$\Delta = (T_2M) - (T_1M) = \frac{1}{2D}\left[\left(y+\frac{a}{2}\right)^2 - \left(y-\frac{a}{2}\right)^2\right] = \frac{ay}{D}.$$

3 D'après le cours, on observe une frange claire si $\Delta = k\lambda$, c'est-à-dire si $y = k\frac{D\lambda}{a}$. L'interfrange i, qui est la distance séparant deux franges claires, est donnée par :

$$i = \frac{D\lambda}{a}.$$

On observe des franges claires et sombres alternées, séparées par l'interfrange i.

Voir énoncé page 357

1 QCM Vérification des connaissances

5 min Corrigé p. 376

1 Dans l'expérience des trous d'Young, l'interfrange :

a augmente — b diminue

quand la longueur d'onde augmente.

2 Si on rapproche les trous d'Young, les franges :

a s'écartent — b se rapprochent

3 Sur le plan médiateur des trous d'Young, on observe une frange :

a claire — b sombre

4 Pour diffracter une onde, il faut la faire passer par une ouverture plus :

a petite — b grande

que sa longueur d'onde.

5 Une ouverture de taille donnée diffracte préférentiellement :

a les sons les plus aigus — b les sons les plus graves

6 On considère une ouverture circulaire dans un mur, de diamètre 34 cm. À partir de quelle longueur d'onde typique les sons sont-ils diffractés ? À quelle fréquence cela correspond-il ?

a $f = 100$ Hz — b $f = 1000$ Hz — c $f = 10$ kHz

2 QCM Propriétés des ondes

30 min Corrigé p. 376

Partie I - Deux sources S_1 et S_2, images d'une même source S_0 et distantes de $a = 2$ mm, produisent un système d'interférences lumineuses sur un écran placé à la distance $D = 2$ m. La source S_0 contient deux radiations de longueurs d'onde 0,60 µm (jaune) et 0,48 µm (bleu).

1 Depuis le centre de la figure d'interférence, les franges brillantes des deux radiations coïncident une première fois après :

a 4 franges jaunes et 5 franges bleues ;

b 2 franges jaunes et 3 franges bleues ;

c 3 franges bleues et 2 franges jaunes ;

d 5 franges jaunes et 4 franges bleues.

2 Sur le plan d'observation, cette première coïncidence s'observe à une distance du centre de la figure :

a $x = 3{,}0$ cm — b $x = 2{,}4$ cm

c $x = 2{,}4$ mm — d $x = 3{,}0$ mm

3 L'observation de cette figure d'interférence montre que :

a les radiations jaune et bleue sont cohérentes ;

b les sources S_1 et S_2 sont cohérentes ;

c la source S_0 est monochromatique.

COURS INTERROS CORRIGÉS

Partie II - Une source S ponctuelle et monochromatique, de longueur d'onde $\lambda = 650$ nm, éclaire un carton opaque percé d'un trou carré de côté $a = 0,1$ mm et de centre H.

À une distance $\ell = 20$ cm du carton et parallèlement à celui-ci est placé un écran d'observation perpendiculaire à l'axe SH, sur lequel est observée une figure de diffraction.

1 La tache centrale de cette figure de diffraction est :

- **a** un cercle de rayon $r = 1,6$ mm ;
- **b** un carré de côté $b = 1,6$ mm ;
- **c** un cercle de rayon $r = 2,6$ mm ;
- **d** un carré de côté $b = 2,6$ mm.

2 Si on divise a par 5, la grandeur caractéristique de la figure de diffraction (b ou r) :

- **a** est divisée par 5 ;
- **b** est multipliée par 5 ;
- **c** n'est pas modifiée.

Partie III - Une voiture éclaire un observateur dont la pupille de l'œil a un diamètre de 6 mm. Les phares sont équipés de lampes supposées monochromatiques et ponctuelles, de longueur d'onde $\lambda = 600$ nm et espacées de 150 cm.

L'œil peut distinguer ces lampes jusqu'à une distance de :

- **a** 12 km
- **b** 6 km
- **c** 26 km
- **d** 250 m

Partie IV - Deux étoiles E_1 et E_2 présentent un écart angulaire α de 0,15 seconde d'arc pour un observateur terrestre :

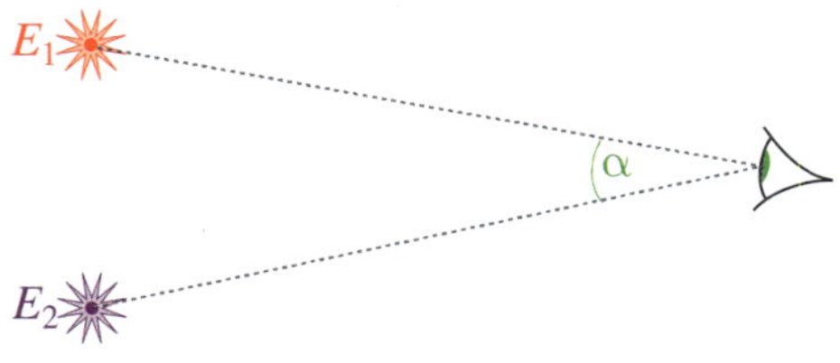

Ces étoiles sont observées à travers un télescope muni d'un filtre optique de longueur d'onde $\lambda = 600$ nm.

Pour séparer ces deux étoiles, le télescope doit posséder un rayon minimum :

- **a** $R = 1$ m
- **b** $R = 50$ cm
- **c** $R = 25$ cm
- **d** $R = 2$ m

3 Diffraction ou pas ?

★ 10 min Corrigé p. 379

Lycée Hoche, Versailles

On fait passer un faisceau de lumière monochromatique à travers une fente de largeur a. On dispose un écran à 2 m de la fente. La longueur d'onde du faisceau est $\lambda = 0{,}52$ µm.

L'expression donnant la largeur caractéristique L du faisceau diffracté à une distance D de l'obstacle est :

$$L = \frac{D\lambda}{a}.$$

1. Qu'est-ce qu'une lumière monochromatique ?
2. La largeur de la fente est $a = 3$ mm. Observe-t-on une « tache de diffraction » sur l'écran ?
3. La largeur de la fente est à présent $a = 0{,}1$ mm. Observe-t-on cette fois-ci un phénomène de diffraction sur l'écran ?
4. Expliquer pourquoi il serait judicieux de prendre un laser de lumière rouge plutôt qu'une autre couleur pour observer le phénomène de diffraction dans les expériences précédentes.

4 Diamètre d'un fil d'araignée

★ 15 min Corrigé p. 381

Lycée Bourdelle, Montauban

Un biologiste veut mesurer le diamètre d'un fil d'araignée. Pour ce faire, il le dispose dans le faisceau d'un laser He-Ne de longueur d'onde $\lambda = 628$ nm et observe l'image de diffraction sur un écran placé à la distance D.

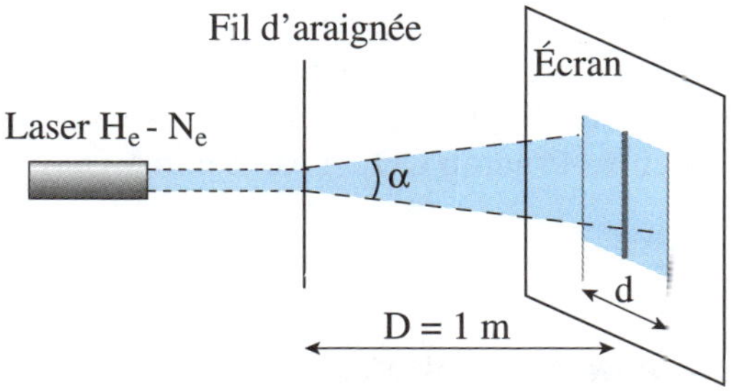

Sachant que l'angle caractéristique du faisceau diffracté est donné par $\alpha \approx \frac{\lambda}{r}$ où r est le rayon du fil d'araignée, et que le biologiste mesure une tache de largeur caractéristique $d = 1{,}4$ cm sur l'écran, quel est le diamètre du fil d'araignée ?

Indication :

Pour tout petit angle α, on peut considérer que l'on a : $\tan\alpha \approx \alpha$, lorsque α est exprimé en radian.

5 Miroirs de Fresnel ★★ 25 min

Corrigé p. 381

Lycée Rabelais, Meudon

On considère le dispositif de la figure ci-après.

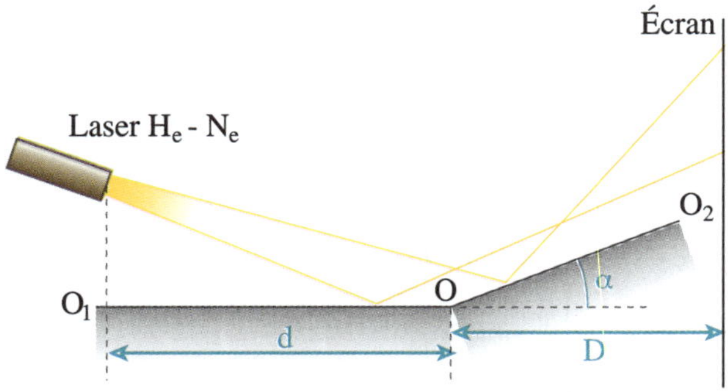

Les deux miroirs plans (OO_1) et (OO_2) font entre eux un très petit angle α.

On les éclaire en incidence rasante à l'aide d'un laser He-Ne de longueur d'onde $\lambda = 628$ nm. Le laser se trouve à une distance d de l'arête commune O des miroirs, et on observe la figure d'interférence sur un écran situé à une distance D de cette arête.

1 Montrer que ce dispositif est équivalent à un dispositif de trous d'Young.

2 En déduire la valeur de l'interfrange.

Données :

$d = 25$ cm $\qquad D = 50$ cm $\qquad \alpha = 5$ minutes d'arc

Indications :

Il y a 60 minutes d'arc dans un degré.
On admettra qu'on peut considérer que les rayons arrivant sur l'écran sont issus de deux sources S_1 et S_2 qui sont respectivement les symétriques de la sortie S du laser par le miroir OO_1 et par le miroir OO_2.

6 Interférences ★★★ 75 min

Corrigé p. 383

Baccalauréat Nouvelle Calédonie 1964

Une source S éclaire deux fentes F_1 et F_2, fines, parallèles et distantes l'une de l'autre de 2 mm. La source S se trouve sur la perpendiculaire au plan des fentes, à égale distance de chacune d'elles (voir figure ci-après). Un écran est placé à la distance $D = 3$ m du plan des fentes.

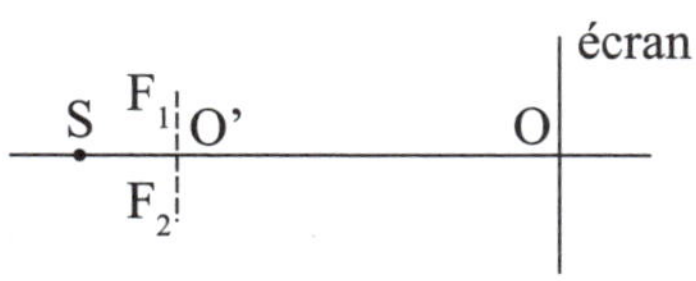

1 On éclaire la source en lumière monochromatique de longueur d'onde λ. Des franges d'interférences apparaissent sur l'écran et l'on compte 5 franges brillantes de part et d'autre de la frange centrale O, occupant dans leur ensemble une longueur $b = 9$ mm. En déduire λ.

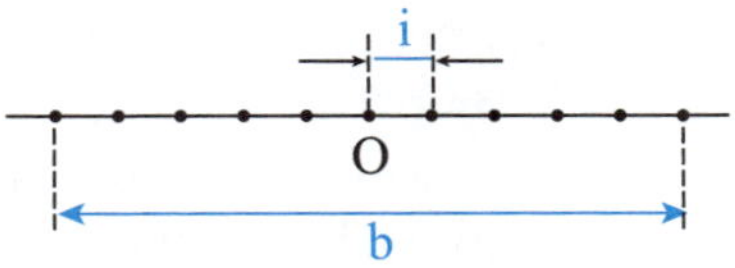

2 Avec quelle approximation connaît-on λ, sachant que b a été mesuré à 0,1 mm près, F_1F_2 à 0,1 mm près et D à 1 cm près ?

3 On place alors devant la fente F_1 une lame à faces parallèles d'épaisseur 60 micromètres et d'indice de réfraction $n = 1{,}5$. De combien et dans quel sens se déplace la frange centrale ?

4 On éclaire la source en lumière blanche, la lame précédente étant enlevée. Qu'observe-t-on sur l'écran ?

5 On place la fente d'un spectroscope à 5 mm du point O, où se reforme la frange centrale (le rôle de ce spectroscope est d'analyser la lumière au point où il se trouve, chaque radiation correspondant une frange noire donnera une cannelure noire). Donner le nombre et la longueur d'onde de ces cannelures, les limites du spectre visible étant 0,4 µm et 0,7 µm.

Indications : on pourra utiliser l'approximation suivante :

$$\sqrt{1+\varepsilon} \approx 1 + \varepsilon/2,$$

valable quand la valeur absolue de ε est beaucoup plus petite que l'unité.

1 QCM Vérification des connaissances

Enoncé p. 371

1 Réponse [a]. L'interfrange augmente avec la longueur d'onde puisque $i = \frac{D\lambda}{a}$.

2 Réponse [a]. Les franges s'éloignent, puisque i est inversement proportionnel à a.

3 Réponse [a]. On observe une frange claire puisque la différence de marche est nulle, pour des raisons de symétrie.

4 Réponse [a]. Si l'ouverture est plus grande que la longueur d'onde, l'onde n'est pas diffractée.

5 Réponse [b]. L'ouverture diffracte préférentiellement les grandes longueurs d'onde (supérieures à sa taille), donc les sons suffisamment graves.

6 Réponse [b]. Les sons vont être diffractés typiquement lorsque leur longueur d'onde sera plus grande que le diamètre de l'ouverture, soit 34 cm. Puisqu'en une seconde, les ondes sonores parcourent 1000 fois cette distance (soit 340 m), cela correspond à une fréquence de 1000 Hz.

2 QCM Propriétés des ondes

Enoncé p. 371

Partie I.

1 Sur l'écran sont produites les franges d'interférence rectilignes, situées aux abscisses verticales :

$$x = p \times \frac{\lambda D}{a}$$

où λ désigne la longueur d'onde du rayonnement lumineux. Ainsi, en utilisant un rayonnement composé des longueurs d'onde $\lambda_j = 0{,}60$ µm (jaune) et $\lambda_b = 0{,}48$ µm (bleu), deux figures d'interférence sont observables (en traits pleins pour le jaune et en pointillés pour le bleu, sur la figure suivante) :

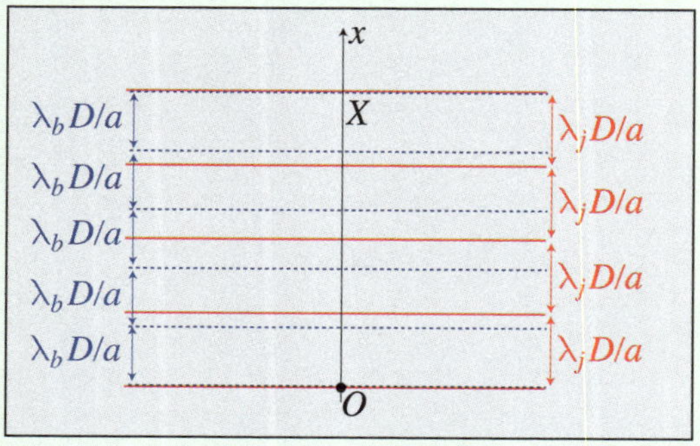

À une abscisse X, deux franges brillantes jaune et bleue se superposent une première fois s'il existe deux entiers (les plus petits) p_j et p_b tels que :

$$X = p_j \lambda_j \frac{D}{a} \text{ et } X = p_b \lambda_b \frac{D}{a} \quad (4)$$

c'est-à-dire si :

$$\frac{aX}{D} = p_j \lambda_j = p_b \lambda_b \Rightarrow \frac{p_b}{p_j} = \frac{\lambda_j}{\lambda_b} = \frac{0{,}60.10^{-6}}{0{,}48.10^{-6}} = 1{,}25$$

$$\Rightarrow p_b = 1{,}25 \times p_j. \quad (5)$$

Pour les premières valeurs entières non nulles de p_j, évaluons les valeurs de p_b vérifiant cette relation :

p_j	1	2	3	4	5	...
p_b	1,25	2,50	3,75	5	6,25	...

Il apparaît ainsi que les plus petites valeurs entières positives liées par l'identité (5) sont :

$p_j = 4$ franges jaunes et $p_b = 5$ franges bleues (réponse **a**).

2 Étant donné que $p_j \lambda_j = p_b \lambda_b$, les relations (4) fournissent l'abscisse à laquelle des franges jaune et bleue coïncident une première fois :

$$X = p_j \lambda_j \frac{D}{a} = 4 \times 0{,}60.10^{-6} \times \frac{2}{2.10^{-3}} \Rightarrow X = 2{,}4.10^{-3}$$

$$= 2{,}4 \text{ mm (réponse } \mathbf{c}\text{)}.$$

3 La source S_0 ne peut pas être monochromatique puisqu'elle contient des radiations de longueurs d'onde différentes. En outre ces radiations ne sont pas cohérentes (ne possédant pas la même fréquence, elles ne peuvent pas interférer, mais seulement additionner leurs intensités). Cependant, pour chacune des longueurs d'onde λ_j ou λ_b apparaît une figure d'interférence sur l'écran, ce qui n'est possible que si les sources S_1 et S_2 sont mutuellement cohérentes (réponse **b**).

Partie II.

1 Un trou carré produit, sur l'écran, une figure de diffraction qui possède les mêmes symétries que le trou, c'est-à-dire un carré ; l'intensité lumineuse I s'annule alors une première fois à une distance $X = \dfrac{\lambda \ell}{a}$ du centre O de la figure de diffraction :

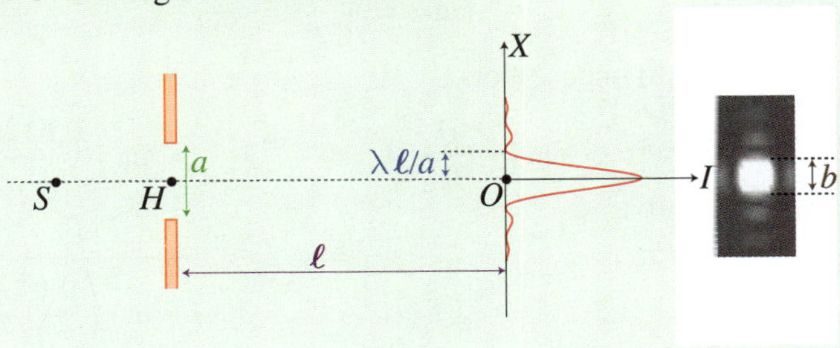

Par suite, la figure de diffraction est un carré de côté :

$$b = 2 \times \frac{\lambda \ell}{a} = \frac{2 \times 650.10^{-9} \times 0{,}2}{0{,}1.10^{-3}} \Rightarrow b = 2{,}6.10^{-3}\ \text{m}$$
$$= 2{,}6\ \text{mm (réponse } \boxed{\text{d}}\text{)}.$$

2 D'après ce qui précède, un carré de côté $a' = \frac{a}{5}$, percé dans le carton, produit dans les mêmes conditions une figure de diffraction carrée de côté :

$$b' = \frac{2\lambda\ell}{a'} = \frac{2\lambda\ell}{a} \times 5 \Rightarrow b' = 5b \text{ (réponse } \boxed{\text{b}}\text{)}.$$

Partie III. Soient P_1 et P_2 les deux phares supposés ponctuels, distants de $P_1P_2 = 1{,}5$ m et soit P le milieu du segment $[P_1P_2]$. Le plan vertical qui contient P_1, P_2 et P est éloigné d'une distance L de la pupille, dont le diamètre $D = 6$ mm $= 6.10^{-3}$ m définit le rayon $R = \frac{D}{2}$.

Chacun des phares produit à l'intérieur de l'œil (sur la rétine) une tache de largeur angulaire $\Delta\theta = \frac{1{,}22\,\lambda}{R}$, centrée respectivement sur O_1 et O_2 :

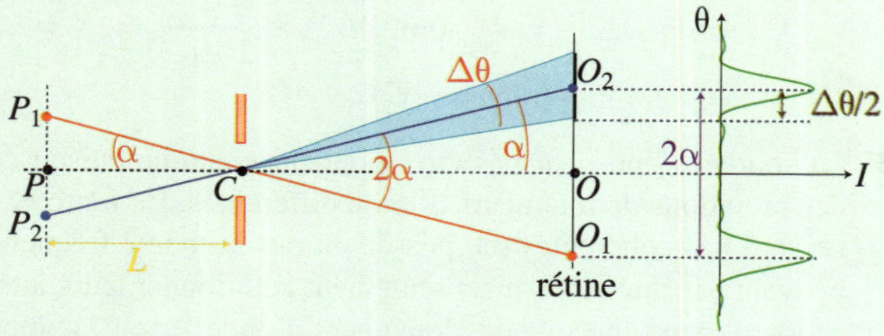

Le critère de RAYLEIGH stipule que ces deux taches sont perçues comme distinctes si leur distance angulaire 2α est supérieure à la largeur $\frac{\Delta\theta}{2}$:

$$2\alpha > \frac{\Delta\theta}{2} = \frac{0{,}61\,\lambda}{R} \Rightarrow \alpha > \frac{0{,}61\,\lambda}{2R} \Rightarrow \alpha > \frac{0{,}61\,\lambda}{D}. \qquad (6)$$

Soit C le centre de la pupille qui définit, avec P et P_1, un triangle rectangle dans lequel :

$$\tan\alpha = \frac{P_1P}{CP} = \frac{P_1P_2}{2L}.$$

La relation (6) impose alors :

$$\tan\alpha > \tan\left(\frac{0{,}61\,\lambda}{D}\right) \Rightarrow \frac{P_1P_2}{2L} > \tan\left(\frac{0{,}61\,\lambda}{D}\right)$$
$$\Rightarrow L < \frac{P_1P_2}{2 \times \tan\left(\frac{0{,}61\,\lambda}{D}\right)},$$

ce qui signifie aussi que, pour que ses deux phares soient séparés par l'œil, la voiture doit se trouver à moins de :

$$L_{\max} = \frac{1{,}5}{2 \times \tan\left(\frac{0{,}61 \times 600.10^{-9}}{6.10^{-3}}\right)} = 12\,295 \text{ m (réponse } \boxed{a}\text{)}.$$

Partie IV. Chaque étoile produit, dans le plan d'observation, une tache d'Airy de diamètre angulaire $\Delta\theta = \frac{1{,}22\,\lambda}{R}$:

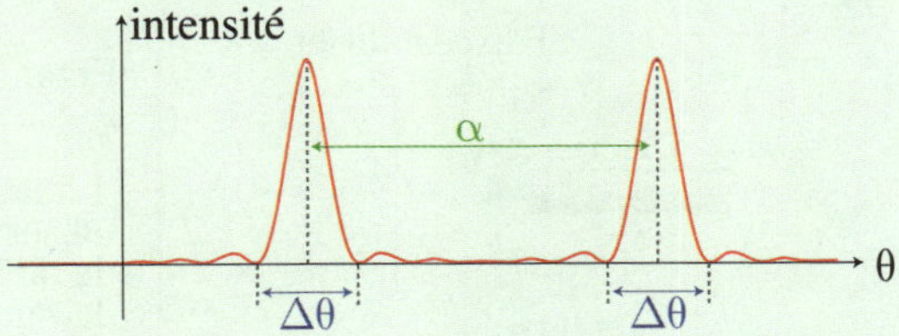

Pour que ces étoiles soient séparées au cours de leur observation, il faut que leur écart angulaire α soit supérieur au « rayon » de la tache d'Airy :

$$\alpha > \frac{\Delta\theta}{2} = \frac{0{,}61\,\lambda}{R} \Rightarrow R > \frac{0{,}61\,\lambda}{\alpha} = R_{\min}.$$

Le rayon du télescope doit donc excéder une valeur $R_{\min}$ qui dépend de l'angle α exprimé en radian. Or :

$$1° = 3\,600 \text{ secondes} \Rightarrow 1 \text{ seconde} = \frac{1}{3\,600} \text{ degré}$$

tandis que :

$$180° = \pi \text{ rad} \Rightarrow 1° = \frac{\pi}{180} \text{ rad} \Rightarrow 1 \text{ seconde} = \frac{1}{3\,600} \times \frac{\pi}{180} \text{ rad.}$$

C'est pourquoi :

$$\alpha = 0{,}15'' = \frac{0{,}15 \times \pi}{3\,600 \times 180} \simeq 7{,}3.10^{-7} \text{ rad}$$

$$\Rightarrow R_{\min} = \frac{0{,}61 \times 600.10^{-9}}{7{,}3.10^{-7}} = 0{,}50 \text{ m} = 50 \text{ cm (réponse } \boxed{b}\text{)}.$$

3 Diffraction ou pas ?

Enoncé p. 373

Lycée Hoche, Versailles

1 Une lumière monochromatique est une lumière dont toutes les radiations ont la même longueur d'onde. C'est le cas de la lumière d'un laser.

2 Raisonnons par l'absurde et supposons qu'il apparaît une tache de diffraction sur l'écran et calculons la largeur caractéristique qu'elle doit avoir. La formule donnée dans l'énoncé donne :

$$L = \frac{D\lambda}{a} = \frac{2 \times 0{,}52 \times 10^{-6}}{3 \times 10^{-3}} = 3 \cdot 10^{-4} \text{ m} = 0{,}3 \text{ mm.}$$

On trouve que la largeur de la tache de diffraction est nettement inférieure à la largeur de la fente. C'est absurde puisque lorsqu'un faisceau de lumière est diffracté, il s'« ouvre » et la tache de diffraction est donc dans tous les cas plus large que la fente. Cela signifie, dans le cas présent, que la fente est trop large pour que le faisceau soit diffracté, et donc la formule de l'énoncé, qui suppose qu'il y a diffraction, n'est pas valable dans ces conditions. La tache qu'on observe donc sur l'écran est simplement la projection de la fente, et a pour largeur celle de la fente, comme on le voit sur la figure ci-dessous.

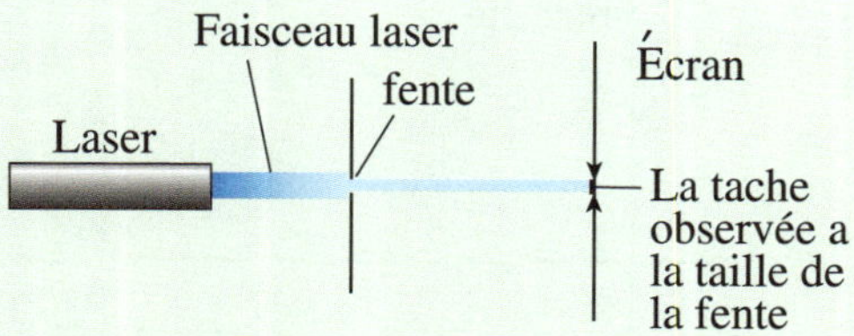

3 Raisonnons comme à la question précédente et calculons la largeur caractéristique que doit avoir la tache de diffraction. On a :

$$L = \frac{D\lambda}{a} = \frac{2 \times 0{,}52 \times 10^{-6}}{10^{-4}} = 10^{-2}\ \text{m} = 1\ \text{cm}.$$

Cette fois, cette largeur est nettement supérieure à celle de la fente. Celle-ci est donc à présent suffisamment étroite pour diffracter le faisceau, et on observe bien une tache de diffraction sur l'écran.

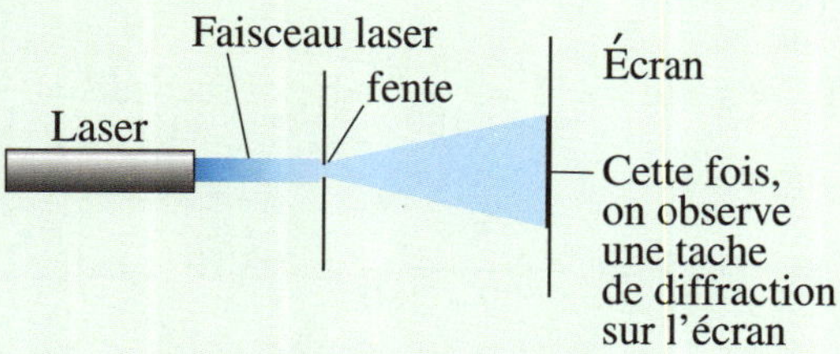

4 On voit d'après la formule donnée dans l'énoncé que le diamètre de la tache de diffraction est proportionnel, pour une géométrie donné (a et D fixés), à la longueur d'onde. Donc, pour que le phénomène de diffraction puisse se manifester avec une fente qui ne soit pas trop petite, on a intérêt à prendre la plus grande longueur d'onde possible du domaine visible, donc à travailler avec des radiations monochromatiques de couleur rouge (qui ont une grande longueur d'onde).

4 Diamètre d'un fil d'araignée

Enoncé p. 373

Lycée Bourdelle, Montauban

On représente la situation sur la figure ci-après

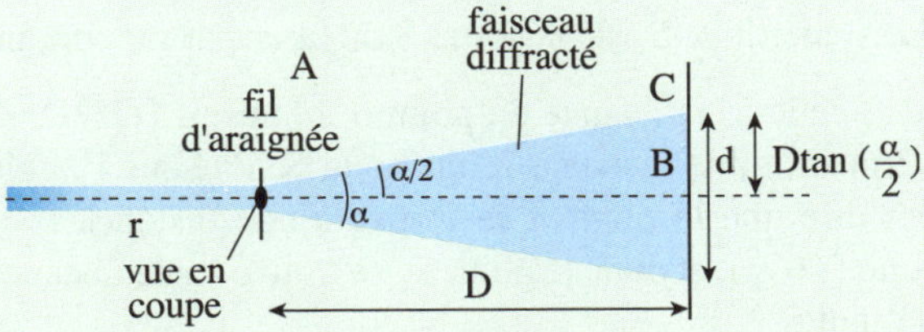

On peut écrire, en considérant le triangle ABC, rectangle en C :

$$d = 2D\tan\left(\frac{\alpha}{2}\right).$$

Or l'angle α est petit, donc on a :

$$d \simeq 2D \times \frac{\alpha}{2} = D\alpha \simeq \frac{D\lambda}{r}$$

d'où l'on déduit :

$$r \simeq \frac{D\lambda}{d} = \frac{1 \times 628 \times 10^{-9}}{1{,}4 \times 10^{-2}} = 4{,}5 \times 10^{-5}\ \text{m} \simeq 0{,}05\ \text{mm}.$$

Le diamètre du fil est donc égal à $2r = 0{,}1$ mm.

POUR ALLER PLUS LOIN

L'énoncé de cet exercice nous permet de déduire que la figure de diffraction d'un obstacle d'une certaine largeur a les mêmes propriétés que la figure de diffraction d'une fente de même largeur. Cette propriété porte un nom, il s'agit du principe de Babinet.

5 Mirois de Fresnel

Enoncé p. 374

Lycée Rabelais, Meudon

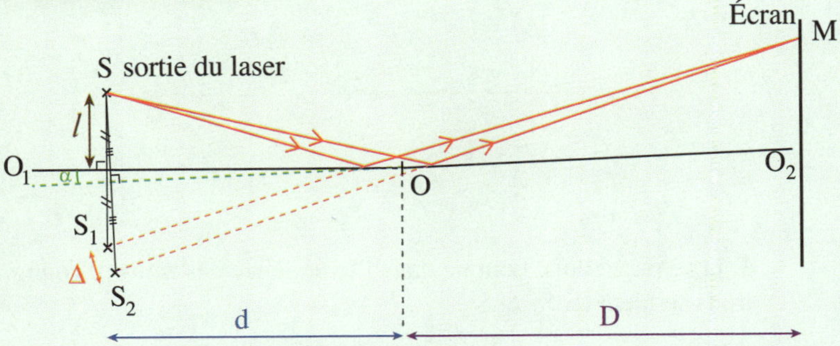

1 Les ondes lumineuses parvenant sur l'écran au niveau du point M de la figure 5 peuvent parvenir de deux sources différentes :

- Le symétrique S_1 de la sortie S du laser par rapport au miroir $(O O_1)$;
- Le symétrique S_2 de la sortie S du laser par rapport au miroir $(O O_2)$.

On appelle l la distance du point S au miroir $(O O_1)$. Alors le point S_1 se trouve à une distance $2l$ du point S. Puisque l'angle α est petit, on peut dire que le point S se trouve à une distance $l' = l + \alpha d$ de la droite $(O O_2)$, et donc le point S_2 se trouve à une distance $2l' = 2l + 2\alpha d$ du point S.

MÉTHODE

On utilise ici la propriété qu'un angle petit, exprimé en radians, peut être confondu avec sa tangente ou son sinus.

Par conséquent les points S_1 et S_2 se trouvent à une distance

$$\Delta = 2l' - 2l = 2\alpha d$$

l'un de l'autre, et dans la limite d'un petit angle α, la droite (S_1S_2) tend à être perpendiculaire à la droite $(O O_1)$.

L'application numérique donne ici :

$$\Delta = 2 \times \frac{5}{60} \times \frac{\pi}{180} \times 0{,}25 = 7{,}3 \times 10^{-4}\ \text{m} = 0{,}73\ \text{mm}.$$

Ces sources sont synchrones car elles sont issues d'une même source physique (le laser placé en S) à partir d'un même dispositif (la réflexion sur un miroir).

Le dispositif des miroirs de Fresnel se réduit, d'après ce que nous avons vu à la première question, à deux sources S_1 et S_2 synchrones ponctuelles séparées par une petite distance Δ, et telles que $(S_1 S_2)$ soit parallèle à l'écran sur lequel on réalise l'observation.

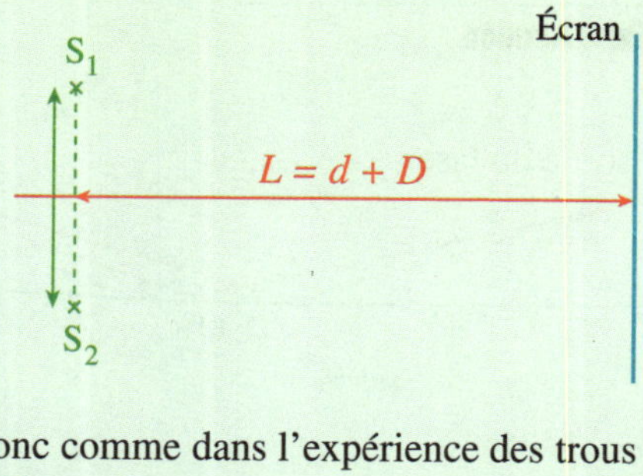

Tout se passe donc comme dans l'expérience des trous d'Young, où les trous seraient ici S_1 et S_2.

2 Dans l'expérience des trous d'Young, la valeur de l'interfrange est donnée par :

$$i = \frac{L\lambda}{\Delta}$$

donc ici nous avons :

$$i = \frac{(D+d)\lambda}{\Delta} = \frac{(0{,}5+0{,}25)\times 628\times 10^{-9}}{7{,}3\times 10^{-4}} = 6{,}4{\cdot}10^{-4}\ \text{m} = 0{,}6\ \text{mm}.$$

La valeur de l'interfrange est de 0,6 mm.

6 Interférences

Enoncé p. 374

Baccalauréat Nouvelle Calédonie 1964

1 Commençons par évaluer l'interfrange i. On a 5 franges brillantes de part et d'autre de la frange centrale, donc on a au total 11 franges et 10 interfranges sur la longueur b. On a donc :

$$i = \frac{b}{10} = 0{,}9\ \text{mm}.$$

D'après le cours, nous avons la relation suivante entre d, la distance des fentes, D, i et λ :

$$i = \frac{\lambda D}{d},$$

d'où l'on déduit :

$$\lambda = \frac{id}{D} = \frac{0{,}9\cdot 10^{-3}\times 2\cdot 10^{-3}}{3} = 6\cdot 10^{-7}\ \text{m} = 0{,}6\ \mu m.$$

2 De la relation précédente, pour des erreurs relatives petites, on peut écrire :

$$\frac{\delta\lambda}{\lambda} = \frac{\delta i}{i} + \frac{\delta d}{d} + \frac{\delta D}{D},$$

où δi, δd et δD sont respectivement l'erreur de mesure sur i, d et D. Nous ne connaissons par l'erreur δi sur l'interfrange, mais nous connaissons celle sur b. Or

$$i = \frac{b}{10}$$

donc

$$\frac{\delta i}{i} = \frac{\delta b}{b}.$$

L'application numérique donne :

$$\frac{\delta\lambda}{\lambda} = \frac{0{,}1}{9} + \frac{0{,}1}{2} + \frac{0{,}01}{3}.$$

MÉTHODE

Notons qu'il n'est pas nécessaire de convertir toutes les longueurs dans les mêmes unités, puisque chaque terme est un quotient de longueurs. Il suffit pour chaque terme que le numérateur et le dénominateur soient exprimés dans les mêmes unités.

On note que l'essentiel de l'erreur provient de l'erreur sur la mesure de la distance entre les fentes (deuxième terme dans la somme page précédente). Nous obtenons :

$$\frac{\delta\lambda}{\lambda} = 0{,}064$$

soit :

$$\delta\lambda = 0{,}06 \times 0{,}6 = 0{,}0384\ \mu m.$$

Ce résultat, tel quel, contient trop de chiffres significatifs. Il convient ici d'en garder au plus deux. Toutefois, nous n'allons pas arrondir le résultat au nombre inférieur, bien qu'il se termine par un 4, mais au nombre supérieur, puisqu'il s'agit ici d'une incertitude. Nous voulons être certain que la valeur réelle tombe dans l'intervalle que nous allons donner, aussi convient-il de prendre le nombre à deux chiffres significatifs immédiatement supérieur :

$$\lambda = 600 \pm 39 \text{ nm}.$$

3 On rallonge le chemin optique des rayons passant par F_1. La frange centrale est obtenue à l'endroit où les chemins optiques des rayons issus des deux fentes sont égaux : la frange centrale doit donc se déplacer vers le haut. Le chemin optique du rayon à travers la lame est ne (on néglige l'inclinaison du rayon pour un chemin aussi court). Le chemin optique du rayon sur la même région, avant insertion de la lame, était simplement e. L'insertion de la lame augmente donc le chemin optique des rayons issus de F_1 de la quantité $(n-1)e$.

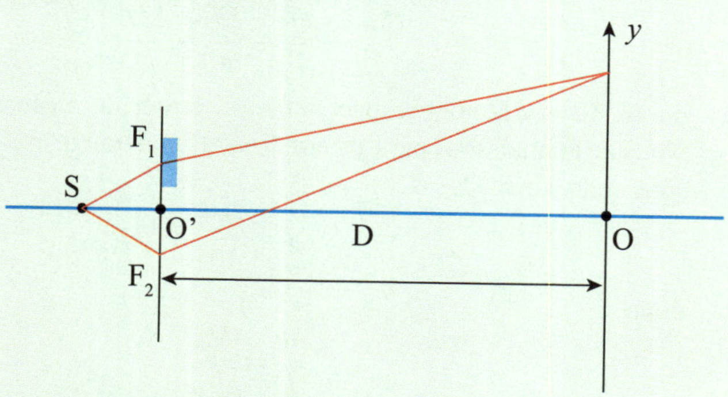

On calcule le chemin optique l_1 des rayons issus de F_1 :

$$l_1 = \sqrt{D^2 + \left(y - \frac{a}{2}\right)^2} + (n-1)e$$

qui s'écrit encore :

$$l_1 = D\sqrt{1 + \left(\frac{y - a/2}{D}\right)^2} + (n-1)e.$$

On utilise à présent la relation approchée $\sqrt{1+\varepsilon} \approx 1 + \varepsilon/2$, valable quand $|\epsilon| \ll 1$ (le symbole $\ll$ signifie « très petit devant »). C'est ici le cas, puisque tant y que a sont petits devant D. Nous avons donc :

$$l_1 = D + \frac{(y - a/2)^2}{2D} + (n-1)e.$$

Le calcul du chemin optique l_2 des rayons issus de F_2 est similaire, à ceci près qu'il n'a pas de terme supplémentaire (pas de lame de verre devant F_2), et que l'on remplace $a/2$ par $-a/2$ dans la relation ci-dessus. On obtient :

$$l_2 = D + \frac{(y + a/2)^2}{2D}.$$

La différence de marche $\Delta = l_1 - l_2$ est donc :

$$\Delta = \frac{(y - a/2)^2}{2D} - \frac{(y + a/2)^2}{2D} + (n-1)e.$$

En utilisant l'égalité $a^2 - b^2 = (a-b)(a+b)$, on obtient :

$$\Delta = -\frac{ay}{D} + (n-1)e.$$

La frange centrale s'obtient pour $\Delta = 0$ soit :

$$y = \frac{(n-1)eD}{a}.$$

L'application numérique donne :

$$y = \frac{(1{,}5 - 1) \times 60 \cdot 10^{-6} \times 3}{2 \cdot 10^{-3}} = 4{,}5 \cdot 10^{-2}\ \text{m} = 4{,}5\ \text{cm}.$$

La frange centrale monte de 4,5 cm.

4 À chaque longueur d'onde, on a un système de franges avec un interfrange différent, chaque système étant centré sur le point O. Au voisinage de la frange centrale, on observe des franges colorées, et lorsqu'on s'éloigne suffisamment de ce point, les franges aux différentes longueur d'onde ne sont plus du tout en phase et on obtient un « blanc d'ordre supérieur ». Nous reviendrons sur ce concept à la fin de la question suivante.

5 Une cannelure est obtenue quand la différence de marche entre deux rayons peut s'écrire $(k + 1/2)\lambda$, où k est un entier relatif quelconque. On a donc :

$$-\frac{ay}{D} = \left(k + \frac{1}{2}\right)\lambda$$

soit encore :

$$\lambda = -\frac{ay}{D(k + 1/2)}. \qquad (7)$$

Il nous reste à déterminer pour quelle(s) valeur(s) de k ces valeurs de longueur d'onde sont comprises dans le domaine visible. On appelle $\lambda_1 = 0{,}4$ µm la limite inférieure du domaine visible, et $\lambda_2 = 0{,}7$ µm la limite supérieure. On veut :

$$\lambda_1 < -\frac{ay}{D(k+1/2)} < \lambda_2.$$

En prenant l'inverse il vient :

$$\frac{1}{\lambda_1} > -\frac{D(k+1/2)}{ay} > \frac{1}{\lambda_2}.$$

ce qui s'écrit au final :

$$-\frac{ay}{D\lambda_1} - \frac{1}{2} < k < -\frac{ay}{D\lambda_2} - \frac{1}{2}. \qquad (8)$$

L'application numérique donne ici :

$$-\frac{(2\times 10^{-3})\times(5\times 10^{-3})}{3\times(4\times 10^{-7})} - \frac{1}{2} < k < -\frac{(2\times 10^{-3})\times(5\times 10^{-3})}{3\times(7\times 10^{-7})}.$$

MÉTHODE

Pour des résultats corrects, il faut exprimer toutes les distances dans la même unité dans les inégalités ci-dessus. Nous avons choisi de les exprimer en mètre.

Nous obtenons :

$$-8{,}8 < k < -5{,}3.$$

Nous avons donc 3 valeurs entières de k admissibles : $k_1 = -8$, $k_2 = -7$ et $k_3 = -6$. Pour chacune de ces valeurs, on peut utiliser l'équation (7) pour inférer la longueur d'onde. On trouve :

$$\lambda_1 = 0{,}44 \text{ µm}$$
$$\lambda_2 = 0{,}51 \text{ µm}$$
$$\lambda_3 = 0{,}61 \text{ µm}$$

On peut mieux comprendre ici l'origine du concept de blanc d'ordre supérieur. On voit sur l'inégalité (8) que les limites admissibles pour k croissent lorsque y augmente. On a donc de plus en plus de cannelures dans le spectre au fur et à mesure que l'on s'éloigne de la frange centrale. Tant que le nombre de cannelures est petit, on a autour des cannelures des régions de grande largeur qui ont une faible intensité, et la lumière résultante est teintée. En revanche, quand le nombre de cannelures est grand, toutes les régions du spectre visible sont représentées de manière égale (les cannelures étant serrées et régulièrement espacées), et on obtient une teinte uniforme blanche.

Chapitre 18

Effet Doppler

Plan du chapitre

1 Introduction

Exercice type — Lycée Victor Duruy, Paris

Deux observateurs sont situés de part et d'autre d'un véhicule en mouvement qui possède une sirène émettant un son de fréquence au repos f_0. L'observateur de gauche perçoit un son de fréquence $f_1 = 7{,}0 \times 10^2$ Hz. et l'observateur de droite un son de fréquence $f_2 = 6{,}0 \times 10^2$ Hz.

1. Le véhicule se déplace-t-il vers la gauche ou la droite ?
2. Quelle est la vitesse v du véhicule ?
3. Quelle est la fréquence au repos f_0 de la sirène ?

Indications :
La vitesse du son est $c_s = 340$ m.s^{-1}.
La fréquence perçue f est donnée par :

$$f = \frac{f_0}{1 + v/c_s},$$

où v est positive si le véhicule s'éloigne, et négative s'il se rapproche.

Voir corrigé page 397

Ce chapitre présente un effet physique d'importance considérable, ayant de nombreuses applications, de la médecine à l'astrophysique : l'effet Doppler (du nom du physicien autrichien Christian Doppler, 1803-1853), parfois également appelé effet Doppler-Fizeau (du nom du physicien français Hippolyte Fizeau, 1819-1896).

2 Effet Doppler

2.1 Représentation schématique dans le cas des ondes sonores

Retrouvez une animation sur l'effet Doppler en vidéo avec Nathan Live.

Supposons qu'un objet en mouvement par rapport à un observateur émette une onde sonore de fréquence f_0. L'observateur recevant cette onde mesure une fréquence f différente de la fréquence émise. La différence entre la fréquence f et la fréquence f_0, que l'on appelle le décalage Doppler, dépend de la vitesse de l'objet. De manière similaire, la longueur d'onde observée est également différente de la longueur d'onde que l'on obtiendrait si l'objet était au repos. La figure suivante illustre cette situation. Sur cette figure, les cercles représentent des « fronts d'onde ». Pour fixer les idées nous pouvons imaginer que ces fronts d'onde correspondent aux maxima du signal associé à l'onde (maximum de la pression acoustique).

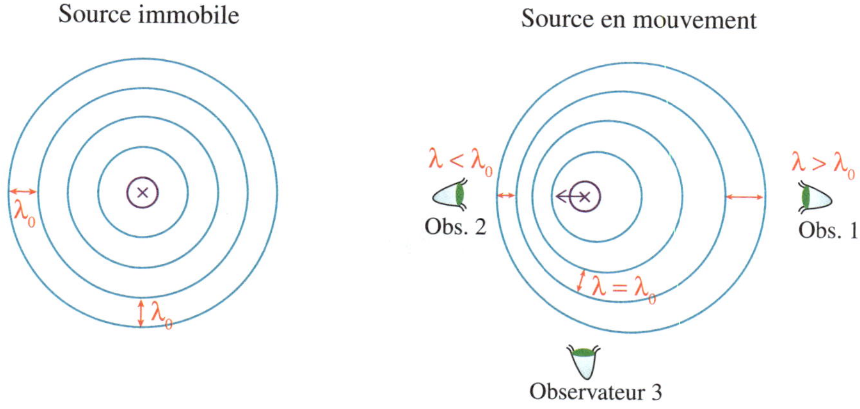

On voit sur la figure que lorsque la source s'éloigne (cas de l'observateur 1), les ondes émises par la source ont une longueur d'onde apparente λ plus grande que leur longueur d'onde au repos λ_0. Réciproquement, si la source se rapproche (cas de l'observateur 2), les ondes émises par la source ont une longueur d'onde apparente λ inférieure à leur longueur d'onde au repos λ_0. Enfin, lorsque la source reste sensiblement à distance constante (cas de l'observateur 3), on voit que la longueur d'onde des ondes émises par la source est sensiblement égale à la longueur d'onde au repos. De manière plus générale, le décalage Doppler des ondes émises par la source dépend de la vitesse à laquelle la source s'approche ou s'éloigne de l'observateur, que l'on appelle la vitesse radiale de la source. Son expression est :

$$v_r = \frac{\vec{v}.\overrightarrow{OS}}{OS},$$

où O est l'observateur et S la source, qui se déplace à la vitesse $\vec{v}$ par rapport à O. On voit ainsi que la vitesse radiale est positive si la source s'éloigne ($\vec{v}$ et $\overrightarrow{OS}$ ont même sens) et négative dans le cas contraire.

2.2 Décalage Doppler

Nous allons établir l'expression du décalage Doppler pour un observateur fixe et une source en mouvement, dans le cas où l'observateur se situe sur l'axe de déplacement de la source (c'est-à-dire pour les observateurs 1 et 2 de la figure précédente). Pour fixer les idées, nous supposons comme au paragraphe précédent que l'onde est une onde sonore de vitesse c_s et que sa fréquence d'émission est f_0. Par conséquent, si la source était au repos, la longueur d'onde des ondes qu'elle émettrait serait :

$$\lambda_0 = \frac{c_s}{f_0}.$$

Nous notons $T_0 = 1/f_0$ la période de l'onde. C'est la durée séparant l'émission de deux maxima consécutifs de l'onde. Lorsque la source émet un front d'onde (maximum de pression) à un temps t, celui-ci se propage à la vitesse c_s, et, après une période de l'onde, se retrouve à la distance $c_s T_0 = c_s/f_0 = \lambda_0$ de la position de la source au temps t. Toutefois, au temps $t + T_0$, la source a bougé d'une quantité vT_0 : la longueur d'onde vue par l'observateur 1 est donc rallongée de cette quantité :

$$\begin{aligned}\lambda &= \lambda_0 + vT_0 \\ &= \lambda_0 + \frac{v}{f_0} \\ &= \lambda_0 + \frac{v}{c_s}\frac{c_s}{f_0} \\ &= \lambda_0 + \frac{v}{c_s}\lambda_0 \\ &= \lambda_0\left(1 + \frac{v}{c_s}\right).\end{aligned}$$

La fréquence perçue s'en déduit par :

$$f = \frac{c_s}{\lambda} = \frac{f_0}{1 + v/c_s}.$$

De manière similaire, la longueur d'onde vue par l'observateur 2 est raccourcie de vT_0. Pour cet observateur, on a donc :

$$\lambda = \lambda_0 - vT_0 = \lambda_0\left(1 - \frac{v}{c_s}\right).$$

La fréquence perçue par cet observateur vaut, quant à elle :

$$f = \frac{c_s}{\lambda} = \frac{f_0}{1 - v/c_s}.$$

Nous pouvons généraliser ces deux expressions en faisant appel à la vitesse radiale v_r de la source, c'est-à-dire la vitesse à laquelle la source s'éloigne de l'observateur.

Pour l'observateur 1, par exemple, elle vaut v, tandis qu'elle vaut $-v$ pour l'observateur 2. Entre la fréquence d'émission f_0 et la fréquence de réception f par l'observateur, on a la relation suivante :

$$f = f_0 \frac{1}{1 + \frac{v_r}{c_s}},$$

où c_s est la vitesse du son. De la même manière, entre la longueur d'onde au repos λ_0 et celle λ mesurée par l'observateur, on a la relation :

$$\lambda = \lambda_0 \left(1 + \frac{v_r}{c_s}\right).$$

À RETENIR

Le décalage Doppler est la différence entre la fréquence perçue par l'observateur et la fréquence qu'il percevrait si la source était immobile.

On note Δf le décalage Doppler sur la fréquence. On a donc :

$$\Delta f = f - f_0$$

On peut également utiliser le décalage Doppler $\Delta\lambda$ sur la longueur d'onde. En vertu de l'expression donnée précédemment pour la longueur d'onde, nous avons simplement :

$$\Delta\lambda = \lambda - \lambda_0 = \lambda_0 \frac{v_r}{c_s}$$

Exemple : on retrouve ici une expérience que l'on fait couramment avec les ondes sonores : la sirène d'un véhicule qui s'éloigne paraît plus grave ($f < f_0$ quand $v_r > 0$) que la fréquence au repos et celle d'un véhicule qui s'approche plus aiguë ($f > f_0$ quand $v_r < 0$).

2.3 Effet Doppler pour les ondes électromagnétiques

L'effet Doppler est un effet qui a lieu quel que soit le type d'onde considéré, qu'il s'agisse d'ondes sonores, d'ondes lumineuses, etc. Ci-dessus nous considérions des ondes sonores, et les formules donnant la longueur d'onde ou la fréquence perçues faisaient intervenir la vitesse du son.

L'effet Doppler sur les ondes électromagnétiques est de nature tout-à-fait similaire. La seule différence avec les formules données précédemment réside dans le fait que l'on doit remplacer la vitesse du son par la vitesse de la lumière.

L'effet Doppler sur les ondes électromagnétiques est très utilisé en astrophysique, car il permet de déterminer la vitesse radiale des sources. Il est également utilisé par les « radars » pour mesurer la vitesse des véhicules sur les routes, en utilisant le léger décalage des ondes électromagnétiques renvoyées par la carrosserie.

3 Un simulateur d'effet Doppler en Python

Nous nous proposons ici d'écrire un programme Python qui reproduit un son dont la fréquence varie dans le temps, de manière similaire à celle de l'onde sonore perçue par un observateur fixe au voisinage duquel passe un véhicule en mouvement.

3.1 Description du problème

Nous considérons la situation représentée sur la figure suivante. Un observateur est situé à l'origine. Une source sonore, initialement située aux coordonnées `x0` et `ystart`, a une trajectoire rectiligne uniforme à la vitesse v, parallèle à l'axe Oy. La plus petite distance d'approche de la source à l'observateur est donc |`x0`|. La source sonore émet une onde sinusoïdale de fréquence au repos f.

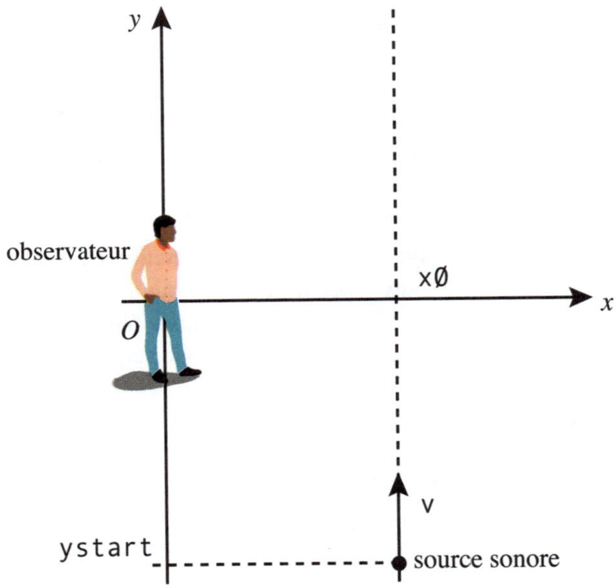

3.2 Préliminaire : une fonction Python qui « joue » un son

Nous avons besoin d'une fonction Python qui va reproduire un son correspondant à un tableau donné, qui représente la surpression acoustique ou la position de la membrane d'un haut-parleur en fonction du temps. Si les valeurs du tableau correspondent par exemple à une fonction sinusoïdale, le son émis sera un son pur de fréquence égale à celle de cette fonction. Les valeurs successives du tableau représentent le signal acoustique à différents instants, régulièrement espacés. Le nombre de valeurs qu'il y a dans une seconde est appelé le taux d'échantillonage, ou *sample rate* en anglais. Dans notre exemple ce taux d'échantillonage est par défaut de 22050 valeurs par seconde.

live! **En Python**

```
from pyaudio import PyAudio
def play_samples(samples, sample_rate=22050):
    p = PyAudio()
    stream = p.open(format=p.get_format_from_width(1),
                    channels=1,
                    rate=sample_rate,
                    output=True)
    stream.write(int8(samples))
    stream.stop_stream()
    stream.close()
    p.terminate()
```

Dans une installation de Python standard, le module `pyaudio` n'est généralement pas présent par défaut. Si vous utilisez `conda` pour gérer votre installation de Python (recommandé), il vous suffit d'utiliser la commande suivante pour l'installer : `conda install pyaudio` ou `pip install pyaudio`.

Chacune des valeurs du tableau est un nombre entier compris entre 0 et 255 inclus. On parle d'échantillonage sur 8 bits (en écriture binaire on a besoin de huit « chiffres » binaires ou *bits* pour écrire ces entiers : $2^8 = 256$).

Pour bien comprendre comment fonctionne notre fonction `play_samples`, imaginons que nous voulions lui faire reproduire un son pur à 440 Hz (correspondant à la note « la ») durant une seconde exactement. Il nous faut fabriquer un tableau de 22050 entiers qui tracent une sinusoïde ayant 440 périodes exactement. Une manière de procéder est la suivante :

live! **En Python**

```
temps = arange(22050)/22050.0
samples = sin (2*pi*440*temps)*127+128
play_samples (samples)
```

La fonction `arange(22050)` fabrique un tableau de 22050 entiers successifs, de 0 à 22049. En divisant la valeur de chacun des éléments de ce tableau par 22050 on obtient un tableau de nombres réels (`temps`) entre 0 et ≈ 1, qui correspond à la date de chaque échantillon. Les échantillons (`samples`) sont calculés sur la ligne suivante. Puisque les valeurs du signal sonore doivent être entre 0 et 255, on multiplie la valeur du sinus par 127, et on ajoute 128. Puisqu'un sinus est compris entre -1 et $+1$, on est certain d'obtenir un signal valant au moins $128 - 127 = 1$ et au plus $128 + 127 = 255$. On représente sur la figure page ci-contre les cent premiers échantillons du tableau.

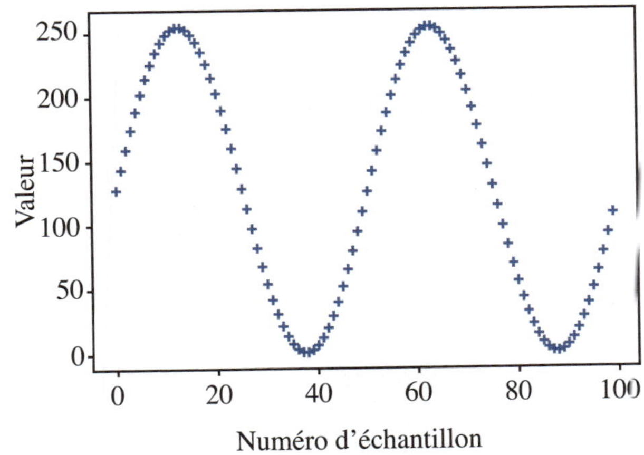

Puisque l'on doit avoir 440 périodes sur les 22050 échantillons, chaque période doit correspondre à $22050/440 \approx 50$ échantillons, ce que l'on vérifie sur la figure. On vérifie également que les valeurs de ceux-ci sont comprises entre 0 et 255.

Il est facile de modifier la fréquence du son émis (en changeant le nombre 440 dans les instructions ci-dessus) ou l'intensité sonore de celui-ci : si au lieu de multiplier par 127 dans l'expression ci-dessus on multiplie par 63, on obtient des perturbations sonores d'amplitude environ moitié moindre, et donc une intensité sonore plus basse.

3.3 Programme final

Les considérations précédentes nous permettent à présent d'écrire notre simulateur. Il nous suffit de calculer le tableau `samples` correspondant à la situation que l'on veut simuler (en prenant garde à avoir des valeurs entre 0 et 255), puis de le reproduire en utilisant la fonction `play_samples`.

Nous écrivons une fonction `SimuleDoppler` qui admet les arguments suivants : la vitesse `v` de la source (en kilomètre par heure, de valeur par défaut 130 km.h^{-1}), la distance d'approche minimale `x0` (en mètre, de valeur par défaut 10 m), la fréquence `f` du son émis par la source au repos (en hertz, de valeur par défaut 440 Hz), la durée `duree` de la simulation (en seconde, de valeur par défaut 8 s). Par ailleurs deux autres arguments sont définis : la fréquence d'échantillonage `sample_rate` (dont la valeur par défaut est 22050) et la vitesse du son, en mètre par seconde (dont la valeur par défaut est 340).

Voir programme page suivante.

live! **En Python**

```
def SimuleDoppler (v=130.0, x0=10.0, cs=340.0, f=440.0,
    duree=8.0, sample_rate=22050):
    vSI = v/3.6    # On convertit la vitesse en m/s
    ystart = -vSI*duree/2
    n_samples = int(duree * sample_rate)
    samples = zeros(n_samples)
    phase = 0
    y = ystart
    dt = 1/sample_rate
    for i in arange(n_samples):
        # Distance de la source
        d = sqrt (x0**2+y**2)
        # Valeur de la perturbation sonore
        samples[i] = 128+127*(sin(phase)*0.5)*abs(x0/d)
        # Position suivante de la source
        y = y+vSI*dt
        # Nouvelle distance de l'émetteur
        dp= sqrt (x0**2+y**2)
        # Vitesse d'éloignement de la source
        ve = (dp-d)/dt
        # Fréquence du son perçu
        fp= f/(1.+ve/cs)
        # Nouvelle phase de la perturbation sonore
        phase = phase + 2*pi*fp*dt

    play_samples(samples, sample_rate=sample_rate)
```

La première partie de la fonction (avant la boucle `for` sur l'index `i` de l'échantillon) réalise les actions suivantes : elle convertit la vitesse de la source en mètre par seconde (en la divisant par 3,6, et affecte le résultat à la variable `vSI`) de manière à ce que toutes les valeurs soient dans les unités du Système International), puis elle fabrique un tableau `samples` correspondant au nombre total d'échantillons nécessaires pour couvrir toute la durée de la simulation. Nous désirons que la simulation couvre de manière symétrique la phase d'approche et la phase d'éloignement. Pendant la durée de la simulation, la source parcourt à vitesse constante la distance `duree * vSI`, donc on la place au début de la simulation à la position `ystart` $=$ $-$`duree` $*$ `vSI`/2, de manière à ce qu'à la fin de la simulation elle soit en `y` $=$ $+$`duree` $*$ `vSI`/2. Dans cette partie également, nous définissons le bref intervalle de temps `dt` qui sépare deux échantillons. Puisqu'il y a `sample_rate` échantillons dans une seconde, cet intervalle de temps, en seconde, vaut simplement `1/sample_rate`. On appelle cette variable le « pas de temps ». Enfin, on initialise l'ordonnée `y` de la source, qui va varier au cours de la simulation, à sa valeur initiale `ystart`.

La fréquence perçue n'étant pas constante au cours du temps, il ne nous est pas possible d'exprimer simplement la perturbation sous la forme $sin(2\pi \times f \times t)$, et il nous faut procéder d'une autre manière. Nous appelons *phase* l'argument de la fonction sinus. Dans le cas d'une fréquence constante, la phase vaut à un instant t donné $2\pi f t$ et un bref instant δt plus tard, elle vaut $2\pi f(t + \delta t)$. La différence entre les deux phases est donc $2\pi f \delta t$. Nous allons généraliser cette constatation au cas d'une fréquence variable : d'un échantillon à l'autre, nous augmenterons la phase de la valeur $2\pi f \delta t$, où la fréquence f peut varier au cours du temps.

À l'intérieur de la boucle, on commence par calculer la distance à laquelle la source se trouve de l'observateur à l'origine. On utilise pour ce faire simplement le théorème de Pythagore, et on affecte le résultat à la variable `d`. Nous calculons ensuite la valeur de la perturbation sonore, en procédant comme précédemment pour obtenir un résultat entre 0 et 255. Ainsi que nous l'avons expliqué précédemment, l'argument de la fonction `sin` est simplement la phase, que nous mettons à jour dans l'une des autres lignes de la boucle.

À la ligne où l'on calcule `samples[i]`, on multiplie le résultat de la fonction `sin` par `|x0|/d`. À quoi sert la multiplication par ce facteur ? La distance `d` est en général plus grande que la distance minimale d'approche `|x0|`, donc ce facteur est en général inférieur à un, sauf à la distance minimale d'approche, où il vaut un. Le rôle de ce facteur est d'introduire une atténuation géométrique du son (voir chapitre 16) de manière à ce que l'intensité sonore perçue soit d'autant plus faible que la source est éloignée.

Pour calculer notre tableau d'échantillons, il nous faut connaître la fréquence perçue du son à chaque instant, et pour ce faire, connaître la vitesse à laquelle la source s'approche ou s'éloigne. Pour ce faire, une fois déterminée la distance d à la source, on calcule la nouvelle position de celle-ci un pas de temps `dt` plus tard. On peut donc calculer la nouvelle distance d' avec cette nouvelle valeur, en utilisant à nouveau le théorème de Pythagore. Le résultat de ce calcul est affecté à la variable `dp`. On en déduit la vitesse d'éloignement de la source par la formule :

$$v_e = \frac{d' - d}{\delta t},$$

à la manière dont on détermine la vitesse instantanée d'un système en utilisant sa vitesse moyenne sur un court intervalle de temps. Le résultat de ce calcul est affecté à la variable `ve`, que l'on utilise ensuite dans la formule donnant la fréquence perçue, que l'on utilise finalement pour mettre la phase à jour, puis l'on répète la boucle. Lorsque tous les échantillons sont calculés, nous reproduisons le son ainsi calculé en utilisant la fonction `play_samples`.

Exemples

Notre fonction peut être utilisée pour simuler des situations variées. Par exemple, pour reproduire le décalage perçu depuis la bande d'arrêt d'urgence d'une autoroute, lorsque passe un véhicule à la vitesse de 130 km.h^{-1}, on peut utiliser :

```
SimuleDoppler (v=130, x0=4)
```

Dans cet exemple on imagine que l'on se trouve à 4 m de l'axe médian de la voie où passe le véhicule. Notons que le simulateur reproduit le son perçu lorsque la source émet une onde sinusoïdale de fréquence au repos donnée. Le son résultant est donc très différent du son émis par une voiture en mouvement. Toutefois, la sensation de décalage de fréquence, associée à une augmentation puis diminution de l'intensité sonore, correspond bien à l'expérience usuelle. Une autre limitation de notre script simplifié provient du fait qu'il néglige le délai entre l'émission du son par la source et sa réception. Cet effet peut distordre notablement la courbe de la fréquence perçue en fonction du temps, mais n'est notable que pour des vitesses de la source proche de celle du son.

On peut également simuler le décalage perçu au passage d'un TGV à la vitesse de 300 $km.h^{-1}$, à une distance de 6 m de la voie :

```
SimuleDoppler (v=300, x0=6)
```

Enfin, à titre de curiosité, qu'entendrait un hypothétique observateur au repos au passage d'un avion de ligne à haute altitude ?

```
SimuleDoppler (v=900, x0=100, cs=290)
```

On suppose dans cet exemple que l'avion passe à 100 mètres de l'observateur à la vitesse de 900 $km.h^{-1}$. On note que la vitesse du son en haute altitude est plus basse qu'au niveau de la mer et ne vaut que 290 $m.s^{-1}$ environ. Cet exemple montre que l'effet Doppler est considérable dans ce cas, ce qui est assez logique : les avions de ligne volent à une vitesse proche de la vitesse du son à haute altitude. Or le quotient de la fréquence initiale sur la fréquence finale devient très grand lorsque l'on s'approche de la vitesse du son.

On peut finalement modifier légèrement le programme ci-dessus de manière à reproduire des situations de la vie quotidienne. Ainsi, si juste après la ligne de la boucle `for` on ajoute les lignes suivantes :

```
t = i/sample_rate
ton = int(t/0.5)
if (ton%2):
    f = 580
else:
    f = 435
```

on reproduit le son d'une sirène de police, dont le passage à proximité d'un observateur immobile est l'une des manifestations les plus évidentes de l'effet Doppler.

Solution de l'exercice type

Lycée Victor Duruy, Paris

1 L'observateur qui perçoit le son le plus aigu est l'observateur de gauche, donc le véhicule se déplace vers la gauche.

2 On peut donc écrire :

$$f_1 = \frac{f_0}{1 - v/c_s} \qquad \text{et} \qquad f_2 = \frac{f_0}{1 + v/cs}.$$

En divisant membre à membre ces deux égalités, on obtient :

$$\frac{f_1}{f_2} = \frac{1 + v/c_s}{1 - v/c_s} \quad \text{soit} \quad f_1\left(1 - \frac{v}{c_s}\right) = f_2\left(1 + \frac{v}{c_s}\right)$$

donc

$$f_1 - f_2 = (f_1 + f_2)\frac{v}{c_s};$$

par conséquent :

$$v = c_s \frac{f_1 - f_2}{f_1 + f_2}.$$

L'application numérique donne :

$$v = 340 \times \frac{700 - 600}{700 + 600} = 26 \text{ m.s}^{-1}.$$

Nous convertissons cette valeur en kilomètre par heure :

$$v = 26 \times 3{,}6 = 94 \text{ km.h}^{-1}.$$

Nous gardons deux chiffres significatifs puisque c'est la précision avec laquelle les fréquences sont données dans l'énoncé.

3 Nous utilisons indifféremment la relation donnant f_1 ou f_2. Ici nous considérons le premier cas. De l'égalité

$$f_1 = \frac{f_0}{1 - v/c_s}$$

nous déduisons :

$$f_0 = f_1\left(1 - \frac{v}{c_s}\right).$$

L'application numérique donne :

$$f_0 = 700 \times \left(1 - \frac{26}{340}\right) = 646 \approx 650 \text{ Hz}.$$

Là encore, nous gardons deux chiffres significatifs. Nous constatons que la fréquence au repos est pratiquement égale à la moyenne des deux fréquences perçues.

MÉTHODE

On peut ici utiliser la deuxième égalité (celle donnant f_2) pour inférer la fréquence f_0 et corroborer les résultats.

Voir énoncé page 387

COURS
INTERROS
CORRIGÉS

1 QCM Testez vos connaissances

5 min Corrigé p. 403

1 Le décalage Doppler d'une onde sonore dépend :

- a de la distance à la source
- b de la vitesse de la source
- c du niveau sonore
- d de la vitesse du son

2 On observe que les raies d'absorption dans le spectre d'une étoile donnée ont une longueur d'onde légèrement plus petite que la longueur d'onde au repos des transitions auxquelles elles correspondent. On parle de « décalage vers le bleu ». L'étoile :

- a est immobile par rapport à l'observateur
- b s'éloigne de l'observateur
- c s'approche de l'observateur.

3 Sans essayer de redémontrer la formule de la fréquence d'une onde sonore reçue d'un émetteur en mouvement (qui n'est pas à connaître par cœur), identifier parmi celles qui sont proposées ci-dessous celle qui est correcte, sachant qu'il n'y en a qu'une (il faut donc procéder par élimination). Dans ces expressions ν_0 représente la fréquence de l'onde émise, ν la fréquence mesurée par l'observateur, v la vitesse radiale de l'émetteur et c_s la vitesse du son.

- a $\nu = \dfrac{\nu_0}{1 - v/c_s^2}$
- b $\nu = \dfrac{\nu_0}{1 + v/c_s}$
- c $\nu = \dfrac{\nu_0}{c_s - v}$
- d $\nu = \dfrac{c_s}{\nu_0 - v}$
- e $\nu = \nu_0 \dfrac{v}{c_s}$

2 Sirène et effet Doppler

★★ 20 min Corrigé p. 403

Lycée Hoche, Versailles

Dans cet exercice nous étudions quelques propriétés des ondes sonores émises par la sirène d'un véhicule.

Partie A. Véhicule immobile.

La sirène du véhicule retentit et émet un son de fréquence $f = 680$ Hz. Le son émis à la date $t = 0$ se propage dans l'air à la célérité $c_s = 340$ m.s^{-1} à partir de la source S. On note λ la longueur d'onde correspondante. Nous convenons d'appeler « front d'onde » une partie distinctive des ondes émises, par exemple l'ensemble des maxima de pression. La distance séparant deux fronts d'onde consécutifs est donc la longueur d'onde.

La figure ci-après représente le front d'onde à la date $t = 4T$ (T étant la période temporelle de l'onde sonore).

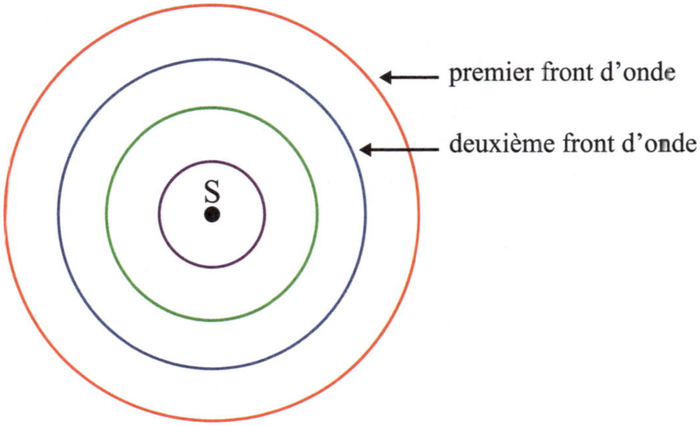

Répondre par *vrai* ou *faux* aux affirmations suivantes en justifiant la réponse.

1 Une onde mécanique se propage dans un milieu matériel avec transport de matière.

2 Le front d'onde a parcouru une distance $d = 40{,}0$ m à la date $t = 3T$.

3 Deux points situés à la distance $d' = 55{,}0$ m l'un de l'autre dans la même direction de propagation vibrent en phase.

4 L'onde se réfléchit sur un obstacle situé à la distance $d'' = 680$ m de la source. L'écho de l'onde revient à la source 2,00 s après l'émission du signal.

Partie B. Véhicule se déplaçant vers la droite à une vitesse v inférieure à c_s

La figure ci-après représente le front de l'onde sonore à la date $t = 4T$.

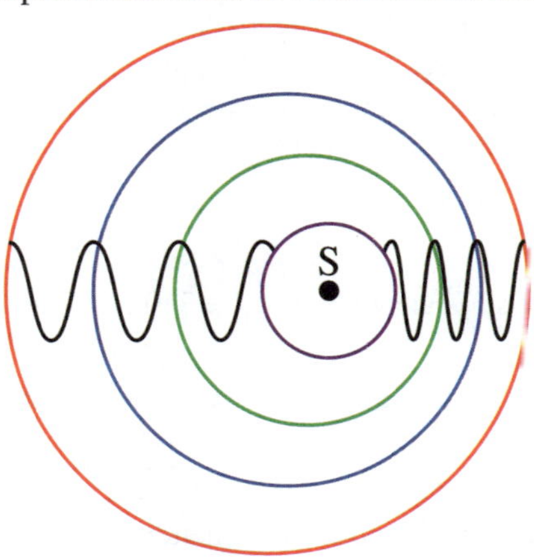

1 Le véhicule se rapproche d'un observateur immobile. Pendant l'intervalle de temps T, le son parcourt la distance λ.
Pendant ce temps, le véhicule parcourt la distance $d = vT$. La longueur d'onde λ' perçue par l'observateur à droite de la source S a donc l'expression suivante : $\lambda' = \lambda - vT$.

(a) Rappeler la relation générale liant la célérité de l'onde, la longueur d'onde et la fréquence.

(b) En déduire que la relation ci-dessus permet d'écrire :

$$f' = f\frac{c_s}{c_s - v},$$

où f' est la fréquence sonore perçue par l'observateur.

(c) Le son perçu est-il plus grave ou plus aigu que le son d'origine? Justifier.

2 Dans un deuxième temps, le véhicule s'éloigne de l'observateur à la même vitesse v.

(a) Donner, sans démonstration, l'expression de la nouvelle longueur d'onde λ'' et en déduire celle de la nouvelle fréquence f'' perçue par l'observateur, en fonction de f, v et c_s.

(b) Le son perçu est-il plus grave ou plus aigu que le son d'origine? Justifier.

(c) L'observateur perçoit un son de fréquence 716 Hz. Le véhicule se rapproche-t-il ou s'éloigne-t-il ? Calculer, en km.h^{-1}, la vitesse du véhicule.

3 Klaxon du TGV

★★★ 10 min Corrigé p. 405

Lycée Stanislas, Paris

live! *Retrouvez le corrigé de cet exercice en vidéo.*

Lors d'essais de vitesse du TGV, ce dernier émet un coup de klaxon prolongé. Un technicien, à proximité des voies, entend le coup de klaxon, initialement plus aigu que le son perçu au repos, lorsque le TGV s'approche, puis plus grave que le son perçu au repos, lorsque le TGV s'éloigne. Le son perçu lors de la phase d'éloignement est exactement une octave plus bas que le son perçu lors de la phase d'approche.

Quelle est la vitesse v_0 du TGV ?

Indications :

- La vitesse du son dans l'air est $c_s = 340$ m.s^{-1}.
- On admettra que la fréquence f' du son perçu est donnée par :

$$f' = f\frac{1}{1 + v/c_s},$$

où la vitesse v est positive si l'émetteur s'éloigne, et négative s'il s'approche.
- Lorsqu'un son monte d'une octave, sa fréquence est doublée.

4 Étoile double spectroscopique

★★★ 20 min Corrigé p. 406

Lycée Louis-le-Grand, Paris

On étudie une étoile double dite « spectroscopique ». Il s'agit d'une étoile double (ou binaire) très serrée (même dans les télescopes les plus puissants on n'arrive pas à résoudre les deux composantes). Toutefois, les spectres d'un tel objet montrent des raies d'absorption issus de deux étoiles distinctes. On considérera pour simplifier que l'étoile étudiée comporte une étoile principale de masse largement supérieure à celle de l'autre étoile. On peut donc faire l'hypothèse que l'étoile compagnon décrit une orbite autour de l'étoile principale, considérée fixe. Par ailleurs, on fera l'hypothèse que cette orbite est circulaire.

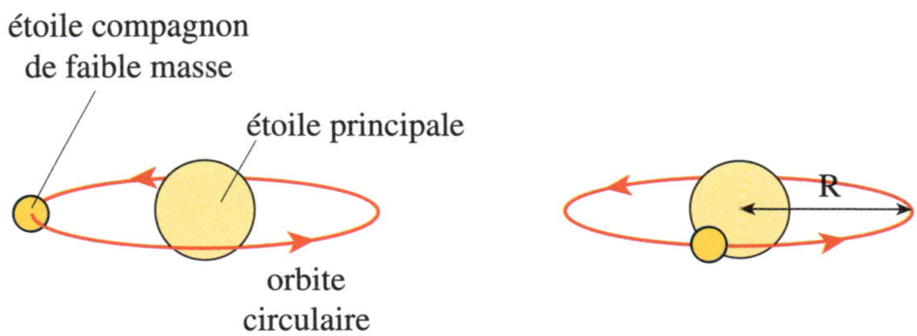

Figure 18.1 – *Représentation d'une étoile binaire.*

On appelle T la période de révolution de cette étoile binaire.

On observe le spectre de cette binaire, à différente dates : $t = 0$ (pendant une éclipse), $t = T/4$, $t = T/2$ et $t = 3T/4$. Ils ont l'aspect représenté ci-après :

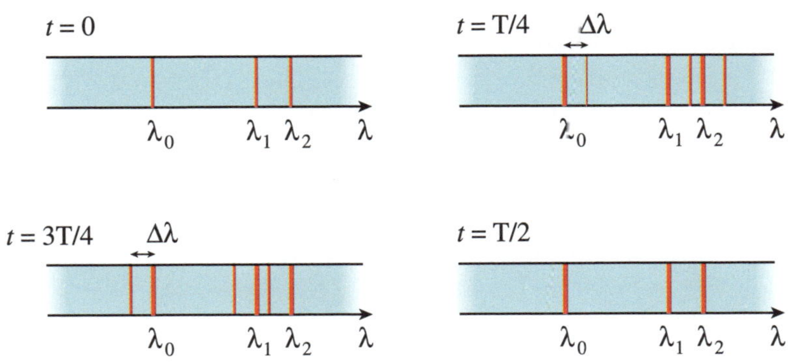

Figure 18.2 – *Spectre d'une binaire spectroscopique à différents instants.*

1 Comment appelle-t-on les lignes présentes sur ces spectres ? Quelles informations fournissent-elles ?

2 Que serait le spectre de la binaire à la date $t = T$?

3 Rappeler ce qu'est l'effet Doppler. Comment interpréter les spectres aux dates $t = T/4$ et $t = 3T/4$?

4 Exprimer la vitesse linéaire v de l'étoile compagnon, dans son orbite autour de l'étoile principale, en fonction de $\Delta\lambda$, c et λ_0. Faire l'application numérique.

5 En déduire le rayon orbital R de l'étoile compagnon. On l'exprimera en fonction de v et T, puis on effectuera l'application numérique. Que vaut ce rayon orbital en unités astronomiques ?

Indication :

Le décalage, vers le rouge ou le bleu, d'une radiation dont la longueur d'onde lorsque la source est au repos vaut λ_0 est donné par :

$$\Delta\lambda = \frac{v}{c}\lambda_0$$

où v est la vitesse de la source, et c la vitesse de la lumière. On admettra que l'observateur se trouve dans le plan de l'orbite de la binaire.

Données :

$T = 3{,}87$ jours

$\lambda_0 = 486$ nm

$\Delta\lambda = 0{,}22$ nm

$c = 3{,}0 \times 10^8$ m.s^{-1}

Distance Terre-Soleil : $D = 1{,}50 \times 10^{11}$ m.

1 QCM Testez vos connaissances

Enoncé p. 398

1 Réponses **b** et **d** : il ne dépend que de la vitesse de la source et de la vitesse du son.

2 Réponse **c** : l'étoile s'approche de l'observateur.

3 Réponse **b**. On commence par éliminer les expressions qui ne sont pas dimensionnellement homogènes (c'est-à-dire où l'on ajoute ou soustrait des quantités ayant des unités différentes, ce qui est interdit en physique). C'est le cas de l'expression a (1 au dénominateur n'a pas d'unité et ne dépend donc pas du système d'unités utilisé, tandis que v/c_s^2 est l'inverse d'une vitesse et dépend donc du système d'unités utilisé. Le cas d est également à éliminer : on ne peut pas soustraire une vitesse à une fréquence ! On peut également éliminer le cas c : au numérateur on a une fréquence, tandis qu'au dénominateur on a une fréquence. Le résultat ne peut donc pas être une fréquence (on laisse au lecteur le soin de vérifier que le résultat a la dimension d'une longueur). Les deux résultats dimensionnellement homogènes sont donc le b et le e. Le e, toutefois, est invalide : il donne une fréquence observée nulle si l'émetteur est immobile (alors qu'elle devrait être simplement ν_0 dans ce cas).

2 Sirène et effet Doppler

Enoncé p. 398

Lycée Hoche, Versailles

Partie A. Véhicule immobile.

1 *Faux*. L'onde mécanique se propage dans un milieu matériel, certes, mais sans transport de matière.

2 *Faux*. À la date $t = 3T$ le front d'onde a parcouru :

$$d_3 = 3T \times c_s = 3\frac{c_s}{f} = 3 \times \frac{340}{680} = 1{,}5 \text{ m}.$$

3 *Vrai*. La longueur d'onde de l'onde sonore émise est :

$$\lambda = c_s T = \frac{c_s}{f} = \frac{340}{680} = 0{,}5 \text{ m}.$$

La distance d' représente donc un nombre entier de fois (110) la longueur d'onde, aussi puisque les points sont dans la même direction de propagation ils sont dans le même état vibratoire et vibrent en phase.

4 *Faux*. Le temps indiqué est le temps d'aller (d''/c_s) et non le temps d'aller et retour ($2d''/c_s$) du signal sonore.

Partie B. Véhicule se déplaçant vers la droite à une vitesse v inférieure à c_s

1 **(a)** La relation liant célérité, longueur d'onde et fréquence a déjà été donnée aux réponses précédentes. En utilisant les nouvelles notations, relatives au son perçu, elle s'écrit :

$$\lambda' = \frac{c_s}{f'}.$$

(b) Nous en déduisons :

$$f' = \frac{c_s}{\lambda'} = \frac{c_s}{\lambda - vT} = \frac{c_s}{c_s T - vT} = \frac{1}{T}\frac{c_s}{c_s - v} = f\frac{c_s}{c_s - v}.$$

(c) Puisque $v > 0$, le dénominateur dans l'expression ci-dessus est plus petit que le numérateur, et par conséquent $f' > f$: le son perçu est plus aigu que le son d'origine.

2 **(a)** Cette fois la longueur d'onde observée est supérieure à la longueur d'onde au repos :

$$\lambda'' = \lambda + vT.$$

Par conséquent nous avons :

$$f'' = \frac{c_s}{\lambda''} = \frac{c_s}{\lambda + vt} = \frac{c_s}{c_s T + vT} = \frac{1}{T}\frac{c_s}{c_s + v} = f\frac{c_s}{c_s + v}.$$

(b) Cette fois, le dénominateur de l'expression finale ci-dessus est plus grand que le numérateur. Par conséquent $f'' < f$: le son perçu est plus grave que le son d'origine.

(c) La fréquence perçue est supérieure à la fréquence d'origine, donc le véhicule se rapproche. Nous utilisons donc la formule vue ci-dessus :

$$f' = f\frac{c_s}{c_s - v}$$

que l'on transforme de manière à obtenir v :

$$c_s - v = \frac{f}{f'}c_s \quad \text{soit :} \quad v = c_s\left(1 - \frac{f}{f'}\right).$$

Application numérique :

$$v = 340 \times \left(1 - \frac{680}{716}\right) = 17{,}1 \text{ m.s}^{-1}.$$

On garde trois chiffres significatifs dans ce résultat car c'est la précision avec laquelle est donnée la vitesse du son. Nous convertissons ce résultat en kilomètres par heure :

$$v = 17{,}1 \times 3{,}6 = 61{,}6 \text{ km.h}^{-1}.$$

3 Klaxon du TGV

Enoncé p. 400

Lycée Stanislas, Paris

Retrouvez le corrigé de cet exercice en vidéo.

Appelons f la fréquence du klaxon au repos. Lorsque le TGV approche, la fréquence du son perçu est :

$$f_1' = \frac{f}{1 - v_0/c_s}.$$

Lorsque le TGV s'éloigne, la fréquence du son perçu est en revanche :

$$f_2' = \frac{f}{1 + v_0/c_s}.$$

D'après l'énoncé, nous avons :

$$\frac{f_1'}{f_2'} = 2$$

(et non le contraire, puisque c'est le son initial qui est le plus aigu). Nous en déduisons :

$$\frac{\frac{f}{1-v_0/c_s}}{\frac{f}{1+v_0/c_s}} = 2$$

soit :

$$\frac{1 + v_0/c_s}{1 - v_0/c_s} = 2$$

donc :

$$1 + v_0/c_s = 2 - 2v_0/c_s \quad \text{soit :} \quad 3v_0 = c_s.$$

Nous avons donc :

$$v_0 = \frac{c_s}{3} = 113 \text{ m.s}^{-1} \approx 410 \text{ km.h}^{-1}.$$

Nous gardons trois chiffres significatifs dans le résultat final puisque c'est la précision avec laquelle est donnée la vitesse du son.

MÉTHODE

Si vous avez implémenté le simulateur d'effet Doppler vu en cours, vous pouvez vérifier ces résultats :

```
SimuleDoppler (v=410, x0=8)
```

Il est facile de vérifier que la fréquence est divisée par deux entre le début et la fin, en utilisant par exemple l'une des nombreuses applications de fréquencemètre que l'on peut installer sur son smartphone.

4 Étoile double spectroscopique

Enoncé p. 401

Lycée Louis-le-Grand, Paris

1 Sur les spectres on voit des raies d'absorption, qui fournissent des informations, entre autres, sur la composition chimique et la température des étoiles.

2 Puisque la période de l'étoile binaire est T, à la date $t = T$ sa configuration est la même qu'à la date $t = 0$, donc on observerait le même spectre qu'à $t = 0$.

3 L'effet Doppler correspond au changement de la longueur d'onde des radiations d'une source en mouvement. Si la source se rapproche, les radiations sont décalées vers le bleu (leur longueur d'onde est plus courte), et si elle s'éloigne, elles sont décalées vers le rouge (leur longueur d'onde est plus grande).

On peut donc interpréter le spectre de l'étoile binaire aux instants $t = \frac{T}{4}$ et $t = \frac{3T}{4}$ de la manière suivante : les raies aux longueurs d'onde λ_0 λ_1 et λ_2 sont dues à l'étoile principale, et les raies décalées à l'étoile compagnon en orbite autour de celle-ci.

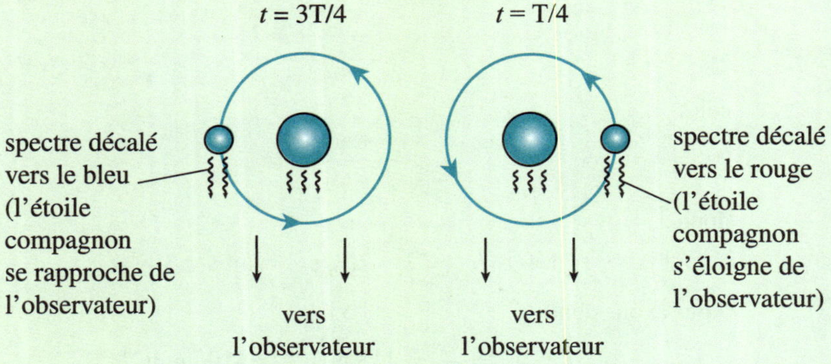

Figure 18.3 – *Configurations de la binaire donnant lieu à un spectre décalé.*

On voit qu'à la date $t = T/4$, l'étoile compagnon s'éloigne de l'observateur et donc son spectre est décalé vers le rouge. En revanche à la date $t = 3T/4$, elle se rapproche de l'observateur et son spectre est décalé vers le bleu.

Aux dates $t = 0$ et $t = T/2$, par contre, l'étoile compagnon passe devant (éclipse) ou derrière l'étoile principale, et ne s'approche ni ne s'éloigne de l'observateur. Son spectre n'est pas décalé de celui de la principale, comme représenté sur la figure page 407.

4 La vitesse d'approche ou de fuite de l'observateur est maximale respectivement aux dates $t = 3T/4$ et $t = T/4$, et est alors égale à la vitesse orbitale du compagnon, puisque l'observateur se trouve dans le plan de son orbite. On a alors simplement :

$$\Delta\lambda = \frac{v}{\mathrm{c}}\lambda_0$$

donc :

$$v = \mathrm{c}\frac{\Delta\lambda}{\lambda_0}.$$

Application numérique :

$$v = 3 \times 10^8 \times \frac{0,22}{486} \approx 1,36 \times 10^5 \text{ m.s}^{-1} = 136 \text{ km.s}^{-1}.$$

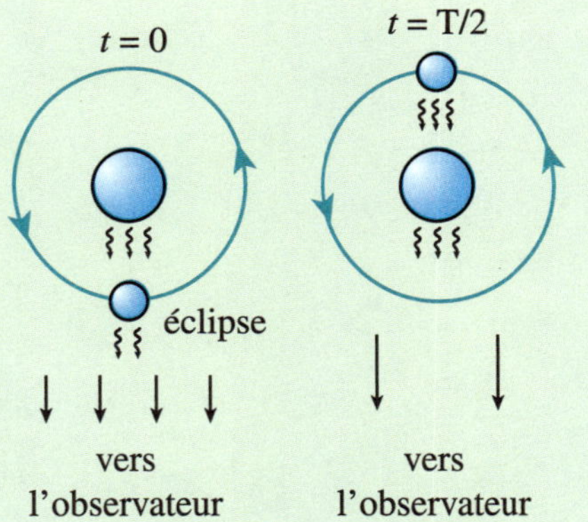

Figure 18.4 – *Les spectres des deux étoiles ne sont pas décalés.*

5 La période qui sépare deux éclipses est le temps que met le compagnon pour faire un tour complet de l'étoile principale. Il est donc égal à la circonférence de l'orbite de l'étoile compagnon, divisée par la vitesse orbitale du compagnon :

$$T = \frac{2\pi R}{v}$$

donc :

$$R = \frac{vT}{2\pi}.$$

Application numérique :

$$R = \frac{136 \times 3,87 \times 86\,400}{2\pi} \approx 7,2 \times 10^6 \text{ km}.$$

Exprimée en unités astronomiques, cette distance vaut :

$$R = \frac{7,2 \times 10^6 \times 10^3}{1,5 \times 10^{11}} \approx 0,048 \text{ U.A.}$$

COURS INTERROS CORRIGÉS

MÉTHODE

On a utilisé dans cette application numérique le fait qu'il y a $24 \times 60 \times 60$ soit 86 400 secondes dans une journée. Puisque la vitesse était exprimée en kilomètres par seconde et le temps en seconde, nous obtenons le rayon orbital en kilomètres.

Chapitre 19

La lunette astronomique

Plan du chapitre

1 Introduction

Exercice type — **D'après lycée Condorcet, Paris**

Une lunette astronomique est constituée de deux lentilles minces, l'objectif et l'oculaire, distantes de 1020 mm. On observe une étoile double à l'aide de cette lunette. Il s'agit de deux étoiles très proches l'une de l'autre sur la sphère céleste, séparées par un angle α de seulement 4,3 secondes d'arc. Sachant que le grossissement utilisé est $G = 50$, déterminer :

1. la distance focale de l'objectif et de l'oculaire ;
2. la distance séparant les deux étoiles sur l'image intermédiaire formée par l'objectif ;
3. l'angle apparent sous lequel l'observateur voit les deux étoiles.

Indication : il y a 60 secondes d'arc dans une minute d'arc, et 60 minutes d'arc dans un degré.

Voir corrigé page 415

Ce chapitre de présentation de la lunette astronomique requiert une bonne maîtrise des cours d'optique vus en classe de Seconde et de Première.

2 Une expérience avec deux lentilles

Si l'on place une feuille de papier derrière une lentille mince convergente, et que l'on dispose l'ensemble devant une fenêtre durant la journée (les objets à l'extérieur sont alors en général plus lumineux que ceux de la pièce où l'on se trouve), on peut observer une image inversée, sur la feuille de papier, du paysage extérieur.

Il faut pour cela ajuster la distance entre la lentille mince et la feuille, de manière à obtenir une image nette.

On peut alors imaginer que l'on souhaite observer des petits détails du paysage : pour cela on peut examiner l'image formée avec une loupe.

Toutefois, on va également voir, au travers de la loupe le grain et les défauts de la feuille de papier, qui dégradent la qualité de l'image. Si on maintient la loupe en place et que l'on retire la feuille de papier, on continue de voir le paysage inversé, agrandi, sans être gêné par la présence de la feuille de papier. C'est le principe de la lunette astronomique, qui donne une image *agrandie* et *inversée* des objets lointains. Nous allons explorer ses propriétés dans les sections suivantes en exploitant les propriétés des lentilles minces qui ont été vues dans les classes antérieures.

Naturellement, il n'est pas commode que les deux lentilles requises pour élaborer une lunette soient séparées comme ici. Dans la pratique, on les rend solidaires à l'aide d'un tube rigide, généralement en métal, parfois en bois ou en plastique.

De manière générale, la lentille qui se trouve du côté de l'objet observé (dans l'exemple précédent, la lentille montée sur trépied) est appelée « objectif », tandis que la lentille du côté de l'œil de l'observateur (ici la loupe) est appelée oculaire. Naturellement, les deux lentilles doivent être alignées : elles doivent avoir le même axe optique.

À RETENIR

Une lunette est composée de deux lentilles : l'objectif et l'oculaire, alignées de manière à partager le même axe optique. L'œil de l'observateur doit se positionner derrière l'oculaire.

3 Principe de la lunette astronomique

Nous commençons par tracer la marche de rayons parallèles arrivant sur l'objectif (lentille L_1) et faisant un angle α avec l'axe optique. Ces rayons peuvent être conçus comme émanant d'une source ponctuelle située à très grande distance. Nous savons depuis la classe de Seconde qu'un faisceau de rayons parallèles converge, après passage au travers d'une lentille mince, vers un point du plan focal image de cette lentille. Nous savons également que le rayon passant par le centre optique d'une lentille n'est pas dévié. Utilisons cette propriété pour construire la marche des rayons du faisceau incident.

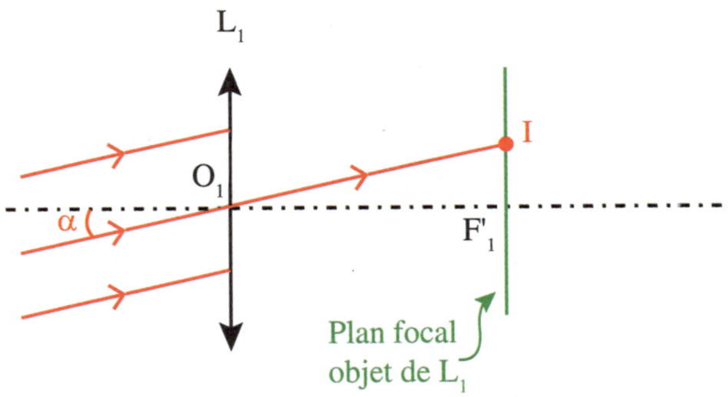

Sur la figure ci-dessus, nous appelons L_1 la lentille d'entrée (c'est-à-dire l'objectif), O_1 son centre optique, et F'_1 son foyer image. Le rayon passant par O_1 n'est pas dévié, et intersecte le plan foyer image au point I. Tous les autres rayons incidents doivent donc converger vers le point I, comme représenté ci-dessous.

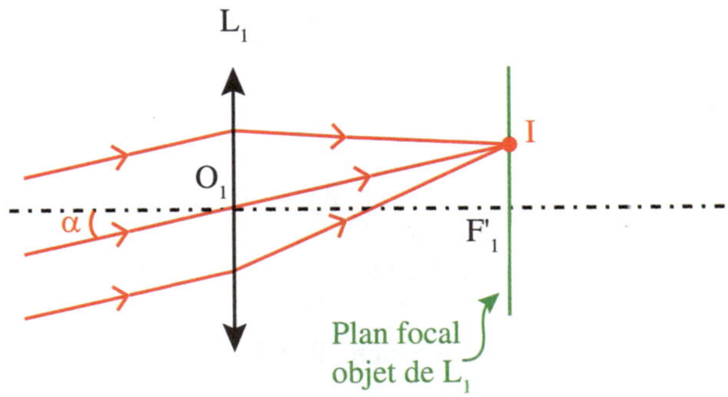

On place à présent l'oculaire (lentille L_2) de telle manière que son plan foyer objet coïncide avec le plan foyer image de la lentille L_1.

➔ À RETENIR

Lorsqu'on observe une source à l'infini, le foyer objet de l'oculaire doit coïncider avec le foyer image de l'objectif.

Quelle est l'image du point I par cette seconde lentille ? On sait depuis la classe de Seconde qu'une source ponctuelle placée au foyer objet d'une lentille donne lieu à un faisceau de rayons parallèles en sortie de la lentille mince convergente. Un observateur placé derrière l'oculaire aura donc l'impression de voir une source ponctuelle à l'infini. Dans quelle direction voit-il cette source ? Pour construire l'image de I par l'oculaire, on exploite à nouveau le fait que le rayon passant par le centre optique d'une lentille mince n'est pas dévié. On trace donc le rayon issu de I et passant par O_2, centre optique de l'oculaire, comme représenté sur la figure ci-dessous.

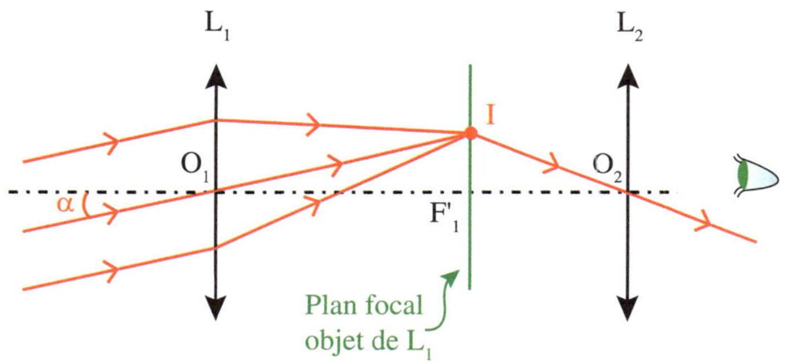

On peut donc compléter la marche des autres rayons issus de I : ils doivent être parallèles à celui passant par O_2 en sortie de la lentille.

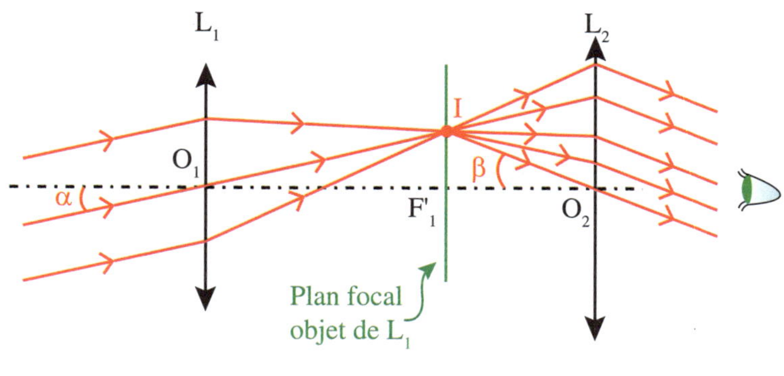

L'observateur voit donc une source ponctuelle à l'infini dans la direction repérée par l'angle β.

On remarque deux choses :

- l'angle β et l'angle α ont des signes différents (les rayons incidents provenaient de la partie inférieure de la figure, tandis que les rayons arrivant à l'œil de l'observateur proviennent « d'en haut »). Ceci explique qu'une lunette astronomique fournisse une image inversée ;
- l'angle β est, en valeur absolue, supérieur à l'angle α : l'image vue par l'observateur est agrandie.

4 Notion de grossissement

Nous cherchons à présent la relation entre les angles α et β. Nous allons faire dans ce qui suit l'approximation que les valeurs de ces deux angles sont petites. Dans cette approximation, la valeur d'un angle exprimée en radian est pratiquement égale à la valeur de sa tangente :

$$\tan\alpha \approx \alpha \quad \text{et} \quad \tan\beta \approx \beta.$$

En nous reportant à la figure de la section précédente, nous pouvons écrire, dans le triangle $O_1F'_1I$, rectangle en F'_1, la relation suivante :

$$F'_1I = O_1F'_1 \tan\alpha.$$

En remarquant que $O_1F'_1$ est la distance focale F de l'objectif, et en utilisant l'approximation énoncée plus haut, nous avons :

$$F'_1I \approx F\alpha.$$

Par ailleurs, dans le triangle $O_2F'_1I$, rectangle également en F'_1, nous avons la relation :

$$F'_1I = O_2F'_1 \tan\beta.$$

En remarquant que $O_2F'_1$ est la distance focale f de l'oculaire, et en utilisant l'approximation vue plus haut, nous pouvons réécrire cette relation :

$$F'_1I \approx f\beta.$$

De ces deux relations nous pouvons déduire :

$$F\alpha \approx f\beta$$

soit encore :

$$\frac{\beta}{\alpha} \approx \frac{F}{f}.$$

Nous appelons grossissement, et notons G ce quotient. Il correspond au facteur par lequel est multiplié l'angle sous lequel on voit la source.

Exemple : la Lune a un diamètre apparent de 0,5°. Si on l'observe avec un grossissement $G = 10$, son image aura alors un diamètre apparent de $10 \times 0{,}5 = 5°$.

À RETENIR

Le grossissement G d'une lunette est donné par

$$G = \frac{F}{f},$$

où F est la distance focale de l'objectif et f celle de l'oculaire.

On comprend dès lors que la focale de l'oculaire doit être (nettement) plus petite que celle de l'objectif, sans quoi la lunette ne grossit pas les objets.

Remarque : il peut ne pas être évident, de prime abord, que la démonstration que nous avons faite pour une source ponctuelle implique qu'en général, nous observons une image agrandie. Après tout, dans le cadre restreint de la source ponctuelle, on voit simplement, en sortie de l'oculaire, une autre source *ponctuelle*, dans une autre direction. Dans le cas général où la source n'est pas ponctuelle (par exemple, la Lune ou tout autre objet lointain), il faut la considérer comme un très grand ensemble de sources ponctuelles, chacune étant un « pixel » de l'image que l'on voit, donnant lieu à un faisceau incident avec un angle α particulier. Chacune de ces sources ponctuelles élémentaires va donner lieu, en sortie de la lunette, à une image paraissant provenir d'une source ponctuelle avec la même couleur et intensité lumineuse, dans une direction faisant un angle $G\alpha$ avec l'axe optique. L'image initiale est donc bien grossie d'un facteur $G\alpha$.

5 Image intermédiaire

Nous avons vu à la section précédente comment une image intermédiaire se forme dans le plan focal image de l'objectif, lorsqu'on observe une source à l'infini. C'est cette image intermédiaire que l'on a matérialisée avec une feuille de papier dans la section 2. Dans le cas où la source n'est pas située à l'infini, l'image intermédiaire se forme dans un autre plan, situé plus loin de l'objectif que le plan focal image. Dans ce cas, il faut ajuster la position de l'oculaire pour que son foyer objet se trouve dans ce plan. C'est la raison pour laquelle les lunettes sont équipées de dispositifs de « mise au point », pour régler la netteté de l'image. On doit ajuster la mise au point lorsqu'on observe des sources à des distances différentes. Nous reverrons ceci en exercice.

Remarque : dans le cas particulier de l'observation d'une source à l'infini (lorsque les plans focaux respectivement image et objet de l'objectif et de l'oculaire coïncident), on dit que la lunette est dans une configuration afocale. En effet, tout faisceau parallèle entrant dans la lunette en ressort sous forme d'un autre faisceau parallèle : la lunette ne fait pas converger le faisceau incident vers un foyer (*focus*, en latin), d'où le préfixe privatif a- dans le mot « afocale ».

6 Un peu d'histoire des lunettes

La lunette a été inventée sans doute vers la fin du XVIe siècle. Galilée a été le premier à l'utiliser pour l'observation des objets célestes en 1609, ce qui lui a permis de très nombreuses découvertes. Outre l'astronomie, les lunettes sont d'un emploi répandu pour des utilisations terrestres ou maritimes. En astronomie, les lunettes ont connu leur apogée vers la fin du dix-neuvième et le début du vingtième siècle, avec des objectifs dont le diamètre était de l'ordre du mètre, et des distances focales de l'ordre d'une vingtaine de mètres (on peut citer notamment les grandes lunettes de l'observatoire de Nice, de Meudon, de Yerkes au États-Unis). Le record de diamètre jamais atteint par une lunette fut de 1,25 m : c'était le diamètre d'une lunette construite spécifiquement pour l'Exposition Universelle de Paris en 1900. Sa distance focale était de 57 mètres. Cette lunette fut spécialement conçue pour l'exposition, et, étant donnés ses dimensions et son poids, ne fut jamais pointée vers le ciel. Elle fut démantelée à l'issue de l'exposition. Un diamètre d'environ un mètre est un maximum infranchissable pour une lunette astronomique : au-delà, l'objectif se déforme sous son propre poids, et sa forme change avec l'inclinaison de la lunette par rapport à l'horizontale. Depuis le début du XXe siècle, les télescopes ont pris le relais (ils sont fondés sur le même principe que les lunettes astronomiques, sauf que leur objectif est constitué d'un miroir plutôt que d'une lentille). De nos jours, les lunettes astronomiques sont encore d'un emploi très répandu en astronomie d'amateur.

Solution de l'exercice type

D'après lycée Condorcet, Paris

1 Nous avons les deux informations suivantes :

$$F + f = 1020 \text{ mm}$$

puisque la distance séparant l'objectif de l'oculaire est la somme de leurs distances focales, et :

$$G = \frac{F}{f} = 50{,}0.$$

On cherche donc deux nombres dont la somme est 1020 mm et le quotient 50. Nous pouvons remplacer F par Gf dans la première égalité :

$$Gf + f = 1020 \text{ mm}$$

ce qui nous permet d'obtenir la distance focale de l'oculaire :

$$f = \frac{1020}{G+1} = \frac{1020}{51} = 20 \text{ mm}.$$

Nous gardons deux chiffres significatifs pour ce résultat car c'est la précision avec laquelle est donné le grossissement. Nous en déduisons la distance focale de l'objectif par :

$$F = 1020 - f = 1000 \text{ mm}.$$

...

➔ Solution de l'exercice type (suite)

D'après lycée Condorcet, Paris

2 L'image intermédiaire est celle formée dans le plan foyer image de l'objectif. Considérons le schéma suivant :

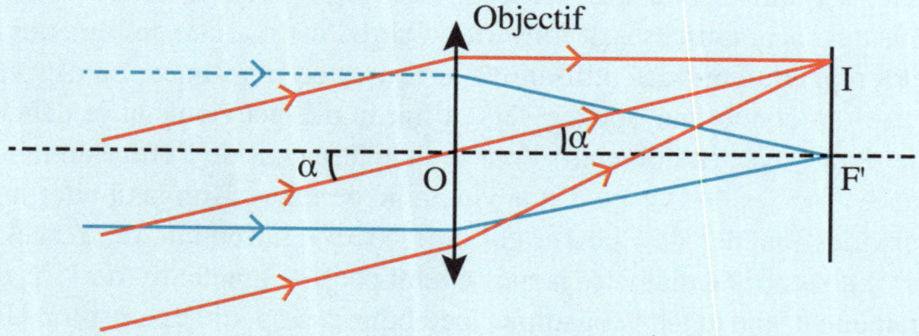

L'image de l'une des étoiles (correspondant aux rayons représentés en bleu) se trouve sur l'axe optique au point foyer image F′, tandis que l'autre, correspondant aux rayons représentés en rouge, se trouve au point I, dans le plan focal image de l'objectif.

Nous pouvons écrire, dans le triangle OF′I, rectangle en F′′ :

$$\mathrm{F'I} = \mathrm{OF'}\tan\alpha \approx F\alpha,$$

où nous avons utilisé le fait que $\mathrm{OF'} = F$ et le fait que $\tan\alpha \approx \alpha$ pour des petits angles, à condition d'exprimer leur valeur en radian.

Application numérique : La distance séparant les images des deux étoiles sur l'image intermédiaire est donc :

$$\mathrm{F'I} = 1000 \times \frac{4{,}3}{60 \times 60} \times \frac{\pi}{180} = 0{,}021\ \mathrm{mm} = 21\ \mu\mathrm{m}.$$

On obtient le résultat dans la même unité que celle de F, donc ici en millimètre. Le facteur $\pi/180$ permet de convertir les degrés en radians.

3 L'observateur voit les deux étoiles sous un angle apparent β donné par :

$$G = \frac{\beta}{\alpha} \quad \text{soit} \quad \beta = G\alpha.$$

Application numérique :

$$\beta = 50 \times 4{,}3 = 215 \text{ secondes d'arc} = 3{,}6 \text{ minutes d'arc}.$$

Il s'agit d'un angle très petit qui est tout de même plus grand que le pouvoir de résolution de l'œil humain.

Voir énoncé page 409

1 QCM Vérification des connaissances

5 min Corrigé p. 422

1 Dans une lunette astronomique, la distance focale de l'oculaire est

[a] supérieure [b] inférieure

à celle de l'objectif.

2 On peut fabriquer une lunette astronomique en utilisant deux lentilles convergentes identiques.

[a] Vrai [b] Faux

3 Plus la distance focale de l'oculaire est grande, plus le grossissement de la lunette astronomique est important.

[a] Vrai [b] Faux

4 Pour qu'une lunette astronomique offre une vision nette des objets situés « à l'infini », il faut que la lentille mince servant d'oculaire soit placée

[a] au foyer objet de l'objectif

[b] au foyer image de l'objectif

[c] à aucune de ces deux positions.

5 Un rayon parallèle à l'axe optique de la lunette émerge de celle-ci parallèlement à l'axe optique.

[a] Vrai [b] Faux

2 Lunette astronomique du commerce ★

15 min Corrigé p. 422

Lycée Joffre, Montpellier

Un site de vente par internet propose la lunette suivante :

« *Grossit jusqu'à 450 fois ! Lunette astronomique D* = 102 *mm, F* = 900 *mm, oculaires AH* 20 *mm, OR* 9 *mm et H* 4 *mm. Lentille de Barlow* 2×, *filtres solaire et lunaire, redresseur terrestre, monture azimutale. Chercheur* 5 × 24. *Grossissements :* 45×, 90×, 100×, 200×, 225× *et* 450×. »

1 **(a)** Rappeler en faisant un schéma le principe de la lunette astronomique, ainsi que la formule donnant son grossissement en fonction de la distance focale de l'objectif et de l'oculaire.

(b) Sachant que la lentille de Barlow est un dispositif qui double la distance focale de l'objectif, justifier les grossissements annoncés. Les lettres majuscules pour chaque oculaire caractérisent l'assemblage de lentilles à l'intérieur de celui-ci. Toutefois, chacun des oculaires, pour le calcul du grossissement, peut être considéré comme une lentille mince convergente unique dont la longueur focale est égale à la mention

2 **(a)** Quel est le pouvoir de résolution de cet instrument pour la longueur d'onde $\lambda = 550$ nm ?

Voir indication page suivante.

Indication : le pouvoir de résolution est l'angle minimal entre deux étoiles pour qu'on puisse les discerner l'une de l'autre. Il est donné par :

$$\alpha = \frac{1{,}22\lambda}{D},$$

où le résultat est exprimé en radian. On convertira la valeur obtenue en seconde d'arc. Il y a 60 secondes d'arc dans une minute d'arc, et 60 minutes d'arc dans un degré.

(b) À partir de quel grossissement $\mathcal{G}_l$ ce pouvoir de résolution correspond-il au pouvoir de résolution de l'œil ? Voit-on plus de détails si le grossissement dépasse la valeur $\mathcal{G}_l$? Qu'advient-il alors ?
Indication : le pouvoir de résolution de l'œil est d'une minute d'arc.

(c) Que penser de la phrase « Grossit jusqu'à 450 fois » ?

3 Le chercheur est une petite lunette alignée avec le télescope et pointant dans la même direction. Le premier nombre le caractérisant est son grossissement, le deuxième est son diamètre en millimètre.
Quelle est la distance focale de son objectif, sachant que celle de son oculaire est de 20 mm ?

4 On s'intéresse au dispositif mentionné dans l'annonce appelé « redresseur terrestre ». Quelle propriété des images données par une lunette astronomique, à votre avis, ce dispositif permet-il de compenser ?

3 Mise au point

★★ 20 min Corrigé p. 424

Lycée Lavoisier, Paris

Retrouvez le corrigé de cet exercice en vidéo.

La plupart des lunettes astronomiques du commerce possèdent un dispositif de mise au point (pour régler la « netteté » de l'image) comprenant une roue à pignons et une crémaillère. Ce dispositif est placé en bout de tube et supporte l'oculaire, que l'on peut ainsi déplacer longitudinalement pour que son foyer objet coïncide avec l'image intermédiaire fournie par l'objectif, afin d'obtenir une image nette. On le représente sur la figure ci-après.

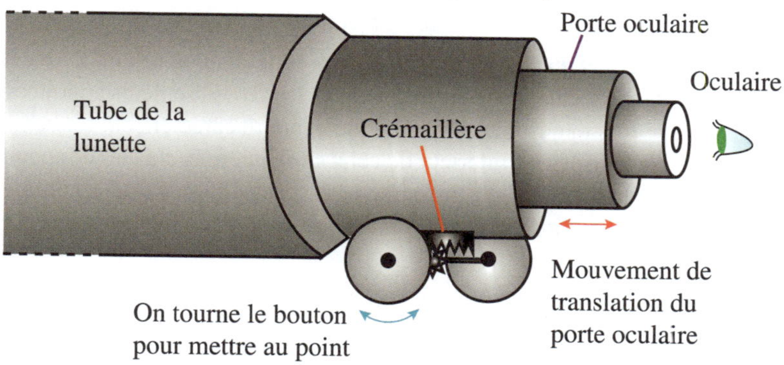

On considère un dispositif de mise au point par crémaillère pour lequel le porte-oculaire se déplace de 5,0 mm pour un tour du bouton de mise au point. L'objectif de la lunette peut être assimilé à une lentille mince convergente de distance focale $f = 910$ mm.

On observe la pleine Lune se levant à l'horizon, derrière un arbre situé à la distance $d = 250$ m. L'observateur tourne le bouton de mise au point de manière à ce que la Lune apparaisse nette. Les branches de l'arbre, en silhouette devant celle-ci, apparaissent floues, comme schématisé sur la figure ci-après.

1 L'observateur souhaite modifier la « mise au point » de l'image de manière à ce que l'arbre apparaisse net, comme sur la figure ci-après.

(a) Doit-il actionner le dispositif de mise au point de manière à éloigner l'oculaire de l'objectif, ou de manière à le rapprocher de l'objectif ?

(b) De combien de tour(s) doit-il tourner le bouton de mise au point ?

2 Le dispositif de mise au point comporte une butée empêchant que le porte-oculaire ne sorte complètement du tube. Après avoir mis au point sur la Lune, l'observateur doit tourner le bouton de mise au point de 1,4 tours pour atteindre la butée. Quelle est la plus petite distance à laquelle on peut voir un objet net avec la lunette ?

Indication :

On rappelle la relation de conjugaison d'une lentille mince convergente, vue en classe de Première, à savoir par cœur :

$$\frac{1}{\overline{\mathrm{OA'}}} - \frac{1}{\overline{\mathrm{OA}}} = \frac{1}{\overline{\mathrm{OF'}}},$$

où A est le point objet et A′ son image conjuguée, O est le centre optique de la lentille et F′ son point foyer image.

4 Étude d'une lunette

★★★ 25 min Corrigé p. 427

Lycée Saint Sernin, Toulouse

Les lunettes se résument à un tube portant une lentille (ou un groupe de lentilles) à chaque extrémité. La plus grosse, tournée vers le ciel, est l'objectif : elle capte la lumière et concentre les rayons pour former une image à l'intérieur de l'instrument. La deuxième lentille, l'oculaire, permet d'observer cette image. Le grossissement d'une lunette est égal à la distance focale de l'objectif divisée par celle de l'oculaire.

D'après l'article « Lunette ou télescope » de Henri-Pierre Penel, Sciences et Vie, août 2001.

L'objectif de cet exercice est de schématiser les trajets suivis par la lumière dans une lunette astronomique.

1 On observe la Lune à l'aide d'une lunette astronomique dont l'objectif est une lentille convergente de distance focale $f = 100$ cm. Vue depuis la Terre, la Lune a un diamètre angulaire $\alpha = 9{,}3 \times 10^{-3}$ rad.

(a) Rappeler la définition du diamètre angulaire (on pourra répondre par un schéma clairement annoté).

(b) Calculer le diamètre réel de la Lune sachant qu'elle est située à $3{,}8 \times 10^5$ km de la Terre.

2 On appelle AB le diamètre de la Lune situé dans le plan vertical contenant l'axe de la lunette, le point A étant situé sur l'axe optique principal (voir figure 19.1 page suivante). La Lune étant très éloignée de la Terre, dans toute la suite de l'énoncé, on la supposera à l'infini.

(a) Sur la figure 19.1 suivante, construire l'image A_1B_1, donnée par l'objectif (lentille L_1) de l'objet AB. Le point F'_1, sur cette figure, indique le point foyer image de la lentille L_1.

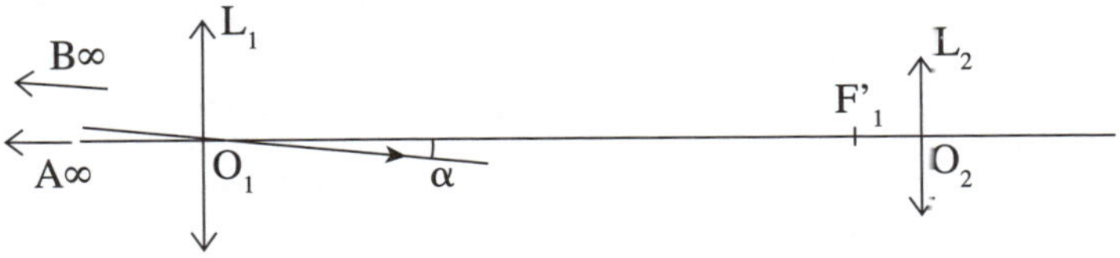

Figure 19.1 – *Schéma à compléter*

(b) Calculer la taille de cette image. L'angle α étant petit, on pourra utiliser l'approximation $\tan\alpha \approx \alpha$, α étant exprimé en radian.

3 L'image AB sert d'objet pour l'oculaire (lentille L_2) qui en donne une image $A'B'$.

(a) Quelle position particulière doit occuper A_1B_1 pour que $A'B'$ soit rejetée à l'infini (vision sans fatigue) pour un œil normal ?

(b) En déduire la position des foyers de la lentille L_2 et les marquer sur la figure 19.1.

(c) Construire l'image $A'B'$ sur la figure 19.1.

4 On appelle grossissement de la lunette le rapport $G = \alpha'/\alpha$, α étant le diamètre angulaire et α' l'angle sous lequel on voit l'image $A'B'$.

(a) Calculer l'angle α' sachant que l'oculaire a une distance focale $f_2 = 10{,}0$ cm. L'angle α' étant petit, on pourra utiliser l'approximation $\tan\alpha' \approx \alpha'$, α' étant exprimé en radian.

(b) En déduire le grossissement de la lunette.

(c) Vérifier que la relation indiquée dans l'extrait au début de l'énoncé pour calculer le grossissement donne le même résultat.

5 On appelle « cercle oculaire » l'image de la circonférence de l'objectif par l'oculaire.

(a) Construire le cercle oculaire sur la figure 19.2.

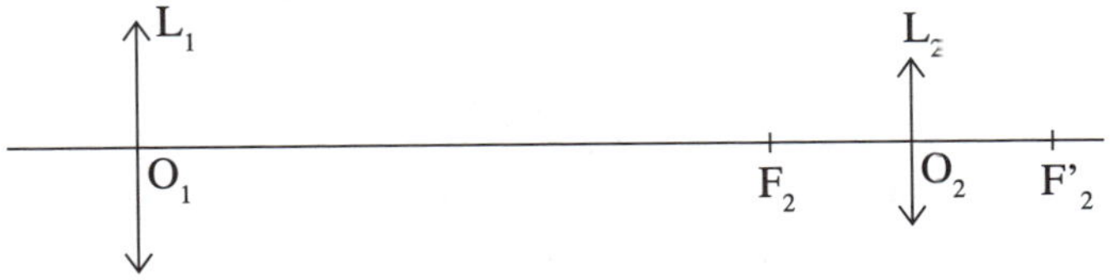

Figure 19.2 – *Schéma à compléter*

(b) À quelle distance le cercle oculaire se trouve-t-il de la lentille L_2 ?

(c) Sachant que l'objectif a un diamètre de 60 mm, quel est le diamètre du cercle oculaire ?

1 QCM Vérification des connaissances

Enoncé p. 417

1 Réponse [b] : inférieure. En effet, le grossissement étant $G = F/f$, où F est la distance focale de l'objectif et f celle de l'oculaire, si on avait $f > F$, le grossissement serait inférieur à un, ce qui n'est pas vraiment ce que l'on attend d'une lunette astronomique.

2 Réponse [b] : faux. Deux lentilles identiques ont même distance focale, ce qui implique un grossissement égal à un. La lunette astronomique est conçue pour « grossir » les objets.

3 Réponse [b] : faux. Le grossissement est inversement proportionnel à la distance focale de l'oculaire.

4 Réponse [c]. C'est le foyer objet de l'oculaire (et non directement ce dernier) qui doit être placé au foyer image de l'objectif.

5 Réponse [a] : vrai. Ce rayon passe par le foyer image de l'objectif, qui est lui-même foyer objet de l'oculaire, et ressort donc parallèle à l'axe optique. C'est la raison pour laquelle la lunette est dite « afocale ».

2 Lunette astronomique du commerce

Enoncé p. 417

Lycée Joffre, Montpellier

1 (a) On rappelle sur la figure suivante le principe d'une lunette astronomique.

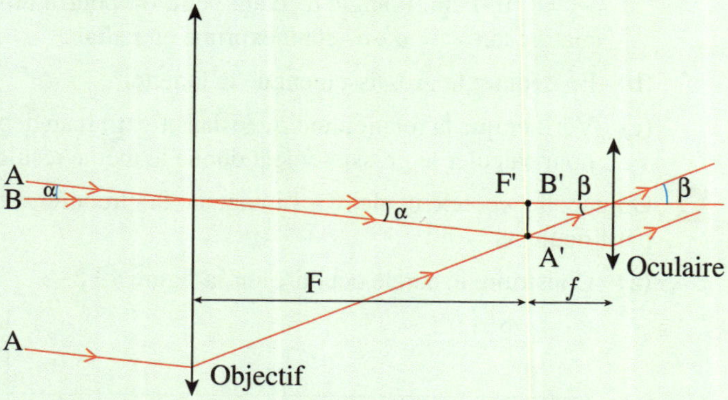

On observe un objet AB situé à l'infini, qui est vu sous un angle α. Cet objet donne lieu à une image $A'B'$ dans le plan focal image de l'objectif. La taille de cette image réelle est donnée par :

$$d(A', B') = F\alpha$$

où F est la distance focale de l'objectif. Nous rappelons que nous avons la relation $\tan\alpha \approx \alpha$ quand l'angle α, exprimé en radian, est petit. Cette image est également située dans le plan focal objet de l'oculaire, et constitue donc pour celui-ci un « objet ».

L'oculaire en donne une image à l'infini, et les rayons issus de A' font avec l'axe optique du système un angle β donné par :

$$d(A',B') = f\beta$$

où f est la distance focale de l'oculaire. De la même manière que précédemment nous avons utilisé l'approximation $\tan\beta \approx \beta$.

Le grossissement du système est le rapport entre l'angle sous lequel émergent les rayons issus de A' après leur traversée de l'oculaire (c'est-à-dire l'angle sous lequel l'observateur « croit » voir l'objet AB) et l'angle que sous-tend réellement cet objet sur le fond du ciel (à savoir α). Le grossissement vaut donc :

$$G = \frac{\beta}{\alpha} = \frac{\frac{d(A',B')}{f}}{\frac{d(A',B')}{F}} = \frac{F}{f}.$$

(b) On commence par calculer les grossissements donnés par la lunette lorsque la lentille de Barlow n'est pas utilisée.

Les grossissements offerts par les oculaires sont :

$$\begin{cases} G_1 = \dfrac{F}{f_1} = \dfrac{900}{20} = 45 \\ G_2 = \dfrac{F}{f_2} = \dfrac{900}{9} = 100 \\ G_3 = \dfrac{F}{f_3} = \dfrac{900}{4} = 225 \end{cases}$$

En utilisant la lentille de Barlow, on double la focale de l'objectif et donc le grossissement, donc on obtient une série de trois nouveaux grossissements qui sont les doubles des grossissements déjà calculés :

$$\begin{cases} G_1' = 2G_1 = 90 \\ G_2' = 2G_2 = 200 \\ G_3' = 2G_3 = 450 \end{cases}$$

Ainsi, on retrouve bien en définitive les six grossissements annoncés.

2 **(a)** Le pouvoir de résolution angulaire θ d'une lunette de diamètre D est donné par :

$$\theta = 1{,}22\frac{\lambda}{D} = 1{,}22\frac{550 \times 10^{-9}}{0{,}102} = 6{,}58 \cdot 10^{-6} \text{ rad.}$$

Exprimé en secondes d'arc, ce pouvoir de résolution vaut environ :

$$\theta = 6{,}6 \times 10^{-6} \times \frac{180}{\pi} \times 3600 = 1{,}36''.$$

(b) Soit $\theta_o = 1'$ le pouvoir de résolution de l'œil. Cette quantité vaut également 60 secondes d'arc.

Le grossissement pour lequel le plus petit détail séparable par la lunette est vu sous un angle égal au pouvoir de résolution de l'œil est donné par :

$$\mathcal{G}_l = \frac{\theta_o}{\theta} = \frac{60}{1{,}36} = 45.$$

Si on pousse le grossissement au-delà de cette valeur, on ne voit pas plus de détails, simplement l'image devient de plus en plus floue à mesure que le grossissement augmente. En revanche, utiliser un oculaire de longue distance focale donnant un grossissement inférieur à $\mathcal{G}_l$ ne permet pas de voir tous les détails que peut détecter la lunette. Pour une vision confortable, et afin de ne pas avoir à faire trop d'efforts pour voir tous les détails d'une image, on préférera utiliser un grossissement légèrement supérieur à $\mathcal{G}_l$.

(c) La phrase « *grossit jusqu'à 450 fois* » donne une impression trompeuse. L'observateur utilisant ce télescope avec l'oculaire H 4 mm et la lentille de Barlow (c'est-à-dire la combinaison qui permet d'atteindre le grossissement de 450×) sera extrêmement déçu par la qualité de l'image, quelle que soit la qualité des lentilles, leur état de propreté, la transparence et la stabilité de l'atmosphère lors de l'observation.

3 On utilise la relation entre distances focales de l'objectif et de l'oculaire et grossissement :

$$G = \frac{F}{f} \quad \text{soit :} \quad F = Gf = 5 \times 20 = 100 \text{ mm.}$$

Cette distance est obtenue en millimètre puisque c'est l'unité avec laquelle est donnée la distance focale de l'oculaire.

4 Les images données par une lunette astronomique sont inversées (« la tête en bas »). Pour l'observation d'objets célestes, ceci n'est pas vraiment gênant : il n'y a ni haut ni bas dans l'espace. En revanche, pour l'observation terrestre (paysages, animaux, etc.) l'inversion de l'image peut être gênante. Le « redresseur terrestre » permet d'obtenir une image droite au lieu d'une image inversée. Il compense le renversement de l'image donnée par la lunette.

3 Mise au point

Enoncé p. 418

Lycée Lavoisier, Paris

live! *Retrouvez le corrigé de cet exercice en vidéo.*

1 **(a)** Pour que l'observateur voit un objet net à travers la lunette, il faut que l'image intermédiaire de cet objet formée par l'objectif se situe au foyer objet de la lentille oculaire. D'après la relation de conjugaison des lentilles minces, lorsque l'on approche un objet d'une lentille (au-delà de son foyer objet, ce qui est ici largement le cas), son image s'éloigne de la lentille. Il faut donc éloigner l'oculaire de l'objectif pour mettre au point sur l'arbre.

(b) Nous écrivons la relation de conjugaison des lentilles minces. On appelle A un point de l'arbre, O le centre optique de l'objectif et A′ le point conjugué de A dans l'image. La relation de conjugaison des lentilles minces nous donne :

$$\frac{1}{\overline{OA'}} - \frac{1}{\overline{OA}} = \frac{1}{f}.$$

Nous connaissons $f = 910$ mm et $\overline{OA} = -250$ m soit encore $\overline{OA} = -2{,}50 \times 10^5$ mm (il nous faut exprimer toutes les distances dans la même unité). Nous pouvons donc déterminer $\overline{OA'}$:

$$\overline{OA'} = \left(\frac{1}{910} - \frac{1}{2{,}50 \times 10^5}\right)^{-1} = 913{,}3 \text{ mm}.$$

Nous gardons quatre chiffres significatifs dans ce résultat, ce qui peut surprendre compte-tenu de la précision des indications de l'énoncé. Nous justifierons ce choix ci-dessous. Pour l'heure, évaluons de quelle distance il faut déplacer l'oculaire pour mettre au point. Son foyer objet se trouvait précédemment à 910 mm de l'objectif (la Lune peut être considérée comme étant à l'infini, aussi son image se forme dans le plan foyer image de l'objectif). Le foyer objet de l'oculaire doit désormais se trouver à 913,3 mm de l'objectif : il faut donc le déplacer de la distance D donnée par :

$$D = \overline{OA'} - f = 913{,}3 - 910 = 3{,}3 \text{ mm}$$

et donc effectuer $3{,}3/5 = 0{,}66$ tour. Il faut tourner le bouton de deux tiers de tour pour que l'arbre apparaisse net.

Justifions à présent la précision avec laquelle nous avons donné la valeur de $\overline{OA'}$ ci-dessus. La quantité importante n'est pas tant, en soi, cette valeur algébrique, mais la distance D, obtenue en soustrayant la distance focale f. Il est possible que la valeur 913,3 mm ne représente pas correctement la distance entre l'objectif et l'image de l'arbre. En revanche, la différence entre cette valeur et la distance focale de l'objectif est correctement représentée avec deux chiffres significatifs. Le fait de donner la distance focale de l'objectif avec trois chiffres significatifs implique que celle-ci est comprise dans l'intervalle [909,5 cm, 910,5 cm]. Quel résultat obtiendrait-on si l'on refaisait le calcul de la distance D ci-dessus en prenant ces valeurs extrêmes pour la distance focale ? Nous pouvons rapidement répondre à cette question en utilisant Python.

En Python

Les instructions suivantes affichent respectivement les résultats :
3.3208422240110167
3.3281621666108094

```
d=2.50e5
f=909.5; print (1/(1/f-1/d)-f)
f=910.5; print (1/(1/f-1/d)-f)
```

Compte-tenu des résultats, on voit que la valeur de la distance D est précise au dixième de millimètre près, bien que la distance focale ne soit précise qu'au millimètre près.

MÉTHODE

De manière générale, il convient de s'interroger sur la précision d'un résultat quand celui-ci s'obtient par différence entre deux valeurs voisines, et que l'une de ces valeurs dépend de l'autre, comme c'est ici le cas.

2 Commençons par évaluer la distance D' à laquelle correspond 1,4 tour du bouton de mise au point :

$$D' = 5{,}0 \times 1{,}4 = 7{,}0 \text{ mm}.$$

Le plus proche objet BC que l'on veut voir net à travers la lunette donne donc une image intermédiaire à la distance $\overline{\mathrm{OB'}} = f + D'$ de l'objectif, comme représenté sur le schéma ci-après.

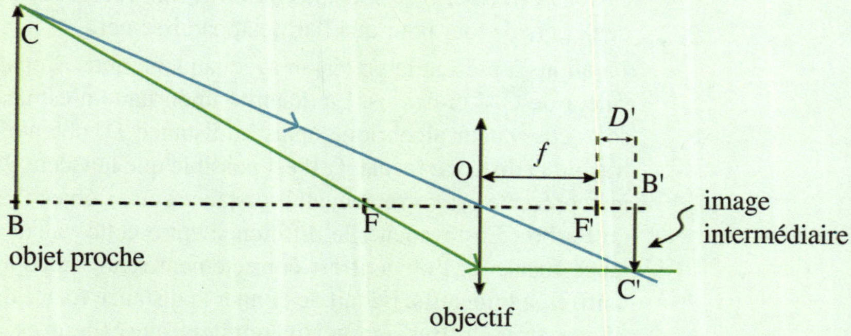

Écrivons la relation de conjugaison des lentilles minces entre l'objet BC, son image B′C′, et la lentille de l'objectif. Nous avons :

$$\frac{1}{\overline{\mathrm{OB'}}} - \frac{1}{\overline{\mathrm{OB}}} = \frac{1}{f}.$$

Nous venons de déterminer $\overline{\mathrm{OB'}}$ et connaissons f, nous sommes donc en mesure de déduire $\overline{\mathrm{OB}}$ de l'expression ci-dessus, ce qui correspond à la grandeur recherchée.

Nous pouvons réécrire la relation de conjugaison des lentilles minces de la manière suivante :

$$\frac{1}{f+D'} - \frac{1}{\overline{\mathrm{OB}}} = \frac{1}{f}$$

soit :

$$\frac{1}{\overline{\mathrm{OB}}} = \frac{1}{f+D'} - \frac{1}{f} = \frac{f-f-D'}{f(f+D')}.$$

Nous avons donc :

$$\left|\frac{1}{\overline{\mathrm{OB}}}\right| = \frac{D'}{f(f+D')}$$

donc :

$$|\overline{\mathrm{OB}}| = \frac{f(f+D')}{D'}.$$

L'application numérique donne :

$$|\overline{\mathrm{OB}}| = \frac{910 \times (910+7{,}0)}{7{,}0} = 1{,}2.10^2 \text{ m}.$$

Nous gardons deux chiffres significatifs puisque c'est la précision avec laquelle on a déterminé la distance D'. La lunette ne peut fournir d'image nette que pour les objets situés à au moins 120 m.

4 Étude d'une lunette

Enoncé p. 420

Lycée Saint Sernin, Toulouse

1 **(a)** Le diamètre angulaire est l'angle sous lequel on voit un objet. Ainsi, pour l'observateur de la figure ci-après, la Lune a un diamètre angulaire α.

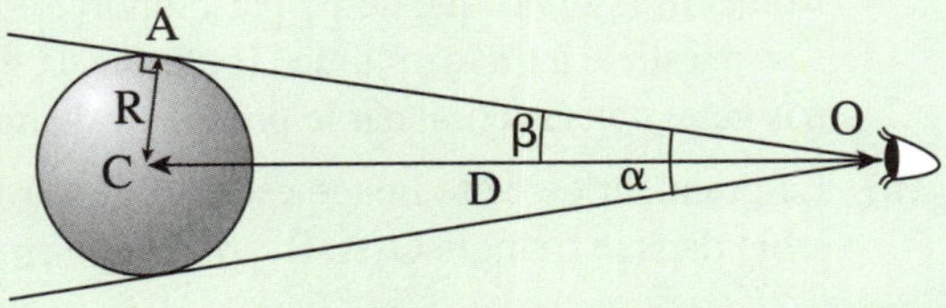

(b) Dans le triangle OCA de la figure ci-dessus, rectangle en A, on a la relation :

$$\mathrm{AC} = \mathrm{OC}\sin\beta,$$

où $\beta = \alpha/2$ est le rayon angulaire lunaire. Or on a : $\mathrm{AC} = R$, où R est le rayon réel de la Lune, et $\mathrm{OC} = D$, où D est la distance de l'observateur au centre de la Lune, que l'on assimile à la distance Terre-Lune. En utilisant le fait que l'angle β est petit (il suffit pour s'en convaincre de vérifier la valeur de $\alpha = 2\beta$ donnée dans l'énoncé), on a :

$$R = D\beta$$

où β est exprimé en radian. En multipliant par 2 les deux membres de cette égalité, on obtient :

$$d = D\alpha,$$

où $d = 2R$ est le diamètre réel lunaire.

L'application numérique donne :

$$d = 3{,}8 \cdot 10^5 \times 9{,}3 \cdot 10^{-3} \approx 3{,}5.10^3 \text{ km.}$$

On garde deux chiffres significatifs puisque c'est la précision avec laquelle sont donnés le diamètre angulaire de la Lune et sa distance à la Terre.

2 **(a)** L'objet AB étant situé à l'infini, son image se forme dans le plan focal image. Le point A se trouvant sur l'axe optique, son image se trouve également sur l'axe optique et donc l'image de A est le foyer image de L_1, c'est-à-dire le point F'_1. Le rayon ébauché dans l'énoncé, issu de B, et faisant donc un angle α avec l'axe optique, n'est pas dévié puisqu'il passe par le centre optique de L_1. L'image de B est donc située à l'intersection de ce rayon avec le plan focal objet, comme représenté sur la figure 19.3.

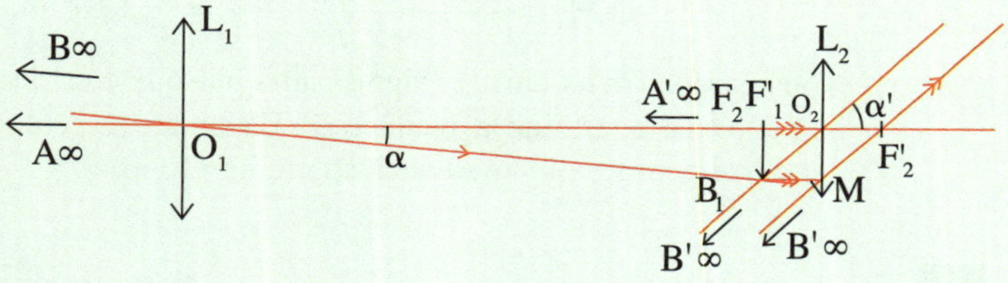

Figure 19.3 – *Schéma des diverses constructions demandées dans l'énoncé.*

Remarque : on pourrait également tracer un autre rayon issu de B, donc parallèle à celui ébauché, et passant par le foyer objet F_1 de l'objectif (symétrique de F'_1 par rapport à l'objectif). Ce rayon ressort parallèle à l'axe optique. Toutefois, la figure fournie ne permet pas cette construction car le point F_1 est situé hors de la feuille.

(b) La grandeur de cette image est donnée par la relation suivante, valable dans le triangle $O_1A_1B_1$, rectangle en A_1 :

$$A_1B_1 = O_1F_1 \tan\alpha \approx f\alpha.$$

L'application numérique donne :

$$A_1B_1 \approx 100 \times 9{,}3 \cdot 10^{-3} \approx 0{,}93 \text{ cm.}$$

3 **(a)** Pour que $A'B'$ soit rejetée à l'infini, il faut que A_1B_1 soit placé dans le plan focal objet de L_2 (c'est la même condition que pour l'observation d'un objet à travers une loupe pour un œil qui n'accommode pas ; ici l'oculaire L_2 joue le rôle d'une loupe pour observer le petit objet réel A_1B_1).

(b) Le foyer objet F_2 de l'oculaire doit donc être confondu avec F'_1, foyer image de l'objectif. Le point F'_2, foyer image de l'oculaire, est, quant à lui, symétrique de F_2 par rapport à O_2, comme représenté sur la figure 19.3.

(c) Pour construire l'image B′ de B_1 par L_2, on trace un rayon issu de B_1 et parallèle à l'axe optique, qui passe donc par F'_2 en sortie de l'oculaire, comme indiqué par le rayon avec une double flèche sur la figure 19.3. On peut aussi tracer le rayon issu de B_1 qui passe par le centre optique O_2 de l'oculaire, et qui n'est donc pas dévié. Le quadrilatère $O_2F'_2MB_1$ ayant deux côtés parallèles et de même longueur ($[O_2F'_2]$ et $[B_1M]$ respectivement), c'est un parallélogramme, et donc les deux rayons issus de B_1 sont parallèles en sortie de l'oculaire, ce qui montre que l'image B′ est bien repoussée à l'infini. Il en est de même pour l'image de A′, qui est repoussée à l'infini sur l'axe optique, comme indiqué sur la figure.

Remarque : on peut noter qu'à l'échelle de cette figure, le rayon issu de B_1 et passant par O_2 n'existe pas, car il n'intercepte pas l'objectif. Il s'agit donc d'un rayon « fictif », dont l'intérêt réside dans la simplicité de sa construction, qui permet de mettre en évidence que l'image de B_1 est bien rejetée à l'infini. Ceci implique que tous les rayons issus de l'objectif et convergeant en B_1 ressortent tous parallèles entre eux après leur traversée de l'oculaire.

4 **(a)** Dans le triangle $O_2B_1A_1$, rectangle en A_1, on peut écrire :

$$A_1B_1 = O_2F_2 \tan \alpha'$$

qui s'écrit encore :

$$A_1B_1 \approx f_2\alpha'.$$

On en déduit :

$$\alpha' \approx \frac{A_1B_1}{f_2} \approx \frac{0{,}93}{10{,}0} \approx 9{,}3 \cdot 10^{-2} \text{ rad}.$$

(b) On a

$$G = \frac{\alpha'}{\alpha} = \frac{9{,}3 \cdot 10^{-2}}{9{,}3 \cdot 10^{-3}} = 10.$$

La lunette grossit dix fois.

(c) En appliquant la formule donnée dans le texte, on a :

$$G = \frac{f}{f_2} = \frac{100}{10} = 10.$$

On retrouve bien le même résultat. Ceci est tout-à-fait logique puisque l'on a, de manière générale :

$$\begin{aligned} A_1B_1 &\approx f\alpha \\ &\approx f_2\alpha'. \end{aligned}$$

En divisant membre à membre ces deux égalités, on obtient :

$$1 = \frac{f}{f_2} \times \frac{1}{G}$$

soit :

$$G = \frac{f}{f_2}.$$

5 **(a)** On représente cette construction sur la figure ci-après, où l'on considère des rayons issus des bords de l'objectif. Les rayons qui passent par F_2 ressortent, après leur traversée de l'oculaire, parallèles à l'axe optique. Les rayons qui passent par O_2 ne sont pas déviés.

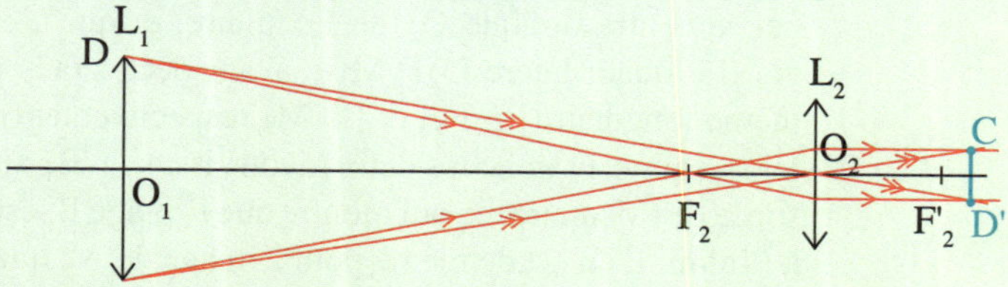

(b) Il suffit d'appliquer la relation de conjugaison des lentilles minces à la lentille L_2. Ici, elle s'écrit :

$$\frac{1}{\overline{O_2C}} - \frac{1}{\overline{O_2O_1}} = \frac{1}{f_2},$$

où le point C est l'intersection du plan du cercle oculaire avec l'axe optique, comme représenté sur la figure de la question précédente. La distance focale f_2 est donnée et vaut 10 cm, tandis que la distance O_2O_1 est la somme de la distance focale de l'objectif et de l'oculaire, soit 110 cm. Par ailleurs, le point O_2 étant à gauche du point O_1, la valeur algébrique $\overline{O_2O_1}$ est négative et vaut -110 cm. L'application numérique donne :

$$\frac{1}{\overline{O_2C}} = \frac{1}{f} + \frac{1}{\overline{O_2O_1}} = \frac{1}{10} - \frac{1}{110} = 0{,}091 \text{ cm}^{-1}$$

donc on a :

$$\overline{O_2C} = \frac{1}{0{,}091} = 11 \text{ cm.}$$

Le cercle oculaire se trouve à 11 cm de la lentille oculaire.

(c) Nous utilisons la formule donnant le grandissement. Si on appelle D un point de la périphérie de l'objectif (voir figure ci-dessus) et D' son image par l'oculaire, on a :

$$\frac{\overline{CD'}}{\overline{O_1D}} = \frac{\overline{O_2C}}{\overline{O_2O_1}} = \frac{11}{110} = 0{,}1$$

Le rayon du cercle oculaire est dix fois plus petit que celui de l'objectif, donc le diamètre du cercle oculaire est dix fois plus petit que celui de l'objectif. Il vaut donc 6,0 mm.

POUR ALLER PLUS LOIN

Il est possible de démontrer que le cercle oculaire correspond à la position où le faisceau émergent de l'oculaire a le plus petit rayon. Il convient donc d'y placer son œil : c'est là que l'image perçue est la plus lumineuse.

Chapitre 20

Le photon

Plan du chapitre

1 Introduction

Exercice type — Lycée Louis-le-Grand, Paris

Un métal illuminé par une radiation ultraviolette de longueur d'onde $\lambda = 180$ nm émet des électrons ayant une énergie cinétique $E_c = 4{,}0$ eV.

1. Quel est le seuil d'énergie requis pour l'effet photoélectrique ?
2. Si on illumine à présent le même métal avec un faisceau lumineux de longueur d'onde $\lambda' = 345$ nm, émet-il des électrons ? Si oui, quelle est leur énergie cinétique.
3. Même question avec un faisceau de longueur d'onde $\lambda'' = 690$ nm.

Donnée :
La constante de Planck vaut $h = 6{,}62 \cdot 10^{-34}$ J.s.
Vitesse de la lumière dans le vide : $c = 3{,}00 \times 10^{8}$ m.s^{-1}.

Voir corrigé page 439

Ce chapitre évoque la quantification de l'énergie dans le monde microscopique (à l'échelle de l'atome). D'après le modèle de Bohr, les atomes ressemblent beaucoup à un système planétaire (la nature de la force qui les lie est toutefois différente) mais l'énergie des électrons ne peut pas prendre n'importe quelle valeur. Les échanges d'énergie entre atomes (ou entre noyaux) peuvent s'effectuer par l'intermédiaire de *photons*. La notion de photon est complémentaire de la notion d'onde lumineuse. La nature intime de la lumière est plus complexe que celle d'une onde, et selon la façon dont on l'aborde, on peut la voir comme une onde (les expériences d'interférences mentionnées au chapitre 17 en sont une illustration) ou comme un faisceau de particules voyageant à la vitesse de la lumière, les photons. Un photon ayant une énergie suffisante peut arracher un ou plusieurs électrons à un atome. C'est l'effet photoélectrique, objet de l'exercice type.

2 Effet photoélectrique

Un matériau soumis à l'action d'un faisceau lumineux peut émettre des électrons. Il est donc logique de penser que la lumière peut arracher des électrons aux atomes constitutifs du matériau. Toutefois, cet effet n'a lieu qu'à une certaine condition : il faut que la longueur d'onde du rayonnement illuminant le matériau soit inférieure à une longueur d'onde qui dépend des propriétés du matériau. Si celui-ci est illuminé par un rayonnement de plus grande longueur d'onde, même très intense, rien ne se produit. On parle d'effet de seuil.

Cette observation a conduit Albert Einstein, au début du XXe siècle, à proposer l'idée que la lumière était constituée de particules (les photons), et que chaque photon avait une énergie d'autant plus grande que la longueur d'onde de la lumière est courte (ou que sa fréquence est grande). Dans cette interprétation c'est un seul photon qui contribue, si son énergie est suffisante, à arracher un électron d'un atome. On peut faire une analogie avec la rupture d'un œuf : si l'on donne plein de petits coups légers sur la coquille, rien ne se produit, indépendamment du nombre de coups. En revanche un seul coup d'énergie suffisante suffit à rompre la coquille. De même, un atome soumis à un flux de photons ayant chacun une énergie insuffisante gardera son ou ses électrons, même si l'énergie cumulée de tous ces photons est bien supérieure au seuil de l'effet photoélectrique. En revanche un seul photon d'énergie suffisante pourra lui arracher un électron. L'interprétation de l'effet photoélectrique a valu à Albert Einstein le prix Nobel de physique en 1921.

Naturellement, l'énergie totale est conservée au cours de l'effet photoélectrique. Si le photon incident a une énergie supérieure au seuil requis pour l'arrachage de l'électron, la différence sera transformée en énergie cinétique de l'électron arraché.

3 Le modèle du photon

L'énergie d'une onde lumineuse de fréquence ν est quantifiée, en ce sens qu'elle ne peut interagir avec la matière qu'en échangeant avec elle une quantité d'énergie multiple d'une quantité de base, appelée *quantum d'énergie*, donnée par :

$$E = h\nu,$$

où h est la constante de Planck et vaut :

$$h = 6{,}62 \cdot 10^{-34} \text{ J.s.}$$

Un quantum d'énergie est appelé un photon, et peut être vu comme une particule de masse nulle, porteuse de l'énergie E, et se déplaçant à la vitesse de la lumière :

$$c = 299\,792\,458 \text{ m.s}^{-1}.$$

À RETENIR

Un photon est une particule de masse nulle, se déplaçant à la vitesse de la lumière, et d'énergie $E = h\nu$, où h est la constante de Planck.

On rappelle par ailleurs la relation entre électron-volt et joule :

$$1 \text{ eV} = 1{,}6 \times 10^{-19} \text{ J}.$$

4 Niveaux d'énergie

4.1 Définitions et résultats fondamentaux

Un atome peut être caractérisé par son *état*. À chaque état on peut associer une énergie. L'ensemble des énergies des états possibles d'un atome n'est pas continu, mais *discret*. Plus précisément on peut « étiqueter » les états d'énergies différentes par un nombre entier n. L'énergie de l'atome dans l'état n est notée E_n.

Un photon d'énergie $E = h\nu$, correspondant à une radiation de fréquence ν, ne pourra être absorbé par l'atome initialement dans l'état n que si l'énergie du système {atome dans l'état n + photon d'énergie $E = h\nu$} se trouve être l'énergie d'un autre état m de l'atome :

$$E_m - E_n = h\nu.$$

À ce moment là, le photon est *absorbé* par l'atome, qui se retrouve au niveau d'énergie m, comme représenté à la figure ci-dessous.

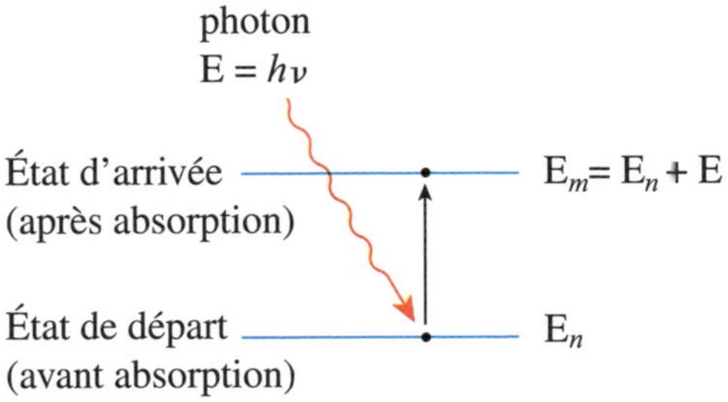

Figure 20.1 – *Absorption d'un photon et passage de l'atome dans un état excité d'énergie supérieure.*

Inversement, un atome peut se *désexciter* en passant d'un état d'énergie E_m à un état d'énergie $E_n < E_m$. C'est le processus inverse du précédent. Il émet à ce moment là un photon d'énergie $E = E_m - E_n$, comme représenté sur la figure page suivante.

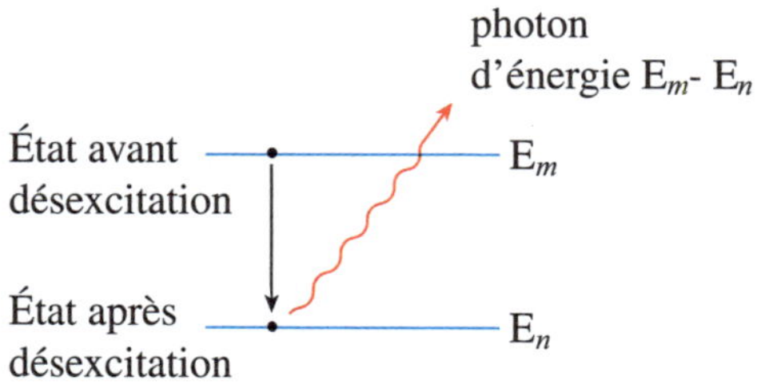

Figure 20.2 – *Désexcitation de l'atome et émission d'un photon.*

L'état de plus basse énergie d'un atome s'appelle le niveau fondamental. Les autres états sont appelés états excités.

On appelle *énergie de première ionisation* l'énergie qu'il faut fournir à un atome pour lui arracher un électron. Pour l'hydrogène dans son état fondamental, l'énergie de première ionisation vaut 13,6 eV.

4.2 Dualité onde-particule

Les paragraphes précédents nous montrent que la lumière peut être vue comme une onde (ainsi qu'on l'a vu au chapitre sur la diffraction et les interférences, par exemple) ou comme une particule, le photon. Paradoxalement, elle se comporte comme les deux *à la fois*, raison pour laquelle on parle de « dualité » onde-particule. On peut mettre en évidence ce double comportement dans des expériences de franges d'interférence où l'on peut détecter les photons un à un : le fait qu'on les détecte individuellement prouve bien que la lumière se comporte comme une collection de particules. Si l'on intègre assez longtemps pour avoir un grand nombre de photons, on voit alors que ceux-ci arrivent préférentiellement le long de franges claires, et évitent les franges sombres : la lumière se comporte également, dans la même expérience, comme une onde.

5 Applications

Nous mentionnons brièvement ci-après quelques applications liées à l'absorption et l'émission des photons.

5.1 Spectroscopie

Les résultats que nous venons d'énoncer sur les processus d'absorption et d'émission d'un photon par un atome nous permettent de comprendre ce qui produit un spectre de raies, tels que ceux qui ont déjà été étudiés en classe de Seconde (spectres d'émission) et de Première (spectres d'absorption).

Dans le cas du Soleil par exemple, le continuum intense est émis par les couches basses de l'atmosphère (la photosphère), très chaudes. Ce continuum traverse les couches supérieures de la photosphère. Si un photon de ce continuum se trouve correspondre à une énergie de transition d'un atome ou d'un ion qu'il rencontre dans les couches supérieures, alors il est absorbé et excite cet atome (ou ion). Ainsi l'ensemble des fréquences manquantes dans le spectre (manquantes puisque les raies noires correspondantes sont dues à l'*absence* de photons) correspondent aux transitions possibles des atomes présents dans l'atmosphère solaire. On comprend dès lors pourquoi le spectre solaire est la « carte d'identité » de l'atmosphère solaire et permet d'en déterminer la composition. De manière plus générale, l'analyse des raies dans les spectres d'étoiles permet aux astrophysiciens de déterminer de nombreuses quantités relatives à la surface et à l'intérieur des étoiles. Elles permettent entre autres choses de déterminer :

- la composition de l'atmosphère de l'étoile ;
- sa température ;
- l'intensité de la pesanteur à la surface de l'étoile ;
- dans certains cas, la vitesse de rotation de l'étoile, et la valeur de son champ magnétique.

Elles permettent même, dans certains cas particuliers, de révéler indirectement la présence d'une ou plusieurs planètes en orbite autour d'une étoile !

Dans le cas d'un spectre de raies en émission, tel celui d'un lampadaire à vapeur de sodium, les atomes de sodium contenus dans un tube sont portés dans des états excités par des décharges électriques entre deux électrodes. En se désexcitant, les atomes émettent des photons dont les fréquences sont caractéristiques des transitions possibles du sodium : on produit un spectre de *raies en émission*.

5.2 Cellules photovoltaïques

5.2.1 - Notion de semiconducteur

Dans un solide, les énergies des électrons sont quantifiées d'une manière analogue à ce qu'elles sont dans les atomes et les molécules. Toutefois, le nombre de niveaux possibles est considérable, et donne lieu à des « bandes d'énergie ». On distingue deux grands types de bandes dans les solides : la bande de valence, et la bande de conduction. Un électron se trouvant dans la bande de valence a une localisation précise à l'intérieur du solide, et participe à l'une des liaisons covalentes entres les atomes constituant le solide. À l'inverse, un électron se trouvant dans la bande de conduction est dit « délocalisé » sur le solide. De manière imagée, cela signifie qu'il peut se déplacer librement à l'intérieur du solide. La figure page suivante montre le diagramme énergétique des bandes dans différents cas.

COURS
INTERROS
CORRIGÉS

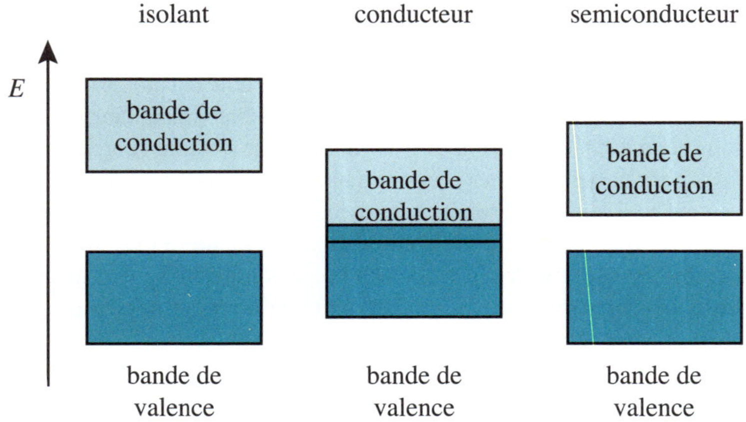

Le cas de gauche représente celui d'un corps isolant : la bande de valence et la bande de conduction sont nettement séparées en énergie, et aux températures ambiantes pratiquement aucun électron ne se trouve dans la bande de conduction, tous les électrons étant dans la bande de valence.

Dans le cas central, la bande de valence et la bande de conduction se chevauchent : à température ambiante, une fraction significative des électrons du solide occupent la bande de conduction. Le solide est par conséquent un conducteur électrique, ainsi qu'un bon conducteur thermique. C'est un métal.

Enfin, le cas de droite représente le cas intermédiaire où la bande de valence et la bande de conduction sont certes séparées, mais par une petite valeur (quelques électronvolts). Dans ce cas, à température ambiante, du fait de l'agitation thermique, une petite fraction des électrons de la bande valence peuvent atteindre la bande de conduction. Le solide est alors faiblement conducteur. Sa résistivité électrique est intermédiaire entre celle des isolants et celle des conducteurs. Un faible apport d'énergie suffit pour qu'il se comporte comme un conducteur. On dit qu'il est semi-conducteur.

Lorsqu'un électron quitte la bande de valence pour rejoindre celle de conduction, il abandonne la liaison covalente dans laquelle il était impliqué : à cet endroit, le déficit de charge négative imputable à son départ se traduit par l'apparition d'une charge positive. La place vide laissée par l'électron est appelé « trou ». Un trou a une charge positive. Le passage d'un électron de la bande de valence à la bande de conduction se traduit toujours par l'apparition d'un trou : on parle de paire électron-trou. À l'instar des électrons de conduction, les trous peuvent se déplacer, lorsqu'un électron vient combler la liaison covalente au détriment d'une autre, un peu comme dans un puzzle à pièces coulissantes. De manière arbitraire, on place la limite entre isolant et semi-conducteur pour une différence d'énergie de 4 eV entre la bande de valence et la bande de conduction (on appelle en termes technique cette différence la largeur de la bande interdite ou *gap*). Un cristal de silicium pur est un exemple de semi-conducteur.

5.2.2 - Dopage d'un semiconducteur

La quantité d'électrons dans la bande de conduction d'un semi-conducteur tel que du silicium pur est extrêmement faible. Pour accroître le nombre de porteurs de charges, on dit que l'on dope le semiconducteur. Le silicium étant tétravalent, on peut le doper de deux manières :

1 En introduisant en petite quantité un composé trivalent (tel que le bore), que l'on appelle communément impureté. Il existe alors un déficit d'électron pour l'un des atomes de silicium adjacent à l'atome de bore : c'est un trou, susceptible de se déplacer.

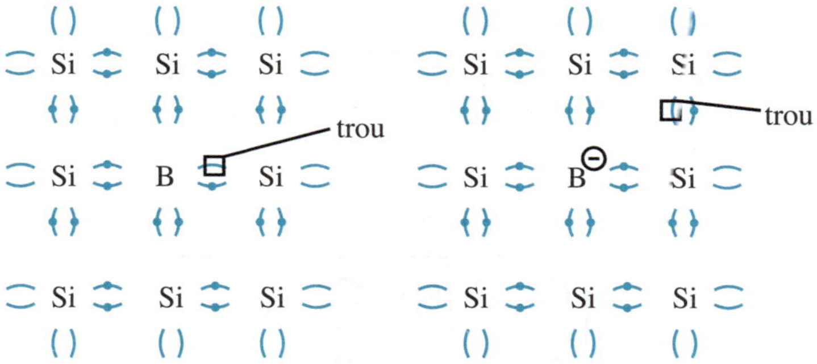

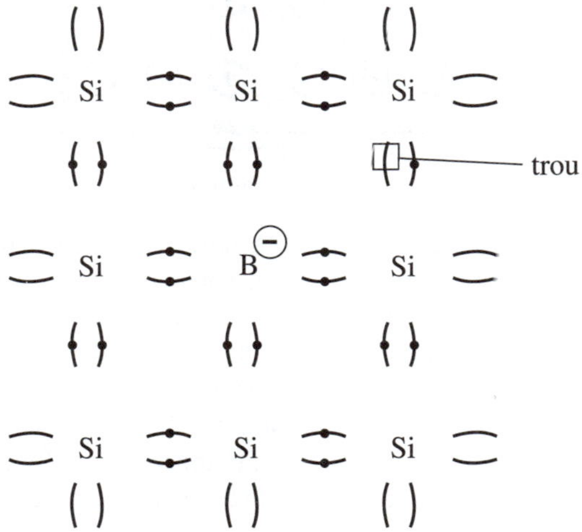

Un semi-conducteur ainsi dopé apparaît comme un réseau de charges négatives fixes (correspondant aux atomes trivalents) autour duquel peuvent se déplacer des trous (positifs). L'ensemble est bien entendu électriquement neutre. Les porteurs de charge mobiles étant des trous (positifs), on parle de dopage P.

2 On peut également doper le silicium par l'adjonction d'une petite quantité d'un composé pentavalent (par exemple, le phosphore). L'électron excédentaire de cet atome, qui ne peut contracter de liaison covalente avec les atomes de silicium voisins, passe dans la bande de conduction. Le semi-conducteur apparaît alors comme un réseau de charges positives fixes (correspondant aux atomes pentavalents qui se sont débarrassé d'un électron dans la bande de conduction) autour duquel peuvent se déplacer les électrons de la bande de conduction. Là-encore, l'ensemble est électriquement neutre. Les porteurs de charge mobiles étant des électrons (négatifs), on parle de dopage N.

5.2.3 - Jonction PN et photovoltaïque

Si l'on accole deux substrats de silicium respectivement dopés P et N, les porteurs de charge mobiles de chacun d'entre eux (respectivement des trous et des électrons) ont tendance à diffuser dans l'autre substrat, comme représenté sur la figure ci-après :

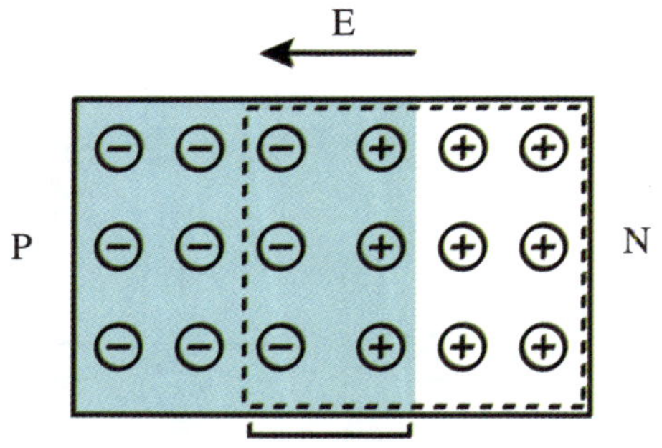

La zone bleutée représente les trous, et la zone à l'intérieur du rectangle en pointillés les électrons. Les signes + et - représentent les charges fixes des impuretés. On voit que ces deux types de porteurs de charge ont tendance à se recouvrir au voisinage de la jonction, dans une zone appelée la zone de déplétion. Dans cette zone, les électrons quittent la bande de conduction pour combler les trous laissés dans les liaisons covalentes par les impuretés. Localement, la région voisine de la jonction n'est plus électriquement neutre. Il apparaît une charge négative du côté P, et une charge positive du côté N, et donc un champ électrique dirigé de N vers P. Si l'on considère cette jonction comme un dipôle que l'on insère dans un circuit, le champ électrique s'oppose au passage des électrons de N vers P, mais le permet de P vers N : ce dipôle ne conduit le courant que dans un sens, c'est une diode. En outre, l'existence du champ électrique conduit à une différence de potentiel entre la partie N et la partie P.

Lorsqu'un photon d'énergie suffisante interagit avec le substrat, il y produit une paire électron-trou en envoyant un électron de la bande de valence à la bande de conduction. Dans les conditions normales, les deux éléments de cette paire finiraient par se recombiner *in situ*, mais à la jonction ils sont séparés par le champ électrique. Si l'on relie les pôle P et N à un circuit, la jonction se comporte donc comme un générateur. C'est le principe d'une cellule photovoltaïque.

Le rendement d'une cellule photovoltaïque est le rapport entre l'énergie électrique qu'elle est susceptible d'apporter à un circuit électrique et l'énergie lumineuse, sous forme de photons, qu'il faut lui apporter.

Dans la pratique le rendement d'une cellule photovoltaïque est relativement bas (inférieur à 20 % dans la plupart des cas), et est limité par divers facteurs :

- À l'instar de ce que l'on a vu pour l'effet photoélectrique, l'énergie d'un photon incident doit être suffisante pour porter un électron de la bande de valence à la bande de conduction. Il y a donc une coupure dans le spectre au-delà de laquelle les photons ne contribuent pas à la production d'énergie électrique. Si l'on abaisse la largeur de la bande interdite entre bande de valence et de conduction, on permet à des photons de plus basse énergie de créer des paires électron-trous, mais on diminue aussi la force électromotrice de la jonction. Le gap optimal pour une cellule photovoltaïque est de l'ordre de 1,4 eV.
- L'énergie excédentaire d'un photon est perdue. Pour pallier cet inconvénient, on fabrique des cellules multi-jonctions, ayant des gaps différents. Naturellement le coût d'une cellule multi-jonctions est plus élevé que celui d'une cellule simple, mais le rendement de cellules multi-jonctions a pu atteindre 40 %.

Solution de l'exercice type

Lycée Louis-le-Grand, Paris

1 L'énergie cinétique E_c des électrons est simplement l'énergie excédentaire des photons incidents (d'énergie E), par rapport à l'énergie de seuil E_0 requise pour l'effet photoélectrique :

$$E_c = E - E_0.$$

Les données de l'énoncé permettent d'inférer E et E_c. Nous commençons par exprimer l'énergie des photons dans l'unité du Système International. Nous avons :

$$E = h\nu = \frac{hc}{\lambda} = \frac{6{,}63 \times 10^{-34} \times 3 \times 10^{8}}{180 \times 10^{-9}} = 1{,}10 \times 10^{-18}\ \text{J}.$$

Nous pouvons convertir cette valeur en électron-volt en divisant par $1{,}6 \times 10^{-19}$ J. Nous obtenons :

$$E = \frac{11{,}0 \times 10^{-19}}{1{,}6 \times 10^{-19}} = 6{,}9\ \text{eV}.$$

Nous avons à présent E et E_c dans la même unité (eV). De l'équation ci-dessus nous déduisons :

$$E_0 = E - E_c = 6{,}9 - 4{,}0 = 2{.}9\ \text{eV}.$$

...

Solution de l'exercice type (suite)

Lycée Louis-le-Grand, Paris

L'énergie de seuil de l'effet photoélectrique est 2,9 eV.

2 Nous calculons l'énergie des photons à cette nouvelle longueur d'onde, comme à la question précédente. Nous avons :

$$E' = h\nu' = \frac{hc}{\lambda'} = \frac{6{,}63 \times 10^{-34} \times 3 \times 10^{8}}{345 \times 10^{-9}} = 5{,}77 \times 10^{-19}\ \text{J}$$

ce qui donne, en électron-volt :

$$E' = \frac{5{,}77 \times 10^{-19}}{1{,}6 \times 10^{-19}} = 3{,}6\ \text{eV}.$$

Nous avons $E' > E_0$ donc les photons peuvent encore arracher des électrons du métal par effet photoélectrique. L'énergie cinétique des électrons arrachés est à présent :

$$E'_c = E' - E_0 = 3{,}6 - 2{,}9 = 0{,}7\ \text{eV}.$$

3 On pourrait poser à nouveau les calculs comme à la réponse précédent, mais ce serait maladroit. Il est plus simple de remarquer que $\lambda'' = 2\lambda'$, donc les nouveaux photons ont une énergie moitié moindre que ceux de la réponse précédente, soit $E'' = 3{,}6/2 = 1{,}8$ eV. Cette valeur est inférieure au seuil de l'effet photoélectrique, donc la nouvelle radiation n'arrache pas d'électrons du métal.

Voir énoncé page 431

1 QCM Testez vos connaissances

5 min Corrigé p. 445

1 Pour arracher un électron d'un atome de son état fondamental, on a besoin d'un photon d'énergie supérieure ou égale à E. On pourrait aussi utiliser :

a deux photons d'énergie $\frac{E}{2}$ **b** trois photons d'énergie $\frac{E}{3}$

2 Un atome dans son état fondamental peut se désexciter.

a Vrai **b** Faux

3 Un atome A est dans son état fondamental, et un atome A* identique se trouve dans un état excité. On doit dépenser plus d'énergie pour ioniser :

a l'atome A **b** l'atome A*

4 Une collection d'atomes identiques tous excités dans l'état E* émet un spectre dans lequel on observe deux raies différentes. L'état E* peut-il être le premier état excité de l'atome ?

a Oui **b** Non

5 Un photon de type γ a suffisamment d'énergie pour arracher un électron à un atome.

a Vrai **b** Faux

6 Une collection d'atomes tous dans leur état fondamental peut-elle présenter :

a Un spectre en émission ? **b** Un spectre en absorption ?

7 Un atome dans son premier état excité A* se désexcite spontanément au bout d'un certain temps. À nombre d'atomes dans l'état A* donné, plus le temps moyen avant la désexcitation est grand, plus les raies du spectre d'émission sont

a intenses **b** faibles

8 On considère une collection d'atomes tous dans l'état excité E_2. On a $E_2 - E_1 = E_1 - E_0$, où E_0 est l'énergie de l'état fondamental.

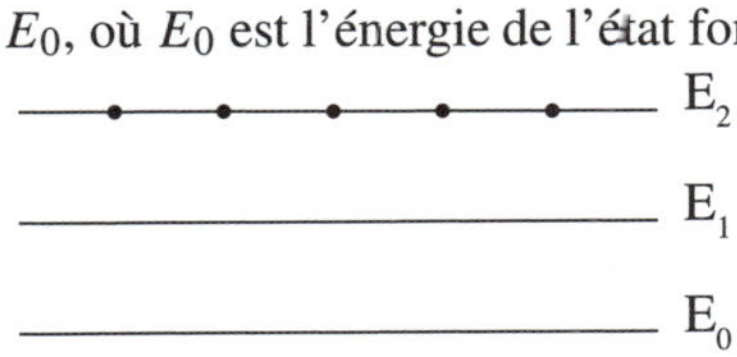

Le spectre d'émission de cet ensemble d'atomes peut avoir :

a Une raie **b** deux raies **c** trois raies

9 Pour passe de l'état excité E_2 à son état fondamental E_0, l'atome de la question précédente émet un photon de fréquence ν. Peut-il aussi émettre :

a Deux photons de fréquence $\nu/2$? **b** Deux photons de fréquence ν ?
c Deux photons de fréquence 2ν ? **d** Trois photons de fréquence $\nu/3$?
e Trois photons de fréquence ν ? **f** Trois photons de fréquence 3ν ?

10 On considère l'état fondamental d'énergie E_0 et les deux premiers niveaux excités E_1 et E_2 d'un atome donné, comme représenté ci-après.

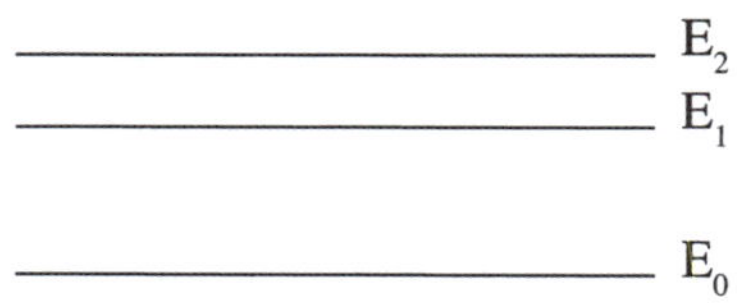

On suppose que l'on a une collection de tels atomes, tous dans l'état E_2. Combien de raies d'émission peut-on observer dans le spectre ?

a Une **b** Deux **c** Trois

À quelle transition correspond la longueur d'onde la plus grande ?

a $E_2 \to E_1$ **b** $E_2 \to E_0$ **c** $E_1 \to E_0$

À quelle transition correspond la longueur d'onde la plus courte ?

a $E_2 \to E_1$ **b** $E_2 \to E_0$ **c** $E_1 \to E_0$

11 Les états de l'atome d'hydrogène ont pour énergie :

$$E_n = -\frac{E_0}{n^2}, \text{ où } E_0 = 13{,}6 \text{ eV}$$

Sachant que la transition de E_3 vers E_2 se fait par émission d'un photon visible, dans le rouge, dans quel domaine du spectre se fait la transition $E_4 \to E_3$?

a X **b** UV **c** visible **d** IR

2 Énergie d'un photon

★ 5 min Corrigé p. 446

Lycée Charles de Foucauld, Lyon

Un photon absorbé par un atome de lithium a une énergie de 2,71 eV.

1 Quelle est son énergie en joules ?

2 Quelle est la longueur d'onde et la fréquence de l'onde correspondante ? À quel domaine appartient-elle ?

Donnée :

La constante de Planck vaut $h = 6{,}63 \cdot 10^{-34}$ J.s.

3 Effet photoélectrique

★ 10 min Corrigé p. 446

École de masso-kinésithérapie de Poitiers

1 Représenter schématiquement les différents domaines du spectre des ondes électromagnétiques.

2 Quelle est, dans le vide, la longueur d'onde d'une onde électromagnétique de fréquence $f = 10^{14}$ Hz ? À quel domaine du spectre appartient cette onde ?

3 Les photons associés à cette onde arrivent sur une lame de zinc. Des électrons peuvent-ils être arrachés à cette lame ?

Données :

Constante de Planck : $h = 6{,}62 \cdot 10^{-34}$ J.s
Charge élémentaire : $e = 1{,}6 \cdot 10^{-19}$ C
Énergie d'extraction d'un électron du zinc : $E_{\text{seuil}} = 3{,}4$ eV.

4 Constante de Rydberg

★ 15 min Corrigé p. 447

Lycée René Cassin, Arpajon

Les niveaux d'énergie de l'atome d'hydrogène, qui sont quantifiés, sont décrits par la formule suivante :

$$E_n = -\frac{13{,}6}{n^2}, \text{ où } E_n \text{ est en eV, et où } n \text{ est un entier non nul.}$$

La constante 13,6 eV est appelée la constante de Rydberg.

1 Que veut dire l'expression : « les niveaux d'énergie de l'atome d'hydrogène sont quantifiés » ?

2 Quelle est l'énergie minimale de l'atome d'hydrogène ? À quoi correspond-elle ?

3 À quoi correspond une énergie $E \geq 0$?

4 Un examen du spectre d'émission de l'atome d'hydrogène permet de mettre en évidence les raies suivantes :

H_α : 656 nm H_β : 486 nm H_γ : 434 nm

Ces radiations sont émises lorsque l'atome se désexcite vers l'état $n = 2$. Donner les valeurs de n des états initiaux correspondant à chacune de ces raies.

Données :

Constante de Planck : $h = 6{,}63 \times 10^{-34}$ J.s
Charge élémentaire : $e = 1{,}60 \times 10^{-19}$ C
Vitesse de la lumière dans le vide : $c = 3{,}0 \times 10^8$ m.s^{-1}

5 Atome d'hydrogène

★★★ 25 min Corrigé p. 449

Lycée Marie Curie, Sceaux

Le but de cet exercice est de justifier la forme de la quantification de l'énergie dans l'atome d'hydrogène, et d'évaluer la valeur de la constante de Rydberg à partir des constantes fondamentales (constante de Planck, charge de l'électron, constante de la force électrostatique, masse de l'électron).

On suppose que le modèle orbital de l'atome d'hydrogène est valable. Dans ce modèle, on considère un proton fixe au centre, et l'électron en orbite circulaire autour du noyau. On appelle r le rayon de l'orbite, v la vitesse orbitale de l'électron, e la charge électrique élémentaire, m la masse de l'électron. On néglige l'interaction gravitationnelle entre le proton et l'électron.

La grandeur $\Gamma = mvr$ ne peut prendre que certaines valeurs précises dans l'atome d'hydrogène : elle est quantifiée. Plus précisément, cette grandeur (qui sera revue plus tard au cours de vos études, et que l'on appelle le moment cinétique), peut prendre les valeurs suivantes :

$$\Gamma = \frac{nh}{2\pi}$$

où h est la constante de Planck et n un entier naturel ($n = 0,1,2,3$, etc.). On notera qu'à l'instar de ce qui a été vu en cours sur le modèle du photon, cette grandeur peut prendre des valeurs qui sont multiples d'une constante faisant intervenir la constante de Planck.

1 En appliquant la deuxième loi de Newton à l'électron et en utilisant les formules de Frenet, exprimer v en fonction de e, $\frac{1}{4\pi\epsilon_0}$, m et r.

2 En déduire l'expression de r en fonction de ϵ_0, e, n, h et m.

3 On admettra que l'électron, en plus de son énergie cinétique, possède une énergie potentielle électrostatique $E_p = -2E_c$. Exprimer E_c puis E_p en fonction de ϵ_0, e et r.

4 En déduire l'énergie mécanique $E_m = E_p + E_c$ de l'atome d'hydrogène, et montrer que l'on peut la mettre sous la forme :

$$E_m = -\frac{R}{n^2}$$

où l'on exprimera R, la constante de Rydberg, en fonction de ϵ_0, e, h et m.

5 Application numérique : donner la valeur de la constante de Rydberg en joules, puis en électron-volt.

Données :

Masse de l'électron : $m = 9{,}10938 \cdot 10^{-31}$ kg
Constante de Planck : $h = 6{,}626069 \cdot 10^{-34}$ J.s
Constante des forces électrostatiques : $\frac{1}{4\pi\epsilon_0} = 9 \cdot 10^9$ S.I.
Charge élémentaire : $e = 1{,}602176 \cdot 10^{-19}$ C.
On admettra que la force (électrostatique) s'exerçant entre le noyau de l'atome et l'électron a pour valeur $\frac{1}{4\pi\epsilon_0}e^2/r$, où r est la distance entre le noyau et l'électron.

1 QCM Testez vos connaissances

Enoncé p. 441

1 Ni l'un ni l'autre ! Ces photons, individuellement, n'ont pas assez d'énergie. Pour arracher l'électron, on a besoin d'un photon d'énergie E au minimum. C'est ce résultat qui est à la base de toute la théorie corpusculaire de la lumière.

2 Réponse [b] : faux. L'état fondamental est l'état de plus basse énergie.

3 Réponse [a] : l'atome A est celui pour lequel on dépense le plus d'énergie.

4 Réponse [b] : non. S'il était le premier état excité, on ne pourrait observer qu'une raie d'émission dans son spectre, correspondant à la transition de cet état vers l'état fondamental.

5 Réponse [a] : vrai. L'énergie d'un photon γ est en fait tellement élevée qu'elle correspond plutôt aux énergies en jeu lors des réactions nucléaires, de l'ordre du MeV ou plus. Ici, pour arracher des électrons à un atome, les énergies requises sont beaucoup plus basses, de l'ordre de l'électron-volt. Quoi qu'il en soit, un photon γ possède largement l'énergie requise pour arracher un ou plusieurs électrons à un atome.

6 Réponse [b]. Ils ne peuvent pas présenter de raie d'émission car les atomes ne peuvent pas se désexciter vers un niveau inférieur. En revanche ils peuvent être amenés dans un état excité par une radiation incidente, à laquelle ils prélèvent donc les photons qui ont exactement l'énergie requise pour cela. Cela se traduit, en absorption, par un spectre de raies sombres (radiations manquantes dans le spectre).

7 Réponse [b] : faibles. Ceci est logique puisque l'on a alors moins de photons émis par unité de temps. On notera ici l'analogie possible entre ce temps caractéristique de désexcitation et la demi-vie d'un radionucléide d'une part, et entre l'intensité de la raie et l'activité d'un matériau radioactif d'autre part.

8 Réponse [b] : deux raies. Il y a *a priori* trois transitions possibles, mais les transitions $E_2 \rightarrow E_1$ et $E_1 \rightarrow E_0$ présentent la même différence d'énergie, donc correspondent à des photons de même énergie (ou longueur d'onde). Les raies correspondantes sont donc confondues dans le spectre et on n'en voit finalement que deux.

9 Réponse [a]. L'atome peut aller vers le niveau E_0 directement, en émettant un photon d'énergie $h\nu = E_2 - E_0$, ou bien effectuer une étape intermédiaire au niveau E_1. Ce faisant il émet d'abord un photon d'énergie $E_2 - E_1 = h\nu/2$, donc de fréquence $\nu/2$, puis un autre lors de la transition $E_1 \rightarrow E_0$.

10 Réponse [c]. On peut observer cette fois 3 raies dans le spectre.

Réponse [a]. La transition de longueur d'onde la plus grande correspond aux photons d'énergie la plus petite, donc ceux qui correspondent à la transition présentant la plus petite différence d'énergie, soit $E_2 \rightarrow E_1$.

Réponse **b**. La transition de longueur d'onde la plus petite correspond aux photons d'énergie la plus grande, donc ceux qui correspondent à la transition présentant la plus grande différence d'énergie, soit $E_2 \rightarrow E_0$.

11 Réponse **d** : IR (infrarouge). La transition $E_3 \rightarrow E_2$ correspond à une différence d'énergie :

$$E_3 - E_2 = -E_0\left(\frac{1}{9} - \frac{1}{4}\right) = \frac{5E_0}{36} \approx 0{,}14E_0.$$

La transition $E_4 \rightarrow E_3$ correspond à une différence d'énergie :

$$E_4 - E_3 = -E_0\left(\frac{1}{16} - \frac{1}{9}\right) = \frac{7E_0}{144} \approx 0{,}047E_0.$$

La transition $E_4 \rightarrow E_3$ implique donc des photons d'énergie environ trois fois plus basse (et donc de longueur d'onde trois fois plus grande) que la transition $E_3 \rightarrow E_2$. Ils sont donc situés au-delà du rouge dans le spectre électromagnétique, soit dans l'infrarouge.

2 Énergie d'un photon

Enoncé p. 442

Lycée Charles de Foucauld, Lyon

1 Un électron-volt représente une énergie de $1{,}6 \cdot 10^{-19}$ J, donc :

$$E = 2{,}71 \times 1{,}6 \times 10^{-19} \approx 4{,}34 \cdot 10^{-19}\ \text{J}.$$

2 La fréquence de l'onde correspondante est donnée par :

$$\nu = \frac{E}{h} = \frac{4{,}34 \times 10^{-19}}{6{,}63 \times 10^{-34}} \approx 6{,}55 \cdot 10^{14}\ \text{Hz}.$$

La longueur d'onde s'en déduit par :

$$\lambda = \frac{c}{\nu} = \frac{3 \times 10^{8}}{6{,}56 \times 10^{14}} \approx 4{,}58 \cdot 10^{-7}\ \text{m} = 0{,}58\ \mu\text{m}.$$

Cette onde appartient au domaine des ondes visibles. Elle correspond à une couleur bleue.

3 Effet photoélectrique

Enoncé p. 442

École de masso-kinésithérapie de Poitiers

1 Sur la figure page ci-contre, on a fait apparaître les principaux domaines du spectre électromagnétique, et quelques longueurs d'onde et fréquences importantes. Il n'est toutefois pas obligatoire de les apprendre par cœur. En revanche, il faut connaître les noms des différents domaines, dans l'ordre, ainsi que les ordres de grandeur des longueurs d'onde associées. Les valeurs des bornes des différents domaines ne sont pas à connaître.

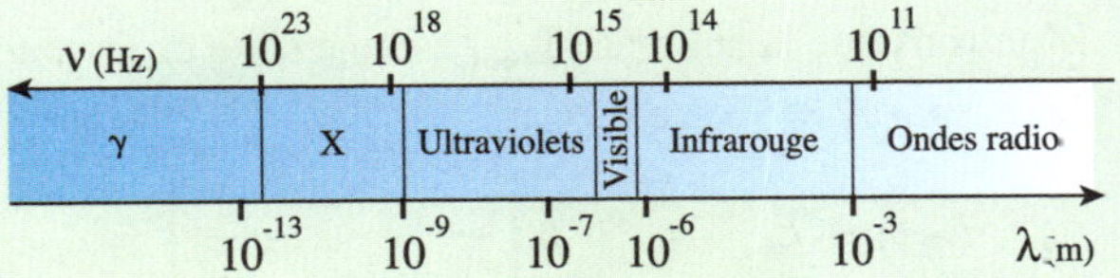

2 On écrit la relation :

$$\lambda = \frac{c}{f} = \frac{3 \cdot 10^8}{10^{14}} = 3 \cdot 10^{-6} \text{ m} = 3 \text{ µm}.$$

Cette onde appartient au domaine infrarouge.

3 Il nous faut calculer l'énergie des photons associés à cette onde. On a :

$$E = hf = 6{,}62 \times 10^{-34} \times 10^{14} = 6{,}62 \times 10^{-20} \text{ J}.$$

On en déduit la valeur de E en électron-volt par :

$$E = \frac{6{,}62 \times 10^{-20}}{1{,}6 \times 10^{-19}} = 0{,}414 \text{ eV}.$$

On a $E < E_{\text{seuil}}$ donc les photons de cette onde n'ont pas une énergie suffisante pour arracher des électrons aux atomes de zinc. L'effet photoélectrique ne peut pas avoir lieu.

4 Constante de Rydberg

Enoncé p. 443

Lycée René Cassin, Arpajon

1 L'expression « les niveaux d'énergie de l'atome d'hydrogène sont quantifiés » signifie que l'énergie d'un atome d'hydrogène ne peut pas prendre un ensemble continu de valeurs, comme ce serait le cas par exemple de l'énergie mécanique d'un oscillateur tel un pendule, auquel on peut communiquer une valeur parfaitement arbitraire d'énergie mécanique (soit en fixant sa vitesse initiale, soit en fixant sa position initiale, ou une combinaison des deux).

ATTENTION

Le fait que les niveaux d'énergie de l'atome d'hydrogène soient quantifiés ne signifie pas qu'ils constituent un ensemble *fini* (on voit bien sur la formule de l'énoncé qu'il y en a autant que d'entiers naturels, donc une quantité infinie), mais *discret*, en ce sens que l'on peut toujours numéroter les niveaux et que la distance entre deux niveaux consécutifs est non nulle.

2 Montrons que la suite $(E_n)_{n\in\mathbb{N}}$ est une suite croissante.
En posant $A = 13{,}6$ eV, on a :

$$\begin{aligned} E_{n+1} - E_n &= -A\left[\frac{1}{(n+1)^2} - \frac{1}{n^2}\right] = A\frac{(n+1)^2 - n^2}{n^2(n+1)^2} \\ &= A\frac{2n+1}{n^2(n+1)^2} > 0. \end{aligned}$$

Donc la suite est croissante et son plus petit terme est le premier. L'énergie minimale de l'atome d'hydrogène est donc $E_1 = -\frac{13{,}6}{1^2} = -13{,}6$ eV. Cette énergie est celle de l'état fondamental.

3 Une énergie $E \geqslant 0$ correspond à un état libre de l'atome, c'est-à-dire que l'électron de l'atome d'hydrogène n'est plus lié au noyau et peut le quitter. L'atome est alors ionisé.

4 Effectuons dans un premier temps le calcul pour la raie H_α. L'énergie des photons correspondant à cette raie est donnée par :

$$E = \frac{hc}{\lambda}.$$

Cette énergie correspond à la différence entre celle du niveau initial m (où m est l'entier que l'on recherche) et celle du niveau $n = 2$, donc on peut écrire :

$$-\frac{A}{m^2} + \frac{A}{n^2} = \frac{hc}{\lambda} \quad \text{d'où l'on déduit :} \quad m = \left(\frac{1}{n^2} - \frac{hc}{\lambda A}\right)^{-\frac{1}{2}}.$$

MÉTHODE

Pour effectuer l'application numérique, il ne faut pas oublier d'exprimer toutes les grandeurs dans les unités du Système International, notamment $A = 13{,}6$ eV, qui s'obtient en joules en la multipliant par $e = 1{,}6 \cdot 10^{-19}$ C.

$$m = \left(\frac{1}{4} - \frac{6{,}62 \times 10^{-34} \times 3 \times 10^{8}}{656 \times 10^{-9} \times 1{,}6 \times 10^{-19} \times 13{,}6}\right)^{-\frac{1}{2}} = 3{,}00.$$

Ainsi, on voit que la raie H_α correspond à la désexcitation de l'atome d'hydrogène de son état 3 vers son état 2. Un calcul similaire donne $m = 4$ pour H_β, et $m = 5$ pour H_γ.

ATTENTION

Notons que vous devez obtenir pour résultat des applications numériques dans ce genre d'exercices des nombres très proches de nombres entiers. Si tel n'est pas le cas, vous avez certainement commis une erreur quelque part.

Sur la figure ci-après, on résume les transitions que l'on vient de mettre en évidence.

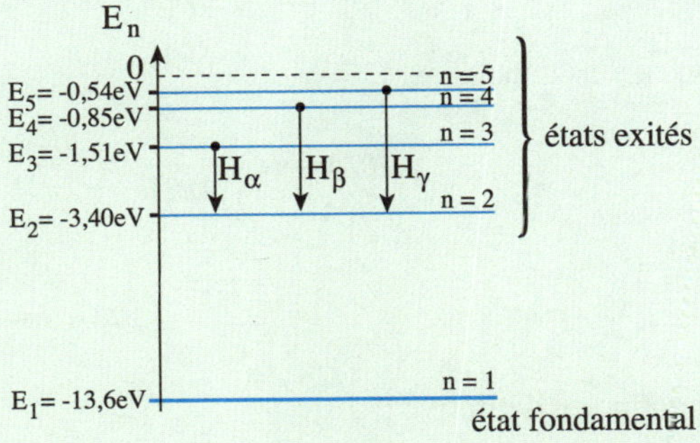

5 Atome d'hydrogène

Enoncé p. 443

Lycée Marie Curie, Sceaux

1 La deuxième loi de Newton appliquée à l'électron s'écrit :

$$m\vec{a} = \vec{F}$$

où $\vec{a}$ est l'accélération de l'électron et $\vec{F}$ la force électrostatique (attractive) que lui applique le noyau. Si on appelle $\vec{u}$ le vecteur unitaire orienté de l'électron vers le noyau, la formule de Frenet enseigne que :

$$\vec{a} = \frac{v^2}{r}\vec{u}$$

et la loi de Coulomb donne :

$$\vec{F} = \frac{1}{4\pi\epsilon_0}\frac{e^2}{r^2}\vec{u}$$

(en effet la charge du noyau est e et celle de l'électron est $-e$).

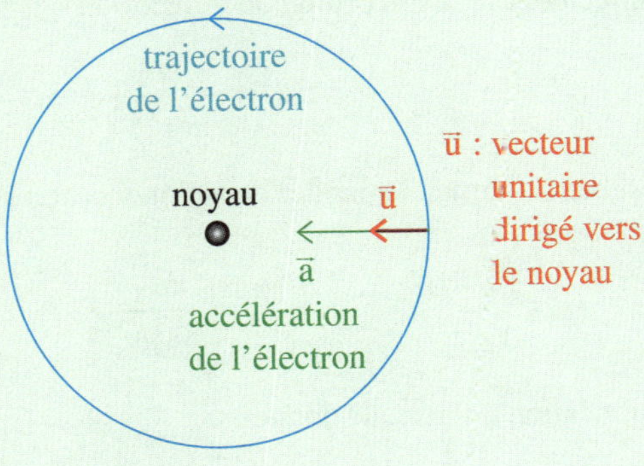

On en déduit :

$$m\frac{v^2}{r} = \frac{1}{4\pi\epsilon_0}\frac{e^2}{r^2}$$

soit :

$$v = \frac{e}{\sqrt{4\pi\epsilon_0 m r}}.$$

2 Nous avons donc :

$$mrv = e\sqrt{\frac{mr}{4\pi\epsilon_0}} = \frac{nh}{2\pi}$$

soit :

$$e\sqrt{\frac{\pi m r}{\epsilon_0}} = nh$$

qui donne en définitive :

$$r = \frac{n^2 h^2 \epsilon_0}{\pi m e^2}.$$

3 L'énergie cinétique de l'électron est simplement :

$$E_c = \frac{1}{2} m v^2$$

donc en utilisant l'expression de v obtenue à la première question on obtient :

$$E_c = \frac{1}{8\pi\epsilon_0}\frac{e^2}{r} \quad \text{d'où l'on déduit :} \quad E_p = -\frac{1}{4\pi\epsilon_0}\frac{e^2}{r}.$$

4 L'énergie mécanique de l'atome d'hydrogène peut donc s'écrire :

$$E_m = E_c + E_p = -\frac{1}{8\pi\epsilon_0}\frac{e^2}{r}.$$

La deuxième question nous a montré que le rayon orbital r de l'électron est quantifié. On substitue dans l'expression de l'énergie la valeur obtenue pour le rayon orbital de l'électron :

$$E_m = -\frac{me^4}{8\epsilon_0^2 h^2}\frac{1}{n^2}.$$

C'est bien la forme demandée dans l'énoncé, où la constante de Rydberg est :

$$R = \frac{me^4}{8\epsilon_0^2 h^2}.$$

5 L'application numérique donne :

$$\begin{aligned} R &\approx \frac{9{,}10938 \times 10^{-31} \times (1{,}602176 \times 10^{-19})^4}{8 \times (6{,}626069 \times 10^{-34})^2} \times (36\pi \times 10^9)^2 \\ &\approx 2{,}18591 \cdot 10^{-18}\ \text{J}. \end{aligned}$$

ATTENTION

Notons que cette application numérique peut être problématique sur certaines petites calculatrices. Le numérateur est très petit (inférieur à 10^{-100}, et certaines calculatrices considèrent un tel nombre comme valant zéro). Pour éviter ceci, il faut procéder de manière plus astucieuse que celle qui consiste à calculer le numérateur, puis le dénominateur. Il vaut mieux dans cet exemple commencer par diviser la masse de l'électron par le carré de la constante de Planck, puis multiplier par la puissance quatrième de la charge électrique, et finir en divisant par $8\epsilon_0^2$.

La valeur en électron-volt de cette quantité est :

$$R \approx \frac{2{,}18591 \cdot 10^{-18}}{1{,}602176 \cdot 10^{-19}} \approx 13{,}64 \text{ eV}.$$

Une valeur précise de cette constante est : $R = 13{,}6056917$ eV. On notera que l'on a estimé la valeur de cette constante avec une erreur relative d'environ 0,25 %.

Chapitre 21

Les circuits RC

Plan du chapitre

1 Introduction

Exercice type — **Lycée Janson de Sailly, Paris**

Un condensateur, initialement chargé sous une tension de 10 V, se décharge dans une résistance de 47 kΩ. Au bout de $t = 5{,}0$ s, la tension aux bornes du condensateur ne vaut plus que $U = 1{,}0$ V.
Quelle est la valeur de la capacité du condensateur ?

Voir corrigé page 457

Cet exercice nous permet de rencontrer un composant nouveau, d'importance de premier plan pour les circuits électriques : le condensateur. Nous allons apprendre quelles lois le régissent, et voir comment un condensateur permet d'introduire un comportement variable dans le temps dans un circuit électrique, en écrivant la relation tension–intensité à ses bornes.

2 Le condensateur plan

Un condensateur plan est un dispositif constitué de deux plaques métalliques parallèles appelées armatures, séparées par une distance d, entre lesquels se trouve un milieu homogène. Ce milieu peut, en principe, être de l'air ou même du vide, mais dans la pratique il s'agit d'un milieu solide isolant, qualifié de diélectrique.

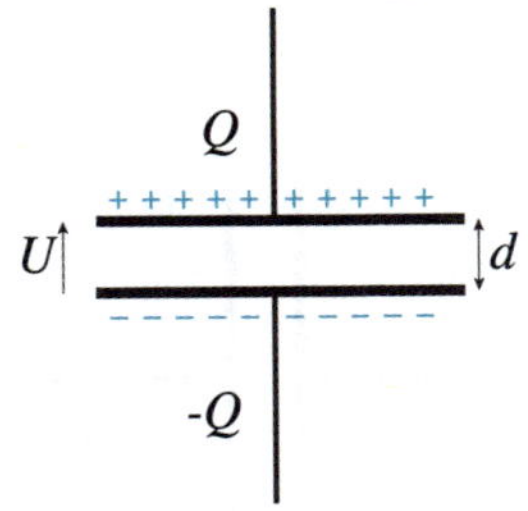

Si l'on met des charges électriques en regard sur ces armatures, il apparaît entre elles un champ électrique uniforme, ainsi qu'une tension U. Plus précisément, la tension U est proportionnelle à la charge Q portée par une armature. La constante de proportionnalité est appelée *capacité* du condensateur, et est notée C. Dans les unités du Système International, elle s'exprime en farad, de symbole F, et ses sous-multiples, notamment le microfarad et le nanofarad ($1\ \mu F = 10^{-6}$ F et $1\ nF = 10^{-9}$ F), et parfois le picofarad ($1\ pF = 10^{-12}$ F).

À RETENIR

La relation entre la charge Q et la tension U aux bornes d'un condensateur est donnée par :

$$Q = CU.$$

C'est la capacité du condensateur.

On notera que les charges apparaissant en regard sur les armatures du condensateur sont opposées, donc globalement le condensateur est électriquement neutre.

Remarque : on observe expérimentalement que la capacité d'un condensateur plan est proportionnelle à la surface des armatures, et inversement proportionnelle à la distance qui les sépare. En augmentant la surface des armatures et/ou en les approchant l'une de l'autre, on augmente la capacité.

3 Association d'un condensateur et d'une résistance

Dans cette section nous construisons un circuit RC en associant en série un condensateur et un conducteur ohmique. Ce dernier limite l'intensité du courant traversant le circuit et implique que la charge ou la décharge du condensateur se fait en un temps fini, d'autant plus grand que sa résistance est grande.

3.1 Relation entre charge (ou intensité) et tension aux bornes d'un condensateur

L'intensité d'un courant circulant dans un conducteur est la charge électrique totale traversant une section de ce conducteur par unité de temps. On peut en déduire les résultats suivants :

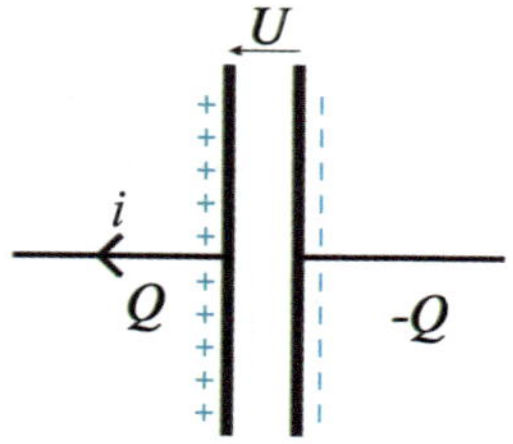

Pour le condensateur de la figure ci-dessus, avec l'orientation adoptée pour U et i, on a :

$$i = -\frac{\mathrm{d}Q}{\mathrm{d}t} = -C\frac{\mathrm{d}U}{\mathrm{d}t}.$$

Le signe « moins » vient du fait que le sens du courant est, par convention, le sens de circulation qu'auraient des charges positives. Il est opposé au sens de circulation des charges négatives que sont par exemple les électrons. Par conséquent, on voit que si $i > 0$, le condensateur tend à se décharger.

À RETENIR

Quand U et i ont même orientation, i est dit courant de décharge du condensateur et est alors de signe contraire à la dérivée temporelle de la charge du condensateur.

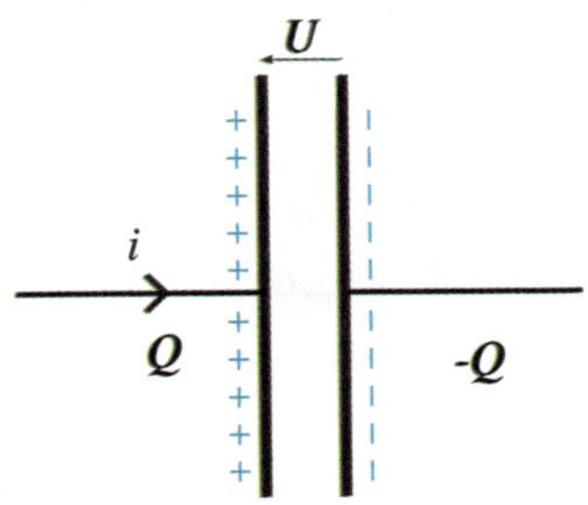

En revanche, pour le condensateur de la figure ci-contre, avec l'orientation adoptée pour U et i, on a :

$$i = \frac{\mathrm{d}Q}{\mathrm{d}t} = C\frac{\mathrm{d}U}{\mathrm{d}t}.$$

Cette fois, le courant i est un courant de charge du condensateur.

3.2 Décharge d'un condensateur dans une résistance

On considère le circuit de la figure ci-dessous.

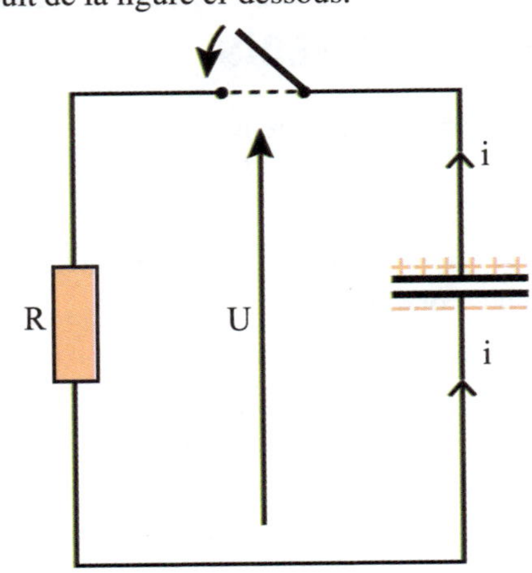

Le condensateur est initialement chargé. À $t = 0$, on ferme l'interrupteur. Les charges qu'il portait sont à présent libres de circuler à travers la résistance. On dit que le condensateur se décharge à travers la résistance.

La méthode pour résoudre ce genre de problème est invariablement la suivante : on écrit la relation tension-intensité aux bornes des deux dipôles du circuit, qui ont en commun la tension U. Cela donne :

- aux bornes de la résistance, on écrit la loi d'Ohm : $U = Ri$;
- aux bornes du condensateur, on écrit la relation vue précédemment :

$$i = -C\frac{\mathrm{d}U}{\mathrm{d}t}.$$

Il est à noter que si l'on avait adopté l'autre sens de circulation du courant, on aurait obtenu respectivement $U = -Ri$ et $i = C\frac{\mathrm{d}U}{\mathrm{d}t}$, ce qui revient au même et donne naturellement les mêmes résultats.

De ces deux égalités, par élimination de i (que l'on remplace par son expression donnée par la loi d'Ohm), on obtient :

$$\frac{\mathrm{d}U}{\mathrm{d}t} + \frac{1}{RC}U = 0.$$

On reconnaît ici une équation différentielle de la première forme vue à la section 4, à condition de poser $\tau = RC$.

La solution générale de cette équation est donc du type $U(t) = Ae^{-t/\tau}$, où A est une constante d'intégration que l'on détermine à partir des conditions initiales (à $t = 0$, $U = U_0 = Ae^0 = A$). Le variable τ, qui représente physiquement une durée, est donc le temps caractéristique de variation de la tension aux bornes du condensateur. Ici, en l'occurrence, c'est le temps de décharge du condensateur. Nous allons revoir plus en détail comment résoudre une telle équation à la section suivante.

4 Équation différentielle linéaire du premier ordre à coefficients constants

La solution générale de l'équation différentielle :

$$\frac{\mathrm{d}U}{\mathrm{d}t} + \frac{U}{\tau} = 0$$

est de la forme $U(t) = Ae^{-t/\tau}$, où A est une constante d'intégration, que l'on détermine en fonction des conditions initiales.

La solution générale de l'équation différentielle :

$$\frac{\mathrm{d}U}{\mathrm{d}t} + \frac{U}{\tau} = \frac{E}{\tau}$$

est, quant à elle, de la forme $U(t) = E + Ae^{-t/\tau}$, où A est encore une fois une constante d'intégration à déterminer à partir des conditions initiales.

Notons que l'équation différentielle précédente correspond au cas particulier $E = 0$. On a souvent comme condition initiale $U(t) = 0$, auquel cas : $A = -E$. La figure représentée ci-après repose sur ce cas particulier, mais les propriétés que nous allons énoncer sont tout à fait générales.

Notons que toute équation différentielle linéaire du premier ordre à coefficients constants peut être écrite sous l'une des deux formes ci-dessus (la variable n'est pas nécessairement U, bien entendu, ce peut être la charge q, ou toute autre grandeur d'une autre partie du cours, comme la température ou le nombre de noyaux radioactifs).

Propriétés des solutions

- Lorsque le temps tend vers l'infini, $U(t)$ tend vers E :
$$\lim_{t \to +\infty} U(t) = E$$
ce qui revient à dire que la droite horizontale d'équation $U = E$ est asymptote à la courbe.
- La tangente au graphe à l'origine intersecte l'asymptote d'équation $U = E$ en $t = \tau$.

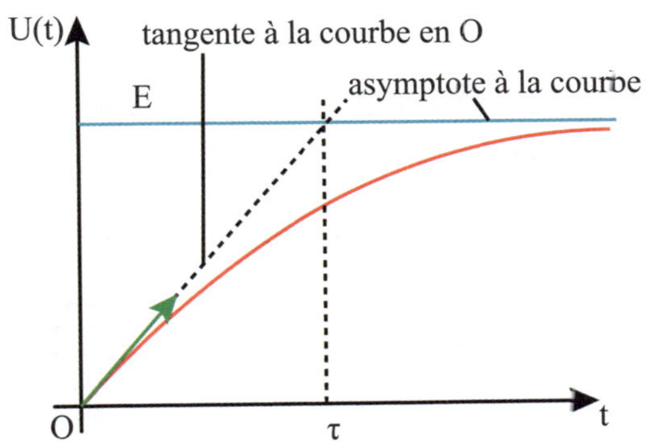

Solution de l'exercice type

Lycée Janson de Sailly, Paris

La loi d'évolution temporelle de la tension aux bornes du condensateur est donnée par $U(t) = U_0 e^{-t/\tau}$, où $U_0 = 10$ V et $\tau = RC$ est la constante de temps du circuit.
On veut connaître la valeur de C, et on connaît R. Donc il s'agit de déterminer τ dans un premier temps. Pour cela, on écrit :
$$U_{(t=5\ \text{s})} = 1{,}0 = 10e^{-5/\tau}$$
donc :
$$\ln 1{,}0 = 0 = \ln 10 - \frac{5}{\tau} \quad \text{soit :} \quad \tau = \frac{5}{\ln 10} = 2{,}17\ \text{s.}$$
Or on sait que :
$$\tau = RC \quad \text{donc :} \quad C = \frac{\tau}{R} = \frac{2{,}17}{47 \times 10^3} = 4{,}6 \cdot 10^{-5}\ \text{F} = 46\ \mu\text{F}.$$

Voir énoncé page 453

COURS INTERROS CORRIGÉS

1 QCM Vérification des connaissances

5 min

Corrigé p. 461

1 La capacité d'un condensateur plan :

[a] augmente [b] diminue

avec la surface des armatures, à écartement constant.

2 Un cadenceur d'essuie-glace contient entre autres un circuit RC. La valeur de la résistance est $R = 50\ \text{k}\Omega$. Indiquer quelle est la seule valeur possible de la capacité du condensateur parmi les trois suivantes :

[a] 100 nF [b] 100 μF [c] 1 μF

3 Lorsqu'on dit qu'un condensateur de capacité C, chargé sous une tension U, contient une charge $Q = CU$, cela signifie que *l'une de ses armatures* porte une charge $Q = CU$. Quelle charge porte l'autre armature ?

[a] 0 [b] $-Q$ [c] Q

4 Lorsqu'on éteint un appareil contenant des condensateurs, la charge portée par chacun d'eux s'annule rapidement.

[a] Vrai [b] Faux

2 Décharge d'un condensateur

★★ 15 min

Corrigé p. 461

Lycée Guy Nollet, Arras

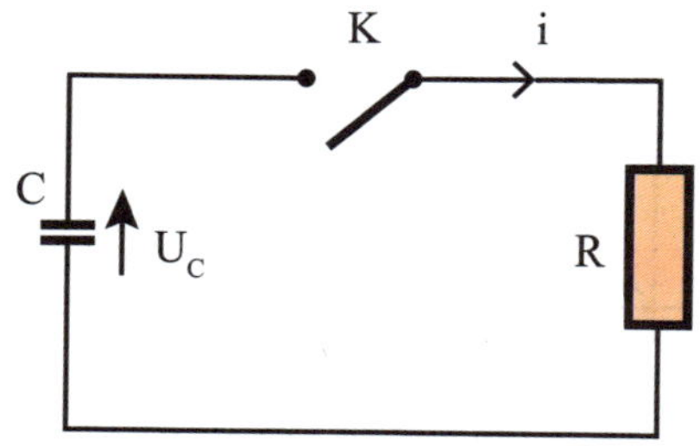

Le condensateur de la figure ci-dessus, de capacité C, est initialement chargé sous une tension $U_0 = 5$ V. À l'instant $t = 0$, on ferme l'interrupteur K.

1 Établir l'équation différentielle à laquelle obéit la tension $U_C(t)$ aux bornes du condensateur. On fera apparaître la constante de temps τ du système, dont on donnera l'expression.

2 Établir la solution de l'équation différentielle de la question précédente, en prenant en compte la condition initiale donnée dans l'énoncé.

3 On prend $C = 100$ μF et $R = 1\ \text{k}\Omega$.

(a) Calculer la constante de temps τ ainsi que l'intensité i du courant à $t = 0$.

(b) Calculer le coefficient directeur de la tangente en $t = 0$ au graphe de $U_C(t)$. On calculera cette dernière grandeur en faisant le minimum de calculs.

3 Charge d'un condensateur ★★★ 25 min

Corrigé p. 462

Lycée Ampère, Lyon

On considère le circuit de la figure ci-dessous.

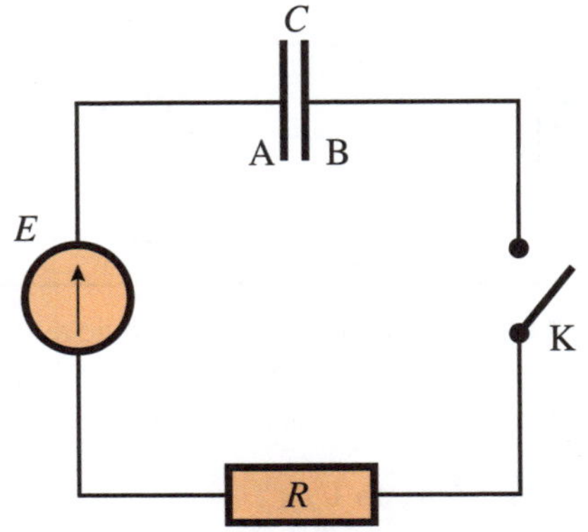

Le condensateur est initialement déchargé, et a pour capacité $C = 10$ µF. Le générateur de tension continue n'a pas de résistance interne. À l'instant initial $t = 0$, on ferme l'interrupteur. La charge portée par l'armature A du condensateur est représentée sur la figure ci-après. On reporte également sur cette figure la tangente à la courbe $q_A(t)$ à l'instant $t = 0$.

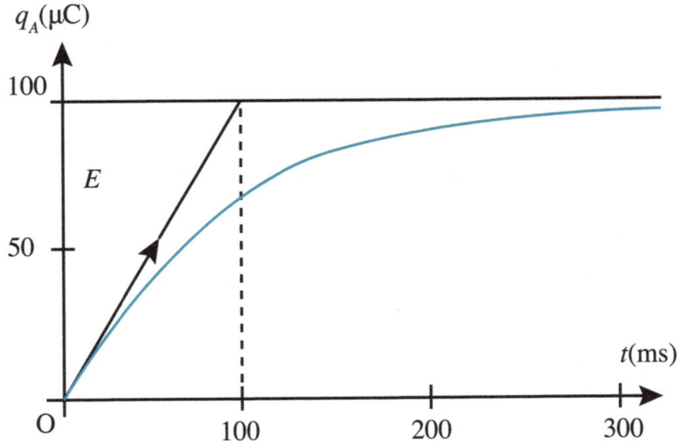

1 Quelle est la valeur limite de la charge ? En déduire la valeur de la tension à vide E du générateur.

2 Donner l'expression de $q_A(t)$ en fonction de R, C et E. On fera apparaître la constante de temps τ du circuit.

3 Quelles sont les coordonnées du point d'intersection de la tangente à l'origine à la courbe de $q_A(t)$ et de son asymptote ? En déduire la valeur de τ pour le circuit étudié.

4 Quelle est la valeur de la résistance R ?

4 Décharge d'un condensateur ★★★ 30 min Corrigé p. 463

Lycée Henri IV, Paris

On considère le circuit de la figure ci-dessous.

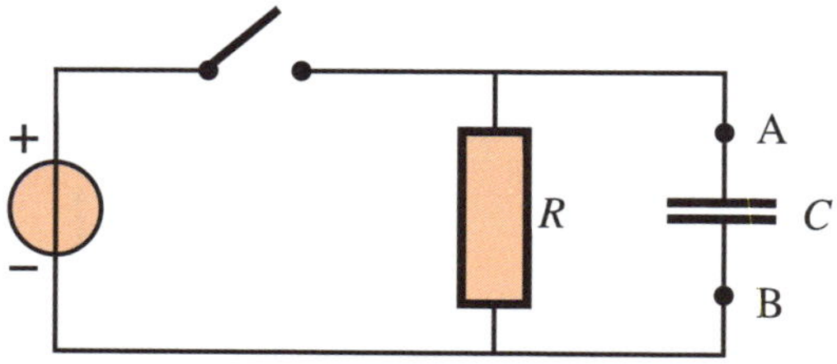

Le générateur est une source idéale de tension de tension à vide $E = 10$ V. La capacité du condensateur est $C = 10$ µF. On suppose dans un premier temps que l'interrupteur est fermé depuis longtemps.

1 Que vaut alors la tension U_{AB} ?

2 Que vaut la charge q_0 du condensateur ?

À l'instant $t = 0$, on ouvre l'interrupteur.

3 Que se passe-t-il alors ?

4 Établir l'équation différentielle qui régit le comportement temporel de la charge q du condensateur.

5 Montrer que cette équation différentielle admet une solution de la forme $q(t) = Qe^{-\nu t}$. On exprimera les constantes Q et ν en fonction de R, C et q_0.

6 Donner l'expression, sous forme littérale, de la tension U_{AB} pour tout $t > 0$.

7 Quelle valeur de résistance doit-on prendre pour que la tension U_{AB} vaille 3 V au bout de 15 s ?

1 QCM Vérification des connaissances

Enoncé p. 458

1 Réponse **a**. La capacité augmente, ainsi qu'on l'a vu en cours.

2 Réponse **b**. Le seul résultat qui donne un ordre de grandeur correct de la constante de temps $\tau = RC$ qui gouverne la cadence des balais d'essuie-glace est 100 µF (la constante de temps doit être de l'ordre de quelques secondes). Les autres valeurs conduisent à une constante de temps beaucoup trop courte.

3 Réponse **b**. L'autre armature porte une charge $-Q$.

4 Réponse **b** : faux. Si on ouvre un interrupteur dans un circuit série contenant des condensateurs, les porteurs de charge n'ont aucun moyen d'aller d'une armature à l'autre et les condensateurs restent chargés. C'est l'une des raisons pour lesquelles il est formellement déconseillé d'ouvrir certains appareils électroniques même éteint (risque de décharge).

2 Décharge d'un condensateur

Enoncé p. 458

Lycée Guy Nollet, Arras

1 Appelons $q(t)$ la charge portée par les armatures du condensateur. On a les deux relations suivantes :

$$\begin{cases} q(t) = CU_c(t) \\ i(t) = -\dfrac{\mathrm{d}q}{\mathrm{d}t} \end{cases}$$

Le signe « moins » dans cette dernière égalité vient du fait que le courant i est un courant de décharge, c'est-à-dire qu'avec les orientations définies par la figure de l'énoncé, la charge $q(t)$ *diminue* quand l'intensité $i(t)$ est *positive*.

Enfin, on peut écrire, d'après la loi d'Ohm, la relation : $U_c(t) = Ri(t)$. On peut donc réécrire le système d'égalités vu ci-dessus de la manière suivante (on dérive la première égalité par rapport au temps) :

$$\begin{cases} \dfrac{\mathrm{d}q}{\mathrm{d}t} = C\dfrac{\mathrm{d}U_c}{\mathrm{d}t} \\ \dfrac{U_c(t)}{R} = -\dfrac{\mathrm{d}q}{\mathrm{d}t} \end{cases}$$

D'où l'on déduit l'équation différentielle vérifiée par la tension $U_c(t)$:

$$\frac{\mathrm{d}U_c}{\mathrm{d}t} + \frac{U_c(t)}{\tau} = 0$$

où la constante τ est définie par $\tau = RC$.

2 La solution générale de l'équation différentielle de la réponse précédente est :

$$U_c(t) = Ke^{-t/\tau}.$$

À $t = 0$, on a :

$$U_c(0) = U_0 = K$$

donc la solution recherchée s'écrit en définitive :

$$U_c(t) = U_0 e^{-t/\tau}.$$

(a) On a :

$$\tau = RC = 10^3 \times 100 \times 10^{-6} = 0{,}1 \text{ s}.$$

On a : $i(t) = \frac{U_c(t)}{R}$ donc à $t = 0$:

$$i(0) = \frac{U_0}{R} = \frac{5}{10^3} = 5 \cdot 10^{-3} \text{ A} = 5 \text{ mA}.$$

(b) La grandeur demandée, par définition, est la dérivée par rapport au temps de $U_c(t)$. Il serait maladroit de dériver la solution obtenue à la réponse précédente pour l'évaluer (même si la réponse serait correcte). Il y a plus simple. En effet, en utilisant l'équation différentielle écrite à la première question, on peut écrire directement :

$$\frac{\mathrm{d}U_c}{\mathrm{d}t} = -\frac{U_c(t)}{\tau} \quad \text{donc à } t = 0 : \quad \frac{\mathrm{d}U_c}{\mathrm{d}t} = -\frac{U_0}{\tau} = -\frac{5}{0{,}1} = -50 \text{ V.s}^{-1}.$$

3 Charge d'un condensateur

Enoncé p. 459

Lycée Ampère, Lyon

1 La valeur limite q_l de la charge correspond à l'asymptote horizontale de la courbe donnée dans l'énoncé, donc $q_l = 100 \cdot 10^{-6}$ C.

Au bout d'un temps très long, la charge portée par le condensateur ne varie presque plus : l'intensité du courant circulant dans le circuit tend vers zéro. Donc il n'y a plus de chute de tension aux bornes de la résistance, et donc pour un temps tendant vers l'infini on a :

$$E = \lim_{t \to +\infty} U_{AB}(t) = \frac{q_l}{C}.$$

L'application numérique donne : $E = \frac{10^{-4}}{10^{-5}} = 10$ V.

2 On peut écrire les relations suivantes :

$$\begin{cases} i = \dfrac{\mathrm{d}q_A}{\mathrm{d}t} \\ E = U_{AB} + Ri = \dfrac{q_A}{C} + Ri \end{cases}$$

si on adopte le sens conventionnel du courant.

On en déduit l'équation différentielle vérifiée par $q_A(t)$:

$$\frac{\mathrm{d}q_A}{\mathrm{d}t} + \frac{q_A}{\tau} = \frac{E}{R} = \frac{EC}{RC} = \frac{EC}{\tau}$$

où $\tau = RC$ est la constante de temps du circuit.

COURS INTERROS CORRIGÉS

La solution générale de cette équation différentielle est, d'après le cours :

$$q_A(t) = EC + Ke^{-t/\tau}.$$

En utilisant les conditions initiales ($q_A(t = 0) = 0$), on déduit la valeur de la constante d'intégration : $K = -EC$, et donc en définitive :

$$q_A(t) = EC(1 - e^{-t/\tau}).$$

3 Déterminons l'équation de la tangente à l'origine. Sa pente est :

$$\left.\frac{\mathrm{d}q_A}{\mathrm{d}t}\right|_{t=0} = \frac{E}{R} - \frac{q_A}{\tau} = \frac{q_l}{\tau} - \frac{q_A}{\tau} = \frac{q_l}{\tau}$$

d'après les égalités écrites à la réponse précédente, et puisqu'à $t = 0$ on a $q_A = 0$. En conséquence, l'équation de la tangente à l'origine dans le plan (t,q) est :

$$q = \left(\frac{q_l}{\tau}\right)t.$$

On veut connaître pour quelle valeur de t cette tangente intersecte la droite horizontale d'équation $q = q_l$, donc on résout l'équation :

$$q = q_l$$

soit

$$q_l = \left(\frac{q_l}{\tau}\right)t$$

qui implique que $t = \tau$. On voit que la tangente à l'origine intercepte l'asymptote à une date égale à la constante de temps du circuit, ainsi qu'on l'a vu en cours. Dans notre cas, on lit sur la courbe de l'énoncé que la constante du circuit vaut : $\tau = 100$ ms $= 0{,}1$ s.

4 On a : $\tau = RC$ donc :

$$R = \frac{\tau}{C} = \frac{0{,}1}{10^{-5}} = 10^4\ \Omega = 10\ \mathrm{k}\Omega.$$

4 Décharge d'un condensateur

Enoncé p. 460

Lycée Henri IV, Paris

1 On observe que lorsque l'interrupteur est fermé, le point A est directement relié, via un conducteur parfait, à la borne positive du générateur, et que dans tous les cas le point B est relié à la borne négative du générateur. Donc la tension U_{AB} est égale à la tension aux bornes du générateur, qui est égale à sa tension à vide puisque celui-ci est parfait, donc :

$$U_{AB} = E.$$

On remarquera que la précision « l'interrupteur est fermé depuis longtemps » est inutile et que l'égalité ci-dessus est vraie dès que l'interrupteur est fermé.

2 La charge du condensateur est alors donnée par :

$$q_0 = CU_{AB} = CE.$$

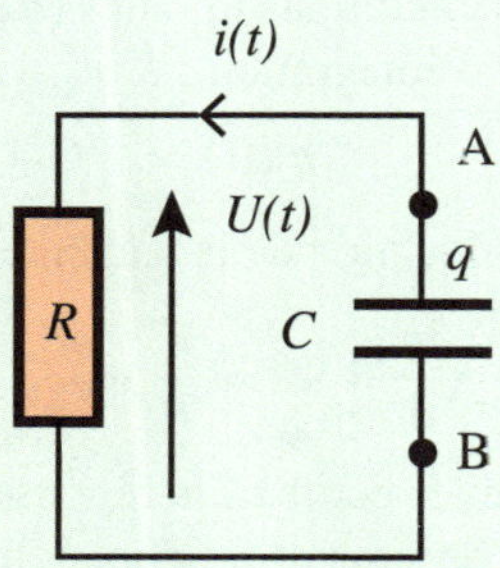

3 Lorsque l'on ouvre l'interrupteur, le circuit devient équivalent au circuit de la figure ci-dessus. La différence de potentiel entre les points A et B donne lieu à un courant i dans le conducteur ohmique. Cette fois, le générateur ne peut assurer ce courant puisque l'interrupteur est ouvert, donc le condensateur se décharge dans la résistance.

4 En utilisant la loi d'Ohm et la relation entre charge et tension aux bornes d'un condensateur, on peut écrire les relations suivantes :

$$U(t) = Ri(t) = -R\frac{\mathrm{d}q}{\mathrm{d}t} \quad \text{et} \quad q(t) = CU(t),$$

le signe « moins » de la première égalité étant dû au fait que le courant i est un courant de décharge (quand sa valeur est positive, q décroît). On en déduit :

$$R\frac{\mathrm{d}q}{\mathrm{d}t} + \frac{q(t)}{C} = 0$$

soit encore :

$$\frac{\mathrm{d}q}{\mathrm{d}t} + \frac{q(t)}{RC} = 0.$$

5 On suppose que la solution a la forme $q(t) = Qe^{-\nu t}$. Alors,

$$\frac{\mathrm{d}q}{\mathrm{d}t} = -\nu Qe^{-\nu t} = -\nu q.$$

En substituant ces expressions dans l'équation différentielle obtenue à la réponse précédente, on obtient :

$$\left(-\nu + \frac{1}{RC}\right) Qe^{-\nu t} = 0.$$

La valeur d'une exponentielle n'est jamais nulle donc pour que l'égalité ci-dessus soit vraie, il faut et il suffit que le facteur de gauche soit nul, soit :

$$\nu = \frac{1}{RC}.$$

Enfin, à $t = 0$ on a $q(0) = Q$ d'après la solution de l'équation différentielle, et $q(0) = q_0$ d'après les conditions physiques précisées dans l'énoncé. On a donc $Q = q_0$, et donc :

$$q(t) = q_0 e^{-\frac{t}{RC}}.$$

6 L'expression de la tension $U_{AB}(t)$ se déduit de celle de $q(t)$ en la divisant par C. On en déduit facilement :

$$U_{AB}(t) = E e^{-\frac{t}{RC}}.$$

7 On veut que $U_{AB}(t_1) = U_1$, avec $t_1 = 15$ s et $U_1 = 3$ V. Donc on peut écrire :

$$U_1 = E e^{-\frac{t_1}{RC}} \quad \text{soit :} \quad e^{-\frac{t_1}{RC}} = -\frac{U_1}{E}$$

ce que l'on peut encore écrire :

$$-\frac{t_1}{RC} = \ln \frac{U_1}{E}$$

donc :

$$R = \frac{t_1}{C \ln \frac{E}{U_1}}.$$

L'application numérique donne :

$$R = \frac{15}{10^{-5} \ln \frac{10}{3}} = 1{,}25 \cdot 10^6 \ \Omega = 1{,}25 \ \mathrm{M}\Omega.$$

Annexe A

Liste des vidéos

live!

Pour télécharger les programmes contenus dans cet ouvrage :

`http://www.prepamath.fr/ILTPC`

Index

FSC MIXTE Papier issu de sources responsables FSC® C022030 www.fsc.org

Nathan est un éditeur qui s'engage pour la préservation de son environnement et qui utilise du papier composé de fibres naturelles, renouvelables, fabriquées à partir de bois provenant de forêts gérées de manière responsable et contrôlée.

N° de projet : 10282235 - Dépôt légal : juillet 2020
Achevé d'imprimer en mars 2022 par Estimprim à Autechaux, France